全国普通高等院校
信息管理与信息系统专业规划教材

实用管理运筹学
（第二版）

徐家旺　刘　彬　主　编

姜　波　王晓波　副主编

清华大学出版社
北　京

内容简介

本书整合了运筹学和 LINGO 软件两部分的内容，在现有有关运筹学和 LINGO 软件教材的基础之上，从实用角度出发，将运筹学的建模方法、应用实例与 LINGO 软件计算有机结合，涵盖了经常使用的运筹学模型。

本书注重运筹学模型在管理科研和实践中的应用，淡化有关的理论证明，着重从实际应用角度出发，对各种运筹学方法进行详尽的阐述，以运筹学原理和建模为出发点，结合实例讲解各种运筹学方法的建模技巧和求解模型的基本方法，利用 LINGO 软件求解各种模型的编程方法。

本书可以作为大专院校理、工、经、管等各类专业的本科生和研究生教材，是学生、教师、科研人员和管理工作者学习运筹学和 LINGO 软件的良师益友，有助于读者使用 LINGO 软件解决科研和管理实践过程中遇到的实际问题。

本书封面贴有清华大学出版社防伪标签，无标签者不得销售。

版权所有，侵权必究。举报：010-62782989，beiqinquan@tup.tsinghua.edu.cn。

图书在版编目(CIP)数据

实用管理运筹学/徐家旺，刘彬主编. —2 版. —北京：清华大学出版社，2014(2022.8重印)
全国普通高等院校信息管理与信息系统专业规划教材
ISBN 978-7-302-35898-5

Ⅰ.①实… Ⅱ.①徐… ②刘… Ⅲ.①管理学－运筹学－高等学校－教材 Ⅳ.①C931.1

中国版本图书馆 CIP 数据核字(2014)第 061882 号

责任编辑：白立军
封面设计：常雪影
责任校对：时翠兰
责任印制：宋　林

出版发行：清华大学出版社
网　　址：http://www.tup.com.cn，http://www.wqbook.com
地　　址：北京清华大学学研大厦 A 座　　邮　编：100084
社 总 机：010-83470000　　邮　购：010-62786544
投稿与读者服务：010-62776969，c-service@tup.tsinghua.edu.cn
质量反馈：010-62772015，zhiliang@tup.tsinghua.edu.cn
课件下载：http://www.tup.com.cn,010-83470236

印 装 者：北京九州迅驰传媒文化有限公司
经　　销：全国新华书店
开　　本：185mm×260mm　　印　张：26.75　　字　数：653 千字
版　　次：2009 年 9 月第 1 版　　2014 年 8 月第 2 版　　印　次：2022 年 8 月第 5 次印刷
定　　价：69.00 元

产品编号：058619-03

第二版前言

本书从管理学和经济学的角度介绍运筹学的基本知识,以各种实际问题为背景,引出运筹学主要分支的基本概念、模型和方法,侧重各种方法及其应用,而对其理论一般不作证明,对许多数学公式也回避繁复的数学推导。对于复杂的运筹学算法,大都尽量运用直观手段和通俗语言来说明其基本思想,并辅以较丰富的算例和实例来说明求解的步骤和方法。另外,本书还将 LINGO 优化建模软件引入到各类运筹学模型的实际应用之中,较系统地介绍了利用 LINGO 软件解决各类实际管理问题的编程方法,并给出了求解各类大型运筹学模型的通用 LINGO 程序。

本书自第一版问世以来,在同行专家和广大读者的关怀和支持下,先后被多所兄弟院校选为理、工、经、管等各类专业本科生和研究生的教材或参考书。2013 年,本书第一版被列为辽宁省首批"十二五"普通高等教育本科省级规划教材,被作者所在学校评为精品教材一等奖并获得校级教学成果二等奖。

经过 5 年多的使用和检验,在第一版的基础上,根据教学过程中有关专家、学者的意见,以及各位编者在教学过程中发现的不足,也为了更好地适应读者的要求和教材的定位,我们对第一版的部分内容进行了修订。修订的主要内容如下。

(1) 大幅调整并增加了各章课后的练习题数量,更换了部分章节的例题,使练习题和例题更具有代表性。同时,为了便于读者自学和自查学习效果,在附录中较详细地给出了每章课后习题的参考答案,并在配套资料中给出了每道习题的详细解答过程。

(2) 第二版的第 2 章、第 3 章、第 4 章和第 7 章基本上是重新编写的。在第 3 章中补充了大量整数规划(尤其是 0-1 整数规划)建模实例;在第 4 章中增加了求解多目标线性规划的逐步法和妥协约束法,增加了数据包络分析和层次分析法等;在第 7 章中增写了纳什均衡等方面的知识。

(3) 在第 9 章中加大了对随机存储模型的介绍,增写了需求是连续的随机型存储模型;在第 10 章中,增加了风险型决策等方面的内容;对其他章节的内容也做了适当的调整,增加了实例,更加注重对 LINGO 软件求解方法的介绍,力求使得第二版比第一版更加实用。

(4) 为了方便教学,我们还编写了与本书内容相配套的电子课件、课后习题详解等,将免费为各位读者提供,欢迎大家向出版社或主编本人索取。

(5) 与本教材相配套,编写了《实用管理运筹学实践教程(第二版)》(书号:9787302359180),由清华大学出版社同步出版,供运筹学实验教学和学生上机实验选用。

本书由徐家旺和刘彬担任主编,姜波和王晓波担任副主编,最后的统稿定稿等工作由徐家旺完成。本书中带 * 号的章节属于中级管理运筹学的内容,供研究生选读,其他章节内容可供本科生选读,各校可根据教学计划中的学时数和具体情况安排。

本书引用了《运筹学》、《运筹学教程》、《运筹学实用教程》、《优化建模与 LINDO/LINGO 软件》及《实用运筹学模型、方法与计算》等教材或著作中的许多例题和习题等,在此对所有被本书引用资料的作者们表示最衷心的感谢！同时，真诚地感谢第一版各位作者过去付出的努力和辛勤劳动！特别感谢清华大学出版社为本书的修订和出版所做的大量辛勤工作！

由于作者水平所限，书中可能存在一些不妥或需要改进的地方，欢迎广大读者及同行专家批评指正。

徐家旺
2014 年 5 月

第一版前言

从各高校经济管理等文科类专业的课程设置来看，绝大多数专业都将运筹学或管理运筹学作为专业的主干技术基础课程。通过该门课程的学习，使学生掌握运筹学主要分支的基本概念、基本模型与求解模型的基本方法，重点是对各种模型与方法的运用。

据不完全统计，到目前为止，已出版的有关运筹学的教科书已不下百种，适用于各种不同的教学层次。这其中有许多经典之作，被许多高校直接作为本科生或研究生的教材进行讲授，也被大量的从事管理科研和实践的科研人员作为重要的参考资料。但在多年的运筹学教学实践过程中，我们发现，大部分文理兼招而且文科学生占多数的经济管理等文科类专业的本科生和研究生，在学习运筹学课程中的理论证明、繁复的数学推导和复杂的运筹学算法等知识时感到非常吃力，自学起来更加费力，尤其是在遇到规模稍大的实际管理问题时，无法灵活运用所学知识和有效的建模、求解工具去解决。另外，现有的有关运筹学方面的教材内容多，需要的教学课时量大，48或64学时的课堂教学无法完成全部的教学内容。鉴于此，我们尝试着从实用的角度，针对文科学生的特点，结合自己的教学实践，在现有的优秀运筹学教材基础上，注重方法与应用的教学，回避复杂的理论证明和繁复的公式推导，有效控制教学所需学时数，将运筹学的建模方法、应用实例和LINGO软件计算有机地结合起来，专门为经济管理等文科类本科生和研究生编写了此书。

本书注重从管理学和经济学的角度介绍运筹学的基本知识，试图以各种实际问题为背景，引出运筹学主要分支的基本概念、模型和方法，侧重各种方法及其应用，而对其理论一般不作证明，对许多数学公式也回避繁复的数学推导。对于复杂的运筹学算法，大都尽量运用直观手段和通俗语言来说明其基本思想，并辅以较丰富的算例和实例来说明求解的步骤和方法，每章的最后配有一定数量的练习题并给出了参考答案，以便于读者自学。

本书由徐家旺(负责第1章到第6章及两个附录的编写)和孙志峰(负责第7和第8章的编写)担任主编，姜波(负责第11章的编写)、王一女(负责第10章的编写)和王晓波(负责第9章的编写)担任副主编，最后的统稿由徐家旺完成。

本书引用了《运筹学》、《运筹学教程》、《运筹学实用教程》、《优化建模与LINGO/LINGO软件》及《实用运筹学模型、方法与计算》等教材或著作中的许多例题和习题等，在此对所有被本教材引用资料的作者们表示最衷心的感谢！

特别感谢高等教育出版社为本书出版所做的大量辛勤工作！

由于作者水平所限，书中肯定存在一些错误和需要改进的地方，欢迎广大读者批评指正。

编　者
2009年5月

目 录

第1章 绪论 1
    1.1 运筹学的简史 1
    1.2 运筹学的定义 2
    1.3 运筹学的工作步骤 3
    1.4 运筹学的建模方法 4
    1.5 运筹学的研究理论 5
    1.6 运筹学的应用 6
    1.7 运筹学的发展趋势 7

第2章 线性规划及其对偶问题 9
    2.1 线性规划 9
        2.1.1 线性规划问题的数学模型 9
        2.1.2 线性规划问题解的概念 13
        2.1.3 求解线性规划问题的图解法 14
        2.1.4 求解线性规划问题的单纯形法 15
        2.1.5 单纯形法的进一步讨论 19
        2.1.6 线性规划模型的应用 22
    2.2 对偶理论 28
        2.2.1 对偶问题的提出 28
        2.2.2 线性规划的对偶理论 30
        2.2.3 对偶问题的经济解释 34
        2.2.4 对偶单纯形法 37
    2.3 灵敏度分析 39
        2.3.1 价值系数 c_k 的变化分析 40
        2.3.2 右端项 b 的变化分析 41
        2.3.3 增加一个变量 43
        2.3.4 增加一个约束条件 43
    2.4 利用 LINGO 软件求解线性规划模型 44
        2.4.1 求解线性规划模型的 LINGO 程序 45
        2.4.2 LINGO 软件灵敏度分析方法 46
    *2.5 应用举例——ABC 公司总体计划的制订 49
    练习题 55

第3章 整数规划与运输问题 62
    3.1 整数规划 62

3.1.1　整数规划问题的数学模型 …………………………………………… 62
　　　3.1.2　整数规划问题实例 ……………………………………………………… 62
　　　3.1.3　整数规划问题的解 ……………………………………………………… 64
　　　3.1.4　整数规划的求解方法 …………………………………………………… 65
　　　3.1.5　0-1型整数规划实例 …………………………………………………… 73
　　　3.1.6　0-1型整数规划的求解方法 …………………………………………… 80
　　　3.1.7　利用LINGO软件求解整数规划 ……………………………………… 82
　3.2　运输问题 ………………………………………………………………………… 83
　　　3.2.1　运输问题的数学模型 …………………………………………………… 83
　　　3.2.2　求解平衡运输问题的表上作业法 ……………………………………… 85
　　　3.2.3　运输问题的变体 ………………………………………………………… 92
　　　3.2.4　求解运输问题的LINGO程序 ………………………………………… 95
　3.3　指派问题 ………………………………………………………………………… 97
　　　3.3.1　指派问题的数学表达式 ………………………………………………… 97
　　　3.3.2　求解指派问题的匈牙利法 ……………………………………………… 97
　　　3.3.3　求解指派问题的LINGO程序 ………………………………………… 100
　练习题 …………………………………………………………………………………… 103

第4章　目标规划 …………………………………………………………………… 108
　4.1　目标规划问题的提出 …………………………………………………………… 108
　4.2　目标规划的数学模型 …………………………………………………………… 109
　　　4.2.1　目标规划与线性规划的比较 …………………………………………… 109
　　　4.2.2　目标规划的基本概念 …………………………………………………… 110
　　　4.2.3　目标规划的一般模型 …………………………………………………… 112
　4.3　目标规划的求解算法 …………………………………………………………… 114
　　　4.3.1　求解目标规划的图解法 ………………………………………………… 114
　　　4.3.2　求解目标规划的单纯形算法 …………………………………………… 115
　　　4.3.3　求解目标规划的序贯式算法 …………………………………………… 121
　4.4　目标规划模型的实例 …………………………………………………………… 127
　*4.5　求解目标线性规划的逐步法和妥协约束法 …………………………………… 134
　　　4.5.1　逐步法 …………………………………………………………………… 135
　　　4.5.2　妥协约束法 ……………………………………………………………… 139
　*4.6　数据包络分析 …………………………………………………………………… 140
　　　4.6.1　数据包络分析的基本概念 ……………………………………………… 140
　　　4.6.2　C^2R模型 ……………………………………………………………… 141
　　　4.6.3　数据包络分析的求解 …………………………………………………… 142
　*4.7　层次分析法 ……………………………………………………………………… 144
　　　4.7.1　层次分析法的基本原理 ………………………………………………… 144
　　　4.7.2　多级递阶的层次结构 …………………………………………………… 145

  4.7.3 判断矩阵 ······ 145
  4.7.4 相对重要程度(即权重)的计算 ······ 146
  4.7.5 一致性检验 ······ 147
  4.7.6 综合重要度计算 ······ 148
 练习题 ······ 149

第5章 动态规划 ······ 154
5.1 动态规划的实例 ······ 154
5.2 动态规划的原理 ······ 155
5.3 动态规划的基本概念及数学模型 ······ 157
5.4 资源分配问题 ······ 162
5.5 背包问题 ······ 172
*5.6 排序问题 ······ 177
  5.6.1 $n \times 1$ 排序问题 ······ 177
  5.6.2 $n \times 2$ 排序问题 ······ 178
  5.6.3 $n \times 3$ 排序问题 ······ 180
 练习题 ······ 181

*第6章 非线性规划 ······ 183
6.1 非线性规划数学模型 ······ 183
6.2 下降迭代算法 ······ 187
6.3 无约束极值问题 ······ 189
6.4 约束极值问题 ······ 191
  6.4.1 最优性条件 ······ 191
  6.4.2 可行方向法 ······ 193
  6.4.3 制约函数法 ······ 194
6.5 非线性规划的 LINGO 软件求解方法 ······ 197
 练习题 ······ 203

*第7章 对策论模型 ······ 206
7.1 对策论的基本概念 ······ 206
  7.1.1 引例 ······ 206
  7.1.2 对策论的基本概念 ······ 207
  7.1.3 对策行为的3个基本要素 ······ 208
7.2 矩阵对策模型 ······ 210
  7.2.1 矩阵对策的鞍点——鞍点对策 ······ 210
  7.2.2 矩阵对策的混合策略——混合对策 ······ 212
  7.2.3 混合对策的线性方程组求解方法 ······ 214
  7.2.4 混合对策的线性规划求解方法 ······ 216
  7.2.5 利用 LINGO 软件求解矩阵对策 ······ 218
7.3 双矩阵对策模型 ······ 220

7.3.1　纳什均衡 ··· 220
　　　7.3.2　双矩阵对策的纯对策问题 ··· 223
　　　7.3.3　混合对策问题 ·· 225
　7.4　n 人合作对策初步 ·· 229
　练习题 ·· 232

第8章　排队论模型 ··· 235
　8.1　基本概念 ··· 235
　　　8.1.1　排队的例子及基本概念 ·· 235
　　　8.1.2　符号表示 ·· 237
　　　8.1.3　描述排队系统的主要数量指标 ··· 237
　　　8.1.4　与排队论模型有关的 LINGO 函数 ······································· 238
　8.2　等待制排队模型 ·· 239
　8.3　损失制排队模型 ·· 241
　8.4　混合制排队模型 ·· 244
　8.5　闭合式排队模型 ·· 247
　8.6　经济分析——服务系统的最优化 ·· 249
　　　8.6.1　系统中服务速率 μ 的优化问题 ·· 250
　　　8.6.2　$M/M/S$ 模型中最优的服务台数 S ······································ 251
　练习题 ·· 252

第9章　存储论模型 ··· 255
　9.1　存储论模型的基本概念 ··· 255
　9.2　确定型存储模型 ·· 257
　　　9.2.1　模型1：基本的经济订购批量模型 ·· 257
　　　9.2.2　模型2：允许缺货的 EOQ 模型 ·· 261
　　　9.2.3　模型3：修正 EOQ 模型 ··· 264
　　　9.2.4　模型4：不允许缺货、生产需一定时间的存储模型 ··················· 265
　　　9.2.5　模型5：允许缺货、生产时间很短（立即补充）的存储模型 ······· 267
　　　9.2.6　模型6：价格有折扣情况下的存储模型 ·································· 268
　　　9.2.7　模型7：带有约束的 EOQ 模型 ·· 272
　　　9.2.8　模型8：带有约束允许缺货存储模型 ····································· 275
　*9.3　随机存储模型 ·· 277
　　　9.3.1　模型1：需求是离散的单周期随机存储模型 ··························· 279
　　　9.3.2　模型2：需求是连续的单周期随机存储模型 ··························· 280
　　　9.3.3　模型3：需求为连续型随机变量的 (s,S) 型存储模型 ················ 284
　　　9.3.4　模型4：需求为离散型随机变量的 (s,S) 型存储模型 ················ 286
　练习题 ·· 288

第10章　决策论 ·· 290
　10.1　决策中的基本概念 ·· 290

  10.1.1 决策问题的三要素 ··· 290
  10.1.2 决策的分类 ··· 290
  10.1.3 决策过程 ·· 291
 10.2 不确定型决策 ·· 292
  10.2.1 悲观决策准则 ··· 292
  10.2.2 乐观决策准则 ··· 294
  10.2.3 等可能性决策准则 ······································· 294
  10.2.4 最小机会损失决策准则 ································ 295
  10.2.5 折中主义准则 ··· 295
 10.3 风险型决策 ··· 296
  10.3.1 仅有先验信息的贝叶斯决策 ·························· 296
  10.3.2 主观概率 ·· 303
  10.3.3 利用后验概率的决策方法 ····························· 305
*10.4 效用理论在决策中的应用 ·· 307
  10.4.1 效用曲线 ·· 307
  10.4.2 效用曲线在风险型决策中的应用 ··················· 309
 10.5 灵敏度分析 ··· 310
 练习题 ··· 311

*第11章 图论与网络计划 316
 11.1 图的基本概念 ··· 316
 11.2 最小树问题 ··· 318
  11.2.1 树的概念 ·· 318
  11.2.2 最小支撑树问题 ··· 319
 11.3 最短路问题 ··· 321
  11.3.1 有向图的Dijkstra算法 ································· 321
  11.3.2 无向图的Dijkstra算法 ································· 325
  11.3.3 最短路的LINGO求解过程 ··························· 327
 11.4 网络最大流问题 ·· 331
  11.4.1 网络与最大流的基本概念 ···························· 331
  11.4.2 求最大流的标号法 ······································ 332
  11.4.3 求解网络最大流问题的LINGO程序 ············· 333
  11.4.4 最小费用最大流问题 ·································· 335
 11.5 网络计划 ·· 339
  11.5.1 网络计划图 ·· 339
  11.5.2 网络计划图的时间参数计算 ························ 341
  11.5.3 关键路线与网络计划的优化 ························ 347
  11.5.4 完成作业期望和实现事件的概率 ·················· 350
 练习题 ··· 352

附录 A 优化建模语言——LINGO 软件使用基础 ……………………………………… 355
   A.1 LINGO 快速入门 ………………………………………………………………… 355
   A.2 LINGO 中的集 …………………………………………………………………… 356
   A.3 模型的数据部分和初始部分 …………………………………………………… 359
      A.3.1 模型的数据部分 ………………………………………………………… 359
      A.3.2 模型的初始部分 ………………………………………………………… 362
   A.4 LINGO 函数 ……………………………………………………………………… 362
      A.4.1 基本运算符 ……………………………………………………………… 363
      A.4.2 数学函数 ………………………………………………………………… 364
      A.4.3 金融函数 ………………………………………………………………… 365
      A.4.4 概率函数 ………………………………………………………………… 365
      A.4.5 变量界定函数 …………………………………………………………… 368
      A.4.6 集操作函数 ……………………………………………………………… 368
      A.4.7 集循环函数 ……………………………………………………………… 369
      A.4.8 输入和输出函数 ………………………………………………………… 370
      A.4.9 辅助函数 ………………………………………………………………… 374
   A.5 LINGO Windows 命令 …………………………………………………………… 375
      A.5.1 文件菜单(File Menu) …………………………………………………… 375
      A.5.2 编辑菜单(Edit Menu) …………………………………………………… 377
      A.5.3 LINGO 菜单 ……………………………………………………………… 377
      A.5.4 窗口菜单(Windows Menu) ……………………………………………… 385
      A.5.5 帮助菜单(Help Menu) …………………………………………………… 388

附录 B 练习题参考答案 ……………………………………………………………………… 389

参考文献 ………………………………………………………………………………………… 416

第1章 绪 论

运筹学是管理科学研究的理论基础,运筹学中很多研究方向(如规划论、决策论、博弈论、排队论、存储论等)就是人们从管理实际问题中提出来的。人们在运筹学研究中所创立的方法为解决管理问题提供了有力的工具,运筹学理论结果为管理决策提供科学的依据。可以说,管理科学的发展很大程度上取决于运筹学的发展。

管理运筹学是架构在运筹学基础上的学科,它借助运筹学的理论方法,针对现实中的系统,特别是经济、管理系统进行量化分析,并以量化数据为支撑,去寻求经济、管理系统运行的最优化方案,以此来帮助系统运行的决策者做出科学决策。

在介绍管理运筹学的基本模型、模型的求解及应用之前,首先对运筹学的发展、工作步骤、研究方法、基本理论和基本应用等方面进行简单介绍。

1.1 运筹学的简史

运筹学(Operational Research,简写为 O. R.)的运筹就是运算、筹划的意思。运筹学作为一门科学最早出现在 20 世纪 30 年代末,也就是 1938 年,第二次世界大战前夕,英、美的一些科学家着手就如何合理运用雷达开始进行一类新问题的研究。由于这类问题与研究技术问题不同,当时人们就称之为"运用研究"(Operational Research)(我国在 1956 年曾用过"运用学"的名词,到 1957 年正式定名为运筹学)。为了进行运筹学研究,在英、美的军队中成立了一些专门小组,开展了护航舰队保护商船队的编队问题和当船队遭受德国潜艇攻击时,如何使船队损失最少等问题的研究。第二次世界大战后,在英、美军队中相继成立了更为正式的运筹研究组织,并以兰德公司(RAND)为首的一些部门开始着重研究战略性问题、未来的武器系统的设计和其可能合理运用的方法。随着世界经济的不断繁荣,人们开始把在第二次世界大战中发挥过重大作用的运筹学迅速地应用到经济领域。很多从事军事运筹学研究的科学家转向工业和经济发展等新的领域。这一时期,出现了很多重要的运筹学成果,如 1947 年丹捷格(G. B. Dantzig)发表了其重要的研究成果,所解决的问题是美国制订空军军事规划时提出的,并提出了求解线性规划问题的单纯形法。到 20 世纪 50 年代末,很多标准的运筹学方法,如动态规划、排队论、存储论等都得到了快速发展。

促进这一时期运筹学快速发展的另一因素是计算机技术的发展。由于运筹学中很多复杂问题需要大量计算,在很多情况下,这些计算用手工进行处理几乎是不可能的。因此,能够快速处理大量计算任务的电子模拟计算机的出现和发展,促进了运筹学的迅速发展。

运筹学引进我国是 20 世纪 50 年代中期由钱学森等人首倡的,后来一大批中国学者在推广运筹学及其应用中做了大量工作并取得了很大成绩,发表了不少的专著和论文,在世界上也产生了一定的影响。

目前，经过70多年的发展，运筹学已经成为一个门类齐全、理论完善、有着重要应用前景的新兴学科。

1.2　运筹学的定义

运筹学是一门重要的应用科学，对于运筹学的性质、特点和作用都没有争议，但其作为一门学科至今还没有一个统一而又确切的定义。下面列出几个定义来说明运筹学的性质和特点。

莫斯(P. M. Morse)和金博尔(G. E. Kimball)曾对运筹学下的定义是："运筹学是为决策机构在对其控制下的业务活动进行决策时，提供以数量化为基础的科学方法。"此定义首先强调的是科学方法，此含义不单是某种研究方法的分散和偶然的应用，而是可用于整个一类问题上，并能传授和有组织地活动。它强调以量化为基础，必然要用数学。但任何决策都包含定量和定性两方面，而定性方面又不能简单地用数学表示，如政治、社会等因素，只有综合多种因素的决策才是全面的。运筹学工作者的职责是为决策者提供可以量化方面的分析，指出那些定性的因素。

另一定义是："运筹学是一门应用科学，它广泛应用现有的科学技术知识和数学方法，解决实际中提出的专门问题，为决策者选择最优决策提供定量依据。"此定义表明，运筹学具有多学科交叉的特点，如综合运用经济学、心理学、物理学、化学中的一些方法。运筹学强调最优决策，"最"是过分理想了，在实际生活中往往用次优、满意等概念代替最优。因此，运筹学的又一定义是："运筹学是一种给出问题不坏的答案的艺术，否则的话问题的结果会更坏。"

在我国，关于运筹学的描述也有不同的说法。

(1) 运筹学是"运用系统科学方法，经由模型的建立与测试以便得到最优的决策"。

(2) "运筹学是一门应用科学，它广泛应用现有的科学技术知识和数学方法，解决实际提出的专门问题，为决策者选择最优决策提供定量依据"。

(3) 《中国管理百科全书》的解释是："运筹学是应用分析、试验、量化的方法，对经济管理系统中人力、物力、财力等资源进行统筹安排，为决策者提供有依据的最优方案，以实现最有效的管理"。

(4) 《辞海》的解释为"运筹学主要研究经济活动和军事活动中能用数量来表达的有关运用、筹划与管理等方面的问题。它根据问题的要求，通过数学的分析与运用，做出综合性的合理安排，以达到较经济、较有效地使用人力、物力的目的"。

尽管关于运筹学定义的描述不尽相同，但都包含有共同的内容，如"科学的"、"系统的"、"最优的"、"数量化的"、"决策"等。在理解上有很大的不一致，因为运筹学是一门应用学科，涉及面太广，现在看来不可能用一两句话就能够完整地概括出来，也不可能给它下一个严格的数学定义。

为了有效地应用运筹学，前英国运筹学学会会长托姆林森提出了六条原则。

(1) 合伙原则。指运筹学工作者要和各方面的人，尤其是同实际部门工作者合作。

(2) 催化原则。在多学科共同解决某问题时，要引导人们改变一些常规的看法。

(3) 互相渗透原则。要求多部门彼此渗透地考虑问题,而不是只局限于本部门。

(4) 独立原则。在研究问题时,不应受某人或某部门的特殊政策所左右,应独立从事工作。

(5) 宽容原则。解决问题的思路要宽,方法要多,而不是局限于某种特定的方法。

(6) 平衡原则。要考虑各种矛盾的平衡和关系的平衡。

1.3 运筹学的工作步骤

运筹学在解决大量实际问题过程中形成了自己的工作步骤。

(1) 提出问题。首先分析实际问题的背景和相关因素及其关系,弄清问题的目标,可能的约束,问题的可控变量以及有关参数,搜集有关资料,再综合概述为适合运筹学研究的问题。

(2) 建立模型。把问题中的可控变量、参数等与目标及约束之间的关系用一定的模型表示出来。

(3) 求解模型。用各种手段(主要是数学方法,也可用其他方法)求出模型的解。求出的解可以是最优解,但更多的时候是次优解或满意解。复杂模型的求解需用计算机,解的精度要求可由决策者提出。

(4) 解的检验。首先检查求解步骤和程序有无错误,然后检查解是否反映现实问题。

(5) 解的控制。通过控制解的变化过程,决定对解是否要做一定的改进和修正。

(6) 解的实施。要将所得到的问题的解用到实际中,就必须考虑实施的问题,如向实际部门讲清模型和解的用法,以及在实施中可能出现的问题和解决的方法等。

以上过程应反复进行。

在进行运筹学的研究时,除了要遵循一般的科学研究程序外,还有其特殊的研究方法,主要有以下三种。

(1) 实验方法。在可控条件下的各种活动实验中,验证运筹学的某一理论符合实际问题的程度和测量方案实施的可能效果,从而丰富和发展运筹学的理论和方法,进一步研究更广泛的问题。

(2) 总结经验方法。运筹学的理论和方法大多是从社会、经济、生产等活动的实践中总结出来的一些定量分析理论和方法,这些理论和方法具有一定的普遍性。因此,当在现实生活中遇到同类性质的问题时,可以采用相应的理论及方法进行研究和分析。由于实际中的问题复杂多变,在利用这些理论和方法分析问题的结果时,必须通过大量的实践进行检验和修正。

(3) 人-机结合方法。计算机技术的飞速发展拓展了运筹学的研究方法和应用范围,从而出现了一些适用于运筹学理论研究的人-机结合的新方法,尤其是功能强大的工具软件的出现,使得那些原本只能用几种简单常用的研究方法而难以深入探索的复杂问题得以解决,甚至原来认为不可能解决的问题现在也可以解决。

1.4 运筹学的建模方法

运筹学在解决问题时,按研究对象的不同可构造各种不同的模型。模型是研究者对客观现实经过思维抽象后用文字、图表、符号、关系式以及实体模样描述所认识到的客观对象。模型的有关参数和关系式较容易改变,因此模型有助于问题的分析和研究,利用模型还可以进行一定的预测和灵敏度分析等。通常的模型主要有三种基本形式,即形象模型、模拟模型和符号或数学模型,目前用得最多的是符号或数学模型。

构造模型是一种创造性劳动,成功的模型往往是科学和艺术的结晶,构建数学模型的方法和思路一般认为有以下五种。

(1) 直接分析法。按决策者对问题内在机理的认识和理解直接构造出相应的数学模型。运筹学中已有很多成熟的数学模型,如线性规划模型、排队模型、存储模型、决策和对策模型等。这些模型都有很好的求解方法及求解的软件,但用这些现存的模型研究实际问题时,要有针对性地灵活运用,不能生搬硬套。

(2) 类比分析法。有些问题可以用不同方法构造出模型,而这些模型的结构、性质是类同的,这就可以互相类比,如物理学中的机械系统、气体动力学系统、水力学系统、热力学系统及电路系统之间就有不少彼此类同的现象,甚至有些经济、社会及军事系统等也可以用物理系统来类比。在分析一些经济、社会问题时,不同国家之间、不同团体之间、不同组织之间在某些问题上有时也可以找出某些类比的现象。

(3) 数据分析法。在有些问题的机理尚不清楚时,若能搜集到与此问题密切相关的大量数据,或通过某些试验获得大量数据,这就可以用统计分析等方法来构建问题的数学模型。

(4) 试验分析法。在解决某些实际问题时,问题的机理往往不是十分清晰的,同时又不能做大量试验来获得数据。这时,为了研究问题的需要,只能通过做局部的试验,采集一些相关数据,加上一定的分析来构建问题的数学模型。

(5) 想定(构想)法(Scenario)。当有些问题的机理不清,又缺少数据,而且不能做试验来获得数据时,人们只能在已有的知识、经验和某些研究的基础上,对于将来可能发生的情况给出逻辑上合理的设想和描述,然后用已有的方法构造模型,并不断修正完善,直至比较满意为止。

模型的一般数学形式可用下列表达式描述:

目标的评价准则 $\quad U=f(x_i,y_j,\xi_k)$

约束条件 $\quad g(x_i,y_j,\xi_k)\geqslant 0$

其中,x_i 为可控变量;y_j 为已知参数;ξ_k 为随机因素。

目标的评价准则一般要求达到最佳(最大或最小)、适中、满意等。准则可以是单一的,也可是多个的。

约束条件可以没有,也可有多个。当 g 是等式时,即为平衡条件。当模型中无随机因素时,称它为确定型模型,否则称它为随机模型。随机模型的评价准则可用期望值,也可用方差,还可用某种概率分布来表示。当可控变量只取离散值时,称为离散模型,否则称为连续模型。也可按使用的数学工具将模型分为代数方程模型、微分方程模型、概率统计模型、逻辑模型等。若用求解方法来命名时,有直接最优化模型、数字模拟模型、启发式模型。也有按用途来命名的,如分配模型、运输模型、排队模型、存储模型等。还可以用研究对象来命名,如教育模型、军事对策模型、宏观经济模型等。

1.5 运筹学的研究理论

运筹学是与自然科学、社会科学、军事科学相结合而发展起来的一门交叉性新兴学科,其内容非常广泛且在不断发展。目前,关于运筹学的理论体系还没有形成统一的看法,但大体上主要包括一般方法论、基础理论、基本理论和应用理论四大部分内容。

1. 一般方法论

它是解决相关决策问题的研究与实践的一般方法,主要包括问题的定量描述方法、问题研究的一般步骤、研究工作的有效组织方法、情况调查和数据搜集方法、各种备选方案的运行实验和检验方法等。

2. 基础理论

运筹学的基础理论是用科学方法来研究资源的运用活动规律而建立起来的,是可以应用于各种科学领域的一般性理论。这些理论的研究对象是在一定程度上通过数学抽象而建立起来的数学模型。按照数学模型对客观现象的反映深度,可以将基础理论分为三类。

(1) 经验模型理论。由实验或观察数据而建立的经验或预测模型的理论方法。此类模型主要反映实际现象的行为特性,所用的工具主要是概率统计方法。

(2) 解析模型理论。针对专门的应用问题建立起来的解析模型及求解的理论。这类模型可以分为确定型、随机型和冲突型三类。对于确定型模型的理论有线性规划、整数规划、几何规划、非线性规划、目标规划、动态规划、图论和网络分析、最优控制理论等;对于随机模型的理论有随机过程、排队论、存储论、决策分析等;对于冲突模型的理论有对策论等。

(3) 仿真模型理论。从内在机制和外部行为两方面结合对所研究的实际现象或过程进行仿真分析的理论,如网络仿真模型、系统动力学模型、蒙特卡洛仿真模型等。

3. 基本理论

(1) 数学规划。研究如何将有限的人力、物力、财力和时间等资源进行最合理、最有效地分配和利用的理论,即研究某些可控因素在某些约束条件下寻求其决策目标为最大(或最小)值的理论。根据问题的性质和处理方法的不同,它又可分为线性规划、非线性规划、整数规划、动态规划、多目标规划等。

(2) 决策论。研究决策者如何有效地进行决策的理论和方法。决策论能够指导决策人员根据所获得系统的各种状态信息,按照一定的目标和衡量标准进行综合分析,使决策者的决策既符合科学原则,又能满足决策者的需求,从而促进决策的科学化。

(3) 排队论。研究关于公用服务系统的排队和拥挤现象的随机特性与规律性的理论。

排队论在军事领域常用于作战指挥、通信与后勤保障、C^4I（Communication, Command, Control, Compute, Intelligence）系统的运行管理等领域的分析研究。

（4）存储论。研究合理、经济地进行物资储备的控制策略的理论。在经济管理、军事后勤管理等领域都有广泛的应用。

（5）网络分析。通过对系统的网络描述，应用网络优化理论研究系统并寻求系统最优化方案的方法。广泛应用于交通运输、军事指挥、后勤保障与管理等活动中的组织计划、控制协调等方面的运筹分析。

（6）对策论。研究冲突现象和选择最优策略的一种理论。适用于各种经济行为、社会管理、军事外交等领域的对抗和冲突条件下决策策略等方面的运筹分析。

（7）其他相关的理论和方法。在研究解决实际中有关决策的问题时，还经常用到一些相关理论和方法，如概率论与数理统计、模糊数学、灰色系统理论、系统动力学、决策支持系统、计算机仿真与模拟等。

1.6 运筹学的应用

运筹学在早期主要应用在军事领域。第二次世界大战后运筹学的应用转向民用，这里仅对运筹学在某些重要领域的应用进行简单介绍。在此需要说明的是，运筹学的应用领域非常广泛，不仅仅局限于以下所介绍的几个领域。

（1）市场销售。主要应用在广告预算、媒介的选择、竞争性定价、新产品开发、销售计划的制订等方面，如美国杜邦公司在20世纪50年代起就非常重视将运筹学用于研究如何做好广告工作、产品定价和新产品的引入；通用电力公司对某些市场进行模拟研究。

（2）生产计划。在总体计划方面，主要用于确定生产、存储和劳动力的配合等总体计划，以适应波动的需求计划，用线性规划和模拟方法等。还可用于生产作业计划、日程表的编排等。此外，还有在合理下料、配料问题、物料管理等方面的应用。

（3）库存管理。主要应用于多种物资库存量的管理，确定某些设备的能力或容量，如停车场的大小、新增发电设备的容量大小、电子计算机的内存量、合理的水库容量等。目前国外新动向是将库存理论与计算机的物资管理信息系统相结合，如美国西电公司，从1971年起用5年时间建立了"西电物资管理系统"，使公司节省了大量物资存储费用和运费，而且减少了管理人员。

（4）运输问题。这涉及空运、水运、公路运输、铁路运输、管道运输、厂内运输等。空运问题涉及飞行航班和飞行机组人员服务时间安排等。为此在国际运筹学协会中设有航空组，专门研究空运中的运筹学问题。水运有船舶航运计划、港口装卸设备的配置和船到港后的运行安排。公路运输除了汽车调度计划外，还有公路网的设计和分析，市内公共汽车路线的选择和行车时刻表的安排，出租汽车的调度和停车场的设立。铁路运输方面的应用就更多了。

（5）财政和会计。这涉及预算、贷款、成本分析、定价、投资、证券管理、现金管理等。用得较多的方法是统计分析、数学规划、决策分析，此外还有盈亏点分析法、价值分析法等。

（6）人事管理。这里涉及6个方面，第一是人员的获得和需求估计；第二是人才的开发,即进行教育和训练;第三是人员的分配,主要是各种指派问题;第四是各类人员的合理利用问题;第五是人才的评价,其中有如何测定一个人对组织、社会的贡献等;第六是工资和津贴的确定等。

(7) 设备维修、更新和可靠性,项目选择和评价。

(8) 工程的优化设计。这在建筑、电子、光学、机械和化工等领域都有应用。

(9) 计算机和信息系统。可将运筹学用于计算机的内存分配,研究不同排队规则对磁盘工作性能的影响。有人利用整数规划寻找满足一组需求文件的寻找次序,利用图论、数学规划等方法研究计算机信息系统的自动设计等。

(10) 城市管理。这里有各种紧急服务系统的设计和运用,如救火站、救护车、警车等分布点的设立等。美国曾用排队论方法确定纽约市紧急电话站的值班人数,加拿大曾研究一城市的警车的配置和负责范围,出事故后警车应走的路线等。此外有城市垃圾的清扫、搬运和处理,城市供水和污水处理系统的规划等。

我国运筹学的应用在1957年始于建筑业和纺织业,在理论联系实际的思想指导下,从1958年开始在交通运输、工业、农业、水利建设、邮电等方面都有应用,尤其是在运输方面,从物资调运、装卸到调度等。在粮食部门的为解决合理粮食调运问题中,提出了"图上作业法",我国的运筹学工作者从理论上证明了它的科学性;在解决邮递员合理投递路线时,管梅谷提出了国外称之为"中国邮路问题"的模型;在工业生产中推广了合理下料,机床负荷分配;在纺织业中曾用排队论方法解决细纱车间劳动组织,最优折布长度等问题;在农业中研究了作业布局、劳力分配和麦场设置等。从20世纪60年代起,我国的运筹学工作者在钢铁和石油部门开展较全面的和深入的应用。投入产出法在钢铁部门首先得到应用,1965年起华罗庚教授提出的统筹法在建筑业、大型设备维修计划等方面得到了广泛应用,并取得了可喜的进展。从1970年起,在全国大部分省、市和部门推广优选法,其应用范围有配方、配比的选择,生产工艺条件的选择,工艺参数的确定,工程设计参数的选择,仪器仪表的调试等。在20世纪70年代中期,最优化方法在工程设计界得到广泛的重视,在光学设计、船舶设计、飞机设计、变压器设计、电子线路设计、建筑结构设计和化工过程设计等方面都有成果。20世纪70年代中期,排队论开始应用于研究矿山、港口、电信和计算机的设计等方面。图论曾用于线路布置和计算机的设计、化学物品的存放等。存储论在我国应用较晚,20世纪70年代末在汽车工业和其他部门取得成功。近年来,运筹学的应用已趋向研究规模大和复杂的问题,如部门计划、区域经济规划等,并已与系统工程难以分解。

运筹学还在不断发展中,新的思想、观点和方法不断地出现。本书作为一本教材,主要介绍一些基本的运筹学思想、方法以及在经济管理等领域的实际应用等。

1.7 运筹学的发展趋势

运筹学发展到20世纪70年代已经形成一系列强有力的分支,数学描述已经达到相当完善的程度。例如,线性规划单纯形算法计算复杂性的讨论,曾引起轰动。一般认为单纯形方法求解线性规划问题是相当有效的,被认为是多项式时间的算法,但是,1972年美国学者Klee与Minty发表了一个出乎人们意料之外的例子,说明了单纯形法的时间复杂性是指数阶的,这激起了人们强烈的兴趣。后来经过青年学者Borgwardt等人的工作,说明单纯形法的平均运算次数是多项式级的,这场争论才算结束。然而探讨线性规划多项式时间算法的热潮却展开了,第一个这样的算法(通常称为椭球法)被前苏联青年数学家哈奇扬于1979年提出来,1984年美国学者 Karmarkar 提出了另一个多项式时间的算法。这两种多项式时间算法理论上价值很大,但实际应用上仍不能代替单纯形法。以上事实说明理论研究达到的灼热程度,虽然这本身并不是坏事,但却使得一些人忘记了运筹学的原有特色,背离了多学科的交叉联系和解决实际问题的研究方向。

如前所述,运筹学作为一门新兴学科、一门处于年青发展时期的学科,在理论研究和应用研究的诸多方面,无论就广度和深度来说都有着广阔的前景。现在的问题是,运筹学今后究竟应该朝哪个方向发展?这是运筹学界普遍关心的问题,在运筹学界有着种种不同的推测,综合起来主要有如下的几种发展趋势。

(1) 运筹学的理论研究将会得到进一步系统地、深入地发展。数学规划是20世纪40年代末才出现的,经过近20年的发展,到20世纪60年代末、70年代初,它已形成了运筹学(也是应用数学)的一个重要分支,各种方法和各种理论纷纷出现,呈现出一种蓬勃发展的景象。俗话说"分久必合,合久必分",这就是说能否走上统一的途径,用一种或几种方法和理论把现存的事实统一在某几个系统之下进行研究(比如非线性规划多么需要统一在几个系统之下)。现代优化算法(如遗传算法、模拟退火、人工神经网络及其学习算法等)势必会为非线性规划新算法的创建开辟新的途径,能否找到像凸规划、二次规划等更多的共性类的东西。

(2) 运筹学跨学科的特点必将进一步延伸和发展。运筹学与系统分析及系统工程、运筹学与计算机科学及信息系统、运筹学与经济混沌理论等的结合与交融是必然的,这是由于所研究问题的复杂化、大系统化所导致的。

(3) 运筹学沿原有的各学科分支继续向前发展。规划论中从研究单目标规划到研究多目标规划,这是对事件深入研究的自然延伸。但对多目标规划理论(包括算法)和应用的研究依然需要进一步拓展。1978年美国著名运筹学家 A Charnes、W. W. Cooper 等人最先提出来的数据包络分析法(DEA)是一个纯客观的多目标决策的方法(在后续的章节中做较详细地介绍),它的理论研究和应用研究的前景还十分广阔,等等。

(4) 一些非数学的方法和理论将引入运筹学,这是因为面临的问题大多涉及技术、经济、社会、心理等综合因素的研究,这种问题往往是非结构性的复杂问题(如研究世界性的问题、研究国家政策等),运用通常的、精巧的数学方法很难解决问题,比如后续章节将要介绍的层次分析法(AHP)就是属于这种情况。

(5) 解决问题的过程将变为决策者和分析者共同参与、发挥其创造性的过程。从而,人机对话交互式算法、决策支持系统必将更好地发展。

(6) 数学软件的研发与运筹学的发展之间仍然存在着较大的差距。美国 Math Works 公司开发的 MATLAB 软件,它优良的数值计算能力和数据可视化能力,很快在数学软件中脱颖而出,使人们为之一惊。由加拿大 Waterloo 大学开发的通用数学软件 Maple 提供了2000多个数学函数,在数值计算和数据可视化等方面也有较强的能力。用这些软件及 LINGO 软件解非线性规划中的二次规划自然没有困难,但对非线性规划中各种复杂的目标函数和约束条件,有效软件的研发仍然是摆在科学家们面前的一项长期、艰巨的任务。

第 2 章 线性规划及其对偶问题

　　线性规划(Linear Programming)是由丹捷格(G. B. Dantzig)在1947年发表的成果,所解决的问题是美国制定空军军事规划时提出的,并提出了求解线性规划问题的单纯形法。自此之后,线性规划在理论上日趋成熟,在实用中日益广泛与深入,特别是在电子计算机能处理成千上万个约束条件和决策变量的线性规划问题之后,线性规划的适用领域更为广泛了。

　　本章将介绍线性规划模型及求解方法,线性规划对偶问题及灵敏度分析,以及如何利用LINGO软件求解线性规划模型并进行灵敏度分析等。

2.1　线 性 规 划

2.1.1　线性规划问题的数学模型

　　为了完成一项任务或达到一定的目的,怎样用最少的人力、物力去完成或者用最少的资源去完成较多的任务或达到一定的目的,这个过程就是规划。用一组数学符号表示要达到的目的及需要满足的资源约束条件,即构成了规划的数学模型。

　　一般地,满足以下3个条件的数学模型称为线性规划模型。

　　(1) 用一组决策变量$(x_1, x_2, \cdots, x_n)$表示某一方案,这些变量取值是非负且连续的。

　　(2) 存在有关的数据,同决策变量构成互不矛盾的约束条件,这些约束条件可以用一组线性等式或不等式来表示。

　　(3) 有一个要求达到的目标,它可用决策变量及有关的价值系数构成的线性函数(称为目标函数)来表示。按问题的不同,要求目标函数实现最大化或最小化。

　　一般而言,如果一个实际问题具备以下4个条件,那么该问题就可以用线性规划模型来处理。

　　(1) 优化条件。问题目标有最大化或最小化的要求,同时,该目标可以用决策变量的线性函数加以表示。

　　(2) 问题目标实现要受到一系列条件的限制,同时,该系列条件可以用决策变量的线性函数加以表示。

　　(3) 选择条件。实现目标存在多种备选方案,称为可行方案,根据某种评价准则,可以寻找到最优方案。

　　(4) 非负条件的选择。决策变量是解决经济、管理具体问题的方案、措施的数学描述,根据问题的实际意义,决定是否对决策变量增加非负条件的要求。

　　线性规划问题的数学模型可以表示成以下一般形式。

$$\text{目标函数：} \max(\min) Z = c_1 x_1 + c_2 x_2 + \cdots + c_n x_n \tag{2-1}$$

$$\text{约束条件：} \begin{cases} a_{11} x_1 + a_{12} x_2 + \cdots + a_{1n} x_n \leqslant (=, \geqslant) b_1 \\ \vdots \quad\quad \vdots \quad\quad \vdots \quad\quad \vdots \quad\quad \vdots \\ a_{m1} x_1 + a_{m2} x_2 + \cdots + a_{mn} x_n \leqslant (=, \geqslant) b_m \end{cases} \tag{2-2}$$

$$x_1 \geqslant 0, \cdots, x_n \geqslant 0 \tag{2-3}$$

其中，式(2-1)称为**目标函数**，式(2-2)称为**约束条件**，式(2-3)称为**变量的非负约束条件**，有时也将式(2-2)和式(2-3)一起统称为约束条件；$c_j (j=1,2,\cdots,n)$ 称为**价值系数**，$a_{ij} (i=1,2,\cdots,m; j=1,2,\cdots,n)$ 称为**技术系数或工艺系数**，$b_i (i=1,2,\cdots,m)$ 称为**限额系数或约束条件的右端项**。

从以上可以看出，线性规划数学模型具有以下 3 个特征。

(1) 比例性。每个决策变量对目标函数的"贡献"与该决策变量的取值成正比；每个决策变量对每个约束条件右端项的"贡献"与该决策变量的取值成正比。

(2) 可加性。各个决策变量对目标函数的"贡献"与其他决策变量的取值无关；各个决策变量对每个约束条件右端项的"贡献"与其他决策变量的取值无关。

(3) 连续性。每个决策变量的取值是连续的。

比例性和可加性保证了目标函数和约束条件对于决策变量的线性，连续性则允许得到决策变量的实数可行解和实数最优解。

为了书写方便，有时也将线性规划问题的数学模型写成如下形式。

$$\max(\min) Z = \sum_{j=1}^{n} c_j x_j$$

$$\text{s.t.} \begin{cases} \sum_{j=1}^{n} a_{ij} x_j \leqslant (=, \geqslant) b_i & (i=1,2,\cdots,m) \\ x_j \geqslant 0 & (j=1,2,\cdots,n) \end{cases}$$

若令 $\boldsymbol{C} = (c_1, c_2, \cdots, c_n)$，$\boldsymbol{X} = (x_1, x_2, \cdots, x_n)^{\mathrm{T}}$，$\boldsymbol{p}_j = (a_{1j}, a_{2j}, \cdots, a_{mj})^{\mathrm{T}}$，$\boldsymbol{b} = (b_1, b_2, \cdots, b_m)^{\mathrm{T}}$，则线性规划模型可以表示成如下的向量形式：

$$\max(\min) Z = \boldsymbol{CX}$$

$$\text{s.t.} \begin{cases} \sum \boldsymbol{p}_j x_j \leqslant (=, \geqslant) \boldsymbol{b} \\ \boldsymbol{X} \geqslant \boldsymbol{0} \end{cases}$$

如果用矩阵表示技术系数，即令

$$\boldsymbol{A} = [\boldsymbol{p}_1, \cdots, \boldsymbol{p}_n] = \begin{bmatrix} a_{11} & \cdots & a_{1n} \\ \vdots & \vdots & \vdots \\ a_{m1} & \cdots & a_{mn} \end{bmatrix}$$

则线性规划模型可表示为如下的矩阵形式：

$$\max(\min) Z = \boldsymbol{CX}$$

$$\text{s.t.} \begin{cases} \boldsymbol{AX} \leqslant (=, \geqslant) \boldsymbol{b} \\ \boldsymbol{X} \geqslant \boldsymbol{0} \end{cases}$$

许多实际的优化问题的数学模型都是线性规划模型(特别是在像生产计划这样的经济管理领域中)。下面通过一个生产计划问题实例说明如何建立线性规划模型。

例 2.1 某企业计划生产甲、乙两种产品。这两种产品均需要分别在 A、B、C 三种不同设备上加工。每件产品的工时消费定额、计划期内每种设备的可用工时、每件产品的计划利润如表 2-1 所示。问在计划期内如何安排生产计划,使总利润为最大?

表 2-1

	产品甲	产品乙	计划期内设备可用工时
设备 A	7	3	210
设备 B	4	5	200
设备 C	2	4	180
计划利润(元/件)	70	65	—

解:此优化问题的目标是使计划期内的总获利最大,要做的决策是生产计划,即在计划期内产品甲和产品乙各生产多少,决策受 3 个条件的限制:计划期内设备 A、B、C 的可用工时数量。按照题目所给,将决策变量、目标函数和约束条件用数学符号及式子表示出来,就可得到这个优化问题的模型。

决策变量:

设产品甲和产品乙的生产量分别为 x_1 和 x_2。

目标函数:

设计划期内获得的总利润为 Z,x_1 件产品甲获利 $70 \times x_1$,x_2 件产品乙获利 $65 \times x_2$,故 $Z = 70x_1 + 65x_2$。

约束条件:

设备 A 可用工时限制:生产产品甲和产品乙所消耗的设备 A 的工时总量不得超过设备 A 的可用工时量,即

$$7x_1 + 3x_2 \leqslant 210$$

设备 B 可用工时限制:生产产品甲和产品乙所消耗的设备 B 的工时总量不得超过设备 B 的可用工时量,即

$$4x_1 + 5x_2 \leqslant 200$$

设备 C 可用工时限制:生产产品甲和产品乙所消耗的设备 C 的工时总量不得超过设备 C 的可用工时量,即

$$2x_1 + 4x_2 \leqslant 180$$

非负约束:

x_1, x_2 均不能为负值,即 $x_1, x_2 \geqslant 0$。

综上可得该问题的数学模型

$$\max Z = 70x_1 + 65x_2$$

$$\text{s.t.} \begin{cases} 7x_1 + 3x_2 \leqslant 210 \\ 4x_1 + 5x_2 \leqslant 200 \\ 2x_1 + 4x_2 \leqslant 180 \\ x_1, x_2 \geqslant 0 \end{cases}$$

假设设备可用工时是任意可分的,则决策变量在实数范围内取值,因此这是一个连续规

划问题。又由于目标函数和约束条件对于决策变量而言都是线性的，所以这是一个(连续)线性规划(Linear Programming,LP)问题。

线性规划问题有各种不同的形式。例如，目标函数有的要求极大值(max)，有的要求极小值(min)；约束条件可以是"$\leqslant$"，也可以是"$\geqslant$"形式的不等式，还可以是等式；决策变量一般是非负约束，但也允许在$(-\infty,+\infty)$范围内取值，即无约束。为了以后叙述方便，常将多种形式的数学模型统一变换成标准形式。在本书中规定的标准形式为

$$\max Z = \sum_{j=1}^{n} c_j x_j$$

$$\text{s.t.} \begin{cases} \sum_{j=1}^{n} a_{ij} x_j = b_i & (i=1,2,\cdots,m) \\ x_j \geqslant 0 & (j=1,2,\cdots,n) \end{cases}$$

线性规划模型的标准形式具有以下的特征。

(1) 目标函数为求极大值(也可以用求极小值)。
(2) 所有约束条件(非负条件除外)都是等式，右端常数项为非负。
(3) 变量为非负。

对于非标准线性规划模型，可以通过以下转换方法将其转化为标准形式。

1. 目标函数的转换

如果是求极小值，即 $\min Z = \sum c_j x_j$，则可将目标函数乘以(-1)，将其化为求极大值问题。也就是令 $Z'=-Z$，可得到 $\max Z' = -Z = -\sum c_j x_j$。

2. 约束方程的转换

(1) 如果某约束为"$\leqslant$"约束，比如 $\sum a_{ij} x_j \leqslant b_i$，可以通过在约束的左端加入一个非负变量 x'_i 使其变换为等式约束，即得到 $\sum a_{ij} x_j + x'_i = b_i$。称加入的变量 x'_i 为**松弛变量**。

(2) 如果某约束为"$\geqslant$"约束，比如 $\sum a_{ij} x_j \geqslant b_i$，则可以通过在该约束的左端减掉一个非负变量 x'_i，此时称 x'_i 为**剩余变量**，为了方便之后能够运用单纯形法对模型进行求解，在加入了一个剩余变量之后，再人为地加上一个非负变量 x''_i，称 x''_i 为**人工变量**，使其变为 $\sum a_{ij} x_j - x'_i + x''_i = b_i$。

(3) 如果某约束为"$=$"约束，比如 $\sum a_{ij} x_j = b_i$，为了方便之后能够运用单纯形法对模型进行求解，也人为地加上一个非负的**人工变量** x''_i，使其变为 $\sum a_{ij} x_j + x''_i = b_i$。

新引入的松弛变量和剩余变量在极大化目标函数中的系数为0，若加入了人工变量，则人工变量在极大化目标函数中的系数为$-M$，其中M为一个任意大的正数。

3. 变量的变换

若存在取值无约束的变量 x_j，可令 $x_j = x'_j - x''_j$，其中的 $x'_j, x''_j \geqslant 0$。

若存在取值为负的变量 x_j,可令 $x_j=-x_j'$,其中的 $x_j'\geqslant 0$。

例 2.2 将下列线性规划问题化为标准形式

$$\min Z=-4x_1+3x_2+6x_3$$

$$\text{s. t.}\begin{cases} 3x_1+2x_2+x_3\leqslant 9 \\ 2x_1-3x_2-5x_3\geqslant 4 \\ -3x_1+x_2+4x_3=-5 \\ x_1,x_2\geqslant 0,x_3 \text{ 无非负限制}\end{cases}$$

解:根据以上的变换规则:

(1) 用 x_4-x_5 替换 x_3,且 $x_4,x_5\geqslant 0$。

(2) 将极小值问题反号,变为求极大值。

(3) 在第一个约束条件的左端加入松弛变量 x_6,使其变为等式。

(4) 在第二个约束条件的左端减掉剩余变量 x_7,并加上人工变量 x_8,使其变为等式。

(5) 将第三个约束方程两边乘以 (-1),再在方程的左端加上人工变量 x_9。

(6) 由于 x_6 为松弛变量、x_7 为剩余变量,而 x_8 和 x_9 为人工变量,所以它们在变换后的目标函数中的系数分别为 0、0、$-M$、$-M$。

综上所述,变换后的标准形式为

$$\max Z=4x_1-3x_2-6(x_4-x_5)+0\cdot x_6+0\cdot x_7-Mx_8-Mx_9$$

$$\text{s. t.}\begin{cases} 3x_1+2x_2+(x_4-x_5)+x_6=9 \\ 2x_1-3x_2-5(x_4-x_5)-x_7+x_8=4 \\ 3x_1-x_2-4(x_4-x_5)+x_9=5 \\ x_1,x_2,x_4,x_5,x_6,x_7,x_8,x_9\geqslant 0\end{cases}$$

2.1.2 线性规划问题解的概念

建立线性规划模型的目的是为了求解,只有求出了线性规划问题的最优解,才能确定具体的实施措施、方案,实现社会经济活动中资源的合理配置。在介绍线性规划模型的求解方法之前,有必要先了解一些线性规划问题解的基本概念。

(1) **可行解**。称满足约束条件(2-2)、(2-3)的解为可行解。所有可行解的集合为可行解的集或可行域。

(2) **最优解**。使目标函数达到最大值的可行解。

(3) **基**。设 A 是约束方程组的 $m\times n$ 维系数矩阵,其秩为 m。若

$$B=\begin{bmatrix} a_{11} & \cdots & a_{1m} \\ \vdots & \ddots & \vdots \\ a_{m1} & \cdots & a_{mm}\end{bmatrix}=(p_1,p_2,\cdots,p_m)$$

是矩阵 A 的一个 $m\times m$ 阶非奇异子矩阵(即 $|B|\neq 0$),则称 B 是(LP)问题的一个**基**。称 $p_j(j=1,2,\cdots,m)$ 为**基向量**,对应的 x_j 称为**基变量**。

(4) **基本解(基解)**。令所有非基变量的值全为 0,求得的基变量解与这些为 0 的非基变量所组成的解 $X=(x_1,x_2,\cdots,x_m,0,\cdots,0)^T$,称为 LP 的**基本解**,这样的基本解最多有 C_n^m 个。

(5) **基本可行解**。满足非负约束条件的基本解,简称为**基可行解**。

(6) **可行基**。对应于基可行解的基称为**可行基**。

基解、可行解及基可行解之间的关系如图 2-1 所示。

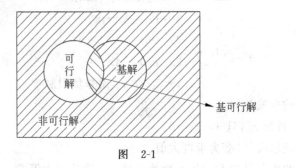

图 2-1

以下是关于线性规划问题解的几个重要结论。

结论 1:若线性规划问题存在可行解,则问题的可行域 $D = \left\{ X \mid \sum_{j=1}^{n} p_j x_j = b, x_j \geqslant 0 \right\}$ 是凸集(凸多边形)。

结论 2:线性规划问题的基可行解 X 对应于可行域 D 的顶点。

结论 3:若线性规划问题的可行域有界,则其目标函数一定可以在其可行域的顶点上达到最优,即线性规划问题的最优解一定是在凸集的某一顶点实现的。

2.1.3 求解线性规划问题的图解法

线性规划问题的图解法简单直观,有助于了解线性规划问题的基本原理,适合于求解二维问题。下面以一个具体的例子来说明其具体步骤。

例 2.3 利用图解法求解下列线性规划问题。

$$\max Z = 2x_1 + 3x_2$$

$$\begin{cases} 2x_1 + 2x_2 \leqslant 12 \\ x_1 + 2x_2 \leqslant 8 \\ 4x_1 \leqslant 16 \\ 4x_2 \leqslant 12 \\ x_1 \geqslant 0, x_2 \geqslant 0 \end{cases}$$

解:以 x_1、x_2 为两个轴建立直角坐标系,非负条件 $x_1 \geqslant 0$、$x_2 \geqslant 0$ 指第一象限,每个约束条件都代表一个半平面。同时满足所有约束条件的点必然落在 x_1、x_2 坐标轴和由 $2x_1 + 2x_2 \leqslant 12$、$x_1 + 2x_2 \leqslant 8$、$4x_1 \leqslant 16$、$4x_2 \leqslant 12$ 四个半平面交成的区域,如图 2-2 中的阴影部分。阴影区域中的每个点(包含边上的点)都是此线性规划问题的可行解,该区域即为原问题的可行域。

再分析目标函数 $Z = 2x_1 + 3x_2$,在坐标平面中,它表示以 Z 为参数、$-2/3$ 为斜率的一簇平行线 $x_2 = (-2/3)x_1 + Z/3$。当 Z 值由小到大变化时,直线 $x_2 = (-2/3)x_1 + Z/3$ 沿其法线方向向右上方移动,当移动到(4,2)点时,使 Z 值在可行域边界上实现最大化(见图 2-3),

这就得到了例 2.3 的最优解$(4,2)^T$,满足所有约束条件的最大目标函数值为$Z^*=14$。

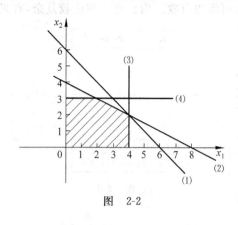
图 2-2

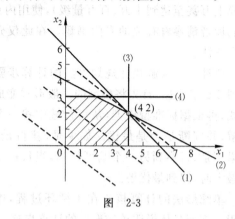
图 2-3

从二维例子的几何意义可以看出,除了取到有限的最优值这种情况外,线性规划的解还可能会有下列三种情形出现(见图 2-4)。

(1) 可行域为空集,原问题无可行解,即原问题不可行(Infeasible)。

(2) 可行域非空但无界,则可能无最优解(即最优值无界(Unbounded),或称为有无界解)。

注意:可行域无界时也可能有(有限的)最优解。

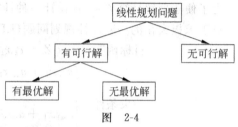
图 2-4

(3) 最优解在凸多边形的一条边上取得,则有无穷多个最优解。由于一般不关心最优解的数目(实际上很难有效地确定最优解的数目),只要找到一个最优解就满足了。

二维的情况可以推广到多维:线性规划的可行域是超平面组成的凸多面体,等值线是超平面,最优解在凸多面体的某个顶点取得。

2.1.4 求解线性规划问题的单纯形法

美国数学家 Dantzig 于 1947 年最早提出线性规划算法——单纯形法(Simplex Method),在 20 世纪 80 年代以前,它几乎是线性规划的唯一算法。其基本思路如下。

将变量的分量分成基变量(Basic Variable)和非基变量(Nonbasic Variable),令非基变量的取值为 0(模型中变量取值的下界),此时的解称为**基本解**(Basic Solution)。从代数角度看,基本解对应于约束矩阵的一个可逆子矩阵(称为基矩阵);从几何上看,基本解中的可行解正好对应于可行域的顶点。单纯形法以迭代方式从一个顶点(基本可行解)转换到另一个顶点,每一步转换称为一次旋转(Pivot),每次旋转只将一个非基变量(指一个分量)变为基变量,称为**进基**,同时将一个基变量变为非基变量,称为**出基**,进基和出基的确定使目标函数值不断增大(对极大化问题)。

20 世纪 80 年代以后,人们提出了一类新的算法——内点算法(Interior Point Method)。内点算法也是迭代法,但不再从可行域的一个顶点转换到另一个顶点,而是直接从可行域的内部逼近最优解。虽然实践证明单纯形法计算效果很好,目前仍然经常使用,但理论上讲内点算法具有单纯形法所不具备的一些优点,尤其对于特别大规模的问题(如变量规模上万甚至达到十万、百万量级),使用内点算法可能更有效。内点算法理论较复杂,有兴趣的读者请参看有关的专门书籍。在此仅介绍单纯形算法。

单纯形法求解线性规划模型的计算步骤可以用图2-5来描述,首先将模型的一般形式变成标准形式,再根据标准型模型,从可行域中找一个基可行解,并判断是否是最优。如果是,获得最优解;如果不是,转换到另一个基可行解,当目标函数达到最大时,得到最优解。

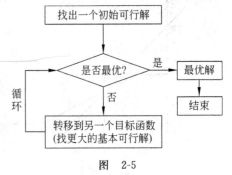

图 2-5

单纯形法的计算核心在于循环过程,即迭代过程。下面具体说明单纯形法的计算步骤。

第一步:找出初始可行基,确定初始基可行解,建立初始单纯形表。

为了便于理解计算关系,现设计一种计算表,称为单纯形表,其功能与增广矩阵相似。对于求极大化的一般线性规划问题(LP),

$$\text{目标函数}:\max Z = c_1 x_1 + c_2 x_2 + \cdots + c_n x_n \tag{2-4}$$

$$\text{约束条件}:\begin{cases} a_{11}x_1 + a_{12}x_2 + \cdots + a_{1n}x_n \leqslant (=,\geqslant) b_1 \\ \vdots \\ a_{m1}x_1 + a_{m2}x_2 + \cdots + a_{mn}x_n \leqslant (=,\geqslant) b_m \end{cases} \tag{2-5}$$

$$x_1 \geqslant 0, \cdots, x_n \geqslant 0 \tag{2-6}$$

对所有约束是"≤"形式的不等式,可以利用化为标准型的方法,在每个约束条件的左端加上一个松弛变量,则可得到下列方程组:

$$\begin{cases} a_{11}x_1 + a_{12}x_2 + \cdots + a_{1n}x_n + x_{n+1} = b_1 \\ a_{21}x_1 + a_{22}x_2 + \cdots + a_{2n}x_n + x_{n+2} = b_2 \\ \vdots \\ a_{m1}x_1 + a_{m2}x_2 + \cdots + a_{mn}x_n + x_{n+m} = b_m \end{cases} \tag{2-7}$$

可以得到一个 $m \times m$ 阶单位矩阵:

$$\boldsymbol{B} = (\boldsymbol{p}_{n+1}, \boldsymbol{p}_{n+2}, \boldsymbol{p}_{n+m}) = \begin{bmatrix} 1 & 0 & \cdots & 0 \\ 0 & 1 & \cdots & 0 \\ \vdots & \vdots & & \vdots \\ 0 & 0 & \cdots & 1 \end{bmatrix}$$

显然 $|\boldsymbol{B}| = 1 \neq 0$,以 $\boldsymbol{B}$ 作为可行基。将式(2-7)每个等式移项得:

$$\begin{cases} x_{n+1} = b_1 - a_{11}x_1 - a_{12}x_2 - \cdots - a_{1n}x_n \\ x_{n+2} = b_2 - a_{21}x_1 - a_{22}x_2 - \cdots - a_{2n}x_n \\ \vdots \\ x_{n+m} = b_m - a_{m1}x_1 - a_{m2}x_2 - \cdots - a_{mn}x_n \end{cases} \tag{2-8}$$

令 $x_1 = x_2 = \cdots = x_n = 0$,由式(2-8)可得 $x_{n+i} = b_i (i=1,2,\cdots,m)$。由于 $b_i \geqslant 0$(前面做过规定),因此可以得到一个初始基可行解:

$$X = (0, \cdots, 0, b_1, b_2, \cdots, b_m)^{\mathrm{T}}$$

注意：当模型中存在"$\geqslant$"或等式约束条件时，则不能很快得到单位矩阵，此时可采用人造基方法（在前面的标准化非标准线性规划模型时已经介绍），即对不等式约束减去一个非负的剩余变量后，再加上一个非负的**人工变量**；对于等式约束再加上一个非负的**人工变量**，总能得到一个单位矩阵。

将式(2-4)和目标函数组成 $n+m$ 个变量、$m+1$ 个方程的方程组：

$$\begin{cases} a_{11}x_1 + a_{12}x_2 + \cdots + a_{1n}x_n + x_{n+1} & = b_1 \\ a_{21}x_1 + a_{22}x_2 + \cdots + a_{2n}x_n + \quad\quad x_{n+2} & = b_2 \\ \vdots \\ a_{m1}x_1 + a_{m2}x_2 + \cdots + a_{mn}x_n + \quad\quad\quad\quad x_{n+m} = b_m \\ -Z + c_1x_1 + \cdots + c_nx_n + c_{n+1}x_{n+1} + \cdots + c_{n+m}x_{n+m} = 0 \end{cases}$$

为了便于之后的运算，可将上述方程组写成增广矩阵的形式，并将增广矩阵按一定的规则放入形如表2-2的计算表中。

表 2-2

	c_j		c_1	$\cdots$	c_n	c_{n+1}	$\cdots$	c_{n+m}	θ_i
C_B	X_B	b	x_1	$\cdots$	x_n	x_{n+1}	$\cdots$	x_{n+m}	
c_{n+1}	x_{n+1}	b_1	a_{11}	$\cdots$	a_{1n}	1	$\cdots$	0	θ_1
c_{n+2}	x_{n+2}	b_2	a_{21}	$\cdots$	a_{2n}	0	$\cdots$	0	θ_2
$\vdots$	$\vdots$	$\vdots$	$\vdots$		$\vdots$	$\vdots$		$\vdots$	$\vdots$
c_{n+m}	x_{n+m}	b_m	a_{m1}	$\cdots$	a_{mn}	0	$\cdots$	1	θ_m
	σ_j		σ_1	$\cdots$	σ_n	σ_{n+1}	$\cdots$	σ_{n+m}	

表 2-2 中，X_B 列填入基变量，这里是 $x_{n+1}, \cdots, x_{n+m}$，通常情况下，均把松弛变量或人工变量作为初始基变量；C_B 列填入基变量的价值系数，它们与基变量相对应；b 列填入约束方程的右端项；c_j 行填入目标函数中各变量的价值系数；θ_i 列的数字是在之后确定换入变量的判断规则（在初始单纯形表中该列先不填任何数据）。

表的最后一行称为检验数行，对应各变量 x_j 的检验数按下列公式计算：

$$\sigma_j = c_j - C_B p_j = c_j - \sum_{i=1}^{m} c_{n+i} a_{ij}, \quad j = 1, 2, \cdots, n+m \tag{2-9}$$

表 2-2 称为**初始单纯形表**。从式(2-9)可以看出，在初始单纯形表中，对应于基变量的检验数均为 0，而非基变量 x_j 的检验数即为 σ_j。

第二步：检验各非基变量 x_j 的检验数 σ_j，若 $\sigma_j \leqslant 0, \forall j$，则已得到最优解，可停止计算，否则转入下一步。

第三步：在所有 $\sigma_j > 0$ 的检验数中，若有某个 σ_k 对应的 x_k 的系数列向量 $p_k \leqslant 0$，则此问题无界（即有无界解），停止计算，否则转入下一步。

第四步：根据 $\max_j \{\sigma_j | \sigma_j > 0\} = \sigma_k$，确定 x_k 为换入变量，如果有多个变量对应的检验数均为最大（一般称为退化情况），则取下标小的变量为换入变量。按 θ 规则计算：

$$\theta = \min(\theta_i = b_i/a_{ik} | a_{ik} > 0) = b_l/a_{lk}$$

可确定 x_l 为换出变量,如果有多个变量对应的 θ 均为最小(同样也称为退化情况),则取下标小的变量为换出变量。转入下一步。

第五步:以 a_{lk} 为主元素进行迭代(即用高斯消去法或称为旋转运算进行初等行变换),在初始单纯形表中,把 x_k 所对应的列向量变换为单位列向量,即

$$\boldsymbol{p}_k = \begin{bmatrix} a_{1k} \\ \vdots \\ a_{lk} \\ \vdots \\ a_{mk} \end{bmatrix} \xrightarrow{\text{初等行变换}} \begin{bmatrix} 0 \\ \vdots \\ 1 \\ \vdots \\ 0 \end{bmatrix} \leftarrow \text{第 } l \text{ 行}$$

在最近得到的单纯形中,将 $\boldsymbol{X}_B$ 列中的 x_l 换为 x_k,$\boldsymbol{C}_B$ 列的 c_l 换为 c_k,得到新的单纯形表,新单纯形表的最后一行的检验数仍按式(2-6)进行计算,即变量 x_j 的新的检验数为

$$\sigma_j = c_j - \boldsymbol{C}_B \boldsymbol{p}_j$$

重复第二步到第五步,直到终止。

例 2.4 用单纯形法求解例 2.3 的模型。

解:将例 2.3 的模型化为标准形式。

$$\max Z = 2x_1 + 3x_2 + 0x_3 + 0x_4 + 0x_5 + 0x_6$$

$$\text{s.t.} \begin{cases} 2x_1 + 2x_2 + x_3 = 12 \\ x_1 + 2x_2 + x_4 = 8 \\ 4x_1 + x_5 = 16 \\ 4x_2 + x_6 = 12 \\ x_1, x_2, x_3, x_4, x_5, x_6 \geqslant 0 \end{cases}$$

取松弛变量 x_3、x_4、x_5、x_6 为基变量,它对应的单位矩阵为基,得到初始基可行解 $X^{(0)} = (0, 0, 12, 8, 16, 12)^T$,将有关数据填入表中,得到表 2-3 所示的初始单纯形表。

表 2-3

	c_j		2	3	0	0	0	0	
C_B	X_B	b	x_1	x_2	x_3	x_4	x_5	x_6	θ_i
0	x_3	12	2	2	1	0	0	0	12/2
0	x_4	8	1	2	0	1	0	0	8/4
0	x_5	16	4	0	0	0	1	0	—
0	x_6	12	0	[4]	0	0	0	1	12/4
	σ_j		2	3↑	0	0	0	0	

从表 2-3 中可以看出,变量 x_2 所对应的检验数 σ_2 为最大,因此确定变量 x_2 进基;另根据 θ 规则,可以确定变量 x_6 出基。以 x_2 所在列和 x_6 所在行的交叉处[4]为主元素进行初等行变换之后,将 $\boldsymbol{X}_B$ 列中的 x_6 替换为 x_2,将 $\boldsymbol{C}_B$ 列中的 $c_6 (=0)$ 替换为 $c_2 (=3)$,并按照公式 $\sigma_j = c_j - \boldsymbol{C}_B \boldsymbol{p}_j$ 计算新的检验数,得到新的单纯形表,如表 2-4 所示。

表 2-4

c_j			2	3	0	0	0	0	θ_i
C_B	X_B	b	x_1	x_2	x_3	x_4	x_5	x_6	
0	x_3	6	2	0	1	0	0	−1/2	6/2
0	x_4	2	[1]	0	0	1	0	−1/2	2
0	x_5	16	4	0	0	0	1	0	16/4
3	x_2	3	0	1	0	0	0	1/4	—
σ_j			2↑	0	0	0	0	−3/4	

按照以上步骤继续进行迭代运算,过程如表 2-5 所示。

表 2-5

c_j			2	3	0	0	0	0	θ_i
C_B	X_B	b	x_1	x_2	x_3	x_4	x_5	x_6	
0	x_3	2	0	0	1	−2	0	[1/2]	4
2	x_1	2	1	0	0	1	0	−1/2	—
0	x_5	8	0	0	0	−4	1	2	4
3	x_2	3	0	1	0	0	0	1/4	12
σ_j			0	0	0	−2	0	1/4↑	
0	x_6	4	0	0	2	−4	0	1	
2	x_1	4	1	0	1	−1	0	0	
0	x_5	0	0	0	−4	4	1	0	
3	x_2	2	0	1	−1/2	1	0	0	
σ_j			0	0	−1/2	−1	0	0	

表 2-5 中的最后一个表称为**最终单纯形表**,检验数行的所有检验数都已为非正数,这表明目标函数值不可能再增大,于是得到最优解 $X^* = (4,2,0,0,0,4)^T$,计算得最优目标函数值 $Z^* = 14$,这与例 2.3 利用图解法所得到的结果相同。

2.1.5 单纯形法的进一步讨论

以上所介绍的计算步骤是针对目标函数为极大化的 LP 问题的,对于目标函数是求极小化的问题,可以将极小化问题转化为求极大化问题,然后用单纯形法求解,也可以利用单纯形法直接求解。求极小化 LP 问题的单纯形表的列法和计算步骤与求极大化问题一样,不同之处在于,求解极小化问题时,用 $\sigma_j \geq 0$ 来判别目标函数值是否已达到最小。

前面曾提到用加入人工变量的方法可以得到初始基可行解。下面介绍当初始基可行解中存在人工变量时,如何用单纯形法进行求解的方法。

1. 大 M 法

在一个线性规划问题的约束条件中加入人工变量后,要求人工变量对目标函数的取值不产生影响。为此,如果是求最大化问题,假定人工变量在目标函数中的系数为$(-M)$(M为任意大的正数);如果是求最小化问题,则假定人工变量在目标函数中的系数为M。目标函数要实现最大化(或最小化)时,必须把人工变量从基变量中全部换出,否则目标函数不可能实现最大化(或最小化)。因此,若在最终单纯形表中,当所有检验数$\sigma_j=c_j-z_j\leqslant 0$(或$\sigma_j=c_j-z_j\geqslant 0$)时,在基变量中还存在人工变量,则表示无可行解。

例 2.5 用大 M 法求解下列线性规划问题:

$$\min Z = 3x_1 - x_3$$

$$\text{s.t.} \begin{cases} x_1 + x_2 + x_3 \leqslant 4 \\ -2x_1 + x_2 - x_3 \geqslant 1 \\ 3x_2 + x_3 = 9 \\ x_1, x_2, x_3 \geqslant 0 \end{cases}$$

解:首先将上述模型的约束条件转化为等式约束:

$$\min Z = 3x_1 - x_3 + 0x_4 + 0x_5$$

$$\text{s.t.} \begin{cases} x_1 + x_2 + x_3 + x_4 = 4 \\ -2x_1 + x_2 - x_3 - x_5 = 1 \\ 3x_2 + x_3 = 9 \\ x_1, x_2, x_3, x_4, x_5 \geqslant 0 \end{cases}$$

为了能够直接找到初始基变量,在以上模型的第 2 个和第 3 个约束的左端加上人工变量 x_6 和 x_7,由于模型的目标函数是求最小值,因此在目标函数中 x_6 和 x_7 的价值系数均取为 M,原模型最终转化为

$$\min Z = 3x_1 - x_3 + 0x_4 + 0x_5 + Mx_6 + Mx_7$$

$$\text{s.t.} \begin{cases} x_1 + x_2 + x_3 + x_4 = 4 \\ -2x_1 + x_2 - x_3 - x_5 + x_6 = 1 \\ 3x_2 + x_3 + x_7 = 9 \\ x_1, x_2, x_3, x_4, x_5, x_6, x_7 \geqslant 0 \end{cases}$$

由于是求极小化问题,所以用 $\sigma_j=c_j-z_j\geqslant 0$ 来判别目标函数是否实现了最小化。取松弛变量 x_4、人工变量 x_6 和 x_7 作为初始基变量,用单纯形法计算过程如表 2-6 所示。

表 2-6

	c_j		3	0	-1	0	0	M	M	θ_i
C_B	X_B	b	x_1	x_2	x_3	x_4	x_5	x_6	x_7	
0	x_4	4	1	1	1	1	0	0	0	4/1
M	x_6	1	-2	[1]	-1	0	-1	1	0	1/1
M	x_7	9	0	3	1	0	0	0	1	9/3
	σ_j		$3+2M$	$-4M\uparrow$	-1	0	M	0	0	
0	x_4	3	3	0	2	1	1	-1	0	3/3
0	x_2	1	-2	1	-1	0	-1	1	0	—
M	x_7	6	[6]	0	4	0	3	-3	1	6/6

续表

	σ_j		$3-6M\uparrow$	0	$-1-4M$	0	$-3M$	$4M$	0	
0	x_4	0	0	0	0	1	$-1/2$	$-1/2$	$-1/2$	—
0	x_2	3	0	1	1/3	0	0	0	1/3	9
3	x_1	1	1	0	[2/3]	0	1/2	$-1/2$	1/6	3/2
	σ_j		0	0	$-3\uparrow$	0	$-3/2$	$M+3/2$	$M-1/2$	
0	x_4	0	0	0	0	1	$-1/2$	1/2	$-1/2$	
0	x_2	5/2	$-1/2$	1	0	0	$-1/4$	1/4	1/4	
-1	x_3	3/2	3/2	0	1	0	3/4	$-3/4$	1/4	
	σ_j		9/2	0	0	0	3/4	$M-3/4$	$M+1/4$	

从表 2-6 中的最终单纯形表可以得到问题的最优解 $X^* = (0, 5/2, 3/2)^T, Z^* = -3/2$。

2. 两阶段法

用计算机处理大 M 法数据时,只能用很大的数代替 M,这样可能造成计算机计算上的错误。因此,可以考虑将求解含有人工变量的单纯形模型的过程分两阶段进行。

第一阶段:在原线性规划问题中加入人工变量,构造如下模型:

$$\min W = x_{n+1} + \cdots + x_{n+m} + 0x_1 + \cdots + 0x_n$$

$$\begin{cases} a_{11}x_1 + \cdots + a_{1n}x_n + x_{n+1} = b_1 \\ \vdots \quad\quad\quad \vdots \quad\quad\quad \ddots \\ a_{m1}x_1 + \cdots + a_{mn}x_n \quad\quad + x_{n+m} = b_m \\ x_1, \cdots, x_{n+m} \geq 0 \end{cases}$$

对上述模型求解(单纯形法),若目标函数的最优值 $W=0$,则说明问题存在基本可行解,可以进行第二个阶段;否则,原问题无可行解,停止运算。

第二阶段:在第一阶段的最终表中,去掉人工变量,将目标函数的系数换成原问题的目标函数系数,作为第二阶段计算的初始表,再用单纯形法进行计算。

例 2.6 用两阶段法求解例 2.5 的模型。

解:先在模型的约束方程中加入人工变量,构造第一阶段的数学模型:

$$\min W = x_6 + x_7$$

$$\text{s.t.} \begin{cases} x_1 + x_2 + x_3 + x_4 = 4 \\ -2x_1 + x_2 - x_3 \quad\quad - x_5 + x_6 = 1 \\ 3x_2 + x_3 \quad\quad\quad\quad\quad + x_7 = 9 \\ x_1, x_2, x_3, x_4, x_5, x_6, x_7 \geq 0 \end{cases}$$

其中,x_6、x_7 为人工变量。用单纯形法求解,如表 2-7 所示。

第一阶段求得 $W^* = 0$,最优解为 $(0, 1, 3, 0, 0, 0, 0)^T$。因人工变量的值均为 0,所以 $(0, 1, 3, 0, 0)^T$ 是原线性规划问题的一个基可行解,进入第二阶段运算。

将第一阶段最终单纯形表中的人工变量去掉,填入原问题的目标函数系数,第二阶段的计算过程如表 2-8 所示。

表 2-7

C_B	X_B	c_j	0	0	0	0	0	1	1	θ_i
		b	x_1	x_2	x_3	x_4	x_5	x_6	x_7	
0	x_4	4	1	1	1	1	0	0	0	4/1
1	x_6	1	−2	[1]	−1	0	−1	1	0	1/1
1	x_7	9	0	3	1	0	0	0	1	9/3
	σ_j		2	−4↑	0	0	1	0	0	
0	x_4	3	3	0	2	1	1	−1	0	3/3
0	x_2	1	−2	1	−1	0	−1	1	0	—
1	x_7	6	[6]	0	4	0	3	−3	1	6/6
	σ_j		−6↑	0	−4	0	−3	4	0	
0	x_4	0	0	0	0	1	−1/2	−1/2	−1/2	
0	x_2	3	0	1	1/3	0	0	0	1/3	
0	x_1	1	1	0	2/3	0	1/2	−1/2	1/6	
	σ_j		0	0	0	0	0	1	1	

表 2-8

C_B	X_B	c_j	3	0	−1	0	0	θ_i
		b	x_1	x_2	x_3	x_4	x_5	
0	x_4	0	0	0	0	1	−1/2	—
0	x_2	3	0	1	1/3	0	0	9
3	x_1	1	1	0	[2/3]	0	1/2	3/2
	σ_j		0	0	−3↑	0	−3/2	
0	x_4	0	0	0	0	1	−1/2	
0	x_2	5/2	−1/2	1	0	0	−1/4	
−1	x_3	3/2	3/2	0	1	0	3/4	
	σ_j		9/2	0	0	0	3/4	

从表 2-8 中的最终单纯形表可以得到问题的最优解 $X^* = (0, 5/2, 3/2)^T, Z^* = -3/2$。

下面,对线性规划模型的单纯形算法做一个总结。

在利用单纯形法求解线性规划模型时,根据实际问题建立数学模型,根据表 2-9 列出的规则对数学模型进行标准化。

根据标准化模型,取松弛变量和人工变量作为初始基变量,列出初始单纯形表。对目标函数求 max 的线性规划问题,用单纯形法计算的框图如图 2-6 所示。

2.1.6 线性规划模型的应用

一般而言,一个经济、管理问题凡是满足以下条件时,才能建立线性规划模型。

(1) 要求解问题的目标函数能用数值指标来反映,且为线性函数。

(2) 存在着多种方案。

表 2-9

		线性规划模型	化为标准形式
	变量	$x_j \geqslant 0$	不变
		$x_j \leqslant 0$	令 $x_j = -x_j'$,其中 $x_j' \geqslant 0$
		x_j 取值无约束	令 $x_j = x_j' - x_j''$,其中 $x_j', x_j'' \geqslant 0$
约束条件	右端项	$b_i \geqslant 0$	不变
		$b_i \leqslant 0$	约束条件两端乘"-1"
	约束类型	$\sum_{j=1}^{n} a_{ij}x_j \leqslant b_i$	$\sum_{j=1}^{n} a_{ij}x_j + x_{si} = b_i$
		$\sum_{j=1}^{n} a_{ij}x_j \leqslant b_i$	$\sum_{j=1}^{n} a_{ij}x_j + x_{ai} = b_i$
		$\sum_{j=1}^{n} a_{ij}x_j \leqslant b_i$	$\sum_{j=1}^{n} a_{ij}x_j - x_{si} + x_{ai} = b_i$
目标函数	极大或极小	$\max Z = \sum_{j=1}^{n} c_j x_j$	不变
		$\min Z = \sum_{j=1}^{n} c_j x_j$	令 $Z' = -Z$,化为求 $\max Z' = -\sum_{j=1}^{n} c_j x_j$
	变量前的系数	加松弛变量或剩余变量 x_{si} 时	$\max Z = \sum_{j=1}^{n} c_j x_j + 0 x_{si}$
		加人工变量 x_{ai} 时	$\max Z = \sum_{j=1}^{n} c_j x_j - M x_{ai}$

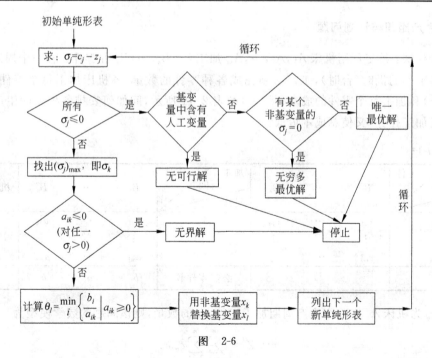

图 2-6

（3）要求达到的目标是在一定条件下实现的,这些约束可用线性等式或不等式描述。

1. 资源的合理利用问题

一般提法：某厂计划在下一生产周期内生产 $B_1, B_2, \cdots, B_n$ 种产品,要消耗 $A_1, A_2, \cdots, A_m$ 种资源,已知每件产品所消耗的资源数、每种资源的数量限制以及每件产品可获得的利润如表 2-10 所示,问如何安排生产计划,才能充分利用现有的资源,使获得的总利润最大？

表 2-10

单位消耗 资源 \ 产品	B_1	$\cdots$	B_n	资源限制
A_1	a_{11}	$\cdots$	a_{1n}	b_1
$\vdots$	$\vdots$	$\vdots$	$\vdots$	$\vdots$
A_m	a_{m1}	$\cdots$	a_{mn}	b_m
单件利润	c_1	$\cdots$	c_n	

设产品 B_j 的生产数量为 x_j,则此类问题的数学模型如下：

$$\max Z = \sum c_j x_j$$

$$\text{s. t.} \begin{cases} \sum a_{ij} x_j \leqslant b_i \\ x_j \geqslant 0 \end{cases}$$

2. 生产组织与计划问题

一般提法：某工厂用机床 $A_1, A_2, \cdots, A_m$ 加工 $B_1, B_2, \cdots, B_n$ 种零件。在一个周期内,各机床可能工作的机时(台时),工厂必须完成各种零件的数量、各机床加工每个零件的时间(机时/个)和加工每个零件的成本(元/个)如表 2-11 所示,问如何安排各机床的生产任务,才能完成加工任务,又使总成本最低？

表 2-11

加工成本 机床 \ 零件	B_1	$\cdots$	B_n	加工时间 机床 \ 零件	B_1	$\cdots$	B_n	机时限制
A_1	c_{11}	$\cdots$	c_{1n}	A_1	a_{11}	$\cdots$	a_{1n}	a_1
$\vdots$	$\vdots$	$\vdots$	$\vdots$	$\vdots$	$\vdots$	$\vdots$	$\vdots$	$\vdots$
A_m	c_{m1}	$\cdots$	c_{mn}	A_m	a_{m1}	$\cdots$	a_{mn}	a_m
				必需零件数	b_1	$\cdots$	b_n	

设 x_{ij} 为机床 A_i 在一个生产周期加工零件 B_j 的数量,则该问题的数学模型为

$$\min Z = \sum_{i=1}^{m} \sum_{j=1}^{n} c_{ij} x_{ij}$$

$$\text{s.t.} \begin{cases} \sum_{j=1}^{n} a_{ij} x_{ij} \leqslant a_i, & i = 1, \cdots, m \\ \sum_{i=1}^{m} x_{ij} \geqslant b_j, & j = 1, \cdots, n \\ x_{ij} \geqslant 0, & \forall i, j \end{cases}$$

3. 合理下料问题

一般提法：设用某种原材料截取零件 A_1、A_2、$\cdots$、A_m 的毛坯。根据以往的经验，在一种原材料上可以有 B_1、B_2、$\cdots$、B_n 种不同的下料方式，每种下料方式可截得的各种毛坯个数以及每种零件的需要量如表 2-12 所示，问应如何下料才能既满足需要又使原材料消耗最少？

表　2-12

下料方式 毛胚型号	B_1	$\cdots$	B_n	需要毛胚数
A_1	a_{11}	$\cdots$	a_{1n}	b_1
$\vdots$	$\vdots$	$\vdots$	$\vdots$	$\vdots$
A_m	a_{m1}	$\cdots$	a_{mn}	b_m

设 x_j 为用 B_j 种下料方式下料的原材料件数，则该问题的数学模型可表示为

$$\min Z = x_1 + x_2 + \cdots + x_n$$

$$\text{s.t.} \begin{cases} a_{11} x_1 + \cdots + a_{1n} x_n \geqslant b_1 \\ \vdots \\ a_{m1} x_1 + \cdots + a_{mn} x_n \geqslant b_m \\ x_j \geqslant 0 \quad (j = 1, 2, \cdots, n) \end{cases}$$

例 2.7 现有一批某种型号的圆钢长 8m，需要截取 2.5m 长的毛坯 100 根，长 1.3m 的毛坯 200 根。问如何才能既满足需要，又能使总的用料最少？

解：先考虑可能的套裁下料方案，如表 2-13 所示。

表　2-13

下料根数 毛坯型号	下料方案				需要数量
	Ⅰ	Ⅱ	Ⅲ	Ⅳ	
2.5m	3	2	1	0	100
1.3m	0	2	4	6	200
合计	7.5	7.6	7.7	7.8	—
料头	0.5	0.4	0.3	0.2	

设采用第 i 种套裁下料方案的圆钢根数为 x_i，则该问题的数学模型如下：

$$\min Z = x_1 + x_2 + x_3 + x_4$$

$$\text{s. t.} \begin{cases} 3x_1 + 2x_2 + x_3 \geqslant 100 \\ 2x_2 + 4x_3 + 6x_4 \geqslant 200 \\ x_j \geqslant 0 \quad (j=1,2,3,4) \end{cases}$$

如果考虑所剩料头的数量最少,则该问题的数学模型为

$$\min Z = 0.5x_1 + 0.4x_2 + 0.3x_3 + 0.2x_4$$

$$\text{s. t.} \begin{cases} 3x_1 + 2x_2 + x_3 \geqslant 100 \\ 2x_2 + 4x_3 + 6x_4 \geqslant 200 \\ x_j \geqslant 0 \quad (j=1,2,3,4) \end{cases}$$

4. 合理配料问题

一般提法:某饲养场用 n 种饲料 B_1、B_2、$\cdots$、B_n 配置成含有 m 种营养成分 A_1、A_2、$\cdots$、A_m 的混合饲料,其余资料如表 2-14 所示。问应如何配料,才能既满足需要,又使混合饲料的总成本最低?

表 2-14

含量\饲料\成分	B_1	$\cdots$	B_n	最低需要量
A_1	a_{11}	$\cdots$	a_{1n}	b_1
$\vdots$	$\vdots$	$\vdots$	$\vdots$	$\vdots$
A_m	a_{m1}	$\cdots$	a_{mn}	b_m
原料单价	c_1	$\cdots$	c_n	

设 x_j 表示第 j 种饲料所用的数量,则该类问题的数学模型如下:

$$\min Z = \sum_{j=1}^{n} c_j x_j$$

$$\text{s. t.} \begin{cases} \sum_{j=1}^{n} a_{ij} x_j \geqslant b_i \quad (i=1,2,\cdots,m) \\ x_j \geqslant 0 \end{cases}$$

例 2.8 某饲养场养动物出售,设每头动物每天至少需要 700g 蛋白质、30g 矿物质、100mg 维生素。现有五种饲料可供选用,各种饲料每 kg 营养成分含量及单价如表 2-15 所示。

表 2-15

饲料	蛋白质/g	矿物质/g	维生素/mg	价格/元/千克
1	3	1	0.5	0.2
2	2	0.5	1	0.7
3	1	0.2	0.2	0.4
4	6	2	2	0.3
5	18	0.5	0.8	0.8

要求确定既能满足动物生长的营养需要,又使费用最省的选用饲料的方案。

解:设 x_j 表示第 j 种饲料所用的数量,则该类问题的数学模型如下:

$$\min Z = \boldsymbol{Cx}$$

$$\text{s.t.} \begin{cases} \boldsymbol{Ax} \geqslant \boldsymbol{b} \\ \boldsymbol{x} \geqslant \boldsymbol{0} \end{cases}$$

其中,$\boldsymbol{C}=(0.2,0.7,0.4,0.3,0.8)$,$\boldsymbol{b}=(700,30,100)^{\mathrm{T}}$,$\boldsymbol{x}=(x_1,x_2,x_3,x_4,x_5)^{\mathrm{T}}$。

$$\boldsymbol{A} = \begin{bmatrix} 3 & 2 & 1 & 6 & 18 \\ 1 & 0.5 & 0.2 & 2 & 0.5 \\ 0.5 & 1 & 0.2 & 2 & 0.8 \end{bmatrix}$$

5. 作物布局问题

已知资料如表 2-16 所示,假设 $\sum_{i=1}^{m} a_i = \sum_{j=1}^{n} b_j$。

表 2-16

单产 土地 作物	B_1	$\cdots$	B_n	播种面积
A_1	c_{11}	$\cdots$	c_{1n}	a_1
$\vdots$	$\vdots$		$\vdots$	$\vdots$
A_m	c_{m1}	$\cdots$	c_{mn}	a_m
土地面积	b_1	$\cdots$	b_n	

设 x_{ij} 为土地 B_j 种植作物 A_i 的面积数,则此类问题的数学模型可表示为

$$\max Z = \sum_{i=1}^{m} \sum_{j=1}^{n} c_{ij} x_{ij}$$

$$\text{s.t.} \begin{cases} \sum_{j=1}^{n} x_{ij} = a_i & (i=1,2,\cdots,m) \\ \sum_{i=1}^{m} x_{ij} = b_j & (j=1,2,\cdots,n) \\ x_{ij} \geqslant 0 \end{cases}$$

例 2.9 某农场有 100 公顷土地及 15 000 元资金可用于发展生产。农场劳动力情况为秋冬季 3500 人日,春夏季 4000 人日,如劳动力本身用不了时可外出干活,春夏季收入为 2.1 元/人日,秋冬季收入为 1.8 元/人日。该农场种植三种作物:大豆、玉米、小麦,并饲养奶牛和鸡。种作物时不需要专门投资,而饲养动物时每头奶牛投资 400 元,每只鸡投资 3 元。养奶牛时每头需拨出 1.5 公顷土地种饲草,并占用人工秋冬季为 100 人日,春夏季为 50 人日,年净收入 400 元/每头奶牛。养鸡时不占土地,需人工为每只鸡秋冬季需 0.6 人日,春夏季为 0.3 人日,年净收入为 2 元/每只鸡。农场现有鸡舍允许最多养 3000 只鸡,牛栏允许最多养 32 头奶牛。三种作物每年需要的人工及收入情况如表 2-17 所示。

试决定该农场的经营方案,使年净收入为最大。

表 2-17

	大豆	玉米	麦子
秋冬季需人日数	20	35	10
春夏季需人日数	50	75	40
年净收入(元/公顷)	175	300	120

解：用 x_1、x_2、x_3 分别代表大豆、玉米和麦子的种植面积，x_4、x_5 分别代表奶牛和鸡的饲养数；x_6、x_7 分别代表秋冬季和春夏季多余的劳动力，则有

$$\max Z = 175x_1 + 300x_2 + 120x_3 + 400x_4 + 2x_5 + 1.8x_6 + 2.1x_7$$

$$\text{s.t.} \begin{cases} x_1 + x_2 + x_3 + 1.5x_4 \leqslant 100 & (\text{土地限制}) \\ 400x_4 + 3x_5 \leqslant 15000 & (\text{资金限制}) \\ 20x_1 + 35x_2 + 10x_3 + 100x_4 + 0.6x_5 + x_6 = 3500 \\ 50x_1 + 175x_2 + 40x_3 + 50x_4 + 0.3x_5 + x_7 = 4000 \end{cases} (\text{劳动力限制}) \\ x_4 \leqslant 32 \quad (\text{牛栏限制}) \\ x_5 \leqslant 3000 \quad (\text{鸡舍限制}) \\ x_j \geqslant 0, \quad j = 1, 2, \cdots, 7 \end{cases}$$

另外，在实际应用中，还有大量的问题可以用线性规划模型来描述，例如，运输问题、连续投资问题、投入产出问题等，在此不一一介绍。有兴趣的读者可以参照其他的参考书写出这些问题的数学模型。

2.2 对偶理论

2.2.1 对偶问题的提出

这里的对偶是指对同一事物(问题)从不同的角度(立场)观察，有两种对立的表述。在介绍对偶问题之前，先看一个例子。

例 2.10 某工厂拥有 A、B、C 三种类型的设备，生产甲、乙两种产品。单位产品在生产中需要占用的设备机时数、可以获得的利润以及三种设备可利用的时数如表 2-18 所示。求获利最大的生产方案。

表 2-18

	产品甲	产品乙	设备机时/h
设备 A	3	2	55
设备 B	2	1	30
设备 C	0	3	65
利润/元/千克	150	250	

解：使该工厂获利最大的线性规划模型为(其中的 x_1、x_2 分别为产品甲和产品乙的生产量)

$$\max Z = 150x_1 + 250x_2$$

$$\text{s.t.} \begin{cases} 3x_1 + 2x_2 \leqslant 55 \\ 2x_1 + x_2 \leqslant 30 \\ 3x_2 \leqslant 65 \\ x_1, x_2 \geqslant 0 \end{cases}$$

求解此模型可得产品甲和乙分别生产 3.89kg 和 21.67kg, 最大总利润为 6000 元。

假设该工厂的决策者决定不生产产品甲和乙, 而将其所有的三台设备都用于外协加工。此时决策者需要考虑应如何收取外协加工费才最有竞争力, 即设备用于外协加工比自己生产产品更合算?

设 y_1、y_2、y_3 分别为设备 A、B、C 用于外协加工时每工时的收费。决策者在做决策时做如下比较: 设备 A 用 3 个工时、设备 B 用 2 个工时可以生产一件产品甲, 可获利 150 元, 那么生产每件产品甲的设备工时外协加工所得的收入应不低于生产一千克产品甲的利润, 即

$$3y_1 + 2y_2 \geqslant 150$$

同理, 将生产产品乙的设备工时用于外协加工的所有收入应不低于生产一千克产品乙的利润, 即

$$2y_1 + y_2 + 3y_3 \geqslant 250$$

把所有的设备工时全部用于外协加工所能得到的所有收入为

$$f = 55y_1 + 30y_2 + 65y_3$$

从工厂决策者来看, 当然 f 越大越好; 但从接受者来看, 他的支付越少越好, 所以决策者只能在满足大于等于所有产品的利润条件下, 提出一个尽可能低的外协收费, 才能实现其原意, 为此需要解如下的线性规划问题

$$\min f = 55y_1 + 30y_2 + 65y_3$$

$$\text{s.t.} \begin{cases} 3y_1 + 2y_2 \geqslant 150 \\ 2y_1 + y_2 + 3y_3 \geqslant 250 \\ y_1, y_2, y_3 \geqslant 0 \end{cases}$$

称此线性规划问题为例 2.10 线性规划问题(这里称原问题)的**对偶问题**。

一般地, 设线性规划问题

$$\max Z = \sum_{j=1}^{n} c_j x_j$$

$$(\text{LP}) \begin{cases} \sum_{j=1}^{n} a_{ij} x_j \leqslant b_i & (i=1,2,\cdots,m) \\ x_j \geqslant 0 & (j=1,2,\cdots,n) \end{cases} \xrightarrow{\text{矩阵形式}} \begin{cases} \max Z = \boldsymbol{CX} \\ \boldsymbol{AX} \leqslant \boldsymbol{b} \\ \boldsymbol{X} \geqslant \boldsymbol{0} \end{cases} \quad (2\text{-}10)$$

在(LP)的矩阵表达式中加入松弛变量, 得到

$$\max Z = \boldsymbol{CX} + \boldsymbol{0X}_S$$

$$\text{s.t.} \begin{cases} \boldsymbol{AX} + \boldsymbol{IX}_S = \boldsymbol{b} \\ \boldsymbol{X} \geqslant \boldsymbol{0}, \boldsymbol{X}_S \geqslant \boldsymbol{0} \end{cases} \quad (2\text{-}11)$$

单纯形法计算时总是选取 $\boldsymbol{I}$ 为初始基, 对应的基变量为 $\boldsymbol{X}_S$。设迭代若干步后基变量为

X_B,X_B 在初始单纯形表中的系数矩阵为 B。将 B 在初始表中单独列出来,而 A 中去掉 B 的若干列后剩下的列组成矩阵 N。则模型(2-11)的初始单纯形表如表 2-19 所示。

当迭代若干步后,基变量为 X_B 时,则该步的单纯形表中由 X_B 系数组成的矩阵为 I。对应 X_S 的系数矩阵在新表中应为 B^{-1}。故当基变量为 X_B 时,新的单纯形表如表 2-20 所示。

表 2-19

			非基变量		基变量
			X_B	X_N	X_S
0	X_S	b	B	N	I
	σ_j		C_B	C_N	0

表 2-20

			基变量	非基变量	
			X_B	X_N	X_S
C_B	X_B	$B^{-1}b$	I	$B^{-1}N$	B^{-1}
	σ_j		0	$C_N-C_BB^{-1}N$	$-C_BB^{-1}$

当 B 为最优基时,在上表中

$$C_N - C_B B^{-1} N \leqslant 0 \qquad (2\text{-}12)$$

$$-C_B B^{-1} \leqslant 0 \qquad (2\text{-}13)$$

因 X_B 的检验数可写为

$$C_B - C_B B^{-1} B = 0 \qquad (2\text{-}14)$$

将式(2-12)、(2-13)和(2-14)三个式子合并则可以得到

$$\begin{cases} C - C_B B^{-1} A \leqslant 0 \\ -C_B B^{-1} \leqslant 0 \end{cases} \qquad (2\text{-}15)$$

称 $C_B B^{-1}$ 为单纯形乘子,令 $Y^T = C_B B^{-1}$,则式(2-15)变为

$$\begin{cases} A^T Y \geqslant C^T \\ Y \geqslant 0 \end{cases} \qquad (2\text{-}16)$$

由 $Y^T = C_B B^{-1}$ 得到

$$Y^T b = C_B B^{-1} b = Z$$

因 Y 的上界为无限大,所以只存在最小值。从这里可以得到另一个线性规划问题:

$$\min f = b^T Y$$

$$\text{s. t.} \begin{cases} A^T Y \geqslant C^T \\ Y \geqslant 0 \end{cases}$$

称它为原线性规划问题(LP)的**对偶规划问题**。

从以上可以看出,原问题单纯形表中 X_S 的检验数行,若取其相反数恰好是其对偶问题的一个可行解。

2.2.2 线性规划的对偶理论

1. 原问题与对偶问题的关系

一般地,称

$$\text{(LP)} \quad \begin{array}{l} \max Z = \boldsymbol{CX} \\ \text{s.t.} \begin{cases} \boldsymbol{AX} \leqslant \boldsymbol{b} \\ \boldsymbol{X} \geqslant \boldsymbol{0} \end{cases} \end{array} \quad 与 \quad \text{(DP)} \quad \begin{array}{l} \min f = \boldsymbol{b}^\mathrm{T} \boldsymbol{Y} \\ \text{s.t.} \begin{cases} \boldsymbol{A}^\mathrm{T} \boldsymbol{Y} \geqslant \boldsymbol{C}^\mathrm{T} \\ \boldsymbol{Y} \geqslant \boldsymbol{0} \end{cases} \end{array}$$

为一对对称形式的对偶规划。一对对称形式的对偶规划之间存在着互为对偶的关系，即(DP)是(LP)的对偶规划，同样(LP)也是(DP)的对偶规划(对偶问题的对偶是原问题)。

一对对称形式的对偶规划之间具有下面的对应关系。

(1) 若一个模型为目标求"极大"，约束为"小于等于"的不等式，则它的对偶模型为目标求"极小"，约束是"大于等于"的不等式，即"max,$\leqslant$"和"min,$\geqslant$"相对应。

(2) 从约束系数矩阵看：一个模型中为 $\boldsymbol{A}$，则另一个模型中为 $\boldsymbol{A}^\mathrm{T}$。一个模型是 m 个约束，n 个变量，则它的对偶模型为 n 个约束，m 个变量。

(3) 从数据 $\boldsymbol{b}$、$\boldsymbol{C}$ 的位置看：在两个规划模型中，$\boldsymbol{b}$ 和 $\boldsymbol{C}$ 的位置对换。

(4) 两个规划模型中的变量皆非负。

一般称不具有对称形式的一对线性规划为非对称形式的对偶规划。

对于非对称形式的规划，可以按照下面的对应关系直接给出其对偶规划。

(1) 将模型统一为"max,$\leqslant$"或"min,$\geqslant$"的形式，对于其中的等式约束按下面(2)、(3)中的方法处理。

(2) 若原规划的某个约束条件为等式约束，则在对偶规划中与此约束对应的那个变量取值没有非负限制。

(3) 若原规划的某个变量的值没有非负限制，则在对偶问题中与此变量对应的那个约束为等式。

综上所述，线性规划的原问题与对偶问题的关系，其变化形式可归纳为表 2-21 所示的对应关系。

表 2-21

原问题(或对偶问题)	对偶问题(或原问题)
目标函数 max Z	目标函数 min f
变量 $\begin{cases} n \text{ 个} \\ \geqslant 0 \\ \leqslant 0 \\ 无约束 \end{cases}$	$\begin{cases} n \text{ 个} \\ \geqslant \\ \leqslant \\ = \end{cases}$ 约束条件
约束条件 $\begin{cases} m \text{ 个} \\ \leqslant \\ \geqslant \\ = \end{cases}$	$\begin{cases} m \text{ 个} \\ \geqslant 0 \\ \leqslant 0 \\ 无约束 \end{cases}$ 变量
约束条件右端项	目标函数变量的系数
目标函数变量的系数	约束条件右端项

例 2.11 写出下面线性规划的对偶规划模型。

$$\max Z = x_1 - x_2 + 5x_3 - 7x_4$$

$$\text{s.t.} \begin{cases} x_1+3x_2-2x_3+x_4=25 \\ 2x_1+7x_3+2x_4 \geqslant -60 \\ 2x_1+2x_2-4x_3 \leqslant 30 \\ -5 \leqslant x_4 \leqslant 10, x_1, x_2 \geqslant 0, x_3 \text{ 没有非负限制} \end{cases}$$

解：先将约束条件变形为"$\leqslant$"形式：

$$\begin{cases} x_1+3x_2-2x_3+x_4=25 \\ -2x_1-7x_3-2x_4 \leqslant 60 \\ 2x_1+2x_2-4x_3 \leqslant 30 \\ x_4 \leqslant 10 \\ -x_4 \leqslant 5 \\ x_1 \geqslant 0, x_2 \geqslant 0, x_3, x_4 \text{ 没有非负限制} \end{cases}$$

再根据非对称形式的对应关系，直接写出对偶规划：

$$\min f = 25y_1 + 60y_2 + 30y_3 + 10y_4 + 5y_5$$

$$\text{s.t.} \begin{cases} y_1-2y_2+2y_3 \geqslant 1 \\ 3y_1+2y_3 \geqslant -1 \\ -2y_1-7y_2-4y_3 = 5 \\ y_1-2y_2+y_4-y_5=-7 \\ y_1 \text{ 没有非负限制}, y_2, y_3, y_4, y_5 \geqslant 0 \end{cases}$$

2. 对偶定理（原问题与对偶问题解的关系）

定理 2.1（弱对偶定理）

若 X、Y 分别为 (LP) 和 (DP) 的可行解，那么 $CX \leqslant b^T Y$。

推论（无界性）：若 (LP) 可行，那么 (LP) 无有限最优解的充分必要条件是 (DP) 无可行解。

注意：此推论不存在逆。当原问题（对偶问题）无可行解时，其对偶问题（原问题）或具有无界解或无可行解。例如，下述一对问题两者都无可行解。

原问题（对偶问题）　　对偶问题（原问题）

$\min f = -x_1 - x_2$ 　　　$\max Z = y_1 + y_2$

$\text{s.t.} \begin{cases} x_1 - x_2 \geqslant 1 \\ -x_1 + x_2 \geqslant 1 \\ x_1, x_2 \geqslant 0 \end{cases}$ 　　$\text{s.t.} \begin{cases} y_1 - y_2 \leqslant -1 \\ -y_1 + y_2 \leqslant -1 \\ y_1, y_2 \geqslant 0 \end{cases}$

定理 2.2（最优性准则定理）

若 X_0、Y_0 分别为 (LP) 和 (DP) 的可行解，且 $CX_0 = b^T Y_0$，则 X_0、Y_0 分别为 (LP) 和 (DP) 的最优解。

证明：若 $CX_0 = b^T Y_0$，根据弱对偶定理，对偶问题的所有可行解 $\overline{Y}$，都存在 $CX_0 \leqslant b^T \overline{Y}$，又因为 $CX_0 = b^T Y_0$，所以 $b^T \overline{Y} \geqslant b^T Y_0$。由此可见，$Y_0$ 是使 (DP) 目标函数取最小的可行解，因而是最优解。同样可证明，对于原问题的所有可行解 $\overline{X}$，存在 $CX_0 = b^T Y_0 \geqslant C\overline{X}$。所以 X_0 是最

优解。

定理 2.3（对偶定理）

若(LP)有最优解，那么(DP)也有最优解，且两者的目标函数最优值相等。

证明：设 $\hat{X}$ 是原问题的最优解，它对应的基矩阵 B 必存在 $C-C_B B^{-1}A\leqslant 0$，即得到 $A^T\hat{Y}\geqslant C^T$，其中 $\hat{Y}=C_B B^{-1}$。

若这时 $\hat{Y}$ 是对偶问题的可行解，它使 $f=\hat{Y}b=C_B B^{-1}b$。因原问题的最优解 $\hat{X}$ 使目标函数取值 $Z=C\hat{X}=C_B B^{-1}b$。

由此得到 $\hat{Y}b=C_B B^{-1}b=C\hat{X}$。可见，$\hat{Y}$ 是对偶问题的最优解。

定理 2.4（互补松弛性）

在线性规划问题的最优解中，如果对应某一约束条件的对偶变量值为非零，则该约束条件取严格等式；反之如果约束条件取严格不等式，则其对应的对偶变量一定为零。

设原问题为
$$\max Z = CX; AX+X_S = b; X, X_S \geqslant 0$$
它的对偶问题是
$$\min f = Yb; YA - Y_S = C; Y, Y_S \geqslant 0$$
则原问题单纯形表的检验数行对应其对偶问题的一个基解，其对应关系如表 2-22 所示。

表 2-22

X_B	X_N	X_S
0	$C_N - C_B B^{-1}N$	$-C_B B^{-1}$
Y_{S1}	$-Y_{S2}$	$-Y$

其中 Y_{S1} 对应原问题中基变量 X_B 的剩余变量，Y_{S2} 是对应原问题中非基变量 X_N 的剩余变量。

互补松弛性还可表述为：若 $\hat{X}$ 和 $\hat{Y}$ 分别是原问题和对偶问题的可行解，则 $\hat{Y}^T X_S=0$ 和 $Y_S^T \hat{X}=0$，当且仅当 $\hat{X}$ 和 $\hat{Y}$ 均为最优解。

例 2.12 已知线性规划问题：
$$\max Z = x_1 + x_2$$
$$\text{s.t.} \begin{cases} -x_1 + x_2 + x_3 \leqslant 2 \\ -2x_1 + x_2 - x_3 \leqslant 1 \\ x_1, x_2, x_3 \geqslant 0 \end{cases}$$
试用对偶理论证明上述线性规划问题无有限最优解。

证明：首先看到该问题存在可行解，例如 $X=(1,1,1)^T$，而上述问题的对偶问题为
$$\min f = 2y_1 + y_2$$

$$\text{s.t.} \begin{cases} -y_1 - 2y_2 \geqslant 1 \\ y_1 + y_2 \geqslant 1 \\ y_1 - y_2 \geqslant 0 \\ y_1, y_2 \geqslant 0 \end{cases}$$

由第一个约束条件可知对偶问题无可行解,因原问题有可行解,故无有限最优解。

例 2.13 已知线性规划问题:
$$\max Z = 2x_1 + x_2 + 5x_3 + 6x_4$$
$$\text{s.t.} \begin{cases} 2x_1 + x_3 + x_4 \leqslant 8 \\ 2x_1 + 2x_2 + x_3 + 2x_4 \leqslant 12 \\ x_j \geqslant 0, \quad j = 1, 2, 3, 4 \end{cases}$$

其对偶问题的最优解为 $y_1^* = 4, y_2^* = 1$,试运用对偶问题的性质,求原问题的最优解。

解:上述问题的对偶问题为
$$\min f = 8y_1 + 12y_2$$
$$\text{s.t.} \begin{cases} 2y_1 + 2y_2 \geqslant 2 \\ 2y_2 \geqslant 1 \\ y_1 + y_2 \geqslant 5 \\ y_1 + 2y_2 \geqslant 6 \\ y_1, y_2 \geqslant 0 \end{cases}$$

将 $y_1^* = 4, y_2^* = 1$ 代入约束条件可得,第 1 和第 2 个约束条件为严格不等式,由互补松弛性得 $x_1^* = x_2^* = 0$。又因为 $y_1^*, y_2^* \geqslant 0$,所以原问题的两个约束条件取等式,故有
$$x_3 + x_4 = 8$$
$$x_3 + 2x_4 = 12$$

求解得 $x_3^* = 4, x_4^* = 4$。所以原问题的最优解为
$$X^* = (0, 0, 4, 4)^T, \quad Z^* = 44$$

2.2.3 对偶问题的经济解释

1. 影子价格

影子价格是一个向量,它的分量表示最优目标值随相应资源数量变化的变化率。

若 X^*、Y^* 分别为(LP)和(DP)的最优解,那么,
$$CX^* = b^T Y^*$$

根据 $f = b^T Y^* = b_1 y_1^* + \cdots + b_m y_m^*$,可知 $\partial f / \partial b_i = y_i^*$。因此可知,$y_i^*$ 表示 b_i 变化 1 个单位对目标 f 产生的影响,称 y_i^* 为 b_i 的影子价格。

影子价格的经济含义如下。

(1) 影子价格是对现有资源实现最大效益时的一种估价。

企业可以根据现有资源的影子价格,对资源的使用有两种考虑:第一,是否将设备用于外加工或出租,若租费高于某设备的影子价格,可考虑出租该设备,否则不宜出租。第二,是否将投资用于购买设备,以扩大生产能力,若市价低于某设备的影子价格,可考虑买进该设

备,否则不宜买进。

(2) 影子价格表明资源增加对总效益产生的影响。根据定理 2.2 可知,在最优解的情况下,有关系
$$Z^* = f^* = b_1 y_1^* + b_2 y_2^* + \cdots + b_m y_m^*$$
因此,可以将 Z^* 看作是 $b_i(i=1,2,\cdots,m)$ 的函数,对 b_i 求偏导数可得到
$$\frac{\partial Z^*}{\partial b_i} = y_i^*, \quad i=1,2,\cdots,m$$
这说明,如果右端常数增加一个单位,则目标函数值的增量将是
$$y_i^*, \quad i=1,2,\cdots,m$$

影子价格不是一种真实价格,而是系统资源价值的映像表现。但是可以通过影子价格对系统资源的利用情况作出客观评价,从而决定企业的经营策略。因此,影子价格是在最优决策下对资源的一种估价,没有最优决策就没有影子价格,所以影子价格又称为"最优计划价格"、"预测价格"等。

资源的影子价格定量地反映了单位资源在最优生产方案中为总收益所作出的贡献,因此,资源的影子价格也可称为在最优方案中投入生产的机会成本。

若第 i 种资源的单位市场价格为 m_i,当 $y_i^* > m_i$ 时,企业愿意购进这种资源,单位纯利为 $y_i^* - m_i$,则有利可图;如果 $y_i^* < m_i$,则企业有偿转让这种资源,可获单位纯利 $m_i - y_i^*$,否则,企业无利可图,甚至亏损。

例 2.14 某公司生产甲、乙两种产品,需要消耗两种原材料 A、B,其中消耗参数如表 2-23 所示。问该公司如何安排生产才能使销售利润最大?

表 2-23

	甲产品	乙产品	每天可供量	资源单位成本/万元
A	2	3	25 单位	5
B	1	2	15 单位	10
产品售价/万元	23	40		

解:本问题可以建立线性规划来求解。根据给定的资料,有两种建模方法。建立模型如下。

模型一:设生产甲、乙两种产品的数量分别为 x_1、x_2;两种原材料 A、B 的使用量分别为 x_3、x_4。

则有
$$\max Z = 23x_1 + 10x_2 - 5x_3 - 10x_4$$
$$\text{s.t.} \begin{cases} 2x_1 + 3x_2 - x_3 = 0 \\ x_1 + 2x_2 - x_4 = 0 \\ x_3 \leq 25 \\ x_4 \leq 15 \\ x_1, x_2, x_3, x_4 \geq 0 \end{cases}$$

其最优解为 $\boldsymbol{X} = (5,5,25,15)^T, Z^* = 40$,对偶解为 $\boldsymbol{Y} = (6,11,1,1)^T$。

模型二：直接计算出目标函数系数的销售利润，建立模型。

设生产甲、乙两种产品的数量分别为 x_1、x_2，则有
$$\max Z = 3x_1 + 5x_2$$
$$\text{s.t.} \begin{cases} 2x_1 + 3x_2 \leqslant 25 \\ x_1 + 2x_2 \leqslant 15 \\ x_1, x_2 \geqslant 0 \end{cases}$$

其最优解为 $\boldsymbol{X} = (5,5)^T$，$Z^* = 40$，对偶解为 $\boldsymbol{Y} = (1,1)^T$。

这两个模型在本质上没有什么差别，但求出的对偶解却明显不同。在第一个模型中，对偶解为 $\boldsymbol{Y} = (6,11,1,1)^T$，而第二个模型中的对偶解为 $\boldsymbol{Y} = (1,1)^T$。在模型一中，对偶解是真正意义上的影子价格，$y_1^* = 6$ 表明，在这个系统中，原材料 A 的真正价值是 6 万元，同该原材料的采购成本 5 万元相比，每增加一个单位的投入可以使企业净增加 1 万元收入，其恰好是第三个约束的对偶解；$y_2^* = 11$ 也可以依此进行解释。模型二就不是真正意义上的影子价格。

模型一与模型二在结构上有区别。模型一将生产产品的资源成本和单位产品销售收入一并纳入模型的目标函数，成本因素在目标函数中有显性表现；模型二将产品销售收入与生产产品的资源成本事先作了相减处理，因而目标函数的系数是单位产品的净利润。

2. 影子价格的决策作用

(1) 指出企业挖潜革新的途径。

影子价格大于 0，说明该资源已耗尽，成为短线资源。

影子价格等于 0，说明该资源有剩余，成为长线资源。

(2) 对市场资源的最优配置起着推进作用。

在配置资源时，对于影子价格大的企业，资源应优先供给。

(3) 可以预测产品的价格。

产品的机会成本为 $C_B \boldsymbol{B}^{-1} \boldsymbol{A} - \boldsymbol{C}$，只有当产品价格定在机会成本之上，企业才有利可图。

(4) 可作为同类企业经济效益评估指标之一。

对于资源影子价格越大的企业，资源的利用所带来的收益就越大，经济效益就越好。

通过以上讨论可知：利用对偶解及影子价格进行经营决策，我们分两种情况进行讨论。

第一种情况，对偶解不是真正意义上的影子价格，其经营决策的原则如下。

(1) 某种资源的对偶解大于 0，表明该资源在系统中有获利能力，应该买入该资源。

(2) 某种资源的对偶解小于 0，表明该资源在系统中无获利能力，应该卖出该资源。

(3) 某种资源的对偶解等于 0，表明该资源在系统中处于均衡状态，既不买入也不卖出该资源。

第二种情况，对偶解等于影子价格，其经营决策的原则如下。

(1) 某种资源的影子价格高于市场价格，表明该资源在系统中有获利能力，应该买入该资源。

(2) 某种资源的影子价格低于市场价格，表明该资源在系统中没有获利能力，应该卖出

该资源。

(3) 某种资源的影子价格等于市场价格,表明该资源在系统中处于均衡状态,既不买入也不卖出该资源。

最后需要指出,影子价格不是固定不变的,当约束条件、产品利润等发生变化时,有可能使影子价格发生变化。另外,影子价格的经济含义(2),是指资源在一定范围内增加时的情况,当某种资源的增加超过了这个"一定的范围"时,总利润的增加量则不是按照影子价格给出的数值线性地增加。这个问题还将在2.3节中讨论。

2.2.4 对偶单纯形法

对偶单纯形法的基本思想是:从原规划的一个**基本解**出发,此基本解不一定可行,但它对应着一个**对偶可行解**(检验数非正),所以也可以说是从一个对偶可行解出发;然后检验原规划的基本解是否可行,即是否有负的分量,如果有小于零的分量,则进行迭代,求另一个基本解,此基本解对应着另一个对偶可行解(检验数非正)。

如果得到的基本解的分量皆非负则该基本解为最优解。也就是说,对偶单纯形法在迭代过程中始终保持对偶解的可行性(即检验数非正),使原规划的基本解由不可行逐步变为可行,当同时得到对偶规划与原规划的可行解时,便得到原规划的最优解。

对偶单纯形法的应用前提:有一个基变量,其对应的基满足下列条件。

(1) 单纯形表的检验数行全部非正(对偶可行)。

(2) 该基变量的取值为负数(非可行解)。

通过矩阵行变换运算,使所有相应变量取值均为非负数即得到最优单纯形表。

对偶单纯形法求解线性规划问题过程(max问题)如下。

第一步:建立初始对偶单纯形表,对应一个基本解,所有检验数均非正,转下一步。

第二步:若 b 列中的所有元素全为非负,则得到最优解,停止;否则,若在 b 列中有负的分量,则选最小的负分量 b_k 所在的 k 行的基变量为出基变量,转下一步。

第三步:若所有 $a'_{kj} \geq 0 (j=1,2,\cdots,n)$,则原问题无可行解,停止;否则,若有 $a'_{kj} < 0$,则选 $\theta = \min \{\sigma'_j/a'_{kj} | a'_{kj} < 0\} = \sigma'_r/a'_{kr}$,那么 x_r 为进基变量,转第四步。

第四步:以 a'_{kr} 为转轴元,作矩阵行变换使其变为1,该列其他元变为0,转第二步。

下面通过具体的例子来说明算法。

例 2.15 用对偶单纯形法求解下列线性规划模型。

$$\min f = 2x_1 + 3x_2 + 4x_3$$

$$\text{s.t.} \begin{cases} x_1 + 2x_2 + x_3 \geq 3 \\ 2x_1 - x_2 + 3x_3 \geq 4 \\ x_1, x_2, x_3 \geq 0 \end{cases}$$

解:先将此问题化成下列形式,以便得到对偶问题的初始可行基:

$$\max Z = -2x_1 - 3x_2 - 4x_3$$

$$\text{s.t.} \begin{cases} -x_1 - 2x_2 - x_3 + x_4 = -3 \\ -2x_1 + x_2 - 3x_3 + x_5 = -4 \\ x_1, x_2, x_3, x_4, x_5 \geq 0 \end{cases}$$

建立此问题的初始单纯形表，整个计算过程如表 2-24 所示。

表 2-24

C_B	X_B	c_j	-2	-3	-4	0	0
		b	x_1	x_2	x_3	x_4	x_5
0	x_4	-3	-1	-2	-1	1	0
0	x_5	-4	$[-2]$	1	-3	0	1
	σ_j		-2	-3	-4	0	0
0	x_4	-1	0	$[-5/2]$	$1/2$	1	$-1/2$
-2	x_1	2	1	$-1/2$	$3/2$	0	$-1/2$
	σ_j		0	-4	-1	0	-1
-3	x_2	$2/5$	0	1	$-1/5$	$-2/5$	$1/5$
-2	x_1	$11/5$	1	0	$7/5$	$-1/5$	$-2/5$
	σ_j		0	0	$-9/5$	$-8/5$	$-1/5$

在初始单纯形表中，检验数行对应的对偶问题的解是可行解。因为 b 列数字均为负，故选取最小的负分量(-4)所在行对应的基变量 x_5 为出基变量。按对偶单纯形法计算的第三步，计算 $\theta=\min\{-2/(-2),-,-4/(-3)\}=1$，故 x_1 为换入变量。以换入和换出变量所在列和行的交叉处的(-2)为主元素进行迭代运算。如此再进行下去，得到最终单纯形表。

在表 2-24 的最后可以看出，b 列数字全为非负，检验数全为非正，所以问题的最优解为 $X^* = (11/5, 2/5, 0, 0, 0)^T$，$f^* = 61/5$。

另外，从最终单纯形表可以看出，若对应两个约束条件的对偶变量分别为 y_1、y_2，则对偶问题的最优解为 $Y^* = (8/5, 1/5)$。

对偶单纯形法适合于解如下形式的线性规划问题：

$$\min f = \sum_{j=1}^{n} c_j x_j \quad (c_j \geqslant 0, \forall j)$$

$$\text{s.t.} \begin{cases} \sum_{j=1}^{n} a_{ij} x_j \geqslant b_i & i = 1, 2, \cdots, m \\ x_j \geqslant 0, & j = 1, 2, \cdots, n \end{cases}$$

在引入剩余变量化为标准型之后，约束等式两侧同乘以(-1)，能够立即得到检验数全部非正的原规划基本解，可以直接建立初始对偶单纯形表进行求解，非常方便。

对于有些线性规划模型，如果在开始求解时不能很快使所有检验数非正，最好还是采用单纯形法求解。因为，这样可以免去为使检验数全部非正而做的许多工作。从这个意义上看，可以说，对偶单纯形法是单纯形法的一个补充。除此之外，在对线性规划进行灵敏度分析及求解整数规划的割平面法中有时也要用到对偶单纯形方法来简化计算。

单纯形法与对偶单纯形法的计算步骤如图 2-7 所示。

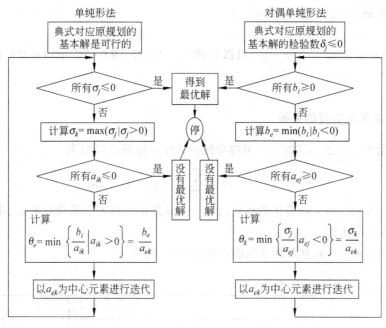

图 2-7

2.3 灵敏度分析

在以前的讨论中,假定模型中的各系数(参数)均为常数,但实践中这些系数往往是估计或预测出来的,如市场条件发生变化则目标函数中的价值系数 c_j 就会发生变化,而 a_{ij} 往往会因工艺条件发生变化而改变,b_i 是根据资源投入后的经济效果决定的一种决策选择。因此,在实际应用中往往会提出这样的问题:当这些系数有一个或几个发生变化时,已求得的线性规划问题的最优解会有怎样的变化,或者这些系数在什么范围内变化时,线性规划问题的最优解或最优基不变?

当这些系数发生变化时当然可以用单纯形表从头计算,但这样做很麻烦,而且没有必要。因为单纯形法迭代时,每次运算都和基变量的系数矩阵 $\boldsymbol{B}$ 有关,所以可以把发生变化的个别系数经一定计算后直接填入最终单纯形表中,并进行检验和分析,可按表 2-25 中的几种情况进行处理。

表 2-25

原问题	对偶问题	结论或继续计算的步骤
可行解	可行解	表中的解仍为最优解
可行解	非可行解	用单纯形法继续迭代求最优解
非可行解	可行解	用对偶单纯形法继续迭代求最优解
非可行解	非可行解	引入人工变量,编制新的单纯形表,求最优解

2.3.1 价值系数 c_k 的变化分析

考虑检验数 $\sigma_k = c_k - \sum_{i=1}^{m} c_{r_i} a_{r_i k}$。可以分别就 c_k 是对应的非基变量和基变量两种情况来讨论。

1. 若 c_k 是非基变量的系数

设 c_k 变化为 $c_k + \Delta c_k$，这时它在最终单纯形表中对应的检验数为

$$\sigma_k' = (c_k + \Delta c_k) - \sum_{i=1}^{m} c_{r_i} a_{r_i k} = \sigma_k + \Delta c_k$$

只要 $\sigma_k' \leq 0$，即 $\Delta c_k \leq -\sigma_k$，则最优解不变；否则，将最终单纯形表中的检验数 σ_k 用 σ_k' 取代，继续单纯形法的表格计算。

例 2.16 接例 2.15，其最终单纯形表如表 2-26 所示。

表 2-26

C_B	X_B	c_j b	-2 x_1	-3 x_2	-4 x_3	0 x_4	0 x_5
-3	x_2	$2/5$	0	1	$-1/5$	$-2/5$	$1/5$
-2	x_1	$11/5$	1	0	$7/5$	$-1/5$	$-2/5$
	σ_j		0	0	$-9/5$	$-8/5$	$-1/5$

当非基变量 x_3 的价值系数 c_3 由 -4 变为 $-4+\Delta c_3$ 时，以上的最终计算表变为表 2-27。

表 2-27

C_B	X_B	c_j b	-2 x_1	-3 x_2	$-4+\Delta c_3$ x_3	0 x_4	0 x_5
-3	x_2	$2/5$	0	1	$-1/5$	$-2/5$	$1/5$
-2	x_1	$11/5$	1	0	$7/5$	$-1/5$	$-2/5$
	σ_j		0	0	$-9/5+\Delta c_3$	$-8/5$	$-1/5$

当 $-9/5 + \Delta c_3 \leq 0$，即 $\Delta c_3 \leq 9/5$ 时，最优解保持不变。

2. 若 c_s 是基变量的系数

设 c_s 变化为 $c_s + \Delta c$，那么

$$\sigma_j' = c_j - \sum_{r_i \neq s} c_{r_i} a_{r_i j} - (c_s + \Delta c_s) a_{sj} = \sigma_j - \Delta c_s a_{sj}$$

若要求原最优解保持不变，则必须满足 $\sigma_j' \leq 0$，即当 $a_{sj} < 0$ 时，$\Delta c_s \leq \sigma_j/a_{sj}$；当 $a_{sj} > 0$ 时，$\Delta c_s \geq \sigma_j/a_{sj}$，$\forall j$。所以，$\Delta c_s$ 的可变化范围是

$$\max_j\{\sigma_j/a_{sj} \mid a_{sj} > 0\} \leq \Delta c_s \leq \min_j\{\sigma_j/a_{sj} \mid a_{sj} < 0\}$$

例 2.17 对于下列线性规划问题：

$$\max Z = 2x_1 + 3x_2 + 0x_3 + 0x_4 + 0x_5$$

$$\text{s. t.} \begin{cases} x_1 + 2x_2 + x_3 = 8 \\ 4x_1 + x_4 = 16 \\ 4x_2 + x_5 = 12 \\ x_1, x_2, x_3, x_4, x_5 \geqslant 0 \end{cases}$$

试确定目标函数中 x_2 的系数 c_2 在什么范围内变化时，原问题的最优解保持不变？

解：用单纯形法求解该问题得到的最终单纯形表如表 2-28 所示。

表 2-28

C_B	X_B	b	c_j				
			2	3	0	0	0
			x_1	x_2	x_3	x_4	x_5
2	x_1	4	1	0	0	0.25	0
0	x_5	4	0	0	-2	0.5	1
3	x_2	2	0	1	0.5	-0.125	0
σ_j			0	0	-1.5	$-1/8$	0

从最终单纯形表可以看出，x_2 是基变量，假设 c_2 变化 Δc_2，则表 2-28 便成为表 2-29。

表 2-29

C_B	X_B	b	c_j				
			2	$3 + \Delta c_2$	0	0	0
			x_1	x_2	x_3	x_4	x_5
2	x_1	4	1	0	0	0.25	0
0	x_5	4	0	0	-2	0.5	1
$3 + \Delta c_2$	x_2	2	0	1	0.5	-0.125	0
σ_j			0	0	$-1.5 - \Delta c_2/2$	$-1/8 + \Delta c_2/8$	0

要使原最优解保持不变，则有

$$\begin{cases} -1.5 - \Delta c_2/2 \leqslant 0 \\ -1/8 + \Delta c_2/8 \leqslant 0 \end{cases}$$

由以上两个不等式可得，$-3 \leqslant \Delta c_2 \leqslant 1$。因此，当 $c_2 \in [0, 4]$ 时，原最优解保持不变。

2.3.2 右端项 b 的变化分析

设分量 b_r 变化为 $b_r + \Delta b_r$，并假设规划问题的其他系数都保持不变，根据前面的讨论，此时最优解的基变量由 $\boldsymbol{X}_B = \boldsymbol{B}^{-1}\boldsymbol{b}$ 变化为 $\boldsymbol{X}'_B = \boldsymbol{B}^{-1}(\boldsymbol{b} + \Delta \boldsymbol{b}) = \boldsymbol{X}_B + \boldsymbol{B}^{-1}\Delta \boldsymbol{b}$，其中 $\Delta \boldsymbol{b} = (0, \cdots, \Delta b_r, \cdots, 0)^\mathrm{T}$。只要 $\boldsymbol{X}'_B \geqslant \boldsymbol{0}$，则最优基不变，即基变量保持，只有值的变化；否则，需要利用对偶单纯形法继续计算。

例 2.18 对例 2.17 中的线性规划模型：

(1) b_2 的值在什么范围内变化时，原问题的最优基保持不变？

(2) 当资源 1 的数量增加 4 个单位,即 b_1 的值由原来的 8 变为 12 时,最优解又将如何变化?

解:原问题的最终单纯形表如表 2-28 所示。从表 2-28 中可以看出:

$$B^{-1} = \begin{bmatrix} 0 & 0.25 & 0 \\ -2 & 0.5 & 1 \\ 0.5 & -0.125 & 0 \end{bmatrix}$$

(1) 假设 b_2 的变化量为 Δb_2,要使得原问题的最优基保持不变,则必须有

$$X'_B = X_B + B^{-1}\Delta b = \begin{bmatrix} 4 \\ 4 \\ 2 \end{bmatrix} + \begin{bmatrix} 0 & 0.25 & 0 \\ -2 & 0.5 & 1 \\ 0.5 & -0.125 & 0 \end{bmatrix} \begin{bmatrix} 0 \\ \Delta b_2 \\ 0 \end{bmatrix} \geqslant \begin{bmatrix} 0 \\ 0 \\ 0 \end{bmatrix} \Rightarrow \begin{cases} 4 + 0.25\Delta b_2 \geqslant 0 \\ 4 + 0.5\Delta b_2 \geqslant 0 \\ 2 - 0.125\Delta b_2 \geqslant 0 \end{cases}$$

解以上的联立不等式组,可得 $-8 \leqslant \Delta b_2 \leqslant 16$。因此,当 $b_2 \in [8,32]$ 时,原问题的最优基保持不变。

(2) 当 b_1 由 8 变为 12,即 $\Delta b = [4,0,0]^T$ 时,先计算 $B^{-1}\Delta b$:

$$B^{-1}\Delta b = \begin{bmatrix} 0 & 0.25 & 0 \\ -2 & 0.5 & 1 \\ 0.5 & -0.125 & 0 \end{bmatrix} \begin{bmatrix} 4 \\ 0 \\ 0 \end{bmatrix} = \begin{bmatrix} 0 \\ -8 \\ 2 \end{bmatrix}$$

将上述结果反映到最终单纯形表 2-28 中,得表 2-30。

由于表 2-30 中 b 列有负数,所以用对偶单纯形法求新的最优解。计算结果如表 2-31 所示。

表 2-30

C_B	X_B	c_j	2	3	0	0	0
		b	x_1	x_2	x_3	x_4	x_5
2	x_1	4+0	1	0	0	0.25	0
0	x_5	4−8	0	0	−2	0.5	1
3	x_2	2+2	0	1	0.5	−0.125	0
	σ_j		0	0	−1.5	−0.125	0

表 2-31

C_B	X_B	c_j	2	3	0	0	0
		b	x_1	x_2	x_3	x_4	x_5
2	x_1	4	1	0	0	0.25	0
0	x_3	2	0	0	1	−0.25	−0.5
3	x_2	3	0	1	0	0	0.25
	σ_j		0	0	0	−0.5	−0.75

从表 2-31 可以看出,原问题的最优基发生了改变,最优解为 $X^* = (4,3,2,0,0)$,$Z^* = 17$。

2.3.3 增加一个变量

增加一个变量 x_{n+1}，则有相应的 $\boldsymbol{P}_{n+1}$、c_{n+1}。那么，计算出

$$\boldsymbol{B}^{-1}\boldsymbol{P}_{n+1}, \sigma_{n+1} = c_{n+1} - \sum_{i=1}^{m} c_{r_i} a_{r_i, n+1}$$

将它们填入最优单纯形表，若 $\sigma_{n+1} \leqslant 0$，则最优解不变；否则，进一步用单纯形法求解。

例 2.19 在例 2.17 的模型中增加一个变量 x_6。已知 x_6 对应的列向量和价值系数分别为 $\boldsymbol{P}_6 = (2,6,3)^\mathrm{T}$，$c_6 = 5$。计算得到

$$\boldsymbol{P}_6' = \boldsymbol{B}^{-1}\boldsymbol{P}_6 = \begin{bmatrix} 0 & 0.25 & 0 \\ -2 & 0.5 & 1 \\ 0.5 & -0.125 & 0 \end{bmatrix} \begin{bmatrix} 2 \\ 6 \\ 3 \end{bmatrix} = \begin{bmatrix} 1.5 \\ 2 \\ 0.25 \end{bmatrix}$$

$$\sigma_6 = 3 - (2 \times 1.5 + 0 \times 2 + 3 \times 0.25) = 1.25$$

在原问题的最终单纯形表中增加一列，并将 $\boldsymbol{P}_6'$ 和 σ_6 分别放入其中，得到表 2-32。

表 2-32

C_B	X_B	c_j	2	3	0	0	0	5
		b	x_1	x_2	x_3	x_4	x_5	x_6
2	x_1	4	1	0	0	0.25	0	**1.5**
0	x_5	4	0	0	-2	0.5	1	**[2]**
3	x_2	2	0	1	0.5	-0.125	0	**0.25**
	σ_j		0	0	-1.5	$-1/8$	0	**1.25**

由于 $\sigma_6 > 0$，所以最优解会发生变化。继续用单纯形法求解，x_6 进基，x_5 出基，以 [2] 为主元素进行旋转运算得表 2-33。

表 2-33

C_B	X_B	c_j	2	3	0	0	0	5
		b	x_1	x_2	x_3	x_4	x_5	x_6
2	x_1	1	1	0	1.5	-0.125	0	0
5	x_6	2	0	0	-1	0.25	1/2	1
3	x_2	1.5	0	1	0.75	-0.1875	0	0
	σ_j		0	0	-0.25	$-1/8$	0	0

从表 2-33 中可以得出：$\boldsymbol{X}^* = (1, 1.5, 0, 0, 0, 2)^\mathrm{T}$，$f^* = 16.5$。

2.3.4 增加一个约束条件

增加一个约束之后，应把最优解带入新的约束，若满足则最优解不变，否则填入最优单纯形表作为新的一行，引入一个新的非负变量（原约束若是小于等于形式可引入非负松弛变量，否则引入非负人工变量），并通过矩阵行变换把对应基变量的元素变为 0，进一步用单纯

形法或对偶单纯形法求解。

例 2.20 在例 2.17 的模型中增加一个约束 $3x_1+2x_2\leqslant 15$。

解：从例 2.17 的最终单纯形表可以得到模型的最优解为 $\boldsymbol{X}^*=(4,2,0,0,4)^{\mathrm{T}}$，$Z^*=14$。将此最优解代入不等式 $3x_1+2x_2\leqslant 15$ 可知，原问题的最优解不满足此约束。于是，在此不等式的左端加入松弛变量 x_6，在原问题的最终单纯形表中增加一行和一列，并将加入松弛变量后的约束条件放入其中，可得表 2-34。

表 2-34

C_B	X_B	c_j b	2 x_1	3 x_2	0 x_3	0 x_4	0 x_5	0 x_6
2	x_1	4	1	0	0	0.25	0	0
0	x_5	4	0	0	-2	0.5	1	0
3	x_2	2	0	1	0.5	-0.125	0	0
0	x_6	15	3	2	0	0	0	1
	σ_j		0	0	-1.5	$-1/8$	0	0

在表 2-34 中，由于 x_1、x_2 均为基变量，所以先将表中 x_1、x_2 所在的列通过初等行变换化为单位列向量，得到表 2-35。

表 2-35

C_B	X_B	c_j b	2 x_1	3 x_2	0 x_3	0 x_4	0 x_5	0 x_6
2	x_1	4	1	0	0	0.25	0	0
0	x_5	4	0	0	-2	0.5	1	0
3	x_2	2	0	1	0.5	-0.125	0	0
0	x_6	-1	0		-1	-0.5	0	1
	σ_j		0	0	-1.5	$-1/8$	0	0

再利用对偶单纯形法进行一次迭代运算，即可得到最优解 $\boldsymbol{X}^*=(3.5,2.25,0,0,3,2)^{\mathrm{T}}$，$Z^*=13.75$。

2.4 利用 LINGO 软件求解线性规划模型

LINGO 是英文 Linear Interactive and General Optimizer 字首的缩写形式，即"交互式的线性和通用优化求解器"，可以用来求解线性规划（LP）、二次规划（QP）以及非线性规划，也可用于一些线性和非线性方程组的求解等。LINGO 软件的最大特色在于可以允许决策变量是整数（即整数规划，包括 0-1 规划），而且执行速度很快。LINGO 实际上还是最优化问题的一种建模语言，包括许多常用的数学函数供使用者在建立优化模型时调用，并可以接受其他数据文件（如文本文件、Excel 文件、数据库文件等），即使对优化方面的专业知识了解不多的用户，也能方便地建模和输入、有效地求解和分析实际中遇到的大规模优化问题，并通常能够快速地得到复杂优化问题的高质量解。

2.4.1 求解线性规划模型的 LINGO 程序

对于决策变量少、约束条件数量不多的线性规划模型来说，LINGO 软件求解起来非常简单，只需要按照 LINGO 程序的书写规则将线性规划模型直接输入 LINGO 的程序窗口就可以方便地求解。

例 2.21 用 LINGO 求解例 2.3 和例 2.5。

解：求解例 2.3 的 LINGO 程序清单如下：

```
MODEL:
max=2*x1+3*x2;
   2*x1+2*x2<=12;
     x1+2*x2<=8;
   4*x1     <=16;
        4*x2<=12;
END
```

求解的结果如下：

```
Global optimal solution found.
Objective value:                      14.00000
Total solver iterations:                     2
          Variable       Value       Reduced Cost
                x1    4.000000           0.000000
                x2    2.000000           0.000000
```

即最优解为 $X^* = (4,2), Z^* = 14$，与用图解法和单纯形法求解的结果相同。

求解例 2.5 的 LINGO 程序清单：

```
MODEL:
min=-3*x1+x2+x3;
     x1-2*x2+  x3<=11;
  -4*x1+  x2+2*x3>=3;
  -2*x1     +x3=1;
END
```

计算结果：

```
Global optimal solution found.
Objective value:                     -2.000000
Total solver iterations:                     0
          Variable       Value       Reduced Cost
                x1    4.000000           0.000000
                x2    1.000000           0.000000
                x3    9.000000           0.000000
```

即最优解为 $X^* = (4,1,9), Z^* = -2$。

从以上例题可以看出,利用 LINGO 求解小型线性规划模型十分方便,并且非常简单。

对于维数较大的线性规划模型,使用 LINGO 软件提供的建模语言来求解很方便,具体情况在以后的学习中再介绍。

2.4.2 LINGO 软件灵敏度分析方法

LINGO 软件提供了一个专门用来进行灵敏度分析的命令,用该命令产生当前模型的灵敏度分析报告:研究当目标函数的价值系数和约束右端项在什么范围(此时假定其他系数不变)时,最优基保持不变。

灵敏度分析是在求解模型时作出的,因此在求解模型时灵敏度分析应是处于激活状态,但是默认是不激活的。激活灵敏度分析的步骤如下:

(1) 在 LINGO 软件的主窗口,选择 LINGO→Options 命令,如图 2-8 所示。

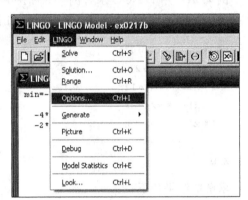

(2) 选择 General Solver 选项卡。

(3) 在 Dual Computations 列表框中,选择 Prices & Ranges 选项,如图 2-9 所示。

图 2-8

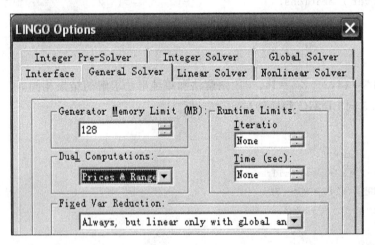

图 2-9

灵敏度分析耗费相当多的求解时间,因此当速度很关键时,就没有必要激活它。

下面看一个简单的例子。

例 2.22 某公司用甲、乙和丙三种资源生产 A、B 和 C 三种产品,生产数据如表 2-36 所示。

若要求 B 产品的生产量不超过 5 件,如何安排三种产品的生产可使利润最大?

表 2-36

	每件 A 产品	每件 B 产品	每件 C 产品	现有资源总数
甲资源	8	6	1	48
乙资源	4	2	1.5	20
丙资源	2	1.5	0.5	8
成品单价	60	30	20	

解：用 x_1、x_2 和 x_3 分别表示三种产品的生产量，建立 LP 模型，并输入到 LINGO 程序窗口中。程序清单如下：

```
max=60*x1+30*x2+20*x3;
8*x1+6*x2+x3<=48;
4*x1+2*x2+1.5*x3<=20;
2*x1+1.5*x2+0.5*x3<=8;
x2<=5;
```

激活灵敏度分析并求解此模型。这时，查看报告窗口(Reports Window)，可以看到如下的计算结果。

```
Global optimal solution found at iteration:        3
   Objective value:                         280.0000
          Variable        Value        Reduced Cost
                x1     2.000000            0.000000
                x2     0.000000            5.000000
                x3     8.000000            0.000000

               Row   Slack or Surplus     Dual Price
                 1         280.0000         1.000000
                 2         24.00000         0.000000
                 3         0.000000         10.00000
                 4         0.000000         10.00000
                 5         5.000000         0.000000
```

结果的第一行表示 3 次迭代后得到全局最优解。第二行表示最优目标值为 280。Value 给出最优解中各变量的值，即 $x_1=2$、$x_2=0$、$x_3=8$。

Reduced Cost 列出最优单纯形表中判别数所在行的变量的系数，表示当变量有微小变动时，目标函数的变化率。其中基变量的 Reduced Cost 值应为 0，对于非基变量 x_j，相应的 Reduced Cost 值表示当某个变量 x_j 增加一个单位时目标函数减少的量(max 型问题)。本例中，变量 x_2 对应的 Reduced Cost 值为 5，表示当非基变量 x_2 的值从 0 变为 1 时(此时假定其他非基变量保持不变，但为了满足约束条件，基变量显然会发生变化)，最优的目标函数值＝280－5＝275。

Slack or Surplus 给出松弛变量的值：第 1 行松弛变量＝280(模型的第一行表示目标函数，所以第二行对应模型的第一个约束条件)；第 2 行～第 5 行的松弛变量值分别为 24、0、0

和 5。

Dual Price(对偶价格)表示当对应约束有微小变动时,目标函数的变化率。输出结果中对应于每一个约束有一个对偶价格。若其数值为 p,表示对应约束中不等式右端项若增加1个单位,目标函数将增加 p 个单位(max 型问题)。显然,如果在最优解处约束正好取等号(也就是"紧约束",也称为有效约束或起作用约束),对偶价格值才可能不是 0。本例中,第 3 行和第 4 行是紧约束,对应的对偶价格值为 10,表示当紧约束

$$4x_1 + 2x_2 + 1.5x_3 \leqslant 20$$

变为

$$4x_1 + 2x_2 + 1.5x_3 \leqslant 21$$

时,目标函数值=280+10=290。对第 4 行也类似。

对于非紧约束(如本例中第 2 行和第 5 行是非紧约束),Dual Price 的值为 0,表示对应约束中不等式右端项的微小扰动不影响目标函数。

灵敏度分析的结果如下:

Ranges in which the basis is unchanged:

Objective Coefficient Ranges

Variable	Current Coefficient	Allowable Increase	Allowable Decrease
x1	60.00000	20.00000	4.000000
x2	30.00000	5.000000	INFINITY
x3	20.00000	2.500000	5.000000

Righthand Side Ranges

Row	Current RHS	Allowable Increase	Allowable Decrease
2	48.00000	INFINITY	24.00000
3	20.00000	4.000000	4.000000
4	8.000000	2.000000	1.333333
5	5.000000	INFINITY	5.000000

目标函数中 x_1 变量原来的费用系数为 60,允许增加(Allowable Increase)20、允许减少(Allowable Decrease)4,说明当变量 x_1 的费用系数在[60−4,60+20]=[56,80]范围变化时,最优基保持不变。对 x_2、x_3 变量,可以类似解释。由于此时约束没有变化(只是目标函数中某个费用系数发生变化),所以最优基保持不变的意思也就是最优解不变(当然,由于目标函数中费用系数发生了变化,所以最优值会变化)。

第 2 行(对应于模型的第 1 个约束条件)中右端项(Right Hand Side,RHS)原来为 48,当它在[48−24,48+∞)=[24,∞)范围变化时,最优基保持不变。第 3 行~第 5 行可以类似解释。不过由于此时约束发生变化,最优基即使不变,最优解、最优值也会发生变化。

灵敏度分析结果表示的是最优基保持不变的系数范围。当然,也可以通过灵敏度分析结果进一步确定当目标函数的费用系数和约束右端项发生小的变化时,最优基和最优解、最优值如何变化,在此不再举例说明。

*2.5 应用举例——ABC公司总体计划的制订

背景：

ABC公司的运营项目主要是将购进的原材料制造成多用途的生产工具。由于该生产工具季节性需求很强，公司的生产能力、运输能力、仓储能力有限，为保证在满足客户需求的前提下，力求公司的利润最大，ABC公司必须制订总体计划。公司的总体计划就是有关全局性的决策，公司通过它决定一定时期内的生产能力、生产安排、转包生产、库存水平、出清库存和定价等问题，目的是满足需求以实现利润最大化。

公司生产的工具面临季节性需求：春季和秋季是需求旺季，夏季和冬季是需求淡季。为了解决这个问题，公司的管理者利用总体计划来决定他们在淡季的生产水平和库存水平，以便在旺季需求大于生产供给能力时出售，确保公司的利润最大化。

问题描述：

ABC公司总体计划要解决的问题描述如下。制订计划期内公司的生产水平、库存水平和生产能力水平，达到公司利润最大化。

管理目标：

公司管理者通过制订一个最合理的总体计划实现计划期利润最大的目标。

公司总体计划的主要目标是确定计划期内下列生产与运营参数。

(1) 生产率：单位时间生产的产品产量。

(2) 劳动力数量：生产需要的工人生产能力数量。

(3) 加班量：计划加班生产的产品产量。

(4) 机器生产能力：生产所需的机器生产能力数量。

(5) 转包合同：在计划期间内的转包生产。

(6) 未满足需求：在某一时期未被满足并延迟到未来时期满足的需求。

(7) 现有库存：计划期内各个时期的规划库存量。

数据资料：

ABC公司总体计划的基础数据如下。

(1) 计划期：2014年3~8月，计划期间产品市场需求预测量，如表2-37所示。

表 2-37

时间(t)	3	4	5	6	7	8	总需求
需求预测(d_t)	1600	3000	3200	3800	2200	2200	16 000

(2) 产品价格：ABC公司以40美元的单价销售其工具。

(3) 生产成本：在1月初有80名员工。每个月每条生产线有20个工作日，每个工人每小时收入4美元。每个工人每天工作8h，其余时间休息。根据ABC公司的成本资料，各种成本数据如表2-38所示。

表 2-38

项　目	成　本
原材料成本	每单位 10 美元
库存成本	每月每单位 2 美元
库存缺货或积压边际成本	每月每单位 5 美元
雇用或培训劳动力成本	每月每单位 5 美元
解雇员工成本	每个工人 500 美元
需求的劳动时间	每单位 4 美元
日常工作成本	每小时 4 美元
加班成本	每小时 4 美元
转包成本	每单位 6 美元

(4) 限制性因素。

加班时间的限制：根据劳动法规，工人每月加班不能超过 10h。

可利用资本的限制：生产线的生产能力取决于工人工作总时数，不受机器生产能力的限制。

库存量限制：公司在 1 月的库存量为 1000 单位，6 月底库存量至少为 500 个单位。公司在转包合同、库存缺货或积压等方面没有什么限制，所有库存缺货被积累进来，由下一个月生产的产品来满足。库存成本在当月库存结清时才计入。

总体计划的作用：

总体计划可以帮助公司制定下列决策。

(1) 规定时间的产量、加班时间的产量和转包生产的数量：用来决定工人数和供应商的购买水平。

(2) 库存：用来决定仓库容量和运营资本的需要量。

(3) 库存积压或库存缺货的数量：用来决定顾客服务水平。

(4) 机器生产能力的增加或减少：用来决定是否购买新的生产设备。

(5) 雇用或解雇的工人数量：用来处理可能出现的劳资纠纷。

公司总体计划的质量对公司的盈利有很大影响，如果现在库存和生产能力不能满足需求，较差的总体计划将会导致销售和利润的下降，较差的总体计划也会导致库存和生产能力的过多从而增加成本。所以，总体计划是公司实现利润最大化的最有力工具。

利用线性规划制订公司总体计划：

ABC 公司总体计划的目的是在满足需求的前提下实现利润最大化。公司在致力于满足顾客需求的过程中，都会受一定的限制，比如实施和劳动力的限制。当前面临各种限制，为实现利润最大化公司能使用的最有效的工具就是线性模型。

1. 总体计划的决策变量

w_t：第 t 月的劳动力人数。

h_t：第 t 月初雇用的员工人数。

l_t：第 t 月初解雇的员工人数。

p_t：第 t 月生产的产品数量。

I_t：第 t 月末库存数量。

s_t：第 t 月末库存缺货或积压的数量。

g_t：第 t 月转包生产的产品数量。

Q_t：第 t 月加班小时数。

$t=1,2,3,4,5,6$。

假定总需求（16 000 个单位）在 6 个月内平均分配，将 t 期的需求记为 d_t，d_t 的值如表 2-37 所示。

2. 总体计划的目标函数

由于价格在计划期内不发生变化，所以产品销售收入是不变的。在这种情况下，计划期内利润最大化和成本最小化是一致的。目标函数实现计划期内总成本最小化，总成本包括以下几部分。

(1) 正常劳动力成本：第 t 月劳动力数量为 w_t，工人的正常工资是每月 640 美元。

$$\text{正常劳动力成本} = \sum_{t=1}^{6} 640 w_t$$

(2) 加班劳动力成本：第 t 月加班小时数为 Q_t，加班时劳动力成本为每小时 6 美元。

$$\text{加班劳动力成本} = \sum_{t=1}^{6} 6 Q_t$$

(3) 日常工作劳动力成本：第 t 月劳动力数量为 w_t，工人每天工作 8h，日常工作成本为每小时 4 美元。

$$\text{日常工作劳动力成本} = \sum_{t=1}^{6} 4 \times 8 \times w_t$$

(4) 雇用和解雇员工成本：第 t 月雇用和解雇的工人数为 h_t 和 l_t，雇用一个工人的成本是 300 美元，解雇一个工人的成本是 500 美元。

$$\text{雇用和解雇成本} = \sum_{t=1}^{6} 300 h_t + 500 l_t$$

(5) 保有库存成本：第 t 月保有量为 I_t，保有单位成本分别为每月每单位 2 美元。

$$\text{保有、出清库存成本} = \sum_{t=1}^{6} 2 I_t$$

(6) 库存缺货或积压成本：第 t 月末库存缺货或积压量为 s_t，库存缺货或积压的边际成本为每月每单位 5 美元。

$$\text{库存缺货或积压成本} = \sum_{t=1}^{6} 5 s_t$$

(7) 材料、转包成本：第 t 月生产、转包的数量分别为 p_t 和 g_t。原材料、转包成本分别为每单位 10 美元、30 美元。

$$\text{原材料和转包成本} = \sum_{t=1}^{6} 10 p_t + 30 g_t$$

计划期的总成本和转包的成本是以上各项成本的加和，总体计划的目标函数表示为

$$\min Z = \sum_{t=1}^{6} ((640+32) w_t + 300 h_t + 500 l_t + 6 Q_t + 2 I_t + 5 s_t + 10 p_t + 30 g_t)$$

3. 资源限制条件

ABC 公司的副总裁将决策变量之间的限制条件说明如下。

1) 工人总数、雇用工人数和解雇员工数之间的限制条件

第 t 月的工人总数与第 $t-1$ 月的工人总数、第 t 月的雇用工人数以及第 t 月的解雇工人数之间有下述关系：

$$w_t = w_{t-1} + h_t - l_t, (t=1,2,\cdots,6)$$

计划期初的工人总数 $w_0 = 80$。

2) 生产能力的限制条件

第 t 月产品数量都不会超过现有的公司生产能力。生产线的生产能力仅仅取决于工人工作总时数，因而每个工人每月在正常时间内能生产产品 40 个单位，在加班时间每 4 小时生产 1 单位。转包生产不受任何限制。得到下面的公式：

$$p_t \leqslant 40w_t + Q_t/4, (t=1,2,\cdots,6)$$

3) 库存平衡限制

第 t 月的净需求是当前需求 d_t 和对从前积压产品 s_{t-1} 的需求，可以通过本月厂内生产 p_t 或转包生产 g_t 满足，或者通过以前的库存 I_{t-1}。以上关系可用下面的公式表示：

$$d_t = p_t + g_t + I_{t-1} + s_{t-1} - s_t - I_t, \quad (t=1,2,\cdots,6)$$

库存的初始量是 $I_0 = 1000$，没有积压 $s_0 = 0$；库存期末量至少为 500 个单位，即

$$I_6 \geqslant 500$$

4) 加班时间限制的限制条件

按照劳动法规定，工人每月的加班时间不超过 10h。这样限制了加班时间总量，即

$$Q_t \leqslant 10w_t, \quad (t=1,2,\cdots,6)$$

5) 生产的连续性的限制

在计划期内产品的生产是均衡安排，也就是每个月的生产量相等，即

$$p_t = p_{t+1}, \quad (t=1,2,\cdots,5)$$

理想状态下，员工人数应该为整数，但是如果可以允许员工人数取小数来估计一个大约的数值，将会大大提高解决问题的速度。

4. ABC 公司总体计划的线性规划模型

$$\min Z = \sum_{t=1}^{6}(672w_t + 300h_t + 500l_t + 6Q_t + 2I_t + 5s_t + 10p_t + 30g_t)$$

$$\text{s.t.} \begin{cases} w_t = w_{t-1} + h_t - l_t, (t=1,2,\cdots,6) \\ p_t \leqslant 40w_t + Q_t/4, (t=1,2,\cdots,6) \\ d_t = p_t + g_t + I_{t-1} + s_{t-1} - s_t - I_t, (t=1,2,\cdots,6) \\ Q_t \leqslant 10w_t, (t=1,2,\cdots,6) \\ p_t = p_{t+1}, (t=1,2,\cdots,5) \\ w_0 = 80, I_0 = 1000, I_6 \geqslant 500, s_0 = 0 \\ \text{所有决策变量均为非负} \end{cases}$$

5. ABC 公司总体计划

利用 LINGO 软件对 ABC 公司总体计划的线性规划模型进行求解,程序清单如下:

```
sets:
tt/1..6/: w,h,l,Q,I,s,p,g,d;
endsets
data:
!需求预测值及 w、I 和 s 的初始值;
d=1600,3000,3200,3800,2200,2200;
w0=80;I0=1000;s0=0;
enddata
!目标函数;
min=@sum(tt: 672*w+300*h+500*l+6*Q+2*I+5*s+10*p+30*g);
!库存期末量至少为 500 单位;
I(6)>=500;
!约束条件 1;
@for(tt(t)|t #ge# 2: w(t)=w(t-1)+h(t)-l(t));
w(1)=w0+h(1)-l(1);
!约束条件 2;
@for(tt: p<=40*w+Q/4);
!约束条件 3;
@for(tt(t)|t #ge# 2: d(t)=p(t)+g(t)+I(t-1)+s(t-1)-s(t)-I(t));
d(1)=p(1)+g(1)+I0+s0-s(1)-I(1);
!约束条件 4;
@for(tt: Q<=10*w);
!约束条件 5;
@for(tt(t)|t #le# 5: p(t)=p(t+1));
!所有决策变量均为整数;
@for(tt: @gin(w);@gin(h);@gin(l);@gin(Q);@gin(s);@gin(p);@gin(g));
```

运行以上 LINGO 程序,得到如下结果(仅保留非零变量值):

```
Global optimal solution found.
    Objective value:                    436412.0
    Extended solver steps:                    11
    Total solver iterations:                 153
            Variable        Value       Reduced Cost
               w(1)     61.00000         672.0000
               w(2)     61.00000         672.0000
               w(3)     61.00000         672.0000
               w(4)     61.00000         672.0000
               w(5)     61.00000         672.0000
               w(6)     61.00000         672.0000
```

l(1)	19.00000	500.0000
I(1)	1840.000	0.000000
I(2)	1280.000	0.000000
I(3)	520.0000	0.000000
I(5)	240.0000	0.000000
I(6)	500.0000	0.000000
p(1)	2440.000	22.00000
p(2)	2440.000	20.00000
p(3)	2440.000	18.00000
p(4)	2440.000	16.00000
p(5)	2440.000	14.00000
p(6)	2440.000	12.00000
g(4)	840.0000	36.00000
g(6)	20.00000	32.00000

从以上运算结果中得到的 ABC 公司的总体计划（一）如表 2-39 所示。

表 2-39

时间	雇用员工人数	解雇员工人数	工人人数	加班时间	库存	库存缺货	转包合同	总产量
0	0	0	80	0	1000	0	0	
3	0	19	61	0	1840	0	0	2440
4	0	0	61	0	1280	0	0	2440
5	0	0	61	0	520	0	0	2440
6	0	0	61	0	0	0	840	2440
7	0	0	61	0	240	0	0	2440
8	0	0	61	0	500	0	20	2440

计划期内总体计划成本为 436 412 美元。

从总体计划中可以看出，公司在计划期的三月份解雇了 19 名工人后，公司的工人总数保持不变。在整个计划期内，没有缺货，只有第 6 个月和第 8 个月分别签订 840 单位和 20 单位的转包合同。实际上，公司在每个月几乎都保有库存（除了 6 月份之外），为了保证在未来旺季的顾客需求，这种库存称为季节性需求。

6. ABC 公司总体计划的灵敏度分析

（1）如果季节性需求变动增大，如表 2-40 所示，在这种情况下，求解总体计划的最优化问题。

表 2-40

月份	3	4	5	6	7	8
需求预测	1000	3000	3800	4800	2000	1400

对应于表 2-40 的需求，ABC 公司总体计划（二）如表 2-41 所示。

表 2-41

时间	雇用员工人数	解雇员工人数	工人人数	加班时间	库存	库存缺货	转包合同	总产量
0	0	0	80	0	1000	0	0	
3	0	32	48	0	1920	0	0	1920
4	0	0	48	0	840	0	0	1920
5	0	0	48	0	0	0	1040	1920
6	0	0	48	0	0	0	2880	1920
7	0	0	48	0	0	0	80	1920
8	0	0	48	0	520	0	0	1920

计划期内总体计划成本为 451 296 美元。

比较总体计划(一)和总体计划(二),可以发现:当季节性需求的波动增大时,每月的工人人数变为 48 人,每个月的生产量均减少为 1920 个单位,每个月仍都不缺货,且库存量相应地减少了,但转包生产的数量增加较多。为了满足波动增加的新需求,成本增加了 451 296 − 436 412 = 14 884 美元。

(2) 如果产品的成本增加,在这种情况下,求解总体计划的最优化问题。ABC 公司的需求如表 2-37 所示,除了每单位库存成本从每月 2 美元增长到 6 美元,其他数据都不发生变化,得到 ABC 公司总体计划(三),如表 2-42 所示。

表 2-42

时间	雇用员工人数	解雇员工人数	工人人数	加班时间	库存	库存缺货	转包合同	总产量
0	0	0	80	0	100	0	0	
3	0	23	57	0	0	1680	0	2280
4	0	0	57	0	0	960	0	2280
5	0	0	57	0	0	40	0	2280
6	0	0	57	0	0	0	1480	2280
7	0	0	57	0	0	80	0	2280
8	0	0	57	0	500	0	340	2280

计划期内总体计划成本为 449 524 美元。

如果每单位的成本从每月 2 美元增长到每月 6 美元,那么总体计划(三)比总体计划(一)的成本增加了 449 524 − 436 412 = 13 112 美元,由于库存成本的增加,导致除期末 500 单位的库存外,其他各月均不保有库存,虽然减少了库存成本,但库存缺货却大大增加,导致总成本增加,另在 6 月份和 8 月份有一定数量的产品需要转包生产,每月的生产量也降低为 2280 单位。

练 习 题

2.1 用图解法求解下列线性规划问题,并指出问题是具有唯一最优解、无穷多最优解、无界解还是无可行解?

(1) max $Z = 4x_1 + 3x_2$

s.t. $\begin{cases} 2x_1 + x_2 \leq 10 \\ -3x_1 + 2x_2 \leq 6 \\ x_1 + x_2 \geq 6 \\ x_1, x_2 \geq 0 \end{cases}$

(2) max $Z = x_1 + 2x_2$

s.t. $\begin{cases} x_1 + 2x_2 \leq 6 \\ 3x_1 + 2x_2 \leq 12 \\ x_2 \leq 2 \\ x_1 \geq 0, x_2 \geq 0 \end{cases}$

(3) max $Z = x_1 + x_2$

s.t. $\begin{cases} x_1 + 2x_2 \geq 2 \\ x_1 - x_2 \geq -1 \\ x_1, x_2 \geq 0 \end{cases}$

(4) min $Z = 3x_1 - 2x$

s.t. $\begin{cases} x_1 + x_2 \leq 1 \\ 2x_1 + 3x_2 \geq 6 \\ x_1, x_2 \geq 0 \end{cases}$

2.2 将下列线性规划模型化为标准形式并列出初始单纯形表。

(1) min $Z = x_1 + 2x_2 + 4x_3$

s.t. $\begin{cases} -3x_1 + 2x_2 + 2x_3 \leq 19 \\ -4x_1 + 3x_2 + 4x_3 \geq 14 \\ 5x_1 - 2x_2 - 4x_3 = -26 \\ x_1 \leq 0, x_2 \geq 0, x_3 \text{ 无约束} \end{cases}$

(2) max $Z = z_k / p_k$

s.t. $\begin{cases} z_k = \sum_{i=1}^{n} \sum_{k=1}^{m} a_{ik} x_{ik} \\ \sum_{k=1}^{m} - x_{ik} = -1 \quad \forall i \\ x_{ik} \geq 0 \quad \forall i, k \end{cases}$

2.3 用单纯形法求解下列线性规划问题。

(1) max $Z = 2x_1 - x_2 + x_3$

s.t. $\begin{cases} 3x_1 + x_2 + x_3 \leq 60 \\ x_1 - x_2 + 2x_3 \leq 10 \\ x_1 + x_2 - 2x_3 \leq 20 \\ x_1, x_2, x_3 \geq 0 \end{cases}$

(2) min $Z = 5x_1 - 2x_2 + 3x_3 + 2x_4$

s.t. $\begin{cases} x_1 + 2x_2 + 3x_3 + 4x_4 \leq 7 \\ 2x_1 + 2x_2 + x_3 + 2x_4 \leq 3 \\ x_1, x_2, x_3, x_4 \geq 0 \end{cases}$

(3) max $Z = 6x_1 + 2x_2 + 10x_3 + 8x_4$

s.t. $\begin{cases} 5x_1 + 6x_2 - 4x_3 - 4x_4 \leq 20 \\ 3x_1 - 3x_2 + 2x_3 + 8x_4 \leq 25 \\ 4x_1 - 2x_2 + x_3 + 3x_4 \leq 10 \\ x_{1\sim4} \geq 0 \end{cases}$

(4) max $Z = x_1 + 6x_2 + 4x_3$

s.t. $\begin{cases} -x_1 + 2x_2 + 2x_3 \leq 13 \\ 4x_1 - 4x_2 + x_3 \leq 20 \\ x_1 + 2x_2 + x_3 \leq 17 \\ x_1 \geq 1, x_2 \geq 2, x_3 \geq 3 \end{cases}$

2.4 分别用大 M 法和两阶段法求解下列线性规划问题。

(1) max $Z = 2x_1 + 3x_2 - 5x_3$

s.t. $\begin{cases} x_1 + x_2 + x_3 = 7 \\ 2x_1 - 5x_2 + x_3 \geq 10 \\ x_1, x_2, x_3 \geq 0 \end{cases}$

(2) min $Z = 4x_1 + x_2$

s.t. $\begin{cases} 3x_1 + x_2 = 3 \\ 4x_1 + 3x_2 - x_3 = 6 \\ x_1 + 2x_2 + x_4 = 4 \\ x_1, x_2, x_3, x_4 \geq 0 \end{cases}$

2.5 表 2-43 为用单纯形法计算时某一步的表格。已知该线性规划的目标函数为 max $Z = 5x_1 + 3x_2$，约束形式为 $\leq$，x_3、x_4 为松弛变量，表中解代入目标函数后得 $Z = 10$。

表 2-43

		x_1	x_2	x_3	x_4
x_3	2	c	0	1	1/5
x_1	a	d	e	0	1
σ_j		b	-1	f	g

(1) 求 $a\sim g$ 的值。

(2) 表中给出的解是否为最优解？

2.6 表 2-44 中给出某求最大化线性规划问题的初始单纯形表及迭代后的表，x_4、x_5 为松弛变量，求表中 $a\sim l$ 的值及各变量下标 $m\sim t$ 的值。

表 2-44

		x_1	x_2	x_3	x_4	x_5
x_m	6	b	c	d	1	0
x_n	1	-1	3	e	0	1
σ_j		a	1	-2	0	0
x_s	f	g	2	-1	1/2	0
x_t	4	h	i	1	1/2	1
σ_j		0	7	j	k	l

2.7 写出下列线性规划的对偶问题，并用单纯形法或对偶单纯形法求出对偶问题的最优解。

(1) $\min Z = 2x_1 + 2x_2 + 4x_3$

s.t. $\begin{cases} 2x_1 + 3x_2 + 5x_3 \geqslant 2 \\ 3x_1 + x_2 + 7x_3 \leqslant 3 \\ x_1 + 4x_2 + 6x_3 \leqslant 5 \\ x_1, x_2, x_3 \geqslant 0 \end{cases}$

(2) $\max Z = x_1 + 2x_2 + 3x_3 + 4x_4$

s.t. $\begin{cases} -x_1 + x_2 - x_3 - 3x_4 = 5 \\ 6x_1 + 7x_2 + 3x_3 - 5x_4 \geqslant 8 \\ 12x_1 - 9x_2 - 9x_3 + 9x_4 \leqslant 20 \\ x_1, x_2 \geqslant 0, x_3 \leqslant 0, x_4 \text{ 无约束} \end{cases}$

2.8 考虑线性规划问题：

$\max Z = 2x_1 + 4x_2 + 3x_3$

s.t. $\begin{cases} 3x_1 + 4x_2 + 2x_3 \leqslant 60 \\ 2x_1 + x_2 + 2x_3 \leqslant 40 \\ x_1 + 3x_2 + 2x_3 \leqslant 80 \\ x_{1\sim 3} \geqslant 0 \end{cases}$

(1) 写出其对偶问题。

(2) 用单纯形法求解原问题，列出每步迭代计算得到的原问题的解与互补的对偶问题的解。

(3) 用对偶单纯形法求解其对偶问题，并列出每步迭代计算得到的对偶问题解与其互补的对偶的对偶问题的解。

(4) 比较(2)和(3)计算的结果。

2.9 已知线性规划问题：
$$\min Z = 2x_1 + 3x_2 + 5x_3 + 2x_4 + 3x_5$$
$$\text{s.t.} \begin{cases} x_1+x_2+2x_3+x_4+3x_5 \geqslant 4 \\ 2x_1-x_2+3x_3+x_4+x_5 \geqslant 3 \\ x_j \geqslant 0, j=1,2,\cdots,5 \end{cases}$$

其对偶问题最优解为 $y_1^* = 4/5, y_2^* = 3/5; Z^* = 5$。用对偶理论找出原问题最优解。

2.10 下述线性规划问题：
$$\max Z = 8x_1 + 4x_2 + 6x_3 + 3x_4 + 9x_5$$
$$\text{s.t.} \begin{cases} x_1+2x_2+3x_3+3x_4+3x_5 \leqslant 180 & \text{（资源1）} \\ 4x_1+3x_2+2x_3+x_4+x_5 \leqslant 270 & \text{（资源2）} \\ x_1+3x_2+2x_3+x_4+3x_5 \leqslant 180 & \text{（资源3）} \\ x_j \geqslant 0 \quad (j=1,2,3,4,5) \end{cases}$$

已知最优解中的基变量为 x_3、x_1、x_5，且已知：
$$\begin{bmatrix} 3 & 1 & 3 \\ 2 & 4 & 1 \\ 2 & 1 & 3 \end{bmatrix}^{-1} = \frac{1}{27}\begin{bmatrix} 11 & -3 & 1 \\ -6 & 9 & -3 \\ 2 & -3 & 10 \end{bmatrix}$$

要求根据以上信息确定三种资源各自的影子价格。

2.11 某单位加工制作100套工架，每套工架需用长为2.9m、2.1m和1.5m的圆钢各一根。已知原材料长7.4m。问如何下料使得所用的原材料最省？

2.12 某工厂要用三种原材料C、P、H混合调配出三种不同规格的产品A、B、D。已知产品的规格要求、产品的单价、每天能供应的原材料数量及单价分别见表2-45和表2-46。该厂应如何安排生产，使利润收入为最大？试建立问题的数学模型。

表 2-45

产品名称	规格要求	单价/元/千克
A	原材料C不少于50% 原材料P不超过25%	50
B	原材料C不少于25% 原材料P不超过50%	35
D	不限	25

表 2-46

原材料名称	每天最多供应量/kg	单价/元/千克
C	100	65
P	100	25
H	60	35

2.13 某昼夜服务公交公司的公交线路每天各时段内所需要司机和乘务人员如表2-47所示。

表 2-47

班次	时间	所需人数	班次	时间	所需人数
1	6:00—10:00	60	4	18:00—22:00	50
2	10:00—14:00	70	5	22:00—2:00	20
3	14:00—18:00	60	6	2:00—6:00	30

设司机和乘务人员分别在各时段开始时上班并连续工作 8 小时。问该公司公交线路应如何安排司机和乘务人员,使得既能满足工作需要,又使配备的总人数最少?试建立问题的数学模型。

2.14 某厂生产三种产品Ⅰ、Ⅱ、Ⅲ,每种产品要经过 A、B 两道工序加工。设该厂有两种规格的设备能完成 A 工序,它们以 A_1、A_2 表示;有三种规格的设备能完成 B 工序,它们以 B_1、B_2、B_3 表示。产品Ⅰ可在 A、B 任何一种规格设备上加工;产品Ⅱ可在任何规格的 A 设备上加工,但在完成 B 工序时,只能在 B_1 设备上加工;产品Ⅲ只能在 A_2 与 B_2 设备上加工。

已知在各种机床设备的单件工时、原材料费、产品销售价格、各种设备的有效台时以及满负荷操作时机床设备的费用如表 2-48 所示,要求安排最优的生产计划,使该厂的利润为最大。

表 2-48

产品设备	产品			设备有效台时	满负荷时的设备费用/元
	Ⅰ	Ⅱ	Ⅲ		
A_1	5	10	—	6000	300
A_2	7	9	12	10 000	321
B_1	6	8	—	4000	250
B_2	4	—	11	7000	783
B_3	7	—	—	4000	200
原料费/(元/件)	0.25	0.35	0.50		
单价/(元/件)	1.25	2.00	2.80		

2.15 某投资公司拟制订今后 5 年的投资计划,初步考虑下面 4 个投资项目。

项目 A:从第 1 年到第 4 年每年年初需要投资,于次年年末收回成本并可获利 15%。

项目 B:第 3 年年初需要投资,到第 5 年年末可以回收成本并获利 25%,但为了保证足够的资金流动,规定该项目的投资金额上限为不超过总金额的 40%。

项目 C:第 2 年年初需要投资,到第 5 年年末可以回收成本并获利 40%,但公司规定该项目的最大投资金额不超过总金额的 30%。

项目 D:5 年内每年年初可以购买公债,于当年年末可以归还本金并获利息 6%。

该公司现有投资金额 100 万元,请你帮助该公司制订这些项目每年的投资计划,使公司到第 5 年年末能够获得最大的利润。试建立问题的数学模型。

2.16 某工厂生产 n 种产品($i=1,2,\cdots,n$),上半年各月对每种产品的最大市场需求量

为 $d_{ij}(i=1,2,\cdots,n;j=1,2,\cdots,6)$。已知每件产品的单价为 S_i 元,生产每件产品所需工时为 a_i,单件成本为 C_i 元;该工厂上半年各月正常生产工时为 $r_j(j=1,2,\cdots,6)$,各月内允许的最大加班工时为 r'_j;C'_i 为加班单件成本。每月生产的各种产品如当月销售不完,可以库存。库存费用为 H_i(元/件·月)。假设1月初所有产品的库存为零,要求6月底各产品的库存量分别为 k_i 件。现要求为该厂制订一个生产库存计划,在尽可能利用生产能力的条件下,获取最大利润。试建立该问题的数学模型。

2.17 已知线性规划问题:
$$\max Z = 6x_1 + 14x_2 + 13x_3$$
$$\text{s.t.} \begin{cases} \frac{1}{2}x_1 + 2x_2 + x_3 \leq 24 \\ x_1 + 2x_2 + 4x_3 \leq 60 \\ x_1, x_2, x_3 \geq 0 \end{cases}$$

(1) 用单纯形法求此问题的最优解。
(2) 当第一个约束条件变为 $x_1 + 4x_2 + 2x_3 \leq 68$ 时,问题的最优解如何变化?
(3) 如约束条件不变,目标函数变为 $\max Z(\theta) = 6x_1 + (14+3\theta)x_2 + 13x_3$ 时,求 θ 在 $[0,4]$ 区间范围变化时最优解的变化。

2.18 现有线性规划问题:
$$\max Z = -5x_1 + 5x_2 + 13x_3$$
$$\text{s.t.} \begin{cases} -x_1 + x_2 + 3x_3 \leq 20 & \text{①} \\ 12x_1 + 4x_2 + 10x_3 \leq 90 & \text{②} \\ x_1, x_2, x_3 \geq 0 \end{cases}$$

先用单纯形法求出最优解,然后分析在下列各种条件下,最优解分别有什么变化?
(1) 约束条件①的右端项系数由20变为30。
(2) 约束条件②的右端项系数由90变为70。
(3) 目标函数中 x_3 的系数由13变为8。
(4) x_1 的系数列向量由 $(-1,12)^T$ 变为 $(0,5)^T$。
(5) 将原约束条件②改变为 $10x_1 + 5x_2 + 10x_3 \leq 100$。
(6) 增加一个约束条件 $2x_1 + 3x_2 + 5x_3 \leq 50$。

2.19 已知某工厂生产Ⅰ、Ⅱ、Ⅲ三种产品,各产品需要在A、B、C设备上加工,有关数据如表2-49所示。试回答以下问题。

(1) 如何充分发挥设备能力使生产盈利最大?
(2) 若为了增加产量,可借用其他工厂的设备B,每月可借用60台时,租金为1.8万元,问借用B设备是否合算?
(3) 若另有两种产品Ⅳ和Ⅴ,其中Ⅳ需用设备A 12台时、B 5台时、C 10台时,单位产品盈利2.1千元;新产品Ⅴ需用设备A 4台时、B 2台时、C 12台时,单位产品盈利1.87千元。如A、B、C设备台时不增加,分别回答这两种新产品投产在经济上是否合算?
(4) 对产品工艺进行设计,改进结构。改进后生产每件产品Ⅰ需用设备A 9台时、B 12台时、C 4台时,单位产品盈利4.5千元。问这对原计划有何影响?

表 2-49

设备代号	I	II	III	设备有效台时/月
A	8	2	10	300
B	10	5	8	400
C	2	13	10	420
单位产品利润/千元	3	2	2.9	

第3章 整数规划与运输问题

3.1 整数规划

3.1.1 整数规划问题的数学模型

在实际的经济管理过程中,往往要求决策变量的取值部分或者全部是整数,比如机器的台数、车辆的分配、人员的安排等,对于这样的规划问题称为整数规划问题(Integer Programming,IP)。整数规划是最近几十年发展起来的规划论中的一个分支。如果不考虑整数条件,由余下的目标函数和约束条件构成的规划问题称为该整数规划问题的松弛问题(Slack Problem)。若松弛问题是一个线性规划,则称该整数规划为整数线性规划(Integer Linear Programming,ILP)。整数线性规划问题数学模型的标准形式为

$$\max Z(\text{或 } \min Z) = \sum_{j=1}^{n} c_j x_j$$

$$(\text{IP}) \quad \text{s. t.} \begin{cases} \sum_{j=1}^{n} a_{ij} x_j = b_i & (i=1,2,\cdots,m) \\ x_j \geqslant 0 & (j=1,2,\cdots,n) \text{ 且部分或全部为整数} \end{cases}$$

依照决策变量取整要求的不同,整数线性规划可分为纯整数线性规划、全整数线性规划、混合整数线性规划、0-1整数线性规划。

纯整数线性规划(Pure Integer Linear Programming):所有决策变量要求取非负整数(这时引进的松弛变量和剩余变量可以不要求取整数)。

全整数线性规划(All Integer Linear Programming):除了所有决策变量要求取非负整数外,系数 a_{ij} 和常数 b_i 也要求取整数(这时引进的松弛变量和剩余变量也必须是整数)。

混合整数线性规划(Mixed Integer Linear Programming):只有一部分的决策变量要求取非负整数,另一部分可以取非负实数。

0-1 整数线性规划(Zero-one Integer Linear Programming):所有决策变量只能取 0 或 1 两个整数。

注意:本章仅讨论整数线性规划,本教材中后面所提到的整数规划,一般均指整数线性规划。

3.1.2 整数规划问题实例

例 3.1 某厂生产甲和乙两种产品,需要经过 A、B、C 三道工序进行加工,单件工时和利润以及各工序每月工时限额如表 3-1 所示。问工厂应如何安排生产,才能使总利润最大?

表 3-1

	A	B	C	利润/元/件
甲	2	4	5	30
乙	3	7	6	45
工时限额/小时/月	300	100	260	

解：设工厂每月生产甲产品 x_1 件，乙产品 x_2 件。则该问题的数学模型为

$$\max Z = 30x_1 + 45x_2$$

$$\text{s. t.} \begin{cases} 2x_1 + 3x_2 \leqslant 300 \\ 4x_1 + 7x_2 \leqslant 100 \\ 5x_1 + 6x_2 \leqslant 260 \\ x_1, x_2 \geqslant 0, \text{且为整数} \end{cases}$$

这是一个纯整数规划问题。

例 3.2 某人有一个背包可以装 5kg、0.02m³ 的物品。他准备用来装 A、B 两种物品，每件物品的重量、体积和价值如表 3-2 所示。问两种物品各装多少件才能使所装物品的总价值最大？

表 3-2

物品	重量/千克/件	体积/立方米/件	价值/元/件
A	1.2	0.003	4
B	0.5	0.0025	5

解：设 A、B 两种物品的装载件数分别为 x_1、x_2，则该问题的数学模型为

$$\max Z = 4x_1 + 5x_2$$

$$\text{s. t.} \begin{cases} 1.2x_1 + 0.5x_2 \leqslant 5 \\ 0.003x_1 + 0.0025x_2 \leqslant 0.02 \\ x_1, x_2 \geqslant 0, \text{且为整数} \end{cases}$$

这也是一个纯整数规划问题。

例 3.3 在例 3.2 中，假设此人还有一只旅行箱，最大载重量为 10kg，其体积是 0.018m³。背包和行李箱只能选择其一，如果所需携带物品不变，问该如何装载物品，使所装物品价值最大？

解：引入 0-1 变量（或称逻辑变量）y_i，令

$$y_i = \begin{cases} 1, & \text{采用第 } i \text{ 种方式装载时} \\ 0, & \text{不采用第 } i \text{ 种方式装载时} \end{cases} \quad i = 1, 2$$

则该整数规划数学模型为

$$\max Z = 4x_1 + 5x_2$$

$$\text{s. t.} \begin{cases} 1.2x_1 + 0.5x_2 \leqslant 5y_1 + 10y_2 \\ 0.003x_1 + 0.0025x_2 \leqslant 0.02y_1 + 0.018y_2 \\ y_1 + y_2 = 1 \\ x_1, x_2 \geqslant 0, \text{且为整数}; y_i = 0 \text{ 或 } 1, i = 1, 2 \end{cases}$$

这是一个 0-1 整数规划问题。

例 3.4 企业计划生产 4000 件某种产品，该产品可以以自己加工、外协加工任意一种形式生产。已知每种生产形式的固定成本、生产该产品的变动成本以及每种生产形式的最大加工数量（件）限制如表 3-3 所示，怎样安排产品的加工使总成本最小。

表 3-3

	固定成本/元	变动成本/元/件	最大加工数/件
本企业加工	500	8	1500
外协加工 I	800	5	2000
外协加工 II	600	7	不限

解：设 x_j 为采用第 $j(j=1,2,3)$ 种方式生产的产品的数量，生产费用为

$$C_j(x_j) = \begin{cases} k_j + c_j x_j & (x_j > 0) \\ 0 & (x_j = 0) \end{cases}$$

其中，k_j 为固定成本，c_j 为变动成本。设 0-1 变量 y_j，令

$$y_j = \begin{cases} 1, & \text{采用第 } j \text{ 种加工方式时，即 } x_j > 0 \text{ 时 } j = 1,2,3 \\ 0, & \text{不采用第 } j \text{ 种加工方式时，即 } x_j = 0 \text{ 时} \end{cases}$$

该问题的线性规划模型为

$$\min Z = (500y_1 + 8x_1) + (800y_2 + 5x_2) + (600y_3 + 7x_3)$$

$$\text{s.t.} \begin{cases} x_j - My_j \leqslant 0 \\ x_1 + x_2 + x_3 \geqslant 4000 \\ x_1 \leqslant 1500, x_2 \leqslant 2000 \\ x_j \geqslant 0, y_j = 1 \text{ 或 } 0, \quad j = 1,2,3 \end{cases}$$

其中，$x_j - My_j \leqslant 0$ 是处理 x_j 与 y_j 一对变量之间逻辑关系的特殊约束，M 为任意大的正数，当 $x_j > 0$ 时 $y_j = 1$，当 $x_j = 0$ 时，为使 Z 最小化，有 $y_j = 0$。此问题为混合整数规划问题。

3.1.3 整数规划问题的解

整数规划及其松弛问题，从解的特点上来说，两者之间既有密切的联系，又有本质的区别。

松弛问题作为一个线性规划问题，其可行解的集合是一个凸集，任意两个可行解的凸组合仍为可行解。整数规划问题的可行解集合是它的松弛问题可行解集合的一个子集，任意两个可行解的凸组合不一定满足整数约束条件，因而不一定仍为可行解。由于整数规划问题的可行解一定也是它的松弛问题的可行解（反之则不一定），所以前者最优解的目标函数值不会优于后者最优解的目标函数值。

在一般情况下，松弛问题的最优解不会刚好满足变量的整数约束条件，因而不是整数规划的可行解，自然就不是整数规划的最优解。此时，若对松弛问题的这个最优解中不符合整数要求的分数或小数解经"四舍五入"或"舍入化整"，所得到的解不一定是整数规划问题的最优解，甚至也不一定是整数规划问题的可行解。先看下面的例子。

例 3.5 用图解法求下列问题的最优解。

$$\max Z = x_1 + x_2$$
$$\text{s.t.} \begin{cases} 14x_1 + 9x_2 \leq 51 \\ -6x_1 + 3x_2 \leq 1 \\ x_1, x_2 \geq 0 \text{ 且为整数} \end{cases}$$

解：去掉决策变量为整数约束,该问题的最优解为图 3-1(a)中的点(3/2,10/3)。如用"舍入取整法"可得到图 3-1(b)中的 4 个点,即(1,3)、(2,3)、(1,4)和(2,4)。显然,这 4 个点均不在问题的可行域之内,因此它们都不可能是原问题满足整数约束的最优解。

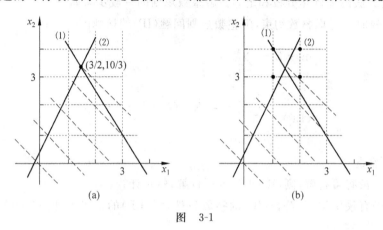

图 3-1

由于整数规划及其松弛问题之间的上述特殊关系,像例 3.5 这样先求松弛问题的最优解,再用简单取整的方法虽然简单直观,但是却并不是求解整数规划的有效方法,因此,对于求解整数规划问题有必要进行专门研究。

3.1.4 整数规划的求解方法

按整数规划约束条件,其可行解肯定在其松弛问题的可行域内且为整数点。故当整数规划问题的松弛问题的可行解集是一个有限集合时,最容易想到的方法就是穷举变量的所有可行的整数组合,如图 3-1(b)中,可以将该有限集合中的所有整数组合一一列出,即(0,0)、(1,0)、(1,1)、(1,2)、(2,0)、(2,1)、(2,2)、(3,0)、(3,1),然后将这些整数组合代入目标函数中,比较各点目标函数值,能使目标函数值取最大的整数组合即为该整数规划问题的最优解,此法称为**完全枚举法**或**穷举法**。在本例中,(2,2)、(3,1)可使目标函数取最大值,因此,例 3.5 的最优解为(2,2)和(3,1),最优值为 4。

完全枚举法对于决策变量较少、约束条件不是很多的整数规划的求解是可用的,但对于大规模整数规划问题是不可取的。例如,在本章第 3 部分的指派问题中,将 n 项任务指派 n 人去完成,不同的指派方案共有 $n!$ 种,当 $n=10$ 时,这个数就要超过 300 万;当 $n=20$ 时,这个数就超过 2×10^{18},如果一一计算,庞大的数据计算量是可想而知的,很显然,对于这样的问题,穷举法是不可取的。目前,应用较为广泛的求解整数规划方法主要有**分枝定界法**(Branch and Bound Method)和**割平面法**等,对于特别的 0-1 整数规划问题,一般有**隐枚举法**和**匈牙利法**等。下面首先介绍分枝定界法和割平面法。

1. 分枝定界法

分枝定界法是由 Land Doig 和 Dakin 等人于 20 世纪 60 年代初提出的,可用于解纯整数规划或混合整数规划问题。由于该方法灵活且便于用计算机求解,所以现在它已经是求解整数规划的重要方法,在实际问题中有着广泛的应用。

分枝定界法是一种隐枚举法或部分枚举法,它不是一种有效的算法,是穷举法基础上的改进。分枝定界法的关键是分枝和定界。解整数规划的一般步骤如下。

步骤一:暂时不考虑整数约束,解整数规划问题(IP)的松弛问题(LP)

$$\max Z = \sum_{j=1}^{n} c_j x_j$$

$$(\text{LP}) \begin{cases} \sum_{j=1}^{n} a_{ij} x_j = b_i & (i=1,2,\cdots,m) \\ x_j \geqslant 0, & (j=1,2,\cdots,m) \end{cases}$$

可能得到以下情况之一。

① 若(LP)没有可行解,则(IP)也没有可行解,停止计算。

② 若(LP)有最优解,并符合(IP)的整数条件,则(LP)的最优解即为(IP)的最优解,停止计算。

③ 若(LP)有最优解,但不符合(IP)的整数条件,转入下一步。

为讨论方便,设(LP)的最优解为

$$X^{(0)} = (b'_1, b'_2, \cdots, b'_r, \cdots, b'_m, 0, \cdots, 0)^{\text{T}}, \quad \text{目标函数最优值为 } Z^{(0)}$$

其中,$b'_i (i=1,2,\cdots,m)$ 不全为整数。

步骤二:定界。

① 上界的定义。记(IP)的目标函数最优值为 Z^*,以 $Z^{(0)}$ 作为 Z^* 的上界,记为 $\overline{Z} = Z^{(0)}$。

② 下界的定义。用观察法找得一个整数可行解 X',并以其相应的目标函数值 Z' 作为 Z^* 的下界,记为 $\underline{Z} = Z'$,也可以令 $\underline{Z} = -\infty$,则有 $\underline{Z} \leqslant Z^* \leqslant \overline{Z}$。

步骤三:分枝。

在(LP)的最优解 $X^{(0)}$ 中,任选一个不符合整数条件的变量,例如 $x_r = b'_r$(不为整数),以 $[b'_r]$ 表示不超过 b'_r 的最大整数。构造两个约束条件

$$x_r \leqslant [b'_r] \quad \text{和} \quad x_r \geqslant [b'_r] + 1$$

将这两个约束条件分别加入整数规划问题(IP),形成两个子问题(IP$_1$)和(IP$_2$),再解这两个问题的松弛问题(LP$_1$)和(LP$_2$)。

步骤四:修改上、下界。

以每个子问题所对应的松弛问题为一分枝标明求解的结果,与其他问题的解的结果进行比较,并按照以下两点规则进行上下界的修改。

① 在各分枝问题中,找出目标函数值最大者作为新的上界 $\overline{Z}$。

② 从已符合整数条件的分枝中,找出目标函数值最大者作为新的下界 $\underline{Z}$。

步骤五：比较与剪枝。

各分枝的目标函数值中，若有小于 $\underline{Z}$ 者，则剪掉此枝，表明此子问题已经探清，以后不再考虑了；若大于 $\underline{Z}$，且不符合整数条件，则重复第三步。

如此反复进行，直到得到 $\underline{Z}=Z^*=\overline{Z}$ 为止，即得最优整数解 X^*。

例 3.6 用分枝定界法求解下列整数规划问题。

$$\max Z = 3x_1 + 2x_2$$

$$(\text{IP}) \begin{cases} 2x_1 + x_2 \leqslant 9 \\ 2x_1 + 3x_2 \leqslant 14 \\ x_1, x_2 \geqslant 0 \text{ 且为整数} \end{cases}$$

解：用单纯形法解(IP)对应的松弛问题(LP)，最终单纯形表如表 3-4 所示。

表 3-4

	c_j		3	2	0	0
C_B	X_B	b	x_1	x_2	x_3	x_4
3	x_1	13/4	1	0	3/4	$-1/4$
2	x_2	5/2	0	1	$-1/2$	1/2
	σ_j		0	0	$-5/4$	$-1/4$

由最终单纯形表可知，(LP)最优解为 $x_1=13/4, x_2=5/2$，最优值为 59/4，故上界定义为 $\overline{Z}=Z^{(0)}=59/4\approx14.75$，下界可以定义为 $\underline{Z}=-\infty$。

选 x_2 进行分枝，即增加两个约束 $x_2\leqslant2$ 和 $x_2\geqslant3$ 分别放入原整数规划(IP)中，则形成的两个新的分枝问题有

$$\max Z = 3x_1 + 2x_2 \qquad \max Z = 3x_1 + 2x_2$$

$$(\text{IP}_1)\begin{cases}2x_1 + x_2 \leqslant 9 \\ 2x_1 + 3x_2 \leqslant 14 \\ x_2 \leqslant 2 \\ x_1, x_2 \geqslant 0 \text{ 且为整数}\end{cases} \qquad (\text{IP}_2)\begin{cases}2x_1 + x_2 \leqslant 9 \\ 2x_1 + 3x_2 \leqslant 14 \\ x_2 \geqslant 3 \\ x_1, x_2 \geqslant 0 \text{ 且为整数}\end{cases}$$

求解(IP$_1$)和(IP$_2$)的松弛问题(LP$_1$)和(LP$_2$)的过程分别如表 3-5 和表 3-6 所示。

表 3-5

	c_j		3	2	0	0	0
C_B	X_B	b	x_1	x_2	x_3	x_4	x_5
3	x_1	13/4	1	0	3/4	$-1/4$	0
2	x_2	5/2	0	1	$-1/2$	1/2	0
0	x_5	2	0	1	0	0	1
	σ_j		0	0	$-5/4$	$-1/4$	0
3	x_1	13/4	1	0	3/4	$-1/4$	0
2	x_2	5/2	0	1	$-1/2$	1/2	0
0	x_5	$-1/2$ →	0	0	1/2	$-1/2$	1
	σ_j		0	0	$-5/4$	$-1/4$ ↑	0

c_j			3	2	0	0	0
C_B	X_B	b	x_1	x_2	x_3	x_4	x_5
3	x_1	7/2	1	0	1/2	0	−1/2
2	x_2	2	0	1	0	0	1
0	x_4	1	0	0	−1	1	−2
	σ_j		0	0	−3/2	0	−1/2

$x_1=7/2, x_2=2, Z^{(1)}=29/2=14.4$。

表 3-6

c_j			3	2	0	0	0
C_B	X_B	b	x_1	x_2	x_3	x_4	x_6
3	x_1	13/4	1	0	3/4	−1/4	0
2	x_2	5/2	0	1	−1/2	1/2	0
0	x_6	−3	0	−1	0	0	1
	σ_j		0	0	−5/4	−1/4	0
3	x_1	13/4	1	0	3/4	−1/4	0
2	x_2	5/2	0	1	−1/2	1/2	0
0	x_6	−1/2 →	0	0	−1/2	1/2	1
	σ_j		0	0	−5/4 ↑	−1/4	0
3	x_1	5/2	1	0	0	1/2	3/2
2	x_2	3	0	1	0	0	−1
0	x_3	1	0	0	1	−1	−2
	σ_j		0	0	0	−3/2	−5/2

$x_1=5/2, x_2=3, Z^{(2)}=27/2=13.5$,因为 $Z^{(2)}<Z^{(1)}$,所以先不考虑分枝。

此时,上界定义为 $\bar{Z}=Z^{(1)}=29/2=14.5$,下界仍然定义为 $\underline{Z}=-\infty$。因(LP$_1$)中 x_1 仍然不为整数,经过 $Z^{(1)}$ 与 $Z^{(2)}$ 比较后,继续对(LP$_1$)中 x_1 进行分枝,在(IP$_1$)基础上分别加入约束 $x_1 \geqslant 4$ 和 $x_1 \leqslant 3$ 形成两个新分枝(IP$_3$)、(IP$_4$),有

$$\max Z = 3x_1 + 2x_2 \qquad \max Z = 3x_1 + 2x_2$$

$$(\text{IP}_3) \begin{cases} 2x_1 + x_2 \leqslant 9 \\ 2x_1 + 3x_2 \leqslant 14 \\ x_2 \leqslant 2 \\ x_1 \leqslant 3 \\ x_1, x_2 \geqslant 0 \text{ 且为整数} \end{cases} \qquad (\text{IP}_4) \begin{cases} 2x_1 + x_2 \leqslant 9 \\ 2x_1 + 3x_2 \leqslant 14 \\ x_2 \leqslant 2 \\ x_1 \geqslant 4 \\ x_1, x_2 \geqslant 0 \text{ 且为整数} \end{cases}$$

求解(IP$_3$)、(IP$_4$)松弛问题(LP$_3$)、(LP$_4$)的过程分别如表 3-7 和表 3-8 所示。

表 3-7

C_B	X_B	b	x_1	x_2	x_3	x_4	x_5	x_7
3	x_1	7/2	1	0	1/2	0	−1/2	0
2	x_2	2	0	1	0	0	1	0
0	x_4	1	0	0	−1	1	−2	0
0	x_7	3	1	0	0	0	0	1
	σ_j		0	0	−3/2	0	−1/2	0
3	x_1	7/2	1	0	1/2	0	−1/2	0
2	x_2	2	0	1	0	0	1	0
0	x_4	1	0	0	−1	1	−2	0
0	x_7	−1/2	0	0	−1/2	0	1/2	1
	σ_j		0	0	−3/2↑	0	−1/2	0
3	x_1	3	1	0	0	0	0	1
2	x_2	2	0	1	0	0	1	0
0	x_4	2	0	0	0	1	−3	−2
0	x_3	1	0	0	1	0	−1	−2
	σ_j		0	0	0	0	−2	−3

$x_1=3, x_2=2, Z^{(3)}=13$。找到整数解,问题已探明,停止计算。

表 3-8

C_B	X_B	b	x_1	x_2	x_3	x_4	x_5	x_8
3	x_1	7/2	1	0	1/2	0	−1/2	0
2	x_2	2	0	1	0	0	1	0
0	x_4	1	0	0	−1	1	−2	0
0	x_8	−4	−1	0	0	0	0	1
	σ_j		0	0	−3/2	0	−1/2	0
3	x_1	7/2	1	0	1/2	0	−1/2	0
2	x_2	2	0	1	0	0	1	0
0	x_4	1	0	0	−1	1	−2	0
0	x_8	−1/2	0	0	1/2	0	−1/2	1
	σ_j		0	0	−3/2	0	−1/2↑	0
3	x_1	4	1	0	0	0	0	−1
2	x_2	1	0	1	1	0	0	2
0	x_4	3	0	0	−3	1	0	−4
0	x_5	1	0	0	−1	0	1	−2
	σ_j		0	0	−2	0	0	−1

$x_1=4, x_2=1, Z^{(4)}=14$。找到整数解,问题已探明,停止计算。

此时上界定义为 $\overline{Z}=Z^{(4)}=14$,下界定义为 $\underline{Z}=Z^{(4)}=14, \underline{Z}=Z^*=\overline{Z}=14$。

从以上计算可得,原问题的最优解为 $X^*=(4,1)^T, Z^*=14$。整个分枝定界过程如图 3-2

所示。

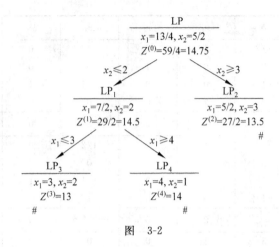

图 3-2

用分枝定界法求解纯整数规划或混合整数规划问题比用穷举法优越,因为它仅在一部分可行解的整数解中寻求最优解,计算量比穷举法小。但是,如果变量数目很大,其计算量也是相当可观的。

2. 割平面法

割平面法是由高莫雷(R. E. Gomory)于1958年提出来的,所以又称为Gomory的割平面法。其基本思想是放宽变量的整数约束,首先求对应的松弛问题最优解,当某个变量 x_i 不满足整数要求时,寻求一个约束方程并添加到松弛问题中,其作用是切割掉非整数部分,缩小原松弛问题的可行域,最后逼近整数问题的最优解。

例3.7 求解整数规划问题:

$$\max Z = x_1 + x_2$$
$$\text{s. t.} \begin{cases} -x_1 + x_2 \leqslant 1 \\ 3x_1 + x_2 \leqslant 4 \\ x_1, x_2 \geqslant 0 \text{ 且为整数} \end{cases}$$

如果不考虑该问题中的整数约束,则容易求得相应的松弛问题的最优解$(3/4,7/4)^{\mathrm{T}}$,最优目标函数值为5/2。它就是图3-3中可行域 R 的顶点 A,但是不符合整数条件。现在设想,如能找到像 CD 那样的直线去切割可行域 R(见图3-4),去掉三角形域 ACD,那么具有整数坐标的 C 点(1,1)就是域 R' 的一个顶点,如在域 R' 上求解原问题的松弛问题,而得到的最优解又恰巧在 C 点就得到原问题的整数解,所以解法的关键就是怎样构造一个这样的"割平面"CD,尽管它可能不是唯一的,也可能不是一步就能求到的。

下面仍就本例说明。

在原问题的前两个约束条件中增加非负松弛变量 x_3、x_4,使两式变成等式约束:

$$\begin{cases} -x_1 + x_2 + x_3 = 1 \\ 3x_1 + x_2 + x_4 = 4 \end{cases}$$

不考虑整数要求,用单纯形法求解该松弛问题,表3-9和表3-10是最终单纯形表。

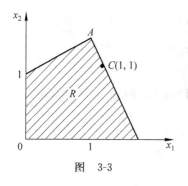

图 3-3

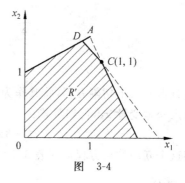

图 3-4

表 3-9

C_B	X_B	b	c_j →	1	1	0	0
				x_1	x_2	x_3	x_4
0	x_3	1		-1	1	1	0
0	x_4	4		3	1	0	1
	σ_j			1	1	0	0

表 3-10

C_B	X_B	b	c_j →	1	1	0	0
				x_1	x_2	x_3	x_4
1	x_1	3/4		1	0	$-1/4$	1/4
1	x_2	7/4		0	1	3/4	1/4
	σ_j			0	0	$-1/2$	$-1/2$

因此,松弛问题的最优解为 $X^* = (3/4, 7/4)^T, Z^* = 5/2$,但不是整数最优解。由最终单纯形表中可以得到变量间的关系式:

$$x_1 - \frac{1}{4}x_3 + \frac{1}{4}x_4 = \frac{3}{4} \tag{3-1}$$

$$x_2 + \frac{3}{4}x_3 + \frac{1}{4}x_4 = \frac{7}{4} \tag{3-2}$$

将系数和常数项部分都分解成整数和非负真分数之和,移项后以上两式变为

$$x_1 - x_3 = \frac{3}{4} - \left(\frac{3}{4}x_3 + \frac{1}{4}x_4\right)$$

$$x_2 - 1 = \frac{3}{4} - \left(\frac{3}{4}x_3 + \frac{1}{4}x_4\right)$$

在原整数规划问题中,要求变量 x_1、x_2 均为非负整数,于是根据式(3-1)和式(3-2)可知 x_3、x_4 也都是非负整数。在上式中(其实只考虑一个式子即可)从等式左边看是整数;在等式右边的括号内是正数;所以等式右边必是负数。也就是说,整数约束条件可以由下式所代替:

$$\frac{3}{4} - \left(\frac{3}{4}x_3 + \frac{1}{4}x_4\right) \leqslant 0$$

即

$$-3x_3 - x_4 \leqslant -3$$

这就得到一个切割方程,将其作为增加的约束条件置于原问题中,继续求解。

引入松弛变量 x_5,得到等式:

$$-3x_3 - x_4 + x_5 = -3$$

将这个新的约束方程加到表 3-10 中,得到表 3-11。

表 3-11

	c_j		1	1	0	0	0
C_B	X_B	b	x_1	x_2	x_3	x_4	x_5
1	x_1	3/4	1	0	−1/4	1/4	0
1	x_2	7/4	0	1	3/4	1/4	0
0	x_5	−3	0	0	−3	−1	1
	σ_j		0	0	−1/2	−1/2	0

从表 3-11 中可以看出,这时得到的是非可行解,于是需要用对偶单纯形法继续进行计算。选择 x_5 为换出变量,x_3 为换入变量,再按照单纯形法进行迭代,得到表 3-12。

表 3-12

	c_j		1	1	0	0	0
C_B	X_B	b	x_1	x_2	x_3	x_4	x_5
1	x_1	1	1	0	0	1/3	1/12
1	x_2	1	0	1	0	0	1/4
0	x_3	1	0	0	1	−1	−1/3
	σ_j		0	0	0	−1/3	−1/6

至此得到最优表,其最优解为 $\boldsymbol{X}^* = (1,1)^T$,$Z^* = 2$,这也是原问题的最优解。

如同分枝定界法一样,割平面法仍然是在线性规划方法基础上进行的,现在将割平面法的求解步骤进行归纳如下。

步骤一:用单纯形法求解整数规划问题(IP)对应的松弛问题(LP)。

① 若(LP)没有可行解,则(IP)也没有可行解,停止计算。

② 若(LP)有最优解,并符合(IP)的整数条件,则(LP)的最优解即为(IP)的最优解,停止计算。

③ 若(LP)有最优解,但不符合(IP)的整数条件,转入下一步。

步骤二:做割平面方程。

从(LP)的最优解中,任选一个不为整数的分量 x_r,将最优单纯形表中该行的系数 a'_{rj} 和 b'_r 分解为整数部分(小于该数的最大整数)和小数部分之和,并以该行为源行,按下式做割平面方程:

$$f_r - \sum_{j=m+1}^{n} f_{rj} x_j \leqslant 0$$

其中，f_r 为 b_i' 的小数部分，f_{rj} 为 a_{rj}' 的小数部分。

步骤三：将所得的割平面方程作为一个新的约束条件置于最优单纯形表中（同时增加一个单位列向量），用对偶单纯形法求出新的最优解，返回步骤一。

由以上解题步骤可知，割平面方程真正进行了切割，至少把非整数最优解这一点割掉了；同时没有割掉整数解，这是因为相应的线性规划的任意整数可行解都能满足割平面方程的缘故。另外，在解题的过程中，表中含有分数元素且算法过程中始终保持对偶可行性，因此，这个算法也称为分数对偶割平面算法。

3.1.5 0-1 型整数规划实例

0-1 型整数规划是一种特殊形式的整数规划，这时的决策变量 x_i 只取两个值 0 或 1，这个条件可由约束条件

$$x_i \leqslant 1$$
$$x_i \geqslant 0, \quad 且为整数$$

所代替。它和一般整数规划的约束条件是一致的。在实际问题中，如果引入 0-1 变量，就可以把有各种情况需要分别讨论的线性规划问题统一在一个问题中讨论了。下面，首先介绍几个引入 0-1 变量的实际问题，然后研究 0-1 型整数规划的求解方法。

1. 选址问题

例 3.8 某公司拟在市内 A、B、C 三个区建立销售点。经考察，有 10 个位置（点）S_i（$i=1,2,\cdots,10$）可以选择。规定在 A 区，由 $S_1 \sim S_4$ 四个点中至多选两个；在 B 区，由 $S_5 \sim S_7$ 三个点中至少选一个；在 C 区，由 $S_8 \sim S_{10}$ 三个点中至少选一个。如果选择 S_i 点，建设投资为 v_i 万元，每年可获得利润估计为 p_i 万元，但总投资不能超过 V 万元。问应如何选择可使年利润最大？

解：在建立该问题的模型时，引入 0-1 变量 x_i，令

$$x_i = \begin{cases} 1 & 当 S_i 点被选用 \\ 0 & 当 S_i 点未被选用 \end{cases} \quad i=1,2,\cdots,10$$

则此问题可用下列模型来表示：

$$\max Z = \sum_{i=1}^{10} p_i x_i$$
$$\text{s.t.} \sum_{i=1}^{10} v_i x_i \leqslant V$$
$$\sum_{i=1}^{4} x_i \leqslant 2$$
$$\sum_{i=5}^{7} x_i \geqslant 1$$

$$\sum_{i=8}^{10} x_i \geqslant 1$$

$$x_i = 0 \text{ 或 } 1, \quad i = 1, 2, \cdots, 10$$

2. 相互排斥的约束条件

如果有 m 个相互排斥的约束条件（$\leqslant$型）$\sum_{j=1}^{n} a_{ij} x_j \leqslant b_i, i=1,2,\cdots,m$。为了保证这 m 个约束条件只有一个起作用，可以引入 m 个 0-1 决策变量 $y_i(i=1,2,\cdots,m)$ 和一个充分大的常数 M。构造下面这一组 $m+1$ 个约束条件

$$\sum_{j=1}^{n} a_{ij} x_j \leqslant b_i + y_i M, \quad i = 1, 2, \cdots, m$$

$$\sum_{i=1}^{m} y_i = m - 1$$

$$y_i = 0 \text{ 或 } 1, \quad i = 1, 2, \cdots, m$$

即可符合上述要求。

例 3.9 在本章例 3.1 中，工序 A 的每月工时的约束条件为

$$2x_1 + 3x_2 \leqslant 300$$

现在假设工序 A 还有一种新的加工方式，相应的每月工时约束变为

$$1.7x_1 + 2.5x_2 \leqslant 270$$

如果工序 A 只能从两种加工方式中选择一种，那么，这两种加工方式就成为两个互相排斥的约束条件。为了统一在一个问题中，引入 0-1 变量。

$$y_i = \begin{cases} 0 & \text{若工序 A 采用第 } i \text{ 种加工方式} \\ 1 & \text{若工序 A 不采用第 } i \text{ 种加工方式} \end{cases} \quad \begin{array}{l} i=1 \text{ 为原加工方式} \\ i=2 \text{ 为新的加工方式} \end{array}$$

于是，互相排斥的约束条件可用下列三个约束条件统一起来：

$$\begin{cases} 2x_1 + 3x_2 \leqslant 300 + My_1 \\ 1.7x_1 + 2.5x_2 \leqslant 270 + My_2 \\ y_1 + y_2 = 1 \end{cases}$$

3. 固定费用问题

本章例 3.4 就是一个典型的固定费用问题，下面再看一个例题。

例 3.10 某服装公司能够生产三种服装：衬衣、短裤和长裤。每种服装的生产都要求公司具有适当类型的机器。生产每种服装所需的机器将按下列费用租用：衬衣机器每周 200 元、短裤机器每周 150 元、长裤机器每周 100 元。每种服装的生产还需表 3-13 所示数量的布料和劳动时间，每种服装的售价和单位可变成本也列在此表中。每周可利用的劳动时间为 150h、布料为 160m^2。试建立一个可以使该公司每周利润最大的整数规划模型。

表 3-13

服装类型	劳动时间/h	布料/m²	售价/元	可变成本/元
衬衣	3	4	12	6
短裤	2	3	8	4
长裤	6	4	15	8

解：设 x_i 为第 i 种服装的周产量，

$$y_i = \begin{cases} 1 & \text{生产第 } i \text{ 种服装} \\ 0 & \text{否则} \end{cases}$$

则该问题的 IP 模型如下。

目标函数：

$$\max z = 6x_1 + 4x_2 + 7x_3 - 200y_1 - 150y_2 - 100y_3$$

约束条件：

(1) 劳动时间约束。

$$3x_1 + 2x_2 + 6x_3 \leqslant 150$$

(2) 布料约束。

$$4x_1 + 3x_2 + 4x_3 \leqslant 160$$

(3) 保证当 $x_i > 0$ 时，$y_i = 1$，即生产服装 i，则必然发生租用机器 i 的费用。

$$x_i \leqslant My_i, \quad i = 1, 2, 3$$

非负条件：

$$x_i \geqslant 0 \text{ 且为整数}; y_i = 0 \text{ 或 } 1, \quad i = 1, 2, 3$$

在固定费用问题中，存在一个同以非零水平执行某项活动有关的费用，它与该活动的水平无关。因此在例 3.10 中，无论在何种水平上生产衬衣（无论生产多少），都必须支付 200 元的固定费用来租借衬衣机器。

决策者必须选择在何处安排设施的问题通常是固定费用问题，决策者必须选择在何处安排各种设施（如工厂、仓库等），固定费用通常与建造或使用设施有关。

4. 二选一约束条件

有下列两个约束条件：

$$f(x_1, x_2, \cdots, x_n) \leqslant 0$$
$$g(x_1, x_2, \cdots, x_n) \leqslant 0$$

我们希望保证至少满足两个约束条件中的一个约束条件。则可以通过引入一个 0-1 变量和一个正数 M，下面的两个约束条件则能保证至少满足以上两个约束条件中的一个约束条件。

$$f(x_1, x_2, \cdots, x_n) \leqslant My$$
$$g(x_1, x_2, \cdots, x_n) \leqslant M(1-y)$$
$$y = 0 \text{ 或 } 1$$

通常，M 是一个足够大的正数（M 必须足够大，使得 $f \leqslant M$ 和 $g \leqslant M$ 对于满足问题中其他约束条件的 $x_1, x_2, \cdots, x_n$ 的所有值都成立）。

例 3.11 某汽车公司正考虑生产三种类型的汽车：微型、中型和大型汽车。表 3-14 给出了每种汽车需要的资源以及产生的利润。目前有 6000t 钢材和 60 000h 的劳动时间。要生产一种在经济效益上可行的汽车，这种类型的汽车至少必须生产 1000 辆。试建立一个可以使该公司利润最大的整数规划模型。

表 3-14

	微型	中型	大型
需要的钢材/t	1.5	3	5
需要的劳动时间/h	30	25	40
产生的利润/美元	2000	3000	4000

解：设 x_i 为 i 型汽车的生产数量，则该公司的目标函数为
$$\max Z = 2x_1 + 3x_2 + 4x_3$$
我们知道，如果要生产某种类型的汽车，那么至少必须生产 1000 辆，因此，必有 $x_i \leqslant 0$ 或 $x_i \geqslant 1000$。

对于微型汽车，必有 $x_1 \leqslant 0$ 或 $x_1 \geqslant 1000$，即
$$\begin{cases} x_1 \leqslant M_1 y_1 \\ 1000 - x_1 \leqslant M_1(1 - y_1) \\ y_1 = 0 \text{ 或 } 1 \end{cases}$$

为了保证 x_1 和 $1000 - x_1$ 永远不会超过 M_1，选择的 M_1 必须足够大，使得 M_1 大于 1000 且 x_1 始终小于 M_1。生产 $60\ 000/30 = 2000$ 辆微型汽车将使用所有可用的劳动时间（钢材仍然会剩余一部分），所以最多可生产 2000 辆微型汽车。因此，可以选择 $M_1 = 2000$。

同理，对于中型汽车和大型汽车，可以取 $M_2 = 2000$ 和 $M_3 = 1200$。则该问题的所有约束条件如下：
$$\begin{cases} x_1 \leqslant 2000 y_1 \\ 1000 - x_1 \leqslant 2000(1 - y_1) \end{cases}$$
$$\begin{cases} x_2 \leqslant 2000 y_2 \\ 1000 - x_2 \leqslant 2000(1 - y_2) \end{cases}$$
$$\begin{cases} x_3 \leqslant 1200 y_3 \\ 1000 - x_3 \leqslant 1200(1 - y_3) \end{cases}$$
$$1.5 x_1 + 3 x_2 + 5 x_3 \leqslant 6000$$
$$30 x_1 + 25 x_2 + 40 x_3 \leqslant 60000$$

非负约束：
$$x_1, x_2, x_3 \geqslant 0 \quad \text{且为整数}$$
$$y_1, y_2, y_3 = 0 \text{ 或 } 1$$

*5. 集合覆盖问题

下例是整数规划中另一类典型和重要问题，它们称为集合覆盖问题。

例 3.12（设施位置集合覆盖问题） 某城市有 6 个行政区，这个城市必须确定在什么地

方修建消防站。在保证至少有一个消防站在每个行政区的15min(行驶时间)路程内的情况下,该市希望修建的消防站最少。表3-15给出了在该市的各行政区之间行驶时需要的时间(单位:min)。建立一个整数规划模型,告诉该市应当修建多少消防站以及它们所在的位置。

表 3-15

	行政区1	行政区2	行政区3	行政区4	行政区5	行政区6
行政区1	0	10	20	30	30	20
行政区2	10	0	25	35	20	10
行政区3	20	25	0	15	30	20
行政区4	30	35	15	0	15	25
行政区5	30	20	30	15	0	14
行政区6	20	10	20	25	14	0

解:表3-16说明了哪些位置可以在15min内到达每个行政区。

表 3-16

	行政区1	行政区2	行政区3	行政区4	行政区5	行政区6
在15分钟行程内的行政区	1、2	1、2、6	3、4	3、4、5	4、5、6	2、5、6

对在每个行政区来说,该市都必须确定是否在那里修建消防站。假设

$$x_i = \begin{cases} 1, & \text{在区 } i \text{ 修建消防站} \\ 0, & \text{否则} \end{cases}$$

目标函数:

$$\min Z = \sum_i x_i$$

约束条件:

从表3-16可知,行政区1和行政区2至少需修建1个消防站,行政区1、2、6三者中至少建1个消防站,其他行政区间有类似的约束。因此,有以下的约束条件:

$$x_1 + x_2 \geqslant 1$$
$$x_1 + x_2 + x_6 \geqslant 1$$
$$x_3 + x_4 \geqslant 1$$
$$x_3 + x_4 + x_5 \geqslant 1$$
$$x_4 + x_5 + x_6 \geqslant 1$$
$$x_2 + x_5 + x_6 \geqslant 1$$

非负约束:

$$x_i = 0 \text{ 或 } 1, \quad i = 1,2,3,4,5,6$$

在集合覆盖问题中,给定集合(称之为集合1)中的每个成员必须被某个集合(称之为集合2)中的一个可接受成员"覆盖"。集合覆盖问题的目标是使覆盖集合1中所有成员所需要的集合2中的成员数量最少。在例3.12中,集合1是该城市中的每个行政区,集合2是

消防站的集合。行政区2中的消防站覆盖行政区1、2和6,行政区4中的消防站覆盖行政区3、4、5。集合覆盖问题在航空乘务员调度、行政区划、航班调度和车辆行程安排等方面有许多应用。

*6. 假设(if-then)约束条件

在许多应用中将出现下列情况:我们希望保证,如果满足约束条件
$$f(x_1, x_2, \cdots, x_n) > 0$$
那么必须满足约束条件
$$g(x_1, x_2, \cdots, x_n) \geqslant 0$$
如果没有满足
$$f(x_1, x_2, \cdots, x_n) > 0$$
那么可以满足也可以不满足
$$g(x_1, x_2, \cdots, x_n) \geqslant 0$$
简言之,我们希望保证 $f(x_1, x_2, \cdots, x_n) > 0$,意味着 $g(x_1, x_2, \cdots, x_n) \geqslant 0$。

为了确保这一点,在表述中加入下列约束条件:
$$-g(x_1, x_2, \cdots, x_n) \leqslant My$$
$$f(x_1, x_2, \cdots, x_n) \leqslant M(1-y)$$
$$y = 0 \text{ 或 } 1$$

通常,M 是一个足够大的正数(M 必须足够大,使得 $f \leqslant M$ 和 $g \leqslant M$ 对于满足问题中其他约束条件的 x_1、x_2、$\cdots$、x_n 的所有值都成立)。

可以看到,如果 $f > 0$,那么只有当 $y = 0$ 时才满足 $f(x_1, x_2, \cdots, x_n) \leqslant M(1-y)$。因此,由 $-g(x_1, x_2, \cdots, x_n) \leqslant My$ 可知 $-g \leqslant 0$ 或 $g \geqslant 0$,这是我们需要的结果。因此,如果 $f > 0$,那么 $-g(x_1, x_2, \cdots, x_n) \leqslant My$ 和 $f(x_1, x_2, \cdots, x_n) \leqslant M(1-y)$ 将保证 $g \geqslant 0$。

此外,如果没有满足 $f > 0$,那么 $f(x_1, x_2, \cdots, x_n) \leqslant M(1-y)$ 允许 $y = 0$ 或 $y = 1$。选择 $y = 1$ 将自动满足 $-g(x_1, x_2, \cdots, x_n) \leqslant My$。因此,如果没有满足 $f > 0$,那么 x_1、x_2、$\cdots$、x_n 的值将没有限制,$g < 0$ 和 $g \geqslant 0$ 的情况都有可能出现。

例如,如果所有 x_{ij} 都必须等于 0 或 1,有以下的限制条件:
$$\text{如果 } x_{11} = 1, \quad \text{那么 } x_{21} = x_{31} = x_{41} = 0$$
则可以把它转化为
$$\text{如果 } x_{11} > 0, \quad \text{那么 } x_{21} + x_{31} + x_{41} \leqslant 0 \text{ 或 } -x_{21} - x_{31} - x_{41} \geqslant 0$$
定义 $f = x_{11}, g = -x_{21} - x_{31} - x_{41}$,则可以用下面的约束条件表示原约束:
$$\begin{cases} x_{21} + x_{31} + x_{41} \leqslant My \\ x_{11} \leqslant M(1-y) \\ y = 0 \text{ 或 } 1 \end{cases}$$

由于 f 和 $-g$ 永远都不会超过 3,所以可以选择 $M = 3$,然后把下列约束条件添加到原始的模型中即可:
$$\begin{cases} x_{21} + x_{31} + x_{41} \leqslant 3y \\ x_{11} \leqslant 3(1-y) \\ y = 0 \text{ 或 } 1 \end{cases}$$

*7. 整数规划和分段线性函数

分段线性函数不是线性函数,所以人们可能认为不能使用线性规划求解涉及这些函数的最优化问题。但是,利用 0-1 型变量,可以把分段线性函数表示成线性形式。

假设一个分段线性函数 $f(x)$ 有间断点 $b_1, b_2, \cdots, b_n$。对于某个 $k(k=1,2,\cdots,n-1)$,有 $b_k \leqslant x \leqslant b_{k+1}$,因此对于某个数 $z_k(0 \leqslant z_k \leqslant 1)$,可以把 x 记作

$$x = z_k b_k + (1-z_k) b_{k+1}$$

由于当 $b_k \leqslant x \leqslant b_{k+1}$ 时 $f(x)$ 是线性的,所以可以把 $f(x)$ 写成

$$f(x) = z_k f(b_k) + (1-z_k) f(b_{k+1})$$

下面介绍利用线性约束条件和 0-1 变量表示分段线性函数的方法。

第一步:在最优化问题中出现 $f(x)$ 的地方,用

$$z_1 f(b_1) + z_2 f(b_2) + \cdots + z_n f(b_n)$$

代替 $f(x)$。

第二步:在问题中添加下列约束条件:

$$\begin{cases} z_1 \leqslant y_1 \\ z_2 \leqslant y_1 + y_2 \\ z_3 \leqslant y_2 + y_3 \\ \vdots \\ z_{n-1} \leqslant y_{n-2} + y_{n-1} \\ z_n \leqslant y_{n-1} \end{cases}$$

$$\sum_{i=1}^{n-1} y_i = 1$$

$$\sum_{i=1}^{n} z_i = 1$$

$$x = \sum_{i=1}^{n-1} z_i b_i$$

$$y_i = 0 \text{ 或 } 1, \quad (i=1,2,\cdots,n-1)$$

$$z_i \geqslant 0 \quad (i=1,2,\cdots,n)$$

例 3.13(具有分段线性函数的 IP) Euing 是由公司利用两种石油(石油 1 和石油 2)生产两种汽油(汽油 1 和汽油 2)。每加仑汽油 1 至少必须含有 50% 的石油 1。每加仑汽油 2 至少必须含 60% 的石油 1。每加仑汽油 1 的售价是 12 美分、汽油 2 的售价为 14 美分。目前有 500 加仑石油 1 和 1000 加仑石油 2。可以按下列价格最多购买 1500 加仑石油 1:第一批 500 加仑,每加仑 25 美分;下一批 500 加仑,每加仑 20 美分;再下一批 500 加仑,每加仑 15 美分。表述一个可以使公司利润最大的 IP。

解:设 x 为石油 1 的购买数量,x_{ij} 为用于生产汽油 j 的石油 i 的数量,则公司的利润为

$$12(x_{11} + x_{21}) + 14(x_{12} + x_{22}) - c(x)$$

其中,

$$c(x) = \begin{cases} 25x & (0 \leqslant x \leqslant 500) \\ 20x + 2500 & (500 \leqslant x \leqslant 1000) \\ 15x + 7500 & (1000 \leqslant x \leqslant 1500) \end{cases}$$

由于 $c(x)$ 的间断点是 0、500、1000 和 1500，所以可以按下列步骤将其线性化。

第一步：用 $c(x) = z_1 c(0) + z_2 c(500) + z_3 c(1000) + z_4 c(1500)$ 代替 $c(x)$。

第二步：添加下列约束条件：

$$\begin{cases} x = 0z_1 + 500z_2 + 1000z_3 + 1500z_4 \\ z_1 \leqslant y_1 \\ z_2 \leqslant y_1 + y_2 \\ z_3 \leqslant y_2 + y_3 \\ z_4 \leqslant y_3 \\ z_1 + z_2 + z_3 + z_4 = 1 \\ y_1 + y_2 + y_3 = 1 \\ y_1, y_2, y_3 = 0 \text{ 或 } 1 \\ z_1, z_2, z_3, z_4 \geqslant 0 \end{cases}$$

综上，该问题的数学模型如下。

目标函数：
$$\max Z = 12(x_{11} + x_{21}) + 14(x_{12} + x_{22}) - c(x)$$

约束条件：

除了上面第二步所建的约束外，其他的约束条件还有如下。

公司最多可以使用 $x + 500$ 加仑的石油 1：$x_{11} + x_{12} \leqslant x + 500$。

公司最多可以使用 1000 加仑的石油 2：$x_{21} + x_{22} \leqslant 1000$。

汽油 1 至少必须含有 50% 的石油 1：$x_{11}/(x_{11} + x_{21}) \geqslant 0.5$。

汽油 2 至少必须含有 60% 的石油 1：$x_{12}/(x_{12} + x_{22}) \geqslant 0.6$。

如果某模型的目标函数或约束条件中含有非线性函数，可以先将此非线性函数分段线性化，然后采用以上的方法，从而可以将模型变成线性模型。

以上列举了七类引入 0-1 变量的实际问题。在经济管理的实践中，人们经常通过引入 0-1 变量来使问题简化，为解决实际问题提供方便。

3.1.6　0-1 型整数规划的求解方法

将 0-1 型整数规划的变量改为 $0 \leqslant x_j \leqslant 1$ 并且为整数，就可以用分枝定界法或割平面法求解。由于 0-1 型整数规划问题的特殊性，用下面的方法求解更简单。

穷举法是人们最容易想到的求解 0-1 型整数规划的一种方法，即检查变量取值为 0 或 1 的每一种组合，比较目标函数值以求得最优解。如两个变量，变量全部的组合解为 $(0,0)$，$(0,1),(1,0)(1,1)$ 4 个，将 4 种组合代入约束条件得到可行解，然后将可行解代入目标函数求出最优解。这种方法需要检查变量取值的 2^n 个组合，对于变量个数 n 较大时，这几乎是不可能的。因此需要设计一些方法，只检查变量取值的组合的一部分，就能求得问题的最优解。这样的方法称为隐枚举法（Implicit Enumeration）。

隐枚举法是在穷举法的基础上进行的改进,对于求极大值问题的基本步骤如下。

第一步:寻找一个初始可行解 X_0,得到目标值的下界 Z_0(最小值问题则为上界)。

第二步:按照穷举法列出 2^n 个变量取值的组合,当组合解 X_j 对应的目标函数值 Z_j 小于 Z_0(max)时,则认为不可行;当 Z_j 大于等于 Z_0(max)时,再检验是否满足约束条件,得到 0-1 整数规划的可行解。

第三步:依据 Z_j 的值确定最优解。

这里的下界 Z_0 是可以动态移动的,当某个 Z_j 大于 Z_0 时则将 Z_j 作为新的下界。

下面通过一个例题来说明隐枚举法的求解过程。

例 3.14 用隐枚举法求解下列 0-1 整数规划问题。

$$\max Z = -3x_1 - 7x_2 + x_3 - x_4$$

$$\text{s.t.} \begin{cases} 2x_1 - x_2 + x_3 - x_4 \geq 1 \\ x_1 - x_2 + 6x_3 + 4x_4 \geq 6 \\ 5x_1 + 3x_2 + x_4 \geq 5 \\ x_j = 0,1 \quad j=1,2,3,4 \end{cases}$$

解:(1) 通过观察法得到 $(1,1,1,0)^T$ 是该问题的一个可行解,对应的目标函数值为 -9,则 $Z_0 = -9$ 是该整数规划问题的下界。

(2) 列出变量取值 0 和 1 的组合,共 $2^4 = 16$ 个,分别代入约束条件判断是否可行。首先判断约束条件 1 是否满足,如果满足,接下来判断其他约束,否则认为不可行,计算过程如表 3-17 所示。

(3) 由表 3-17 可知,该 0-1 整数规划问题的最优解为 $\boldsymbol{X} = (1,0,1,0)^T$,最优值为 $Z = -2$。

选择不同的初始可行解,计算量会不一样。一般地,当目标函数求最大值时,首先考虑目标函数系数最大的变量等于 1;当目标函数求最小值时,先考虑目标函数系数最大的变量等于 0。

在表 3-17 的计算过程中,当目标值等于 -2 时,将其下界改为 -2,后续计算过程中目标函数小于 -2 的可以不必再去比较约束条件,可以减少计算量。

表 3-17

j	X_j	约束1	约束2	约束3	Z_j	j	X_j	约束1	约束2	约束3	Z_j
1	(0,0,0,0)	×			0	9	(1,0,0,0)	√	×		-3
2	(0,0,0,1)	×			-1	10	(1,0,0,1)	√	×		-4
3	(0,0,1,0)	√	√	×	1	11	(1,0,1,0)	√	√	√	-2
4	(0,0,1,1)	×			0	12	(1,0,1,1)				-3
5	(0,1,0,0)	×			-7	13	(1,1,0,0)				-10
6	(0,1,0,1)	×			-8	14	(1,1,0,1)				-11
7	(0,1,1,0)	×			-6	15	(1,1,1,0)	√	√	√	-9
8	(0,1,1,1)	×			-7	16	(1,1,1,1)				-10

3.1.7 利用 LINGO 软件求解整数规划

与线性规划模型相比,整数规划模型仅比其多了全部或部分决策变量是整数的约束,是一类特殊的线性规划。因此,利用 LINGO 软件同样可以很容易地求得整数规划问题的最优解。

在 LINGO 软件中有两个函数 @gin(x) 和 @bin(x),前者限制 x 为整数、后者限制 x 为 0 或 1。因此,求解整数规划问题时,只要在求解其松弛问题的程序中,加入整数约束即可。

例 3.15 用 LINGO 软件求解例 3.7 和例 3.14。

求解例 3.7 的 LINGO 程序清单如下:

```
1] MODEL:
2]  max=x1+x2;
3]    -x1+x2<=1;
4]   3*x1+x2<=4;
5] !利用@gin(x)函数说明变量 x1 和 x2 为整数;
6]    @gin(x1);
7]    @gin(x2);
8] END
```

程序清单中的第 6 行和第 7 行分别说明 x_1、x_2 为整数。计算的结果如下:

```
Global optimal solution found.
Objective value:                    2.00000
Extended solver steps:              0
Total solver iterations:            0
        Variable        Value        Reduced Cost
              x1        1.000000     -1.000000
              x2        1.000000     -1.000000
```

即 $x_1=1, x_2=1, Z^*=2$,与例 3.7 中用割平面法得出的结果相同。

求解例 3.14 的 LINGO 程序清单如下:

```
MODEL:
1]max=-3*x1-7*x2+x3-x4;
2]2*x1-x2+x3-x4>=1;
3]   x1-x2+6*x3+4*x4>=6;
4]5*x1+3*x2+      x4>=5;
5]!利用@bin(x)函数说明变量 x1、x2、x3 和 x4 为 0-1 变量;
6]@bin(x1);
7]@bin(x2);
8]@bin(x3);
9]@bin(x4);
END
```

上述程序中的第 6 行~第 9 行说明 x_1~x_4 为 0-1 变量。计算结果如下:

```
Global optimal solution found.
Objective value:                    -2.000000
Extended solver steps:                     0
Total solver iterations:                   0
       Variable         Value         Reduced Cost
         x1           1.000000          3.000000
         x2           0.000000          7.000000
         x3           1.000000         -1.000000
         x4           0.000000          1.000000
```

由以上结果可以得$(x_1, x_2, x_3, x_4) = (1, 0, 1, 0)$为原问题的最优解,最优目标函数值$Z^* = -2$,与用隐枚举法求得的结果相同。

3.2 运输问题

3.2.1 运输问题的数学模型

在日常的生产和生活中,人们经常会遇到将某些物品由一个空间位置转移到另一个空间位置的情况,根据各地的生产量和需求量及各地之间的运输费用,如何制定一个运输方案,使总的运输费用最小,这样的问题就是运输问题(Transportation Problem)。与第 2 章中所讲述的线性规划问题有所不同,运输问题是一类约束方程组的系数矩阵具有特殊结构的线性规划问题。因此,有可能找到比单纯形法更简便的求解方法,从而节约计算的时间和费用。

例 3.16 如图 3-5 所示的网络图,有 A_1、A_2、A_3 三个配送中心,可供应物质分别为 10、8、5(t),现在需要将这些物质运往 B_1、B_2、B_3、B_4 四个销售点,其需求量分别为 5、7、8、3(t)。箭头旁的数字为配送中心(产地)到销售点(需求地)的运价(元/吨),图 3-5 也可以用表 3-18 来表示,问如何安排一个运输计划,使总的运输费用最少?

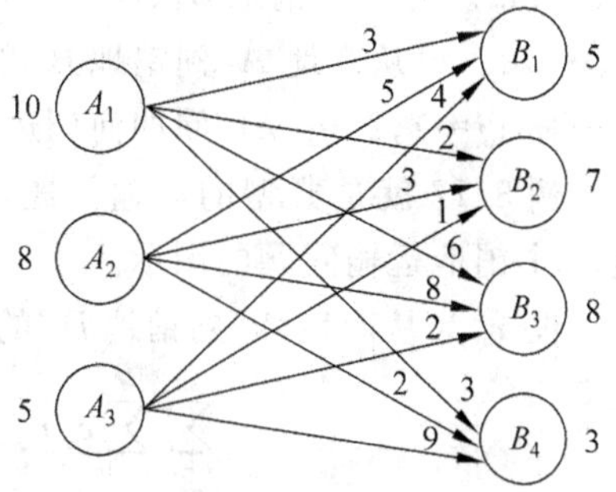

图 3-5

表 3-18

需求地 产地	B_1	B_2	B_3	B_4	供应量/t
A_1	3	2	6	3	10
A_2	5	3	8	2	8
A_3	4	1	2	9	5
需求量	5	7	8	3	23

解:设 $x_{ij}(i=1,2,3; j=1,2,3,4)$为第 i 个配送中心运往第 j 个销售点的运量,这样得到下列运输问题的数学模型。

(1) 使总的运输费用最小，则目标函数为
$$\min Z = 3x_{11} + 2x_{12} + 6x_{13} + 3x_{14} + 5x_{21} + 3x_{22}$$
$$+ 8x_{23} + 2x_{24} + 4x_{31} + x_{32} + 2x_{33} + 9x_{34}$$

(2) 各配送中心的供应量与运出量的平衡方程为
$$\begin{cases} x_{11} + x_{12} + x_{13} + x_{14} = 10 \\ x_{21} + x_{22} + x_{23} + x_{24} = 8 \\ x_{31} + x_{32} + x_{33} + x_{34} = 5 \end{cases}$$

(3) 各个销售点的需求量与供给量的平衡方程为
$$\begin{cases} x_{11} + x_{21} + x_{31} = 5 \\ x_{12} + x_{22} + x_{32} = 7 \\ x_{13} + x_{23} + x_{33} = 8 \\ x_{14} + x_{24} + x_{34} = 3 \end{cases}$$

(4) 各配送中心的运出量应非负，即
$$x_{ij} \geqslant 0, \quad i = 1,2,3; j = 1,2,3,4$$

有些问题表面上与运输问题没有多大关系，但是其模型的数学结构与运输问题模型形式相同，把这类模型都称为运输模型，如多种设备加工多种零件的任务安排。一般运输问题可以用例 3.17 进行典型描述。

例 3.17 已知有 m 个生产地点 A_1、A_2、$\cdots$、A_m，可供应某种物资，其供应量分别为 a_1、a_2、$\cdots$、a_m。有 n 个销地 B_1、B_2、$\cdots$、B_n，其需求量分别为 b_1、b_2、$\cdots$、b_n。设从产地 A_i 到销地 B_j 的单位运费为 $c_{ij}(i=1, 2,\cdots,m; j=1,2,\cdots,n)$，问如何调运可使总运费最少？

例 3.17 就是典型的运输问题，图 3-6 给出了 m 个产地、n 个销地运输问题的图示。

设 x_{ij} 为从产地 A_i 到销地 B_j 的运输量，则总运费为
$$\sum_{i=1}^{m} \sum_{j=1}^{n} c_{ij} x_{ij}$$

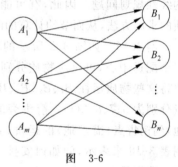

图 3-6

第 i 个产地的运出量应小于等于(当总生产量大于等于总需求量时)或等于(当总生产量小于等于总需求量时)该地的生产量，即
$$\sum_{j=1}^{n} x_{ij} \leqslant (=) a_i, \quad \forall i$$

第 j 个销地的运入量应等于(当总生产量大于等于总需求量时)或小于等于(当总生产量小于等于总需求量时)该地的需求量，即
$$\sum_{i=1}^{m} x_{ij} = (\leqslant) b_j, \quad \forall j$$

因此，运输问题的数学模型可写成
$$\min \sum_{i=1}^{m} \sum_{j=1}^{n} c_{ij} x_{ij} \tag{3-3}$$

$$\sum_{j=1}^{n} x_{ij} \leqslant (=) a_i, \quad \forall i \tag{3-4}$$

$$\sum_{i=1}^{m} x_{ij} = (\leqslant) b_j, \quad \forall j \tag{3-5}$$

$$x_{ij} \geqslant 0, \quad \forall i,j \tag{3-6}$$

称具有形式如式(3-3)~式(3-6)的线性规划问题为运输问题,其相应的模型为运输模型。

根据以上两个例题,可以总结运输模型的特征如下。

(1) 在供需平衡的条件下,约束条件(3-4)和(3-5)均取等式,且有 $m+n$ 个等式约束,有 mn 个变量,约束条件的系数矩阵 A 有 $m+n$ 行 mn 列。该系数矩阵中对应于变量 x_{ij} 的系数向量 P_{ij},其分量中除第 i 个和第 $m+j$ 个为 1 以外,其余的都是零,即

$$P_{ij} = (0\cdots 1\cdots 0\cdots 1\cdots 0)^{\mathrm{T}}$$

(2) 目标函数由运价矩阵 $C_{m \times n}$ 与变量矩阵 $X_{m \times n}$ 对应元素相乘求和构成。在第 2 章的线性规划模型中,假设系数矩阵 $A_{m \times n}$ 满足 $r(A) = m$,即 m 个约束方程是相互独立的,因而有 m 个基变量(基矩阵的秩等于 m),但运输问题的数学模型的基变量数由于存在以下关系式:

$$\sum_{j=1}^{n} b_j = \sum_{i=1}^{m} \Big(\sum_{j=1}^{n} x_{ij} \Big) = \sum_{j=1}^{n} \Big(\sum_{i=1}^{m} x_{ij} \Big) = \sum_{i=1}^{m} a_i$$

所以模型最多有 $m+n-1$ 个独立约束方程,基变量的个数也因此不是 $m+n$ 个,而是 $m+n-1$,并且这 $m+n-1$ 个变量构成基变量的充要条件是它不包含任何闭回路。因此,运输模型在求解基变量时最简单的方法,同时也可以判断一组变量是否可以作为某个运输问题的基变量的方法就是直接在运价表上进行,不需要在系数矩阵 A 中去寻找,从而给运输问题的求解带来了极大方便。

当运输问题的生产量(或供应量)和需求量都是整数时,任何有可行解的运输问题必然有所有决策变量都是整数的最优解。因此,运输问题又是一类特殊的整数规划问题。

3.2.2 求解平衡运输问题的表上作业法

表上作业法是单纯形法在求解运输问题时的一种简化方法,其实质是单纯形法,也称为运输单纯形法,但具体计算和术语有所不同。表上作业法是用于求解产销平衡的标准运输问题的有效方法,条件是:问题求最小值、产销平衡和运价非负。其计算步骤可概括如下。

第一步:求初始基本可行解(初始调运方案),即在 $(m \times n)$ 产销平衡表上给出 $m+n-1$ 个数字格($m \times n$ 产销平衡运输问题的基变量数为 $m+n-1$)。常用的方法有最小元素法、元素差额法(Vogel 近似法)、左上角法等。

第二步:求各非基变量的检验数,并判断是否得到最优解,即在表上计算空格的检验数,判别是否达到最优解。当非基变量的检验数 σ_{ij} 全部非负时得到最优解,停止计算,若存在 $\sigma_{ij} < 0$,说明还没有达到最优,转到第三步。常用的求检验数的方法有闭回路法和位势法。

第三步:确定换入变量和换出变量,找出新的基本可行解。在表上用闭回路法调整。

第四步:重复第二步和第三步,直到得到最优解为止。

以上运算都可以在表上完成。下面通过例子说明表上作业法的计算步骤。

例 3.18 求表 3-19 所示的有 3 个产地和 4 个销地的运输问题最优解。

表　3-19

产地＼销地	B_1	B_2	B_3	B_4	a_i
A_1	10	6	7	12	4
A_2	16	10	5	9	9
A_3	5	4	10	10	4
b_j	5	2	4	6	

解：该运输问题的总产量和总需求量均为 17，是一个产销平衡运输问题。

1. 确定初始基可行解

确定初始基可行解的方法很多，在此介绍最小元素法和元素差额法（或称为 Vogel 近似法）。

1) 最小元素法

最小元素法的思想是就近优先运送，即最小运价 c_{ij} 对应的变量 x_{ij} 优先赋值，且 $x_{ij}=\min\{a_i,b_j\}$，然后再在剩下的运价中取最小运价对应的变量赋值并满足约束，依次下去，直到最后得到一个初始基可行解为止。

用最小元素法求得的初始基可行解如表 3-20 所示。初始调运方案为：产地 A_1 分别运送 3 单位和 2 单位到销地 B_1 和 B_4；产地 A_2 分别运送 4 单位和 5 单位到销地 B_3 和 B_4；产地 A_3 分别运送 2 单位和 2 单位到销地 B_1 和 B_2。此方案的总运费为 125。

表　3-20

产地＼销地	B_1	B_2	B_3	B_4	a_i
A_1	3			1	4
A_2			4	5	9
A_3	2	2			4
b_j	5	2	4	6	

2) 元素差额法（Vogel 近似法）

最小元素法的缺点是：只考虑了局部运输费用的最小，对整个产销系统的总运输费用来说可能离最优值较远，有时为了节省某一处的运费，可能会导致其他处运费很大。元素差额法对最小元素法进行了改进，考虑到产地到销地的最小运价和次小运价之间的差额，如果差额很大，就选最小运价处先调运，否则会增加总运费。基于此，元素差额法步骤如下。

第一步：求出每行次小运价与最小运价之差，记为 $u_i(i=1,2,\cdots,m)$；同时求出每列次小运价与最小运价之差，记为 $v_j(j=1,2,\cdots,n)$。

第二步：找出所有行、列差额的最大值，即 $L=\max\{u_i,v_j\}$，差额 L 对应行或列的最小运价处优先调运。

第三步：这时必有一列或一行调运完毕，在剩下的运价中再求最大差额，进行第二次调运，依次进行下去直到最后全部调运完毕，就得到一个初始调运方案。

下面，采用伏格尔法求解例 3.18 的初始基可行解。

计算行差额和列差额，如表 3-21 所示。

表 3-21

产地＼销地	B_1	B_2	B_3	B_4	a_i	行差额
A_1	10	6	7	12	4	1
A_2	16	10	5	9	9	4
A_3	5	4	10	10	4	1
b_j	5	2	4	6		
列差额	5	2	2	1		

表 3-21 中，B_1 列是最大差额 5 所在的列，此时可以选择 B_1 列。B_1 列中最小元素为 5，可确定 A_3 的产品先用来满足 B_1 的需要量 4，A_3 的产量已经全部运送，此时销地 B_1 的需求量变为 $5-4=1$，同时将运价表中的 A_3 行数字划去，如表 3-22 所示。

表 3-22

产地＼销地	B_1	B_2	B_3	B_4	a_i	行差额
A_1	10	6	7	12	4	1
A_2	16	10	5	9	9	4
A_3	~~5~~	~~4~~	~~10~~	~~10~~	~~4~~	
b_j	5	2	4	6		
列差额	6	4	2	3		

对表 3-22 中未划去的元素再计算行差额和列差额，并填入该表的最右列和最下行。如此进行下去，直到给出初始解为止。用伏格尔法计算出的初始解如表 3-23 所示。

表 3-23

产地＼销地	B_1	B_2	B_3	B_4	a_i
A_1	1	2		1	4
A_2			4	5	9
A_3	4				4
b_j	5	2	4	6	

得到初始调运方案为：产地 A_1 分别运送 1 单位、2 单位和 1 单位到销地 B_1、B_2 和 B_4；产地 A_2 分别运送 4 单位和 5 单位到销地 B_3 和 B_4；产地 A_3 运送 4 单位到销地 B_1。此方案的总运费为 119，优于用最小元素法求得的总运费 125。

2. 最优解的判别

求出一组基可行解后,判断是否为最优解,仍然是用检验数来判断。记 x_{ij} 的检验数为 σ_{ij}。由第 2 章知,求最小值的运输问题的最优判别准则是:所有非基变量的检验数都非负,则运输方案最优(即为最优解)。

求检验数的方法有两种,闭回路法和位势法。

1) 闭回路法

利用闭回路法求某一非基变量的检验数的方法如下。

在基本可行解矩阵中,以该非基变量为起点,以基变量为其他顶点,找一条闭回路,由起点开始,分别在顶点上交替标上代数符号＋、－、＋、－、…,以这些符号分别乘以相应的运价,其代数和就是这个非基变量的检验数。

闭回路是以某空格为起点,用水平或垂直直线向前划,当碰到一数字格时可以转 90°后,继续前进,直到回到起始空格为止。从每一空格出发一定存在并可以找到唯一的闭回路。

例如,求表 3-20 中 x_{13} 的检验数 σ_{13},以 x_{13} 为起点,以基变量为其他顶点的闭回路如下:

```
(+) x₁₃        (-) x₁₄
(-) x₂₃        (+) x₂₄
```

从 x_{13} 开始,标上(＋)号,x_{14} 标上(－)号,x_{24} 标上(＋)号,x_{23} 标上(－)号。用这些符号乘以对应的运价再求和,即

$$\sigma_{13} = C_{13} - C_{14} + C_{24} - C_{23} = 7 - 12 + 9 - 5 = -1$$

现在看一看 $\sigma_{13} = -1$ 的经济含义。假如 x_{13} 不是非基变量,将 x_{13} 的值增加一个单位变为 $x_{13} = 1$,总费用就增加了 $c_{13}x_{13} = 7 \times 1 = 7$,但是 A_1 的产量是 4,x_{13} 增加了一个单位后,x_{14} 就必须要减少一个单位,才能满足 $x_{11} + x_{12} + x_{13} + x_{14} = 4$,因此,$x_{14}$ 由 1 变为 0 后,总费用就减少了 $c_{14}x_{14} = 12 \times 1 = 12$,又由于 x_{14} 减少了 1 个单位,x_{24} 必须增加一个单位,才能满足 $x_{14} + x_{24} + x_{34} = 6$,因而总费用又会增加了 $c_{24}x_{24} = 9 \times 1 = 9$,同时可以看出 x_{23} 必须减少一个单位,才能满足 $x_{13} + x_{23} + x_{33} = 4$ 和 $x_{21} + x_{22} + x_{23} + x_{24} = 9$,总费用减少 $c_{23}x_{23} = 5 \times 1 = 5$。综上所述总费用的变化过程可知,当 $\Delta x_{13} = 1$ 时,总费用 $\Delta Z = 7 - 12 + 9 - 5 = -1 = \sigma_{13}$,故而 σ_{13} 的含义就是当 x_{13} 增加一个单位后总费用 Z 的变化量 ΔZ。

一般地,当某个非基变量 x_{ij} 增加一个单位时,总费用的该变量 $\Delta Z = \sigma_{ij}$,当 $\sigma_{ij} > 0$ 时,总费用增加,说明增加 x_{ij} 的值总费用也随之上升;当 $\sigma_{ij} < 0$ 时,说明总费用下降了,这时增加 x_{ij} 的值可以降低总费用。

当所有非基变量的检验数全部大于零时,说明不能增加任何非基变量的值,即不能将非基变量换入变成基变量,否则总费用增加,这时的基本可行解就是最优解,其费用最小。当某个非基变量的检验数 $\sigma_{lk} < 0$ 时,说明可以增加 x_{lk} 的值,使总费用下降,即将 x_{lk} 由非基变量换入成基变量,这时的基本可行解也就不是最优解,需要对运输方案进行调整。

下面回到例 3.18,利用闭回路法判断表 3-20 所示的初始调运方案是否为最优运输方

案。求得非基变量的检验数如下：

$$\sigma_{12} = C_{12} - C_{32} + C_{31} - C_{11} = 6 - 4 + 5 - 10 = -3$$

$$\sigma_{13} = C_{13} - C_{14} + C_{24} - C_{23} = 7 - 12 + 9 - 5 = -1$$

$$\sigma_{21} = C_{21} - C_{11} + C_{14} - C_{24} = 16 - 10 + 12 - 9 = 9$$

$$\sigma_{22} = C_{22} - C_{24} + C_{14} - C_{11} + C_{31} - C_{32} = 10 - 9 + 12 - 10 + 5 - 4 = 4$$

$$\sigma_{33} = C_{33} - C_{23} + C_{24} - C_{14} + C_{11} - C_{31} = 10 - 5 + 9 - 12 + 10 - 5 = 7$$

$$\sigma_{34} = C_{34} - C_{14} + C_{11} - C_{31} = 10 - 12 + 10 - 5 = 3$$

这里 $\sigma_{12} < 0, \sigma_{13} < 0$，说明这组基本可行解不是最优解。

注意：只要求得的基变量是正确的且数目为 $m+n-1$，则某个非基变量的闭回路存在且唯一，因而检验数唯一。

2) 位势法求检验数

位势法求检验数是根据对偶理论推导出来的一种方法。设平衡运输问题为

$$\min Z = \sum_{i=1}^{m} \sum_{j=1}^{n} c_{ij} x_{ij}$$

$$\sum_{j=1}^{n} x_{ij} = a_i, \quad i = 1, 2, \cdots, m$$

$$\sum_{i=1}^{m} x_{ij} = b_j, \quad j = 1, 2, \cdots, n$$

$$x_{ij} \geqslant 0, \quad i = 1, 2, \cdots, m; j = 1, 2, \cdots, n$$

设前 m 个约束对应的对偶变量为 $u_i(i=1,2,\cdots,m)$，后 n 个约束对应的对偶变量为 $v_j(j=1,2,\cdots,n)$，则运输问题的对偶问题是

$$\max W = \sum_{i=1}^{m} a_i u_i + \sum_{j=1}^{n} b_j v_j$$

$$u_i + v_j \leqslant c_{ij}, \quad i = 1, 2, \cdots, m; j = 1, 2, \cdots, n$$

$$u_i, v_j \text{ 无约束}, \quad i = 1, 2, \cdots, m; j = 1, 2, \cdots, n$$

加入松弛变量 σ_{ij} 将约束化为等式

$$u_i + v_j + \sigma_{ij} = c_{ij}$$

记原问题基变量 $\boldsymbol{X}_B$ 的下标集合为 $\boldsymbol{I}$，由第 2 章对偶性质知，原问题 x_{ij} 的检验数是对偶问题的松弛变量 σ_{ij}。当 $(i,j) \in \boldsymbol{I}$ 时 $\sigma_{ij} = 0$，因而有

$$\begin{cases} u_i + v_j = c_{ij} & (i,j) \in \boldsymbol{I}, \text{即 } x_{ij} \text{ 为基变量时} \\ \sigma_{ij} = c_{ij} - (u_i + v_j) & (i,j) \notin \boldsymbol{I}, \text{即 } x_{ij} \text{ 为非基变量时} \end{cases}$$

此方程组中第一个表达式有 $m+n-1$ 个方程，有 $m+n$ 个未知变量 u_i 及 v_j，有一个自由变量，一般地令 $u_1 = 0$ 就可以得到 u_i、v_j 的一组解，再将 u_i、v_j 代入第二个表达式即可求出非基变量的检验数，称 u_i、v_j 为运输问题关于基变量组 $\{x_{ij}\}$ 的对偶解，或称为**位势**（u_i 为行位势，v_j 为列位势）。不同的基变量组 $\{x_{ij}\}$ 或自由变量的取值不同，得到不同的位势，u_i 及 v_j 有无穷多组解，但对于同一组基变量来说，所求得的检验数是唯一的，并与闭回路法求得的检验数相同，这种求检验数的方法称为**位势法**。

下面用位势法求表 3-20 所示初始调运方案表中非基变量的检验数。

$$\begin{cases} u_1+v_1=c_{11} \\ u_1+v_4=c_{14} \\ u_2+v_3=c_{23} \\ u_2+v_4=c_{24} \\ u_3+v_1=c_{31} \\ u_3+v_2=c_{32} \end{cases} \xrightarrow{\diamondsuit u_1=0} \begin{cases} u_1=0 \\ u_2=-3 \\ u_3=-5 \end{cases} \begin{cases} v_1=10 \\ v_2=9 \\ v_3=8 \\ v_4=12 \end{cases}$$

所以，

$$\sigma_{12}=c_{12}-(u_1+v_2)=6-9=-3$$
$$\sigma_{13}=c_{13}-(u_1+v_3)=7-8=-1$$
$$\sigma_{21}=c_{21}-(u_2+v_1)=16-7=9$$
$$\sigma_{22}=c_{22}-(u_2+v_2)=10-6=4$$
$$\sigma_{33}=c_{33}-(u_3+v_3)=10-3=7$$
$$\sigma_{34}=c_{34}-(u_3+v_4)=10-7=3$$

与用闭回路法求得的结果相同。

3. 改进的方法——闭回路调整法

前面讲过，当某个检验数小于零时，基可行解不是最优解，总运费还可以下降，这时需调整运输量，改进原运输方案，使总运费减少，改进运输方案的步骤如下。

(1) 确定进基变量。$\sigma_{ik}=\min\limits_{(i,j)}\{\sigma_{ij}|\sigma_{ij}<0\}$ 所对应的变量 x_{ik} 进基。

(2) 确定出基变量。在进基变量 x_{ik} 的闭回路中，标有负号的最小运量作为调整量 θ，θ 对应的基变量为出基变量，出基变量对应的位置置为空格，以示作为非基变量。

(3) 调整运量。在进基变量的闭回路中标有正号的变量加上调整量 θ，标有负号的变量减去调整量 θ，其余变量不变，得到一组新的基可行解，然后求所有非基变量的检验数重新检验。

例 3.18 中，由于有两个检验数小于零($\sigma_{12}=-3$、$\sigma_{13}=-1$)，所以这组基本可行解不是最优解。另外，在所有小于零的检验数中，$\sigma_{12}=-3$ 为最小，它所对应的非基变量 x_{12} 进基。

x_{12} 的闭回路是 $\{x_{11},x_{12},x_{32},x_{31}\}$，如表 3-24 所示，标负号的变量是 x_{11}、x_{32}，取运量最小值 $\theta=\min\{x_{11},x_{32}\}=\min\{3,2\}=2$。$x_{32}$ 最小，所以 x_{32} 为出基变量，调整量 $\theta=2$。

表 3-24

产地＼销地	B_1	B_2	B_3	B_4	a_i
A_1	3			1	4
A_2			4	5	9
A_3	2	2			4
b_j	5	2	4	6	

在 x_{12} 的闭回路上 x_{12}、x_{31} 分别加上 2，x_{11}、x_{32} 分别减去 2，并且将 x_{32} 所在位置置为空格（即 $x_{32}=0$），x_{32} 作为非基变量，其余变量不变，调整后得到如表 3-25 所示的一组新基可行解。

表 3-25

产地＼销地	B_1	B_2	B_3	B_4	a_i
A_1	1	2		1	4
A_2			4	5	9
A_3	4				4
b_j	5	2	4	6	

重新求所有非基变量的检验数得：

$$\sigma_{13}=-1,\ \sigma_{21}=9,\ \sigma_{22}=7,\ \sigma_{32}=3,\ \sigma_{33}=7,\ \sigma_{34}=3$$

由于 $\sigma_{13}<0$，所以 x_{13} 作为进基变量。由闭回路法则可知，x_{14} 作为出基变量，调整运量 $\theta=\min\{x_{14},x_{23}\}=\min\{1,4\}=1$。调整运量后得到表 3-26。

表 3-26

产地＼销地	B_1	B_2	B_3	B_4	a_i
A_1	1	2	1		4
A_2			3	6	9
A_3	4				4
b_j	5	2	4	6	

再求非基变量的检验数，得到 $\sigma_{14}=1,\sigma_{21}=8,\sigma_{22}=6,\sigma_{32}=3,\sigma_{33}=8,\sigma_{34}=4$。由于 $\sigma_{ij}\geq 0$，所以表 3-26 所示的调运方案即为最优方案，即 $x_{11}=1,x_{12}=2,x_{13}=1,x_{23}=3,x_{24}=6,x_{31}=4$，其余 $x_{ij}=0$。其最小总运输费用为

$$Z^*=\min Z=\sum_{i=1}^{3}\sum_{j=1}^{4}c_{ij}x_{ij}=1\times 10+2\times 6+1\times 7+3\times 5+6\times 9+4\times 5=118$$

4. 表上作业法计算中的几个问题

1）换入变量的选择

若运输问题的某一个基可行解有几个非基变量的检验数均为负，在继续进行迭代时，取它们中的任一变量为换入变量均可以使目标函数值得到改善，但通常取 $\sigma_{ij}<0$ 中最小者对应的变量为换入变量。

2）无穷多最优解

运输问题总有基本可行解而且有最优解，且当某个非基变量的检验数等于零时，则说明该运输问题有多重（无穷多）最优解。

3）退化

用表上作业法求解运输问题，当出现退化情况时，在相应的格中一定要填一个 0，以表

示此格为数字格。有以下两种情况。

（1）当确定初始解的各供需关系时，若在(i,j)格填入某数字后，出现A_i处的余量等于B_j处的需量。这时在产销平衡表上填一个数，而在单位运价表上相应地要划去一行和一列。为了使在产销平衡表上有$(m+n-1)$个数字格，这时需要添一格0。它的位置可在对应同时划去的那行或那列的任一空格处。

（2）在用闭回路法调整时，在闭回路上出现两个或两个以上的具有"-1"标记的相等的最小值。这时只能选择其中一个作为调入格。经调整后，得到退化解。这时另一个数字格必须填入一个0，表明它是基变量。当出现退化解后，并做改进调整时，可能在闭回路上有标记为"-1"的取值为0的数字格，这时应取调整量$\theta=0$。

3.2.3 运输问题的变体

1. 求极大值问题

设数学模型为

$$\max Z = \sum_{i=1}^{m}\sum_{j=1}^{n} c_{ij}x_{ij}$$

$$\sum_{j=1}^{n} x_{ij} = a_i \quad i=1,2,\cdots,m$$

$$\sum_{i=1}^{m} x_{ij} = b_j \quad j=1,2,\cdots,n$$

$$x_{ij} \geqslant 0, \quad i=1,2,\cdots,m; j=1,2,\cdots,n$$

第一种方法：将极大化问题转化为极小化问题。设极大化问题的运价表为$C=(c_{ij})_{m\times n}$，用一个较大的数$M(M\geqslant\max\{c_{ij}\})$去减每一个$c_{ij}$得到矩阵$C'=(c'_{ij})_{m\times n}$，其中$c'_{ij}=M-c_{ij}\geqslant 0$，将$C'$作为极小化问题的运价表，用表上作业法求出最优解，目标函数值为$Z=\sum_{i=1}^{m}\sum_{j=1}^{n}c'_{ij}x_{ij}$。

例3.19 下列矩阵C是$A_i(i=1,2,3)$到$B_j(j=1,2,3)$的吨千米利润，运输部门如何安排运输方案使总利润最大？

$$C = \begin{bmatrix} 2 & 5 & 8 \\ 9 & 10 & 7 \\ 6 & 5 & 4 \end{bmatrix} \begin{matrix} 9 \\ 10 \\ 12 \end{matrix}$$
$$\begin{matrix} 8 & 14 & 9 \end{matrix}$$

解：取$M=\max\{c_{ij}\}=c_{22}=10$，$c'_{ij}=10-c_{ij}$，则

$$C' = \begin{bmatrix} 8 & 5 & 2 \\ 1 & 0 & 3 \\ 4 & 5 & 6 \end{bmatrix} \begin{matrix} 9 \\ 10 \\ 12 \end{matrix}$$
$$\begin{matrix} 8 & 14 & 9 \end{matrix}$$

用最小元素法求初始方案得

$$\boldsymbol{X} = \begin{bmatrix} & & 9 \\ & 10 & \\ 8 & 4 & 0 \end{bmatrix}$$

非基变量的检验数为 $\sigma_{11}=8, \sigma_{12}=4, \sigma_{21}=2, \sigma_{23}=2$，全部非负，得到最优运输方案 $\boldsymbol{X}$，最大利润 $Z=8\times9+10\times10+6\times8+5\times4=240$。

第二种方法：求初始运输方案可采用最大元素法，所有非基变量的检验数 $\sigma_{ij} \leqslant 0$ 时最优。

例 3.20 （接上例）用最大元素法求得的初始基本解为

$$\boldsymbol{X} = \begin{bmatrix} & & 9 \\ & 10 & \\ 8 & 4 & 0 \end{bmatrix}$$

利用闭回路法求非基变量检验数得，$\sigma_{11}=-8, \sigma_{12}=-4, \sigma_{21}=-2, \sigma_{23}=-2$，全部非正，得到最优解运输方案，结果与第一种方法相同。

2. 不平衡运输问题

当总产量与总销量不相等时，称为不平衡运输问题。这类运输问题在实际中常常碰到，它的求解方法是将不平衡问题化为平衡问题，再按平衡问题求解。

(1) 当产大于销时，即 $\sum_{i=1}^{m} a_i > \sum_{j=1}^{n} b_j$，数学模型为

$$\min Z = \sum_{i=1}^{m} \sum_{j=1}^{n} c_{ij} x_{ij}$$

$$\sum_{j=1}^{n} x_{ij} \leqslant a_i \quad i=1,2,\cdots,m$$

$$\sum_{i=1}^{m} x_{ij} = b_j \quad j=1,2,\cdots,n$$

$$x_{ij} \geqslant 0, \quad i=1,2,\cdots,m; j=1,2,\cdots,n$$

由于总产量大于总销量，必有部分产地的产量不能全部运送完，必须就地库存，即每个产地设一个仓库，库存量为 $x_{i,n+1}(i=1,2,\cdots,m)$，总的库存量为

$$b_{n+1} = x_{1,n+1} + x_{2,n+1} + \cdots + x_{m,n+1} = \sum_{i=1}^{m} a_i - \sum_{j=1}^{n} b_j$$

b_{n+1} 作为一个虚设的销地 B_{n+1} 的销量。各产地 A_i 到 B_{n+1} 的运价为零，即 $c_{i,n+1}=0(i=1,2,\cdots,m)$。则平衡问题的数学模型为

$$\min Z = \sum_{i=1}^{m} \sum_{j=1}^{n} c_{ij} x_{ij}$$

$$\sum_{j=1}^{n+1} x_{ij} = a_i \quad i=1,2,\cdots,m$$

$$\sum_{i=1}^{m} x_{ij} = b_j \quad j=1,2,\cdots,n+1$$

$$x_{ij} \geq 0, \quad i=1,2,\cdots,m; j=1,2,\cdots,n,n+1$$

具体求解时，只要在运价表右端增加一列 B_{n+1}，运价为 0，销量为 b_{n+1} 即可。

(2) 当销大于产时，即 $\sum_{i=1}^{m} a_i < \sum_{j=1}^{n} b_j$，数学模型为

$$\min Z = \sum_{i=1}^{m} \sum_{j=1}^{n} c_{ij} x_{ij}$$

$$\sum_{j=1}^{n} x_{ij} = a_i \quad i=1,2,\cdots,m$$

$$\sum_{i=1}^{m} x_{ij} \leq b_j \quad j=1,2,\cdots,n$$

$$x_{ij} \geq 0, \quad i=1,2,\cdots,m; j=1,2,\cdots,n$$

由于总销量大于总产量，故一定有些需求地不完全满足，这时虚设一个产地 A_{m+1}，产量为 $a_{m+1} = x_{m+1,1} + x_{m+1,2} + \cdots + x_{m+1,n} = \sum_{j=1}^{n} b_j - \sum_{i=1}^{m} a_i$。$x_{m+1,j}$ 是 A_{m+1} 运到 B_j 的运量，也是 B_j 不能满足需要的数量。A_{m+1} 到 B_j 的运价为零，即 $c_{m+1,j}=0 (j=1,2,\cdots,n)$。销大于产问题的数学模型为

$$\min Z = \sum_{i=1}^{m} \sum_{j=1}^{n} c_{ij} x_{ij}$$

$$\sum_{j=1}^{n} x_{ij} = a_i \quad i=1,2,\cdots,m+1$$

$$\sum_{j=1}^{m+1} x_{ij} = b_j \quad j=1,2,\cdots,n$$

$$x_{ij} \geq 0, \quad i=1,2,\cdots,m+1; j=1,2,\cdots,n$$

具体计算时，在运价表的下方增加一行 A_{m+1}，运价为零，产量为 a_{m+1} 即可。

例 3.21 求表 3-27 所示的极小化运输问题的最优解。

表 3-27

$i \backslash j$	B_1	B_2	B_3	B_4	a_i
A_1	5	9	2	3	60
A_2	—	4	7	8	40
A_3	3	6	4	2	30
A_4	4	8	10	11	50
b_j	20	60	35	45	

解：因为 $\sum_{i=1}^{4} a_i = 180 > \sum_{j=1}^{4} b_j = 160$，所以是一个产大于销的运输问题。表中 A_2 不可达 B_1，用一个很大的正数 M 表示运价 c_{21}。虚设一个销量为 $b_5 = 180 - 160 = 20$ 的销地 B_5，$c_{i5} = 0(i=1,2,3,4)$。表的右边增添一列得到表 3-28。用元素差额法求初始基可行解，得到表 3-29。

表 3-28

i \ j	B_1	B_2	B_3	B_4	B_5	a_i
A_1	5	9	2	3	0	60
A_2	—	4	7	8	0	40
A_3	3	6	4	2	0	30
A_4	4	8	10	11	0	50
b_j	20	60	35	45	20	180

表 3-29

i \ j	B_1	B_2	B_3	B_4	B_5	a_i
A_1			35	25		60
A_2		40				40
A_3		10		20		30
A_4	20	10			20	50
b_j	20	60	35	45	20	180

请同学自行验证,所有检验数 $\sigma_{ij} \geqslant 0$,表 3-29 的运输方案最优,最小运费为

$$Z = 2 \times 35 + 3 \times 25 + 4 \times 40 + 6 \times 10 + 2 \times 20 + 4 \times 20 + 8 \times 10 = 565$$

产地 A_4 还有 20 个单位没有运送出去。

注意:在例 3.21 中,如果用最小元素法求初始基本可行解时,因为 B_5 列全为零,可以优先运送 B_5,也可以最后运送 B_5,不影响最优方案。

3.2.4 求解运输问题的 LINGO 程序

为了便于讨论,以例 3.18 的求解过程来介绍如何用 LINGO 软件求解运输问题模型。

从前面的分析来看,运输问题属于线性规划问题,因此,LINGO 软件可以对该问题求解。

以下是求解例 3.18 的 LINGO 程序:

```
1] MODEL:
2] !3产地,4销地运输问题;
3] sets:
4]   Product/1..3/: a;
5]   Customer/1..4/: b;
6]   Routes(Product,Customer): C,X;
7] endsets
8] !给各参数的赋值;
9] data:
10]   !各产地的产量;
11]   a=4 9 4;
12]   !各需求地的需求量;
```

```
13]     b=5 2 4 6;
14]    !单位运价;
15]     C=10 6 7 12
16]       16 10 5 9
17]       5 4 10 10;
18] enddata
19] !目标函数;
20]    [obj]min=@sum(Routes: C*X);
21] !供应约束;
22]    @for(Product(i): @sum(Customer(j): x(i,j))=a(i));
23] !需求约束;
24]    @for(Customer(j): @sum(Product(i): x(i,j))=b(j));
25] END
```

注意：在上述程序中，第 20 行表示运输问题中目标函数(3-1)，第 22 行表示约束条件(3-2)，第 24 行表示约束条件(3-3)。在编写运输问题的 LINGO 程序时需要注意的是，如果运输问题是产销平衡的，则 22 行和 24 行均用"＝"号；当运输问题是产大于销问题，则 22 行用"＜＝"而 24 行用"＝"号；当运输问题为销大于产问题时，22 行用"＝"号而 24 行用"＜＝"号。

下面列出的是 LINGO 软件求解结果(仅保留非零变量)：

```
Global optimal solution found.
Objective value:                        118.000
Total solver iterations:                      5
        Variable        Value        Reduced Cost
        x(1, 1)         1.00000      0.000000
        x(1, 2)         2.00000      0.000000
        x(1, 3)         1.00000      0.000000
        x(2, 3)         3.00000      0.000000
        x(2, 4)         6.00000      0.000000
        x(3, 1)         4.00000      0.000000
```

从计算结果得到，产地 A_1 运往 B_1、B_2 和 B_3 的运量为 1、2、1 个单位；产地 A_2 运往 B_3、B_4 的运量为 3、6 个单位；产地 A_3 运往 B_1 的运量为 4 个单位，总运费为 118 单位。此计算结果与用表上作业法计算的第一个结果相同。

对于存在无穷多个最优解的运输问题，LINGO 程序只能求出一个，从 LINGO 程序的输出结果并不能判断要求解的问题具有多个最优解。

上述 LINGO 程序中采用了集、数据段和循环函数的编写方式，便于程序推广到一般形式使用。例如，只需修改运输问题中产地和销地的个数，参数 a、b、c 的值，以及第 22 行和第 24 行的约束，就可以求解任何运输问题了。

读者可以参照以上的 LINGO 程序，编写出求解例 3.21 的 LINGO 程序。

3.3 指派问题

3.3.1 指派问题的数学表达式

在现实的工作和生活中,有各种性质的指派问题(Assignment Problem)。例如,有若干项工作需要分配给若干人(或部门)去完成;有若干项合同需要选择若干个投标者来承包;有若干班级需要安排在各教室里上课等;诸如此类问题,它们的基本要求是在满足特定的指派要求条件下,使指派方案的总体效果最佳。这类问题在运筹学中被称为指派问题。

指派问题的标准形式(以人和事为例)可以描述为:设有 m 个人,计划做 n 项工作,其中第 i 个人做第 j 项工作的收益(或所耗费的时间)为 c_{ij}。现要求一种指派方式,使得每个人最多只能完成一项工作,并使总收益最大(或总时间最少)。类似的还有:有 m 项加工任务,怎样指派到 n 台机床上分别完成的问题;有 m 条航线,怎样指定 n 艘船去航行问题……

从问题的形式来看,指派问题是运输问题的特例,也可以看成 0-1 规划问题。引入变量 x_{ij},其取值只能是 1 或 0,令

$$x_{ij} = \begin{cases} 1, & \text{当指派第 } i \text{ 人去完成第 } j \text{ 项任务} \\ 0, & \text{当不指派第 } i \text{ 人去完成第 } j \text{ 项任务} \end{cases}$$

当问题要求极小化时,数学模型为

$$\min Z = \sum_{i=1}^{n} \sum_{j=1}^{n} c_{ij} x_{ij} \tag{3-7}$$

$$\text{s.t.} \sum_{j=1}^{n} x_{ij} = (\leqslant) 1 \quad (i=1,2,\cdots,m) \quad \text{(每个人最多完成一项工作)} \tag{3-8}$$

$$\sum_{i=1}^{m} x_{ij} = (\leqslant) 1 \quad (j=1,2,\cdots,n) \quad \text{(每项工作最多由一人完成)} \tag{3-9}$$

$$x_{ij} = 0 \text{ 或 } 1 \quad (i=1,2,\cdots,m, j=1,2,\cdots,n) \tag{3-10}$$

(1) 当任务数等于总人数时,式(3-8)和式(3-9)均取"="号。
(2) 任务数少于人数,式(3-8)改为"≤"号,式(3-9)取"="号。
(3) 若任务数多于人数,式(3-8)取"="号,式(3-9)取"≤"号。
(4) 如果第 p 项任务可由 k 个人完成,将式(3-9)中第 p 项任务的约束修改为

$$\sum_{i=1}^{n} x_{ip} = k$$

其他约束不变。

(5) 如果第 q 个人需要完成 l 项任务,将式(3-8)中第 q 个人的约束修改为

$$\sum_{j=1}^{n} x_{qj} = l$$

其他约束不变。

3.3.2 求解指派问题的匈牙利法

标准指派问题是 0-1 规划的特例,也是运输问题的特例,当然可以用整数规划、0-1 规

划或运输问题的解法去求解。这就如同用单纯形法求解运输问题一样是不合算的。

库恩(W. W. Kuhn)于1955年提出了指派问题的解法,他引用了匈牙利数学家康尼格(D. Konig)一个关于矩阵中0元素的定理:系数矩阵中独立0元素的最多个数等于能覆盖所有0元素的最少直线数。此解法称为匈牙利法。以后在方法上虽有不断改进,但仍沿用此名称。匈牙利解法的关键是利用了指派问题最优解的以下性质:若从指派问题的系数矩阵$C=(c_{ij})_{m\times n}$的某行(或某列)各元素分别减去一个常数k,得到一个新的矩阵$C'=(c'_{ij})_{m\times n}$,则以C和C'的系数为矩阵的两个指派问题有相同的最优解。这个性质是容易理解的。由于系数矩阵的这种变化并不影响数学模型的约束方程组,而只是使目标函数值减少了常数k。所以,最优解并不改变。匈牙利法求解的是总任务数和总人数相等的标准指派问题。

匈牙利解法的一般步骤可以表述如下。

第一步:变换系数矩阵。变换指派问题的系数矩阵(c_{ij})为(b_{ij}),使在(b_{ij})的各行各列中都出现0元素,即

(1) 从(c_{ij})的每行元素都减去该行的最小元素。

(2) 再从所得新系数矩阵的每列元素中减去该列的最小元素。

第二步:进行试指派,以寻求最优解。

在(b_{ij})中找尽可能多的独立0元素,若能找出n个独立0元素,就以这n个独立0元素对应解矩阵(x_{ij})中的元素为1,其余为0,这就得到最优解。找独立0元素,常用的步骤如下。

(1) 从只有一个0元素的行(列)开始,给这个0元素加圈,记作◎。然后划去◎所在列(行)的其他0元素,记作∅;这表示这列所代表的任务已指派完,不必再考虑别人了。

(2) 给只有一个0元素的列(行)中的0元素加圈,记作◎;然后划去◎所在行(列)的0元素,记作∅。

(3) 反复进行(1)、(2)两步,直到尽可能多的0元素都被圈出和划掉为止。

(4) 若仍有没有划圈的0元素,且同行(列)的0元素至少有两个,则从剩有0元素最少的行(列)开始,比较这行各0元素所在列中0元素的数目,选择0元素少的那列的这个0元素加圈(表示选择性多的要"礼让"选择性少的)。然后划掉同行同列的其他0元素。可反复进行,直到所有0元素都已圈出和划掉为止。

(5) 若◎元素的数目m等于矩阵的阶数n,那么这指派问题的最优解已得到。若$m<n$,则转入下一步。

第三步:作最少的直线覆盖所有0元素。

(1) 对没有◎的行打√号。

(2) 对已打√号的行中所有含∅元素的列打√号。

(3) 再对打有√号的列中含◎元素的行打√号。

(4) 重复(2)、(3)直到打不出新的√号的行、列为止。

(5) 对没有打√号的行画横线,有打√号的列画纵线,这就得到覆盖所有0元素的最少直线数l。l应等于m,若不相等,说明试指派过程有误,回到第二步(4),另行试指派;若$l=m<n$,须再变换当前的系数矩阵,以找到n个独立的0元素,为此转第四步。

第四步：变换矩阵(b_{ij})以增加 0 元素。

在没有被直线覆盖的所有元素中找出最小元素,然后打√各行都减去这最小元素;打√各列都加上这最小元素(以保证系数矩阵中不出现负元素)。新系数矩阵的最优解和原问题仍相同。转回第二步。

下面以例 3.22 为例具体说明标准指派问题的匈牙利法的应用。

例 3.22 有四项任务,分别记作 A、B、C、D。需要分配给甲、乙、丙、丁四人完成,他们完成不同工作所需时间如表 3-30 所示,问如何分派任务,可使总时间最少?

表 3-30

人员＼任务	A	B	C	D
甲	6	7	11	2
乙	4	5	9	8
丙	3	1	10	4
丁	5	9	8	2

解：用匈牙利法求解此指派问题的步骤如下。

第一步：变换系数矩阵。

本例中,从(c_{ij})的每行元素都减去该行的最小元素,再从所得新系数矩阵的每列元素中减去该列的最小元素,过程如图 3-7 所示。

$$(c_{ij}) = \begin{bmatrix} 6 & 7 & 11 & 2 \\ 4 & 5 & 9 & 8 \\ 3 & 1 & 10 & 4 \\ 5 & 9 & 8 & 2 \end{bmatrix} \begin{matrix} -2 \\ -4 \\ -1 \\ -2 \end{matrix} \Rightarrow \begin{bmatrix} 4 & 5 & 9 & 0 \\ 0 & 1 & 5 & 4 \\ 2 & 0 & 9 & 3 \\ 3 & 7 & 6 & 0 \end{bmatrix} \Rightarrow \begin{bmatrix} 4 & 5 & 4 & 0 \\ 0 & 1 & 0 & 4 \\ 2 & 0 & 4 & 3 \\ 3 & 7 & 1 & 0 \end{bmatrix}$$

图 3-7

第二步：进行试指派,以寻求最优解。

本例的试指派过程如图 3-8 所示。

$$(b_{ij}) = \begin{bmatrix} 4 & 5 & 4 & 0 \\ & 1 & & 4 \\ 2 & & 4 & 3 \\ 3 & 7 & 1 & \end{bmatrix} \Rightarrow \begin{bmatrix} 4 & 5 & 4 & ⓪ \\ & 1 & & 4 \\ 2 & & 4 & 3 \\ 3 & 7 & 1 & ∅ \end{bmatrix} \Rightarrow \begin{bmatrix} 4 & 5 & 4 & ⓪ \\ & 1 & & 4 \\ 2 & ⓪ & 4 & 3 \\ 3 & 7 & 1 & ∅ \end{bmatrix} \Rightarrow \begin{bmatrix} 4 & 5 & 4 & ⓪ \\ ⓪ & 1 & ∅ & 4 \\ 2 & ⓪ & 4 & 3 \\ 3 & 7 & 1 & ∅ \end{bmatrix}$$

图 3-8

找到 3 个独立零元素,但$m=3<n=4$,转入第三步。

第三步：作最少的直线覆盖所有 0 元素。

本例的第三步操作过程如图 3-9 所示。

独立零元素的个数m等于最少直线数l,即$l=m=3<n=4$,转入第四步。

第四步：变换矩阵(b_{ij})以增加 0 元素。

本例的第四步操作过程如图 3-10 所示。

$$\begin{bmatrix} 4 & 5 & 4 & ⓪ \\ ⓪ & 1 & \emptyset & 4 \\ 2 & ⓪ & 4 & 3 \\ 3 & 7 & 1 & \emptyset \end{bmatrix} \Rightarrow \begin{bmatrix} 4 & 5 & 4 & ⓪ \\ ⓪ & 1 & \emptyset & 4 \\ 2 & ⓪ & 4 & 3 \\ 3 & 7 & 1 & \emptyset \end{bmatrix} \Rightarrow \begin{bmatrix} 4 & 5 & 4 & ⓪ \\ ⓪ & 1 & \emptyset & 4 \\ 2 & ⓪ & 4 & 3 \\ 3 & 7 & 1 & \emptyset \end{bmatrix} \Rightarrow$$

$$\begin{bmatrix} 4 & 5 & 4 & ⓪ \\ ⓪ & 1 & \emptyset & 4 \\ 2 & ⓪ & 4 & 3 \\ 3 & 7 & 1 & \emptyset \end{bmatrix} \Rightarrow \begin{bmatrix} 4 & 5 & 4 & ⓪ \\ ⓪ & 1 & \emptyset & 4 \\ 2 & ⓪ & 4 & 3 \\ 3 & 7 & 1 & \emptyset \end{bmatrix} \Rightarrow \begin{bmatrix} 4 & 5 & 4 & ⓪ \\ ⓪ & 1 & \emptyset & 4 \\ 2 & ⓪ & 4 & 3 \\ 3 & 7 & 1 & \emptyset \end{bmatrix}$$

图 3-9

$$\begin{bmatrix} 3 & 4 & 3 & ⓪ \\ ⓪ & 1 & \emptyset & 5 \\ 2 & ⓪ & 4 & 4 \\ 2 & 6 & 0 & \emptyset \end{bmatrix} \Rightarrow \begin{bmatrix} 3 & 4 & 3 & 0 \\ 0 & 1 & 0 & 5 \\ 2 & 0 & 4 & 4 \\ 2 & 6 & 0 & 0 \end{bmatrix} \Rightarrow \begin{bmatrix} 3 & 4 & 3 & ⓪ \\ ⓪ & 1 & \emptyset & 5 \\ 2 & ⓪ & 4 & 4 \\ 2 & 6 & ⓪ & \emptyset \end{bmatrix} \xrightarrow{\text{最优解矩阵}} \begin{bmatrix} 0 & 0 & 0 & 1 \\ 1 & 0 & 0 & 0 \\ 0 & 1 & 0 & 0 \\ 0 & 0 & 1 & 0 \end{bmatrix}$$

图 3-10

由以上计算过程可以得到该问题的最优指派方案：甲→D、乙→A、丙→B、丁→C，最小总时间为 15。

说明：

(1) 对于求使目标极大化的指派问题，可以先将其转化为极小化问题，然后再利用匈牙利法进行求解。设极大化问题的收益矩阵为 $C=(c_{ij})_{n\times n}$，用一个较大的数 $M(M\geqslant \max\{c_{ij}\})$ 去减每一个 c_{ij} 得到矩阵 $C'=(c'_{ij})_{n\times n}$，其中 $c'_{ij}=M-c_{ij}\geqslant 0$，将 C' 作为极小化问题的效率矩阵，用匈牙利法即可求出最优指派方案。

(2) 如果任务数 m 多于总人数 n，则可以在收益矩阵中增加 $m-n$ 行，这些行中的所有元素均为任意大的正整数 M；如果任务数 m 小于总人数 n，则可以在收益矩阵中增加 $n-m$ 列，这些列中的所有元素均为任意大的正整数 M。

(3) 如果第 i 个人可以去完成两项任务，则可在效益矩阵中增加一行，该行的元素与第 i 行的相同。

(4) 如果第 j 项任务可以由两个人来完成，则在效益矩阵中增加一列，该列的元素与第 j 列的相同。

3.3.3 求解指派问题的 LINGO 程序

下面是用 LINGO 软件求解例 3.22 的程序清单，其中的注释语句说明了有关符号及语句的含义。

```
MODEL:
Sets:
    person/1..4/;
    task/1..4/;
    assign(person,task): c,x;
```

```
        endsets
    !效率矩阵;
    data:
        c=6,7,11,2
          4,5,9,8
          3,1,10,4
          5,9,8,2
          ;
    enddata
    !目标函数;
        min=@sum(assign: c*x);
    !每个人只能完成一项任务;
        @for(person(i):  @sum(task(j): x(i,j))=1);
    !每项任务只能由一人完成;
        @for(task(j):  @sum(person(i):  x(i,j))=1);
    !限定 x(i,j)为 0-1 变量;
        @for(assign:  @bin(x));
    END
```

LINGO 软件计算结果如下(只列出非零变量):

```
Global optimal solution found.
Objective value:                        15.00000
Extended solver steps:                         0
Total solver iterations:                       0
         Variable        Value       Reduced Cost
         x(1, 4)      1.000000        2.000000
         x(2, 1)      1.000000        4.000000
         x(3, 2)      1.000000        1.000000
         x(4, 3)      1.000000        8.000000
```

从以上结果可知,最优的指派方案为:甲→D、乙→A、丙→B、丁→C,最小总时间为 15。

对于指派问题,也可考虑人数与工作数不相等的情况以及目标最大的情况。

例 3.23 表 3-31 是每个人在去完成相应的任务时可以产生的效益,用 LINGO 软件求解使总效益最大的分配方案。

表 3-31

任务 个人	A	B	C	D
甲	7	5	9	8
乙	9	12	7	11
丙	8	5	4	6
丁	7	—	6	9
戊	—	6	7	5

解：参照例 3.22 的程序，本例的 LINGO 程序清单如下。

```
Model:
Sets:
    person/1..5/;
    task/1..4/;
    assign(person,task): c,x;
endsets
data:
  !需要说明的是：如果某人无法做某项工作,当目标为求极大值时,
        效率矩阵中用一个数值较大的负值表示此人完成此工作的效率。
        当目标为求极小值时,效率矩阵中用一个数值较大的正值表示
        此人完成此工作的效率；
    c=7, 5, 9, 8
      9, 12, 7, 11
      8, 5, 4, 6
      7, -100, 6, 9
      -100, 6, 7, 5;
enddata
!目标函数;
    max=@sum(assign: c*x);
!每个人最多能完成一项任务;
    @for(person(i):  @sum(task(j): x(i,j))<=1);
!与上例不同的是此处用"<="约束;
!每项任务只能由一人完成;
    @for(task(j):  @sum(person(i):  x(i,j))=1);
! 限定 x(i,j)为 0-1 变量;
    @for(assign:  @bin(x));
END
```

LINGO 软件的计算结果(仅保留非零变量)：

Global optimal solution found.
Objective value: 38.00000
Extended solver steps: 0
Total solver iterations: 0

Variable	Value	Reduced Cost
x(1, 3)	1.000000	-9.000000
x(2, 2)	1.000000	-12.00000
x(3, 1)	1.000000	-8.000000
x(4, 4)	1.000000	-9.000000

即甲完成任务 C、乙完成任务 B、丙完成任务 A、丁完成任务 D,戊没有被指派任务,总效益为 38。

练 习 题

3.1 用分枝定界法求解下列整数规划问题。

(1) max $Z = x_1 + x_2$

s.t. $\begin{cases} 3x_1 + 2x_2 \leq 7 \\ 2x_1 + 4x_2 \geq 5 \\ x_1, x_2 \geq 0 \text{ 且为整数} \end{cases}$

(2) min $Z = x_1 + 2x_2$

s.t. $\begin{cases} x_1 + x_2 \leq 10 \\ 10x_1 + 2x_2 \geq 50 \\ x_1, x_2 \geq 0 \text{ 且为整数} \end{cases}$

3.2 割平面法求解下列整数规划问题。

(1) min $Z = -4x_1 - 3x_2$

s.t. $\begin{cases} 4x_1 + x_2 \leq 10 \\ 2x_1 + 3x_2 \leq 8 \\ x_1, x_2 \geq 0, \text{ 且为整数} \end{cases}$

(2) max $Z = x_1 + x_2$

s.t. $\begin{cases} 2x_1 + x_2 \leq 6 \\ 4x_1 + 5x_2 \leq 20 \\ x_1, x_2 \geq 0, \text{ 且为整数} \end{cases}$

3.3 用隐枚举法求解下列 0-1 整数规划问题。

(1) max $Z = 2x_1 + 5x_2 + 3x_3 + 4x_4$

s.t. $\begin{cases} -4x_1 + x_2 + x_3 + x_4 \geq 0 \\ -2x_1 + 4x_2 + 2x_3 + 4x_4 \geq 4 \\ x_1 + x_2 - x_3 + x_4 \geq 1 \\ x_1, x_2, x_3, x_4 = 0 \text{ 或 } 1 \end{cases}$

(2) max $Z = 4x_1 + 3x_2 + x_3$

s.t. $\begin{cases} 5x_1 + 2x_2 - x_3 \geq 6 \\ 4x_1 + 2x_2 + x_3 \leq 7 \\ x_1, x_2, x_3 = 0 \text{ 或 } 1 \end{cases}$

3.4 某汽车工厂的一条生产线上生产两种轿车 A 和 B。生产 A 型车需要钢材 2T、工时 3h；B 型车需钢材 4T、工时 2h。已知该厂每周可提供钢材 80T、工时 55h。根据目前市场情况，A 型车每周最大销售量为 16 辆，每辆可获利 60 千元，B 型车每周最大销售量为 18 辆，每辆可获利 50 千元。试制订该厂的周生产计划以使利润最大。

3.5 某服装厂可生产 3 种服装，生产不同类型的服装要租用不同的设备，设备租金和其他经济数据如表 3-32 所示。

表 3-32

服装种类	设备租金 /元	生产成本 /元/件	销售价格 /元/件	人工工时 /小时/件	设备工时 /小时/件	设备可用 工时/h
西服	5000	280	400	5	3	300
衬衫	2000	30	40	1	0.5	480
羽绒服	3000	200	300	4	2	600

假定市场需求不成问题，服装厂每月可用人工 2000h，该厂如何安排生产可使每月的利润最大？试建立此问题的数学模型。

3.6 某部队现有 5 种武器装备储存管理，存放量分别为 $a_i (i=1,\cdots,5)$。为了安全起见，拟分为 8 个仓库存放，各仓库的最大允许存放量分别为 $b_j (j=1,\cdots,8)$，且有 $\sum_{i=1}^{5} a_i \leq \sum_{j=1}^{8} b_j$。一种武器装备可以分多个仓库存放，但每个仓库只能存放一种，也只能整件存放。已

知第 i 种武器装备每单位在第 j 个仓库存放一年的费用为 c_{ij}。第 j 个仓库固定费用为每年 d_j 元,但若仓库不存放则没有费用。要求设计一个使总费用最小的存储方案,试建立相应的优化模型。

3.7 某地准备投资 D 元建民用住宅。可以建住宅的地点有 n 处:A_1、A_2、$\cdots$、A_n。A_j 处每幢住宅的造价为 d_j,最多可造 a_j 幢。问应当在哪几处建住宅?分别建几幢?才能使建造的住宅总数最多?试建立问题的数学模型。

3.8 考虑下列数学模型:
$$\min Z = f_1(x_1) + f_2(x_2)$$

且满足约束条件:

(1) 或 $x_1 \geqslant 10$ 或 $x_2 \geqslant 10$;

(2) 下列各不等式至少有一个成立:
$$\begin{cases} 2x_1 + x_2 \geqslant 15 \\ x_1 + x_2 \geqslant 15 \\ x_1 + 2x_2 \geqslant 15 \end{cases}$$

(3) $|x_1 - x_2| = 0$ 或 5 或 10;

(4) $x_1 \geqslant 0, x_2 \geqslant 0$。

其中
$$f_1(x_1) = \begin{cases} 20 + 5x_1, & x_1 > 0 \\ 0, & x_1 = 0 \end{cases}$$

$$f_2(x_2) = \begin{cases} 12 + 6x_2, & x_2 > 0 \\ 0, & x_2 = 0 \end{cases}$$

将此问题归结为混合整数规划的模型。

3.9 某部门有 3 个生产同类产品的工厂(产地),生产的产品由 4 个销售点(销地)出售,各工厂的生产量、各销售点的销售量(假定单位均为吨)以及各工厂到各销售点的单位运价(元/吨)如表 3-33 所示,要求研究产品如何调运才能使得总运费最小。试建立该问题的数学模型,并采用表上作业法求出最佳的调运方案(要求用最小元素法找到初始调运方案)。

表 3-33

销地 产地	B_1	B_2	B_3	B_4	产量
A_1	4	12	4	11	16
A_2	2	10	3	9	10
A_3	8	5	11	6	22
销量	8	14	12	14	

3.10 某厂新购 4 台不同类型机器,可以把它们安装在 4 个不同的地点。由于对特定的机器而言,某些地方可能安装起来特别方便且合适,所以不同的机器安装在不同的地点费用是不同的。估计的费用如表 3-34 所示,试制定使得总安装费用最小的安装方案。

表 3-34　　　　　　　　　　　　　　　　　　　　　　　　　　　　　　　（费用单位：元）

机器＼地点	1	2	3	4	机器总数
1	10	9	8	7	1
2	3	4	5	6	1
3	2	1	1	2	1
4	4	3	5	6	1
需要量	1	1	1	1	

3.11 某港务局装卸队在安排所属 5 个班组进行 5 条作业线的配工时，先把以往各班组完成某项作业的实际效率的具体数据列出，如表 3-35 所示。试安排一个效率最高的配工方案。

表 3-35　　　　　　　　　　　　　　　　　　　　　　　　　　　　　　　　　　　　单位：T

组别＼项目	"凤益"4 舱卸钢材	"铜川"1 舱卸化肥	"凤益"2 舱卸卷纸	"汉川"5 舱装砂	"汉川"3 舱装杂
1 组	400	315	220	120	145
2 组	435	295	240	220	160
3 组	505	370	320	200	165
4 组	495	310	250	180	135
5 组	450	320	310	190	100

3.12 有 4 名同学到一家公司参加 3 个阶段的面试。公司要求每个同学都必须首先找公司秘书初试，然后到部门主管处复试，最后到经理处参加面试，并且不允许插队（即在任何一个阶段 4 名同学的顺序是一样的）。由于 4 名同学的专业背景不同，所以每人在 3 个阶段的面试时间也不相同，如表 3-36 所示。这 4 名同学约定他们全部面试完以后一起离开公司。假定现在时间是早晨 8:00，请问他们最早何时能离开公司？

表 3-36　　　　　　　　　　　　　　　　　　　　　　　　　　　　　　　　　　　　单位：min

	秘书初试	主管复试	经理面试
同学甲	13	15	20
同学乙	10	20	18
同学丙	20	16	10
同学丁	8	10	15

3.13 某公司值班室准备聘请 4 名兼职值班员（代号为 1、2、3、4）和 2 名兼职带班员（代号为 5、6）值班。已知每人从周一到周日每天最多可以安排的值班时间及每人每小时值班的报酬如表 3-37 所示。

该值班室每天需要值班的时间为早上 8:00 至晚上 22:00，值班时间内须有且仅有一名值班员值班。要求兼职值班员每周值班不少于 10h，兼职带班员每周值班不少于 8h。每名值班员每周值班不超过 4 次，每次值班不少于 2h，每天安排值班的值班员不超过 3 人，且其中必须有一名兼职带班员值班。试为该值班室安排一张人员的值班表，使总支付的报酬为最少。试建立问题的数学模型。

表 3-37

值班员代号	报酬/元/小时	每天最多可安排的值班时间/h						
		周一	周二	周三	周四	周五	周六	周日
1	10	6	0	6	0	7	12	0
2	10	0	6	0	6	0	0	12
3	9	4	8	3	0	5	12	12
4	9	5	5	6	0	4	0	12
5	15	3	0	4	8	0	12	0
6	16	0	6	0	6	3	0	12

3.14 某公司有 3 个生产同类产品的工厂,生产的产品由 4 个销售点销售。各工厂的生产量、各销售点的销售量以及各工厂到各销售点的单位产品运价如表 3-38 所示。问该公司应如何调运产品,在满足各销售点的需要量前提下,使总的运费为最小?

表 3-38

产地\销地	A	B	C	D	产量/T
1	5	3	10	4	9
2	1	6	9	6	4
3	20	10	5	7	7
销量	3	5	8	4	

***3.15** 设有三个化肥厂供应 4 个地区的农用化肥。假定等量的化肥在这些地区使用的效果相同。各化肥厂年产量、各地区年需求量及从各化肥厂到各地区运送单位化肥的运价如表 3-39 所示。试确定使总运费最少的化肥调拨方案。

表 3-39

产地\需求	A	B	C	D	产量/万吨
Ⅰ	16	13	22	17	50
Ⅱ	14	13	19	15	60
Ⅲ	19	20	23	—	50
最低需求(万吨)	30	70	0	10	
最高需求(万吨)	50	70	30	不限	

***3.16** 某厂在 A、B、C 三处设仓库供应①~⑧点处的各零售商,详见图 3-11。

图中各边数字为沿该线路运送一单位物资所需费用(元)。已知 A、B、C 仓库内现储存物资数分别为 200、170、160,各零售点所需物资数分别列于表 3-40 中。由于供不应求,规定对某零售点供应短缺一单位时的罚款如表 3-40 所示。

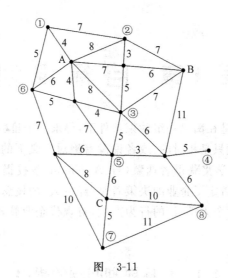

图 3-11

表 3-40

零售点	①	②	③	④	⑤	⑥	⑦	⑧
需求	75	60	35	70	100	40	90	80
罚款/元	10	8	5	10	10	8	5	8

应如何确定各仓库对各零售点的分配量,使总的运输费和罚款之和为最小。要求:

(1) 列出此问题的产销平衡单位运价表。
(2) 利用表上作业法求出一个初始供应方案,并判断此方案是否为最优方案。
(3) 建立此问题的数学模型。
(4) 写出求解此模型的 LINGO 程序清单。

第4章 目标规划

线性规划模型的特征是在满足一组约束条件下,寻求一个目标的最优解(最大值或最小值)。而在现实生活中最优只是相对的,或者说没有绝对意义下的最优,只有相对意义下的满意。1978年诺贝尔经济学奖获得者西蒙(H. A. Simon)教授提出"满意行为模型要比最大化行为模型丰富得多",否定了企业的决策者是"经济人"的概念和"最大化"的行为准则,提出了"管理人"的概念和"令人满意"的行为准则,对现代企业管理的决策科学进行了开创性的研究。

4.1 目标规划问题的提出

目标规划(Goal Programming)是由线性规划发展演变而来的,是研究企业考虑现有的资源条件下,在多个经营目标中去寻求满意解,即使得完成目标的总体结果离事先制定目标的差距最小。

例 4.1 某厂计划在下一个生产周期内生产甲、乙两种产品,已知资料如表 4-1 所示。试制订生产计划,使获得的利润最大。已知计划期内钢铁和煤炭的可供资源分别为 3600 和 2000 个单位;设备的加工能力为 3000 台时;每生产一件甲、乙产品,企业可获得的利润分别为 70 元、120 元,假定市场需求无限制,试建立该问题的数学模型。

表 4-1

单位消耗 产品 资源	甲	乙	资源限制
钢铁	9	4	3600
煤炭	4	5	2000
设备台时	3	10	3000
单件利润	70	120	

解:设生产甲产品 x_1,乙产品 x_2。如果仅考虑获利最大,则此问题的数学模型为以下的线性规划模型。

$$\max Z = 70x_1 + 120x_2$$
$$\text{s. t.} \begin{cases} 9x_1 + 4x_2 \leqslant 3600 \\ 4x_1 + 5x_2 \leqslant 2000 \\ 3x_1 + 10x_2 \leqslant 3000 \\ x_1, x_2 \geqslant 0 \end{cases}$$

最优解为 $X=(200,240)^{\mathrm{T}}$,$Z=42\,800$。

从线性规划的角度来看,问题似乎已经得到了圆满的解决。但是,如果站在工厂计划人员的立场上对此进行评价,问题就不是这么简单了。

(1) 这是一个单目标最优化问题。但是,一般来说,一个计划问题要满足多方面的要求。例如,财务部门可能希望有尽可能大的利润,以实现其年度利润目标;物资部门可能希望有尽可能小的物资消耗,以节约储备资金占用;销售部门可能希望产品品种多样,适销对路;生产计划部门可能希望有尽可能大的产品批量,便于安排生产等。也就是说,一个计划问题实际上是一个多目标决策问题。只是由于需要用线性规划来处理,计划人员才不得不从众多目标要求中硬性选择其一,作为线性规划的目标函数。但是这样做的结果严重违背了某些部门的愿望,因而使生产计划的实施受影响;或者在一开始就由于多方面的矛盾而无法从多个目标中选出一个目标来。

(2) 线性规划有最优解的必要条件是其可行解集非空,即各约束条件彼此相容。但是,实际问题有时不能满足这样的要求。例如,在生产计划中,由于储备资金的限制,原材料的最大供应量不能满足计划产量的需要时,从供给和需求两方面产生的约束条件彼此就是互不相容的;或者,由于设备维修、能源供应、其他产品生产需要等原因,计划期内可以提供的设备工时不能满足计划产量工时需要时,也会产生彼此互不相容的情况。

(3) 线性规划解的可行性和最优性具有十分明确的意义,但那都是针对特定数学模型而言的。在实际问题中,决策者在作决策时,往往还会对它作某种调整和修改,其原因可能是由于数学模型相对于实际问题的近似性。这种近似性一方面来自建模时对实际问题的抽象过程;另一方面是由于决策者在作最优决策时还会碰到一些建模时未考虑的新的情况。因此,决策者需要计划人员提供的不是严格的数学上的最优解,而是可以帮助作出最优决策的参考性的计划,或是提供多种计划方案,供最终决策时选择。

上述分析表明,同任何其他决策工具一样,线性规划并不是完美无缺的。在处理实际问题时,线性规划存在着由其"刚性"本质所注定的某些固有的局限性。现代决策强调定量分析和定性分析相结合,强调硬技术和软技术相结合,强调矛盾和冲突的合理性,强调妥协和让步的必要性。线性规划无法胜任。

查恩斯(A. Charnes)与库伯(W. W. Cooper)继丹捷格之后,于 1961 年在合著的《*Management Models and Industrial Applications of Linear Programming*》一书中提出了目标规划,艾吉利(Y. Ijiri)提出了用优先因子来处理多目标问题,使目标规划得到发展。S. M. Lee 与 V. Jaaskelainen 应用计算机处理目标规划问题,使目标规划在实际应用方面比线性规划更广泛,更为管理者所重视。

本章所讨论的目标规划实质上是线性目标规划。

4.2 目标规划的数学模型

4.2.1 目标规划与线性规划的比较

(1) 线性规划只讨论一个线性目标函数在一组线性约束条件下的极值问题;而目标规划承认各项决策要求(即使是冲突的)的存在有其合理性,是多个目标的决策,可求得更切合实际意义的解。

(2) 线性规划求最优解；目标规划是找到一个满意解。

(3) 线性规划中的约束条件是同等重要的,是硬约束;而目标规划中有轻重缓急和主次之分,即有优先权。

(4) 线性规划的最优解是绝对意义下的最优,但需花去大量的人力、物力、财力才能得到；实际过程中,只要求得满意解,就能满足需要(或更能满足需要)。

4.2.2 目标规划的基本概念

现在继续看例 4.1,通过此例来引出目标规划的基本概念。

假设在例 4.1 的基础上,决策者根据企业的实际情况和市场需求,需要重新制定经营目标,其目标的优先顺序如下。

(1) 利润不少于 40 000 元。

(2) 根据市场预测,甲的销路不是太好,产量不要超过 200 件;乙的销路较好,可以扩大生产,产量不低于 250 件。

(3) 要求现有钢材尽量使用完。

问企业该如何安排生产计划才能达到经营目标?

面对这些目标,计划人员需要同各方作进一步的协调,最后达成一致意见:利润完成或超额完成利润 40 000;甲产品尽可能少生产,乙产品可以扩大生产;现有钢材尽量用完。

当考虑甲、乙的销路及资源的有效利用时,用线性规划模型很难描述此问题。为了克服线性规划的局限性,可以采用目标规划的手段来解决。目标规划是按照事先制定的目标顺序逐项检查,尽可能使得结果达到预定目标,即使不能达到目标也使得离目标的差距最小,这就是目标规划的求解思路,对应的解称为**满意解**。下面建立例 4.1 的目标规划数学模型。

1. 设置偏差变量

用偏差变量(Deviational Variables)来表示实际值与目标值之间的差异,令 d^+ 为超出目标的差值,称为**正偏差变量**；d^- 为未达到目标的差值,称为**负偏差变量**,其中 d^+ 与 d^- 至少有一个为 0,且 $d_1^- \geqslant 0, d_1^+ \geqslant 0$。

本例中设 d_1^- 为利润的实现值未达到目标值的差值,d_1^+ 为利润的实现值大于目标值的差值。

当利润小于 40 000 时,$d_1^- > 0$ 且 $d_1^+ = 0$,有 $70x_1 + 120x_2 + d_1^- = 40000$ 成立。

当利润大于 40 000 时,$d_1^+ > 0$,且 $d_1^- = 0$,有 $70x_1 + 120x_2 - d_1^+ = 40000$ 成立。

当利润恰好等于 40 000 时,$d_1^+ = 0$,且 $d_1^- = 0$,有 $70x_1 + 120x_2 = 40000$ 成立。

实际利润只能在上述三种情况之一发生,因而可以将 3 个等式写成一个等式

$$70x_1 + 120x_2 + d_1^- - d_1^+ = 40000$$

因此,对于目标规划的偏差变量的运用可以总结为:当实际值超过目标值时,有 $d^- = 0, d^+ \geqslant 0$；当实际值未达到目标值时,有 $d^+ = 0, d^- \geqslant 0$；当实际值与目标值一致时,有 $d^- = d^+ = 0$。

2. 统一处理目标与约束

在目标规划中,约束有两类。一类是对资源有严格限制的,同线性规划的处理相同,用

严格的等式或不等式约束来处理。例如,用目标规划求解例 4.1,煤炭资源和设备台时禁止超量使用,则有**刚性约束**(Hard Constraint):
$$4x_1 + 5x_2 \leqslant 2000$$
$$3x_1 + 10x_2 \leqslant 3000$$

另一类约束是可以不严格限制的,连同原线性规划的目标,构成**柔性约束**(Soft Constraint)。例如,在求解例 4.1 时,希望完成或超额完成利润指标 40 000 元,则目标函数可表示为 $\{d_1^-\}$ 取最小值,则有
$$\min \{d_1^-\}$$
$$70x_1 + 120x_2 + d_1^- - d_1^+ = 40000$$

产品甲不超过 200 件,产品乙不低于 250 件,则目标可表示为
$$\min \{d_2^+ + d_3^-\}$$
$$x_1 + d_2^- - d_2^+ = 200$$
$$x_2 + d_3^- - d_3^+ = 250$$

现有钢材 3600T 尽可能用完,则目标可表示为
$$\min \{d_4^- + d_4^+\}$$
$$9x_1 + 4x_2 + d_4^- - d_4^+ = 3600$$

从上面的分析可以看到,如果希望不等式保持大于等于,则极小化负偏差;如果希望不等式保持小于等于,则极小化正偏差;如果希望保持等式,则同时极小化正、负偏差。

一般说来,有以下三种情况,但只能出现其中之一。

(1) 要求恰好达到规定的目标值,即正、负偏差变量要尽可能小,则 $\min z = f(d^+ + d^-)$。

(2) 要求不超过目标值,即允许达不到目标值,也就是正偏差变量尽可能小,则 $\min z = f(d^+)$。

(3) 要求超过目标值,即超过量不限,但不低于目标值,也就是负偏差变量尽可能小,则 $\min z = f(d^-)$。

3. 目标的优先级与权系数

在目标规划模型中,目标的优先分为两个层次。第一个层次是目标分成不同的优先级,在计算目标规划时,必须先优化高优先级的目标,然后再优化低优先级的目标。通常以 P_1, P_2, … 表示不同的优先因子,并规定 $P_k \gg P_{k+1}$,即第 k 目标优先于第 $k+1$ 目标;第二个层次是目标处于同一优先级,但两个目标的权重不一样,因此两目标同时优化,但用权系数的大小来表示目标重要性的差别。

在例 4.1 中,由于目标是有序的,并且 3 个目标函数非负,因此目标函数可以表达成一个函数:
$$\min Z = P_1 d_1^- + P_2 (7d_2^+ + 12d_3^-) + P_3(d_4^+ + d_4^-)$$

式中,第一目标 P_1 优于第二目标 P_2,第二目标 P_2 优于第三目标 P_3,其含义是按 P_1, P_2, … 的次序分别求后面函数的最小值,首先求 d_1^- 的最小值,在此基础上再求 $7d_2^+ + 12d_3^-$ 的最小值,最后求 $d_4^+ + d_4^-$ 的最小值。在第二级中,甲、乙两种产品的重要性是不一样的,因此,

它们的权重不一样,在此可以用它们的利润大小来衡量,它们的权重之比为 $70:120 = 7:12$。

4. 建立目标规划模型

例 4.1 在考虑各个目标后的目标规划数学模型为

$$\min Z = P_1 d_1^- + P_2(7d_2^+ + 12d_3^-) + P_3(d_4^+ + d_4^-)$$

$$\text{s. t.} \begin{cases} 70x_1 + 120x_2 + d_1^- - d_1^+ = 50000 \\ x_1 + d_2^- - d_2^+ = 200 \\ x_2 + d_3^- - d_3^+ = 250 \\ 9x_1 + 4x_2 + d_4^- - d_4^+ = 3600 \\ 4x_1 + 5x_2 \leqslant 2000 \\ 3x_1 + 10x_2 \leqslant 3000 \\ x_{1-2} \geqslant 0, d_j^+, d_j^- \geqslant 0 \quad (j = 1,2,3,4) \end{cases}$$

4.2.3 目标规划的一般模型

总的来讲,目标规划在建模中,除刚性约束必须严格满足外,对所有目标约束均允许有偏差。其求解过程要从高到低逐层优化,在不增加高层次目标的偏差值的情况下,逐次使低层次的偏差达到极小。

通过上述实例,可以给出目标规划的一般数学表达式。

设 $x_j(j=1,2,\cdots,n)$ 是目标规划的决策变量,共有 m 个约束是刚性约束,可能是等式约束,也可能是不等式约束。设有 K 个柔性目标约束,其目标规划约束的偏差为 d_k^+, d_k^- ($k=1,2,\cdots,K$)。设有 L 个优先级别,分别记为 P_1、P_2、$\cdots$、P_L。在同一个优先级 P_l 中,有不同的权重,分别记为 w_{lk}^+, w_{lk}^- ($k=1,2,\cdots,K$)。因此目标规划模型的一般数学表达式为

$$\min Z = \sum_{l=1}^{L} P_l \sum_{k=1}^{K} (w_{lk}^- d_k^- + w_{lk}^+ d_k^+)$$

$$\text{s. t.} \begin{cases} \sum_{j=1}^{n} a_{ij} x_j \leqslant (=, \geqslant) b_i, & i = 1, 2, \cdots, m \\ \sum_{j=1}^{n} c_{kj} x_j + d_k^- - d_k^+ = g_k, & k = 1, 2, \cdots, K \\ x_j \geqslant 0, & j = 1, 2, \cdots, n \\ d_k^-, d_k^+ \geqslant 0, & k = 1, 2, \cdots, K \end{cases}$$

例 4.2 某企业在计划期内计划生产甲、乙、丙三种产品。这些产品分别需要在设备 A、B 上加工,需要消耗材料 C、D,按工艺资料规定,单件产品在不同设备上加工及所需要的资源如表 4-2 所示。已知在计划期内设备的加工能力各为 200 台时,可供材料分别为 360、300kg;每生产一件甲、乙、丙产品,企业可获得利润分别为 40、30、50 元,根据企业实际和市场需求,其生产目标的优先顺序如下。

(1) 利润不少于 3200 元。

(2) 产品甲与产品乙的产量比例尽量不超过 1.5。
(3) 提高产品丙的产量使之达到 30 件。
(4) 设备加工能力不足可以加班解决,能不加班最好不加班。
(5) 受到资金的限制,只能使用现有材料而不能再购进。
问企业如何安排生产计划才能达到经营目标。

表 4-2

消耗资源＼产品	甲	乙	丙	现有资源
设备 A	3	1	2	200
设备 B	2	2	4	200
材料 C	4	5	1	360
材料 D	2	3	5	300
利润(元/件)	40	30	50	

解:设甲、乙、丙产品的产量分别为 x_1、x_2、x_3。

(1) 设 d_1^- 为未达到利润目标值的差值,d_1^+ 为超过利润目标的差值。则利润不少于 3200 元的数学表达式为

$$\begin{cases} \min d_1^- \\ 40x_1 + 30x_2 + 50x_3 + d_1^- - d_1^+ = 3200 \end{cases}$$

(2) 设 d_2^- 和 d_2^+ 分别为未达到和超过产品比例要求的偏差变量,则产量比例尽量不超过 1.5 的数学表达式为

$$\begin{cases} \min d_2^+ \\ x_1 - 1.5x_2 + d_2^- - d_2^+ = 0 \end{cases}$$

(3) 设 d_3^- 和 d_3^+ 分别为产品丙的产量未达到和超过 30 件的偏差变量,则丙的产量尽可能达到 30 件的数学表达式为

$$\begin{cases} \min d_3^- \\ x_3 + d_3^- - d_3^+ = 30 \end{cases}$$

(4) 设 d_4^- 和 d_4^+ 分别为设备 A 的使用时间偏差变量,d_5^- 和 d_5^+ 为设备 B 的使用时间偏差变量,最好不加班的含义是 d_4^+ 和 d_5^+ 同时取最小值,等价于 $d_4^+ + d_5^+$ 取最小值,则设备的目标函数和约束条件为

$$\begin{cases} \min (d_4^+ + d_5^+) \\ 3x_1 + x_2 + 2x_3 + d_4^- - d_4^+ = 200 \\ 2x_1 + 2x_2 + 4x_3 + d_5^- - d_5^+ = 200 \end{cases}$$

(5) 材料不能购进表示不允许有正偏差,约束条件为小于等于约束。
该问题的目标函数可以表达成一个函数:

$$\min Z = P_1 d_1^- + P_2 d_2^+ + P_3 d_3^- + P_4(d_4^+ + d_5^+)$$

则该问题的目标规划数学模型为

$$\min Z = P_1 d_1^- + P_2 d_2^+ + P_3 d_3^- + P_4(d_4^+ + d_5^+)$$

$$\begin{cases} 40x_1 + 30x_2 + 50x_3 + d_1^- - d_1^+ = 3200 \\ x_1 - 1.5x_2 + d_2^- - d_2^+ = 0 \\ x_3 + d_3^- - d_3^+ = 30 \\ 3x_1 + x_2 + 2x_3 + d_4^- - d_4^+ = 200 \\ 2x_1 + 2x_2 + 4x_3 + d_5^- - d_5^+ = 200 \\ 4x_1 + 5x_2 + x_3 \leqslant 360 \\ 2x_1 + 3x_2 + 5x_3 \leqslant 300 \\ x_1, x_2, x_3 \geqslant 0 \text{ 且为整数}, d_j^-, d_j^+ \geqslant 0, \quad j = 1, 2, \cdots, 5 \end{cases}$$

4.3 目标规划的求解算法

4.3.1 求解目标规划的图解法

图解法同样适用两个变量的目标规划问题,但其操作简单,原理一目了然。同时,也有助于理解一般目标规划的求解原理和过程。

图解法解题步骤如下。

(1) 确定各约束条件的可行域,即将所有约束条件(包括目标约束和绝对约束,暂不考虑正负偏差变量)在坐标平面上表示出来。

(2) 在目标约束所代表的边界线上,用箭头标出正、负偏差变量值增大的方向。

(3) 求满足最高优先等级目标的解。

(4) 转到下一个优先等级的目标,在不破坏所有较高优先等级目标的前提下,求出该优先等级目标的解。

(5) 重复(4),直到所有优先等级的目标都已审查完毕为止。

(6) 确定最优解和满意解。

例 4.3 用图解法求解目标规划问题。

$$\min Z = P_1(d_1^+ + d_1^-) + P_2 d_2^-$$

$$\text{s. t.} \begin{cases} 10x_1 + 12x_2 + d_1^- - d_1^+ = 62.5 \\ x_1 + 2x_2 + d_2^- - d_2^+ = 10 \\ 2x_1 + x_2 \leqslant 8 \\ x_{1-2} \geqslant 0, d_l^+, d_l^- \geqslant 0 \quad (l = 1, 2) \end{cases}$$

解:根据以上步骤,求解过程如图 4-1 所示。

从图 4-1 可以看出,由 B(0.6250, 4.6875) 和 C(0, 5.2083) 构成的线段上的所有点均是该问题的解,因此该目标规划问题有无穷多最优解。

例 4.4 已知目标规划:

$$\min Z = P_1(d_1^- + d_2^+) + P_2(d_3^- + d_3^+) + P_3 d_4^+$$

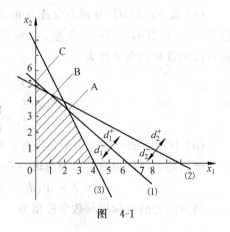

图 4-1

$$\begin{cases} 10x_1 + 5x_2 + d_1^- - d_1^+ = 400 & (1) \\ 7x_1 + 8x_2 + d_2^- - d_2^+ = 560 & (2) \\ 2x_1 + 2x_2 + d_3^- - d_3^+ = 120 & (3) \\ x_1 + 2.5x_2 + d_4^- - d_4^+ = 100 & (4) \\ x_1, x_2, d_j^-, d_j^+ \geqslant 0, \quad j = 1,2,3,4 \end{cases}$$

(1) 求满意解。

(2) 将目标函数改为 $\min Z = P_1(d_1^- + d_1^+) + P_2(d_2^- + 2d_3^+) + P_3 d_4^+$,求满意解。

(3) 将目标函数改为 $\min Z = P_1(d_1^- + d_2^+) + P_2(d_3^- + d_3^+) + P_3 d_4^+ + P_4 d_1^+$,求满意解。

解：(1) 题目中没有绝对约束,可行域在第一象限,4 个约束直线如图 4-2 所示。第一目标最小是图中直线(1)、直线(2)与横坐标封闭形成的三角形区域;第二目标最小是图中的线段 AC;第三目标最小是图中线段 BC,满意解是线段 BC 上的任意点,端点的解是 $B(100/3, 80/3)$、$C(60, 0)$。决策者可以根据实际情况进行二次选择。

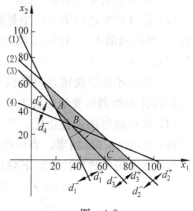

图 4-2

(2) 第一目标函数 $d_1^- + d_1^+$ 的最小是图 4-3 中直线(1)与第一象限相交的部分,第二目标函数 $d_2^- + 2d_3^+$ 的最小解是在图 4-3 中的线段 DA 上,D 点的坐标为 $\boldsymbol{X} = (80/9, 560/9)^T$,有 $d_2^- = 0, d_3^+ = 200/9$,则 $d_2^- + 2d_3^+ = 400/9$,A 点的坐标为 $\boldsymbol{X} = (20, 40)^T$ 有 $d_2^- = 100, d_3^+ = 0$,则 $d_2^- + 2d_3^+ = 100$,因此该问题的满意解为 $\boldsymbol{X} = (80/9, 560/9)^T$。

(3) 满意解就是图 4-4 中的点 B,$\boldsymbol{X} = (100/3, 80/3)^T$。

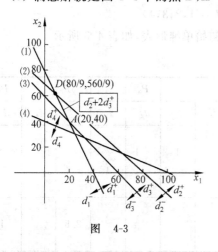

图 4-3

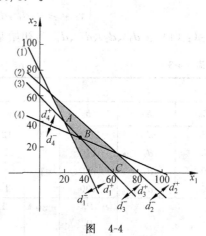

图 4-4

4.3.2 求解目标规划的单纯形算法

目标规划的数学模型结构与线性规划的数学模型结构形式上没有本质上的区别,所以可用单纯形法求解。但考虑目标规划模型的一些特点,有以下规定。

(1) 因目标规划问题的目标函数都是求最小化,所以用 $\sigma_j = c_j - z_j \geq 0 (j=1,2,\cdots,n)$ 作为最优准则。

(2) 因非基变量的检验数中含有不同等级的优先因子,即

$$\sigma_j = c_j - z_j = \sum \alpha_{kj} P_k, \quad j=1,2,\cdots,n; k=1,2,\cdots,K$$

由于 $P_1 \gg P_2 \gg \cdots \gg P_K$,所以从每个检验数的整体来看,检验数的正负首先取决于 P_1 的系数 α_{1j} 的正负。若 $\alpha_{1j}=0$,这时检验数的正负取决于 P_2 的系数 α_{2j} 的正负,下面可以以此类推。

求解步骤如下。

(1) 建立初始单纯形表,在表中将检验数行按优先因子个数分别列成 K 行,置 $k=1$。

(2) 检查检验数的第 k 行中是否存在负数,且对应的前 $k-1$ 行的系数是否为零。若有负数,且对应的前 $k-1$ 行的系数均为零,则取其中最小者对应的变量为换入变量,转(3),否则转(5)。

(3) 按最小比值规则确定换出变量。当存在两个或两个以上相同的最小比值时,选取具有较高优先级别的变量为换出变量。

(4) 按单纯形法进行迭代运算,建立新的计算表,返回(2)。

(5) 当 $k=K$ 时,结束。表中的解即为满意解,否则置 $k=k+1$,返回到(2)。

例 4.5 用单纯形法求解下列目标规划问题。

$$\min Z = P_1 d_1^- + 2.5 P_2 d_3^+ + P_2 d_4^+ + P_3 d_2^+$$

$$\begin{cases} 30x_1 + 12x_2 + d_1^- - d_1^+ = 2500 \\ 2x_1 + x_2 + d_2^- - d_2^+ = 140 \\ x_1 + d_3^- - d_3^+ = 60 \\ x_2 + d_4^- - d_4^+ = 100 \\ x_{1-2} \geq 0, d_l^+, d_l^- \geq 0 \quad (l=1,2,3,4) \end{cases}$$

解:(1) 取 d_1^-、d_2^-、d_3^-、d_4^- 为初始基变量,列初始单纯形表,如表 4-3 所示。

表 4-3

	c_j				P_1					2.5P_2		P_2
C_B	X_B	b	x_1	x_2	d_1^-	d_1^+	d_2^-	d_2^+	d_3^-	d_3^+	d_4^-	d_4^+
P_1	d_1^-	2500	30	12	1	−1						
0	d_2^-	140	2	1			1	−1				
0	d_3^-	60	1						1	−1		
0	d_4^-	100		1							1	−1
	σ_j	P_1	−30↑	−12	0	1						
		P_2								2.5		1
		P_3						1				

(2) 检验数第一行存在负数,最小负数为 −30,因此其对应的变量 x_1 为换入变量。

(3) $\theta = \min\{2500/30, 140/2, 60/1\} = 60$,故 d_3^- 为换出变量。

(4) 进行迭代运算,计算结果如表 4-4 所示。

表 4-4

C_B	X_B	b	x_1	x_2	d_1^-	d_1^+	d_2^-	d_2^+	P_1 d_3^-	$2.5P_2$ d_3^+	d_4^-	P_2 d_4^+
	c_j								P_3			
P_1	d_1^-	700		12	1	−1			−30	30		
0	d_2^-	20		1			1	−1	−2	2		
0	x_1	60	1						1	−1		
0	d_4^-	100		1							1	−1
	σ_j P_1		0	−12	0	1	0	0	30	−30↑	0	0
	P_2		0	0	0	0	0	0	0	2.5	0	1
	P_3		0	0	0	0	0	1	0	0	0	0

(5) 检验数的第一行仍然存在负数，因此，最小负数 −30 所对应的变量 d_3^+ 为换入变量。

(6) $\theta=\min\{700/30, 20/2, -, -\}=10$，故 d_2^- 为换出变量。

(7) 经迭代运算所得结果如表 4-5 所示。

表 4-5

C_B	X_B	b	x_1	x_2	d_1^-	d_1^+	d_2^-	d_2^+	d_3^-	d_3^+	d_4^-	d_4^+
P_1	d_1^-	400		−3	1	−1	−15	15				
$2.5P_2$	d_3^+	10		1/2			1/2	−1/2	−1	1		
0	x_1	70	1	1/2			1/2	−1/2				
0	d_4^-	100		1							1	−1
	σ_j P_1			3		1	15	−15↑				
	P_2			−5/4			−5/4	5/4	5/2			1
	P_3								1			

(8) 检验数行的第一行中仍然存在负数 −15，因此它所对应的变量 d_2^+ 为进基变量。

(9) $\theta=\min\{400/15, -, -, -\}=10$，故 d_1^- 为出基变量。

(10) 迭代运算的结果如表 4-6 所示。

表 4-6

C_B	X_B	b	x_1	x_2	d_1^-	d_1^+	d_2^-	d_2^+	d_3^-	d_3^+	d_4^-	d_4^+
P_1	d_2^+	80/3		−1/5	1/15	−1/15	−1	1				
$2.5P_2$	d_3^+	70/3		2/5	1/30	−1/30			−1	1		
0	x_1	250/3	1	2/5	1/30	−1/30						
0	d_4^-	100		1							1	−1
	σ_j P_1				1							
	P_2			−1↑	−1/12	1/12			2/5			1
	P_3			1/5	−1/15	1/15	1					

(11) 此时检验数行的第一行不存在负数,所以检查检验数行的第二行,该行的最小负数为-1,且其对应的上一行的系数为 0。因此它所对应的变量 x_2 为进基变量。

(12) $\theta = \min\{-,(70/3)/(2/5),(250/3)/(2/5),100/1\} = 350/6$,故 d_3^+ 为换出变量。

(13) 经迭代运算得单纯形表,如表 4-7 所示。

表 4-7

	c_j					P_1			P_3		$2.5P_2$		P_2
C_B	X_B	b	x_1	x_2	d_1^-	d_1^+	d_2^-	d_2^+	d_3^-	d_3^+	d_4^-	d_4^+
P_1	d_2^+	115/3	0	0	1/12	$-1/12$	-1	1	$-1/2$	1/2	0	0
	x_2	175/3	0	1	1/12	$-1/12$	0	0	$-5/2$	5/2	0	0
	x_1	60	1	0	0	0	0	0	-1	1	0	0
	d_4^-	125/3	0	0	$-1/12$	1/12	0	0	5/2	$-5/2$	1	-1
		P_1	0	0	1	0	0	0	0	0	0	0
σ_j		P_2	0	0	0	0	0	0	0	5/2	0	1
		P_3	0	0	$-1/12$	1/12	1	0	1/2	$-1/2$	0	0

(14) 表 4-7 中检验数行的第一行和第二行均不存在负数,因此检查第三行。虽然第三行存在负数 $-1/12$ 和 $-1/2$,但它们所对应的上一行(或上两行)均存在正数,说明无法再改进,因此计算可以到此结束。

该问题的满意解为

$x_1 = 60, \quad x_2 = 175/3 = 58.33, \quad d_2^+ = 115/3 = 38.33, \quad d_4^- = 125/3 = 41.67$

由于 $d_2^+ = 38.33$,说明 P_3 优先等级目标没有实现。

对于目标数不是很多,决策变量的个数也不太多时,可以通过直接给出各个优先因子的值(它们之间的关系满足 $P_1 \gg P_2 \gg \cdots \gg P_K$),则目标规划模型就可以化为线性规划问题,直接用线性规划的单纯形法求解。

比如上例中,取 $P_1 = 10\,000, P_2 = 100, P_3 = 1$,则上述目标规划模型化为如下线性规划模型:

$$\min Z = 10000d_1^- + 250d_3^+ + 100d_4^+ + d_2^+$$

$$\begin{cases} 30x_1 + 12x_2 + d_1^- - d_1^+ = 2500 \\ 2x_1 + x_2 + d_2^- - d_2^+ = 140 \\ x_1 + d_3^- - d_3^+ = 60 \\ x_2 + d_4^- - d_4^+ = 100 \\ x_{1-2} \geqslant 0, d_l^+, d_l^- \geqslant 0 \quad (l = 1,2,3,4) \end{cases}$$

利用单纯形法求解得到的结果与以上计算相同。

例 4.6 用单纯形法求解例 4.4 的(1)及(2)。

解:例 4.4

(1) 初始单纯形表见表 4-8,迭代过程见表 4-9 和表 4-10,最终单纯形表见表 4-11,因此可得满意解 $X = (100/3, 80/3)^T$,对应于图 4-2 点 B。不难看出该问题有多重解,将 d_4^- 作为进基变量,x_2 作为出基变量,见表 4-12,得到另一满意解 $X = (60, 0)^T$,对应于图 4-2 中的点 C。

表 4-8

C_B	X_B	c_j b	x_1	x_2	P_1 d_1^-	d_1^+	d_2^-	P_1 d_2^+	P_2 d_3^-	P_2 d_3^+	d_4^-	P_3 d_4^+
P_1	d_1^-	400	[10]	5	1	−1						
0	d_2^-	560	7	8			1	−1				
P_2	d_3^-	120	2	2					1	−1		
0	d_4^-	100	1	2.5							1	−1
	σ_j	P_1	−10↑	−5		1		1				
		P_2	−2	−2						2		
		P_3										1

表 4-9

C_B	X_B	c_j b	x_1	x_2	P_1 d_1^-	d_1^+	d_2^-	P_1 d_2^+	P_2 d_3^-	P_2 d_3^+	d_4^-	P_3 d_4^+
0	x_1	40	1	1/2	1/10	−1/10						
0	d_2^-	280		9/2	−7/10	7/10	1	−1				
P_2	d_3^-	40		1	−1/5	1/5			1	−1		
0	d_4^-	60		[2]	−1/10	1/10					1	−1
	σ_j	P_1			1			1				
		P_2		−1↑	1/5	−1/5				2		
		P_3										1

表 4-10

C_B	X_B	c_j b	x_1	x_2	P_1 d_1^-	d_1^+	d_2^-	P_1 d_2^+	P_2 d_3^-	P_2 d_3^+	d_4^-	P_3 d_4^+
0	x_1	25	1		5/40	−5/40					−1/4	1/4
0	d_2^-	145			−19/40	19/40	1	−1			−9/4	9/4
P_2	d_3^-	10			−3/20	[3/20]			1	−1	−1/2	1/2
0	x_2	30		1	−1/20	1/20					1/2	−1/2
	σ_j	P_1			1			1				
		P_2			3/20	−3/20↑				2	1/2	−1/2
		P_3										1

表 4-11

C_B	X_B	c_j b	x_1	x_2	P_1 d_1^-	d_1^+	d_2^-	P_1 d_2^+	P_2 d_3^-	P_2 d_3^+	d_4^-	P_3 d_4^+
0	x_1	100/3	1						5/6	−5/6	−2/3	2/3
0	d_2^-	340/3					1	−1	−19/6	19/6	−2/3	2/3
0	d_1^+	200/3			−1	1			20/3	−20/3	−10/3	10/3
0	x_2	80/3		1					−1/3	1/3	[2/3]	−2/3
	σ_j	P_1			1		1					
		P_2							1	1		
		P_3										1

表 4-12

C_B	X_B	c_j		P_1		P_1		P_2	P_2		P_3
		b	x_1	x_2	d_1^-	d_1^+	d_2^-	d_2^+	d_3^-	d_3^+	d_4^-	d_4^+
0	x_1	60	1	1					1/2	−1/2		
0	d_2^-	140		1			1	−1	−7/2	7/2		
0	d_1^+	200		5	−1	1			5	−5		
0	d_4^-	40		3/2					−1/2	1/2	1	−3/4
σ_j	P_1					1		1				
	P_2								1	1		
	P_3											1

(2) 以表 4-11 为基础,计算出检验数,单纯形法计算如表 4-13 所示。

表 4-13

C_B	X_B	c_j		P_1	P_1	P_2		$2P_2$			P_3
		b	x_1	x_2	d_1^-	d_1^+	d_2^-	d_2^+	d_3^-	d_3^+	d_4^-	d_4^+
0	x_1	100/3	1						5/6	−5/6	−2/3	2/3
P_2	d_2^-	340/3					1	−1	−19/6	19/6	−2/3	2/3
P_1	d_1^+	200/3			−1	1			20/3	−20/3	−10/3	[10/3]
0	x_2	80/3		1					−1/3	1/3	2/3	−2/3
σ_j	P_1				2				−20/3	20/3	10/3	−10/3↑
	P_2								19/6	−7/6	2/3	−2/3
	P_3											1
0	x_1	20	1		1/5	−1/5			−1/2	1/2		
P_2	d_2^-	100			1/5	−1/5	1	−1	−9/2	[9/2]		
P_3	d_4^+	20			−3/10	3/10			2	−2	−1	1
0	x_2	40		1	−1/5	1/5			1	−1		
σ_j	P_1				1	1						
	P_2				−1/5	1/5		1	9/2	−5/2↑		
	P_3				3/10	−3/10			−2	2	1	
0	x_1	80/9	1		8/45	−8/45	−1/9	1/9				
$2P_2$	d_3^+	200/9			2/45	−2/45	2/9	−2/9	−1	1		
P_3	d_4^+	580/9			−19/90	19/90	4/9	−4/9			−1	1
0	x_2	560/9		1	−7/45	7/45	2/9	−2/9				
σ_j	P_1				1	1						
	P_2				−4/45	4/45	5/9	4/9	2			
	P_3				19/90	−19/90	−4/9	4/9			1	

从表 4-13 中可以看出,满意解 $X=(80/9,560/9)^T$,$d_3^+=200/9$,$d_4^+=580/9$,$Z=108.9$。

注意:如果将目标函数 $\min Z=P_1(d_1^-+d_1^+)+P_2(d_2^-+2d_3^+)+P_3d_4^+$,改写成

$$\min Z = P_1(d_1^-+d_1^+) + P_2d_3^+ + P_3d_2^- + P_4d_4^+$$

用单纯形法求解得到最终表 4-14。

表 4-14

C_B	X_B	b	x_1	x_2	P_1 d_1^-	P_1 d_1^+	d_2^-	d_2^+	P_2 d_3^-	P_2 d_3^+	P_4 d_4^-	P_4 d_4^+
0	x_1	20	1		1/5	−1/5			−1/2	1/2		
P_3	d_2^-	100			1/5	−1/5	1	−1	−9/2	9/2		
P_4	d_4^+	20			−3/10	3/10			2	−2	−1	1
0	x_2	40		1	−1/5	1/5			1	−1		
σ_j	P_1				1	1						
	P_2								1			
	P_3				−1/5	1/5		1	9/2	−9/2		
	P_4				3/10	−3/10			−2	2	1	

满意解为 $X=(20,40)^T$,对应于图 4-4 中的点 A,显然该解是错误的。

该例说明 $\min (d_2^- +2d_3^+)$ 是将 $(d_2^- +2d_3^+)$ 作为一个函数整体来求最小的,而不能按系数大小顺序求最小,尤其在图解法中容易出现类似错误。

例 4.6(2)是在原问题中作了部分变动后再求解,等价于第 2 章的灵敏度分析,求解原理基本相同。

4.3.3 求解目标规划的序贯式算法

序贯式算法是求解目标规划的一种早期算法,其核心是根据优先级的先后次序,将目标规划问题分解成一系列的单目标规划问题,然后再依次求解。

对于 $l=1,2,\cdots,L$,求解单目标问题:

$$\min \ z_l = \sum_{k=1}^{K}(w_{lk}^- d_k^- + w_{lk}^+ d_k^+)$$

$$\text{s. t.} \ \sum_{j=1}^{n} a_{ij}x_j \leqslant (=,\geqslant) b_i, \quad i=1,2,\cdots,m \tag{4-1}$$

$$\sum_{j=1}^{n} c_{kj}x_j + d_k^- - d_k^+ = g_k, \quad k=1,2,\cdots,K \tag{4-2}$$

$$\sum_{k=1}^{K}(w_{sk}^- d_k^- + w_{sk}^+ d_k^+) \leqslant z_s^*, \quad s=1,2,\cdots,l-1 \tag{4-3}$$

$$x_j \geqslant 0, \quad j=1,2,\cdots,n \tag{4-4}$$

$$d_k^-, d_k^+ \geqslant 0, \quad k=1,2,\cdots,K \tag{4-5}$$

其最优目标值为 z_l^*,当 $l=1$ 时,约束(4-3)为空约束。当 $l=L$ 时,z_L^* 所对应的解 x^* 为目标规划的最优解。

注:此时最优解的概念与线性规划最优解的概念已有所不同,但为方便起见,仍称为最优解。

例 4.7 用序贯式算法求解例 4.5。

解：例 4.5 一共有三级目标，每个单目标问题的目标函数分别为

$$\min z_1 = d_1^-$$
$$\min z_2 = 2.5d_3^+ + d_4^+$$
$$\min z_3 = d_2^+$$

由于每个单目标问题都是一个线性规划问题，因此可以采用 LINGO 软件进行求解。

(1) 求第一级目标，列出 LINGO 程序如下：

```
MODEL:
min=dminus1;
  30*x1+12*x2+dminus1-dplus1=2500;
   2*x1+    x2+dminus2-dplus2=140;
       x1     +dminus3-dplus3=60;
           x2+dminus4-dplus4=100;
END
```

计算结果如下：

```
Global optimal solution found.
Objective value:              0.000000
Total solver iterations:             0
              Variable        Value        Reduced Cost
              DMINUS1         0.000000     1.000000
                   x1         0.000000     0.000000
                   x2       208.3333       0.000000
               DPLUS1         0.000000     0.000000
              DMINUS2         0.000000     0.000000
               DPLUS2        68.33333      0.000000
              DMINUS3        60.00000      0.000000
               DPLUS3         0.000000     0.000000
              DMINUS4         0.000000     0.000000
               DPLUS4       108.3333       0.000000
```

目标函数的最优值为 0，即第一级偏差为 0。

(2) 求第二级目标，列出 LINGO 程序如下：

```
MODEL:
min=2.5*dplus3+dplus4;
  30*x1+12*x2+dminus1-dplus1=2500;
   2*x1+x2+dminus2-dplus2=140;
       x1   +dminus3-dplus3=60;
           x2+dminus4-dplus4=100;
               dminus1=0;
END
```

计算结果如下：

```
Global optimal solution found.
Objective value:              0.000000
Total solver iterations:      3
         Variable        Value        Reduced Cost
           DPLUS3     0.000000           2.500000
           DPLUS4     0.000000           1.000000
               x1    60.00000           0.000000
               x2    58.33333           0.000000
          DMINUS1     0.000000           0.000000
           DPLUS1     0.000000           0.000000
          DMINUS2     0.000000           0.000000
           DPLUS2    38.33333           0.000000
          DMINUS3     0.000000           0.000000
          DMINUS4    41.66667           0.000000
```

目标函数的最优值仍为 0,即第二级的偏差仍为 0。

(3) 求第三级目标,列出 LINGO 程序如下:

```
MODEL:
min=dplus2;
  30*x1+12*x2+dminus1-dplus1=2500;
   2*x1+   x2+dminus2-dplus2=140;
       x1    +dminus3-dplus3=60;
           x2+dminus4-dplus4=100;
  dminus1=0;
  2.5*dplus3+dplus4=0;
END
```

计算结果如下:

```
Global optimal solution found.
Objective value:              38.33333
Total solver iterations:      1
         Variable        Value        Reduced Cost
           DPLUS2    38.33333           0.000000
               X1    60.00000           0.000000
               X2    58.33333           0.000000
          DMINUS1     0.000000           0.000000
           DPLUS1     0.000000          0.8333333E-01
          DMINUS2     0.000000           1.000000
          DMINUS3     0.000000           0.500000
           DPLUS3     0.000000           0.000000
          DMINUS4    41.66667           0.000000
           DPLUS4     0.000000           0.200000
```

目标函数的最优值为 38.33,即第三级偏差为 38.33。

分析以上的计算结果可得，$x_1=60, x_2=58.33, d_2^+=38.33, d_4^-=41.67$。因此，目标规划的最优解为 $\boldsymbol{X}^*=(60, 58.33)^\mathrm{T}$，计算结果与用单纯形法求解结果相同。

上述过程虽然给出了目标规划问题的最优解，但需要连续编几个程序，使用时很不方便。下面给出用 LINGO 软件求解目标规划的通用程序，在程序中用到数据段未知数据的编程方法。在以下的通用程序中，II 为目标规划的优先级的个数，JJ 为决策变量的个数，KK 为硬约束方程的个数(在通用程序中要求将所有的硬约束均转化为等式约束)，LL 为软约束方程的个数。

求解目标规划的通用 LINGO 程序如下。

```
MODEL:
 1] MODEL:
 2] SETS:
 3] LEVEL/1..II/: P,Z,GOAL;
     !目标个数,P优先因子,Z各级目标值,GOAL目标;
 4]  VARIABLE/1..JJ/: X;      !决策变量;
 5] H_CON_NUM/1..KK/: B; !硬约束方程的个数,B为硬约束的右端项;
 6]  S_CON_NUM/1..LL/: G,DPLUS,DMINUS;
     !软约束个数,G为软约束的右端项，DPLUS和DMINUS为d+和d-;
 7] H_CONS(H_CON_NUM,VARIABLE): A;!硬约束的系数矩阵;
 8] S_CONS(S_CON_NUM,VARIABLE): C;   !软约束的系数矩阵;
 9] OBJ(LEVEL,S_CON_NUM): WPLUS,WMINUS;
     !目标函数中d+和d-的系数矩阵;
10]ENDSETS
11]  DATA:
12]P=?,?,…,?; !共 II 个"?";
     !优先因子。在具体计算时,若计算第一级目标,则 P 为 1,0,0,…,0,
         即输入的第一个 P 值为 1,其余的均为 0,
         计算二级目标 P 则为 0,1,0,…,0,以此类推;
13]GOAL=?,?,…,?,0; !共 II-1 个"?";
     !人为输入的目标值,计算一级目标时输入 II-1 个较大的数，
         计算二级目标时,输入已计算的一级目标值、II-2 个较大数，
         计算其余目标时以此类推;
14] B=…; !在此列出硬约束右端项;
15] G=…;    ! 在此列出软约束的右端项;
16] A=…; ! 在此列出硬约束的系数矩阵;
17] C=…;    ! 在此列出软约束的系数矩阵;
18] WPLUS=…; !目标函数中各优先级中d+的系数;
19]  WMINUS=…;  !目标函数中各优先级中d-的系数;
20] ENDDATA
21]
22] MIN=@SUM(LEVEL: P * Z); !目标函数;
23]!各级目标;
24]@FOR(LEVEL(I): Z(I)=@SUM(S_CON_NUM(J): WPLUS(I,J) * DPLUS(J))
        +@SUM(S_CON_NUM(J): WMINUS(I,J) * DMINUS(J)));
```

```
25]!各个硬约束方程;
26]@FOR(H_CON_NUM(I): @SUM(VARIABLE(J): A(I,J)*X(J))=B(I));
27]!软约束方程;
28]@FOR(S_CON_NUM(I): @SUM(VARIABLE(J): C(I,J)*X(J))
      +DMINUS(I)-DPLUS(I)=G(I));
29]!Z(I)的变化范围;
30] @FOR(LEVEL(I)|I # LT # @SIZE(LEVEL): @BND(0,Z(I),GOAL(I)));
31]END
32]
END
```

在通用程序中,Level 说明的是目标规划的优先级,有 3 个变量 P、Z 和 Goal,其中 P 表示优先级,Goal 表示相应优先级时的最优目标值。程序的第 12 行和第 13 行表示将根据计算过程输入它们相应的值。

下面利用一个具体的实例来说明通用程序的使用方法。

例 4.8 利用通用求解程序求解下列目标规划。

$$\min Z = P_1 d_1^- + P_2(d_2^+ + d_2^-) + P_3(3d_3^+ + 3d_3^- + d_4^-)$$

$$\text{s. t.} \begin{cases} 2x_1 + 2x_2 \leqslant 12 \\ 200x_1 + 300x_2 + d_1^- - d_1^+ = 1500 \\ 2x_1 - x_2 + d_2^- - d_2^+ = 0 \\ 4x_1 + d_3^- - d_3^+ = 16 \\ 5x_2 + d_4^- - d_4^+ = 15 \\ x_1, x_2, d_i^-, d_i^+ \geqslant 0, \quad i = 1, 2, 3, 4 \end{cases}$$

解:在此目标规划中,II=3,JJ=2,KK=1,LL=4,只要将以上给出的通用 LINGO 程序做如下修改即可,其他的程序行不变。

```
3] LEVEL/1..3/: P,Z,GOAL;
4] VARIABLE/1..2/: X;
5] H_CON_NUM/1..1/: B;
6] S_CON_NUM/1..4/: G,DPLUS,DMINUS;
12]P=?,?,?;
13]GOAL=?,?,0;
14] B=12;
15] G=1500 0 16 15;
16] A=2 2; !硬约束的系数矩阵;
17] C=200 300 2 -1 4 0 0 5;
18] WPLUS=0 0 0
           0 1 0 0
           0 0 3 1;
19] WMINUS=1 0 0 0
            0 1 0 0
            0 0 3 0;
```

由于此模型中的硬约束只有一个,且为"≤"约束,为了不增加决策变量的个数,直接将通用程序中的第26行修改为

```
26]@FOR(H_CON_NUM(I): @SUM(VARIABLE(J): A(I,J)*X(J))<=B(I));
```

而没有必要将"≤"约束转化为"="约束。但如果硬约束的个数多且同时存在两种以上的约束类型时,最好全部转化为"="约束。

在做第一级目标计算时,将第12行改写为"P=1,0,0;",或在直接运行时P值分别输入为1,0,0。第13行改写为"GOAL=9999,9999,0;",Goal(1)和Goal(2)为两个较大的值(在此用9999表示),或在直接运行时分别输入9999,9999,表明这两项约束不起作用。计算结果如下(只列出相关结果):

```
Global optimal solution found.
Objective value:                       0.000000
Total solver iterations:                      1
       Variable       Value        Reduced Cost
         P(1)       1.000000         0.000000
         P(2)       0.000000         0.000000
         P(3)       0.000000         0.000000
         Z(1)       0.000000         0.000000
         Z(2)       5.000000         0.000000
         Z(3)      58.00000          0.000000
         X(1)       0.000000         0.000000
         X(2)       5.000000         0.000000
```

第一级的最优偏差为0,进行第二轮计算。

在进行第二级目标运算时,将程序的第12行改写为"P=0,1,0;",或在直接运行时P值分别输入为0,1,0。由于第一级的偏差为0,因此Goal(1)的值为0,Goal(2)为一个较大的值,所以将程序的第13行改写为"GOAL=0,9999,0;",或在直接运行时分别输入0,9999。计算结果如下(只列出相关结果):

```
Global optimal solution found.
Objective value:                       0.000000
Total solver iterations:                      2
       Variable       Value        Reduced Cost
         P(1)       0.000000         0.000000
         P(2)       1.000000         0.000000
         P(3)       0.000000         0.000000
         Z(1)       0.000000         0.000000
         Z(2)       0.000000         1.000000
         Z(3)      29.25000          0.000000
         X(1)       1.875000         0.000000
         X(2)       3.750000         0.000000
```

第二级的最优偏差仍为0,进行第三级计算。

在第三级的计算中，P(1)、P(2)、P(3)分别为0、0、1，因此将程序的第12行改写为"P=0,0,1;"，或在直接运行时P值分别输入为0,0,1。由于第一级、第二级的偏差均为0，因此，Goal(1)和Goal(2)的值均是0，将程序的第13行改写为"GOAL=0,0,0;"，或在直接运行时分别输入0,0。重新计算的结果如下（只列出相关结果）：

```
Global optimal solution found.
Objective value:                          29.00000
Total solver iterations:                  0
        Variable        Value         Reduced Cost
          P(1)        0.000000          0.000000
          P(2)        0.000000          0.000000
          P(3)        1.000000          0.000000
          Z(1)        0.000000          0.000000
          Z(2)        0.000000         -5.666667
          Z(3)        29.00000          0.000000
          X(1)        2.000000          0.000000
          X(2)        4.000000          0.000000
```

最终计算结果是：$x_1=2, x_2=4$，第三级目标的最优偏差为29。

4.4 目标规划模型的实例

例4.9 已知3个工厂生产的产品供应给4个用户，各工厂生产量、用户需求量及从各工厂到用户的单位产品的运输费用如表4-15所示。

表 4-15

	用户1	用户2	用户3	用户4	生产量
工厂1	5	2	6	7	300
工厂2	3	5	4	6	200
工厂3	4	5	2	3	400
需求量	200	100	450	250	

由于总生产量小于总需求量，上级部门经研究后，制定了调配方案的8项指标，并规定了重要性的次序。

第1目标：用户4为重要部门，需求量必须全部满足。
第2目标：供应用户1的产品中，工厂3的产品不少于100个单位。
第3目标：每个用户的满足率不低于80%。
第4目标：应尽量满足各用户的需求。
第5目标：新方案的总运费不超过原运输问题的调度方案的10%。
第6目标：因道路限制，工厂2到用户4的路线应尽量避免运输任务。
第7目标：用户1和用户3的满足率应尽量保持平衡。
第8目标：力求减少总运费。

请列出相应的目标规划模型,并用 LINGO 程序求解。

解:求解原运输问题。

设 x_{ij} 为工厂 i 调配给用户 j 的运量,由于总生产量小于总需求量,所以原运输问题的数学模型如下:

$$\min \sum_{i=1}^{3}\sum_{j=1}^{4} c_{ij}x_{ij}$$

$$\text{s.t.} \sum_{j=1}^{4} x_{ij} = a_i \quad \forall i$$

$$\sum_{i=1}^{3} x_{ij} \leqslant b_j \quad \forall j$$

$$x_{ij} \geqslant 0$$

用 LINGO 软件求解,其程序如下:

```
MODEL:
 sets:
   Warehouse/1..3/: a;
   Customer/1..4/: b;
   Routes(Warehouse,Customer): c,x;
 endsets
!参数;
 Data:
 a=300 200 400;
 b=200 100 450 250;
 c=5 2 6 7
   3 5 4 6
   4 5 2 3;
 enddata
!目标函数;
 [obj] min=@sum(Routes: c*x);
!供应约束;
 @for(Warehouse(i): @sum(Customer(j): x(i,j))=a(i));
!需求约束;
 @for(Customer(j): @sum(Warehouse(i): x(i,j))<=b(j));
END
```

计算结果如下(只列出非零部分):

```
Global optimal solution found.
Objective value:                            2950.000
Total solver iterations:                           6
           Variable         Value        Reduced Cost
           x(1, 2)        100.0000         0.000000
           x(1, 3)        200.0000         0.000000
           x(2, 1)        200.0000         0.000000
```

x(3, 3)	250.0000	0.000000
x(3, 4)	150.0000	0.000000

得到总运费是 2950 元,运输方案如表 4-16 所示。

表 4-16

	用户 1	用户 2	用户 3	用户 4	生产量
工厂 1		100	200		300
工厂 2	200				200
工厂 3			250	150	400
需求量	200	100	450	250	

从表 4-16 可以看出,上述方案中,第一个目标就不满足,用户 4 的需求量得不到满足。下面按照目标的重要性的等级列出目标规划的约束和目标函数。

(1) 供应约束应严格满足,即

$$\begin{cases} x_{11} + x_{12} + x_{13} + x_{14} = 300 \\ x_{21} + x_{22} + x_{23} + x_{24} = 200 \\ x_{31} + x_{32} + x_{33} + x_{34} = 400 \end{cases}$$

(2) 供应用户 1 的产品中,工厂 3 的产品不少于 100 个单位,即

$$x_{31} + d_1^- - d_1^+ = 100$$

(3) 需求约束。各用户的满足率不低于 80%,即

$$\begin{cases} x_{11} + x_{21} + x_{31} + d_2^- - d_2^+ = 160 \\ x_{12} + x_{22} + x_{32} + d_3^- - d_3^+ = 80 \\ x_{13} + x_{23} + x_{33} + d_4^- - d_4^+ = 360 \\ x_{14} + x_{24} + x_{34} + d_5^- - d_5^+ = 200 \end{cases}$$

(4) 应尽量满足各用户的需求,即

$$\begin{cases} x_{11} + x_{21} + x_{31} + d_6^- - d_6^+ = 200 \\ x_{12} + x_{22} + x_{32} + d_7^- - d_7^+ = 100 \\ x_{13} + x_{23} + x_{33} + d_8^- - d_8^+ = 450 \\ x_{14} + x_{24} + x_{34} + d_9^- - d_9^+ = 250 \end{cases}$$

(5) 新方案的总运费不超过原方案的 10%(原运输方案的运费为 2950 元),即

$$\sum_{i=1}^{3} \sum_{j=1}^{4} c_{ij} x_{ij} + d_{10}^- - d_{10}^+ = 3245$$

(6) 工厂 2 到用户 4 的路线应尽量避免运输任务,即

$$x_{24} + d_{11}^- - d_{11}^+ = 0$$

(7) 用户 1 和用户 3 的满足率应尽量保持平衡,即

$$(x_{11} + x_{21} + x_{31}) - 200/450(x_{13} + x_{23} + x_{33}) + d_{12}^- - d_{12}^+ = 0$$

(8) 力求总运费最少,即

$$\sum_{i=1}^{3} \sum_{j=1}^{4} c_{ij} x_{ij} + d_{13}^- - d_{13}^+ = 2950$$

目标函数为

$$\min Z = P_1 d_9^- + P_2 d_1^- + P_3(d_2^+ + d_3^+ + d_4^+ + d_5^+) + P_4(d_6^- + d_7^- + d_8^- + d_9^-) \\ + P_5 d_{10}^+ + P_6 d_{11}^+ + P_7(d_{12}^- + d_{12}^+) + P_8 d_{13}^+$$

编写相应的 LINGO 程序：

```
MODEL:
SETS:
  LEVEL/1..8/: P,Z,GOAL;
  S_CON_NUM/1..13/: G,DPLUS,DMINUS;
  PLANT/1..3/: A;
  CUSTOMER/1..4/: B;
  ROUTES(PLANT,CUSTOMER): C,X;
ENDSETS
  DATA:
  P=? ? ? ? ? ? ? ?;
  GOAL=? ? ? ? ? ? ? 0;
  A= 300 200 400;
   B= 200 100 450 250;
   C= 5 2 6 7
      3 5 4 6
      4 5 2 3;
ENDDATA
  MIN=@SUM(LEVEL: P*Z);
Z(1)=DMINUS(9);
Z(2)=DMINUS(1);
Z(3)=DMINUS(2)+DMINUS(3)+DMINUS(4)+DMINUS(5);
Z(4)=DMINUS(6)+DMINUS(7)+DMINUS(8)+DMINUS(9);
Z(5)=DPLUS(10);
Z(6)=DPLUS(11);
Z(7)=DMINUS(12)+DPLUS(12);
Z(8)=DPLUS(13);
@FOR(PLANT(I): @SUM(CUSTOMER(J): X(I,J))=A(I));
X(3,1)+DMINUS(1)-DPLUS(1)=100;
@FOR(CUSTOMER(J): @SUM(PLANT(I): X(I,J))
     +DMINUS(1+J)-DPLUS(1+J)=0.8*B(J));
@FOR(CUSTOMER(J): @SUM(PLANT(I): X(I,J))
     +DMINUS(5+J)-DPLUS(5+J)=B(J));
@SUM(ROUTES: C*X)+DMINUS(10)-DPLUS(10)=3245;
X(2,4)+DMINUS(11)-DPLUS(11)=0;
@SUM(PLANT(I): X(I,1))-20/45*@SUM(PLANT(I):
     X(I,3))+DMINUS(12)-DPLUS(12)=0;
@SUM(ROUTES: C*X)+DMINUS(13)-DPLUS(13)=2950;
@FOR(LEVEL(I)|I #LT# @SIZE(LEVEL): @BND(0,Z(I),GOAL(I)));
END
```

第 1 次运算时,将 P 和 GOAL 的值分别为

P=1, 0, 0, 0, 0, 0, 0, 0;
GOAL= 999, 999, 999, 999, 999, 999, 999, 0;

计算结果如下:

```
Global optimal solution found.
Objective value:                    0.000000
Total solver iterations:                  13
        Variable          Value      Reduced Cost
        X(1, 1)        160.0000         0.000000
        X(1, 2)        100.0000         0.000000
        X(1, 3)        0.000000         0.000000
        X(1, 4)        10.00000         0.000000
        X(2, 1)        0.000000         0.000000
        X(2, 2)        0.000000         0.000000
        X(2, 3)        0.000000         0.000000
        X(2, 4)        200.0000         0.000000
        X(3, 1)        0.000000         0.000000
        X(3, 2)        0.000000         0.000000
        X(3, 3)        360.0000         0.000000
        X(3, 4)        40.00000         0.000000
```

因为最优目标函数值等于 0,因此第 1 级目标得到实现,在第 2 次运行时:

P=0, 1, 0, 0, 0, 0, 0, 0;
GOAL=0, 999, 999, 999, 999, 999, 999, 0;

运行的结果为

```
Global optimal solution found.
Objective value:                    0.000000
Total solver iterations:                  11
        Variable          Value      Reduced Cost
        X(1, 1)        60.00000         0.000000
        X(1, 2)        100.0000         0.000000
        X(1, 3)        60.00000         0.000000
        X(1, 4)        50.00000         0.000000
        X(2, 1)        0.000000         0.000000
        X(2, 2)        0.000000         0.000000
        X(2, 3)        0.000000         0.000000
        X(2, 4)        200.0000         0.000000
        X(3, 1)        100.0000         0.000000
        X(3, 2)        0.000000         0.000000
        X(3, 3)        300.0000         0.000000
        X(3, 4)        0.000000         0.000000
```

同样,从最优目标函数值为 0 可以看出,第 2 级目标得到实现。第 3 次运行时:

P=0, 0, 1, 0, 0, 0, 0, 0;
GOAL=0, 0, 999, 999, 999, 999, 999, 0;

计算结果为

```
Global optimal solution found.
Objective value:                        0.000000
Total solver iterations:                      14
        Variable          Value        Reduced Cost
        X(1, 1)          60.00000       0.000000
        X(1, 2)           0.000000      0.000000
        X(1, 3)         190.0000        0.000000
        X(1, 4)           0.000000      0.000000
        X(2, 1)           0.000000      0.000000
        X(2, 2)          80.00000       0.000000
        X(2, 3)           0.000000      0.000000
        X(2, 4)         120.0000        0.000000
        X(3, 1)         100.0000        0.000000
        X(3, 2)           0.000000      0.000000
        X(3, 3)         170.0000        0.000000
        X(3, 4)         130.0000        0.000000
```

第 4 次运行结果(P=0, 0, 0, 1, 0, 0, 0, 0; GOAL=0, 0, 0, 999, 999, 999, 999, 0):

```
Global optimal solution found.
Objective value:                      100.0000
Total solver iterations:                    14
        Variable          Value        Reduced Cost
        X(1, 1)          90.00000       0.000000
        X(1, 2)         100.0000        0.000000
        X(1, 3)          60.00000       0.000000
        X(1, 4)          50.00000       0.000000
        X(2, 1)           0.000000      0.000000
        X(2, 2)           0.000000      0.000000
        X(2, 3)           0.000000      0.000000
        X(2, 4)         200.0000        0.000000
        X(3, 1)         100.0000        0.000000
        X(3, 2)           0.000000      0.000000
        X(3, 3)         300.0000        0.000000
        X(3, 4)           0.000000      0.000000
```

从以上的结果来看,由于最优目标函数值为 100,而不是 0,因此第 4 级目标未能实现。因此,在进行第 5 次运算时,P 和 GOAL 的值分别为

P=0 0 0 0 1 0 0 0;
GOAL=0 0 0 100 999 999 999 0;

运行结果为

```
Global optimal solution found.
Objective value:                           115.0000
Total solver iterations:                   17
        Variable        Value          Reduced Cost
        X(1, 1)         0.000000       0.000000
        X(1, 2)         100.0000       0.000000
        X(1, 3)         200.0000       0.000000
        X(1, 4)         0.000000       0.000000
        X(2, 1)         90.00000       0.000000
        X(2, 2)         0.000000       5.000000
        X(2, 3)         110.0000       0.000000
        X(2, 4)         0.000000       1.000000
        X(3, 1)         100.0000       0.000000
        X(3, 2)         0.000000       7.000000
        X(3, 3)         50.00000       0.000000
        X(3, 4)         250.0000       0.000000
```

第 6 次运行结果(P＝0 0 0 0 0 1 0 0；GOAL＝0 0 0 100 115 999 999 0)：

```
Global optimal solution found.
Objective value:                           0.000000
Total solver iterations:                   22
        Variable        Value          Reduced Cost
        X(1, 1)         0.000000       0.000000
        X(1, 2)         100.0000       0.000000
        X(1, 3)         0.000000       0.000000
        X(1, 4)         200.0000       0.000000
        X(2, 1)         90.00000       0.000000
        X(2, 2)         0.000000       0.000000
        X(2, 3)         110.0000       0.000000
        X(2, 4)         0.000000       1.000000
        X(3, 1)         100.0000       0.000000
        X(3, 2)         0.000000       0.000000
        X(3, 3)         250.0000       0.000000
        X(3, 4)         50.00000       0.000000
```

第 7 次运行结果(P＝0 0 0 0 0 0 1 0；GOAL＝0 0 0 100 115 0 999 0)：

```
Global optimal solution found.
Objective value:                           30.00000
Total solver iterations:                   23
        Variable        Value          Reduced Cost
        X(1, 1)         0.000000       0.000000
        X(1, 2)         100.0000       0.000000
        X(1, 3)         0.000000       0.000000
```

X(1, 4)	200.0000	0.000000
X(2, 1)	90.00000	0.000000
X(2, 2)	0.000000	7.222222
X(2, 3)	110.0000	0.000000
X(2, 4)	0.000000	1.444444
X(3, 1)	100.0000	0.000000
X(3, 2)	0.000000	10.11111
X(3, 3)	250.0000	0.000000
X(3, 4)	50.00000	0.000000

第 8 次运行结果(P=0 0 0 0 0 0 0 1；GOAL=0 0 0 100 115 0 30 0)：

```
Global optimal solution found.
Objective value:                                410.0000
Total solver iterations:                        20
```

Variable	Value	Reduced Cost
X(1, 1)	0.000000	0.000000
X(1, 2)	100.0000	0.000000
X(1, 3)	0.000000	0.000000
X(1, 4)	200.0000	0.000000
X(2, 1)	90.00000	0.000000
X(2, 2)	0.000000	5.000000
X(2, 3)	110.0000	0.000000
X(2, 4)	0.000000	1.000000
X(3, 1)	100.0000	0.000000
X(3, 2)	0.000000	7.000000
X(3, 3)	250.0000	0.000000
X(3, 4)	50.00000	0.000000

经以上 8 次计算，得到最终的计算结果如表 4-17 所示。计算得到总运费为 3360 元，比原运费高 410 元，超过原方案 10% 的上限 115 元。

表 4-17

	用户 1	用户 2	用户 3	用户 4	生产量
工厂 1		100		200	300
工厂 2	90		110		200
工厂 3	100		250	50	400
实际运量	190	100	360	250	
需求量	200	100	450	250	

*4.5 求解目标线性规划的逐步法和妥协约束法

当所有目标函数及约束条件均为线性时，多目标线性规划问题还可有些特殊的解法。特别是 Zeleny 等将解线性规划的单纯形法给予适当修正后用来解多目标线性规划问题，或把多目标线性规划问题化成单目标线性规划问题后求解。以下介绍两种方法。

4.5.1 逐步法

逐步法(STEM)是一种迭代法,在求解过程中,每进行一步,分析者把计算结果告诉决策者,决策者对计算结果作出评价。若认为已满意了,则迭代停止;否则,分析者再根据决策者的意见进行修正和再计算,如此直到求得决策者认为满意的解为止,故称此法为**逐步进行法**或**对话式方法**。

设有 k 个目标的线性规划问题

$$\max_{x \in R} Cx$$

其中,$R = \{x \mid Ax \leqslant b, x \geqslant 0\}$,$A$ 为 $m \times n$ 矩阵,C 为 $k \times n$ 矩阵,也可表示为

$$C = \begin{bmatrix} c^1 \\ \vdots \\ c^k \end{bmatrix} = \begin{bmatrix} c_1^1, c_2^1, \cdots, c_n^1 \\ \cdots \\ c_1^k, c_2^k, \cdots, c_n^k \end{bmatrix}$$

求解步骤如下。

第1步:分别求解 k 个单目标线性规划问题。

$$\max_{x \in R} c^j x, \quad j = 1, 2, \cdots, k$$

得到最优解 $x^{(j)}, j = 1, 2, \cdots, k$,及相应的目标函数值 $c^j x^{(j)} = \max_{x \in R} c^j x$。

做表 $Z = (z_i^j)$,如表 4-18 所示,其中 $z_i^j = c_i x^{(i)}$,$z_j^j = \max_{x \in R} c^j x = c^j x^{(j)} = M_j$。

表 4-18

	z_1	$\cdots$	z_k
$x^{(1)}$	z_1^1	$\cdots$	z_k^1
$\vdots$	$\vdots$	$\vdots$	$\vdots$
$x^{(k)}$	z_1^k	$\cdots$	z_k^k
M_j	z_1^1	$\cdots$	z_k^k

第2步:求权系数。

从表 4-18 中可以得到 M_j 及 $m_j = \min_{1 \leqslant i \leqslant k} z_i^j, j = 1, 2, \cdots, k$。

为了找出目标值的相对偏差以及消除不同目标值的量纲不同问题,进行如下处理:

当 $M_j > 0$ 时,$a_j = \dfrac{M_j - m_j}{m_j} \times \dfrac{1}{\sqrt{\sum_{i=1}^{n}(c_i^j)^2}}$;

当 $M_j < 0$ 时,$a_j = \dfrac{m_j - M_j}{M_j} \times \dfrac{1}{\sqrt{\sum_{i=1}^{n}(c_i^j)^2}}$。

经归一化后,得权系数

$$\pi_j = a_j / (a_1 + \cdots + a_k), \quad 0 \leqslant \pi_j \leqslant 1, \quad j = 1, 2, \cdots, k$$

第3步:构造以下线性规划问题并求解。

$$\text{LP(1)} \begin{cases} \min \lambda \\ \lambda \geqslant (M_i - c^i x)\pi_i, \quad i=1,\cdots,k \\ x \in R, \quad \lambda \geqslant 0 \end{cases}$$

假定求得的解为 $\overline{x}^{(1)}$，相应的 k 个目标值为 $c^1 \overline{x}^{(1)}, c^2 \overline{x}^{(1)}, \cdots, c^k \overline{x}^{(1)}$，若 $x^{(1)}$ 为决策者的理想解，其相应的 k 各目标值为 $c^1 x^{(1)}$、$c^2 x^{(1)}$、$\cdots$、$c^k x^{(1)}$。这时，决策者将 $\overline{x}^{(1)}$ 的目标值进行比较后，认为满意了就可以停止计算，若认为相差太远则考虑适当修正。如考虑对第 j 个目标宽容一下，即让点步，则减少或增加一个 Δc^j，并将约束集 R 修改为

$$R^1 \begin{cases} c^j x \geqslant c^j \overline{x}^{(1)} - \Delta c^j \\ c^i x \geqslant c^i \overline{x}^{(1)} \quad i \neq j \\ x \in R \end{cases}$$

并令第 j 个目标的权系数 $\pi_j = 0$，这表示降低这个目标的要求。再求解以下线性规划问题：

$$\text{LP(2)} \begin{cases} \min \lambda \\ \lambda \geqslant (M_i - c^i x)\pi_i, \quad i=1,\cdots,k, i \neq j \\ x \in R^1, \quad \lambda \geqslant 0 \end{cases}$$

若求得的解为 $\overline{x}^{(2)}$，再与决策者对话，如此重复，直到决策者满意为止。

例 4.10 求解以下多目标线性规划问题：

$$\max z_1 = 100x_1 + 90x_2 + 80x_3 + 70x_4$$
$$\min z_2 = 3x_2 + 2x_4$$

$$R: \begin{cases} x_1 + x_2 \geqslant 30 \\ x_3 + x_4 \geqslant 30 \\ 3x_1 + 2x_3 \leqslant 120 \\ 3x_2 + 2x_4 \leqslant 48 \\ x_i \geqslant 0, i = 1 \sim 4 \end{cases}$$

解：先将第 2 个目标转化为求最大值问题 $\max w_2 = -3x_2 - 2x_4$。

第 1 步：求理想解。分别求解两个单目标线性规划问题，LINGO 程序清单及求解结果如下。

(1) 求解第 1 个单目标线性规划问题。

程序清单：

max=100 * x1+90 * x2+80 * x3+70 * x4;
x1+x2>=30;
x3+x4>=30;
3 * x1+2 * x3<=120;
3 * x2+2 * x4<=48;

运算结果：

Global optimal solution found.
Objective value: 5960.000
Total solver iterations: 5

Variable	Value	Reduced Cost
x1	14.00000	0.000000
x2	16.00000	0.000000
x3	39.00000	0.000000
x4	0.000000	3.333333

所以，$x^{(1)}=(14,16,39,0)^T$，相应的目标值 $z_1^1=5960$，可求得 $w_2^1=-48$，即 $z_2^1=48$。

(2) 求解第 2 个单目标线性规划问题。

程序清单：

```
max=-3*x2-2*x4;
x1+x2>=30;
x3+x4>=30;
3*x1+2*x3<=120;
3*x2+2*x4<=48;
```

运算结果：

```
Global optimal solution found.
Objective value:                -30.00000
Total solver iterations:              3
```

Variable	Value	Reduced Cost
x2	10.00000	0.000000
x4	0.000000	0.000000
x1	20.00000	0.000000
x3	30.00000	0.000000

即 $x^{(2)}=(20,10,30,0)^T$，相应的目标值 $w_2^2=-30$，即 $z_2^2=30$，可求得 $z_1^2=5300$。

第 2 步：作 Z 和求权系数表，如表 4-19 所示。

表 4-19

	z_1	z_2
$x^{(1)}$	5960	−48
$x^{(2)}$	5300	−30
M_j	5960	−30

用表中 Z 的数据，可计算得到 $a_1=0.000645$，$a_2=0.1664$。于是求得权系数 $\pi_1=0.00387$，$\pi_2=0.99613$。

第 3 步：求解以下线性规划问题。

$$\text{LP}(1)\begin{cases} \min \lambda \\ \lambda \geqslant 0.00387[5960-(100x_1+90x_2+80x_3+70x_4)] \\ \lambda \geqslant 0.99613(3x_2+2x_4-30) \\ x \in R, \lambda \geqslant 0 \end{cases}$$

求解 LP(1) 的 LINGO 程序清单：

```
min=lmd;
lmd>=0.00387*(5960-(100*x1+90*x2+80*x3+70*x4));
lmd>=0.99613*(3*x2+2*x4-30);
x1+x2>=30;
x3+x4>=30;
3*x1+2*x3<=120;
3*x2+2*x4<=48;
```

运算结果：

```
Global optimal solution found.
Objective value:                    2.235719
Total solver iterations:                   6
         Variable       Value      Reduced Cost
         LMD           2.235719      0.000000
         x1           19.25187       0.000000
         x2           10.74813       0.000000
         x3           31.12220       0.000000
         x4            0.000000      0.1129151E-01
```

由此可得整数近似解为 $\overline{x}^{(1)} = (19, 11, 31, 0)^T$，相应的目标值为 $\overline{z_1^1} = 5370, \overline{w_2^1} = -33$，即 $\overline{z_2^1} = 33$。

第4步：对话再计算。分析者把计算结果告诉决策者，决策者将此结果与理想值 $(z_1^1, z_2^2) = (5960, 30)$ 进行比较，认为求得的 $\overline{z_2^2} = 33$ 已接近理想值 $z_2^2 = 30$ 了，而 $\overline{z_1^1} = 5370$ 低于理想值 5960 太多。决策者要求提高 z_1 的值，为此他提出将 z_2 提高到 36，以便使 z_1 增大。这时分析者根据决策者的要求，将原约束条件修改为 R^1。

$$R^1 \begin{cases} c^2 x \leqslant 36 \\ c^1 x \geqslant 5370 \\ x \in R \end{cases}$$

因为将第2个目标值的要求放宽了，故权系数 $\pi_2 = 0$，于是有线性规划问题：

$$\text{LP(2)} \begin{cases} \min \lambda \\ \lambda \geqslant 5960 - (100x_1 + 90x_2 + 80x_3 + 70x_4) \\ x \in R^1 \end{cases}$$

求解 LP(2) 的 LINGO 程序清单：

```
min=lmd;
lmd>=5960-(100*x1+90*x2+80*x3+70*x4);
3*x2+2*x4<=36;
100*x1+90*x2+80*x3+70*x4>=5370;
x1+x2>=30;
x3+x4>=30;
3*x1+2*x3<=120;
3*x2+2*x4<=48;
```

运算结果：

```
Global optimal solution found.
Objective value:                           440.0000
Total solver iterations:                          8
            Variable        Value       Reduced Cost
                 LMD     440.0000           0.000000
                  x1     18.00000           0.000000
                  x2     12.00000           0.000000
                  x3     33.00000           0.000000
                  x4     0.000000           3.333333
```

从以上结果可以得到，$\bar{x}^{(2)}=(18,12,33,0)^{\mathrm{T}}$，计算得相应的目标值为$\overline{z_1^2}=5520$，$\overline{z_2^2}=36$。若此时决策者对此结果表示满意，即可停止计算。

4.5.2 妥协约束法

设有两个目标的情况，即 $k=2$

$$\max_{x \in R} Cx$$

其中，$R=\{x|Ax \leqslant b, x \geqslant 0\}$，$A$ 为 $m \times n$ 矩阵，$x \in E^m$，$b \in E^m$，

$$C = \begin{bmatrix} c^1 \\ c^2 \end{bmatrix} = \begin{bmatrix} c_1^1, c_2^1, \cdots, c_n^1 \\ c_1^2, c_2^2, \cdots, c_n^2 \end{bmatrix}$$

此方法的核心是引进一个新的超目标函数 $z = w_1 c^1 x + w_2 c^2 x$，其中 w_1、w_2 为权系数，$w_1 + w_2 = 1$，且 $w_1, w_2 \geqslant 0$。此外，构造一个妥协约束：

$$R^1: \begin{cases} w_1(c^1 x - z_1^1) - w_2(c^2 x - z_2^2) = 0 \\ x \in R \end{cases}$$

z_1^1、z_2^2 分别为 $c^1 x$、$c^2 x$ 的最大值（当 $x \in R$）。求解的具体步骤如下。

第1步：解线性规划问题 $\max_{x \in R} c^1 x$，得到最优解 $x^{(1)}$ 及相应的目标函数值 z_1^1。

第2步：解线性规划问题 $\max_{x \in R} c^2 x$，得到最优解 $x^{(2)}$ 及相应的目标函数值 z_2^2。

在具体求解时可以先用 $x^{(1)}$ 试一试，看是否是 $\max_{x \in R} c^2 x$ 的最优解，若是，则此问题已找到完全最优解，停止计算；若不是，则求 $x^{(2)}$ 及相应的目标函数值 z_2^2。

第3步：解下面3个线性规划问题之一。

$$\max_{x \in R^1} z, \quad \max_{x \in R^1} c^1 x, \quad \max_{x \in R^1} c^2 x$$

得到的解为妥协解。

例4.11 求解以下多目标线性规划问题。

$$\max z_1 = 3x_1 + x_2$$
$$\max z_2 = x_1 + 2x_2$$
$$R \begin{cases} x_1 + x_2 \leqslant 7 \\ x_1 \leqslant 5 \\ x_2 \leqslant 5 \\ x_1, x_2 \geqslant 0 \end{cases}$$

解：分别求解两个单目标线性规划问题，得到 $\boldsymbol{x}^{(1)}=(5,2)^{\mathrm{T}}$，$z_1^1=17$，$\boldsymbol{x}^{(2)}=(2,5)^{\mathrm{T}}$，$z_2^2=12$。若取 $w_1=w_2=0.5$，表示等权妥协，则有超目标函数：

$$z=0.5(3x_1+x_2)+0.5(x_1+2x_2)=2x_1+1.5x_2$$

妥协约束 $\boldsymbol{R}^1$：

$$0.5(3x_1+x_2-17)-0.5(x_1+2x_2-12)=0$$

即

$$\boldsymbol{R}^1:\begin{cases} x_1-0.5x_2=2.5 \\ \boldsymbol{x}\in\boldsymbol{R}\end{cases}$$

求解单目标规划问题 $\max\limits_{\boldsymbol{x}\in\boldsymbol{R}^1} z$，可得妥协解 $\bar{\boldsymbol{x}}=(4,3)^{\mathrm{T}}$。$w_1$、$w_2$ 的取值可由决策者决定，这时可有不同的解。

*4.6 数据包络分析

数据包络分析（Data Envelopment Analysis，DEA）是运筹学、管理科学与数理经济学交叉研究的一个新领域。它是根据多项投入指标和多项产出指标，利用线性规划的方法，对具有可比性的同类型单位进行相对有效性评价的一种数量分析方法。DEA 方法及其模型自 1978 年由美国著名运筹学家 A. Charnes 和 W. W. Cooper 提出以来，已广泛应用于不同行业及部门，并且在处理多指标投入和多指标产出方面体现了其得天独厚的优势。

4.6.1 数据包络分析的基本概念

1. 相对有效评价问题

例 4.12（多指标评价问题） 某市教委需要对 6 所重点中学进行评价，其相应的指标如表 4-20 所示。表中的生均投入和非低收入家庭百分比是输入指标，生均写作得分和生均科技得分是输出指标。请根据这些指标，评价哪些学校是相对有效的。

表 4-20

学校	A	B	C	D	E	F
生均投入/(百元/年)	89.39	86.25	108.13	106.38	62.40	47.19
非低收入家庭百分比/%	64.3	99	99.6	96	96.2	79.9
生均写作得分/分	25.2	28.2	29.4	26.4	27.2	25.2
生均科技得分/分	223	287	317	291	295	222

为求解例 4.12，先对表 4-20 做简单分析。

学校 C 的两项输出指标都是最高的，达到 29.4 分和 317 分，应该说，学校 C 是最有效的。但从另一方面说，对它的投入也是最高的，达到 108.13 和 99.6。因此，它的效率也可能是最低的。究竟如何评价这 6 所学校呢？这还需要仔细地分析。

这是一个多指标输入和多指标输出的问题，对于这类评价问题，A. Charnes、W. W. Cooper 和 E. Rhodes 建立了评价决策单元相对有效性的 C^2R 模型。

2. 数据包络分析的基本概念

假设有 n 个部门或单位(称为决策单元,Decision Making Units),这 n 个单元都具有可比性。每个单元有 m 个输入变量和 s 个输出变量,如表 4-21 所示。

表 4-21

		1	2	⋯	j	⋯	n		
v_1	1 →	x_{11}	x_{12}	⋯	x_{1j}	⋯	x_{1n}		
v_2	2 →	x_{21}	x_{22}	⋯	x_{2j}	⋯	x_{2n}		
⋮	⋮	⋮	⋮		⋮		⋮		
v_m	m →	x_{m1}	x_{m2}	⋯	x_{mj}	⋯	x_{mn}		
		y_{11}	y_{12}	⋯	y_{1j}	⋯	y_{1n}	→ 1	u_1
		y_{21}	y_{22}	⋯	y_{2j}	⋯	y_{2n}	→ 2	u_2
		⋮	⋮		⋮		⋮	⋮	⋮
		y_{s1}	y_{s2}	⋯	y_{sj}	⋯	y_{sn}	→ s	u_s

在表 4-21 中,$x_{ij}(i=1,2,\cdots,m, j=1,2,\cdots,n)$ 表示第 j 个决策单元对第 i 种输入的投入量,并且满足 $x_{ij}>0$;$y_{rj}(r=1,2,\cdots,s, j=1,2,\cdots,n)$ 表示第 j 个决策单元对第 r 种输出的产出量,并且满足 $y_{rj}>0$;$v_i(i=1,2,\cdots,m)$ 表示第 i 种输入的一种度量(或称为权),$u_r(r=1,2,\cdots,s)$ 表示第 r 种输出的一种度量(或称为权)。

将表 4-21 中的元素写成向量形式,如表 4-22 所示。

表 4-22

	1	2	⋯	j	⋯	n	
v →	X_1	X_2	⋯	X_j	⋯	X_n	
	Y_1	Y_2	⋯	Y_j	⋯	Y_n	→ u

在表 4-22 中,$X_j, Y_j(j=1,2,\cdots,n)$ 分别为决策单元 j 的输入、输出向量,$v、u$ 分别为输入、输出权重。

4.6.2 C^2R 模型

1. 引例

考查某种燃烧装置的燃烧比。设 Y_R 是给定 X 个单位煤产生热量的理想值,设 Y_r 是某种燃烧装置燃烧 X 个单位煤所产生热量的实际值,则燃烧装置的燃烧比(相对评价指数) E_r 为

$$E_r = Y_r/Y_R \tag{4-6}$$

显然有 $Y_r \leqslant Y_R$,即 $0 \leqslant E_r \leqslant 1$。

现在用 C^2R 模型的方法推导出式(4-6)。考虑优化问题:

$$\max V_P = \frac{uY_r}{vX} \tag{4-7}$$

$$\text{s. t.} \quad \frac{uY_R}{vX} \leqslant 1 \tag{4-8}$$

$$\frac{uY_r}{vX} \leqslant 1 \quad (4\text{-}9)$$

$$u, v \geqslant 0 \quad (4\text{-}10)$$

其中，u、v 是权重，其目的是使约束式(4-8)~(4-9)成立。

设 $(\bar{u},\bar{v})$ 是优化问题(4-7)~(4-10)的最优解。由于 $Y_r \leqslant Y_R$，以及

$$\frac{\bar{u}Y_R}{\bar{v}X} \leqslant 1$$

得到

$$\frac{\bar{u}}{\bar{v}} \leqslant \frac{X}{Y_R} \leqslant 1$$

因此，优化问题(4-7)~(4-10)的最优解 $(\bar{u},\bar{v})$ 满足

$$\frac{\bar{u}}{\bar{v}} = \frac{X}{Y_R}$$

其最优目标值为

$$V_P = \frac{\bar{u}Y_r}{\bar{v}X} = \frac{X}{Y_R} \times \frac{Y_r}{X} = \frac{Y_r}{Y_R} = E_r$$

即燃烧装置的燃烧相对评价指数。

2. C^2R 模型

类似上面的讨论，对于表 4-22 所给出的数据，设

$$h_j = \frac{\boldsymbol{u}^T \boldsymbol{Y}_j}{\boldsymbol{v}^T \boldsymbol{X}_j}, \quad j = 1, 2, \cdots, n$$

为第 j 个决策单元的评价指数。总可以选择适当的权系数 $\boldsymbol{u}$、$\boldsymbol{v}$ 使得

$$h_j \leqslant 1, \quad j = 1, 2, \cdots, n \quad (4\text{-}11)$$

第 j 个决策单元的评价指数 h_j 的意义是：在权系数 $\boldsymbol{u}$、$\boldsymbol{v}$ 下，投入为 $\boldsymbol{v}^T \boldsymbol{X}_j$，产出为 $\boldsymbol{u}^T \boldsymbol{Y}_j$ 的投入产出比。

按引例的讨论方式，我们需要考虑某个决策单元 j_0 的效率评价指数 h_{j_0} 为目标在约束(4-11)的最大值，即分式线性规划

$$\max V_P = \frac{\boldsymbol{u}^T \boldsymbol{Y}_{j0}}{\boldsymbol{v}^T \boldsymbol{X}_{j0}} \quad (4\text{-}12)$$

$$\text{s.t.} \ \frac{\boldsymbol{u}^T \boldsymbol{Y}_j}{\boldsymbol{v}^T \boldsymbol{X}_j} \leqslant 1, \quad j = 1, 2, \cdots, n \quad (4\text{-}13)$$

$$\boldsymbol{u}, \boldsymbol{v} \geqslant \boldsymbol{0} \quad (4\text{-}14)$$

称上述模型为 C^2R 模型。

4.6.3 数据包络分析的求解

1. C^2R 模型的等价模型

为了便于计算，引进一个变换，将分式线性规划模型(4-12)~(4-14)化为等价的线性规划模型：

$$\max V_{C^2R} = \mu^T Y_{j_0} \qquad (4\text{-}15)$$
$$\text{s.t.} \quad \omega^T X_j - \mu^T Y_j \geqslant 0, \quad j=1,2,\cdots,n \qquad (4\text{-}16)$$
$$\omega^T X_{j_0} = 1 \qquad (4\text{-}17)$$
$$\omega, \mu \geqslant 0 \qquad (4\text{-}18)$$

对于 C^2R 模型(4-15)～(4-18)有如下定义。

定义 4.1（弱 DEA 有效） 若线性规划(4-15)～(4-18)问题的最优目标值
$$V_{C^2R} = 1$$
则称决策单元 j_0 是弱 DEA 有效的。

定义 4.2（DEA 有效） 若线性规划(4-15)～(4-18)问题存在最优解 $\omega_0 > 0, \mu_0 > 0$，并且其最优目标值
$$V_{C^2R} = 1$$
则称决策单元 j_0 是 DEA 有效的。

从上述定义可以看出，DEA 有效是指那些决策单元，它们的投入产出比达到最大。因此，可以用 DEA 来对决策单元进行评价。

2. C^2R 模型的求解

从上面的分析可以看到，求解 C^2R 模型，需要求解若干个线性规划，这一点可以用 LINGO 软件完成。类似于目标规划的讨论，可以编写一个通用的 LINGO 模型来完成这项工作。

例 4.13 （继例 4.12）运用 C^2R 模型(4-15)～(4-18)求解例 4.12。

解：按照 C^2R 模型写出相应的 LINGO 程序：

```
MODEL:
sets:
DMU/1..6/: S,T,P;
II/1..2/: OMEGA;
OI/1..2/: MIU;
IV(II,DMU): X;
OV(OI,DMU): Y;
endsets
data:
P=?;
X=89.39, 86.25, 108.13, 106.38, 62.40, 47.19
  64.3, 99, 99.6, 96, 96.2, 79.9;
Y=25.2, 28.2, 29.4, 26.4, 27.2, 25.2
  223, 287, 317, 291, 295, 222;
enddata
  max=@sum(DMU: P*T);
  @for(DMU(j):   S(j)=@SUM(II(i): OMEGA(i)*X(i,j));
       T(j)=@SUM(OI(I): MIU(i)*Y(i,j));
       S(j)>=T(j));
```

```
@SUM(DMU:  P * S)=1;
END
```

在上述程序中,P 的值分别取 $(1,0,0,0,0,0),(0,1,0,0,0,0),\cdots,(0,0,0,0,0,1)$,经过 6 次计算,得到 6 个最优目标值:

$$1, 0.9096132, 0.9635345, 0.9143053, 1, 1$$

并且对于学校 A(决策单元 1)有 $\omega_2>0,\mu_1>0$,对于学校 E(决策单元 5)有 $\omega_1>0,\mu_2>0$,对于学校 F(决策单元 6)有 $\omega_1>0,\mu_1>0$。因此,学校 A、E、F 是 DEA 有效的。

*4.7 层次分析法

层次分析法(Analytical Hierarchy Process)由美国著名运筹学家萨蒂(T. L. Saaty)于 1982 年提出,它综合了人们主观判断,是一种简明、实用的定性分析与定量分析相结合的系统分析与评价的方法。目前,该方法在国内已得到广泛的推广应用,广泛应用于能源问题分析、科技成果评比、地区经济发展方案比较,尤其是投入产出分析、资源分配、方案选择及评比等方面。它既是一种系统分析的好方法,也是一种新的、简洁的、实用的决策方法。

4.7.1 层次分析法的基本原理

人们在日常生活中经常要从一堆同样大小的物品中挑选出最重的物品。这时,一般是利用两两比较的方法来达到目的。假设有 n 个物品,其真实质量用 $w_1、w_2、\cdots、w_n$ 表示。要想知道 $w_1、w_2、\cdots、w_n$ 的值,最简单的方法就是用秤称出它们的质量,但如果没有秤,可以将几个物品两两比较,得到它们的质量比矩阵 A。

$$A = \begin{bmatrix} w_1/w_1 & w_1/w_2 & \cdots & w_1/w_n \\ w_2/w_1 & w_2/w_2 & \cdots & w_2/w_n \\ \vdots & \vdots & \vdots & \vdots \\ w_n/w_1 & w_n/w_2 & \cdots & w_n/w_n \end{bmatrix}$$

如果用物品质量向量 $W=[w_1,w_2,\cdots,w_n]^T$ 右乘矩阵 A,则有:

$$AW = \begin{bmatrix} w_1/w_1 & w_1/w_2 & \cdots & w_1/w_n \\ w_2/w_1 & w_2/w_2 & \cdots & w_2/w_n \\ \vdots & \vdots & \vdots & \vdots \\ w_n/w_1 & w_n/w_2 & \cdots & w_n/w_n \end{bmatrix} \begin{bmatrix} w_1 \\ w_2 \\ \vdots \\ w_n \end{bmatrix} = \begin{bmatrix} nw_1 \\ nw_2 \\ \vdots \\ nw_n \end{bmatrix} = nW$$

由上式可知,n 是 A 的特征值,W 是 A 的特征向量。根据矩阵理论,n 是矩阵 A 的唯一非零解,也是最大的特征值。这就提示我们,可以利用求物品质量比判断矩阵的特征向量的方法来求得物品真实的质量向量 W,从而确定最重的物品。将上述 n 个物品代表 n 个指标(要素),物品的质量向量就表示各指标(要素)的相对重要性向量,即权重向量;可以通过两两因素的比较,建立判断矩阵,再求出其特征向量就可确定哪个因素最重要。以此类推,如果 n 个物品代表 n 种方案,按照这种方法,就可以确定哪个方案最有价值。应用层次分析法进行系统评价的主要步骤如下。

(1) 对构成评价系统的目的、评价指标(准则)及替代方案等要素建立多级递阶的层次结构模型。

(2) 对同属一级的要素以上一级的要素为准则进行两两比较,根据评价尺度确定其相对重要度,据此建立判断矩阵 A。

(3) 计算判断矩阵的特征向量以确定各要素的相对重要度。

(4) 最后通过综合重要度的计算,对各种方案要素进行排序,从而为决策提供依据。

4.7.2 多级递阶的层次结构

用层次分析法进行系统分析,首先要把问题层次化。根据问题的性质和想要达到的总目标,将问题分解为不同的组成因素,并按照因素间的相互关联影响以及隶属关系,将因素按不同层次聚集组合,形成一个多层次的分析结构模型。

例 4.14 某配送中心的设计中要对某类物流装备进行决策,现初步选定 3 种设备配套方案,应用层次分析法对优先考虑的方案进行排序。

解:对设备方案的判断主要可以从设备的功能、成本、维护性三方面进行评价。当然,如何评价功能、维护性等,还会用更细一级的指标来衡量。这里为分析的简便,省略了更详细的指标。这样,可建立对设备方案进行比较的层次分析结构图,如图 4-5 所示。

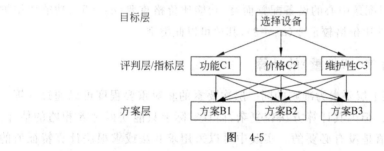

图 4-5

图中的最高层是目标层,表示解决问题的目的,即层次分析要达到的总目标。

中间层包括评判层和指标层(这里省略了指标层),表示采取某一方案来实现预定总目标所涉及的中间环节,即选择每一种设备方案,都要以价格、功能、维护性 3 种指标来评价,无论是价格、功能和维护性都与 3 种设备方案有关。

最底层是方案层,表示要选用的解决问题的各种措施、策略、方案等。这里有 3 个备选方案。

在排序计算中,每一层次的要素相对上一层次某一要素的单排序问题,又可简化为一系列成对因素的判断比较。从最上层要素开始,依次以上层要素为依据,对下一层要素两两比较,建立判断矩阵。

4.7.3 判断矩阵

判断矩阵是层次分析法的基本信息,也是进行权重计算的重要依据。

如上所述,判断矩阵 A 中元素 a_{ij} 表示要素 i 与要素 j 相对重要度之比,且有下述关系:
$$a_{ij} = 1/a_{ji} \quad a_{ii} = 1; \quad i,j = 1,2,\cdots,n$$

显然,比值越大,则要素 i 的重要度就越高。

为了便于将比较判断定量化,引入 1～9 标度方法,规定用 1、3、5、7、9 分别表示根据经验判断,要素 i 与要素 j 相比:同等重要、比较重要、重要、很重要、极重要,而 2、4、6、8 表示上述两判断级之间的折中值。

例 4.14 中,选定的 3 个评价准则为功能、价格、维护性,若以购置设备为比较基准,根据经验,对这 3 个指标的两两比较结果如表 4-23 所示。

表 4-23

重要度	C1	C2	C3
C1	1	5	3
C2	1/5	1	1/3
C3	1/3	3	1

即重要矩阵为

$$A = \begin{bmatrix} 1 & 5 & 3 \\ 1/5 & 1 & 3 \\ 1/3 & 3 & 1 \end{bmatrix}$$

上述矩阵表明:对配送中心的设备配置而言,功能比价格重要($a_{ij}=5$)、功能比维护性较重要($a_{ij}=3$)、维护性比价格较重要($a_{ij}=3$),其他可以此类推。

4.7.4 相对重要程度(即权重)的计算

理论上讲,对以某上层要素为准则的同一层次要素的相对重要程度可以通过计算判断矩阵 A 的特征值获得。但因其计算方法较复杂,而且实际上只能获得对 A 粗略的估计,因此计算其精确的特征值是没有必要的。实践中可以采用求和法或求根法计算特征值的近似值。

1. 求和法

(1) 将判断矩阵 A 按列归一化(即列元素之和为 1):$b_{ij} = a_{ij} / \sum_i a_{ij}$。

(2) 按行求和:$v_i = \sum_j b_{ij}$。

(3) 归一化:$w_i^0 = v_i / \sum_i v_i$;$i = 1, 2, \cdots, n$。

所得 $w_i^0 (i=1,2,\cdots,n)$ 即为 A 的特征向量的近似值。

2. 求根法

(1) 将判断矩阵 A 按行求 $v_i = \sqrt[n]{\prod_j a_{ij}}$。

(2) 归一化处理:$w_i = v_i / \sum_i v_i$;$i = 1, 2, \cdots, n$。

对例 4.14 中的矩阵 A 分别用求和法、求根法计算的权重如下。

求和法：
$$B = \begin{bmatrix} 0.652 & 0.556 & 0.692 \\ 0.130 & 0.111 & 0.077 \\ 0.218 & 0.333 & 0.231 \end{bmatrix} \quad V = \begin{bmatrix} 1.900 \\ 0.318 \\ 0.782 \end{bmatrix} \quad W = \begin{bmatrix} 0.633 \\ 0.106 \\ 0.261 \end{bmatrix}$$

求根法：
$$V = \begin{bmatrix} 2.466 \\ 0.405 \\ 1 \end{bmatrix} \quad W = \begin{bmatrix} 0.637 \\ 0.105 \\ 0.258 \end{bmatrix}$$

4.7.5 一致性检验

实际评价中评价者只能对 A 进行粗略判断，这样有时会犯不一致的错误。例如，已判断 C1 比 C2 重要，C2 比 C3 较重要，那么，C1 应该比 C3 更重要。如果又判断 C1 比 C3 较重要或同等重要，这就犯了逻辑错误。这就需要进行一致性检验。

根据层次法原理，利用 A 的理论最大特征值 $\lambda_{\max}$ 与 n 之差检验一致性。

一致性指标：

$$CI = \frac{\lambda_{\max} - n}{n - 1}; \quad \lambda_{\max} = \frac{1}{n}\sum_i \frac{(AW)_i}{w_i}$$

一致性指标 CI 的值越大，表明判断矩阵偏离完全一致性的程度越大；CI 的值越小，表明判断矩阵越接近于完全一致性。一般判断矩阵的阶数 n 越大，人为造成的偏离完全一致性指标 CI 的值便越大；n 越小，人为造成的偏离完全一致性指标 CI 的值便越小。

对于多阶判断矩阵，引入平均随机一致性指标 RI(Random Index)。表 4-24 给出了 1~15 阶计算 1000 次得到的平均随机一致性指标。

表 4-24

阶数	1	2	3	4	5	6	7	8	9	10	11	12	13	14	15
RI	0	0	0.52	0.89	1.12	1.26	1.36	1.41	1.46	1.49	1.52	1.54	1.56	1.58	1.59

当 $n<3$ 时，判断矩阵永远具有完全一致性。判断矩阵一致性指标 CI 与同阶平均随机一致性指标 RI 之比称为随机一致性比率 CR(Consistency Ratio)。

$$CR = CI/RI$$

当 $CR<0.10$ 时，便认为判断矩阵具有可以接受的一致性。当 $CR \geqslant 0.10$ 时，就需要调整和修正判断矩阵，使其满足 $CR<0.10$，从而具有满意的一致性。

在例 4.14 中，

$$AW = \begin{bmatrix} 1 & 5 & 3 \\ 1/5 & 1 & 1/3 \\ 1/3 & 3 & 1 \end{bmatrix} \begin{bmatrix} 0.637 \\ 0.105 \\ 0.258 \end{bmatrix} = \begin{bmatrix} 1.936 \\ 0.318 \\ 0.785 \end{bmatrix}$$

$$\lambda_{\max} = \frac{1}{3}\left[\frac{1.936}{0.637} + \frac{0.318}{0.105} + \frac{0.785}{0.258}\right] = 3.037$$

$$CI = \frac{3.037 - 3}{3 - 1} = 0.0185$$

CR=CI/RI=0.0185/0.52=0.0356<0.10，从而具有满意的一致性。

4.7.6 综合重要度计算

获得同一层次各要素之间的相对重要度后，就可以自上而下地计算各级要素对总体的综合重要度。设 C 级共有 m 个要素 $c_1,c_2,\cdots,c_m$，它们对总值的重要度为 w_1、w_2、$\cdots$、w_n；它的下一层次 P 级有 p_1、p_2、$\cdots$、p_n 共 n 个要素，令要素 p_i 对 c_j 的重要度为 v_{ij}，则 P 级要素 p_i 的综合重要度为

$$w'_i = \sum_j w_j v_{ij}$$

依据各方案综合重要度的大小，可对方案进行排序、决策。

例 4.14 中，通过对 3 个方案的功能、价格、维护性进行分析和比较，可建立方案层的判断矩阵。因为这一层有 3 个准则，故有 3 个判断矩阵，如表 4-25～表 4-27 所示；然后，按照求根法，可计算出各方案在不同准则下的重要度排序，将重要度值列入相应表中的最后一列。

表 4-25

功能	B1	B2	B3	重要度
B1	1	1/7	1/5	0.0719
B2	7	1	3	0.6491
B3	5	1/3	1	0.2790

表 4-26

价格	B1	B2	B3	重要度
B1	1	2	3	0.5400
B2	1/2	1	2	0.2970
B3	1/3	1/2	1	0.1633

表 4-27

维护性	B1	B2	B3	重要度
B1	1	5	3	0.6483
B2	1/5	1	1/2	0.1220
B3	1/3	2	1	0.2297

得到 3 个方案对功能、价格、维护性 3 个指标的重要度值后，可按照功能、价格、维护性对总目标的重要度，求出 3 个方案对总目标的综合重要度，结果如表 4-28 所示。

计算过程为

方案 B1 的重要度 w'_1=0.637×0.0719+0.105×0.5400+0.258×0.6483=0.2698。
方案 B2 的重要度 w'_2=0.637×0.6491+0.105×0.2970+0.258×0.1220=0.4761。
方案 B3 的重要度 w'_3=0.637×0.2790+0.105×0.1633+0.258×0.2297=0.2541。

表 4-28

方案 \ 准则	C1	C2	C3	重要度
	0.637	0.105	0.258	
B1	0.0719	0.5400	0.6483	0.2698
B2	0.6491	0.2970	0.1220	0.4761
B3	0.2790	0.1633	0.2297	0.2541

根据综合重要度的比较,对于该配送中心的设备配置问题,选择方案 B2 更理想。

练 习 题

4.1 利用图解法求解下列目标规划模型。

(1) $\min Z = P_1(d_1^- + d_1^+) + P_2(2d_2^+ + d_3^+)$

$$\begin{cases} x_1 - 10x_2 + d_1^- - d_1^+ = 50 \\ 3x_1 + 5x_2 + d_2^- - d_2^+ = 20 \\ 8x_1 + 6x_2 + d_3^- - d_3^+ = 100 \\ x_1, x_2, d_i^-, d_i^+ \geqslant 0, i = 1, 2, 3 \end{cases}$$

(2) $\min Z = P_1(d_1^- + d_1^+) + P_2 d_2^- + P_3 d_3^+$

$$\begin{cases} x_1 + x_2 + d_1^- - d_1^+ = 10 \\ 3x_1 + 4x_2 + d_2^- - d_2^+ = 50 \\ 8x_1 + 10x_2 + d_3^- - d_3^+ = 300 \\ x_1, x_2, d_i^-, d_i^+ \geqslant 0, i = 1, 2, 3 \end{cases}$$

(3) $\min Z = P_1 d_1^- + P_2(2d_2^+ + d_3^-)$

$$\begin{cases} 8x_1 + 4x_2 + d_1^- - d_1^+ = 160 \\ x_1 + 2x_2 + d_2^- - d_2^+ = 30 \\ x_1 + 2x_2 + d_3^- - d_3^+ = 40 \\ x_1, x_2, d_i^-, d_i^+ \geqslant 0, i = 1, 2, 3 \end{cases}$$

(4) $\min Z = P_1(d_1^- + d_2^+) + P_2 d_3^-$

$$\begin{cases} x_1 + x_2 + d_1^- - d_1^+ = 1 \\ x_1 + x_2 + d_2^- - d_2^+ = 2 \\ 3x_1 - 2x_2 + d_3^- - d_3^+ = 6 \\ x_1, x_2, d_i^-, d_i^+ \geqslant 0, i = 1, 2, 3 \end{cases}$$

4.2 利用单纯形法求解下列目标规划模型。

(1) $\min Z = P_1(d_1^- + d_1^+) + P_2 d_3^-$

$$\begin{cases} x_1 + 2x_2 + d_1^- - d_1^+ = 50 \\ 2x_1 + x_2 + d_2^- - d_2^+ = 40 \\ 2x_1 + 2x_2 + d_3^- - d_3^+ = 80 \\ x_1, x_2, d_i^-, d_i^+ \geqslant 0, i = 1, 2, 3 \end{cases}$$

(2) $\min Z = P_1 d_1^- + P_2 d_2^+ + P_3(4d_3^- + 2.5d_4^-) + P_4 d_1^+$

$$\begin{cases} x_1 + x_2 + d_1^- - d_1^+ = 70 \\ d_1^+ + d_2^- - d_2^+ = 10 \\ x_1 + d_3^- = 50 \\ x_2 + d_4^- = 44 \\ x_1, x_2, d_i^-, d_i^+ \geqslant 0, i = 1, 2, 3, 4 \end{cases}$$

4.3 某厂生产 A、B、C 3 种产品,装配工作在同一生产线上完成,3 种产品的工时消耗分别为 6、8、10h,生产线每月正常工作时间为 200h;3 种产品销售后,每台可获利分别为 500、650 和 800 元;每月销售量预计为 12、10 和 6 台。

该厂经营目标如下：①利润指标为每月 16 000 元,争取超额完成；②充分利用现有生产能力；③可以适当加班,但加班时间不得超过 24h；④产量以预计销售量为准。试建立目标规划模型。

4.4 已知条件如表 4-29 所示。

表 4-29

工序	型号		每周最大加工能力
	A	B	
Ⅰ/小时/台	4	6	150
Ⅱ/小时/台	3	2	70
利润/元/台	300	450	

如果工厂经营目标的期望值和优先等级如下。

P_1：每周总利润不得低于 10 000 元。

P_2：因合同要求,A 型机每周至少生产 10 台,B 型机每周至少生产 15 台。

P_3：希望工序Ⅰ的每周生产时间正好为 150h,工序Ⅱ的生产时间最好用足,甚至可适当加班。

(1) 试建立这个问题的目标规划模型。

(2) 如果工序Ⅱ在加班时间内生产出来的产品,每台 A 型机减少利润 20 元,每台 B 型机减少利润 25 元,并且工序Ⅱ的加班时间每周最多不超过 30h,这是 p_4 级目标,试重新建立这个问题的目标规划模型。

4.5 某计算机公司生产 3 种型号的笔记本电脑 A、B、C。这 3 种笔记本电脑需要在复杂的装配线上生产,生产 1 台 A、B、C 型号的笔记本电脑分别需要 5、8、12h。公司装配线正常的生产时间是每月 1700h。公司营业部门估计 A、B、C 3 种笔记本电脑的利润分别是每台 1000、1440、2520 元,而公司预测这个月生产的笔记本电脑能够全部售出。公司经理考虑以下目标。

第 1 目标：充分利用正常的生产能力,避免开工不足。

第 2 目标：优先满足老客户的需求,A、B、C 3 种型号的笔记本电脑 50、50、80 台,同时根据 3 种笔记本电脑的纯利润分配不同的权因子。

第 3 目标：限制装配线加班时间,不允许超过 200h。

第 4 目标：满足各种型号笔记本电脑的销售目标,A、B、C 型号分别为 100、120、100 台,再根据 3 种笔记本电脑的纯利润分配不同的权因子。

第 5 目标：装配线的加班时间尽可能少。

请列出相应的目标规划模型。

4.6 工厂生产甲、乙两种产品,由 A、B 两组人员来生产。A 组人员熟练工人比较多,工作效率高,成本也高；B 组人员新手较多,工作效率比较低,成本也较低。例如,A 组只生产甲产品时每小时生产 10 件,成本是 50 元,有关资料如表 4-30 所示。

两组人员每天正常工作时间都是 8h,每周 5 天。一周内每组最多可以加班 10h,加班生产的产品每件增加成本 5 元。

工厂根据市场需求、利润及生产能力确定了下列目标顺序。

P_1：每周供应市场甲产品 400 件，乙产品 300 件。

P_2：每周利润指标不低于 500 元。

P_3：两组都尽可能少加班，如必须加班由 A 组优先加班。

建立此生产计划的数学模型。

表 4-30

	产品 甲		产品 乙	
	效率/件/小时	成本/元/件	效率/件/小时	成本/元/件
A 组	10	50	8	45
B 组	8	45	5	40
产品售价/元/件	80		75	

*4.7 用逐步法求解下述多目标线性规划问题，要求先求出理想解，再迭代一步。

$$\max z_1 = x_1 + 3x_2$$
$$\min z_2 = 2x_1 + x_2$$
$$\begin{cases} 5x_1 + 10x_2 \leq 50 \\ x_1 + x_2 \geq 2 \\ x_2 \leq 4 \\ x_1, x_2 \geq 0 \end{cases}$$

*4.8 用妥协约束法求解下述多目标线性规划问题。

$$\max z_1 = 4x_1 + 6x_2$$
$$\max z_2 = 7.2x_1 + 3.6x_2$$
$$\begin{cases} x_1 \leq 4 \\ x_2 \leq 5 \\ 3x_1 + 2x_2 \leq 16 \\ x_1, x_2 \geq 0 \end{cases}$$

*4.9 若所描述的问题具有 4 个决策单元 A、B、C、D，包含 2 个输入和 1 个输出，相应的数据由表 4-31 给出。试采用数据包络分析法判断各决策单元的 DEA 有效性。

表 4-31

```
          A  B  C  D
1 →     │ 1  3  3  4 │
2 →     │ 3  1  3  2 │
        │ 1  1  2  1 │ → 1
```

*4.10 某单位拟从 3 名干部中提拔一人担任领导工作，干部的优劣(由上级人事部门提出)用 6 个属性来衡量：健康状况、业务知识、写作水平、口才、政策水平、工作作风，分别用 P_1、P_2、P_3、P_4、P_5、P_6 来表示。判断矩阵 **A** 如表 4-32 所示。

表 4-32

A	P_1	P_2	P_3	P_4	P_5	P_6
P_1	1	1	1	4	1	1/2
P_2	1	1	2	4	1	1/2
P_3	1	1/2	1	5	3	1/2
P_4	1/4	1/4	1/5	1	1/3	1/3
P_5	1	1	1/3	3	1	1
P_6	2	2	2	3	1	1

组织部门给甲、乙、丙 3 个人对每个目标的属性两两比较打分情况如表 4-33～表 4-38 所示。

表 4-33

P_1	甲	乙	丙
甲	1	1/4	1/2
乙	4	1	3
丙	2	1/3	1

表 4-34

P_2	甲	乙	丙
甲	1	1/4	1/5
乙	4	1	1/2
丙	5	2	1

表 4-35

P_3	甲	乙	丙
甲	1	3	1/5
乙	1/3	1	1
丙	5	1	1

表 4-36

P_4	甲	乙	丙
甲	1	1/3	5
乙	3	1	7
丙	1/5	1/7	1

表 4-37

P_5	甲	乙	丙
甲	1	1	7
乙	1	1	7
丙	1/7	1/7	1

表 4-38

P_6	甲	乙	丙
甲	1	7	9
乙	1/7	1	5
丙	1/9	1/5	1

试用层次分析法确定拟提拔人选。

第 5 章 动 态 规 划

动态规划(Dynamic Programming)是运筹学的一个分支,是解决多阶段决策过程最优化的一种数学方法。1951 年美国数学家贝尔曼(R. Bellman)等人根据一类多阶段决策问题的特点,把多阶段决策问题变换为一系列相互联系的单阶段问题,然后逐个加以解决。与此同时,他提出了解决这类问题的"最优性原理",研究了许多实际问题,从而创建了解决最优化问题的一种新方法——动态规划。

5.1 动态规划的实例

动态决策问题具有以下特点。
(1) 系统所处的状态和时刻是进行决策的重要因素。
(2) 在系统发展的不同时刻(或阶段)根据系统所处的状态,不断地作出决策。
(3) 找到不同时刻的最优决策以及整个过程的最优策略。

多阶段决策问题是动态决策问题的一种特殊形式,在多阶段决策过程中,系统的动态过程可以按照时间进程分为状态相互联系而又相互区别的各个阶段;每个阶段都要进行决策,目的是使整个过程的决策达到最优效果。多阶段决策过程可以用下面的图 5-1 形象地表示。

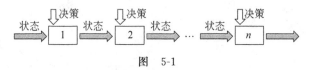

图 5-1

动态规划方法在工程技术、企业管理、工农业生产及军事等部门中都有广泛的运用,并且获得了显著的效果。典型的例子如下。

(1) 生产决策问题。企业在生产过程中,由于需求是随时间变化的,因此企业为了获得全年的最佳生产效益,就要在整个生产过程中逐月或逐季度地根据库存和需求制订生产计划。

(2) 机器负荷分配问题。某种机器可以在高低两种不同的负荷下进行生产。在高负荷下进行生产时,产品的年产量 g 和投入生产的机器数量 u_1 的关系为

$$g = g(u_1)$$

这时,机器的年完好率为 a,即如果年初完好机器的数量为 u,到年终完好的机器就为 au,$0 < a < 1$。

在低负荷下生产时,产品的年产量 h 和投入生产的机器数量 u_2 的关系为

$$h = h(u_2)$$

相应的机器年完好率 b,$0 < b < 1$。

假定开始生产时完好的机器数量为 s_1。要求制订一个五年计划,在每年开始时,决定如何重新分配完好的机器在两种不同的负荷下生产的数量,使在 5 年内产品的总产量达到最高。

(3) 航天飞机飞行控制问题。由于航天飞机运动的环境是不断变化的,因此就要根据航天飞机飞行在不同环境中的情况,不断地决定航天飞机的飞行方向和速度(状态),使之能最省燃料和实现目的(如软着落问题)。

(4) 最短路问题。如图 5-2 所示,给定一个交通网络图,其中两点之间的数字表示距离(或花费),试求从 A 点到 G 点的最短距离(总费用最小)。

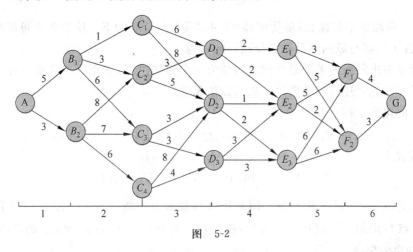

图 5-2

不包含时间因素的静态决策问题(本质上是一次决策问题)也可以适当地引入阶段的概念,作为多阶段的决策问题用动态规划方法来解决。例如,线性规划、非线性规划等静态的规划问题也可以通过适当地引入阶段的概念,应用动态规划方法加以解决。在企业管理方面,动态规划还可以用来解决资源分配问题、生产调度问题、库存问题、装载问题、排序问题、生产过程最优控制问题等。

动态规划是现代企业管理中的一种重要的决策方法,许多问题用动态规划的方法去处理往往比线性规划或非线性规划更有成效,特别对离散性的问题,由于解析数学无法施展其术,而动态规划的方法就成为非常有用的工具。在此须指出,动态规划是求解某类问题的一种方法,是考察问题的一种途径,而不是一种算法。必须对具体问题进行具体分析,运用动态规划的原理和方法,建立相应的模型,然后再用动态规划方法去求解。

5.2 动态规划的原理

求图 5-2 所示的交通网络图中 A 点到 G 点的最短距离,是动态规划中一个较为直观的典型例子。下面通过该例来介绍动态规划方法中所涉及的一些基本概念。

图 5-2 的最短路径问题具有下列特征。

(1) 问题具有多阶段决策的特征。如图 5-2 所示,按空间划分为 6 个阶段。

(2) 每一阶段都有相应的"状态"与之对应。如图 5-2 所示,各阶段的状态为上一阶段的结束点,或该阶段的起点组成的集合。第 1 阶段的状态为 A,第 2 阶段的状态为 B_1、B_2,第 3 阶段的状态为 C_1、C_2、C_3、C_4,第 6 阶段的状态为 F_1、F_2。

(3) 每一阶段的某个状态都面临有若干个决策,选择不同的决策将会导致下一阶段不同的状态,同时,不同的决策将会导致这一阶段不同的距离。

图 5-2 的第 1 阶段状态 A,其决策是达到下一阶段点的选择。状态 A 有 2 种选择,决策允许集合为 $\{B_1, B_2\}$,也是第 2 阶段的状态集合。又如第 3 阶段状态 C_2,到下一阶段的选择有 D_1 和 D_2,决策允许集合为 $\{D_1, D_2\}$。同一阶段各状态的决策集合可能相同也可能不同。

(4) 每一阶段的最短路长(最优解)问题可以递推地归结为下一阶段各个可能状态的最优解问题,各子问题与原问题具有完全相同的结构。

动态规划解决问题的关键是将问题归结为一个递推过程,建立一个递推指标函数求最优解。如果不能建立递推函数则动态规划方法无效。

图 5-2 的递推指标函数为

$$V_{k,n} = V_{k,n}(s_k, u_k, s_{k+1}, u_{k+1}, \cdots, s_{n+1}) = v_k(s_k, u_k) + V_{k+1}$$

最优指标函数为

$$f_k(s_k) = \min_{u_k \in D_k(s_k)} \{v_k(s_k, u_k) + f_{k+1}(s_{k+1})\} \tag{5-1}$$

式(5-1)中,$f_k(s_k)$ 为阶段 k 状态为 s_k 时到终点 G 的最短距离;$f_{k+1}(s_{k+1})$ 为 $k+1$ 阶段状态为 s_{k+1} 时到终点 G 的最短距离;$v_k(s_k, u_k)$ 是状态为 s_k 选择决策 u_k 时 s_k 到 s_{k+1} 的距离;$D_k(s_k)$ 为状态 s_k 的决策集合。

式(5-1)的递推关系理解为:阶段 k 状态为 s_k 到终点 G 的最短距离,归结为该状态选择决策 u_k 后的距离 $v_k(s_k, u_k)$ 加上 s_{k+1} 到 G 的最短距离求最小值。例如,求 C_2 到 G 点的最短距离 $f_3(C_2)$ 为

$$f_3(C_2) = \min_{u_3 \in (D_1, D_2)} \{v_3(C_2, D_1) + f_4(D_1), v_3(C_2, D_2) + f_4(D_2)\}$$

当求出 $k+1$ 阶段各状态的最优解(到终点的最短距离),利用式(5-1)就可以求出第 k 阶段各状态的最优解,以此类推,最后求出第 1 阶段状态 A 的最优解(A 到 G 的最短距离)。

式(5-1)是动态规划的基本方程或称为最优性方程,$f_{k+1}(s_{k+1})$ 同样可以写成与式(5-1)相同的形式,这里将 $f_{k+1}(s_{k+1})$ 嵌入到 $f_k(s_k)$ 中,动态规划的这种特殊形式称为不变嵌入。

式(5-1)还描述了动态规划的最优性原理:如果点 s_k 到终点 G 的最短路线通过点 N,则点 N 到终点 G 的最短路线也在这条路线上。

动态规划的基本原理是将一个问题的最优解转化为求子问题的最优解,研究的对象是决策过程的最优化,其变量是流动的时间或变动的状态,最后到达整个系统的最优。

基本原理一方面说明原问题的最优解中包含了子问题的最优解,另一方面给出了一种求解问题的思路,将一个难以直接解决的大问题,分割成一些规模较小的相同子问题,每一个子问题只解一次,并将结果保存起来以后直接引用,避免每次碰到时都要重复计算,以便各个击破,分而治之,即分治法,是一种解决最优化问题的算法策略。

5.3 动态规划的基本概念及数学模型

动态规划数学模型由阶段、状态、决策、策略、状态转移方程及指标函数 6 个要素组成，下面结合图 5-2 具体介绍动态规划的这几个基本概念。

1. 阶段

把一个问题的过程，恰当地分为若干个相互联系的阶段，以便于按一定的次序去求解。描述阶段的变量称为**阶段变量**，通常用 k 表示。阶段的划分一般是根据时间和空间的自然特征（如年、月、路段等）来进行的，但要便于问题转化为多阶段决策。如在图 5-2 中，可以将问题划分成 6 个阶段来求解，k 分别等于 1、2、3、4、5、6。

2. 状态

表示每个阶段开始所处的自然状况或客观条件。通常一个阶段有若干个状态，描述过程状态的变量称为**状态变量**（通常用一个数、一组数或一个向量等来描述）。状态变量的取值有一定的允许集合或范围，此集合称为状态允许集合或可达状态集合。

在图 5-2 中，状态就是某阶段的出发位置，它既是该阶段某支路的起点又是前一阶段某支路的终点。第 1 阶段有一个状态，即 A 点，第 2 阶段有 2 个状态，即状态允许集合 $\{B_1, B_2\}$，一般第 k 阶段的状态就是第 k 阶段所有始点的集合。

常用 s_k 表示第 k 阶段的状态变量，如图 5-2 中的第 3 阶段的可达状态集合可表示为 $s_3 = \{C_1, C_2, C_3\}$。

3. 决策

表示当过程处于某一阶段的某个状态时，可以作出不同的决定，从而确定下一阶段的状态，这种决定称为**决策**，在最优控制中也称为控制。描述决策的变量称为决策变量，它可用一个数、一组数或一个向量等来描述。常用 $u_k(s_k)$ 表示第 k 阶段当状态处于 s_k 时的决策变量，它是状态变量的函数。在实际问题中决策变量的取值往往在某一范围之内，此范围称为**允许决策集合**，常用 $D_k(s_k)$ 表示第 k 阶段从状态 s_k 出发的允许决策集合，显然有 $u_k(s_k) \in D_k(s_k)$。

在图 5-2 的第 2 阶段中，若从状态 B_1 出发，就可作出 3 种不同的决策，其允许决策集合可写成 $D_2(B_1) = \{C_1, C_2, C_3\}$。若选取的点为 C_2，则 C_2 是状态 B_1 在决策 $u_2(B_1)$ 作用下的一个新状态，记为 $u_2(B_1) = C_2$。

4. 策略

策略是一个按顺序排列的决策集合。由过程的第 k 阶段开始到终止状态为止的过程，称为问题的后部子过程（或称为 k 子过程），记为 $p_{k,n}(s_k)$，即

$$p_{k,n}(s_k) = \{u_k(s_k), u_{k+1}(s_{k+1}), \cdots, u_n(s_n)\}$$

当 $k=1$ 时，此决策函数序列称为全过程的一个策略（简称策略），记为 $p_{1,n}(s_1)$

$$p_{1,n}(s_1) = \{u_1(s_1), u_2(s_2), \cdots, u_n(s_n)\}$$

在实际问题中,可供选择的策略有一定的范围,称为**允许策略集合**。从允许策略集合中找出达到最优效果的策略称为**最优策略**。

5. 状态转移方程

状态转移方程是确定过程由一个状态到另一个状态的演变过程,描述了状态转移规律。如果第 k 阶段状态变量 s_k 的值、该阶段的决策变量一经确定,第 $k+1$ 阶段状态变量 s_{k+1} 的值也就确定。一般地,它们之间有以下对应关系:

$$s_2 = T_1(s_1, u_1)$$
$$s_3 = T_2(s_1, u_1, s_2, u_2)$$
$$\vdots$$
$$s_{k+1} = T_k(s_1, u_1, s_2, u_2, \cdots, s_k, u_k)$$

以上式子描述了由 k 阶段到 $k+1$ 阶段的状态转移规律,称为状态转移方程,T_k 称为**状态转移函数**。如图 5-2 所示,状态转移方程为 $s_{k+1} = u_k(s_k)$。

能用动态规划方法求解的多阶段决策过程是一类特殊的多阶段决策过程,即具有无后效性的多阶段决策过程。

无后效性(亦称为马尔可夫性)是指,如果某阶段状态给定后,则在这个阶段以后过程的发展不受这个阶段以前各段状态的影响,即过程的过去历史只能通过当前的状态去影响它未来的发展。

在运用动态规划方法时,如果状态变量不能满足无后效性的要求,应适当地改变状态的定义或规定方法,以使状态变量满足无后效性的要求。

6. 指标函数和最优值函数

用来衡量所实现过程优劣的一种数量指标为指标函数。指标函数的最优值称为最优值函数。在不同的问题中,指标函数的含义不同,它可能是距离、利润、成本、产量或资源消耗等。

指标函数常用 $V_{k,n}$ 表示,它是定义在全过程和所有后部子过程上确定的数量函数:

$$V_{k,n} = V_{k,n}(s_k, u_k, s_{k+1}, u_{k+1}, \cdots, s_{n+1}), k = 1, 2, \cdots, n$$

动态规划模型的指标函数应具有可分离性,并满足递推关系,即 $V_{k,n}$ 可表示为 s_k、u_k 和 $V_{k+1,n}$ 的函数,记为

$$V_{k,n} = \varphi_k[s_k, u_k, V_{k+1,n}(s_{k+1}, u_{k+1}, \cdots, s_{n+1})]$$

常见的指标函数有和或积的形式,即

$$V_{k,n} = V_{k,n}(s_k, u_k, s_{k+1}, u_{k+1}, \cdots, s_{n+1}) = \sum_{j=k}^{n} v_j(s_j, u_j) \tag{5-2}$$

或

$$V_{k,n} = V_{k,n}(s_k, u_k, s_{k+1}, u_{k+1}, \cdots, s_{n+1}) = \prod_{j=k}^{n} v_j(s_j, u_j) \tag{5-3}$$

最优值函数一般记为 $f_k(s_k)$,它表示从第 k 阶段的状态 s_k 开始到第 n 阶段的终止状态

的过程,采取最优策略所得到的指标函数值,也就是对式(5-2)或式(5-3)取最优值。式(5-2)的最优指标函数是

$$f_k(s_k) = \underset{u_k \in D_k(s_k)}{\text{Opt}} \{v_k(s_k, u_k) + f_{k+1}(s_{k+1})\}, \quad k = 1, 2, \cdots, n \tag{5-4}$$

式(5-3)的最优指标函数是

$$f_k(s_k) = \underset{u_k \in D_k(s_k)}{\text{Opt}} \{v_k(s_k, u_k) \cdot f_{k+1}(s_{k+1})\}, \quad k = 1, 2, \cdots, n \tag{5-5}$$

其中,Opt 是最优化(Optimization)的缩写,可根据题意而取 min 或 max。为了使递推方程有递推起点,需要确定最后一个状态 s_{n+1} 的最优指标 $f_{n+1}(s_{n+1})$ 的值,称 $f_{n+1}(s_{n+1})$ 为终端条件。一般地,连和形式 $f_{n+1}(s_{n+1})=0$,连乘形式 $f_{n+1}(s_{n+1})=1$。在图 5-2 中,添加一个阶段 7,终端条件是终点 G 到终点 G 的最短距离,即 $f_{n+1}(s_{n+1})=0$。

动态规划数学模型由式(5-4)或式(5-5)、边界条件及状态转移方程构成。如连和形式的数学模型为

$$\begin{cases} f_k(s_k) = \underset{u_k \in D_k(s_k)}{\text{Opt}} \{v_k(s_k, u_k) + f_{k+1}(s_{k+1})\}, \quad k = 1, 2, \cdots, n \\ f_{n+1}(s_{n+1}) = 0 \\ s_{k+1} = T(s_k, u_k) \end{cases}$$

由式(5-4)和式(5-5)的形式可知,计算顺序是从最后一个阶段开始到第一阶段结束,这种方法称为**逆序法**。也可以将基本方程改为向前递推,如式(5-1)改为

$$f_k(s_k) = \underset{u_k \in D_k(s_k)}{\min} \{v_k(s_k, u_k) + f_{k-1}(s_{k-1})\}$$

下面以两个具体的例子来说明动态规划方法的基本思想和解题过程。

例 5.1 利用动态规划方法求解图 5-2 所示的交通网络图中从 A 点到 G 点的最短路线。

解:根据最优化原理,在最短路线问题中,若找到了 $A \to B_1 \to C_2 \to D_1 \to E_2 \to F_2 \to G$ 是由 A 点到 G 点的最短路线,则 $D_1 \to E_2 \to F_2 \to G$ 应该是由 D_1 出发到 G 点的所有可能选择的不同路线中的最短路线。根据最短路线这一特征,寻找最短路的方法就是从最后一阶段开始,用由后向前逐步递推的方法,求出各点到 G 点的最短路,最后求得由 A 点到 G 点的最短路线。所以,动态规划的方法是从终点逐段向始点方向寻找最短路线的一种方法,这是一种逆推的方法,其过程如图 5-3 所示。

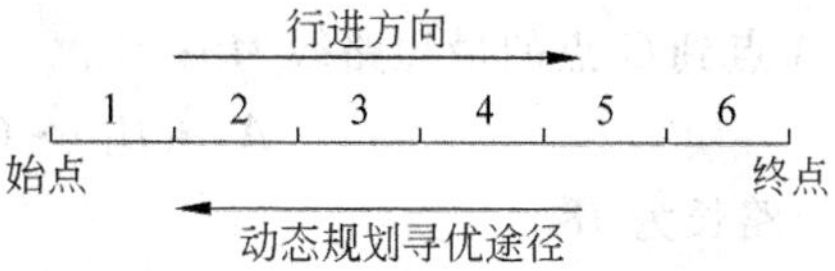

图 5-3

下面按照动态规划的逆推方法,从最后一段开始计算,由后向前逐步推移到 A 点。

阶段 6:即当 $k=6$ 时,由 F_1 到终点 G 只有一条路线,所以 $f_6(F_1)=4$,相应的决策为 $u_6(F_1)=G$。同理,$f_6(F_2)=3, u_6(F_2)=G$。

阶段 5:即 $k=5$ 时

$$f_5(E_1) = \min \begin{Bmatrix} d_5(E_1, F_1) + f_6(F_1) \\ d_5(E_1, F_2) + f_6(F_2) \end{Bmatrix} = \min \begin{Bmatrix} 3+4 \\ 5+3 \end{Bmatrix} = 7$$

其相应的决策为 $u_5(E_1)=F_1$;

$$f_5(E_2) = \min \begin{Bmatrix} d_5(E_2,F_1)+f_6(F_1) \\ d_5(E_2,F_2)+f_6(F_2) \end{Bmatrix} = \min \begin{Bmatrix} 5+4 \\ 2+3 \end{Bmatrix} = 5$$

其相应的决策为 $u_5(E_2)=F_2$；

$$f_5(E_3) = \min \begin{Bmatrix} d_5(E_3,F_1)+f_6(F_1) \\ d_5(E_3,F_2)+f_6(F_2) \end{Bmatrix} = \min \begin{Bmatrix} 6+4 \\ 6+3 \end{Bmatrix} = 9$$

其相应的决策为 $u_5(E_3)=F_2$。

类似地，可以计算得到：

当 $k=4$ 时，有

$$f_4(D_1) = 7 \quad u_4(D_1) = E_2$$
$$f_4(D_2) = 6 \quad u_4(D_2) = E_2$$
$$f_4(D_3) = 8 \quad u_4(D_3) = E_2$$

当 $k=3$ 时，有

$$f_3(C_1) = 13 \quad u_3(C_1) = D_1$$
$$f_3(C_2) = 10 \quad u_3(C_2) = D_1$$
$$f_3(C_3) = 9 \quad u_3(C_3) = D_2$$
$$f_3(C_4) = 12 \quad u_3(C_4) = D_3$$

当 $k=2$ 时，有

$$f_2(B_1) = 13 \quad u_2(B_1) = C_2$$
$$f_2(B_2) = 16 \quad u_2(B_2) = C_3$$

当 $k=1$ 时，出发点只有 A 点，所以

$$f_1(A) = \min \begin{Bmatrix} d_1(A,B_1)+f_2(B_1) \\ d_1(A,B_2)+f_2(B_2) \end{Bmatrix} = \min \begin{Bmatrix} 5+13 \\ 3+16 \end{Bmatrix} = 18$$

且 $u_1(A)=B_1$。

为了找出最短路线，再按计算的顺序反推，可求出最优决策序列 $\{u_k\}$，即由 $u_1(A)=B_1$，$u_2(B_1)=C_2$，$u_3(C_2)=D_1$，$u_4(D_1)=E_2$，$u_5(E_2)=F_2$，$u_6(F_2)=G$ 组成一个最优策略。所以，从 A 点到 G 点的最短路线为

$$A \to B_1 \to C_2 \to D_1 \to E_2 \to F_2 \to G$$

最短路长为 18。

从上面的计算过程可看出，在求解的各个阶段，利用了 k 阶段与 $k+1$ 阶段之间的递推关系：

$$\begin{cases} f_k(s_k) = \min\limits_{u_k \in D_k(s_k)} \{d_k(s_k,u_k(s_k))+f_{k+1}(u_k(s_k))\} & k=6,5,4,3,2,1 \\ f_7(s_7) = 0 & (\text{或 } f_6(s_6)=d_6(s_6,G)) \end{cases}$$

一般地，对于动态规划的逆推解法，k 阶段与 $k+1$ 阶段之间的递推关系式（即动态规划的基本方程）可写为

$$f_k(s_k) = \mathop{\text{Opt}}\limits_{u_k \in D_k(s_k)} \{v_k(s_k,u_k(s_k))+f_{k+1}(u_k(s_k))\} \quad k=n,n-1,\cdots,2,1$$

边界条件为 $f_{n+1}(s_{n+1})=0$。

以上例题利用从后向前的逆推方法找到了从 A 点到 G 点的最短路线，当然也可以采用

直接从始点 A 开始,从前向后进行顺推,此即为动态规划的**顺推解法**。下面以例 5.2 来说明顺推解法的求解过程,有兴趣的读者可以仿照下例的求解过程,采用顺推解法求解例 5.1 的最短路线问题。

例 5.2 利用动态规划的顺推解法求解下列问题。
$$\max F = 4x_1^2 - x_2^2 + 2x_3^2 + 12$$
$$\begin{cases} 3x_1 + 2x_2 + x_3 \leqslant 9 \\ x_1, x_2, x_3 \geqslant 0 \end{cases}$$

解:按问题中变量的个数分为 3 个阶段。设状态变量为 s_0、s_1、s_2、s_3,并记 $s_3 \leqslant 9$;取 x_1、x_2、x_3 为各阶段的决策变量;各阶段指标函数按加法方式结合。

令最优值函数 $f_k(s_k)$ 表示第 k 阶段的结束状态为 s_k,从第 1 阶段到第 k 阶段的最大值。

设 $3x_1 = s_1, s_1 + 2x_2 = s_2, s_2 + x_3 = s_3$,则有
$$x_1 = s_1/3, 0 \leqslant x_2 \leqslant s_2/2, 0 \leqslant x_3 \leqslant s_3$$

用顺推法,从前向后依次有:

当 $k=1$ 时
$$f_1(s_1) = \max_{x_1 = s_1/3}(4x_1^2) = 4s_1^2/9, \quad x_1^* = s_1/3$$

当 $k=2$ 时
$$f_2(s_2) = \max_{0 \leqslant x_2 \leqslant s_2/2}[-x_2^2 + f_1(s_1)] = \max_{0 \leqslant x_2 \leqslant s_2/2}\left[-x_2^2 + \frac{4}{9}(s_2 - 2x_2)^2\right]$$

令
$$h_2(x_2) = -x_2^2 + \frac{4}{9}(s_2 - 2x_2)^2$$

由 $\dfrac{\mathrm{d}h_2}{\mathrm{d}x_2} = \dfrac{14}{9}x_2 - \dfrac{16}{9}s_2 = 0$,解得 $x_2 = \dfrac{8}{7}s_2$。由于该点不在允许决策集合内,所以最大值点不可能在该点取得,所以无须验证。因此,$h_2(x_2)$ 的最大值必在两个端点上选取。计算得到
$$h_2(0) = \frac{4}{9}s_2^2, \quad h_2\left(\frac{s_2}{2}\right) = -\frac{s_2^2}{4}$$

所以 $h_2(x_2)$ 的最大值点在 $x_2 = 0$ 处,故得到
$$f_2(s_2) = \frac{4}{9}s_2^2, \quad x_2^* = 0$$

当 $k=3$ 时
$$f_3(s_3) = \max_{0 \leqslant x_3 \leqslant s_3}[2x_3^2 + 12 + f_2(s_2)] = \max_{0 \leqslant x_3 \leqslant s_3}\left[2x_3^2 + 12 + \frac{4}{9}s_2^2\right]$$
$$= \max_{0 \leqslant x_3 \leqslant s_3}\left[2x_3^2 + 12 + \frac{4}{9}(s_3 - x_3)^2\right]$$

令
$$h_3(x_3) = 2x_3^2 + 12 + \frac{4}{9}(s_3 - x_3)^2$$

由 $\dfrac{\mathrm{d}h_3}{\mathrm{d}x_3} = \dfrac{44}{9}x_3 - \dfrac{8}{9}s_3 = 0 \Rightarrow x_3 = \dfrac{2}{11}s_3$。又 $\dfrac{\mathrm{d}^2h_3}{\mathrm{d}x_3^2} = \dfrac{44}{9} > 0$,所以 $x_3 = \dfrac{2}{11}s_3$ 为极小值点。由此可得,函数 $h_3(x_3)$ 的最大值点必在两个端点上选取。计算两个端点的函数值,有

$$h_3(0) = \frac{4}{9}s_3^2 + 12, \quad h_3(s_3) = 2s_3^2 + 12$$

所以 $h_3(x_3)$ 的最大值点在 $x_3 = s_3$ 处。由此可知

$$f_3(s_3) = 2s_3^2 + 12, \quad x_3^* = s_3$$

由于 s_3 未知,故须再对 s_3 求一次极值,即

$$\max_{0 \leqslant s_3 \leqslant 9} f_3(s_3) = \max_{0 \leqslant s_3 \leqslant 9} [2s_3^2 + 12]$$

显然,当 $s_3 = 9$ 时,$f_3(s_3)$ 达到最大值,即

$$f_3(9) = 2 \times 9^2 + 12 = 174$$

再按计算的顺序反推算,可以求得最优解和最优值

$$x_1^* = 0, x_2^* = 0, x_3^* = 9, \max F = f_3(9) = 174$$

下面介绍动态规划方法在管理方面的几个具体应用。

5.4 资源分配问题

资源分配问题的一般提法:有数量为 a 的资源(原材料、资金、设备、劳动力等),计划分配给 n 个使用者。假设 x_i 为分配给第 i 个使用者的资源数量;$g_i(x_i)$ 为第 i 个使用者得到资源后提供的利润值。问题是如何确定分配给各使用者的资源数,使得总的利润最大。

这一类问题的模型可表示为

$$\max Z = \sum_{i=1}^{n} g_i(x_i)$$

$$\begin{cases} \sum_{i=1}^{n} x_i \leqslant a \\ x_i \geqslant 0 \quad i = 1, 2, \cdots, n \end{cases}$$

当 $g_i(x_i)$ 都是线性函数时,它是一个线性规划问题;当 $g_i(x_i)$ 为非线性函数时,它是一个非线性规划问题。但当 n 比较大时,具体的计算比较麻烦。然而,由于这类问题的特殊结构,可以将它看成一个多阶段决策问题,并可以利用动态规划的递推关系来求解。求解这类问题的一般思路如下。

令:$f_k(x)$ 为以数量为 x 的资源分配给前 k 个使用者所得到的最大利润值。用动态规划求解,就是求 $f_n(a)$ 的问题。

当 $k = 1$ 时,$f_1(x) = g_1(x)$(因为只给一个使用者)。

当 $1 < k \leqslant n$ 时,其递推关系如下。

设:y 为分给第 k 个使用者的资金(其中 $0 \leqslant y \leqslant x$),此时还剩 $x - y$(万元)的资金需要分配给前 $k-1$ 个使用者,如果采取最优策略,则得到的最大利润为 $f_{k-1}(x-y)$,因此总的利润为

$$g_k(y) + f_{k-1}(x-y)$$

所以,根据动态规划的最优化原理,有下式:

$$f_k(x) = \max_{0 \leqslant y \leqslant x} \{g_k(y) + f_{k-1}(x-y)\}, \quad k = 2, 3, \cdots, n$$

如果上式中的 y 只取非负整数，比如 $0,1,2,\cdots,x$，则上式可变为
$$f_k(x) = \max_{y=0,1,2,\cdots,x} \{g_k(y) + f_{k-1}(x-y)\}$$

例 5.3 设某集团公司拟投资 60 万元，供 4 个分厂扩建使用，每个分厂扩建后的利润与投资额的大小有关，投资后的利润函数如表 5-1 所示，求使总利润最大的分配方案。

表 5-1

投资/万元 利润/万元	0	10	20	30	40	50	60
$g_1(x)$	0	20	50	65	80	85	85
$g_2(x)$	0	20	40	50	55	60	65
$g_3(x)$	0	25	60	85	100	110	115
$g_4(x)$	0	25	40	50	60	65	70

解：阶段 k：每投资一个工厂作为一个阶段，$k=0,1,2,3,4$，$k=0$ 为虚设的阶段。

状态变量 s_k：投资第 1 到第 k 个工厂的资金数。

决策变量 $u_k(s_k)$：第 k 个工厂的投资额。

决策允许集合：$0 \leqslant u_k(s_k) \leqslant s_k$。

状态转移方程：$s_{k+1} = s_k + u_{k+1}(s_{k+1})$。

阶段指标：$v_k(s_k, u_k)$，见表 5-1 中的数据。

递推方程：$f_k(s_k) = \max\{v_k(s_k, u_k) + f_{k-1}(s_{k-1})\}$。

终端条件：$f_0(s_0) = 0$。

数学模型为
$$\begin{cases} f_k(s_k) = \max\{v_k(s_k, u_k) + f_{k-1}(s_{k-1})\}, & k=1,2,\cdots,n \\ f_0(s_0) = 0 \\ s_{k+1} = s_k + u_{k+1}(s_{k+1}) \\ u_k = 0, 10, 20, 30, 40, 50, 60, & k=1,2,3,4 \end{cases}$$

令 $f_k(x)$ 为以数量为 $x(s_k)$ 的资金分配给前 k 个分厂所得到的最大利润值，$y(u_k(s_k))$ 为分给第 k 个分厂的资金（其中 $0 \leqslant y \leqslant x$）。则有 $g_k(y) = v_k(s_k, u_k)$，$f_{k-1}(x-y) = f_{k-1}(s_{k-1})$，那么依据题意，求 $f_4(60)$。

第 1 阶段：求 $f_1(x)$。显然有 $f_1(x) = g_1(x)$，得表 5-2。

表 5-2

投资/万元 利润/万元	0	10	20	30	40	50	60
$f_1(x) = g_1(x)$	0	20	50	65	80	85	85
最优策略	0	10	20	30	40	50	60

第 2 阶段：求 $f_2(x)$。此时需考虑第 1 个分厂和第 2 个如何进行投资分配，以取得最大的总利润。

$$f_2(60) = \max_{y=0,10,\cdots,60} \{g_2(y) + f_1(60-y)\}$$

$$= \max \begin{Bmatrix} g_2(0) + f_1(60) \\ g_2(10) + f_1(50) \\ g_2(20) + f_1(40) \\ g_2(30) + f_1(30) \\ g_2(40) + f_1(20) \\ g_2(50) + f_1(10) \\ g_2(60) + f_1(0) \end{Bmatrix} = \max \begin{Bmatrix} 0+85 \\ 20+85 \\ 40+80 \\ 50+65 \\ 55+50 \\ 60+20 \\ 65+0 \end{Bmatrix} = 120$$

最优策略为 $(40,20)$,即第一个分厂投资 40 万元,第二个分厂投资 20 万元,此时最大利润为 120 万元。

同理可求得其他 $f_2(x)$ 的值。

$$f_2(50) = \max_{y=0,10,\cdots,50} \{g_2(y) + f_1(50-y)\} = \max \begin{Bmatrix} g_2(0) + f_1(50) \\ g_2(10) + f_1(40) \\ g_2(20) + f_1(30) \\ g_2(30) + f_1(20) \\ g_2(40) + f_1(10) \\ g_2(50) + f_1(0) \end{Bmatrix} = 105$$

最优策略为 $(30,20)$,此时最大利润为 105 万元。

$$f_2(40) = \max_{y=0,10,\cdots,40} \{g_2(y) + f_1(40-y)\} = 90$$

最优策略为 $(20,20)$,此时最大利润为 90 万元。

$$f_2(30) = \max_{y=0,10,20,30} \{g_2(y) + f_1(30-y)\} = 70$$

最优策略为 $(20,10)$,此时最大利润为 70 万元。

$$f_2(20) = \max_{y=0,10,20} \{g_2(y) + f_1(20-y)\} = 50$$

最优策略为 $(20,0)$,此时最大利润为 50 万元。

$$f_2(10) = \max_{y=0,10} \{g_2(y) + f_1(10-y)\} = 20$$

最优策略为 $(10,0)$ 或 $(0,10)$,此时最大利润为 20 万元。

$f_2(0)=0$。最优策略为 $(0,0)$,最大利润为 0 万元。由此可以得到表 5-3。

表 5-3

投资/万元 利润/万元	0	10	20	30	40	50	60
$f_2(x)=g_2(y)+f_1(x-y)$	0	20	50	70	90	105	120
最优策略	(0,0)	(10,0)或(0,10)	(20,0)	(20,10)	(20,20)	(30,20)	(40,20)

第 3 阶段:求 $f_3(x)$。此时需考虑第 1 个~第 3 个分厂如何进行投资分配,以取得最大的总利润。

$$f_3(60) = \max_{y=0,10,\cdots,60} \{g_3(y) + f_2(60-y)\}$$

$$= \max \begin{Bmatrix} g_3(0) + f_2(60) \\ g_3(10) + f_2(50) \\ g_3(20) + f_2(40) \\ g_3(30) + f_2(30) \\ g_3(40) + f_2(20) \\ g_3(50) + f_2(10) \\ g_3(60) + f_2(0) \end{Bmatrix} = \max \begin{Bmatrix} 0 + 120 \\ 25 + 105 \\ 60 + 90 \\ 85 + 70 \\ 100 + 50 \\ 110 + 20 \\ 115 + 0 \end{Bmatrix} = 155$$

最优策略为 $(20, 10, 30)$，最大利润为 155 万元。

同理可求得其他 $f_3(x)$ 的值，得到表 5-4。

表 5-4

利润/万元 \ 投资/万元	0	10	20	30	40	50	60
$f_3(x) = g_3(y) + f_2(x-y)$	0	25	60	85	110	135	155
最优策略	(0,0,0)	(0,0,10)	(0,0,20)	(0,0,30)	(20,0,20)	(20,0,30)	(20,10,30)

第 4 阶段：求 $f_4(60)$，即问题的最优策略。

$$f_4(60) = \max_{y=0,10,\cdots,60} \{g_4(y) + f_3(60-y)\}$$

$$= \max \begin{Bmatrix} g_4(0) + f_3(60) \\ g_4(10) + f_3(50) \\ g_4(20) + f_3(40) \\ g_4(30) + f_3(30) \\ g_4(40) + f_3(20) \\ g_4(50) + f_3(10) \\ g_4(60) + f_3(0) \end{Bmatrix} = \max \begin{Bmatrix} 0 + 155 \\ 25 + 135 \\ 40 + 110 \\ 50 + 85 \\ 60 + 60 \\ 65 + 25 \\ 70 + 0 \end{Bmatrix} = 160$$

最优策略为 $(20, 0, 30, 10)$，最大利润为 160 万元。

值得注意的是，资源分配问题同样可以利用逆推法来进行求解，下面先举一个同样是离散型的例子来进行说明。

例 5.4 公司有资金 8 万元，投资于 A、B、C 3 个项目，单位投资为 2 万元。每个项目的投资效益与投入该项目的资金有关。3 个项目 A、B、C 的投资效益（万元）和投入资金（万元）的关系见表 5-5。求对 3 个项目的最优投资分配，使总投资效益最大。

表 5-5

投入资金/万元 \ 项目	A	B	C
2	8	9	10
4	15	20	28
6	30	35	35
8	38	40	43

解：阶段 k：每投资一个项目作为一个阶段，$k=1,2,3,4$，$k=4$ 为虚设的阶段。

状态变量 s_k：投资第 k 个项目到第 3 个项目的资金数。

决策变量 $u_k(s_k)$：第 k 个项目的投资额。

决策允许集合：$0 \leqslant u_k(s_k) \leqslant s_k$。

状态转移方程：$s_{k+1}=s_k-u_k(s_k)$。

阶段指标：$v_k(s_k,u_k)$，见表 5-5 中的数据。

递推方程：$f_k(s_k)=\max\{v_k(s_k,u_k)+f_{k+1}(s_{k+1})\}$。

终端条件：$f_4(s_4)=0$。

数学模型为

$$\begin{cases} f_k(s_k)=\max\{v_k(s_k,u_k)+f_{k+1}(s_{k+1})\}, & k=1,2,\cdots,n \\ f_4(s_4)=0 \\ s_{k+1}=s_k-u_k(s_k) \\ u_k=0,2,4,6,8, k=1,2,3 \end{cases}$$

令 $f_k(s_k)$ 为以数量为 s_k 的资金投资给后 k 个项目所得到的最大效益值，$u_k(s_k)$ 为分给第 k 个项目的资金。则依据题意，求 $f_1(8)$。

$k=4$，终端条件 $f_4(s_4)=0$。

$k=3$，$0 \leqslant u_3(s_3) \leqslant s_3$，$s_4=s_3-u_3(s_3)$，计算过程见表 5-6。表 5-6 的最优决策说明将剩余资金全部投入项目 C。

表 5-6

状态 s_3	决策 $u_3(s_3)$	状态转移方程 $s_4=s_3-u_3(s_3)$	阶段指标 $v_3(s_3,u_3(s_3))$	过程指标 $v_3(s_3,u_3(s_3))+f_4(s_4)$	最优指标 $f_3(s_3)$	最优决策 u_3^*
0	0	0	0	0	0	0
2	0	2	0	0	10	2
	2	0	10	10+0=10*		
4	0	4	0	0	28	4
	2	2	10	10+0=10		
	4	0	28	28+0=28*		
6	0	6	0	0	35	6
	2	4	10	10+0=0		
	4	2	28	28+0=0		
	6	0	35	35+0=35*		
8	0	8	0	0	43	8
	2	6	10	10+0=10		
	4	4	28	28+0=28		
	6	2	35	35+0=35		
	8	0	43	43+0=43*		

$k=2, 0 \leqslant u_2(s_2) \leqslant s_2, s_3 = s_2 - u_2(s_2)$,计算过程见表 5-7。

表 5-7

s_2	$u_2(s_2)$	$s_3=s_2-u_2(s_2)$	$v_2(s_2,u_2(s_2))$	$f_3(s_3)$	$v_2(s_2,u_2(s_2))+f_3(s_3)$	$f_2(s_2)$	u_2^*
0	0	0	0	0	0	0	0
2	0	2	0	10	0+10=10*	10	0
	2	0	9	0	9+0=9		
4	0	4	0	28	0+28=28*	28	0
	2	2	9	10	9+10=19		
	4	0	20	0	20+0=20		
6	0	6	0	35	0+35=35	37	2
	2	4	9	28	9+28=37*		
	4	2	20	10	20+10=30		
	6	0	35	0	35+0=35		
8	0	8	0	43	0+43=43	48	4
	2	6	9	35	9+35=44		
	4	4	20	28	20+28=48*		
	6	2	35	10	35+10=45		
	8	0	40	0	40+0=40		

$k=1, 0 \leqslant u_1(s_1) \leqslant s_1, s_2 = s_1 - u_1(s_1)$,第 1 阶段为开始投资项目 A,有资金 8 万元,计算过程见表 5-8。

表 5-8

s_1	$u_1(s_1)$	$s_2=s_1-u_1(s_1)$	$v_1(s_1,u_1(s_1))$	$f_2(s_2)$	$v_1(s_1,u_1(s_1))+f_2(s_2)$	$f_1(s_1)$	u_1^*
8	0	8	0	48	0+48=48*	48	0
	2	6	8	37	8+37=45		
	4	4	15	28	15+28=43		
	6	2	30	10	30+10=40		
	8	0	38	0	38+0=38		

最优解为 $s_1=8, u_1^*=0, s_2=8, u_2^*=4, s_3=4, u_3^*=4, s_4=0$。最优投资策略为:项目 A 不投资,项目 B 投资 4 万元,项目 C 投资 4 万元,最大投资效益为 48 万元。

以上例子是决策变量取离散值的一类分配问题。在实际中,如销售店分配问题、投资分配问题、货物分配问题等,都属于这类分配问题。这种只将资源合理分配而不考虑回收的问题,又称为**资源平行分配问题**。

在资源分配问题中,还有一类要考虑资源回收利用的问题,这类问题中的决策变量为连续值,故称为**资源连续分配问题**。这类分配问题一般叙述如下。

设有数量为 s_1 的某种资源,可投入生产 A 和 B 两种产品。第一年若以数量 u_1 投入生产 A,剩下的 $s_1 - u_1$ 就投入生产 B,可得收入为

$$g(u_1) + h(s_1 - u_1)$$

其中,$g(\cdot)$ 和 $h(\cdot)$ 为已知函数,且 $g(0) = h(0) = 0$。这种资源投入 A、B 生产后,年终还可回收再投入生产。设年回收率分别为 $0 < a < 1$ 和 $0 < b < 1$,则在第一年生产后,回收的资源数量合计为

$$s_2 = au_1 + b(s_1 - u_1)$$

第二年再将资源数量 s_2 中的 u_2 和 $s_2 - u_2$ 分别再投入生产 A 和 B,则第二年又可得到的收入为

$$g(u_2) + h(s_2 - u_2)$$

如此继续进行 n 年,试问:应当如何决定每年投入 A 生产的资源量 u_1、u_2、$\cdots$、u_n,才能使总的收入最大?

此问题写成静态规划问题为

$$\max z = \sum_{i=1}^{n} [g(u_i) + h(s_i - u_i)]$$

$$\begin{cases} s_{i+1} = au_i + b(s_i - u_i), & i = 1, 2, \cdots, n \\ 0 \leqslant u_i \leqslant s_i, \forall i \end{cases}$$

用动态规划方法求解的思路如下:设 s_k 为状态变量,表示在第 k 阶段(第 k 年)可投入生产 A 和 B 两种产品的资源量。u_k 为决策变量,表示在第 k 阶段(第 k 年)用于生产 A 的资源量,则 $s_k - u_k$ 为用于生产 B 的资源量。状态转移方程为

$$s_{k+1} = au_k + b(s_k - u_k)$$

最优值函数 $f_k(s_k)$ 表示有资源 s_k,从第 k 阶段至第 n 阶段采取最优分配方案进行生产后所得到的最大总收入。因此可以写出动态规划的逆推关系式为

$$\begin{cases} f_n(s_n) = \max_{0 \leqslant u_n \leqslant s_n} \{g(u_n) + h(s_n - u_n)\} \\ f_k(s_k) = \max_{0 \leqslant u_k \leqslant s_k} \{g(u_k) + h(s_k - u_k) + f_{k+1}[au_k + b(s_k - u_k)]\}, \quad k = n-1, \cdots, 2, 1 \end{cases}$$

最后求出的 $f_1(s_1)$ 即为所求问题的最大收入。

例 5.5 机器负荷分配问题。 某种机器可在高低两种不同的负荷下进行生产。设机器在高负荷下生产的产量函数为 $g = 8u_1$,其中 u_1 为投入生产的机器数量,年完好率 $a = 0.7$;在低负荷下生产的产量函数为 $h = 5y$,其中 y 为投入生产的机器数量,年完好率为 $b = 0.9$。假定开始生产时完好机器的数量 $s_1 = 1000$。试问每年如何安排机器在高、低负荷下的生产,使在 5 年内生产的产品总产量最高。

解: 设阶段序数 k 表示年度;状态变量 s_k 为第 k 年度初拥有的完好机器数量,同时也是第 $k-1$ 年度末时的完好机器数量。

决策变量 u_k 为第 k 年度中分配高负荷下生产的机器数量,则该年度中分配在低负荷下生产的机器数量为 $s_k - u_k$。

这里 s_k 和 u_k 均取连续变量,它们的非整数值可以这样理解,如果 $s_k=0.6$,就表示一台机器在 k 年度中正常工作时间只占 $6/10$;$u_k=0.3$ 就表示一台机器在该年度只有 $3/10$ 的时间能在高负荷下工作。

状态转移方程为

$$s_{k+1} = au_k + b(s_k - u_k) = 0.7u_k + 0.9(s_k - u_k), \quad k = 5, 4, 3, 2, 1$$

k 段允许决策集合为

$$D_k(s_k) = \{u_k \mid 0 \leqslant u_k \leqslant s_k\}$$

设 $v_k(s_k, u_k)$ 为第 k 年度的产量,则

$$v_k = 8u_k + 5(s_k - u_k)$$

因此,指标函数为

$$V_{1,5} = \sum_{k=1}^{5} v_k(s_k, u_k)$$

令最优值函数 $f_k(s_k)$ 表示由资源量 s_k 出发,从第 k 年开始到第 5 年结束时所生产的产品的总产量最大值,则有逆推关系式

$$\begin{cases} f_6(s_6) = 0 \\ f_k(s_k) = \max_{u_k \in D_k(s_k)} \{8u_k + 5(s_k - u_k) + f_{k+1}[0.7u_k + 0.9(s_k - u_k)]\}, \quad k = 5, 4, 3, 2, 1 \end{cases}$$

采用逆推法,从第 5 年度开始向前逆推计算。

当 $k=5$ 时,有

$$f_5(s_5) = \max_{0 \leqslant u_5 \leqslant s_5} \{8u_5 + 5(s_5 - u_5) + f_6[0.7u_5 + 0.9(s_5 - u_5)]\}$$

$$= \max_{0 \leqslant u_5 \leqslant s_5} \{8u_5 + 5(s_5 - u_5)\} = \max_{0 \leqslant u_5 \leqslant s_5} \{3u_5 + 5s_5\}$$

由于 f_5 是 u_5 的线性单调增函数,所以当 $u_5^* = s_5$ 时,相应地有最大值 $f_5(s_5) = 8s_5$。

当 $k=4$ 时,有

$$f_4(s_4) = \max_{0 \leqslant u_4 \leqslant s_4} \{8u_4 + 5(s_4 - u_4) + f_5[0.7u_4 + 0.9(s_4 - u_4)]\}$$

$$= \max_{0 \leqslant u_4 \leqslant s_4} \{8u_4 + 5(s_4 - u_4) + 8[0.7u_4 + 0.9(s_4 - u_4)]\}$$

$$= \max_{0 \leqslant u_4 \leqslant s_4} \{1.4u_4 + 12.2s_4\}$$

故得最大解 $u_4^* = s_4$,相应地有 $f_4(s_4) = 13.6s_4$。

当 $k=3$ 时,有

$$f_3(s_3) = \max_{0 \leqslant u_3 \leqslant s_3} \{8u_3 + 5(s_3 - u_3) + f_4[0.7u_3 + 0.9(s_3 - u_3)]\}$$

$$= \max_{0 \leqslant u_3 \leqslant s_3} \{8u_3 + 5(s_3 - u_3) + 13.6[0.7u_3 + 0.9(s_3 - u_3)]\}$$

$$= \max_{0 \leqslant u_3 \leqslant s_3} \{0.28u_3 + 17.24s_3\}$$

所以有最大解 $u_3^* = s_3$,相应地 $f_3(s_3) = 17.52s_3$。

当 $k=2$ 时有

$$f_2(s_2) = \max_{0 \leqslant u_2 \leqslant s_2} \{8u_2 + 5(s_2 - u_2) + f_3[0.7u_2 + 0.9(s_2 - u_2)]\}$$

$$= \max_{0\leqslant u_2\leqslant s_2} \{8u_2 + 5(s_2 - u_2) + 17.52[0.7u_2 + 0.9(s_2 - u_2)]\}$$

$$= \max_{0\leqslant u_2\leqslant s_2} \{-0.502u_2 + 20.768s_2\}$$

所以当 $u_2^* = 0$ 时有最大值 $f_2(s_2) = 20.7688s_2$。

当 $k=1$ 时有

$$f_1(s_1) = \max_{0\leqslant u_1\leqslant s_1} \{8u_1 + 5(s_1 - u_1) + f_2[0.7u_1 + 0.9(s_1 - u_1)]\}$$

$$= \max_{0\leqslant u_1\leqslant s_1} \{8u_1 + 5(s_1 - u_1) + 20.768[0.7u_1 + 0.9(s_1 - u_1)]\}$$

$$= \max_{0\leqslant u_1\leqslant s_1} \{-1.1536u_1 + 23.6912s_1\}$$

当 $u_1^* = 0$ 时得最大值 $f_1(s_1) = 23.6912s_1$。

由于 $s_1 = 1000$，所以 $f_1(s_1) = 23.6912s_1 = 23691.2$。

计算结果表明，最优策略为 $u_1^* = 0, u_2^* = 0, u_3^* = s_3, u_4^* = s_4, u_5^* = s_5$，即前两年应把年初全部完好机器投入低负荷生产，后三年应把年初全部完好机器投入高负荷生产，这样所得的产量最高，总计为 23 691.2。

在得到整个问题的最优指标函数值和最优策略后，还需反过来确定每年年初的机器状态，即从始端向终端递推计算出每年年初完好机器数。已知 $s_1 = 1000$ 台，则可得

$$s_2 = 0.7u_1^* + 0.9(s_1 - u_1^*) = 0.9s_1 = 900(台)$$
$$s_3 = 0.7u_2^* + 0.9(s_2 - u_2^*) = 0.9s_2 = 810(台)$$
$$s_4 = 0.7u_3^* + 0.9(s_3 - u_3^*) = 0.7s_3 = 567(台)$$
$$s_5 = 0.7u_4^* + 0.9(s_4 - u_4^*) = 0.7s_4 = 396.9(台)$$
$$s_6 = 0.7u_5^* + 0.9(s_5 - u_5^*) = 0.7s_5 = 277.83(台)$$

下面，采用 LINGO 程序来进行求解。该问题的静态规划模型为

$$\max z = \sum_{i=1}^{5}[8u_i + 5(s_i - u_i)]$$

$$\begin{cases} s_{i+1} = 0.7u_i + 0.9(s_i - u_i), & i = 1,2,3,4,5 \\ s_1 = 1000 \\ 0 \leqslant u_i \leqslant s_i, & i = 1,2,3,4,5 \end{cases}$$

由此，可以写出如下 LINGO 程序：

```
MODEL:
1] sets:
2]   stages/1..6/: s;
3]   years/1..5/: u;
4] endsets
5] data:
6]   a=0.7;
7]   b=0.9;
8] enddata
9] !目标函数;
```

```
10]  max=@sum(years(i):8*u(i)+5*(s(i)-u(i)));
11]  !约束条件;
12]   s(1)=1000;
13]  @for(stages(j)|j #ge#2:s(j)=a*u(j-1)
     +b*(s(j-1)-u(j-1)));
14]  @for(years(i):u(i)<=s(i));
END
```

计算的结果如下:

```
Global optimal solution found.
Objective value:                  23691.20
Total solver iterations:                 3
        Variable      Value      Reduced Cost
          s(1)      1000.000       0.000000
          s(2)      900.0000       0.000000
          s(3)      810.0000       0.000000
          s(4)      567.0000       0.000000
          s(5)      396.9000       0.000000
          s(6)      277.8300       0.000000
          u(1)      0.000000       1.153600
          u(2)      0.000000       0.5040000
          u(3)      810.0000       0.000000
          u(4)      567.0000       0.000000
          u(5)      396.9000       0.000000
```

从以上的计算结果可以看出,用 LINGO 求解所得最优解和最优值与用动态规划方法求得的结果相同。

上面所讨论的最优策略过程,始端状态 s_1 是固定的,终端状态 s_6 是自由的。由此所得出的最优策略称为始端固定终端自由的最优策略,实现的是 5 年里的产品总产量最高。如果在终端也附加一定的约束条件,如规定在第 5 年度结束时,完好的机器数量为 500 台(上面只有 277.83 台),问如何安排生产才能在满足这一终端要求的情况下产量最高? 作为练习,读者可以用动态规划的方法进行求解。

如果采用 LINGO 程序进行求解,则只要在以上的程序清单中的第 12 行之后增加一条约束,即增加语句

$$s(6) = 500;$$

LINGO 求解的结果如下:

```
Global optimal solution found.
Objective value:                  21832.85
Total solver iterations:                 2
        Variable      Value      Reduced Cost
          s(1)      1000.000       0.000000
          s(2)      900.0000       0.000000
          s(3)      810.0000       0.000000
```

s(4)	729.0000	0.000000
s(5)	656.1000	0.000000
s(6)	500.0000	0.000000
u(1)	0.000000	2.407300
u(2)	0.000000	1.897000
u(3)	0.000000	1.330000
u(4)	0.000000	0.7000000
u(5)	452.4500	0.000000

即在前 4 年将完好机器全部在低负荷状态下运行,第 5 年年初将 656.1 台完好的机器中的 452.45 台用于高负荷生产,其他的机器在低负荷状态下生产,则在第 5 年末完好的机器数为 500 台,最优的总产量为 21 832.85。

5.5 背包问题

有一个徒步旅行者,其可携带物品质量的限度为 a kg,设有 n 种物品可供他选择装入包中。已知每种物品的质量及使用价值(作用)如表 5-9 所示,问此人应如何选择携带的物品(各几件),使所起作用(使用价值)最大?

表 5-9

物 品	1	2	⋯	j	⋯	n
质量/千克/件	a_1	a_2		a_j		a_n
每件使用价值	c_1	c_2		c_j		c_n

这就是背包问题。类似的还有工厂里的下料问题、运输中的货物装载问题、人造卫星内的物品装载问题等。

设 x_j 为第 j 种物品的装件数(非负整数),则问题的数学模型如下:

$$\max Z = \sum_{j=1}^{n} c_j x_j$$

$$\text{s.t.} \begin{cases} \sum_{j=1}^{n} a_j x_j \leqslant a \\ x_j \geqslant 0 \text{ 且为整数} \quad (j=1,2,\cdots,n) \end{cases}$$

利用顺推法求解时动态规划的有关要素如下:

阶段 k:第 k 次装载第 k 种物品($k=0,1,2,3,\cdots,n$)。

状态变量 s_k:用于装载第 1 种到第 k 种物品的总质量(或体积)。

决策变量 $u_k(s_k)$:第 k 次装载第 k 种物品的件数,此问题中即为 x_k。

决策允许集合:$\boldsymbol{D}_k(s_k) = \{d_k | 0 \leqslant x_k \leqslant s_k/a_k, x_k \text{ 为整数}\}$。

状态转移方程:$s_{k+1} = s_k + a_{k+1} x_{k+1}$。

阶段指标:$v_k = c_k x_k$。

终端条件:$f_0(s_0) = 0$。

递推方程:

$$f_k(s_k) = \max\{c_k x_k + f_{k-1}(s_{k-1})\} = \max\{c_k x_k + f_{k-1}(s_k - a_k x_k)\}$$

根据该类问题的背景,令 $f_k(y)$ 为总质量不超过 y kg,包中只装有前 k 种物品时的最大使用价值。其中 $y \geqslant 0, k=1,2,\cdots,n$。所以问题就是求 $f_n(a)$,其递推关系式为

$$f_k(y) = \max_{0 \leqslant x_k \leqslant \frac{y}{a_k}} \{c_k x_k + f_{k-1}(y - a_k x_k)\}, \quad 2 \leqslant k \leqslant n$$

当 $k=1$ 时,有:

$$f_1(y) = c_1\left(\frac{y}{a_1}\right), \quad x_1 = \left(\frac{y}{a_1}\right)$$

其中,$\left(\frac{y}{a_1}\right)$ 表示不超过 $\frac{y}{a_1}$ 的最大整数。

例 5.6 求表 5-10 所示背包问题的最优解(其中,背包的总容量为 $a=5$)。

表 5-10

物品	1	2	3
质量/千克/件	3	2	5
每件使用价值	8	5	12

解:此问题的数学模型可表示为

$$\max Z = 8x_1 + 5x_2 + 12x_3$$

$$\text{s. t.} \begin{cases} 3x_1 + 2x_2 + 5x_3 \leqslant 5 \\ x_1, x_2, x_3 \geqslant 0 \text{ 且为整数} \end{cases}$$

$a=5$,问题是求 $f_3(5)$。

$$f_3(5) = \max_{\substack{0 \leqslant x_3 \leqslant \frac{5}{a_3} \\ x_3 \text{整数}}} \{12x_3 + f_2(5 - 5x_3)\} = \max_{\substack{0 \leqslant x_3 \leqslant \frac{5}{5} \\ x_3 \text{整数}}} \{12x_3 + f_2(5 - 5x_3)\}$$

$$= \max_{x_3 = 0,1} \{12x_3 + f_2(5 - 5x_3)\} = \max\left\{\underset{(x_3=0)}{0 + f_2(5)}, \quad \underset{(x_3=1)}{12 + f_2(0)}\right\}$$

$$f_2(5) = \max_{\substack{0 \leqslant x_2 \leqslant \frac{5}{a_2} \\ x_2 \text{整数}}} \{5x_2 + f_1(5 - 2x_2)\} = \max_{\substack{0 \leqslant x_2 \leqslant \frac{5}{2} \\ x_2 \text{整数}}} \{5x_2 + f_1(5 - 2x_2)\}$$

$$= \max_{x_2 = 0,1,2} \{5x_2 + f_1(5 - 2x_2)\} = \max\left\{\underset{(x_2=0)}{0 + f_1(5)}, \quad \underset{(x_2=1)}{5 + f_1(3)}, \quad \underset{(x_2=2)}{10 + f_1(1)}\right\}$$

$$f_2(0) = \max_{\substack{0 \leqslant x_2 \leqslant \frac{0}{a_2} \\ x_2 \text{整数}}} \{5x_2 + f_1(0 - 2x_2)\} = \max_{\substack{0 \leqslant x_2 \leqslant \frac{0}{2} \\ x_2 \text{整数}}} \{5x_2 + f_1(0 - 2x_2)\}$$

$$= \max_{x_2 = 0} \{5x_2 + f_1(0 - 2x_2)\} = \max\left\{\underset{(x_2=0)}{0 + f_1(0)}\right\} = f_1(0)$$

$$f_1(5) = c_1 x_1 = 8 \times \left[\frac{5}{3}\right] = 8 \quad (x_1 = 1)$$

$$f_1(3) = c_1 x_1 = 8 \times \left[\frac{3}{3}\right] = 8 \quad (x_1 = 1)$$

$$f_1(1) = c_1 x_1 = 8 \times \left[\frac{1}{3}\right] = 0 \quad (x_1 = 0)$$

$$f_1(0) = c_1 x_1 = 8 \times \left[\frac{0}{3}\right] = 0 \quad (x_1 = 0)$$

所以

$$f_2(5) = \max \left\{ \underset{(x_2=0)}{0 + f_1(5)}, \quad \underset{(x_2=1)}{5 + f_1(3)}, \quad \underset{(x_2=2)}{10 + f_1(1)} \right\}$$

$$= \max \{8, \ 5+8, \ 10\} = 13 \quad (x_1 = 1, x_2 = 1)$$

$$f_2(0) = \max \left\{ \underset{(x_2=0)}{0 + f_1(0)} \right\} = f_1(0) = 0 \quad (x_1 = 0, x_2 = 0)$$

最终得到

$$f_3(5) = \max \left\{ \underset{(x_3=0)}{0 + f_2(5)}, \quad \underset{(x_3=1)}{12 + f_2(0)} \right\} = \max \{0 + 13, \ 12 + 0\}$$

$$= 13 \quad (x_1 = 1, x_2 = 1, x_3 = 0)$$

所以,最优解为 $\boldsymbol{X}^* = (1,1,0)^{\mathrm{T}}$,即物品 1 和物品 2 各装 1 件,最优值为 $Z^* = 13$。

同样,背包问题也可以用逆推法来进行求解,详见例 5.7。对于背包问题的 LINGO 求解程序请读者自己试着编写,并将 LINGO 计算的结果与以上所得结论进行比较。

例 5.7 用动态规划方法求解下列整数规划:

$$\max Z = 60x_1 + 40x_2 + 60x_3$$

$$\begin{cases} 3x_1 + 2x_2 + 5x_3 \leqslant 10 \\ x_{1-3} \geqslant 0 \text{ 且为整数} \end{cases}$$

解:终端条件:$f_4(s_4) = 0$。

$k = 3$ 时,递推方程为

$$f_3(s_3) = \max_{0 \leqslant x_3 \leqslant s_3/a_3} \{c_3 x_3 + f_4(s_4)\} = \max_{0 \leqslant x_3 \leqslant s_3/5} \{60 x_3\}$$

计算过程如表 5-11 所示。

表 5-11

s_3	$D_3(s_3) = \left\{x_3 \mid \left[\dfrac{s_3}{5}\right]\right\}$	s_4	$60x_3 + f_4(s_4)$	$f_3(s_3)$	x_3^*
0	0	0	0+0=0	0	0
1	0	1	0+0=0	0	0
...	...	...	...	...	0
5	0	5	0+0=0	0	1
	1	0	60+0=60*	60	
...	...	...	...	...	1
10	0	10	0+0=60		2
	1	5	60+0=60	120	
	2	0	120+0=120*		

表 5-11 省略了部分内容,最优决策是:s_3 为 $0\sim4$ 时,$x_3=0$;s_3 为 $5\sim9$ 时,$x_3=1$;$s_3=10$ 时,$x_3=2$。

$k=2$ 时,递推方程为

$$f_2(s_2)=\max_{0\leqslant x_2\leqslant s_2/a_2}\{c_2x_2+f_3(s_3)\}=\max_{0\leqslant x_2\leqslant s_2/2}\{40x_2+f_3(s_2-2x_2)\}$$

$a_2=2$,$D_2(s_2)=\left\{x_2\mid 0\leqslant x_2\leqslant\left[\dfrac{s_2}{2}\right]\right\}$,决策集为 $\{0,1,2,3,4,5\}$。计算过程如表 5-12 所示。

表 5-12

s_2	$D_2(s_2)$	s_3	$40x_2+f_3(s_3)$	$f_2(s_2)$	x_2^*
0	0	0	$0+f_3(0)=0+0=0^*$	0	0
1	0	1	$0+0=0$	0	0
2	0	2	$0+0=0$	40	1
	1	0	$40+0=40^*$		
3	0	3	$0+0=0$	40	1
	1	1	$40+0=40^*$		
4	0	4	$0+0=0$	80	2
	1	2	$40+0=40$		
	2	0	$80+0=80$		
5	0	5	$0+60=60$	80	2
	1	3	$40+0=40$		
	2	1	$80+0=80^*$		
…	…	…	…	…	
10	0	10	$0+120=120$	200	5
	1	8	$40+60=100$		
	2	6	$80+60=140$		
	3	4	$120+0=120$		
	4	2	$160+0=160$		
	5	0	$200+0=200^*$		

第 2 阶段的最优决策如表 5-13 所示。

表 5-13

s_2	0	1	2	3	4	5	6	7	8	9	10
$f_2(s_2)$	0	0	40	40	80	80	120	120	160	160	200
x_2	0	0	1	1	2	2	3	3	4	4	5

$k=1$ 时,递推方程为

$$f_1(s_1) = \max_{0 \leq x_1 \leq s_1/a_1} \{c_1 x_1 + f_2(s_2)\} = \max_{0 \leq x_1 \leq s_1/3} \{60 x_1 + f_2(s_1 - 3 x_1)\}$$

$s_1 = 10, a_1 = 3, D_1(s_1) = \{0,1,2,3\}$,计算结果见表 5-14。

表 5-14

s_1	$D_1(s_1)$	s_2	$60 x_1 + f_2(s_2)$	$f_1(s_1)$	x_1^*
10	0	10	$0 + f_2(10) = 0 + 200 = 200^*$	200	0, 2
	1	7	$60 + 120 = 180$		
	2	4	$120 + 80 = 200^*$		
	3	1	$180 + 0 = 180$		

由表 5-14、表 5-13、表 5-11,得到两个最优解:$\boldsymbol{X}_1 = (0,5,0)^{\mathrm{T}}, \boldsymbol{X}_2 = (2,2,0)^{\mathrm{T}}$,最优解 $Z = 200$。

对于二维背包问题(两个约束)见例 5.8。

例 5.8 用动态规划方法求解下列线性规划:
$$\max Z = 6 x_1 + 5 x_2 + 8 x_3$$
$$\begin{cases} 3 x_1 + 2 x_2 \leq 20 \\ x_1 + 4 x_2 + 4 x_3 \leq 14 \\ x_{1-3} \geq 0 \end{cases}$$

解:首先将该问题转化为动态规划模型。阶段数为变量数 3,决策变量为 x_k,状态变量为第 k 阶段初各约束条件右端常数的剩余值,用 s_{1k} 和 s_{2k} 表示,状态转移方程为
$$s_{1,k+1} = s_{1k} - a_{1k} x_k, \quad s_{2,k+1} = s_{2k} - a_{2k} x_k$$

阶段指标是 $c_k x_k$,递推方程为
$$f_k(s_{1k}, s_{2k}) = \max_{x_k \in D(s_{ik})} \{c_k x_k + f_{k+1}(s_{k+1})\}$$

终端条件 $f_4(s_{14}, s_{24}) = 0$。

$k = 3$ 时,决策变量 x_3 允许集合 $\boldsymbol{D}_3(s_{i3}) = \left\{ x_3 \mid 0 \leq x_3 \leq \min\left(\dfrac{s_{13}}{a_{13}}, \dfrac{s_{23}}{a_{23}}\right) \right\}$

$a_{13} = 0, a_{23} = 4$,有 $\boldsymbol{D}_3(s_{i3}) = \left\{ x_3 \mid 0 \leq x_3 \leq \min \dfrac{s_{23}}{4} \right\}$

$$f_3(s_{13}, s_{23}) = \max_{0 \leq x_3 \leq s_{23}/4} \{c_3 x_3\} = \max_{0 \leq x_3 \leq s_{23}/4} \{8 x_3\} = 2 s_{23} \quad x_3^* = \dfrac{s_{23}}{4}$$

$k = 2$ 时,决策变量 x_2 允许集合 $\boldsymbol{D}_2(s_{i2}) = \left\{ x_2 \mid 0 \leq x_2 \leq \min\left(\dfrac{s_{12}}{a_{12}}, \dfrac{s_{22}}{a_{22}}\right) \right\}$

$a_{12} = 2, a_{22} = 4$,有 $\boldsymbol{D}_2(s_{i2}) = \left\{ x_2 \mid 0 \leq x_2 \leq \min\left(\dfrac{s_{12}}{2}, \dfrac{s_{22}}{4}\right) \right\}$

状态转移方程为 $s_{13} = s_{12} - 2 x_2, s_{23} = s_{22} - 4 x_2$。

$$f_2(s_{12}, s_{22}) = \max_{0 \leq x_2 \leq \min\left\{\frac{s_{12}}{2}, \frac{s_{22}}{4}\right\}} \{c_2 x_2 + f_3(s_{13}, s_{23})\} = \max_{0 \leq x_2 \leq \min\left\{\frac{s_{12}}{2}, \frac{s_{22}}{4}\right\}} \{5 x_2 + 2 s_{23}\}$$
$$= \max_{0 \leq x_2 \leq \min\left\{\frac{s_{12}}{2}, \frac{s_{22}}{4}\right\}} \{5 x_2 + 2(s_{22} - 4 x_2)\}$$

$$= \max_{0 \leqslant x_2 \leqslant \min\left\{\frac{s_{12}}{2}, \frac{s_{22}}{4}\right\}} \{2s_{22} - 3x_2\}$$

$$= 2s_{22} \qquad\qquad x_2^* = 0$$

$k=1$ 时，决策变量 x_1 允许集合

$$\boldsymbol{D}_1(s_{i1}) = \left\{x_1 \mid 0 \leqslant x_1 \leqslant \min\left(\frac{s_{11}}{a_{11}}, \frac{s_{21}}{a_{21}}\right)\right\} = \left\{x_1 \mid 0 \leqslant x_1 \leqslant \min\left(\frac{20}{3}, 14\right)\right\}$$

状态转移方程为

$$s_{12} = s_{11} - 3x_1 = 20 - 3x_1$$

$$s_{22} = s_{21} - x_1 = 14 - x_1$$

$$f_1(s_{11}, s_{21}) = \max_{0 \leqslant x_1 \leqslant \min\left\{\frac{20}{3}, 14\right\}} \{c_1 x_1 + f_2(s_{12}, s_{22})\}$$

$$= \max_{0 \leqslant x_1 \leqslant \min\left\{\frac{20}{3}, 14\right\}} \{6x_1 + 2(14 - x_1)\}$$

$$= \max_{0 \leqslant x_1 \leqslant \min\left\{\frac{20}{3}, 14\right\}} \{4x_1 + 2 \times 14\}$$

$$= \frac{164}{3} \qquad\qquad x_1^* = \frac{20}{3}$$

$x_1 = \frac{20}{3}, s_{12} = 0, s_{22} = 14 - \frac{20}{3} = \frac{22}{3}; x_2 = 0, s_{13} = 0, s_{23} = \frac{22}{3}; x_3 = \frac{s_{23}}{4} = \frac{11}{6}$，最优解为

$$\boldsymbol{X} = \left(\frac{20}{3}, 0, \frac{11}{6}\right)^{\mathrm{T}}, \quad Z = \frac{164}{3}$$

引用例 5.8 的求解思路，加上变量取整数约束，可求解同时具有质量和体积限制的二维背包问题。

*5.6 排 序 问 题

5.6.1 $n \times 1$ 排序问题

$n \times 1$ 排序问题即 n 种零件经过 1 种设备进行加工，已知每种零件的加工时间和交货日期，如何安排加工顺序才能使：①平均通过设备的时间最小？②所有零件均能按时交货？③既能满足交货时间，又使平均通过时间最小？

例 5.9 有 5 种零件需要在同一台机器上加工，每种零件的加工时间和需要交货的时间如表 5-15 所示。

表 5-15

零件代号	j_1	j_2	j_3	j_4	j_5
加工时间(t)	3	7	1	5	4
交货日期(d)	23	20	8	6	14

1. 平均通过设备的时间最小

按零件加工时间非负次序排列顺序，其时间最小，即将加工时间由小到大排列即可。各

零件的加工顺序如图 5-4 所示。

零件加工顺序	j_3	j_1	j_5	j_4	j_2
工序时间	1	3	4	5	7
实际通过时间	1	4	8	13	20
交货时间	8	23	14	6	20

图 5-4

其中，某零件实际通过设备的时间＝前面加工的零件实际通过时间＋该零件的加工时间。

平均通过时间＝各零件实际通过时间之和/零件数

延迟交货时间＝max{各零件实际通过时间－交货时间, 0}

因此，本例中

平均通过时间＝(1＋4＋8＋13＋20)/5＝9.2

延迟交货时间＝max{1－8, 4－23, 8－14, 13－6, 20－20}＝7

2. 按时交货排列顺序

如果要求按时交货，则零件的加工顺序可按交货时间从小到大的顺序对零件进行加工。如例 5.9，满足按时交货要求的加工顺序如图 5-5 所示。

零件加工顺序	j_4	j_3	j_5	j_2	j_1
工序时间	5	1	4	7	3
实际通过时间	5	6	10	17	20
交货时间	6	8	14	20	23

图 5-5

平均通过时间＝(5＋6＋10＋17＋20)/5＝11.6

延迟时间＝max{5－6, 6－8, 10－4, 17－20, 20－23, 0}＝0

3. 既满足交货时间，又使平均通过时间最小

首先按照"平均通过设备的时间最小"的排序方法进行排序，如果出现不满足按时交货的工序，则与其前一工序的顺序对调，直到所有零件均满足按时交货时间为止。例 5.9 的"既满足交货时间又使平均通过时间最小"的排序如图 5-6 所示。

延迟时间＝max{1－8, 6－6, 9－23, 13－14, 20－20, 0}＝0

平均通过时间＝(20＋13＋9＋6＋1)/5＝9.8

5.6.2 $n \times 2$ 排序问题

设有 n 个工件需要在机床 A 和 B 上加工，每个工件都必须经过先 A 而后 B 的两道加

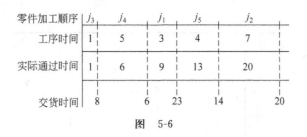

图 5-6

工工序(见图 5-7)。以 a_i、b_i 分别表示工件 $i(1\leqslant i\leqslant n)$ 在 A、B 上的加工时间。问如何在两机床上安排各工件加工的顺序,使在机床 A 上加工第一个工件开始到在机床 B 上将最后一个工件加工完为止,所用的加工总时间最少?

加工工件在机床 A、B 上都有加工顺序问题,它们在 A、B 上加工工件的顺序是可以不同的。当机床 B 上的加工顺序与机床 A 不同时,意味着在机床 A 上加工完毕的某些工件,不能在 B 上立即加工,而是要等到另一个或一些工件

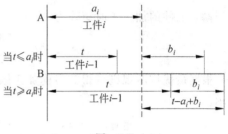

图 5-7

加工完毕后才能加工。这样,使机床 B 的等待加工时间加长,从而使总的加工时间加长了。

可以证明:最优加工顺序在两台机床上可同时产生。因此,最优排序方案只能在机床 A、B 上加工顺序相同的排序中去寻找。即便如此,所有可能的方案仍有 $n!$ 个,用穷举法是不现实的。用动态规划方法解决同顺序两台机床加工 n 个工件的排序问题,可以得到最优排序的规则如下。

(1) 先作工件的加工时间的工时矩阵

$$M = \begin{bmatrix} a_1 & a_2 & \cdots & a_n \\ b_1 & b_2 & \cdots & b_n \end{bmatrix}$$

(2) 在工时矩阵 M 中找出最小元素(若最小元素不止一个,可任选其一);若它在上行,则将相应的工件排在最前位置加工;若它在下行,则将相应的工件排在最后位置。

(3) 将排定位置的工件所对应的列从 M 中划掉,然后对余下的工件重复按(2)进行。但那时的最前位置(或最后位置)是在已排定位置的工件之后(或之前)。如此进行下去,直至把所有工件都排完为止。

这个同顺序两台机床加工 n 个工件的最优排序规则是 Johnson 在 1954 年提出的。概括起来说,它的基本思路是尽量减少在机床 B 上等待加工的时间。因此,把在机床 B 上加工时间长的工件先加工,在 B 上加工时间短的工件后加工。总的加工周期 $T = \sum t_{A_i} + t_{B_小}$。

例 5.10 有 5 个工件需在机床 A 和 B 上加工,加工的顺序是先 A 后 B,每个工件所需加工时间(单位:h)如表 5-16 所示。问如何安排加工顺序,使机床连续加工完所有工件的加工总时间最少?并求出总加工时间。

表 5-16

加工时间 机床 工件号码	A	B
1	3	6
2	7	2
3	4	7
4	5	3
5	7	4

解：工件的加工工时矩阵为

$$M = \begin{bmatrix} 3 & 7 & 4 & 5 & 7 \\ 6 & 2 & 7 & 3 & 4 \end{bmatrix}$$

根据最优排序规则可得到最优加工顺序为 1→3→5→4→2。工件加工示意图如图 5-8 所示。

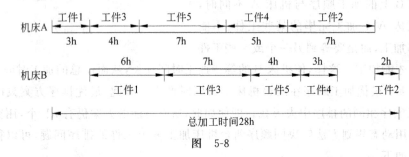

图 5-8

总加工时间为 $T = t_{A_1} + t_{A_3} + t_{A_5} + t_{A_4} + t_{A_2} + t_{B_2} = 28(h)$。

5.6.3 $n \times 3$ 排序问题

有 n 种零件需要经过 A、B、C 3 种设备进行加工，问如何安排加工顺序，才能使得所有的零件在所有设备上均加工完所使用的总时间最小？

对于 $n \times 3$ 排序问题，可以参照 $n \times 2$ 排序问题的思路，将 A、B 和 B、C 分别组合起来，形成一个 $n \times 2$ 排序问题，然后按照 $n \times 2$ 排序问题的排序方法进行。下面以例子来说明 $n \times 3$ 排序问题的排序方法。

例 5.11 有 5 种零件需要经过 A、B、C 3 种设备加工，各设备的加工时间（单位：h）如表 5-17 所示。问如何安排加工顺序，使设备连续加工完所有零件的加工总时间最少？并求出总加工时间。

表 5-17

加工时间 设备 零件号码	A	B	C
1	10	3	9
2	7	5	3

续表

加工时间\设备 零件号码	A	B	C
3	8	6	4
4	6	4	3
5	6	5	8

解：对以上的表做变换得表 5-18，将问题转换为 $n \times 2$ 排序问题。

表 5-18

加工时间\设备 零件号码	A+B	B+C
1	10+3	3+9
2	7+5	5+3
3	8+6	6+4
4	6+4	4+3
5	6+5	5+8

零件加工工时矩阵为

$$M = \begin{bmatrix} 13 & 12 & 14 & 10 & 11 \\ 12 & 8 & 10 & 7 & 13 \end{bmatrix}$$

根据最优排序规则可得到最优加工顺序为 5→1→3→2→4。

总加工时间的计算规则如下：

$$\text{当 } \min\{t_{A_i}\} \geqslant \max\{t_{B_i}\} \text{ 时}, T = \sum t_{A_i} + t_{(B+C)_{\text{小}}}$$

$$\text{当 } \min\{t_{C_i}\} \geqslant \max\{t_{B_i}\} \text{ 时}, T = \sum t_{C_i} + t_{(A+B)_{\text{小}}}$$

所以，本例总加工时间 $T = \sum t_{A_i} + t_{(B+C)_{\text{小}}} = 6 + 10 + 8 + 7 + 6 + (4+3) = 44$。

动态规划方法的应用非常广泛，例如，在其他教材中还介绍了利用动态规划方法求解生产与存储问题、复合系统工作可靠性问题、设备更新问题等。有关这些问题的动态规划求解方法，感兴趣的读者可以参阅其他文献。

练 习 题

5.1 用递推方法求解下列非线性规划问题。

(1) $\max Z = 4x_1 + 9x_2 + 2x_3^2$

s.t. $\begin{cases} x_1 + x_2 + x_3 = 10 \\ x_1, x_2, x_3 \geqslant 0 \end{cases}$

(2) $\min Z = 3x_1^3 - 4x_1 + 2x_2^2 - 5x_2 + 2x_3$

s.t. $\begin{cases} 4x_1 + 2x_2 + 3x_3 \leqslant 18 \\ x_1, x_2, x_3 \geqslant 0 \end{cases}$

(3) $\max Z = 2x_1 + 3x_2 + x_3^2$

s.t. $\begin{cases} x_1 + x_2 + x_3 = 10 \\ x_1, x_2, x_3 \geqslant 0 \end{cases}$

(4) $\max Z = 2x_1 + x_1^2 + 2x_2^2 + x_3$

s.t. $\begin{cases} x_1 + x_2 + x_3 = 8 \\ x_1, x_2, x_3 \geqslant 0 \end{cases}$

5.2 计算从 A 到 B、C 和 D 的最短路。已知各段路线的长度如图 5-9 所示。

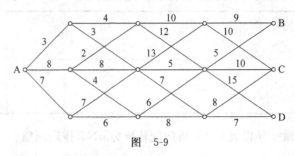

图 5-9

5.3 某工业部门根据国家计划的安排,拟将某种高效率的设备 5 台,分配给所属的甲、乙、丙 3 个工厂,各工厂若获得这种设备之后,可以为国家提供的盈利如表 5-19 所示。

表 5-19

设备数 工厂	0	1	2	3	4	5
甲	0	3	7	9	12	13
乙	0	5	10	11	11	11
丙	0	4	6	11	12	12

问:这 5 台设备如何分配给各工厂,才能使国家得到的盈利最大?

5.4 设有一辆载重量为 15T 的卡车,要装运 4 种货物。已知 4 种货物的单位质量和价值如表 5-20 所示,在装载重量许可的情况下每辆车装载某种货物的条件不限,试问如何搭配这 4 种货物才能使每辆车装载货物的价值最大?

表 5-20

货物代号	质量/T	价值/千元	货物代号	质量/T	价值/千元
1	2	3	3	4	5
2	3	4	4	5	6

5.5 某企业现有 100 台设备,拟分 4 个季度连续分配使用。每一季度有两种生产任务,根据经验,若将 x_1 台设备投入第 1 种任务,则在该季度内有 1/3 的设备将报废;余下的设备全部投入第 2 种生产任务,而在该季度内有 1/10 的设备也将报废,假定每台设备在每个季度内的第 1 种和第 2 种生产任务中所获得的收益分别为 10 万元和 7 万元。试问:各个季度如何分配设备,使得全年的总收入最大?

*5.6 有 6 种零件经过 A、B 两种设备进行加工。每种零件经过每种设备的加工时间(单位:h)如表 5-21 所示。问如何安排加工顺序,才能使得所有的零件在所有设备上均加工完所使用的总时间最小?并求出总加工时间。

表 5-21

零件 设备	J_1	J_2	J_3	J_4	J_5	J_6
A	3	10	5	2	9	11
B	8	12	9	6	5	2

*第6章 非线性规划

前面各章介绍的数学模型的目标函数和约束条件大都是决策变量的一次函数。但在科学管理和其他领域中,许多实际问题的目标函数和(或)约束条件很难用线性函数来表达。如果目标函数和约束条件中包含有**非线性函数**,则这样的规划问题称为**非线性规划问题**(Non-Linear Programming,NLP)。非线性规划问题的研究始于20世纪40年代末,计算机技术的飞速发展,促进了这一科学分支的发展和广泛的应用。特别是1951年著名的Kuhn-Tucker条件的出现,无论是在非线性规划的基础理论还是在实用算法方面都进入了快速而具有成效的发展阶段,并取得丰硕的成果,从而使得数学规划成为一个新的研究领域。

一般来说,由于非线性规划固有的特点,求解非线性规划问题远比求解线性规划问题困难,而且,也不像线性规划有单纯形法等通用方法,非线性规划问题目前还没有适用于各种问题的一般算法,各种方法都有自己特定的适用范围。为此,非线性规划仍是需要进一步研究和发展的一个学科领域。

本章仅列出一些非线性规划的基本概念、基本理论和几个有代表性的求解方法及其适用范围,着重介绍如何利用LINGO软件求解几类特殊的非线性规划模型的方法。为了叙述方便,本章采用大写字母代表n维欧式空间中的向量(点),而以相应的小写字母代表该向量的分量(点的坐标)。此外,本章所用到的向量如未特殊说明,均规定为列向量。

6.1 非线性规划数学模型

下面通过两个实例来归纳非线性规划数学模型的一般形式,并介绍有关非线性规划的基本概念。

例6.1 某商店经营A和B两种商品,商品A零售价200元,商品B零售价280元。据统计,售出一件A所需服务时间平均为2h,售出一件B所需时间为$(2+0.5x_2)$h,其中x_2是商品B的销售数量。已知该商店在一个销售期内的总服务时间为1000h,试建立使该商店营业额最大的营业计划。

解:设该商店经营A商品x_1件,B商品x_2件,则该问题的数学模型如下:

$$\max f(X) = 200x_1 + 280x_2$$
$$\text{s.t.} \begin{cases} 2x_1 + 2x_2 + 0.5x_2^2 \leqslant 1000 \\ x_1, x_2 \geqslant 0 \text{ 且为整数} \end{cases}$$

例6.2 设有n个部件组成的工作系统,只要有一个部件失灵,整个系统也就不能工作,为了提高系统的可靠性,在每个部件上均装有备用件,并可自动替换。实际上,备用件越多整个系统正常工作的可靠性越大,但系统的成本、质量、体积均相应增加,工作精度会相应降低。设装一个第k种备用件的费用为c_k,质量为w_k,要求总费用不超过c,总质量不超过w;若第k种部件装有x_k个备件,则系统正常工作的概率为$p_k(x_k)$。因此,现在的问题是在上述的条件之下,应如何选择各部件的备用件数,使整个系统的工件可靠性最大?

解:由题意,以第 k 种部件需要装备的备件数量 x_k 为决策变量,以衡量系统正常工作的可靠性的指标 $p = \prod_{k=1}^{n} p_k(x_k)$(整个系统正常工作的概率)最大为目标函数,则问题的优化模型为

$$\max p = \prod_{k=1}^{n} p_k(x_k)$$

$$\text{s.t.} \begin{cases} \sum_{k=1}^{n} c_k x_k \leqslant c \\ \sum_{k=1}^{n} w_k x_k \leqslant w \\ x_k \geqslant 0 \text{ 且为整数} \quad (k=1,2,\cdots,n) \end{cases}$$

上面两个例题是在一组等式或不等式的约束下,求一个函数的最大值(或最小值)问题,其中至少有一个非线性函数,这类问题称为非线性规划问题。

一般地,非线性规划的模型可以表示为

$$\min f(X)$$

$$\text{s.t.} \begin{cases} h_i(X) = 0, & i=1,2,\cdots,m \\ g_j(X) \geqslant 0, & j=1,2,\cdots,l \end{cases} \tag{6-1}$$

其中,自变量 $X=(x_1,x_2,\cdots,x_n)^T$ 是 n 维欧式空间 E^n 中的向量(点);$f(X)$ 为目标函数,$h_i(X)=0$ 和 $g_j(X)\geqslant 0$ 为约束条件。

由于 $\max f(X) = -\min[-f(X)]$,当需要使目标函数极大化时,只需使其负值极小化即可。因而仅考虑目标函数极小化,这无损于一般性。若某约束条件是"$\leqslant$"不等式时,仅需用"-1"乘该约束的两端即可将此约束变为"$\geqslant$"的形式。由于 $h_i(X)=0$ 等价于不等式约束

$$\begin{cases} h_i(X) \geqslant 0 \\ -h_i(X) \geqslant 0 \end{cases}$$

于是可将非线性规划的一般模型写成如下形式:

$$\min f(X)$$

$$\text{s.t.} \ g_j(X) \geqslant 0, \quad j=1,2,\cdots,k \tag{6-2}$$

对于一个实际问题,在把它归结成非线性规划问题时,一般要注意如下几点。

(1) 确定供选方案。首先要收集同问题有关的资料和数据,在全面熟悉问题的基础上,确认什么是问题的可供选择的方案,并用一组变量来表示它们。

(2) 提出追求目标。经过资料分析,根据实际需要和可能,提出要追求极小化或极大化的目标。并且,运用各种科学和技术原理,把它表示成数学关系式。

(3) 给出价值标准。在提出要追求的目标之后,要确立所考虑目标的"好"或"坏"的价值标准,并用某种数量形式来描述它。

(4) 寻求限制条件。由于所追求的目标一般都要在一定的条件下取得极小化或极大化效果,因此还需要寻找出问题的所有限制条件,这些条件通常用变量之间的一些不等式或等

式来表示。

下面给出几种特殊形式的非线性规划问题的模型。

1. 无约束的非线性规划

当问题无约束条件时,则此问题称为无约束的非线性规划问题,即求多元函数的极值问题。无约束非线性规划问题的一般模型为

$$\min_{X \in R \subset E^n} f(X)$$
$$\text{s.t.} \quad X \geqslant 0 \tag{6-3}$$

2. 二次规划

如果目标函数是 X 的二次函数,约束条件都是线性的,则称此规划为**二次规划**。二次规划的一般模型为

$$\min f(X) = \sum_{j=1}^{n} c_j x_j + \frac{1}{2} \sum_{j=1}^{n} \sum_{k=1}^{n} c_{jk} x_j x_k$$

$$\text{s.t.} \begin{cases} \sum_{j=1}^{n} a_{ij} x_j + b_i \geqslant 0, & i = 1, 2, \cdots, m \\ x_j \geqslant 0, c_{jk} = c_{kj}, & j = 1, \cdots, n; k = 1, \cdots, n \end{cases} \tag{6-4}$$

3. 凸规划

凸集、凸函数以及凸函数的极值的性质,是研究非线性规划问题所不可缺少的内容。凸集的概念在讲解线性规划时已经作过说明,因而在介绍凸规划之前简要说明凸函数的有关问题。

1) 凸函数和凹函数的定义

设 $f(X)$ 是 n 维欧式空间 E^n 中某个凸集 R 上的函数,若对任何实数 $\alpha(0<\alpha<1)$ 以及 R 中的任意两点 $X^{(1)}$ 和 $X^{(2)}$,恒有

$$f(\alpha X^{(1)} + (1-\alpha) X^{(2)}) \leqslant \alpha f(X^{(1)}) + (1-\alpha) f(X^{(2)}) \tag{6-5}$$

则称 $f(X)$ 为定义在 R 上的**凸函数**。

若对每一个 $\alpha(0<\alpha<1)$ 和任意两点 $X^{(1)} \neq X^{(2)} \in R$,恒有

$$f(\alpha X^{(1)} + (1-\alpha) X^{(2)}) < \alpha f(X^{(1)}) + (1-\alpha) f(X^{(2)}) \tag{6-6}$$

则称 $f(X)$ 为定义在 R 上的**严格凸函数**。

将式(6-5)和式(6-6)中的不等号反向,即可得到凹函数和严格凹函数的定义。显然,若函数 $f(X)$ 是凸函数(严格凸函数),则 $-f(X)$ 一定是凹函数(严格凹函数)。

凸函数和凹函数的几何意义十分明显,若函数图形上任意两点的连线处处都不在这个函数图形的下方,它当然是下凸的(见图 6-1(a))。凹函数则是下凹的(上凸的)(见图 6-1(b))。线性函数既可以看作凸函数,也可以看作凹函数。

2) 凸函数的性质

性质 1 设 $f(X)$ 为定义在凸集 R 上的凸函数,则对任意实数 $\beta \geqslant 0$,函数 $\beta f(X)$ 也是定

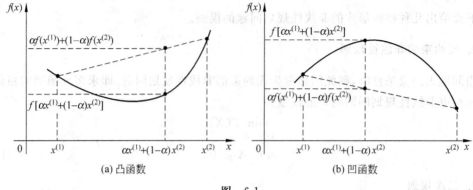

图 6-1

义在 R 上的凸函数。

性质 2 设 $f_1(X)$ 和 $f_2(X)$ 为定义在凸集 R 上的两个凸函数，则其和 $f(X)=f_1(X)+f_2(X)$ 仍为定义在 R 上的凸函数。

由以上两个性质可以推得：有限个凸函数的非负线性组合

$$\beta_1 f_1(X) + \beta_2 f_2(X) + \cdots + \beta_m f_m(X)$$
$$\beta_i \geqslant 0 \quad i=1,2,\cdots,m$$

仍为凸函数。

性质 3 设 $f(X)$ 为定义在凸集 R 上的凸函数，则对任意实数 β，集合（称为水平集）

$$S_\beta = \{X \mid X \in R, f(X) \leqslant \beta\}$$

是凸集。

3) 凸函数的极值

对于函数的局部极小值来说并不一定等于该函数的最小值。前者只不过反映了函数的局部性质。而最优化的目的，往往是要求函数在整个域中的最小值（或最大值）。为此，必须将所得的全部极小值进行比较（有时须考虑边界值），以便从中选出最小者。然而，对于定义在凸集上的凸函数来说，则用不着进行这种麻烦的工作，它的极小值就等于其最小值。而且它的极小点形成了一个凸集。

现设 $f(X)$ 为定义在凸集 R 上的可微凸函数，如果存在点 $X^* \in R$，使得对于所有的 $X \in R$，都有

$$\nabla f(X^*)^{\mathrm{T}}(X-X^*) \geqslant 0 \tag{6-7}$$

则 X^* 就是 $f(X)$ 在 R 上的最小点（全局极小点）。其中，$\nabla f(X^*)$ 为 $f(X)$ 在点 X^* 的梯度。

一种极为重要的情形是，当点 X^* 是 R 的内点时，式(6-7)对于任意 $X-X^*$ 都成立，这就意味着可将式(6-7)改为 $\nabla f(X^*)=0$，可知在这种情况下，$\nabla f(X^*)=0$ 不仅是极值点存在的必要条件，同时也是其充分条件。

4) 凸规划

考虑非线性规划

$$\min f(X)$$
$$\text{s.t. } g_j(X) \geqslant 0, \quad j=1,2,\cdots,K$$

如果 $f(X)$ 是凸函数，$g_j(X)(j=1,2,\cdots,K)$ 为凹函数（或者说 $-g_j(X)$ 为凸函数），则称此非线性规划为**凸规划**。

凸规划具有下述性质。

(1) 凸规划的可行域为凸集。
(2) 最优解集为凸集(假定最优解存在)。
(3) 任何局部最优解也是其全局最优解。
(4) 若目标函数为严格凸函数，且最优解存在，则其最优解必定唯一。

由此可见，凸规划是一类比较简单而又具有重要理论意义的非线性规划。由于线性函数既可视为凸函数，又可视为凹函数，故线性规划也属于凸规划。

6.2 下降迭代算法

由前面所述，对于可微函数来说，为了求最优解，可令其梯度等于零，由此求得稳定点。然后再用充分条件进行判别，以求出最优解。表面看来，问题似乎已经解决。但是，对于一般 n 元函数 $f(X)$ 来说，由条件 $\nabla f(X)=0$ 得到的常常是一个非线性方程组，求解它相当困难。因此，除了极个别的情形之外，一般采用迭代法来进行求解。

迭代法的基本思想：人们并不期望一下子就能找到函数的最优点，而是从最优点的某一个初始估计 $X^{(0)}$ 出发，按照一定的规则（即算法），先找到一个比 $X^{(0)}$ 更好的点 $X^{(1)}$（对于极小化问题来说，$f(X^{(1)})$ 比 $f(X^{(0)})$ 更小；对于极大化问题来说，$f(X^{(1)})$ 比 $f(X^{(0)})$ 更大），再找比 $X^{(1)}$ 更好的点 $X^{(2)}$，$\cdots$，如此继续，就产生了一个解点的序列 $\{X^{(k)}\}$。若该点列有一个极限点 X^*，即

$$\lim_{k\to\infty} \| X^{(k)} - X^* \| = 0$$

就称该点列收敛于 X^*。对于某一算法来说，人们要求它产生的点列 $\{X^{(k)}\}$ 中的某一点本身就是最优点，或者该点列的极限点 X^* 是问题的最优点。

对于极小化问题，我们要求选取的某一算法所产生的解的序列 $\{X^{(k)}\}$，其对应的目标函数值 $f(X^{(k)})$ 应是逐步减小的，即要求

$$f(X^{(0)}) \geqslant f(X^{(1)}) \geqslant \cdots \geqslant f(X^{(k)}) \geqslant \cdots$$

具有这种性质的算法称为**下降迭代算法**。

下降迭代算法的一般迭代格式如下。

(1) 选取某一初始点 $X^{(0)}$，并令 $k:=0$（$:=$ 为赋值号，$k:=0$ 表示将 0 赋给变量 k）。

(2) 确定搜索方向。若已经得出某一迭代点 $X^{(k)}$，且 $X^{(k)}$ 不是极小点。这时，就从 $X^{(k)}$ 出发确定一搜索方向 $P^{(k)}$，沿这个方向应能找到使目标函数值下降的点。对于约束极值问题，有时（视所用的算法而定）还要求这样的点是可行点。

(3) 确定步长。沿方向 $P^{(k)}$ 前进一个步长，得到新点 $X^{(k+1)}$。

$$X^{(k+1)} = X^{(k)} + \lambda P^{(k)} \quad \lambda \geqslant 0$$

即在由 $X^{(k)}$ 出发的射线上，通过选定步长（因子）$\lambda=\lambda_k$，得到下一个迭代点

$$X^{(k+1)} = X^{(k)} + \lambda_k P^{(k)}$$

使得

$$f(X^{(k+1)}) = f(X^{(k)} + \lambda_k P^{(k)}) < f(X^{(k)})$$

其中 $P^{(k)}$ 为一个向量，称为**搜索方向**；λ_k 为一个实数，称为**步长**，即 $X^{(k+1)}$ 可由 λ_k 及 $P^{(k)}$ 唯一确定。

(4) 检查得到的新点 $X^{(k+1)}$ 是否为极小点或近似极小点。若是则停止迭代，否则令 $k:=k+1$，转回第(2)步继续进行迭代。

在以上步骤中，选取搜索方向 $P^{(k)}$ 对算法起着最关键的作用，各种算法的区分主要在于确定搜索方向的方法不同。

确定步长 λ_k 可选用的一种最简单方法是令它等于某一常数，这样做计算简便，但不能保证使目标函数值下降。另一种方法称为**可接受点算法**，只要能使目标函数值下降，可任意选取步长 λ_k。第 3 种方法是由使目标函数值沿搜索方向下降最多（在极小化问题中）为依据的，即沿射线 $X^{(k)} + \lambda P^{(k)}$ 求 $f(X)$ 的极小，即选取 λ_k，使

$$f(X^{(k)} + \lambda_k P^{(k)}) = \min_{\lambda} f(X^{(k)} + \lambda P^{(k)})$$

由于这一工作是求以 λ 为变量的一元函数 $f(X^{(k)} + \lambda P^{(k)})$ 的极小点 λ_k，故称这一过程为（最优）**一维搜索**或**线搜索**，由此确定的步长称为**最佳步长**。

对于一个好的算法，不仅要求它产生的点序列收敛于问题的最优解，还要求具有较快的收敛速度。设序列 $\{X^{(k)}\}$ 收敛于 X^*，若存在与迭代次数 k 无关的数 $0 < \beta < \infty$ 和 $\alpha \geq 1$，使 k 从某个 $k_0 > 0$ 开始都有

$$\|X^{(k+1)} - X^*\| \leq \beta \|X^{(k)} - X^*\|^{\alpha}$$

成立，就称 $\{X^{(k)}\}$ 收敛的阶为 α 或称 $\{X^{(k)}\}$ 为 α 阶收敛。

当 $\alpha = 2$ 时称为**二阶收敛**；当 $1 < \alpha < 2$ 时称**超线性收敛**；当 $\alpha = 1$ 且 $0 < \beta < 1$ 时，称为**线性收敛**或**一阶收敛**。

因为真正的最优解事先并不知道，为决定什么时候停止计算，只能根据相继两次迭代的结果。常用的终止计算准则有以下几种。

(1) 根据相继两次迭代的**绝对误差**：

$$\|X^{(k+1)} - X^{(k)}\| < \varepsilon_1$$
$$\|f(X^{(k+1)}) - f(X^{(k)})\| < \varepsilon_2$$

(2) 根据相继两次迭代的**相对误差**：

$$\frac{\|X^{(k+1)} - X^{(k)}\|}{\|X^{(k)}\|} < \varepsilon_3$$
$$\frac{\|f(X^{(k+1)}) - f(X^{(k)})\|}{\|f(X^{(k)})\|} < \varepsilon_4$$

这时要求分母不等于和不接近于零。

(3) 根据目标函数梯度的模足够小：

$$\|\nabla f(X^{(k)})\| \leq \varepsilon_5$$

其中 ε_1、ε_2、ε_3、ε_4、ε_5 为事先给定的足够小的正数。

6.3　无约束极值问题

无约束极值问题可以表述为

$$\min f(X), \quad X \in E^n$$

前面曾指出,在求解上述问题时常用迭代法。迭代法可大体上分为两大类:一类要用到函数的一阶导数和(或)二阶导数,由于用到了函数的解析性质,故称为解析法;另一类在迭代过程中仅用到了函数值,而不要求函数的解析性质,这类方法称为直接法。一般来说,直接法的收敛速度较慢,只是在变量较少时才适用。但是直接法的迭代步骤简单,特别是当目标函数的解析表达式十分复杂,甚至写不出具体表达式时,它们的导数很难求得,或根本不存在,这时就只有用直接法了。下面介绍几种解析法。

1. 梯度法(最速下降法)

在求解无约束极值问题的解析方法中,梯度法是最为古老但是又十分基本的一种数值方法。它的迭代过程简单,使用方便,而且又是理解某些其他最优化方法的基础,所以先来介绍梯度法。

考虑到 $f(X)$ 在点 $X^{(k)}$ 处沿着方向 P 的方向导数为 $f_P(X^{(k)}) = \nabla f(X^{(k)})^T P$,其意义是指 $f(X)$ 在点 $X^{(k)}$ 处沿方向 P 的变化率。当 $f(X)$ 连续可微,且方向导数为负时,说明函数值沿该方向下降,方向导数越小,表明下降的速度越快。因此,可以把 $f(X)$ 在 $X^{(k)}$ 点的方向导数最小的方向(即梯度的负方向)作为搜索方向,即令 $P^{(k)} = -\nabla f(X^{(k)})$,这就是**梯度法**或**最速下降法**。

梯度法的计算步骤如下。

(1) 给定初始点 $X^{(0)}$ 和允许误差 $\varepsilon > 0$,令 $k := 0$。

(2) 计算 $f(X^{(k)})$ 和 $\nabla f(X^{(k)})$,若 $\|\nabla f(X^{(k)})\|^2 \leq \varepsilon$,则停止迭代,得到近似极小点 $X^* = X^{(k)}$ 和近似极小值 $f(X^{(k)})$,否则转下一步。

(3) 在 $X^{(k)}$ 处沿方向 $P^{(k)}$ 进行一维搜索,并计算 $X^{(k+1)} = X^{(k)} - \lambda_k \nabla f(X^{(k)})$,令 $k := k+1$,返回第(2)步。

现设 $f(X)$ 具有二阶连续偏导数,将 $f(X^{(k)} - \lambda \nabla f(X^{(k)}))$ 在 $X^{(k)}$ 做泰勒展开:

$$f(X^{(k)} - \lambda \nabla f(X^{(k)})) \approx f(X^{(k)}) - \nabla f(X^{(k)})^T \lambda \nabla f(X^{(k)}) + \frac{1}{2} \lambda \nabla f(X^{(k)})^T \nabla^2 f(X^{(k)}) \lambda \nabla f(X^{(k)})$$

使上式对 λ 求导,并令其等于零,即可得近似最佳步长的如下计算公式:

$$\lambda_k = \frac{\nabla f(X^{(k)})^T \nabla f(X^{(k)})}{\nabla f(X^{(k)})^T H(X^{(k)}) \nabla f(X^{(k)})}$$

其中 $\nabla f(X^{(k)})$ 是函数 $f(X)$ 在点 $X^{(k)}$ 的梯度,即

$$\nabla f(X^{(k)}) = \left(\frac{\partial f(X^{(k)})}{\partial x_1}, \frac{\partial f(X^{(k)})}{\partial x_2}, \cdots, \frac{\partial f(X^{(k)})}{\partial x_n}\right)^T$$

$H(X^{(k)})$ 为函数 $f(X)$ 在点 $X^{(k)}$ 的黑塞(Hesse)矩阵,即

$$H(X^{(k)}) = \nabla^2 f(X^{(k)}) = \begin{bmatrix} \dfrac{\partial^2 f(X^{(k)})}{\partial x_1^2} & \cdots & \dfrac{\partial^2 f(X^{(k)})}{\partial x_1 \partial x_n} \\ \vdots & \ddots & \vdots \\ \dfrac{\partial^2 f(X^{(k)})}{\partial x_n \partial x_1} & \cdots & \dfrac{\partial^2 f(X^{(k)})}{\partial x_n^2} \end{bmatrix}$$

2. 共轭梯度法

共轭梯度法仅适用于正定二次函数的极小值问题：
$$\min f(X) = \frac{1}{2} X^T A X + b^T X + c$$

其中 A 为 $n \times n$ 实对称正定阵，$X, b \in E^n$，c 为常数。

从任意初始点 $X^{(1)}$ 和向量 $P^{(1)} = -\nabla f(X^{(1)})$ 出发，由

$$\begin{cases} X^{(k+1)} = X^{(k)} + \lambda_k P^{(k)} \\ \lambda_k = \min_\lambda f(X^{(k)} + \lambda P^{(k)}) = -\dfrac{(\nabla f(X^{(k)}))^T P^{(k)}}{(P^{(k)})^T A P^{(k)}} \\ P^{(k+1)} = -\nabla f(X^{(k+1)}) + \beta_k P^{(k)} \\ \beta_k = \dfrac{(P^{(k)})^T A \nabla f(X^{(k+1)})}{(P^{(k)})^T A P^{(k)}} \quad (k = 1, 2, \cdots, n-1) \end{cases} \tag{6-8}$$

可以得到 $(X^{(2)}, P^{(2)})$、$(X^{(3)}, P^{(3)})$、$\cdots$、$(X^{(n)}, P^{(n)})$。能够证明向量 $P^{(1)}, P^{(2)}, \cdots, P^{(n)}$ 是线性无关的，且关于 A 是两两共轭的（即 $(P^{(i)})^T A P^{(j)} = 0 (i, j = 1, 2, \cdots, n; i \neq j)$）。从而可以得到 $\nabla f(X^{(n)}) = 0$，则 $X^{(n)}$ 为 $f(X)$ 的极小点，这就是**共轭梯度法**。其计算步骤如下。

(1) 选择初始近似点 $X^{(0)} \in E^n$，给出允许误差 $\varepsilon > 0$。

(2) 计算向量 $P^{(0)} = -\nabla f(X^{(0)})$，并用式(6-8)计算 $X^{(1)}$。

(3) 一般地，假定已经得出 $X^{(k)}$ 和 $P^{(k)}$，则可计算其第 $k+1$ 次近似 $X^{(k+1)}$：
$$X^{(k+1)} = X^{(k)} + \lambda_k P^{(k)}, \lambda_k = \min_\lambda f(X^{(k)} + \lambda P^{(k)})$$

(4) 若 $\|\nabla f(X^{(k+1)})\|^2 \leq \varepsilon$，停止计算，$X^{(k+1)}$ 即为要求的近似解。否则，若 $k < n-1$，则用式(6-8)计算 λ_k 和 $P^{(k+1)}$，并转向(3)。

应当指出，对于二次函数的情形，从理论上说，进行 n 次迭代即可达到极小点。但是，在实际计算中，由于数据的舍入以及计算误差的积累，往往做不到这一点。此外，由于 n 维问题的共轭方向最多只有 n 个，在 n 步以后继续如上进行是没有意义的。因此在实际应用时，如迭代到 n 步还做不到收敛，就将 $X^{(n)}$ 作为新的初始近似，重新进行迭代。根据实际经验，采用这种再开始的办法，一般都可以得到较好的效果。

3. 牛顿(Newton)法

对于无约束的非线性规划问题
$$\min f(X) = \frac{1}{2} X^T A X + b^T X + c$$

由于 $\nabla f(X) = AX + b$，且当 A 为正定矩阵时，A^{-1} 存在，则由最优性条件 $\nabla f(X) = 0$ 得：
$$X^* = -A^{-1} b$$

为问题的最优解。

4. 拟牛顿法

对于一般的二阶可微函数 $f(X)$，在 $X^{(k)}$ 点的局部有

$$f(X) \approx f(X^{(k)}) + \nabla f(X^{(k)})^{\mathrm{T}}(X - X^{(k)}) + \frac{1}{2}(X - X^{(k)})^{\mathrm{T}} \nabla^2 f(X^{(k)})(X - X^{(k)})$$

当黑塞矩阵 $\nabla^2 f(X^{(k)})$ 正定时，也可应用上面的牛顿法，这就是拟牛顿法。其计算步骤如下。

(1) 任取 $X^{(1)} \in E^n, k := 1$。

(2) 计算 $\nabla f(X^{(k)})$，若 $\nabla f(X^{(k)}) = \mathbf{0}$，则停止计算，否则计算 $H(X^{(k)}) = \nabla^2 f(X^{(k)})$，令 $X^{(k+1)} = X^{(k)} - (H(X^{(k)}))^{-1} \nabla f(X^{(k)})$。

(3) 令 $k := k+1$，返回(2)。

这种方法虽然简单，但选取初始值是比较困难的，选取不好可能不收敛。另外，对于一般的目标函数很复杂，或 X 的维数很高时，要计算二阶导数和求逆矩阵也是很困难的，有时根本不可能。为了解决这个问题，对上面的方法进行修正，即修正搜索方向，避免求二阶导数和逆矩阵，其他的都与拟牛顿法相同，这就是下面的变尺度法。

5. 变尺度法

变尺度法的计算步骤如下。

(1) 任取 $X^{(0)} \in E^n$ 和 $\boldsymbol{H}^{(0)}$（一般取 $\boldsymbol{H}^{(0)} = \boldsymbol{I}$ 为单位阵），计算 $P^{(0)} = -\boldsymbol{H}^{(0)} \nabla f(X^{(0)})$，$k := 0$。

(2) 若 $\nabla f(X^{(k)}) = \mathbf{0}$，则停止计算，否则令 $X^{(k+1)} = X^{(k)} + \lambda_k P^{(k)}$，其中 λ_k 为最佳步长，可以由 $\min\limits_{\lambda} f(X^{(k)} + \lambda P^{(k)}) = f(X^{(k)} + \lambda_k P^{(k)})$ 确定。

(3) 计算 $\delta_{k+1} = X^{(k+1)} - X^{(k)}$，$\gamma_{k+1} = \nabla f(X^{(k+1)}) - \nabla f(X^{(k)})$，

$$\boldsymbol{H}^{(k+1)} = \boldsymbol{H}^{(k)} + \frac{\delta_{k+1} \delta_{k+1}^{\mathrm{T}}}{\delta_{k+1}^{\mathrm{T}} \gamma_{k+1}} - \frac{\boldsymbol{H}^{(k)} \gamma_{k+1} \gamma_{k+1}^{\mathrm{T}} \boldsymbol{H}^{(k)}}{\gamma_{k+1}^{\mathrm{T}} \boldsymbol{H}^{(k)} \gamma_{k+1}}$$

$$P^{(k+1)} = -\boldsymbol{H}^{(k+1)} \nabla f(X^{(k+1)})$$

(4) 令 $k := k+1$，返回(2)。

6.4 约束极值问题

6.4.1 最优性条件

为了说明方便，在给出非线性规划的最优性条件之前引入两个基本定义。

定义 6.1 设 $X^{(0)}$ 是非线性规划问题(6-2)的一个可行解，它使得某个 $g_j(X) \geq 0 (1 \leq j \leq k)$，具体有下面两种情况。

(1) 如果使 $g_j(X^{(0)}) > 0$，则称约束条件 $g_j(X) \geq 0 (1 \leq j \leq k)$ 是 $X^{(0)}$ 点的**无效约束**（或不起作用的约束）。

(2) 如果使 $g_j(X^{(0)}) = 0$，则称约束条件 $g_j(X) \geq 0 (1 \leq j \leq k)$ 是 $X^{(0)}$ 点的**有效约束**（或起

作用的约束)。

实际上,如果 $g_j(X) \geqslant 0 (1 \leqslant j \leqslant k)$ 是 $X^{(0)}$ 点的无效约束,则说明 $X^{(0)}$ 位于可行域的内部而不在边界上,即当 $X^{(0)}$ 有微小变化时,此约束条件不会有什么影响;而对于有效约束则说明 $X^{(0)}$ 位于可行域的边界上,即当 $X^{(0)}$ 有微小变化时,此约束条件起着限制作用。

定义 6.2 设 $X^{(0)}$ 是非线性规划问题(6-2)的一个可行解,即可行域 R 内的一点,D 是过此点的某一个方向,如果:

(1) 存在实数 $\lambda_0 > 0$,使对任意 $\lambda \in [0, \lambda_0]$ 均有 $X^{(0)} + \lambda D \in R$,则称此方向 D 是 $X^{(0)}$ 点一个**可行方向**;

(2) 存在实数 $\lambda_0 > 0$,使对任意 $\lambda \in [0, \lambda_0]$ 均有 $f(X^{(0)} + \lambda D) < f(X^{(0)})$,则称此方向 D 是 $X^{(0)}$ 点一个**下降方向**;

(3) 方向 D 既是 $X^{(0)}$ 点的可行方向又是下降方向,则称它是 $X^{(0)}$ 点**可行下降方向**。

实际中,如果某个 $X^{(0)}$ 不是极小点(最优解),就继续沿着 $X^{(0)}$ 点的可行下降方向去搜索。显然,若 $X^{(0)}$ 点存在可行下降方向,它就不是极小点;另一方面,若 $X^{(0)}$ 为极小点,则该点就不存在可行下降方向。

下面针对非线性规划问题(6-2)给出最优性条件。

定理 6.1(Kuhn-Tucker) 如果 X^* 是非线性规划问题(6-2)的极小点,且与 X^* 点的有效约束的梯度线性无关,则必存在向量 $\Gamma^* = (\gamma_1^*, \gamma_2^*, \cdots, \gamma_k^*)^T$ 使下述条件成立:

$$\begin{cases} \nabla f(X^*) - \sum_{j=1}^{k} \gamma_j^* \nabla g_j(X^*) = \mathbf{0} \\ \gamma_j^* g_j(X^*) = 0 \quad (j = 1, 2, \cdots, k) \\ \gamma_j^* \geqslant 0 \quad\quad\quad (j = 1, 2, \cdots, k) \end{cases} \quad (6\text{-}9)$$

此条件称为**库恩—塔克(Kuhn-Tucker)条件**,简称为 **K-T 条件**。满足 K-T 条件的点称为 **K-T 点**。

类似地,如果 X^* 是问题(6-1)的极小点,且与点 X^* 所有有效约束的梯度 $\nabla h_i(X^*) (i = 1, 2, \cdots, m)$ 和 $\nabla g_j(X^*) (j = 1, 2, \cdots, l)$ 线性无关,则必存在向量 $\Lambda^* = (\lambda_1^*, \lambda_2^*, \cdots, \lambda_m^*)^T$ 和 $\Gamma^* = (\gamma_1^*, \gamma_2^*, \cdots, \gamma_l^*)^T$ 使下面的 K-T 条件成立:

$$\begin{cases} \nabla f(X^*) - \sum_{i=1}^{m} \lambda_i^* \nabla h_i(X^*) - \sum_{j=1}^{l} \gamma_j^* \nabla g_j(X^*) = \mathbf{0} \\ \gamma_j^* g_j(X^*) = 0 \quad (j = 1, 2, \cdots, l) \\ \gamma_j^* \geqslant 0 \quad\quad\quad (j = 1, 2, \cdots, l) \end{cases} \quad (6\text{-}10)$$

将满足 K-T 条件的点也称为 **K-T 点**,其中 $\Lambda^* = (\lambda_1^*, \lambda_2^*, \cdots, \lambda_m^*)^T$ 和 $\Gamma^* = (\gamma_1^*, \gamma_2^*, \cdots, \gamma_l^*)^T$ 称为**广义 Lagrange 乘子**。

库恩—塔克条件是非线规划最重要的理论基础,是确定某点是否为最优解(点)的必要条件,但一般不是充分条件,即满足这个条件的点不一定是最优解。但对于凸规划它一定是最优解的充要条件。

对于二次规划(6-4),将 K-T 条件(6-9)中的第一个条件应用于其中,并用 y 代替 K-T 条件中的 γ 可得到

$$-\sum_{k=1}^{n}c_{jk}x_k+\sum_{i=1}^{m}a_{ij}y_{n+i}+y_j=c_j, \quad j=1,2,\cdots,n \tag{6-11}$$

在(6-4)的约束条件中减去剩余变量后得到(假定 $b_i \geqslant 0$)

$$\sum_{j=1}^{n}a_{ij}x_j-x_{n+i}+b_i=0, \quad i=1,2,\cdots,m \tag{6-12}$$

再将 K-T 条件中的第二个条件应用于二次规划(6-4),并考虑到式(6-12)就得到

$$x_j y_j=0, \quad j=1,2,\cdots,n+m \tag{6-13}$$

此外还有

$$x_j \geqslant 0, y_j \geqslant 0, \quad j=1,2,\cdots,n+m \tag{6-14}$$

联立求解式(6-11)和式(6-12),如果得到的解也满足式(6-13)和式(6-14),则这样的解就是原二次规划问题的解。但在式(6-11)中 c_j 可能为正也可能为负。为便于求解,先引入人工变量 z_j($z_j \geqslant 0$,其前面的符号可取正或负,以便得出可行解),这样式(6-11)就变为

$$-\sum_{k=1}^{n}c_{jk}x_k+\sum_{i=1}^{m}a_{ij}y_{n+i}+y_j+\mathrm{sgn}\,(c_j)z_j=c_j, \quad j=1,2,\cdots,n \tag{6-15}$$

其中 $\mathrm{sgn}(c_j)$ 为符号函数。这样,可立即得到如下初始基本可行解:

$$\begin{cases} z_j = \mathrm{sgn}\,(c_j)c_j, & j=1,2,\cdots,n \\ x_{n+i} = b_i, & i=1,2,\cdots,m \\ x_j = 0, & j=1,2,\cdots,n \\ y_j = 0, & j=1,2,\cdots,n \end{cases}$$

但是只有当 $z_j=0$ 时才能得到原来问题的解,故必须对上述问题进行修正,从而得到如下线性规划问题:

$$\min \varphi(Z)=\sum_{j=1}^{n}z_j$$

$$\mathrm{s.t.}\begin{cases} -\sum_{k=1}^{n}c_{jk}x_k+\sum_{i=1}^{m}a_{ij}y_{n+i}+y_j+\mathrm{sgn}\,(c_j)z_j=c_j, & j=1,2,\cdots,n \\ \sum_{j=1}^{n}a_{ij}x_j-x_{n+i}+b_i=0, & i=1,2,\cdots,m \\ x_j \geqslant 0, y_j \geqslant 0, & j=1,2,\cdots,n+m \\ z_j \geqslant 0, & j=1,2,\cdots,n \end{cases}$$

该线性规划还应满足式(6-13)。这也就是说不能使 x_j 和 y_j 同时为基变量。解此线性规划问题,若得到的最优解为 $x_1^*, x_2^*, \cdots, x_{n+m}^*, y_1^*, y_2^*, \cdots, y_{n+m}^*, z_1=0, z_2=0, \cdots, z_n=0$,则 $(x_1^*, x_2^*, \cdots, x_n^*)^{\mathrm{T}}$ 就是原二次规划问题的最优解。

6.4.2 可行方向法

考虑非线性规划问题(6-2),假设 $X^{(k)}$ 是该问题的一个可行解,但不是最优解。为了进一步寻找最优解,在它的可行下降方向中选取其一个方向 $D^{(k)}$,并确定最佳步长 λ_k 使得

$$\begin{cases} X^{(k+1)} = X^{(k)} + \lambda_k D^{(k)} \in R \\ f(X^{(k+1)}) < f(X^{(k)}) \quad (k=0,1,2,\cdots) \end{cases}$$

反复进行这一过程,直到得到满足精度要求的可行解为止,这种方法称为**可行方向法**。

可行方向法的主要特点:因为迭代过程中所采用的搜索方向总为可行方向,所以产生的迭代点列$\{X^{(k)}\}$始终在可行域R内,且目标函数值不断地单调下降。可行方向法实际上是一类方法,最典型的是 **Zoutendijk 可行方向法**。

定理 6.2 设X^*是问题(6-2)的一个局部极小点,函数$f(X)$和$g_j(X)(1\leqslant j\leqslant k)$在$X^*$处均可微,则在$X^*$点不存在可行下降的方向,从而不存在向量$D$同时满足

$$\begin{cases} \nabla f(X^*)^T D < 0 \\ \nabla g_j(X^*)^T D > 0 \quad (j=1,2,\cdots,k) \end{cases}$$

由此可以得到以下的 **Zoutendijk 可行方向法**。

设$X^{(k)}$点的有效约束集非空,则$X^{(k)}$点的可行下降方向$D=(d_1,d_2,\cdots,d_n)^T$必满足

$$\begin{cases} \nabla f(X^{(k)})^T D < 0 \\ \nabla g_j(X^{(k)})^T D > 0 \quad (j \in J) \end{cases}$$

又等价于

$$\begin{cases} \nabla f(X^{(k)})^T D \leqslant \eta \\ -\nabla g_j(X^{(k)})^T D \leqslant \eta \\ \eta < 0, \quad j \in J \end{cases}$$

其中J是有效约束的下标集。此问题可以转化为求下面的线性规划问题:

$$\min \eta$$
$$\text{s.t.} \begin{cases} \nabla f(X^{(k)})^T D \leqslant \eta \\ -\nabla g_j(X^{(k)})^T D \leqslant \eta \quad (j \in J) \\ -1 \leqslant d_i \leqslant 1, \quad (i=1,2,\cdots,n) \end{cases}$$

其中最后一个约束是为了求问题的有限解,即只需要确定D的方向,这只要确定其单位向量即可。

如果求得$\eta=0$,则在$X^{(k)}$点不存在可行下降方向,$X^{(k)}$就是 K-T 点。如果求得$\eta<0$,则可以得到可行下降方向$D^{(k)}$。这就是 Zoutendijk 可行方向法。

实际中,利用 Zoutendijk 可行方向法得到可行下降方向$D^{(k)}$后,用求一维极值的方法求出最佳步长λ_k,则再进行下一步的迭代

$$\begin{cases} X^{(k+1)} = X^{(k)} + \lambda_k D^{(k)} \in R \\ f(X^{(k+1)}) < f(X^{(k)}) \quad (k=0,1,2,\cdots) \end{cases}$$

6.4.3 制约函数法

制约函数法的基本思想:通过构造某种制约函数,并将它加到非线性规划的目标函数上,从而将原来的约束极值问题转化为无约束极值问题来求解。由于这里介绍的方法需要求解一系列无约束问题,故此方法也称为**序列无约束最小化方法**(Sequential Unconstrained Minimization Technique,SUMT)。在无约束问题的求解过程中,对企图违反约束的那些点给出相应的惩罚约束,迫使这一系列的无约束问题的极小点不断地向可行域靠近(若在可行域外部),或者一直在可行域内移动(若在可行域内部),直到收敛到原问题的最优解为止。

常用的制约函数可分为两类:**惩罚函数**(简称罚函数)和**障碍函数**,从方法来讲分为**外**

点法（或**外部惩罚函数法**）和**内点法**（或**内部惩罚函数法**，即**障碍函数法**）。

外点法是对违反约束条件的点在目标函数中加入相应的"惩罚约束"，而对可行点不予惩罚，此方法的迭代点一般在可行域的外部移动。

内点法是对企图从内部穿越可行域边界的点在目标函数中加入相应的"障碍约束"，距边界越近，障碍越大，在边界上给以无穷大的障碍，从而保证迭代一直在可行域内部进行。

下面对这两类制约函数法的基本思想予以简单介绍。

1. 罚函数法（外点法）

对于等式约束非线性规划问题

$$\min f(X)$$
$$\text{s.t. } h_i(X) = 0 \quad (i = 1, 2, \cdots, m) \tag{6-16}$$

做辅助函数

$$P_1(X, M) = f(X) + M \sum_{i=1}^{m} [h_i(X)]^2$$

取 M 为充分大的正数，则问题(6-16)可以转化为求无约束问题

$$\min P_1(X, M)$$

的解的问题。如果其最优解 X^* 满足或近似满足 $h_i(X) = 0 (i = 1, 2, \cdots, m)$，即是原问题(6-16)的可行解或近似可行解，则 X^* 就是原问题(6-16)的最优解或近似最优解。

由于 M 是充分大的正数，在求解的过程中对求 $\min P_1(X, M)$ 起着限制作用，即限制 X^* 成为极小点，因此，称 $P_1(X, M)$ 为**惩罚函数**，其中第二项 $M \sum_{i=1}^{m} [h_i(X)]^2$ 称为**惩罚项**，M 称为**惩罚因子**。

对于不等式约束问题(6-2)，同样可构造惩罚函数，即对充分大的正数 M 做辅助函数

$$P_2(X, M) = f(X) + M \sum_{j=1}^{k} [\min\{0, g_j(X)\}]^2$$

则问题(6-2)可以转化为求

$$\min P_2(X, M)$$

的问题，其解之间的关系同问题(6-16)的情况类似。

对于一般的问题(6-1)也可构造出惩罚函数，即对于充分大的正数 M 做辅助函数

$$P_3(X, M) = f(X) + M \left\{ \sum_{i=1}^{m} [h_i(X)]^2 + \sum_{j=1}^{l} [\min\{0, g_j(X)\}]^2 \right\}$$

则可将原问题(6-1)化为求解 $\min P_3(X, M)$ 的问题。

在实际中，惩罚因子 M 的选择十分重要，一般的策略是取一个趋向于无穷大的严格递增正数列 $\{M_k\}$，逐个求解 $\min_X P_3(X, M_k)$，于是可得到一个极小点的序列 $\{X_k^*\}$，在一定的条件下，这个序列收敛于原问题的最优解。因此，这种方法又称为**序列无约束极小化方法**，简称为 **SUMT 方法**。

SUMT 方法的迭代步骤如下。

(1) 取 $M_1 > 0$（例如，$M_1 = 10$），允许误差 $\varepsilon > 0$，并取 $k := 1$。

(2) 以 $X^{(k-1)}$ 为初始值,求解无约束问题：
$$\min_x P_i(X, M_k) = f(X) + M_k P_i(X) \quad (i=1,2,3)$$

其中

$$P_1(X) = \sum_{i=1}^{m} [h_i(X)]^2$$

$$P_2(X) = \sum_{j=1}^{k} [\min\{0, g_j(X)\}]^2$$

$$P_3(X) = \sum_{i=1}^{m} [h_i(X)]^2 + \sum_{j=1}^{l} [\min\{0, g_j(X)\}]^2$$

(3) 若 $M_k P_i(X^{(k)}) < \varepsilon$,则停止计算,求得的 $X^{(k)}$ 即为近似解；否则令 $M_{k+1} = cM_k$(例如 $c=5$ 或 10 等),令 $k: = k+1$,返回(2)。

2. 障碍函数法(内点法)

障碍函数法与罚函数法不同,它要求迭代过程始终在可行域内部进行。可以仿照罚函数法,通过函数叠加的办法来改造原来约束极值问题的目标函数,使改造后的目标函数具有这种性质：在可行域 R 的内部与边界面较远的地方,其值与原来的目标函数值尽可能相近；而在接近边界面时可以达到任意大的值。如果把初始迭代点取在可行域内部(不在可行域边界上,这样的点称为内点,也称为严格内点),在进行无约束极小化时,这样的函数就会像屏障一样阻止迭代点到 R 的边界上去,而使迭代过程始终在可行域内部进行。经过这样改造后的新目标函数称为**障碍函数**。因此这种方法只适用于不等式约束的问题(6-2)。做辅助函数(障碍函数)

$$Q(X, r) = f(X) + rB(X)$$

其中 $B(X)$ 是连续函数,$rB(X)$ 称为**障碍项**；r 为充分小的正数,称之为**障碍因子**。

注意：当点 X 趋向于可行域 R 的边界时,要使 $B(X)$ 趋向于正无穷大,则 $B(X)$ 的最常用的两种形式为

$$B(X) = \sum_{j=1}^{k} \frac{1}{g_j(X)} \quad 和 \quad B(X) = -\sum_{j=1}^{k} \log[g_j(X)]$$

由于 $B(X)$ 的存在,在可行域 R 的边界上形成了"围墙",对迭代点的向外移动起到了阻挡作用,而越靠近边界阻力就越大。这样,当点 X 趋向于可行域 R 的边界时,障碍函数 $Q(X, r)$ 趋向于正无穷大；否则,$Q(X, r) \approx f(X)$。因此,问题可以转化为求解问题

$$\min_{X \in R_0} Q(X, r)$$

其中 $R_0 = \{X | g_j(X) > 0, j=1, 2, \cdots, k\}$ 表示可行域 R 的内部。

根据 $Q(X, r)$ 的定义,显然障碍因子越小,$\min_{X \in R_0} Q(X, r)$ 的解就越接近于原问题的解,因此,在实际计算中,也采用 SUMT 方法,即取一个严格单调减少且趋于零的障碍因子数列 $\{r_k\}$,对于每一个 r_k,从 R_0 内的某点出发,求解 $\min_{X \in R_0} Q(X, r)$。

内点法的计算步骤如下。

(1) 取 $r_1 > 0$(例如,$r_1 = 1$),允许误差 $\varepsilon > 0$,并取 $k: = 1$。

(2) 以 $X^{(k-1)} \in R_0$ 为初始值,求解无约束问题:
$$\min_{X \in R_0} Q(X, r_k) = f(X) + r_k B(X)$$
不妨设极小点为 $X^{(k)}$。

(3) 若 $r_k B(X^{(k)}) < \varepsilon$,则停止计算,即得到近似解 $X^{(k)}$;否则令 $r_{k+1} = \beta r_k$(例如 $\beta = 1/5$ 或 $\beta = 1/10$,称为**缩小系数**),令 $k := k+1$,转回(2)。

6.5 非线性规划的 LINGO 软件求解方法

前面章节中采用 LINGO 软件能够很方便地求解线性规划模型。同样,对于比较简单的非线性规划模型,LINGO 软件也可以很方便地求得问题的全局最优解或局部最优解。对于一般的非线性规划问题,LINGO 求解起来非常简单。下面是求解模型(6-1)和模型(6-4)的通用 LINGO 程序。

1. 求解非线性规划模型(6-1)的通用 LINGO 程序

```
MODEL:
1] sets:
2]    num_i/1..m/;                !m为具体数值;
3]    num_j/1..l/;                !l为具体数值;
4]    num_k/1..n/: x0,x;          !n为具体数值;
5] endsets
6] init:
7]    x0=x0(1),x0(2),…,x0(n);     !赋初值;
8] endinit
9] min=f(x);                      !目标函数表达式;
10] @for(num_i(i): hi(x)==0;);    ! 等式约束条件;
11] @for(num_j(j): gj(x)>=0;);    ! 不等式约束条件;
12] @for(num_k(k): x(k)>=0;);
END
```

对于无约束的非线性规划问题,仍然可以采用以上的通用程序,只要去掉第 10~12 行,给出目标函数的表达式和初值,LINGO 即可求得全局或局部近似解,此时的初始值的给定非常重要。初始值选择得好,计算机的迭代次数可能会减少许多,能够较快得到近似解。

对于有约束的非线性规划问题,无论约束条件是"="约束、"≥"约束或两种形式的约束兼有,只要通过调整通用模型的第 10 和第 11 行即可求解。因此利用 LINGO 程序求解非线性规划模型也是非常方便的。

2. 求解二次规划模型(6-4)的通用 LINGO 程序

```
MODEL:
1] sets:
2]       num_i/1..m/: b;          !m为具体数值;
```

```
 3]      num_j/1..n/: c,x;              !n为具体数值;
 4]      num_k/1..n/;
 5]      link_ij(num_i,num_j): a;
 6]      link_jk(num_j,num_k): CC;
 7] endsets
 8] !在求解具体的问题时,以下赋值语句中的所有参数均为具体数值;
 9] data:
10]      c=c(1),c(2),…,c(n);
11]      b=b(1),b(2),…,b(m);
12]      a=a(1,1),a(1,2),…,a(1,n)
13]        a(2,1),a(2,2),…,a(2,n)
14]        …
15]        a(n,1),a(n,2),…,a(n,n);
16]      CC=CC(1,1),CC(1,2),…,CC(1,n)
17]         CC(2,1),CC(2,2),…,CC(2,n)
18]         …
19]         CC(n,1),CC(n,2),…,CC(n,n);
20] enddata
21] !赋初始值;
22] init:
23]      x0=x0(1),x0(2),…,x0(n);
24] endinit
25] !目标函数;
26] min=@sum(num_j(j): c(j)*x(j))+0.5*@sum(link_jk: CC(j,k)*x(j)*x(k));
27] !约束条件;
28] @for(num_i(i): @sum(num_j(j): a(i,j)*x(j))+b(i)>=0;);
29] @for(num_j(j): x(j)>=0;);
END
```

下面通过几个具体的例题来说明如何利用 LINGO 软件求解非线性规划问题。

例 6.3 利用 LINGO 求解例 6.1。

解:从例 6.1 可以得到以下的非线性规划模型:

$$\max f(X) = 200x_1 + 280x_2$$
$$\text{s.t.} \begin{cases} 2x_1 + 2x_2 + 0.5x_2^2 \leqslant 1000 \\ x_1, x_2 \geqslant 0 \text{ 且为整数} \end{cases}$$

根据通用 LINGO 程序,可以得到求解该模型的程序清单:

```
MODEL:
    sets:
        num_i/1..2/: x0,x;
    endsets
    init:
        x0=0,0;
    endinit
```

```
max=200*x(1)+280*x(2);
2*x(1)+2*x(2)+0.5*x(2)^2<=1000;
@for(num_i(i):x(i)>=0);
@for(num_i(i):@gin(x(i)));
END
```

运行的结果如下：

```
Global optimal solution found.
Objective value:                        100000.0
Extended solver steps:                         2
Total solver iterations:                     245
              Variable           Value
                x0(1)        0.000000
                x0(2)        0.000000
                 x(1)        500.0000
                 x(2)        0.000000
```

从以上的运行结果可以看出，模型的全局最优解为 $X^* = (500, 0)^T$，$z^* = 100\,000$，即该商店在销售期内经营 500 件商品 A，最大营业额 100 000 元。

例 6.4 利用 LINGO 求解下列非线性规划模型：

$$\max f = 3x_1 + 10x_2 - x_1^2 - 2x_2^2$$

$$\text{s.t.} \begin{cases} 3x_1 + 2x_2 - x_1^2 \leqslant 10 \\ x_1, x_2 \geqslant 0 \end{cases}$$

解：第 5 章例 5.2 的非线性规划模型利用顺推法可以求得此问题的最优解，但是计算过程比较复杂。下面采用 LINGO 对本非线性规划问题进行求解，其程序清单如下：

```
MODEL:
sets:
    num_i/1..2/:x;
endsets
max=3*x(1)+10*x(2)-x(1)^2-2*x(2)^2;
3*x(1)+2*x(2)-x(1)^2<=10;
@for(num_i(i):x(i)>=0);
END
```

运行结果如下：

```
Local optimal solution found.
Objective value:                              14.75000
Extended solver steps:                               5
Total solver iterations:                           192
       Variable         Value         Reduced Cost
          x(1)       1.500000             0.000000
          x(2)       2.500000             0.000000
```

例 6.5 一个投资者拟选择 A、B、C 三支业绩好的股票进行长期组合投资。通过对这三支股票的市场分析和统计预测得到相关数据如表 6-1 所示。

表 6-1

股票名称	5年期望收益率/%	5年的协方差/%		
		A	B	C
A	92	180	36	110
B	64	36	120	−30
C	41	110	−30	140

现要求从以下两方面分别给出三支股票的投资比例。

(1) 希望将投资组合中的股票收益的标准差降到最小,以降低投资风险,并希望 5 年后的期望收益率不少于 65%。

(2) 希望在标准差最大不超过 12% 的情况下,获得最大的收益。

解:设 $x_1、x_2、x_3$ 分别表示 A、B、C 三支股票的投资比例,其 5 年的期望收益率分别记为 $r_1、r_2、r_3$,为随机变量,则 5 年后投资组合的总收益率为 $R=x_1r_1+x_2r_2+x_3r_3$,也是一个随机变量。根据概率论的知识,投资组合的方差为

$$\mathrm{var}(R) = x_1^2 \mathrm{var}(r_1) + x_2^2 \mathrm{var}(r_2) + x_3^2 \mathrm{var}(r_3) + 2x_1x_2 \mathrm{cov}(r_1,r_2) \\ + 2x_1x_3 \mathrm{cov}(r_1,r_3) + 2x_2x_3 \mathrm{cov}(r_2,r_3)$$

根据表 6-1 中的数据计算得到:

$$\mathrm{var}(R) = 180x_1^2 + 120x_2^2 + 140x_3^2 + 72x_1x_2 + 220x_1x_3 - 60x_2x_3$$

所以投资组合的标准差为

$$D = [180x_1^2 + 120x_2^2 + 140x_3^2 + 72x_1x_2 + 220x_1x_3 - 60x_2x_3]^{1/2}$$

(1) 根据投资者第(1)项要求可得问题的如下数学模型:

$$\min D = [180x_1^2 + 120x_2^2 + 140x_3^2 + 72x_1x_2 + 220x_1x_3 - 60x_2x_3]^{1/2}$$

$$\text{s.t.} \begin{cases} x_1 + x_2 + x_3 = 1 \\ 0.92x_1 + 0.64x_2 + 0.41x_3 \geq 0.65 \\ x_1, x_2, x_3 \geq 0 \end{cases}$$

用 LINGO 求解,程序清单如下:

```
1] MODEL:
1] sets:
2]     num_i/1..3/: r,x;
3] endsets
4] data:
5]     r=0.92,0.64,0.41;
6] enddata
7]     min= (180*x(1)^2+120*x(2)^2+140*x(3)^2
8]      +72*x(1)*x(2)+220*x(1)*x(3)-60*x(2)*x(3))^(1/2);
9]     x(1)+x(2)+x(3)=1;
10]    @sum(num_i(i): r(i)*x(i))>=0.65;
```

```
    11]     @for(num_i(i): x(i)>=0);
END
```

求解此模型,得到如下的输出结果:

```
Local optimal solution found.
Objective value:                        8.043967
Extended solver steps:                         5
Total solver iterations:                      48
        Variable        Value           Reduced Cost
            x(1)        0.2350713       0.000000
            x(2)        0.5222332       0.000000
            x(3)        0.2426955       0.000000
```

即在保证风险最小、5年总收益率65%的要求下,A、B、C三支股票的投资比例分别为23.51%、52.22%和24.27%,其最小标准差为8.044%。

(2) 根据投资者第(2)项的要求,则问题的模型为

$$\max R = 0.92x_1 + 0.64x_2 + 0.41x_3$$

$$\text{s. t.} \begin{cases} x_1 + x_2 + x_3 = 1 \\ [180x_1^2 + 120x_2^2 + 140x_3^2 + 72x_1x_2 + 220x_1x_3 - 60x_2x_3]^{1/2} \leqslant 12 \\ x_1, x_2, x_3 \geqslant 0 \end{cases}$$

用LINGO求解,程序如下:

```
MODEL:
    1] sets:
    2]     num_i/1..3/: r,x;
    3] endsets
    4] data:
    5]     r=0.92,0.64,0.41;
    6] enddata
    7]     max=@sum(num_i(i): r(i)*x(i));
    8]     x(1)+x(2)+x(3)=1;
    9]     (180*x(1)^2+120*x(2)^2+140*x(3)^2+72*x(1)*x(2)
   10]     +220*x(1)*x(3)-60*x(2)*x(3))^(1/2)<=12;
   11]     @for(num_i(i): x(i)>=0);
END
```

运行结果如下:

```
Local optimal solution found.
Objective value:                        0.8806140
Extended solver steps:                         5
Total solver iterations:                      64
```

Variable	Value	Reduced Cost
x(1)	0.8593357	0.000000
x(2)	0.1406643	0.000000
x(3)	0.000000	0.000000

从以上结果可以看出,在保证标准差不超过 12% 的条件下,5 年有最大收益率的 A、B、C 三支股票的组合投资比例分别为 85.93%、14.07%、0%,其最高收益率可达到 88.06%。

例 6.6 某食品加工厂需要用两种主要的原材料(A 和 B)加工生产成甲和乙两种食品,甲和乙两种食品需要原料 A 的最低比例分别为 50% 和 60%,每吨售价分别为 6000 元和 7000 元。该厂现有原材料 A 和 B 的库存量分别为 500t(吨)和 1000t,因生产的需要,现拟从市场上购买不超过 1500t 的原材料 A,其市场价格为:购买量不超过 500t 时单价为 10 000 元/吨;超过 500t 但不超过 1000t 时,超过 500t 的部分单价为 8000 元/吨;购买量超过 1000t 时,超过 1000t 的部分单价为 6000 元/吨。生产加工费用均为 500 元/吨。现在的问题是该工厂应如何安排采购和加工生产计划,使得利润最大?

解:首先设原料 A 的购买量为 x(单位:t),根据题意可知,采购单价为采购量 x 的分段函数,记为 $c(x)$(单位:千元/吨),则有

$$c(x) = \begin{cases} 10x, & 0 \leqslant x \leqslant 500 \\ 5000 + 8x, & 500 < x \leqslant 1000 \\ 9000 + 6x, & 1000 < x \leqslant 1500 \end{cases}$$

设原材料 A 用于生产甲、乙两种食品数量分别为 x_{11}、x_{12},原材料 B 的数量分别为 x_{21}、x_{22},则总收入为 $6(x_{11}+x_{12})+7(x_{21}+x_{22})$。于是问题的目标是总的利润

$$z = 6(x_{11}+x_{21}) + 7(x_{12}+x_{22}) - c(x) - 0.5(x_{11}+x_{21}+x_{12}+x_{22})$$

最大。

问题的约束条件是两种原材料的库存量的限制,原材料 A 的购买量的限制和两种原材料的加工比例限制,即

$$\begin{cases} x_{11} + x_{12} \leqslant 500 + x \\ x_{21} + x_{22} \leqslant 1000 \\ x \leqslant 1500 \\ \dfrac{x_{11}}{x_{11}+x_{21}} \geqslant 0.5 \\ \dfrac{x_{12}}{x_{12}+x_{22}} \geqslant 0.6 \\ x_{11}, x_{21}, x_{12}, x_{22}, x \geqslant 0 \end{cases}$$

由于目标函数中的函数 $c(x)$ 是一个分段函数,为了便于求解,将其做一个等价的转化,可用 x_1、x_2、x_3 分别表示以价格 10 千元/吨、8 千元/吨、6 千元/吨购买原材料 A 的数量,即 $x = x_1 + x_2 + x_3$,则 $c(x) = 10x_1 + 8x_2 + 6x_3$。同时注意到,只有当以 10 千元/吨的价格购买了 $x_1 = 500$ 之后才能再以 8 千元/吨的价格购买 $x_2(>0)$,于是有约束条件

$$(500 - x_1)x_2 = 0$$

类似地有

$$(500-x_2)x_3=0$$

且 $0 \leqslant x_1, x_2, x_3 \leqslant 500$。

由以上的分析并经整理后得到该问题的优化模型

$$\max z = 5.5(x_{11}+x_{21}) + 6.5(x_{12}+x_{22}) - (10x_1+8x_2+6x_3)$$

$$\text{s.t.} \begin{cases} x_{11}+x_{12}-x_1-x_2-x_3 \leqslant 500 \\ x_{21}+x_{22} \leqslant 1000 \\ (500-x_1)x_2 = 0 \\ (500-x_2)x_3 = 0 \\ 0.5x_{11} - 0.5x_{21} \geqslant 0 \\ 0.4x_{12} - 0.6x_{22} \geqslant 0 \\ 0 \leqslant x_1, x_2, x_3 \leqslant 500 \\ x_{11}, x_{12}, x_{21}, x_{22} \geqslant 0 \end{cases}$$

LINGO 求解的程序清单如下：

```
MODEL:
1] max=5.5*(x11+x21)+6.5*(x12+x22)-(10*x1+8*x2+6*x3);
2] x11+x12-x1-x2-x3<=500;
3] x21+x22<=1000;
4] (500-x1)*x2=0;
5] (500-x2)*x3=0;
6] 0.5*x11-0.5*x21>=0;
7] 0.4*x12-0.6*x22>=0;
8] x11>=0;x12>=0;x21>=0;x22>=0;
9] @bnd(0,x1,500);@bnd(0,x2,500);@bnd(0,x3,500);
END
```

运行该程序可求得结果为 $x_{11}=x_{21}=0, x_{12}=2000, x_{22}=1000, x_1=x_2=x_3=500$，目标函数值为 $z=7500$，即将原有的 500t 原材料 A 和 1000t 原材料 B，以及再购买的 1500t 原材料 A，全部用于生产食品乙，可以获得最大利润 7500 千元。

练 习 题

6.1 用最速下降法（梯度法）求函数

$$f(X) = x_1^2 + x_2^2 + x_3^2$$

的极小点，给定初始点 $X^{(0)} = (2, -2, 1)^T$。要求做 3 次迭代，并验证相邻两步的搜索方向正交。

6.2 试用共轭梯度法求二次函数

$$f(X) = \frac{1}{2} X^T A X$$

的极小点，其中 $A = \begin{bmatrix} 1 & 1 \\ 1 & 2 \end{bmatrix}$。

6.3 试以 $X^{(0)}=(0,0)^{\mathrm{T}}$ 为初始点，使用最速下降法（迭代 4 次）、牛顿法以及变尺度法分别求解无约束极值问题

$$\min f(X) = 2x_1^2 + x_2^2 + 2x_1x_2 + x_1 - x_2$$

6.4 取初始点 $X^{(0)}=(4,0)^{\mathrm{T}}$，试用牛顿法求解

$$\min f(X) = -\frac{1}{x_1^2 + x_2^2 + 2}$$

并将采用最佳步长和采用固定步长 $\lambda=1.0$ 时的情形做比较。

6.5 试用无约束极小化方法解联立方程组

$$\begin{cases} x_1 - 2x_2 + 3x_3 = 2 \\ 3x_1 - 2x_2 + x_3 = 7 \\ x_1 + x_2 - x_3 = 1 \end{cases}$$

先建立数学模型并说明计算原理，再以 $X^{(0)}=(1,1,1)^{\mathrm{T}}$ 为初始点进行迭代计算。

6.6 给出二次规划

$$\max f(X) = 10x_1 + 4x_2 - x_1^2 + 4x_1x_2 - 4x_2^2$$

$$\text{s.t.} \begin{cases} x_1 + x_2 \leqslant 6 \\ 4x_1 + x_2 \leqslant 18 \\ x_1, x_2 \geqslant 0 \end{cases}$$

(1) 写出 Kuhn-Tucker 条件并求最优解。

(2) 写出等价的线性规划问题并求解。

6.7 利用库恩-塔克(K-T)条件求解以下问题：

$$\min f(X) = (x_1 - 1)^2 - (x_2 - 2)^2$$

$$\text{s.t.} \begin{cases} x_2 - x_1 = 1 \\ x_1 + x_2 \leqslant a \\ x_1, x_2 \geqslant 0, \end{cases} \quad \text{其中 } a \text{ 为实常数}$$

(1) 试写出 K-T 条件。

(2) a 满足什么条件时以上问题有最优解？

(3) 分别求出相应的最优解和最优值。

6.8 用可行方向法求解下列非线性规划，以 $X^{(0)}=(0,0)^{\mathrm{T}}$ 为初始点迭代两步。

$$\min f(X) = 2x_1^2 - 2x_1x_2 + 2x_2^2 - 4x_1 - 6x_2$$

$$\text{s.t.} \begin{cases} x_1 + x_2 \leqslant 2 \\ x_1 + 5x_2 \leqslant 5 \\ x_1, x_2 \geqslant 0 \end{cases}$$

6.9 试用外点法求解非线性规划

$$\min f(X) = x_1 + x_2$$

$$\text{s.t.} \begin{cases} g_1(X) = -x_1^2 + x_2 \geqslant 0 \\ g_2(X) = x_1 \geqslant 0 \end{cases}$$

6.10 试用内点法求解

$$\min f(X) = (x_1 + 1)^3/3 + x_2$$

$$\text{s.t.} \begin{cases} g_1(X) = x_1 - 1 \geqslant 0 \\ g_2(X) = x_2 \geqslant 0 \end{cases}$$

6.11 某发电厂现有 3 台发电机组并联运行,每台机组的发电功率可以在 30~1600kW 的范围内调节,但功率越大,发电费用越高。试验表明,如果记 3 台机组的发电功率分别为 x_1、x_2、x_3(单位:kW),则相应的发电费用分别为 $f_1(x_1)=2x_1^2+3x_1+1$,$f_2(x_2)=x_2^2+4x_2+2$,$f_3(x_3)=x_3^2+x_3+6$。现要求 3 台发电机组的总功率为 3500kW,试问各发电机组应如何分配负荷(功率),使得总发电费用最低?

6.12 某 3 种股票(A、B、C)12 年(2002—2013)的价格(已经包括了分红在内)每年的增长情况如表 6-2 所示。表中的数字表示股票当年年末价值是其年初价值的倍数,比如表中第一个数据 1.300 的含义是股票 A 在 2002 年的年末价值是其年初价值的 1.300 倍,即收益为 30%。假如你在 2014 年时有一笔资金准备投资这 3 种股票,并期望年收益率达到 15%,那么你应当如何投资?

表 6-2

年份	股票 A	股票 B	股票 C	年份	股票 A	股票 B	股票 C
2002	1.300	1.225	1.149	2008	1.038	1.321	1.133
2003	1.103	1.290	1.260	2009	1.089	1.305	1.732
2004	1.216	1.216	1.419	2010	1.090	1.195	1.021
2005	0.954	0.728	0.922	2011	1.083	1.390	1.131
2006	0.929	1.144	1.169	2012	1.035	0.928	1.006
2007	1.056	1.107	0.965	2013	1.176	1.715	1.908

*第7章 对策论模型

对策论(Game Theory)又称为博弈论，是研究带有竞争与对抗问题的理论与方法。作为一门正式学科，对策论是在20世纪40年代形成并发展起来的。1944年，冯·诺依曼(Von Neumann)与摩根斯特恩(O. Morgenstern)的《博弈论与经济行为》一书出版，标志着现代博弈理论的初步形成。20世纪50年代，纳什(Nash)建立了非合作博弈的"纳什均衡"理论，标志着博弈的新时代开始，这也是纳什在经济博弈领域划时代的贡献。1994年纳什获得了诺贝尔经济学奖，他提出的著名的纳什均衡概念在非合作博弈理论中起着核心作用。由于纳什均衡的提出和不断完善，为博弈论广泛应用于经济学、管理学、社会学、政治学、军事科学等领域奠定了坚实的理论基础。

7.1 对策论的基本概念

7.1.1 引例

在介绍对策论模型之前，先看两个例子。

例7.1 田忌赛马问题。

战国时期，齐国国王齐王提出要与田忌赛马，双方约定从各自的上、中、下三个等级的马中各选一匹参赛，每匹马都只能参赛一次，每一次比赛双方各出一匹马，负者要付给胜者千金。已经知道，在同等级别的马中，田忌的马不如齐王的马，而如果田忌的马比齐王的马高一等级，则田忌的马可取胜。当时，田忌手下的一个谋士给他出了一个主意：每次比赛时先让齐王牵出他要参赛的马，然后来用下马对齐王的上马，用中马对齐王的下马，用上马对齐王的中马。比赛结果，田忌二胜一负，夺得千金。

例7.2 枪手对策。

3个快枪手对决的故事讲的是在某国西部的一个小镇上，3个枪手正在进行生死决斗，他们之间彼此痛恨，无法达成妥协的协议。他们3人的枪法有一定差别：枪手甲枪法精准，十发八中；枪手乙枪法也不错，十发六中；枪手丙枪法拙劣，十发四中。假如3人同时开枪，谁活下来的机会大一些？是不是枪法精准的甲活下来的机会最大呢？如果你这样认为，那就大错特错了。最可能活下来的是丙——枪法最为拙劣的那个家伙。

我们这样分析：假如这3个人同时各开一枪，那么甲一定要首先对乙开枪，这是他的最佳策略，因为此人威胁最大。这样，甲的第一枪不可能瞄准丙。同样，乙也会把甲作为第一目标。因为乙很明白，一旦自己把甲干掉，下一轮(如果还有下一轮的话)与丙对决，他的胜算较大。相反，如果他先打丙，即使活到了下一轮，与甲对决也是凶多吉少。那么丙选择什么策略呢？

丙自然也要对甲开枪，因为不管怎么说，乙到底比甲差一些(尽管还是比自己强)，如果一定要和某个人对决下一场的话,选择枪手乙,自己获胜的机会要比与甲对决多少大一点。于是第一轮对决过后,甲还能活下来的机会少得可怜,丙会成为第一轮胜利者。甲和乙二人即使某个对手在第一轮的对决中幸运地活下来,在下一轮的对决中,也并非十拿九稳——丙毕竟还有胜算的机会。

三国时期曹操、刘备、孙权三者之间的关系,就是枪手对策的典型,也是很有趣的例子。在赤壁之战中,曹操实力最强,孙权次之,刘备最弱,孙、刘都无法单独对抗曹操。为了抵抗强大的曹操,孙、刘必须联合起来。

在日常活动中,经常会看到一些相互之间具有斗争和竞争性质的行为,活动中的双方都力图选取对自己最有利的策略,千方百计去战胜对手。在政治方面,国际间的谈判,各种政治力量之间的斗争,各国际集团之间的斗争等无一不具有斗争的性质。在经济活动中,各国之间、各公司企业之间的经济谈判,企业之间为争夺市场而进行的竞争等,不胜枚举。

7.1.2 对策论的基本概念

对策问题的特征是参与者为利益相互冲突的各方,其结局不取决于其中任意一方的努力而是各方所采取的策略的综合结果。具有竞争或对抗性质的行为称为**对策行为**。在这类行为中,参加斗争或竞争的各方各自具有不同的目标和利益。为了达到各自的目标和利益,各方必须考虑对手的各种可能行动方案,并力图选取对自己最有利或最合理的方案。

对策论的基本概念包括局中人、行动、信息、策略、赢得(或支付)、结果和均衡,下面分别介绍这些概念的意义。

1. 局中人

在一个对策中,**局中人**(Players)是指能够选择自己的行动方案从而使自身的利益最大化的决策主体,即有决策权的参加者。局中人可以是个人,也可以是组织团体,如企业、政党、国家等,利益完全一致的参加者只能看成一个局中人。例7.1中的局中人是田忌和齐王,例7.2中的局中人是甲、乙、丙三个枪手,他们的目标都是使个人利益最大化。

2. 行动

行动(Actions)是局中人在对策的某个时点的决策变量。与行动有关的一个重要概念是行动的顺序。如在上面田忌赛马的例子中,行动的顺序可能是齐王和田忌同时选择,也可能是齐王先选任意一匹马参赛而田忌后选择,还可能是田忌先选齐王后选择。行动的顺序对对策结果有至关重要的影响。当局中人的行动存在先后次序时,后行动者就可以通过观察先行动者的行动选择来获取信息,再决定行动方案。静态对策和动态对策的划分就是根据行动的顺序作出的。

3. 信息

信息(Information)是局中人有关对策的知识,特别是有关自然状况、其他局中人的特征、偏好和行动等方面的知识。如房地产开发的例子中,有关市场需求的大小、行动在先的开发商的行动选择等,都属于信息的范围。

与信息有关的一个重要概念是"**共同知识**"(Common Knowledge)。如田忌赛马例子中,他们出马的顺序是共同知识,即齐王和田忌都知道自己和对方的行动集合,并且也知道对方知道自己的行动集合。在对策论中,"**理性**"是共同知识,各局中人的偏好也可能是共同知识。

根据局中人对信息的掌握程度,对策分为完全信息对策和不完全信息对策。

4. 策略

策略(Strategies)是局中人在给定信息集的情况下的行动规则,它规定了局中人在何种情况下选择何种行动,是完整的行动方案。各局中人在各自的策略集中选择一个特定的策略所构成的策略组合称为一个**局势**。在田忌赛马的例子中,如齐王在田忌之前行动,田忌得到齐王的行动选择后再行动,则他们所有可行的出马顺序有:上—中—下、上—下—中、中—下—上、中—上—下、下—上—中、下—中—上,依次把田忌的策略记为 α_1、α_2、α_3、α_4、α_5、α_6,则 $S_1 = \{\alpha_1, \alpha_2, \alpha_3, \alpha_4, \alpha_5, \alpha_6\}$;同样,依次把齐王的策略记为 β_1、β_2、β_3、β_4、β_5、β_6,则 $S_2 = \{\beta_1, \beta_2, \beta_3, \beta_4, \beta_5, \beta_6\}$ 为齐王的策略集。

5. 赢得

在对策论中,**赢得**(或支付 Payoff)是对应一个确定的自然状况,局中人各选择一个特定的策略所形成的局势下局中人得到的效用。当自然状况不确定或局中人随机选择其策略时,局中人关心的是期望赢得。在对策中,局中人的目的就是在充分考虑其他局中人策略选择的情况下最大化自己的赢得或期望赢得。

6. 结果

结果(Outcomes)是一个对策各种可能的最终后果,如各局中人的最优策略下等赢得等。

7. 均衡

均衡(Equilibrium)是各局中人最优策略所形成的局势,在该局势下,没有局中人愿意选择其他的策略。

7.1.3 对策行为的 3 个基本要素

以下称具有对策行为的模型为对策模型或决策。对策模型的种类可以千差万别,但本质上都必须包含以下 3 个要素。

1. 局中人

前面已经介绍了局中人的概念,通常用 I 表示局中人的集合。如果有 n 个局中人,则 $I = \{1, 2, \cdots, n\}$。一般要求一个对策中至少要有两个局中人。在对策论中,认为参与方均是"理性"的,即有一个很好定义的偏好函数,反映了局中人的决策目标。另外,既然是决策者,局中人就有可供选择的行动方案并有权决定自己的选择。那些不做决策的被动主体被作为环境参数来处理。

2. 策略集合

一局对策中,可供局中人选择的一个实际可行的完整的行动方案称为一个策略。参加对策的每一个局中人 $i \in I$,都有自己的策略集 S_i。一般来说,每一局中人的策略集中至少应包括两个策略。在"田忌赛马"的例子中,如果用(上、中、下)表示以上马、中马、下马依次参赛这样一个次序,就是一个完整的行动方案,即为一个策略。可见,局中人齐王和田忌各自都有 6 个策略:(上、中、下)、(上、下、中)、(中、上、下)、(中、下、上)、(下、中、上)、(下、上、中)。

3. 赢得函数(支付函数)

一局对策中,各局中人选定的策略形成的策略组称为一个局势,即若第 i 个局中人的一个策略是 S_i,则 n 个局中人的策略组

$$S = \{S_1, S_2, \cdots, S_n\}$$

就是一个局势。全体局势的集合 S 可用各局中人策略集的笛卡儿积表示,即

$$S = S_1 \times S_2 \times \cdots \times S_n$$

当一个局势出现后,对策的结果也就确定了。也就是说,对任一个局势 S,局中人 i 可以得到一个赢得值 $H_i(S)$。显然 $H_i(S)$ 是局势 S 的函数,称为第 i 个局中人的赢得函数。例如,在例 7.1 的局中人齐王的赢得函数(或支付函数)如表 7-1 所示。

表 7-1

齐王的策略＼田忌的策略	b_1 (上,中,下)	b_2 (上,下,中)	b_3 (中,上,下)	b_4 (中,下,上)	b_5 (下,中,上)	b_6 (下,上,中)
a_1(上,中,下)	3	1	1	1	1	-1
a_2(上,下,中)	1	3	1	1	-1	1
a_3(中,上,下)	1	-1	3	1	1	1
a_4(中,下,上)	-1	1	1	3	1	1
a_5(下,中,上)	1	1	-1	1	3	1
a_6(下,上,中)	1	1	1	-1	1	3

这里要强调策略的完整性,必须是一组绝对局中人赢得的完整行动方案。例如,在象棋博弈中,第一步走的"当头炮"不是策略,只是完整策略的一部分,整个象棋博弈过程的所有走步才构成一个策略,田忌赛马中,田忌第一次出马不能构成策略,而三次出马的顺序才算是策略,因为一次出马不能决定博弈结果。从这里可以看出策略与行动的区别,策略是行动的规则,它告诉局中人如何对其他局中人的行动作出反应,而非行动本身。当然,在静态对策中,所有局中人同时行动,没有任何人能获得他人行动的信息,策略也就变成简单的行动了。

当局中人、策略集和赢得函数这 3 个基本要素确定后,一个对策模型也就确定了。

一般地,当局中人得失总和为零时,称这类对策为**零和对策**,否则称为**非零和对策**。当局中人只有两个,且对策得失总和为零,则称为**二人零和对策**;若得失总和为常数,则称为

二人常数和对策;若得失总和是非常数,则称为二人非常数和对策。若二人对策双方的得失是用矩阵形式表示,则称支付函数为**支付矩阵**,相应的对策称为**矩阵对策**。通常,支付矩阵表示局中人 A 的支付函数。例如,表 7-1 表示的是齐王的支付矩阵(即齐王的得分情况)。

7.2 矩阵对策模型

7.2.1 矩阵对策的鞍点——鞍点对策

鞍点对策是对策的最基本策略,为了更好地介绍鞍点对策,先看下面的例子。

例 7.3 设甲、乙两人对策,各自拥有 3 个策略 a_1、a_2、a_3 和 b_1、b_2、b_3,局中人 A 的支付(收益)矩阵如表 7-2 所示。试求 A、B 各自的最优策略。

表 7-2

	b_1	b_2	b_3	min
a_1	1	3	9	1
a_2	6	5	7	5
a_3	8	4	2	2
max	8	5	9	

问题分析

从直观上来看,局中人 A 应该出策略 a_1,因为这样选择,他有可能得到 9。但局中人 B 看到了这一点,他出策略 b_1,这样局中人 A 不能得到 9,而只能得到 1。因此,局中人 A 也充分认识到这一点,他应当出策略 a_3,这样做,就有可能得到 8,而这种情况下局中人 B 就要出策略 b_3,局中人 A 也只能得到 2。

这样做下来,局中人 A 只能选择策略 a_2,而局中人 B 也只能选择策略 b_2,大家达到平衡,最后局中人 A 赢得的值为 5,局中人 B 输掉的值为 5。

从上面的分析可以看出,无论局中人 A 选择什么策略,他赢得的值总是小于等于 5,而无论局中人 B 选择什么策略,他输掉的值总是大于等于 5,5 就是支付矩阵的鞍点。

下面讨论一般的情况。假设局中人 I 有 m 个策略 α_1、α_2、$\cdots$、α_m,局中人 II 有 n 个策略 β_1、β_2、$\cdots$、β_n,分别记为

$$S_1 = \{\alpha_1, \alpha_2, \cdots, \alpha_m\}, \quad S_2 = \{\beta_1, \beta_2, \cdots, \beta_n\}$$

$\boldsymbol{A} = (a_{ij})_{m \times n}$ 为局中人 I 的支付矩阵,而 $-\boldsymbol{A}$ 为局中人 II 的支付矩阵,矩阵对策记为

$$G = \{I, II; S_1, S_2; \boldsymbol{A}\} \quad \text{或} \quad G = \{S_1, S_2; \boldsymbol{A}\}$$

一般的矩阵对策有如下定义和定理。

定义 7.1 设 $G = \{S_1, S_2; \boldsymbol{A}\}$ 为矩阵对策,若等式

$$\max_i \min_j a_{ij} = \min_j \max_i a_{ij} = a_{i^* j^*} \tag{7-1}$$

成立,记 $v_G = a_{i^* j^*}$,则称 v_G 为**对策 G 的值**。称使式(7-1)成立的纯局势 $(\alpha_{i^*}, \beta_{j^*})$ 为 G **在纯策略下的解**(或平衡局势),称 α_{i^*} 和 β_{j^*} 分别为局中人 I、II 的**最优纯策略**。

其对策意义是：一个平衡局势$(\alpha_{i^*},\beta_{j^*})$应具有这样的性质，当局中人Ⅰ选取了纯策略$\alpha_{i^*}$后，局中人Ⅱ为了使所失最少，只有选择纯策略$\beta_{j^*}$，否则就可能失得更多；反之，当局中人Ⅱ选取了纯策略β_{j^*}后，局中人Ⅰ为了得到最大的赢得也只能选取纯策略α_{i^*}，否则就会赢得更少。双方的竞争在局势$(\alpha_{i^*},\beta_{j^*})$下达到一个平衡状态，即在矩阵对策中两局中人都采取最优纯策略(如果最优纯策略存在)才是最理智的。

例 7.4 求解矩阵对策$G=\{S_1,S_2;A\}$，其中

$$A=\begin{bmatrix} -7 & 2 & -9 \\ 4 & 3 & 5 \\ 15 & -2 & -4 \\ -4 & 0 & 6 \end{bmatrix}$$

解：根据矩阵A，有表 7-3。

表 7-3

$\alpha\diagdown\beta$	β_1	β_2	β_3	$\min\limits_{j} a_{ij}$
α_1	-7	2	-9	-9
α_2	4	3	5	3^*
α_3	15	-2	-4	-4
α_4	-4	0	6	-4
$\max\limits_{i} a_{ij}$	15	3^*	6	

于是有

$$\max_{i}\min_{j} a_{ij}=\min_{j}\max_{i} a_{ij}=a_{22}=3$$

由定义 7.1，$v_G=3$，G的解为(α_2,β_2)，α_2和β_2分别是局中人Ⅰ和Ⅱ的最优纯策略。

从例 7.4 可以看出，矩阵A的元素a_{22}既是其所在行的最小元素又是其所在列的最大元素，即

$$a_{i2}\leqslant a_{22}\leqslant a_{2j}\quad i=1,2,3,4;\quad j=1,2,3$$

将这一事实推广到一般矩阵对策，可得定理 7.1。

定理 7.1 矩阵对策$G=\{S_1,S_2;A\}$在纯策略意义下有解的充分必要条件是存在纯局势$(\alpha_{i^*},\beta_{j^*})$使得

$$a_{ij^*}\leqslant a_{i^*j^*}\leqslant a_{i^*j}\quad i=1,2,\cdots,m;\quad j=1,2,\cdots,n \tag{7-2}$$

为了便于对更广泛的对策情形进行分析，引进关于二元函数鞍点的概念。

定义 7.2 设$f(x,y)$为一个定义在$x\in A$及$y\in B$上的实值函数，若存在$x^*\in A,y^*\in B$，使得

$$f(x,y^*)\leqslant f(x^*,y^*)\leqslant f(x^*,y),\quad \forall x\in A,y\in B \tag{7-3}$$

则称(x^*,y^*)为函数$f(x,y)$的一个鞍点。

由以上的定义与定理可知，对于例 7.4，3 是支付矩阵的鞍点，局中人Ⅰ与Ⅱ的最优纯策略分别为α_2和β_2。

当矩阵对策的最优解不唯一时，有如下定理。

定理 7.2（无差别性） 如果$(\alpha_{i_1},\beta_{j_1})$和$(\alpha_{i_2},\beta_{j_2})$都是对策的解，则$a_{i_1j_1}=a_{i_2j_2}$。

该性质的实际意义在于，如果矩阵对策有多个解，则这些解对于两个局中人的赢得来说是无差别的，即局中人无论选择哪个鞍点对应的策略，其赢得是不变的。

定理 7.3（可交换性） 如果$(\alpha_{i_1},\beta_{j_1})$和$(\alpha_{i_2},\beta_{j_2})$都是矩阵对策的解，则$(\alpha_{i_1},\beta_{j_2})$和$(\alpha_{i_2},\beta_{j_1})$也是该对策的解。

当矩阵对策有多个解时，两个局中人可以从中任选一个自己的策略，从而构成新的矩阵对策的解。

例 7.5 设矩阵对策$G=\{S_1,S_2;A\}$，其中$S_1=\{\alpha_1,\alpha_2,\alpha_3,\alpha_4\}$，$S_2=\{\beta_1,\beta_2,\beta_3,\beta_4\}$，支付矩阵如下，试求对策的解。

$$A = \begin{bmatrix} 6 & 5 & 6 & 5 \\ 1 & 4 & 2 & -1 \\ 8 & 5 & 7 & 5 \\ 0 & 2 & 6 & 2 \end{bmatrix}$$

解：直接在A提供的支付矩阵上计算有

	β_1	β_2	β_3	β_4	min
α_1	6	5	6	5	5*
α_2	1	4	2	-1	-1
α_3	8	5	7	5	5*
α_4	0	2	6	2	0
max	8	5*	7	5*	

于是

$$\max_i \min_j a_{ij} = \min_j \max_i a_{ij} = a_{i^* j^*} = 5$$

其中，$i^*=1,3; j^*=2,4$，所以(α_1,β_2)、(α_1,β_4)、(α_3,β_2)和(α_3,β_4)4个局势都是对策的解，且$v_G=5$。

7.2.2 矩阵对策的混合策略——混合对策

如果支付矩阵有鞍点，选择鞍点对策是最优的对策策略；如果支付矩阵无鞍点，则需要选择混合对策。再看例7.1，对于支付矩阵（见表7-1）有

$$\max_i \min_j a_{ij} = -1, \quad \min_j \max_i a_{ij} = 3$$

没有纯最优策略，因此无法用定理7.1来确定最优策略，只能求相应的混合策略。

类似于纯策略，给出混合策略的有关定义和定理。

定义 7.3 设矩阵对策$G=\{S_1,S_2;A\}$，$S_1=\{\alpha_1,\alpha_2,\cdots,\alpha_m\}$，$S_2=\{\beta_1,\beta_2,\cdots,\beta_n\}$，$A=(a_{ij})_{m\times n}$，称

$$S_1^* = \{x \in R^m \mid \sum_{i=1}^m x_i = 1, \quad x_i \geqslant 0, i=1,2,\cdots,m\} \tag{7-4}$$

$$S_2^* = \{y \in R^n \mid \sum_{j=1}^n y_j = 1, \quad y_j \geqslant 0, j=1,2,\cdots,n\} \tag{7-5}$$

分别为局中人Ⅰ和Ⅱ的**混合策略集**,称$(x,y)(x\in S_1^*,y\in S_2^*)$为一个**混合局势**,称

$$E(x,y) = x^{\mathrm{T}}Ay = \sum_i\sum_j a_{ij}x_iy_j \tag{7-6}$$

为局中人Ⅰ的**支付函数**(**赢得函数**)。于是构成一个新的对策$G^*=\{S_1^*,S_2^*;E\}$,称G^*为对策G的混合扩充。

事实上,对任意$x=(x_1,x_2,\cdots,x_m)^{\mathrm{T}}\in S_1$是局中人Ⅰ的一个混合策略,意味着局中人Ⅰ以概率$x_i$选用策略$\alpha_i$,对任意$y=(y_1,y_2,\cdots,y_n)^{\mathrm{T}}\in S_2$是局中人Ⅱ的一个混合策略,意味着局中人Ⅱ以概率$y_j$选用策略$\beta_j$,并且局中人Ⅰ的赢得为$a_{ij}$的概率为$x_iy_j$,则局中人Ⅰ采用混合策略$x$的期望赢得为$E(x,y)=x^{\mathrm{T}}Ay$,且希望此值越大越好,至少应是$\min\limits_{y\in S_2^*}E(x,y)$(即局中人Ⅰ最不利,局中人Ⅱ最有利的情况)。局中人Ⅰ应选取$x\in S_1^*$使得在最不利中取有利的情形,即保证自己的赢得不少于$v_1=\max\limits_{x\in S_1^*}\min\limits_{y\in S_2^*}E(x,y)$。对局中人Ⅱ也力争保证自己的所失(支付)至多是$v_2=\min\limits_{y\in S_2^*}\max\limits_{x\in S_1^*}E(x,y)$,显然有$v_1\leqslant v_2$。由此可得定义7.4。

定义7.4 设$G^*=\{S_1^*,S_2^*;E\}$是$G=\{S_1,S_2;A\}$的混合扩充,若

$$\max\limits_{x\in S_1^*}\min\limits_{y\in S_2^*}E(x,y) = \min\limits_{y\in S_2^*}\max\limits_{x\in S_1^*}E(x,y) = v_G \tag{7-7}$$

则称v_G为**对策G^*的值**,称使式(7-7)成立的混合局势(x^*,y^*)为G**在混合策略下的解**,称x^*和y^*分别为局中人Ⅰ和Ⅱ的**最优混合策略**。

定理7.4 矩阵对策$G=\{S_1,S_2;A\}$在混合策略意义下有解的充分必要条件是:存在$x^*\in S_1^*,y^*\in S_2^*$,使$(x^*,y^*)$为函数$E(x,y)$的一个鞍点,即对任意$x\in S_1^*$和$y\in S_2^*$有

$$E(x,y^*)\leqslant E(x^*,y^*)\leqslant E(x^*,y), \quad \forall x\in S_1^*,y\in S_2^* \tag{7-8}$$

该定理说明,如果一个局中人单方面不论采取何种纯策略都不能增加自己的赢得,则该局势为对策的解;反之亦然。例如,在人们经常玩的猜拳游戏(两人同时出拳,每个人可以从"石头"、"剪子"和"布"中选取一个,"石头"赢"剪子","剪子"赢"布","布"赢"石头")中,在对方采取$(1/3,1/3,1/3)^{\mathrm{T}}$策略时,局中人Ⅱ不论采用何种纯策略,其赢得仍然为0,所以双方均应采用$(1/3,1/3,1/3)^{\mathrm{T}}$是对策的解。

例7.6 考虑矩阵对策$G=\{S_1,S_2;A\}$,其中

$$A = \begin{bmatrix} 3 & 6 \\ 5 & 4 \end{bmatrix}$$

由前面的讨论可知G在纯策略意义下的解不存在,于是设$x=(x_1,x_2)$为局中人Ⅰ的混合策略,$y=(y_1,y_2)$为局中人Ⅱ的混合策略,则

$$S_1^* = \{(x_1,x_2)\mid x_1+x_2=1,x_1\geqslant 0,x_2\geqslant 0\}$$
$$S_2^* = \{(y_1,y_2)\mid y_1+y_2=1,y_1\geqslant 0,y_2\geqslant 0\}$$

局中人Ⅰ的赢得期望值是

$$\begin{aligned}E(x,y) &= (x_1,x_2)\times A\times\begin{bmatrix}y_1\\y_2\end{bmatrix}=3x_1y_1+6x_1y_2+5x_2y_1+4x_2y_2\\&=3x_1y_1+6x_1(1-y_1)+5(1-x_1)y_1+4(1-x_1)(1-y_1)\\&=-4(x_1-1/4)(y_1-1/2)+9/2\end{aligned}$$

取 $x^* = (1/4, 3/4), y^* = (1/2, 1/2)$,则有
$$E(x^*, y^*) = 9/2, \quad E(x, y^*) = 9/2, \quad E(x^*, y) = 9/2$$
即有
$$E(x, y^*) \leqslant E(x^*, y^*) \leqslant E(x^*, y)$$
故 $x^* = (1/4, 3/4), y^* = (1/2, 1/2)$ 分别为局中人 Ⅰ 和 Ⅱ 的最优混合策略,对策的值 $v_G = 9/2$。

为了求解矩阵对策混合策略意义下的最优解,先给出几个重要的定理。

定理 7.5 设 $x^* \in S_1^*, y^* \in S_2^*$,则 (x^*, y^*) 是对策 G 的解的充要条件是存在正数 v,使得 x^*, y^* 分别是不等式组

$$\begin{cases} \sum_{i=1}^{m} a_{ij} x_i \geqslant v & (j = 1, 2, \cdots, n) \\ \sum_{i=1}^{m} x_i = 1 \\ x_i \geqslant 0 & (i = 1, 2, \cdots, m) \end{cases} \quad \text{和} \quad \begin{cases} \sum_{j=1}^{n} a_{ij} y_j \leqslant v & (i = 1, 2, \cdots, m) \\ \sum_{j=1}^{n} y_j = 1 \\ y_j \geqslant 0 & (j = 1, 2, \cdots, n) \end{cases}$$

的解,且 $v = v_G$。

定理 7.6 对任一矩阵,对策 $G = \{S_1, S_2; A\}$ 一定存在混合策略意义下的解。

为了求解矩阵对策,在此先给出几个有关化简支付矩阵的定义和定理。

定义 7.5 设 $G = \{S_1, S_2; A\}, S_1 = (\alpha_1, \alpha_2, \cdots, \alpha_m), S_2 = (\beta_1, \beta_2, \cdots, \beta_n), A = (a_{ij})_{m \times n}$,如果对任意 $j = 1, 2, \cdots, n$ 有 $a_{i_0 j} \geqslant a_{k_0 j}$,则称局中人 Ⅰ 的**纯策略 α_{i_0} 优超于纯策略 α_{k_0}**。

类似地,可以定义局中人 Ⅱ 的纯策略 β_{j_0} 优超于 β_{l_0}。

定理 7.7 设 $G = \{S_1, S_2; A\}$,如果纯策略 α_1 被其余的纯策略 $\alpha_2 、 \cdots 、 \alpha_m$ 中之一所优超,由 G 可得一个新矩阵对策 $G' = \{S_1', S_2; A'\}$,其中 $S_1' = (\alpha_2, \cdots, \alpha_m), A' = (a'_{ij})_{(m-1) \times n}$,$a'_{ij} = a_{ij} (i = 2, \cdots, m; j = 1, \cdots, n)$,则有

(1) $v_{G'} = v_G$。

(2) G' 中局中人 Ⅱ 的最优策略就是其在 G 中的最优策略。

(3) 若 $(x_2^*, x_3^*, \cdots, x_m^*)^T$ 是 G' 中局中人 Ⅰ 的最优策略,则 $x^* = (0, x_2^*, x_3^*, \cdots, x_m^*)^T$ 就是局中人 Ⅰ 在 G 中的最优策略。

推论:在定理 7.7 中,若 α_1 不是为纯策略 $\alpha_2 、 \cdots 、 \alpha_m$ 中之一所优超,而是为 $\alpha_2 、 \cdots 、 \alpha_m$ 的某个凸线性组合所优超,定理的结论仍然成立。

定理 7.7 实际上给出了一个化简支付(赢得)矩阵 A 的原则,称为**优超原则**。根据此原则,当局中人 Ⅰ 的某纯策略 α_i 被其他纯策略或纯策略的凸线性组合所优超时,可在矩阵 A 中划去第 i 行而得到一个与原对策 G 等价但赢得矩阵阶数较小的对策 G',而 G' 的求解往往比 G 的求解容易些,通过求解 G' 而得到 G 的解。类似地,对于局中人 Ⅱ 来说,可以在赢得矩阵 A 中划去被其他列或其他列的凸线性组合所优超的那些列。

7.2.3 混合对策的线性方程组求解方法

设有矩阵对策 $G = \{S_1, S_2; A\}$,由定理 7.6 知一定存在混合策略意义下的解 (x^*, y^*),

又由定理 7.5 得 $(\boldsymbol{x}^*, \boldsymbol{y}^*)$ 为 G 的解的充要条件是存在 v 使 $\boldsymbol{x}^*, \boldsymbol{y}^*$ 分别为

$$\begin{cases} \sum_{i=1}^{m} a_{ij} x_i \geqslant v & (j=1,2,\cdots,n) \\ \sum_{i=1}^{m} x_i = 1 \\ x_i \geqslant 0 & (i=1,2,\cdots,m) \end{cases} \quad \text{和} \quad \begin{cases} \sum_{j=1}^{n} a_{ij} y_j \leqslant v & (i=1,2,\cdots,m) \\ \sum_{j=1}^{n} y_j = 1 \\ y_j \geqslant 0 & (j=1,2,\cdots,n) \end{cases}$$

的解,且 $v = v_G$,而且可以证明:当 $x_i^* \geqslant 0, y_j^* \geqslant 0$ 时,$\boldsymbol{x}^*, \boldsymbol{y}^*$ 分别为

$$\begin{cases} \sum_{i=1}^{m} a_{ij} x_i = v & (j=1,2,\cdots,n) \\ \sum_{i=1}^{m} x_i = 1 \\ x_i \geqslant 0 & (i=1,2,\cdots,m) \end{cases} \quad \text{和} \quad \begin{cases} \sum_{j=1}^{n} a_{ij} y_j = v & (i=1,2,\cdots,m) \\ \sum_{j=1}^{n} y_j = 1 \\ y_j \geqslant 0 & (j=1,2,\cdots,n) \end{cases}$$

的解。

例 7.7 设赢得矩阵为 $\boldsymbol{A}$,求解此矩阵对策。

$$\boldsymbol{A} = \begin{bmatrix} 3 & 2 & 0 & 3 & 0 \\ 5 & 0 & 2 & 5 & 9 \\ 7 & 3 & 9 & 5 & 9 \\ 4 & 6 & 8 & 7 & 5.5 \\ 6 & 0 & 8 & 8 & 3 \end{bmatrix}$$

解:由于第 4 行优超于第 1 行,第 3 行优超于第 2 行,故可以划掉第 1 行和第 2 行,且 $x_1^* = 0, x_2^* = 0$,得到新的赢得矩阵

$$\boldsymbol{A}_1 = \begin{bmatrix} 7 & 3 & 9 & 5 & 9 \\ 4 & 6 & 8 & 7 & 5.5 \\ 6 & 0 & 8 & 8 & 3 \end{bmatrix}$$

对于 $\boldsymbol{A}_1$,第 1 列优超于第 3 列,第 2 列优超于第 4 列,$1/3 \times$(第 1 列)$+2/3 \times$(第 2 列)优超于第 5 列,因此去掉第 3、4、5 列,且 $y_3^* = 0, y_4^* = 0, y_5^* = 0$,得到

$$\boldsymbol{A}_2 = \begin{bmatrix} 7 & 3 \\ 4 & 6 \\ 6 & 0 \end{bmatrix}$$

这时,第 1 行又优超于第 3 行,故从 $\boldsymbol{A}_2$ 中划去第 3 行,且 $x_5^* = 0$,得到

$$\boldsymbol{A}_3 = \begin{bmatrix} 7 & 3 \\ 4 & 6 \end{bmatrix}$$

对于 $\boldsymbol{A}_3$,易知无鞍点存在,应用定理 7.5,求解以下两个不等式组:

$$(\text{I}) \begin{cases} 7x_3 + 4x_4 \geqslant v \\ 3x_3 + 6x_4 \geqslant v \\ x_3 + x_4 = 1 \\ x_3, x_4 \geqslant 0 \end{cases} \qquad (\text{II}) \begin{cases} 7y_1 + 3y_2 \leqslant v \\ 4y_1 + 6y_2 \leqslant v \\ y_1 + y_2 = 1 \\ y_1, y_2 \geqslant 0 \end{cases}$$

首先考虑满足

$$\begin{cases} 7x_3 + 4x_4 = v \\ 3x_3 + 6x_4 = v \\ x_3 + x_4 = 1 \end{cases} \quad \begin{cases} 7y_1 + 3y_2 = v \\ 4y_1 + 6y_2 = v \\ y_1 + y_2 = 1 \end{cases}$$

的非负解。求得解为$(x_3^*, x_4^*) = (1/3, 2/3), (y_1^*, y_2^*) = (1/2, 1/2), v = 5$。因此,原矩阵对策的一个解为

$$\begin{cases} \boldsymbol{x}^* = (0, 0, 1/3, 2/3, 0)^{\mathrm{T}} \\ \boldsymbol{y}^* = (1/2, 1/2, 0, 0, 0)^{\mathrm{T}} \\ v_G = 5 \end{cases}$$

7.2.4 混合对策的线性规划求解方法

设局中人 I 分别以 x_1、x_2、$\cdots$、x_m 的概率 $\left(\sum_{i=1}^{m} x_i = 1, x_i \geqslant 0\right)$ 混合使用他的 m 种策略,局中人 II 分别以 y_1、y_2、$\cdots$、y_n 的概率 $\left(\sum_{j=1}^{n} y_j = 1, y_j \geqslant 0\right)$ 混合使用他的 n 种策略。

当 I 采用混合策略, II 分别采用纯策略 $\beta_j (j=1,2,\cdots,n)$, I 的赢得分别为 $\sum_{i=1}^{m} a_{ij} x_i (j=1,2,\cdots,n)$, 依据最大最小原则,应有

$$\begin{cases} v_{\mathrm{I}} = \max_{\boldsymbol{x} \in S_1^*} \min_{j} \sum_{i=1}^{m} a_{ij} x_i \\ \sum_{i=1}^{m} x_i = 1 \\ x_i \geqslant 0, \quad i = 1, 2, \cdots, m \end{cases} \tag{7-9}$$

其中 v_{I} 是局中人 I 的赢得值。

将问题(7-9)写成线性规划问题:

$$\max v_{\mathrm{I}}$$
$$\text{s. t.} \begin{cases} \sum_{i=1}^{m} a_{ij} x_i \geqslant v_{\mathrm{I}}, & j = 1, 2, \cdots, n \\ \sum_{i=1}^{m} x_i = 1 \\ x_i \geqslant 0, & i = 1, 2, \cdots, m \end{cases} \tag{7-10}$$

也就是说,线性规划问题(7-10)的解就是局中人 I 采用混合策略的解。

类似地,求局中人 II 的最优策略转化为求解下列线性规划问题:

$$\min v_{\mathrm{II}}$$
$$\text{s. t.} \begin{cases} \sum_{j=1}^{n} a_{ij} y_j \leqslant v_{\mathrm{II}}, & i = 1, 2, \cdots, m \\ \sum_{j=1}^{n} y_j = 1 \\ y_j \geqslant 0, & j = 1, 2, \cdots, n \end{cases} \tag{7-11}$$

因此，线性规划问题(7-11)的解就是局中人Ⅱ采用混合策略的解。

为了更方便求解，令
$$x'_i = x_i/v_{\mathrm{I}}, i=1,2,\cdots,m \quad (不妨设 v_{\mathrm{I}} > 0)$$

则线性规划问题(7-10)等价于线性规划问题

(P) $\quad\min z = \sum_i x'_i$
$$\text{s. t.} \begin{cases} \sum_i a_{ij} x'_i \geqslant 1, & j=1,2,\cdots,n \\ x'_i \geqslant 0, & i=1,2,\cdots,m \end{cases}$$

同理，做变换
$$y'_j = y_j/v_{\mathrm{II}}, \quad j=1,2,\cdots,n$$

则线性规划问题(7-11)等价于线性规划问题

(D) $\quad\max w = \sum_j y'_j$
$$\text{s. t.} \begin{cases} \sum_j a_{ij} y'_j \leqslant 1, & i=1,2,\cdots,m \\ y'_j \geqslant 0, & j=1,2,\cdots,n \end{cases}$$

显然，问题(P)和问题(D)是互为对偶的线性规划，故可利用单纯形法或对偶单纯形法求解。在求解时，一般先求问题(D)的解，因为这样容易在迭代的第一步就能找到第一个基本可行解，而问题(P)的解从问题(D)的最终单纯形表中即可得到。当求得问题(P)和(D)的最优解后，再利用变换 $x'_i = x_i/v_{\mathrm{I}}$ 和 $y'_j = y_j/v_{\mathrm{II}}$，即可求得原对策问题的解及对策的值。

例7.8 利用线性规划方法求解赢得矩阵为 $\boldsymbol{A}$ 的矩阵对策。
$$\boldsymbol{A} = \begin{bmatrix} 8 & 2 & 4 \\ 2 & 6 & 6 \\ 6 & 4 & 4 \end{bmatrix}$$

解：求解问题可化为两个互为对偶的线性规划问题：

(P) $\begin{cases} \min z = x_1 + x_2 + x_3 \\ \text{s. t.} \begin{cases} 8x_1 + 2x_2 + 6x_3 \geqslant 1 \\ 2x_1 + 6x_2 + 4x_3 \geqslant 1 \\ 4x_1 + 6x_2 + 4x_3 \geqslant 1 \\ x_1, x_2, x_3 \geqslant 0 \end{cases} \end{cases}$

(D) $\begin{cases} \max w = y_1 + y_2 + y_3 \\ \text{s. t.} \begin{cases} 8y_1 + 2y_2 + 4y_3 \leqslant 1 \\ 2y_1 + 6y_2 + 6y_3 \leqslant 1 \\ 6y_1 + 4y_2 + 4y_3 \leqslant 1 \\ y_1, y_2, y_3 \geqslant 0 \end{cases} \end{cases}$

利用单纯形法求解问题(D)（迭代过程略），可得 $\boldsymbol{y}^* = (1/14, 1/14, 1/14)$，$w^* = 3/14$，从求解问题(D)的最终单纯形表中可以看出，问题(P)的最优解为 $\boldsymbol{x}^* = (0, 1/14, 2/14)$，$z^* = 3/14$。

于是有，$v_G = 1/w^* = 1/z^* = 14/3$，局中人 I 的最优混合策略为 $(1/3, 1/3, 1/3)^T$，局中人 II 的最优混合策略为 $(0, 1/3, 2/3)^T$。

7.2.5 利用 LINGO 软件求解矩阵对策

例 7.9 用线性规划方法求解例 7.1 的最优混合策略。

解： 对于局中人齐王，按照线性规划(7-10)写出相应的 LINGO 程序。

```
MODEL:
    sets:
    playerI/1..6/: x;
    playerII/1..6/;
    game(playerI,playerII): A;
    endsets
    data:
    A= 3 1 1 1 1 -1
       1 3 1 1 -1 1
       1 -1 3 1 1 1
       -1 1 1 3 1 1
       1 1 -1 1 3 1
       1 1 1 -1 1 3;
    enddata
    max=vI;
    @free(vI);
    @for(playerII(j): @sum(playerI(i): A(i,j)*x(i))>=vI);
    @sum(playerI: x)=1;
END
```

程序的 @free(vI) 表示变量 vI 没有非负约束，求得最优解（只保留相关部分）：

```
Global optimal solution found.
Objective value:                          1.000000
Total solver iterations:                         3
         Variable        Value       Reduced Cost
               vI     1.000000           0.000000
             x(1)     0.3333333          0.000000
             x(2)     0.000000           0.000000
             x(3)     0.000000           0.000000
             x(4)     0.3333333          0.000000
             x(5)     0.000000           0.000000
             x(6)     0.3333333          0.000000
```

即齐王以 1/3 的概率出（上、中、下）、(中、下、上)、(下、上、中) 中每种策略的一种，其赢得值为 1。

对于局中人田忌，按照线性规划(7-11)写出相应的 LINGO 程序。

```
MODEL:
    sets:
    playerI/1..6/;
    playerII/1..6/: y;
    game(playerI,playerII) : A;
    endsets
    data:
    A= 3 1 1 1 1 -1
       1 3 1 1 -1 1
       1 -1 3 1 1 1
       -1 1 1 3 1 1
       1 1 -1 1 3 1
       1 1 1 -1 1 3;
    enddata
    min=vII;
    @free(vII);
    @for(playerI(i): @sum(playerII(j): A(i,j) * y(j))<=vII);
    @sum(playerII: y)=1;
END
```

求解的结果如下(只保留相关部分):

```
Global optimal solution found.
Objective value:                          1.000000
Total solver iterations:                        5
            Variable     Value      Reduced Cost
                 vII    1.000000     0.000000
                y(1)    0.3333333    0.000000
                y(2)    0.000000     0.000000
                y(3)    0.000000     0.000000
                y(4)    0.3333333    0.000000
                y(5)    0.000000     0.000000
                y(6)    0.3333333    0.000000
```

即田忌以 1/3 的概率出(上、中、下)、(中、下、上)、(下、上、中)中每种策略的一种,其平均所失为 1,即在公平对策时,结局是齐王赢田忌,齐王赢得为 1000 两黄金。

在例 7.1 中田忌赢了齐王 1000 两黄金的原因在于他知道了齐王的出马顺序,对于田忌来说,只是一个决策过程,所以有可能赢得 1000 两黄金。因此在此类对策时,竞争的双方应该对自己的策略保密,否则不保密的一方将处于不利的地位。

在此需要指出,对于一个具有鞍点的对策问题,同样也可以采用线性规划方法来进行求解。

例 7.10 用线性规划方法求解例 7.3。

解:写出的 LINGO 程序清单如下:

```
MODEL:
    sets:
    playerI/1..3/: x;
    playerII/1..3/;
    game(playerI,playerII): A;
    endsets
    data:
    A=1 3 9
      6 5 7
      8 4 2;
    enddata
    max=vI;
    @free(vI);
    @for(playerII(j): @sum(playerI(i): A(i,j)*x(i))>=vI);
    @sum(playerI: x)=1;
END
```

计算结果为(只保留有效部分)：

```
Global optimal solution found.
    Objective value:                    5.000000
    Total solver iterations:                   4
         Variable       Value       Reduced Cost
             vI      5.000000           0.000000
           x(1)      0.000000           2.000000
           x(2)      1.000000           0.000000
           x(3)      0.000000           1.000000
```

由结果可以看到，局中人Ⅰ仍然选择纯策略，对局中人Ⅱ的计算也会出现同样的情况。

从例 7.9 和例 7.10 可以看出，无论矩阵对策有无鞍点，均可以采用线性规划的方法求其对策，只不过具有鞍点的对策可以有更简单的算法罢了。

7.3 双矩阵对策模型

7.3.1 纳什均衡

假定 A、B 两个企业都生产白酒，白酒分为高度和低度两种。报酬矩阵如表 7-4 所示。

表 7-4

		A 企业	
		高度	低度
B 企业	高度	700, 600	900, 1000
	低度	800, 900	600, 800

对于 B 企业来说，A 企业如果选择了生产高度白酒，那么 B 企业会选择生产什么呢？因为 800＞700，所以 B 企业会选择生产低度白酒；A 企业如果选择了生产低度白酒，因为 900＞600，那么 B 企业会选择生产高度白酒。

对于 A 企业来说，如果 B 企业选择了生产高度白酒，因为 1000＞600，A 企业就会选择生产低度白酒；如果如果 B 企业选择了生产低度白酒，因为 900＞800，A 企业就会选择生产高度白酒。

这里，A 企业的决策取决于 B 企业的决策，同样 B 企业的决策取决于 A 企业的决策。但是 A 企业选择了生产高度白酒以后，只要不变化，B 企业就会选择生产低度白酒不变化。反过来也一样，B 企业如果选择了生产高度白酒不变化，A 企业就会选择生产低度白酒不变化，这实际上是一个**纳什(Nash)均衡**，纳什均衡就是在给定别人最优的情况下，自己最优选择达成的均衡。

通俗地讲，就是给定你的最优选择，我会选择能够使我最优的选择，或者说，我选择在给定你的选择的情况下我的最优选择，你选择了给定我选择情况下你的最优选择。这种均衡最后到底均衡在哪一点，由具体情况决定。在存在帕累托改善的情况下，可能会达到帕累托最优。

在本例中，B 企业选择了生产高度白酒，A 企业选择生产低度白酒是一种均衡；B 企业选择了生产低度白酒，A 企业选择生产高度白酒也是一种均衡。由于在 B 企业选择生产高度白酒，A 企业选择生产低度白酒的时候，A、B 两企业的收益都比 B 企业选择生产低度白酒，A 企业选择生产高度白酒时的收益要高，存在着帕累托改善，因此最后可能会达到帕累托最优，即 B 企业选择生产高度白酒，A 企业选择生产低度白酒。

1. 纳什均衡的定义

定义 7.6 设有 n 个参与者($n \geq 2$)，如果第 i 个参与者选择 S_i^* 时比选择 S_i 时的收益都要好或至少不差。换句话讲，就是在别人都没有变化策略的情况下，i 如果变化策略，i 就要吃亏。这样 S_i^* 就是 i 的最优策略，即给定别人策略，自己选择最优策略。决策作出后，每一个参与者都不会变化，至少是别人不变化，自己就不变化。这种情况即为**纳什均衡**。

概言之，纳什均衡指的是：在一个纳什均衡里，任何一个参与者都不会改变自己的策略，如果其他参与者不改变策略。

2. 纳什均衡的确定

在二人博弈中，可以采用画横线法来确定均衡。在给定一方的策略后，把自己的最优策略画上一条横线，如果在某一个框中，两个收益值都被画上横线的话，此框所表示的决策就是一个均衡。上例中，采用画横线法，会发现存在着两个均衡(参见表 7-5)。

表 7-5

		A 企业	
		高度	低度
B 企业	高度	700, 600	<u>900</u>, <u>1000</u>
	低度	<u>800</u>, <u>900</u>	600, 800

3. 纳什均衡与占优均衡的比较

占优均衡要求任何一个参与者对于其他参与者的任何策略选择来说，其最优策略是唯一的，所以占优均衡一定是纳什均衡，但纳什均衡不一定是占优均衡，占优均衡比纳什均衡更稳定。纳什均衡只要求任何一个参与者在其他参与者的策略选择给定的条件下，其选择的策略是最优的。也就是说，纳什均衡是有条件下的占优均衡，条件是它的参与者不改变策略，如果其他的参与者改变策略，我就要改变策略。上例中，B 企业生产高度白酒而 A 企业生产低度白酒，这样的决策就是一个占优均衡。

4. 无帕累托改进的例子

并不是所有的均衡都会有帕累托改进的机会。例如，有甲、乙两辆汽车同时经过一个路口，如果两车都不采取措施的话，将会发生碰撞，这时每辆车面临着继续开和等待两个选择。如果两个都选择继续开的话，就会相撞，收益都为 -10。如果甲选择继续开而乙选择等待，甲收益为 1，乙收益为 0。反过来，如果乙选择继续开而甲选择等待，乙收益为 1，甲收益为 0。如果两车都选择等待，甲乙收益都为 -1。

这里的均衡有两个，如果甲选择继续开，乙就会选择等待；如果乙选择继续开，甲就会选择等待。双方的收益矩阵如表 7-6 所示。

表　7-6

		乙车	
		开	等
甲车	开	$-10, -10$	$1, 0$
	等	$0, 1$	$-1, -1$

最终均衡在哪一种情况，取决于交通规则。

5. 无纳什均衡的例子

实际上，纳什均衡也是一种特殊情况，并不是所有的博弈都会产生纳什均衡。例如，在足球比赛中，罚点球的时候，守门员和罚球者也构成一个博弈，双方的收益矩阵如表 7-7 所示。

表　7-7

		守门员		
		左	中	右
点球者	左	$-1, 1$	$1, -1$	$1, -1$
	中	$1, -1$	$-1, 1$	$1, -1$
	右	$1, -1$	$1, -1$	$-1, 1$

假设罚球者罚球时可以选择 3 个方向：左、中、右；守门员也可选择 3 个方向扑球：左、中、右。当罚球者选择了左的情况下，如果守门员也选择了左，罚球者将得 -1，守门员将得 $+1$；如果守门员选择了右或者中，罚球者将得 $+1$，守门员将得 -1；当罚球者选择了中的情况下，如果守门员也选择了中，罚球者将得 -1，守门员将得 $+1$；如果守门员选择了右或者左，罚球将得 $+1$，守门员将得 -1；当罚球者选择了右的情况下，如果守门员也选择了右，罚球者将得 -1，守门员将得 $+1$；如果守门员选择了左或者中，罚球者将得 $+1$，守门员将得 -1。

当判断罚球者将向左罚球的时候，守门员一定选择左；当判断罚球者将向中罚球的时候，守门员一定选择中；当判断罚球者将向右罚球的时候，守门员一定选择右。同样，当罚球者判断守门员将向右扑球时，罚球者将向左或中发球；当罚球者判断守门员将向右扑球时，罚球者将向右或中发球；当罚球者判断守门员将向中扑球时，罚球者将向左或右发球。此时没有均衡存在，双方都只能靠运气。

7.3.2 双矩阵对策的纯对策问题

双矩阵对策也称为二人非常数和对策。在前面介绍的常数和（零和）对策中，均包含两种情况，即纯策略和混合策略。对于非常数和对策，也包含这两种策略。

例 7.11 囚徒困境问题。

设有两名嫌疑犯因同一桩罪行被捕，由于希望他们坦白并提供对方的犯罪证据，规定如果两人均坦白各判刑 3 年；如果一方坦白另一方不坦白，坦白一方从轻释放，不坦白一方判刑 10 年；如果两人均不坦白，由于犯罪事实很多不能成立，只能各判 1 年。试分析甲、乙两犯罪嫌疑人各自采用什么策略使自己的刑期最短。

假设囚犯 I 与 II 的第一个策略都是坦白认罪，第二个策略则是拒不交代，以对他们判处监禁的年数表示他们的赢得，则他们的赢得矩阵为

$$\begin{bmatrix} \alpha_1 \\ \alpha_2 \end{bmatrix} \begin{bmatrix} \beta_1 & \beta_2 \\ (-3,-3) & (0,-10) \\ (-10,0) & (-1,-1) \end{bmatrix}$$

该例给出了典型的二人非常数和对策，每人的收益矩阵是不相同的，因此称为双矩阵对策。通常规定，双矩阵中，第一个元素是局中人 I 的赢得值，第二个元素是局中人 II 的赢得值。

问题分析

这是一个二人非常数和对策问题。从表面上看，两犯罪嫌疑人拒不坦白，只能被判 1 年徒刑，结果是最好的。但仔细分析，却无法做到这一点。因为犯罪嫌疑人 I 如果采用不坦白策略，他可能被判的刑期为 1～10 年，而犯罪嫌疑人 II 可能判的刑期为 0～1 年；而 I 选择坦白，他被判的刑期为 0～3 年，此时，犯罪嫌疑人 II 可能判的刑期为 3～10 年。因此，犯罪嫌疑人 I 一定选择坦白。基于同样的道理，犯罪嫌疑人 II 也只能选择坦白。

选择坦白是他们最好的选择，各自被判 3 年。

事实上，设 $(a_{ij}^{I}, a_{ij}^{II})$ 是局中人 I 和 II 的赢得值，则 I 和 II 采用的策略是

$$-3 = \min_{j} \max_{i} a_{ij}^{I} = a_{11}^{I}, \quad -3 = \min_{i} \max_{j} a_{ij}^{II} = a_{11}^{II}$$

1. 纯对策问题的基本概念

对于一般纯对策问题,局中人Ⅰ、Ⅱ的支付(赢得)矩阵如表 7-8 所示,其中局中人Ⅰ有 m 个策略 $\alpha_1,\alpha_2,\cdots,\alpha_m$,局中人Ⅱ有 n 个策略 $\beta_1,\beta_2,\cdots,\beta_n$,分别记为
$$S_1=\{\alpha_1,\alpha_2,\cdots,\alpha_m\}, \quad S_2=\{\beta_1,\beta_2,\cdots,\beta_n\}$$

表 7-8

β α	β_1	β_2	$\cdots$	β_n
α_1	$(a_{11}^\mathrm{I},a_{11}^\mathrm{II})$	$(a_{12}^\mathrm{I},a_{12}^\mathrm{II})$	$\cdots$	$(a_{1n}^\mathrm{I},a_{1n}^\mathrm{II})$
α_2	$(a_{21}^\mathrm{I},a_{21}^\mathrm{II})$	$(a_{22}^\mathrm{I},a_{22}^\mathrm{II})$	$\cdots$	$(a_{2n}^\mathrm{I},a_{2n}^\mathrm{II})$
$\vdots$	$\vdots$	$\vdots$		$\vdots$
α_m	$(a_{m1}^\mathrm{I},a_{m1}^\mathrm{II})$	$(a_{m2}^\mathrm{I},a_{m2}^\mathrm{II})$	$\cdots$	$(a_{mn}^\mathrm{I},a_{mn}^\mathrm{II})$

$\boldsymbol{A}=(a_{ij}^\mathrm{I})_{m\times n}$ 为局中人Ⅰ的支付(赢得)矩阵,$\boldsymbol{B}=(a_{ij}^\mathrm{II})_{m\times n}$ 为局中人Ⅱ的支付(赢得)矩阵,矩阵对策记为
$$G=\{\mathrm{I},\mathrm{II};S_1,S_2;\boldsymbol{A},\boldsymbol{B}\}, \quad \text{或 } G=\{S_1,S_2;\boldsymbol{A},\boldsymbol{B}\}$$

定义 7.7 设 $G=\{S_1,S_2;\boldsymbol{A},\boldsymbol{B}\}$ 是一双矩阵对策,若等式

$$a_{i^*j^*}^\mathrm{I}=\min_j\max_i a_{ij}^\mathrm{I}, \quad a_{i^*j^*}^\mathrm{II}=\min_i\max_j a_{ij}^\mathrm{II} \tag{7-12}$$

成立,则记 $v_\mathrm{I}=a_{i^*j^*}^\mathrm{I}$,并称 v_I 为局中人Ⅰ的赢得值,记 $v_\mathrm{II}=a_{i^*j^*}^\mathrm{II}$,并称 v_II 为局中人Ⅱ的赢得值。称 $(\alpha_{i^*},\beta_{j^*})$ 为 G 在纯策略下的解(或 Nash 平衡点),称 α_{i^*} 和 β_{j^*} 分别为局中人Ⅰ、Ⅱ的最优纯策略。

2. 纯对策问题的求解方法

实际上,定义 7.7 也同时给出了纯对策问题的求解方法。因此,对于囚徒困境问题,$((1,0),(1,0))$ 是 Nash 平衡点,也就是说,坦白是他们的最佳策略。

再看一个例子。

例 7.12 夫妻爱好的争执问题。

由于夫妻双方的爱好不同,经常会有一些争执出现。例如,一个新婚家庭中的丈夫(局中人Ⅰ)业余时间爱好看足球赛(策略 1),而妻子(局中人Ⅱ)业余时间喜欢看电视大片(策略 2)。在一段时间里,每个周末体育场都有精彩足球赛,同时电视台也正上映妻子最喜欢的每周一次的精彩大片。由于夫妇俩都希望一起度周末,但各自的喜好不同,这就发生了争执。夫妻双方究竟是一起看足球赛还是一起在家看大片,只要在一起就比分开好,对二人来说,在一起看自己喜欢的比看不喜欢的好。夫妻双方的赢得矩阵为

$$\begin{bmatrix} (3,1) & (-1,-1) \\ (-1,-1) & (1,3) \end{bmatrix}$$

如果两人每次选择决策都不事先商量,则这对夫妻应该如何来选择,即怎样度过周末?

解:由定义 7.7 可知,对于策略 $((1,0),(1,0))$ 或策略 $((0,1),(0,1))$ 均是 Nash 平衡点,也就是最优解,即他们选择共同看足球,或共同看大片。

7.3.3 混合对策问题

如果不存在使式(7-12)成立的对策,则需要求混合对策。类似于二人常数和对策情况,需要给出混合对策的最优解。

1. 混合对策问题的基本概念

定义 7.8 在对策 $G=\{S_1,S_2;A,B\}$ 中,若存在策略 $\bar{x}\in \mathrm{I},\bar{y}\in \mathrm{II}$,使得

$$\begin{cases} x^{\mathrm{T}}A\bar{y}\leqslant \bar{x}^{\mathrm{T}}A\bar{y}, & \forall\, x\in \mathrm{I} \\ \bar{x}^{\mathrm{T}}By\leqslant \bar{x}^{\mathrm{T}}B\bar{y}, & \forall\, y\in \mathrm{II} \end{cases} \qquad (7\text{-}13)$$

则称 $(\bar{x},\bar{y})$ 为 G 的一个非合作平衡点。记 $v_{\mathrm{I}}=\bar{x}^{\mathrm{T}}A\bar{y}$,$v_{\mathrm{II}}=\bar{x}^{\mathrm{T}}B\bar{y}$,则称 v_{I}、v_{II} 分别为局中人 I、II 的赢得值。

对于混合对策问题有如下定理。

定理 7.8 每个双矩阵对策至少存在一个非合作平衡点。

定理 7.9 混合策略 $(\bar{x},\bar{y})$ 为对策 $G=\{S_1,S_2;A,B\}$ 的平衡点的充分必要条件是

$$\begin{cases} \sum_{j=1}^{n} a_{ij}^{\mathrm{I}}\bar{y}_j \leqslant \bar{x}^{\mathrm{T}}A\bar{y}, & i=1,2,\cdots,m \\ \sum_{i=1}^{m} a_{ij}^{\mathrm{II}}\bar{x}_i \leqslant \bar{x}^{\mathrm{T}}B\bar{y}, & j=1,2,\cdots,n \end{cases} \qquad (7\text{-}14)$$

2. 混合对策问题的求解方法

由定义 7.8 可知,求解混合对策就是求非合作对策的平衡点。进一步由定理 7.9 得到,求解非合作对策的平衡点,就是求解满足不等式约束(7-14)的可行点。因此,混合对策问题的求解问题就转化为求不等式约束(7-14)的可行点,而 LINGO 软件可以很容易做到这一点。

例 7.13 有甲、乙两支游泳队举行包括 3 个项目的对抗赛。这两支游泳队各有一名健将级运动员(甲队为李,乙队为王),在 3 个项目中成绩很突出,但规则准许他们每个人分别只能参加两项比赛,而每队的其他两名运动员则可参加全部三项比赛,各运动员的成绩如表 7-9 所示。

表 7-9 单位:s

	甲队			乙队		
	赵	钱	李	王	张	孙
100m 蝶泳	54.7	58.2	52.1	53.6	56.4	59.8
100m 仰泳	62.2	63.4	58.2	56.5	59.7	61.5
100m 蛙泳	69.1	70.5	65.3	67.8	68.4	71.3

解:分别用甲 1、甲 2 和甲 3 表示甲队中李姓健将不参加蝶泳、仰泳、蛙泳比赛的策略,分别用乙 1、乙 2 和乙 3 表示乙队中王姓健将不参加蝶泳、仰泳、蛙泳比赛的策略。当甲队

采用策略甲1,乙队采用策略乙1时,在100m蝶泳中,甲队中赵获第一、钱获第三得6分,乙队中张获第二,得3分;在100m仰泳中,甲队中李获第二,得3分,乙队中王获第一、张获第三,得6分;在100m蛙泳中,甲队中李获第一,得5分,乙队中王获第二、张获第三,得4分。也就是说,对应于策略(甲1,乙1),甲、乙两队各自的得分为(14,13)。表7-10中给出了在全部策略下各队的得分。

表 7-10

	乙1	乙2	乙3
甲1	(14,13)	(13,14)	(12,15)
甲2	(13,14)	(12,15)	(12,15)
甲3	(12,15)	(12,15)	(13,14)

按照定理7.9,求最优混合策略,就是求不等式约束(7-14)的可行解,相应的LINGO程序清单如下。

```
MODEL:
    sets:
    optA/1..3/: x;
    optB/1..3/: y;
    AxB(optA,optB): Ca,Cb;
    endsets
    data:
    Ca=14 13 12
       13 12 12
       12 12 13;
    Cb=13 14 15
       14 15 15
       15 15 14;
    enddata
    Va=@sum(AxB(i,j): Ca(i,j) * x(i) * y(j));
    Vb=@sum(AxB(i,j): Cb(i,j) * x(i) * y(j));
    @for(optA(i): @sum(optB(j): Ca(i,j) * y(j))<=Va);
    @for(optB(j): @sum(optA(i): Cb(i,j) * x(i))<=Vb);
    @sum(optA: x)=1;
    @sum(optB: y)=1;
    @free(Va);
    @free(Vb);
END
```

用LINGO软件求解,得到:

Feasible solution found.
Extended solver steps: 0
Total solver iterations: 10

```
          Variable         Value
              Va        12.50000
              Vb        14.50000
            x(1)       0.5000000
            x(2)       0.000000
            x(3)       0.5000000
            y(1)       0.000000
            y(2)       0.5000000
            y(3)       0.5000000
```

即甲队采用的策略是甲 1、甲 3 方案各占 50%，乙队采用的策略是乙 2、乙 3 方案各占 50%，甲队的平均得分为 12.5 分，乙队的平均得分为 14.5 分。

当纯对策的解不唯一时，也存在混合对策的平衡点。

例 7.14 用混合对策方法求解例 7.12。

解：写出求不等式(7-14)的 LINGO 程序如下：

```
MODEL:
   sets:
   optA/1..2/: x;
   optB/1..2/: y;
   AxB(optA,optB): Ca,Cb;
   endsets
   data:
        Ca=3 -1 -1 1;
        Cb=1 -1 -1 3;
   enddata
   Va=@sum(AxB(i,j): Ca(i,j) * x(i) * y(j));
   Vb=@sum(AxB(i,j): Cb(i,j) * x(i) * y(j));
   @for(optA(i): @sum(optB(j): Ca(i,j) * y(j))<=Va);
   @for(optB(j): @sum(optA(i): Cb(i,j) * x(i))<=Vb);
   @sum(optA: x)=1;
   @sum(optB: y)=1;
   @free(Va);
   @free(Vb);
END
```

计算结果为：

```
Feasible solution found.
Extended solver steps:                       0
Total solver iterations:                     8
                 Variable           Value
                       Va        0.3333333
                       Vb        0.3333333
                     x(1)        0.6666667
```

		x(2)	0.3333333
		y(1)	0.3333333
		y(2)	0.6666667

计算得到混合对策的平衡点((2/3,1/3),(1/3,2/3)),各自的赢得值为 1/3。

从上述分析来看,二人常数和对策是非常数和对策的特例,因此也可以用求解非常数和对策的方法求解常数和对策。

例 7.15 两家电视台在黄金时段竞争 100 万电视观众收看自己的电视节目,并且电视台必须实时公布自己在下一时段的展播内容。电视台 1 可能选择的展播方式及可能得到的观众如表 7-11 所示。

表 7-11

		电视台 2			min
		西部片	连续剧	喜剧片	
电视台 1	西部片	35	15	60	15
	连续剧	45	58	50	45
	喜剧片	38	14	70	14
	max	45	58	70	

例如,两家电视台都选择播放西部片,则表 7-11 表明,电视台 1 可以争得 35 万观众,而电视台 2 可以争得 100-35=65 万观众,即二人的常数和为 100。试确定两家电视台各自的策略。

解:若完全采用二人常数和对策的方法确定最优纯策略,则由

$$\max_i \min_j a_{ij}^{\mathrm{I}} = \min_j \max_i a_{ij}^{\mathrm{I}} = 45$$

可得,电视台 1 选择播放连续剧,赢得 45 万观众;电视台 2 播放西部片,赢得 100-45=55 万观众。

如果用求解非常数和对策的方法求解以上的问题,则相应的 LINGO 程序清单如下:

```
MODEL:
    sets:
    optA/1..3/: x;
    optB/1..3/: y;
    AxB(optA,optB): Ca,Cb;
    endsets
    data:
        Ca= 35 15 60
            45 58 50
            38 14 70;
        Cb= 65 85 40
            55 42 50
            62 86 30;
```

```
    enddata
    Va=@sum(AxB(i,j): Ca(i,j) * x(i) * y(j));
    Vb=@sum(AxB(i,j): Cb(i,j) * x(i) * y(j));
    @for(optA(i): @sum(optB(j): Ca(i,j) * y(j))<=Va);
    @for(optB(j): @sum(optA(i): Cb(i,j) * x(i))<=Vb);
    @sum(optA: x)=1;
    @sum(optB: y)=1;
    @free(Va);
    @free(Vb);
END
```

计算结果如下：

```
Feasible solution found.
Extended solver steps:                           0
Total solver iterations:                        24
              Variable         Value
                    Va         45.00004
                    Vb         55.00005
                  x(1)         0.000000
                  x(2)         1.000001
                  x(3)         0.000000
                  y(1)         0.9999916
                  y(2)         0.000000
                  y(3)         0.8421006E-05
```

即局中人Ⅰ(电视台1)采用第二种策略,赢得45万观众;局中人Ⅱ(电视台2)采用第一种策略,赢得55万观众,与前面计算的结果相同。

7.4 n 人合作对策初步

相对于二人对策而言,n 人合作对策在理论上更为复杂,本节仅用两个简单的例子介绍 n 人合作对策的基本思想,并简单介绍用 LINGO 软件求解 n 人合作对策的方法。

例 7.16 甲有一件废旧物品,对他自己来说,已无任何价值,即价值为 0 元。甲将此废旧物品拿到旧货市场上进行出售,有乙和丙两个买主分别出价 20 元和 30 元购买此物品,即对乙和丙来说,此物品的价值分别是 20 元和 30 元。试建立 3 人合作对策,使得每人的利益最大。

解：设甲、乙、丙 3 人的价值分别为 x_1、x_2、x_3,因此对于每个人来说,此废旧物品的价值均为 0,即

$$v\{1\} = v\{2\} = v\{3\} = 0$$

如果甲与乙合作,其价值为 20;甲与丙合作,其价值为 30;乙与丙合作,其价值仍为 0。因此有

$$v\{1,2\} = 20, v\{1,3\} = 30, v\{2,3\} = 0$$

但 3 人合作的总价值为 30,即
$$v\{1,2,3\} = 30$$

建立相应的数学规划问题:

$$\max z$$
$$\text{s.t.} \begin{cases} z \leqslant x_i, & i=1,2,3 \\ x_1 + x_2 \geqslant 20 \\ x_1 + x_3 \geqslant 30 \\ x_2 + x_3 \geqslant 0 \\ x_1 + x_2 + x_3 \leqslant 30 \\ x_i \geqslant 0, & i=1,2,3 \end{cases}$$

LINGO 程序清单如下。

```
MODEL:
    sets:
    condition/1..3/: b;
    players/1..3/: x;
    constraint(condition,players): A;
    endsets
    data:
    A=1 1 0
      1 0 1
      0 1 1;
    b=20 30 0;
    total=30;
    enddata
    max=z;
    @for(players: z<=x);
    @for(condition(i): @sum(players(j): A(i,j)*x(j))>=b(i));
    @sum(players: x)<=total;
END
```

经计算得到(只保留有用部分):

```
Global optimal solution found.
Objective value:                      0.000000
Total solver iterations:                     4
          Variable        Value        Reduced Cost
             TOTAL     30.0000            0.000000
                 z    0.000000            0.000000
              x(1)    20.00000            0.000000
              x(2)    0.000000            0.000000
              x(3)    10.00000            0.000000
```

即甲以 20 元将物品卖给丙,甲获利 20 元,乙获利 0 元,丙获利 10 元。

例 7.17 甲、乙和丙 3 人可以独立或合作完成某个项目,由于 3 个人的个人差异,采用独立或合作完成该项目的收益也不同,收益表如表 7-12 所示。试求完成该项目的最优方案。

表 7-12

完成项目的方法	得到的利润/万元	完成项目的方法	得到的利润/万元
甲独立完成	2.4	甲和丙合作完成	6
乙独立完成	0	乙和丙合作完成	8
丙独立完成	2	甲、乙、丙 3 人合作完成	12
甲和乙合作完成	8		

解:列出相应的数学规划问题:

$$\max z$$

$$\text{s.t.} \begin{cases} z \leqslant x_i, & i=1,2,3 \\ x_1 \geqslant 2.4 \\ x_3 \geqslant 2 \\ x_1 + x_2 \geqslant 8 \\ x_1 + x_3 \geqslant 6 \\ x_2 + x_3 \geqslant 8 \\ x_1 + x_2 + x_3 \leqslant 12 \\ x_i \geqslant 0, & i=1,2,3 \end{cases}$$

相应的 LINGO 程序清单如下:

```
MODEL:
    sets:
    condition/1..5/: b;
    players/1..3/: x;
    constraint(condition,players): A;
    endsets
    data:
    A=1 0 0
      0 0 1
      1 1 0
      1 0 1
      0 1 1;
    b=2.4 2 8 6 8;
    total=12;
    enddata
    max=z;
    @for(players: z<=x);
    @for(condition(i): @sum(players(j): A(i,j) * x(j))>=b(i));
    @sum(players: x)<=total;
```

END

经计算得到(保留有用部分):

```
Global optimal solution found.
Objective value:                    4.000000
Total solver iterations:                   6
         Variable        Value       Reduced Cost
            TOTAL     12.00000          0.000000
                z      4.000000         0.000000
             x(1)     4.000000         0.000000
             x(2)     4.000000         0.000000
             x(3)     4.000000         0.000000
```

即 3 个人共同合作承担此项目,每个人盈利 4 万元。

练 习 题

7.1 在下列矩阵中确定 p 和 q 的取值范围,使得该矩阵在 (a_2, b_2) 交叉处存在鞍点。

(1) $\begin{array}{c} \\ a_1 \\ a_2 \\ a_3 \end{array} \begin{array}{ccc} b_1 & b_2 & b_3 \\ \begin{bmatrix} 1 & q & 6 \\ p & 5 & 10 \\ 6 & 2 & 3 \end{bmatrix} \end{array}$

(2) $\begin{array}{c} \\ a_1 \\ a_2 \\ a_3 \end{array} \begin{array}{ccc} b_1 & b_2 & b_3 \\ \begin{bmatrix} 2 & 4 & 5 \\ 10 & 7 & q \\ 4 & p & 6 \end{bmatrix} \end{array}$

7.2 求解下列矩阵对策,其中赢得矩阵 A 分别为

(1) $\begin{bmatrix} 1/2 & -1 & -1 \\ -1 & 1/2 & -1 \\ -1 & -1 & 1 \end{bmatrix}$

(2) $\begin{bmatrix} 2 & -2 & 1 & 6 \\ -1 & 4 & 5 & -1 \end{bmatrix}$

(3) $\begin{bmatrix} 2 & 7 & 2 & 1 \\ 2 & 2 & 3 & 4 \\ 3 & 5 & 4 & 4 \\ 2 & 3 & 1 & 6 \end{bmatrix}$

(4) $\begin{bmatrix} 9 & 3 & 1 & 8 & 0 \\ 6 & 5 & 4 & 6 & 7 \\ 2 & 4 & 3 & 3 & 8 \\ 5 & 6 & 2 & 2 & 1 \\ 3 & 2 & 3 & 5 & 4 \end{bmatrix}$

7.3 下列矩阵为局中人 A、B 对策时局中人 A 的赢得矩阵,先尽可能按优超原则简化,再用线性方程组求解方法求局中人 A、B 各自的最优策略及对策值。

(1) $\begin{bmatrix} 1 & 0 & 3 & 4 \\ -1 & 4 & 0 & 1 \\ 2 & 2 & 2 & 3 \\ 0 & 4 & 1 & 1 \end{bmatrix}$

(2) $\begin{bmatrix} 3 & 4 & 0 & 3 & 0 \\ 5 & 0 & 2 & 5 & 9 \\ 7 & 3 & 9 & 5 & 9 \\ 4 & 6 & 8 & 7 & 6 \\ 6 & 0 & 8 & 8 & 3 \end{bmatrix}$

(3) $\begin{bmatrix} 1 & -1 & 3 \\ 3 & 5 & -3 \end{bmatrix}$

(4) $\begin{bmatrix} -1 & 3 & -5 & 7 & -9 \\ 2 & -4 & 6 & -8 & 10 \end{bmatrix}$

(5) $\begin{bmatrix} -3 & 3 & 0 & 2 \\ -4 & -1 & 2 & -2 \\ 1 & 1 & -2 & 0 \\ 0 & -1 & 3 & -1 \end{bmatrix}$ (6) $\begin{bmatrix} 2 & 4 & 0 & -2 \\ 4 & 8 & 2 & 6 \\ -2 & 0 & 4 & 2 \\ -4 & -2 & -2 & 0 \end{bmatrix}$

(7) $\begin{bmatrix} 16 & 14 & 6 & 11 \\ -14 & 4 & -10 & -8 \\ 0 & -2 & 12 & -6 \\ 22 & -12 & 6 & 10 \end{bmatrix}$ (8) $\begin{bmatrix} 6 & 5 \\ 8 & 9 \\ 11 & 7 \\ 4 & 2 \end{bmatrix}$

7.4 写出与下列对策问题等价的线性规划问题。

(1) $\begin{bmatrix} -5 & -9 & 4 & -4 & 1 \\ -2 & 3 & -8 & -1 & -5 \\ -2 & -4 & -9 & -6 & 0 \\ 4 & -5 & -2 & 3 & -7 \end{bmatrix}$ (2) $\begin{bmatrix} 1 & 3 & 3 \\ 4 & 2 & 1 \\ 3 & 2 & 2 \end{bmatrix}$

7.5 A、B两人各有1角、5分和1分的硬币各一枚。在双方互不知道的情况下各出一枚硬币,并规定当两人所出硬币的面值之和为奇数时,A赢得B所出硬币;当两人所出硬币的面值之和为偶数时,B赢得A所出硬币。试据此列出二人零和对策的模型,并说明该项游戏对对方是否公平合理。

7.6 甲、乙两家公司生产同一种产品,争夺市场的占有率。假设两家公司市场占有率之和为100%,即顾客只购买这两家公司的产品,无其他选择。若公司甲可以采用的商业策略为 A_1、A_2、A_3,公司乙可以采用的商业策略为 B_1、B_2、B_3。表 7-13 给出在不同策略下公司甲的市场占有率。在此情况下,请为这两家公司选择他们的最优策略。

表 7-13

	B_1	B_2	B_3
A_1	0.4	0.8	0.6
A_2	0.3	0.7	0.4
A_3	0.5	0.9	0.5

7.7 甲、乙两家公司生产同一种产品,两个企业都想通过改革管理获取更多的市场销售份额。若公司甲可以采用的商业策略为 A_1、A_2、A_3,公司乙可以采用的商业策略为 B_1、B_2、B_3。假定市场份额一定,由于各自采取的策略不同,通过预测,今后两家公司的市场占有份额变动情况如表 7-14 所示(正值为甲公司增加的市场占有份额,负值为减少的市场份额)。试通过对策分析,确定两家公司各自的最优策略。

表 7-14

	B_1	B_2	B_3
A_1	10	-1	3
A_2	12	10	-5
A_3	6	8	5

7.8 局中人 A 手中有两张牌,分别为 2 点和 5 点。局中人 B 从两组牌中随机抽取一组:一组为 1 点和 4 点各一张,另一组为 3 点和 6 点各一张。然后 A、B 两人将手中牌分两次出,例如,A 可以先出 2 点,再出 5 点;或者先出 5 点再出 2 点。B 也将抽到的一组牌,先出大的点或先出小的点。每出一次,当两人所出牌的点数和为奇数时 A 获胜,B 付给 A 相当两张牌点数和的款数;当点数和为偶数时,A 付给 B 相当两张牌点数和的款数。两张牌出完后算一局,再开局时,完全重复上述情况和规则。要求确定:

(1) 局中人 A 和 B 各自的策略集;

(2) 列出局中人 A 的赢得矩阵;

(3) 找出局中人 A 及局中人 B 的最优策略,计算对策值并说明上述对策对双方是否公平合理。

7.9 表 7-15 是一双矩阵对策,试求局中人 A、B 的最优策略。

表 7-15

	局中人 B		
局中人 A	(10,4)	(4,8)	(6,6)
	(8,8)	(2,12)	(4,10)

7.10 甲公司有一块土地,价值 10 万元。乙公司计划开发此块土地,可以使其升值,价值达到 20 万元。丙公司也打算开发此块土地,其价值升值到 30 万元。试求 3 家公司合作的最佳合作策略。

第8章 排队论模型

排队论(Queueing Theory)又称为随机服务系统,是通过研究各种服务系统等待现象中的概率特征,从而解决服务系统最优设计与最优控制的一种理论。它研究的内容有下列三部分。

(1) 性态问题,即研究各种排队系统的概率规律性,主要研究队长分布、等待时间分布和忙期分布等,包括了瞬态和稳态两种情形。

(2) 最优化问题,又分静态优化和动态优化,前者指最优设计,后者指现有排队系统的最优运营。

(3) 排队系统的统计推断,即判断一个给定的排队系统符合哪种模型,以便根据排队理论进行分析研究。

本章将介绍排队论的一些基本知识,分析几个常见的排队模型,并着重介绍如何运用LINGO软件提供的概率函数计算排队论模型的各种问题。

8.1 基本概念

8.1.1 排队的例子及基本概念

排队过程的一般模型如图8-1所示。

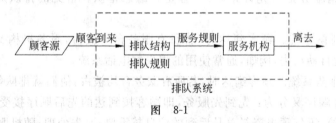

图 8-1

现实中的排队现象是多种多样的,表8-1的一些例子说明了现实中形形色色的排队系统。

表 8-1

到达的顾客	要求服务内容	服务机构
电话呼唤	通话	交换台
提货单	提取存货	仓库管理员
到达机场上空的飞机	降落	跑道
驶入港口的货船	装(卸)货	装卸货码头(泊位)
病人	诊断或动手术	医生(或手术台)
不能运转的机器	修理	修理技工

排队现象由内外两方构成,一方要求得到服务,另一方设法给予服务,把要求得到服务的人或物(设备)统称为**顾客**,给予服务的服务人员或服务机构统称为**服务员**或**服务台**,顾客与服务台构成一个排队系统,或称为**随机服务系统**。显然,缺少顾客或服务台任何一方都不会形成排队系统。下面简单介绍排队服务系统的几个基本概念。

1. 输入过程

输入即指顾客到达排队系统,可能有下列各种不同的情况,当然这些情况并不是彼此排斥的。

(1) 顾客源总体。顾客的来源可能是有限的,也可能是无限的。例如,工厂内发生故障待修的机器是有限的;到达窗口购票的顾客总体可以看成是无限的。

(2) 到达的类型。顾客是单个到达,或是成批到达。例如,工厂内发生故障待修的机器是单个到达;在库存问题中,进货顾客到达就是成批到达的例子。

(3) 相继顾客到达的间隔时间。通常假定是相互独立、同分布的,有的是等距间隔时间,有的是服从 Poisson 分布,有的是服从 k 阶 Erlang 分布的。

(4) 顾客的到达可以是相互独立的。就是说,以前的到达情况对以后顾客的到来没有影响,否则就是有关联的。例如,工厂内的机器在一个短的时间区间内出现停机(顾客到达)的概率就受已经待修或被修理的机器数目的影响。

(5) 输入过程可以是平稳的,或称为时间是齐次的,是指描述相继到达的间隔时间分布和所含参数(如期望值、方差等)都是与时间无关的,否则称为非平稳的。

2. 排队规则

排队规则是指服务是否允许排队,顾客是否愿意排队。常见的排队规则有如下几种情况。

(1) 损失制排队系统。顾客到达时,若所有服务台均被占,服务机构又不允许顾客等待,此时该顾客就自动离去,例如,通常使用的损失制电话系统。

(2) 等待制排队系统。顾客到达时,若所有服务台均被占,他们就排队等待服务。在等待制系统中,服务顺序又分为:先到先服务,即顾客按到达的先后顺序接受服务;后到先服务,例如,情报系统、天气预报资料总是后到的信息越重要,要先处理;随机服务,即在等待的顾客中随机地挑选一个顾客进行服务,例如,电话员接线就是用这种方式工作;有优先权的服务,即在排队等待的顾客中,某些类型的顾客具有特殊性,在服务顺序上要给予特别待遇,让他们先得到服务,例如,病危人先治疗、带小孩的顾客先进站等。

(3) 混合制排队系统。损失制与等待制的混合,分为队长(容量)有限的混合制系统、等待时间有限的混合制系统以及逗留时间有限制的混合系统。

3. 服务机构

服务机构主要包括以下几个方面:①服务台的数目,在多个服务台的情形下,是串联或是并联;②顾客所需的服务时间服从什么样的概率分布,每个顾客所需的服务时间是否相互独立,是成批服务或是单个服务等。常见顾客的服务时间分布有定长分布、负指数分布、超指数分布、k 阶 Erlang 分布、几何分布、一般分布等。

8.1.2 符号表示

D. G. Kendall 在 1953 年提出排队模型分类方法,影响最大的特征有 3 个。

(1) 相继顾客到达间隔时间的分布。

(2) 服务时间的分布。

(3) 服务台的个数。

按照这 3 个特征分类,并用一定符号表示,称为 Kendall 记号。这只对并列的服务台(服务台多于一个)的情形,他用的符号形式是

$$X/Y/Z/n$$

其中,X 处填写表示相继到达间隔时间的分布;Y 处填写表示服务时间的分布;Z 处填写并列的服务台的数目;n 表示系统空间数。

表示相继到达间隔时间和服务时间的各种分布的符号如下:

M—负指数分布;

D—确定型(Deterministic);

E_k—k 阶爱尔郎(Erlang)分布;

GI—一般相互独立(General Independent)的时间间隔的分布;

G—一般服务时间的分布。

例如:

(1) $M/M/S/\infty$ 表示输入过程是 Poisson 流,服务时间服从负指数分布,系统有 S 个服务台平行服务,系统容量为无穷的等待制排队系统。

(2) $M/G/1/\infty$ 表示输入过程是 Poisson 流,顾客所需的服务时间为独立的且服从一般的概率分布,系统中只有一个服务台,容量为无穷的等待制系统。

(3) $GI/M/1/\infty$ 表示输入过程为顾客独立到达且相继到达的间隔时间服从一般的概率分布,服务时间是相互独立的且服从负指数分布,系统中只有一个服务台,容量为无穷的等待制系统。

(4) $E_k/G/1/K$ 表示相继到达的间隔时间独立且服从 k 阶 Erlang 分布,服务时间独立且服从一般的概率分布,系统中只有一个服务台,容量为 K 的混合制系统。

(5) $D/M/S/K$ 表示相继到达的间隔时间独立、服从定长分布,服务时间相互独立、服从负指数分布,系统中有 S 个服务台平行服务,容量为 K 的混合制系统。

8.1.3 描述排队系统的主要数量指标

1. 主要数量指标

1) 队长与等待队长

队长(通常记为 L_s)是指在系统中的顾客的平均数(包括正在接受服务的顾客),而等待队长(通常记为 L_q)是指系统中排队等待的顾客的平均数,队长等于等待队长加上正在被服务的顾客数,即

$$L_s = L_q + L_n$$

其中,L_n 为正在被服务的顾客数。

2) 顾客的平均等待时间与平均逗留时间

顾客的平均等待时间(通常记为 W_q)是指从顾客进入系统的时刻起到开始接受服务止的平均时间;平均逗留时间(通常记为 W_s)是指顾客在系统中的平均等待时间与平均服务时间之和。平均等待时间与平均服务时间是顾客最关心的数量指标。

$$逗留时间 = 等待时间 + 服务时间$$

3) 系统的忙期与闲期

从顾客到达空闲的系统,服务立即开始,直到系统再次变为空闲,这段时间是系统连续繁忙的时间,称之为系统的忙期,它反映系统中服务机构的工作强度,是衡量服务机构利用效率的指标,即

$$服务机构工作强度 = \frac{用于服务顾客的时间}{服务设施总的服务时间} = 1 - \frac{服务设施总的空闲时间}{服务设施总的服务时间}$$

与忙期对应的是系统的闲期,即系统连续保持空闲的时间长度。

2. Little 公式

用 λ 表示单位时间内顾客到达的平均数,μ 表示单位时间内被服务完毕离去的平均顾客数,因此,$1/\lambda$ 表示相邻两顾客到达的平均时间,$1/\mu$ 表示对每个顾客的平均服务时间。Little 给出了如下公式:

$$L_s = \lambda W_s \tag{8-1}$$

$$L_q = \lambda W_q \tag{8-2}$$

$$W_s = W_q + 1/\mu \tag{8-3}$$

$$L_s = L_q + \lambda/\mu \tag{8-4}$$

Little 证明了对于任何服务系统,无论顾客到达流和服务时间服从何种概率分布,也不论何种服务规则,顾客在系统内和在队列内的平均停留时间等均可以使用以上公式求出。

8.1.4 与排队论模型有关的 LINGO 函数

LINGO 软件提供了求解排队论模型的有关概率函数,具体包括下面 3 个函数。

1. @peb(load, S)

该函数的返回值是当到达负荷为 load,服务系统中有 S 个服务台且允许排队时系统繁忙的概率,也就是顾客等待的概率。

2. @pel(load, S)

该函数的返回值是当到达负荷为 load,服务系统中有 S 个服务台且不允许排队时系统损失概率,也就是顾客得不到服务离开的概率。

3. @pfs(load, S, K)

该函数的返回值是当到达负荷为 load,顾客数为 K,平行服务台数量为 S 时,有限源的

Poisson 服务系统等待或返修顾客数的期望值。

8.2 等待制排队模型

等待制排队模型中最常见的模型是

$$M/M/S/\infty$$

即顾客到达系统的相继到达时间间隔独立,且服从参数为 λ 的负指数分布(即输入过程为 Poisson 过程),服务台的服务时间也独立同分布,且服从参数为 μ 的负指数分布,而且系统空间无限,允许永远排队。

对于等待制排队模型,通常关心如下指标。

(1) 顾客等待的概率。

$$P_{\text{wait}} = @\text{peb}(\text{load}, S) \tag{8-5}$$

其中,S 是服务台或服务员的个数,load 是系统到达负荷,即 load$=\lambda/\mu=RT$,式(8-5)中 $R=\lambda$,$T=1/\mu$(在通常的教科书中,用 λ、μ 表示负指数分布的参数。在下面的程序中,用 R 表示 λ,T 表示 $1/\mu$,下同)。因此,R 或 λ 是顾客的平均到达率,μ 是顾客的平均被服务数,T 就是平均服务时间。

(2) 顾客的平均等待时间。

$$W_q = P_{\text{wait}} \cdot \frac{T}{S - \text{load}} \tag{8-6}$$

其中,$T/(S-\text{load})$ 是一个重要指标,可以看成一个"合理的长度间隔"。注意,当 load$\to S$ 时,此值趋于无穷。也就是说,系统负荷接近服务台的个数时,顾客平均等待时间将趋于无穷。

当 load$>S$ 时,式(8-6)无意义。其直观的解释是:当系统负荷超过服务台的个数时,排队系统达不到稳定的状态,其队将越排越长。

(3) 顾客的平均逗留时间(W_s)、队长(L_s)和等待队长(L_q)这 3 个值可由 Little 公式直接得到:

$$W_s = W_q + 1/\mu = W_q + T \tag{8-7}$$

$$L_s = \lambda W_s = RW_s \tag{8-8}$$

$$L_q = \lambda W_q = RW_q \tag{8-9}$$

下面通过几个实例介绍等待制排队模型。

1. $S=1$ 的情况($M/M/1/\infty$)

$S=1$,即只有一个服务台或一名服务员服务的情况。标准的 $M/M/1$ 模型是指适合下列条件的排队系统。

(1) 输入过程——顾客源是无限的,顾客单个到来,相互独立,一定时间的到达数服从 Poisson 分布,到达过程已是平稳的。

(2) 排队规则——单队,且对队长没有限制,先到先服务。

(3) 服务机构——单服务台,各顾客的服务时间是相互独立的,服从相同的负指数分布。

此外还假定到达间隔时间和服务时间是相互独立的。

例 8.1 某收费站设有一个收费窗口。顾客到达为 Poisson 过程,平均到达率 $\lambda=0.6$ 人/分钟。服务时间服从负指数分布,平均服务率 $\mu=0.8$ 人/分钟。试求该系统的主要数量指标。

解:按照式(8-5)~(8-9)编写 LINGO 程序,其中 $R=\lambda=0.6$, $T=1/\mu=1/0.8$, load$=RT$, $S=1$。

编写相应的 LINGO 程序清单如下:

```
MODEL:
    S=1;R=0.6;T=1/0.8;load=R*T;
    Pwait=@peb(load,S);
    Wq=Pwait*T/(S-load);
    Lq=R*Wq;
    Ws=Wq+T;
    Ls=Ws*R;
END
```

其计算结果(保留相关有用部分)为:

```
Feasible solution found.
Total solver iterations:                0
         Variable         Value
            Pwait      0.7500000
               Wq      3.750000
               Lq      2.250000
               Ws      5.000000
               Ls      3.000000
```

由此得到:

(1) 系统平均队长 $L_s=3$(人);

(2) 系统平均等待队长 $L_q=2.25$(人);

(3) 顾客平均逗留时间 $W_s=5$(min);

(4) 顾客平均等待时间 $W_q=3.75$(min);

(5) 系统繁忙概率 $P_{wait}=0.75$。

例 8.2 某长途汽车站设有一个售票窗口,假设来购票的乘客为平均每分钟 0.3 个,而每个顾客的平均购票时间为 2min。试求该售票窗口的主要数量指标。

解:将上例的 LINGO 程序做如下改动:$R=0.3$, $T=2$,得到(保留相关有用部分):

```
Feasible solution found.
Total solver iterations:                0
         Variable         Value
            Pwait      0.6000000
               Wq      3.000000
```

```
            Lq        0.9000000
            Ws        5.000000
            Ls        1.500000
```

即平均队长为 1.5 人,平均等待队长为 0.9 人,顾客平均逗留时间为 5min,顾客平均等待时间为 3min,系统繁忙概率为 0.60。

2. $S>1$ 的情况($M/M/S/\infty$)

$S>1$ 表示有多个服务台或多个服务员的情况。关于标准的 $M/M/S$ 模型各种特征的规定与标准的 $M/M/1$ 模型的规定相同。另外规定各服务台工作是相互独立(不搞协作)且平均服务率相同,即 $\mu_1=\mu_2=\cdots=\mu_S=\mu$。

例 8.3 假设在上例中的车站有 3 个售票窗口,顾客的到达服从泊松过程,平均到达率 $\lambda=0.8$ 人/分钟。服务(售票)时间服从负指数分布,平均服务率 $\mu=0.5$ 人/分钟。现设顾客到达后排成一队,依次向空闲的窗口购票。试求该售票处的主要数量指标。

解:按照式(8-5)~式(8-9)编写的 LINGO 程序清单如下:

```
MODEL:
    S=3;R=0.8;T=1/0.5;load=R*T;
    Pwait=@peb(load,S);
    Wq=Pwait*T/(S-load);
    Lq=R*Wq;
    Ws=Wq+T;
    Ls=Ws*R;
END
```

计算结果(保留相关有用部分)如下:

```
Feasible solution found.
Total solver iterations:                    0
                Variable          Value
                   Pwait       0.2737968
                      Wq       0.3911383
                      Lq       0.3129106
                      Ws       2.391138
                      Ls       1.912911
```

即在售票处现有的平均购票人数为 1.91 人,等待购票的平均人数为 0.31 人,每位购票人在售票处平均停留时间为 2.39min,排队等待购票的平均时间为 0.39min,顾客到达后必须等待(即系统中顾客数已有 3 人,即各服务台都没有空闲)的概率为 0.27。

8.3 损失制排队模型

损失制排队模型通常记为 $M/M/S/S$。当 S 个服务器被占用后,顾客自动离去。

损失制排队模型主要关心如下指标。

1. 系统损失的概率

$$P_{\text{lost}} = @pel(\text{load}, S) \tag{8-10}$$

其中 load 是系统到达负荷,S 是服务台或服务员的个数。

2. 单位时间内平均进入系统的顾客数(λ_e 或 R_e)

$$\lambda_e = R_e = \lambda(1 - P_{\text{lost}}) = R(1 - P_{\text{lost}}) \tag{8-11}$$

3. 系统的相对通过能力(Q)与绝对通过能力(A)

$$Q = 1 - P_{\text{lost}} \tag{8-12}$$

$$A = \lambda_e Q = \lambda(1 - P_{\text{lost}})^2 = R_e Q = R(1 - P_{\text{lost}})^2 \tag{8-13}$$

4. 系统在单位时间内占用服务台(或服务员)的均值(即 L_s)

$$L_s = \lambda_e / \mu = R_e T \tag{8-14}$$

在损失制排队系统中,$L_q = 0$,即等待队长为 0。

5. 系统服务台(或服务员)的效率

$$\eta = L_s / S \tag{8-15}$$

6. 顾客在系统内平均逗留时间(由于 $W_q = 0$,即为 W_s)

$$W_s = 1/\mu = T \tag{8-16}$$

在损失制排队系统中,$W_q = 0$,即等待时间为 0。

在损失制排队系统中,尽管顾客以平均 λ(或 R)的速率到达服务系统,但当系统被占满后,有一部分顾客会自动离去,因此,真正进入系统的顾客输入率是 λ_e,它小于 λ。

下面通过实例来具体说明损失制排队模型各指标的求解方法。

1. $S=1$ 的情况($M/M/1/1$)

例 8.4 设某电话线平均每分钟有 0.5 次呼唤,若每次通话时间平均为 2min,求系统相应的参数指标。

解:$S=1$,$R=\lambda=0.5$,$T=1/\mu=2$,按照式(8-10)~式(8-16)写出相应的 LINGO 程序如下:

```
MODEL:
S=1;R=0.5;T=2;load=R*T;
Plost=@pel(load,S);
Q=1-Plost;
Re=Q*R;
A=Q*Re;
Ls=Re*T;
```

```
            eta=Ls/S;
   END
```

计算得到(程序中的 $R=\lambda, R_e=\lambda_e$):

```
Feasible solution found.
Total solver iterations:                    0
                        Variable         Value
                           Plost     0.5000000
                               q     0.5000000
                              Re     0.2500000
                               A     0.1250000
                              Ls     0.5000000
                             eta     0.5000000
```

于是系统的顾客损失率为50%,即50%的电话没有接通,有50%的电话得到了服务,通话率为平均每分钟有0.125次,系统的服务效率为50%。对于一个服务台的损失制系统,系统的服务效率等于系统的顾客损失率,这一点在理论上也是正确的。

2. $S>1$ 的情况($M/M/S/S$)

例 8.5 某公司电话交换台有一台100门内线的总机,已知在上班8h的时间内,有20%的内线分机平均每半小时要一次外线电话,80%的分机平均隔一小时要一次外线。已知外线打入内线的电话平均每两分钟1次。假设与外线通话的时间为平均3min,并且上述时间均服从负指数分布,如果要求电话的通话率为95%,问该交换台应至少设置多少条外线?

解：(1) 电话交换台的服务分成两类,第一类内线打外线,其强度为

$$\lambda_1 = (60/30 * 0.2 + 60/60 * 0.8) * 100 = 120$$

第二类是外线打内线,其强度为

$$\lambda_2 = 0.5 * 60 = 30$$

总强度为

$$\lambda = \lambda_1 + \lambda_2 = 150$$

(2) 这是损失制服务系统,按题目要求,系统损失的概率不能超过5%,即

$$P_{\text{lost}} \leqslant 5\%$$

(3) 外线是整数,在满足条件下,条数越少越好。

由上述三条,写出相应的LINGO程序,清单如下:

```
MODEL:
    1] R=150;T=3/60;load=R*T;
    2] Plost=@pel(load,S);
    3] Plost<=0.05;
    4] Q=1-Plost;
    5] Re=Q*R;
    6] A=Q*Re;
```

```
 7] Ls=Re*T;
 8] eta=Ls/S;
 9] min=S;
10] @gin(S);
END
```

程序的第 10 行说明 S 为整数。计算得到(程序中的 $R=\lambda, R_e=\lambda_e$)：

```
Global optimal solution found.
Objective value:                         12.00000
Extended solver steps:                          2
Total solver iterations:                       68
            Variable       Value        Reduced Cost
                   R       150.0000      0.000000
                   T       0.5000000E-01 0.000000
                load       7.500000      0.000000
               Plost       0.3820551E-01 0.000000
                   S       12.00000      1.000000
                   Q       0.9617945     0.000000
                  Re       144.2692      0.000000
                   A       138.7573      0.000000
                  Ls       7.213459      0.000000
                 eta       0.6011216     0.000000
```

即需要 12 条外线。在此条件下，交换台的顾客损失率为 3.82%，有 96.18% 的电话得到了服务，通话率为平均每小时 138.76 次，交换台每条外线的服务效率为 60.11%。

8.4 混合制排队模型

混合制排队模型通常记为 $M/M/S/K$，即有 S 个服务台或服务员，系统空间容量为 K，当 K 个位置已被顾客占用时，新到的顾客自动离去；当系统中有空位置时，新到的顾客进入系统排队等待。

对于混合制排队模型，LINGO 软件并没有提供特殊的计算函数，因此需要设计出混合制排队模型的基本公式进行计算。

设 $p_i(i=1,2,\cdots,K)$ 是系统有 i 个顾客的概率，p_0 表示系统空闲时的概率，因此有

$$p_0 + \sum_{i=1}^{K} p_i = 1, \quad p_i \geqslant 0, \forall i \tag{8-17}$$

设 $\lambda_i(i=1,2,\cdots,K)$ 为系统在 i 时刻的输入强度，$\mu_i(i=1,2,\cdots,K)$ 为系统在 i 时刻的服务强度，在平衡过程下，可得到平衡方程：

$$\lambda_0 p_0 = \mu_1 p_1 \tag{8-18}$$

$$(\lambda_i + \mu_i)p_i = \lambda_{i-1}p_{i-1} + \mu_{i+1}p_{i+1}, \quad i=1,2,\cdots,K-1 \tag{8-19}$$

$$\lambda_{K-1}p_{K-1} = \mu_K p_K \tag{8-20}$$

对于 $M/M/S/K$ 模型，有

$$\lambda_i = \lambda, \quad i = 0,1,\cdots,K \tag{8-21}$$

$$\mu_i = \begin{cases} i\mu, & i \leqslant S, \\ S\mu, & i > S, \end{cases} \quad i = 1,2,\cdots,K \tag{8-22}$$

对于混合制排队模型,人们一般关心如下参数。

(1) 系统的损失概率:

$$P_{\text{lost}} = p_K \tag{8-23}$$

(2) 系统的相对通过能力(Q)和单位时间平均进入系统的顾客数(λ_e):

$$Q = 1 - P_{\text{lost}} = 1 - p_K \tag{8-24}$$

$$\lambda_e = \lambda Q = \lambda(1 - p_K) = R \times Q = R(1 - p_K) = R_e \tag{8-25}$$

(3) 平均队长(L_s)和平均等待队长(L_q):

$$L_s = \sum_{i=1}^{K} i p_i \tag{8-26}$$

$$L_q = \sum_{i=S}^{K} (i-S) p_i = L_s - \lambda_e/\mu = L_s - R_e T \tag{8-27}$$

(4) 顾客在系统内平均逗留时间(W_s)和平均排队等待时间(W_q),这两个时间可由 Little 公式得到:

$$W_s = L_s/\lambda_e = L_s/R_e \tag{8-28}$$

$$W_q = L_q/\lambda_e = W_s - 1/\mu = W_s - T \tag{8-29}$$

注意,在式(8-28)和式(8-29)中,分母是 λ_e 而不是 λ,其理由与损失制系统相同。

1. $S=1$ 的情况($M/M/1/K$)

例 8.6 单人理发店有 6 个椅子接待人们排队等待理发。当 6 个椅子都坐满时,后到的顾客不进店就离开。假设来理发的顾客按 Poisson 过程到达,平均到达率为 3 人/小时,理发时间服从负指数分布,平均 15min 可为 1 名顾客理发,求该系统的各项参数指标。

解 由题意可知,系统中最大的顾客数为 7,因此系统的各参数为 $S=1, K=7, R=\lambda=3$, $T=1/\mu=15/60$。按式(8-18)~式(8-20)计算出相应的损失概率 p_k,然后再由式(8-23)~ 式(8-29)计算出各项参数指标。

LINGO 程序清单如下:

```
MODEL:
1] sets:
2] state/1..9/: P;
3] endsets
4] S=1;K=7;R=3;T=15/60;
5] P0 * R=1/T * P(1);
6] (R+1/T) * P(1)=R * P0+S/T * P(2);
7] @for(state(i)|i #gt#1 #and#i #lt#K:
8] (R+S/T) * P(i)=R * P(i-1)+S/T * P(i+1));
9] R * P(K-1)=S/T * P(K);
10] P0+@sum(state(i)|i #le#K: P(i))=1;
```

```
    11] Plost=P(K);Q=1-P(K);Re=Q*R;
    12] Ls=@sum(state(i)|i #le#K: i*P(i));
    13] Lq=Ls-Re*T;
    14] Ws=Ls/Re;
    15] Wq=Ws-T;
END
```

程序第 2 行中的 9 可以换成大于等于 K 的其他整数,计算得到:

```
Feasible solution found.
Extended solver steps:              0
Total solver iterations:            0
              Variable         Value
                    P0     0.2778126
                 Plost     0.3708351E-01
                     Q     0.9629165
                    Re     2.888749
                    Ls     2.109996
                    Lq     1.387808
                    Ws     0.7304184
                    Wq     0.4804184
```

即理发店的空闲率为 27.8%,顾客的损失率为 3.7%,每小时进入理发店的平均顾客数为 2.89 人,理发店内的平均顾客数(队长)为 2.11 人,顾客在理发店的平均逗留时间是 0.73h,理发店里等待理发的平均顾客数(等待队长)为 1.39 人,顾客在理发店的平均等待时间为 0.48h。

2. $S>1$ 的情况($M/M/S/K$)

例 8.7 某纺织厂的维修中心有 8 名维修工,因为场地限制,中心内最多可以容纳 20 台需要维修的设备。假设待修的设备按 Poisson 过程到达,平均每天 5 台,维修设备服从负指数分布,每台设备平均需要 1.5 天时间,求该系统的各项参数指标。

解: 其参数为 $S=8, K=20, R=\lambda=5, T=1/\mu=1.5$。按式(8-18)~式(8-20)计算出相应的损失概率 p_k,然后再由式(8-23)~式(8-29)计算出各项参数指标。

LINGO 程序清单如下。

```
MODEL:
    sets:
    state/1..20/: P;
    endsets
    S=8;K=20;R=5;T=1.5;
    P0*R=1/T*P(1);
    (R+1/T)*P(1)=R*P0+2/T*P(2);
    @for(state(i)|i #gt#1 #and#i #lt#S:
        (R+i/T)*P(i)=R*P(i-1)+(i+1)/T*P(i+1));
```

```
    @for(state(i)|i #ge#S #and#i #lt#k:
        (R+S/T)*P(i)=R*P(i-1)+S/T*P(i+1));
    R*P(K-1)=S/T*P(K);
    P0+@sum(state(i)|i #le#K: P(i))=1;
    Plost=P(K);Q=1-P(K);Re=Q*R;
    Ls=@sum(state(i)|i #le#K: i*P(i));
    Lq=Ls-Re*T;
    Ws=Ls/Re;
    Wq=Ws-T;
END
```

经计算得到:

Feasible solution found.
Extended solver steps: 0
Total solver iterations: 0

Variable	Value
P0	0.3120595E-03
Plost	0.3571595E-01
Q	0.9642840
Re	4.821420
Ls	10.82737
Lq	3.595241
Ws	2.245681
Wq	0.7456810

即维修中心的空闲率 $p_0=0.031\%$,设备的损失率 $p_{lost}=3.57\%$,每天进入维修中心需要维修的设备 $\lambda_e=4.82$ 台,维修中心平均维修的设备(队长)$L_s=10.83$ 台,待修设备在维修中心的平均逗留时间 $W_s=2.25$ 天,维修中心内平均等待维修的设备(等待队长)$L_q=3.60$ 台,待修设备在维修中心的平均等待时间 $W_q=0.746$ 天。

8.5 闭合式排队模型

系统内有 S 个服务台(或服务员),顾客到达系统的间隔时间和服务台的服务时间均为负指数分布,而系统的容量和潜在的顾客数都为 K,顾客到达率为 λ,服务台的平均服务率为 μ,这样的系统称为闭合式排队系统,记为 $M/M/S/K/K$。

对于闭合式排队系统,人们关心的参数如下。

(1) 平均队长。
$$L_s = @\mathrm{pfs}(\mathrm{load},S,K) \tag{8-30}$$

其中 load 是系统的负荷,其计算公式为
$$\mathrm{load} = K \cdot \lambda/\mu = KRT \tag{8-31}$$

即

系统的负荷 = 系统的顾客数 × 顾客的到达率 × 顾客的服务时间

(2) 单位时间平均进入系统的顾客数(λ_e 或 R_e)。
$$\lambda_e = \lambda(K - L_s) = R(K - L_s) = R_e \tag{8-32}$$

(3) 顾客处于正常情况的概率。
$$P = \frac{K - L_s}{K} \tag{8-33}$$

(4) 平均逗留时间(W_s)、平均等待队长(L_q)和平均排队等待时间(W_q),这3个值可由 Little 公式得到:
$$W_s = L_s/\lambda_e = L_s/R_e \tag{8-34}$$
$$L_q = L_s - \lambda_e/\mu = L_s - R_e T \tag{8-35}$$
$$W_q = W_s - 1/\mu = W_s - T \tag{8-36}$$

(5) 每个服务台(服务员)的工作强度。
$$P_{\text{work}} = \frac{\lambda_e}{S\mu} \tag{8-37}$$

例 8.8 $S=1$ 的情况($M/M/1/K/K$) 设有1名工人负责照管8台自动机床,当机床需要加料、发生故障或刀具磨损时就自动停车,等待工人照管。设平均每台机床两次停车的时间间隔为 1h,停车时需要工人照管的平均时间是 5min,并均服从负指数分布。求该系统的各项指标。

解:这是一个闭合式排队模型 $M/M/1/8/8$,其参数为 $S=1$、$K=8$、$R=\lambda=1$、$T=1/\mu=5/60$,由式(8-30)和式(8-31)计算出平均队长,再由公式(8-32)~式(8-37)计算出其他各项指标。

写出 LINGO 程序,清单如下:

```
MODEL:
    S=1;K=8;R=1;T=5/60;
    Ls=@pfs(K*R*T,S,K);
    Re=R*(K-Ls);P=(K-Ls)/K;
    Lq=Ls-Re*T;
    Ws=Ls/Re;Wq=Ws-T;
    Pwork=Re/S*T;
END
```

计算结果如下:

Feasible solution found.
Total solver iterations: 0
            Variable   Value
                  Ls   1.071861
                  Re   6.928139
                   P   0.8660173
                  Lq   0.4945165
                  Ws   0.1547113
                  Wq   0.7137797E-01

　　　　　　　　Pwork　　　　　　0.5773449

即机床的平均队长为 1.07 台,平均等待队长为 0.49 台,机床的平均逗留时间为 0.155h,平均等待时间为 0.071h,机床的正常工作概率为 86.60%,工人的劳动强度为 0.577。

例 8.9 $S>1$ 的情况($M/M/S/K$) 将例 8.8 中的条件改为由 3 名工人联合看管 20 台自动机床,其他条件不变。求该系统的各项指标。

解：这是 $M/M/3/20$ 模型,其参数改为 $S=3,K=20$,其余不变。

按照例 8.8 的方法编写 LINGO 程序,计算结果如下：

```
Feasible solution found.
Total solver iterations:                    0
            Variable        Value
            Ls              1.701493
            Re              18.29851
            P               0.9149253
            Lq              0.1766177
            Ws              0.9298536E-01
            Wq              0.9652027E-02
            Pwork           0.5082919
```

8.6　经济分析——服务系统的最优化

　　服务(排队)系统的最优化问题分两类,即系统设计的最优化和系统控制的最优化。前者为静态优化,即在服务系统设置以前根据一定的质量指标,找出参数的最优值,从而使系统最经济;后者为动态优化,即对已有的排队系统寻求使其某一目标函数达到最优的运营机制。

　　任何一个服务系统都有服务费用和排队损失两方面的问题。服务费用主要是和建立服务机构、雇用服务人员有关的费用,一般来说它比较容易计算。排队损失是指因顾客排队造成的损失。对盈利的服务系统来说,是指顾客因排队太长而离去,失去生意而造成的损失。对非盈利系统来说是指顾客在队列中等待浪费的时间所造成的社会损失。

　　在正常情况下,服务费用增加,服务水平就高,顾客等待时间就短,排队损失就少。反过来,减少服务费用,服务水平降低,顾客等待时间就长,排队损失就大。因此,对整个系统来说,就有一个使这两方面的损失之和最少的优化问题。做这项工作的困难在于如何用费用来衡量排队损失,以便能够和服务费用进行比较,这就是排队损失的价格化问题。

　　对于开放式服务系统,做这项工作比较困难,因为影响排队损失的因素很多,很难把顾客排队等待时间和费用以一种固定的关系联系起来。但对于一些封闭型服务系统,如车间工具间或机器维修间等服务设施,则有可能找到这种等待时间的价格化函数关系。例如,工人在工具间排队,或者机器等待修理,在这段时间里工人或者机器都不能生产,这样造成损失一般是可以量化的,于是就可以把等待时间价格化。在这种情况下,服务系统的优化问题就是寻求使系统总费用最少的服务水平(见图 8-2),即

$$\min E(TC)=E(SC)+E(WC)$$

其中,$E(TC)$代表总费用的数学期望;$E(SC)$代表服务费用的数学期望;$E(WC)$代表等待费用的数学期望。

本节的主要目的是利用 LINGO 软件求函数极值的功能,讨论两种简单的系统静态优化问题。

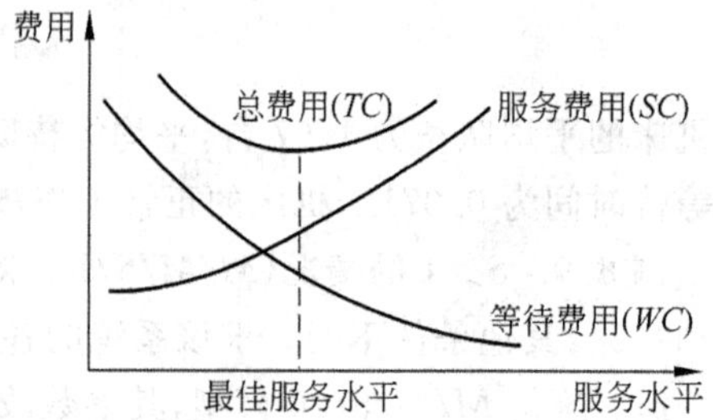

图 8-2

8.6.1 系统中服务速率 μ 的优化问题

在一般情况下,为提高服务速率都要增加服务费用,假定 μ 值与服务费用呈线性关系,我们需要调整系统服务速率使系统达到最优。

例 8.10 设某工人照管 5 台自动机床,机床运转时间(或各台机床损坏的相继时间)平均为负指数分布,假定平均每周有 1 台机床损坏需要维修,机床运转单位时间内平均收入 200 元,而每增加 1 单位 μ 的维修费用为 120 元。求使总利益达到最大的 μ^*。

解:这是一个闭合式排队系统 $M/M/1/K/K$,且 $K=5$。设 L_s 是队长,则正常运转的机器为 $K-L_s$ 部,因此目标函数为

$$f = 200(K-L_s) - 120\mu$$

题意就是在上述条件下,求目标函数 f 的最大值。

写出相应的 LINGO 程序,清单如下:

```
MODEL:
    S=1;K=5;R=1;
    Ls=@pfs(K*R/mu,S,K);
    max=200*(K-Ls)-120*mu;
END
```

计算结果如下:

```
Local optimal solution found.
Objective value:                    174.4945
Extended solver steps:              5
Total solver iterations:            33
        Variable        Value       Reduced Cost
               S        1.000000    0.000000
               K        5.000000    0.000000
               R        1.000000    0.000000
              Ls        2.232651    0.000000
              mu        3.158127    0.000000
```

即 $\mu^*=3.158$,最优目标值 $f^*=174.49$。

例 8.11 有一混合制排队系统 $M/M/1/6$,其顾客的到达率为每小时 5 人,其到达间隔服从 Poisson 过程,系统服务一个顾客收费 5 元。设系统的服务强度 $\mu(\mu=1/T,T$ 为服务时间)服从负指数分布,其服务成本为每小时 1.5μ 元,求系统为每个顾客的最佳服务

时间。

解：系统的损失率为 p_k，则系统每小时服务的人数 $\lambda(1-p_k)$，每小时运行成本为 1.5μ，因此目标函数为

$$f = 5\lambda(1-p_k) - 1.5\mu$$

题意就是在上述条件下，求目标函数 f 的最大值。

写出相应的 LINGO 程序，清单如下：

```
MODEL:
    sets:
    state/1..10/: P;
    endsets
    S=1;K=6;R=5;
    P0*R=1/T*P(1);
    (R+1/T)*P(1)=R*P0+S/T*P(2);
    @for(state(i)|i #gt#1 #and# i #lt#k:
        (R+S/T)*P(i)=R*P(i-1)+S/T*P(I+1));
    R*P(K-1)=S/T*P(K);
    P0+@sum(state(i)|i #le#K: P(i))=1;
    max=5*R*(1-P(K))-1.5/T;
END
```

计算结果如下：

```
Local optimal solution found.
Objective value:                          14.12243
Total solver iterations:                         8
            Variable          Value        Reduced Cost
                   S       1.000000            0.000000
                   K       6.000000            0.000000
                   R       5.000000            0.000000
                  P0       0.1982104           0.000000
                   T       0.1776570           0.000000
```

即系统为每位顾客最佳服务时间是 $0.178h$，系统每小时盈利 14.12 元。

8.6.2 $M/M/S$ 模型中最优的服务台数 S

仅讨论标准的 $M/M/S$ 模型，且在稳态情形下，这时单位时间全部费用(服务成本与等待费用之和)的期望值为

$$f = c'_s S + c_w L$$

其中，S 是服务台数；c'_s 是每服务台单位时间的成本；c_w 为每个顾客在系统停留单位时间的费用；L 是系统中顾客平均数 L_s 或队列中等待的顾客平均数 L_q (它们都随 S 值的不同而不同)。因为 c'_s 和 c_w 都是给定的，唯一可变的是服务台数 S，所以 f 是 S 的函数 $f(S)$，现在是求最优解 S^* 使 $f(S^*)$ 最小。

例 8.12 某检验中心为各工厂服务,要求做检验的工厂的到来服从泊松流,平均到达率 $\lambda=48$ 次/天,每次来检验由于停工等原因损失为 6 元。检验时间服从负指数分布,平均服务率 $\mu=25$ 次/天,每设置 1 个检验员服务成本为每天 4 元。其他条件适合标准的 M/M/S 模型,问应设几个检验员才能使总费用的期望值最小?

解:目标函数为 $f=4S+6L$,且 $R=\lambda=48,T=1/\mu=1/25$。依题意可知,就是在以上条件下,求使 f 为最小值的 S^*。写出相应的 LINGO 程序,清单如下:

```
MODEL:
  R=48;T=1/25;load=R*T;
  Pwait=@peb(load,S);
  Wq=Pwait*T/(S-load);
  Ws=Wq+T;Ls=Ws*R;
  min=6*Ls+4*S;
  @gin(S);@bnd(1,S,10);
END
```

计算结果如下:

```
Global optimal solution found.
Objective value:                    27.86733
Extended solver steps:                     2
Total solver iterations:                 135
      Variable         Value        Reduced Cost
             R      48.00000            0.000000
             T    0.4000000E-01          0.000000
          load       1.920000            0.000000
         Pwait      0.4075622            0.000000
             S       3.000000           -3.740186
            Wq    0.1509490E-01          0.000000
            Ws    0.5509490E-01          0.000000
            Ls       2.644555            0.000000
```

即设 3 个检验员使总费用为最小,最小总费用为 27.87 元。

练 习 题

8.1 某咨询公司在周末现只安排一名员工为顾客提供服务。新来的顾客到达后,若已有顾客正在接受服务,则需要排队等待。假设来服务的顾客到达过程为 Poisson 流,平均每小时 4 人,服务时间服从负指数分布,平均需要 6min。试求该系统的主要数量指标。

8.2 某打印社有 3 名打字员,平均每个文件的处理时间为 10min,而文件的到达率为每小时 15 件,试求该打印社的主要数量指标。

8.3 某工厂生产一项产品,其加工的某道工序可有两种方案:采用设备 A,平均加工时间为 4min,负指数分布,设备费用为每小时 2 元;采用设备 B,加工时间恰为 5min,产品以每小时 8 件的速率到达这一工序,设备费用为每小时 1.8 元。产品在加工过程中每延误 1h 对工厂将有 3 元的损失,问应选择哪一种设备?

8.4 某商业区只有 1 台 ATM 机。根据历史的数据统计发现,使用 ATM 机的顾客到达过程为 Poisson 流,平均到达率为 0.7 人/分钟,使用时间服从负指数分布,每个顾客的平均使用时间为 1.25min。试研究银行是否需要在该商业区增加 ATM 机?

8.5 在某单人理发店,顾客到达为 Poisson 流,平均到达间隔为 20min,理发时间服从负指数分布,平均时间为 15min。求:

(1) 顾客来理发不必等待的概率;

(2) 理发店内顾客平均数;

(3) 顾客在理发店内平均逗留时间;

(4) 若顾客在店内平均逗留时间超过 1.25h,则店主将考虑增加设备及理发员。问平均到达率提高多少时店主才做这样的考虑呢?

8.6 某超市根据历史经验数据预测分析,平均前来购物的顾客为 100 名/小时,而收银员平均每小时能接待 40 名顾客。若该超市设置 3 个收银台,试分析该超市在运营中的主要参数指标,并说明收银台设置的合理性。

8.7 工厂为了保障机械设备正常运转,一般都配有专门的机械维修技术人员。工厂对维修技术人员提出的要求是:全厂所有机器设备都出现故障的概率要小于 10%,而且至少要保证有 80% 以上的机器设备正常运转。该工厂某车间现有 5 台机器设备,机器设备连续运转的时间服从负指数分布,平均连续运转的时间为 15min。现配有 1 名维修技工,每次维修时间服从负指数分布,平均维修时间为 12min。试问该维修技工是否能够完成车间的维修任务,达到工厂的技术要求?

8.8 某加油站有一台油泵。来加油的汽车按泊松分布到达,平均每小时 20 辆,但当加油站中已有 n 辆汽车时,新来汽车不愿等待而离去,离去概率为 $n/4$ ($n=0,1,2,3,4$)。油泵给一辆汽车加油所需要的时间为具有均值为 3min 的负指数分布。

(1) 画出此排队系统的速率图。

(2) 导出其平衡方程式。

(3) 求出加油站中汽车数的稳态概率分布。

(4) 求那些在加油站的汽车的平均逗留时间。

8.9 某厂有大量同一型号的车床,当该种车床损坏后或送机修车间或由机修车间派人来修理。已知该种车床损坏率服从泊松分布,平均每天 2 台。又机修车间对每台损坏车床的修理时间为负指数分布的随机变量,平均每台的修理时间为 $1/\mu$ 天。但 μ 是一个与机修人员编制及维修设备配备好坏(即与机修车间每年开支费用 K)有关的函数。已知

$$\mu(K) = 0.1 + 0.001K \quad (K \geqslant 1900 \text{ 元})$$

又已知机器损坏后,每台每天的生产损失为 400 元,试决定使该厂生产最经济的 K 及 μ 值。

8.10 某工厂为职工设立了昼夜 24 小时都能看病的医疗室(按单服务台处理)。病人到达的平均间隔时间为 15min,平均看病时间为 12min,且服从负指数分布。因工人看病每小时给工厂造成的损失为 30 元。

(1) 试求工厂每天因工人看病所带来的损失的期望值。

(2) 问平均服务率提高多少，方可使上述损失减少一半？

8.11 一个大型露天矿山，正考虑修建矿石卸位的个数。估计运矿石的车将按 Poisson 流到达，平均每小时 15 辆；卸矿石时间服从负指数分布，平均 3min 卸一辆；又知每辆运送矿石的卡车售价是 8 万元，修建一个卸位的投资是 14 万元。问：应建多少个矿山卸位最适宜？

第9章 存储论模型

存储物品是人们在生产和日常生活中经常进行的行为,它是为了缓解供应与需求之间出现的供不应求或供过于求等不协调。存储的基本形式如图 9-1 所示。

输入(供应) ——→ 存储 ——→ 输出(需求)

图 9-1

在存储过程中,存储量因供应需要(输出)而减少,通过订货补充(输入)而增加。存储论(或称为库存论)就是以数学模型方法研究最经济、最合理的存储问题的一门学科,是研究存储系统的性质、运行规律以及如何寻找最优存储策略的一门学科,是运筹学的重要分支。存储论的数学模型一般分成两类:一类是确定性模型,它不包含任何随机因素,另一类是带有随机因素的随机存储模型。存储论研究的基本问题是对于特定的需求类型,以怎样的方式进行补充才能最好地实现存储管理的目标。存储费用在企业经营成本中占据很大的部分。由于存储论研究中经常以存储策略的经济性作为存储管理的目标,所以,以费用分析的手段来选择存储的策略。

1934 年 R. H. Wilson(威而逊)在 F. Harris 提出的一个确定性存储费用模型基础上重新得出了最佳订货批量公式,后来人们称之为经济订购批量公式(EOQ),这属于存储论的早期工作。存储论真正作为一门理论发展起来是在 20 世纪 50 年代,1958 年 T. M. Whitin 出版了《存储管理的理论》一书,随后 K. J. Arrow 等发表了"存储和生产的数学理论研究",P. A. Moran 在 1959 年出版了《存储理论》。此后,存储论成了运筹学中的一个独立分支,并陆续对随机或非平稳需求的存储模型进行了深入的研究。

9.1 存储论模型的基本概念

对于现实问题,存储论模型中一般涉及需求、补充、费用和存储策略 4 个基本概念。

1. 需求(售出或消耗)

存储的目的是为了满足需求。随着需求的发生,从库存中取出一定数量的物品,存储量将减少。根据需求的时间特征,可将需求分为连续性需求和间断性需求。在连续性需求中,随着时间的变化需求连续地发生,因而存储量也连续地减少,如图 9-2(a)所示;在间断性需求中,需求发生在某些瞬间,时间极短,因而存储量的变化呈跳跃式地减少,如图 9-2(b)所示。

根据需求的数学特征,需求又可分为确定性需求和随机性需求。在确定性需求中,需求发生的时间和数量是确定的,如生产中对各种物料的需求,或在合同环境下对商品的需求。在随机性需求中,需求发生的时间或数量是不确定的,如在非合同环境中对产品或商品的独

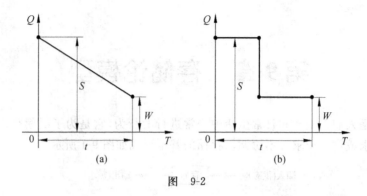

图 9-2

立性需求,很难事先知道需求发生的时间及数量。对于随机性需求就要掌握需求发生的时间和数量的统计规律,在连续变量情况下,需要掌握其概率分布函数或概率密度函数,在离散变量情况下,应知道离散事件的概率分布和累积分布的规律。

一般地,在存储论模型中用单位时间内对某种物品的需求量(即**需求率**)来描述需求的变化速度,用符号记为 R。

2. 补充(订货或生产)

补充即存储的输入,补充的办法可以是向其他工厂订货或自行生产。从订货(发出内部生产指令或市场订货合同)到存储的实现(入库并随时可供输出)往往需要经历一段时间,常将此段时间称为**备货时间**。从另一个角度看,为了在某一时刻能补充存储,必须提前订货,那么这段时间也可称之为**提前时间**(Leadtime)。备货时间可能很长也可能很短,可能是随机性的也可以是确定性的。

研究存储论的目的是要给出一个存储策略,即在什么情况下需要对存储进行补充,什么时间进行补充,每次补充多少等。决定多少时间补充一次以及每次补充数量的策略称为**存储策略**。一个存储策略必须满足可行性要求,即它所给出的补充方案是可以实行的,且能满足需求的必要条件。从补充的数量来说,一种是定量补充,另一种是不定量的,由流动资金和需求情况(如因旺季、淡季需求会不同)决定。

3. 费用

在存储过程中主要涉及以下一些费用。

(1) **订货费**。每组织一次生产、订货或采购的费用,其构成有两类:一类是订购费用,如手续费、通信费、差旅费、检查验收费等,通常认为与订购数量无关;另一类是货物的成本费用,它与订购数量有关,如货物本身的价格、运费等。

(2) **存储费**。所有用于存储的全部费用,通常与存储物品的多少和时间长短有关,包括货物占用资金应付的利息以及使用仓库、保管货物、货物损坏变质等支出的费用。

(3) **短缺损失费**。由于物品短缺所产生的一切损失费用,通常与损失物品的多少和短缺时间的长短有关,如失去销售机会的损失、停工待料的损失以及不能履行合同而缴纳的罚款等。

(4) **生产费**。自行生产存储物品的费用,包括两类:一类是装配费用(准备、结束等费用,是固定费用),与组织生产的次数有关,而与每次生产的数量无关;另一类是与生产数量有关的费用(可变费用),如原材料和零配件成本、直接加工费等。后一类成本费用有时单列为一项费用。

在存储论中,订货费和生产费是同一类费用,是在订货或自行生产的两种入库方式上的不同表现。

4. 存储策略

存储论主要回答生产经营中存储策略的两个问题。

(1) 何时补充?应当在什么时间(间隔多久)来补充这些存储物品?

(2) 补充多少?补充物品时,给出每次补充库存的数量。

如果按照决定是否订货的条件划分,有定点订货法和定期订货法;如按订货量的决定方式划分,有定量订货法和补充订货法(将库存补充到最大)。下面是一些常见的存储策略。

(1) **定期定量订购制度**,(t,Q) 策略。每隔 t 时间补充存储量 Q。

(2) **定点订购制度**,(s,S) 策略。当存储量 $x > s$ 时不补充;当 $x \leqslant s$ 时补充存储,补充量 $Q = S - x$(即将存储量补充到 S)。

(3) **定期定点订购制**,(t,s,S) 混合策略(双堆法)。每经过 t 时间检查存储量 x,当 $x > s$ 时不补充;当 $x \leqslant s$ 时补充存储量使之达到 S。

(4) **定期订购制**,(t,S) 策略。每隔 t 时间补充存储量至一个固定的最大存储量 S。

(5) **定量订购制**,(s,Q) 策略。每供应一次就结算一次,得出一个新的库存数字与报警点 s 进行比较,当库存量小于 s 时即以 Q 进行订货。

随着存储论的发展,新的存储策略也在不断出现。但总的来说,一个好的存储策略应该使收益大、总费用小,并避免缺货损失、影响销售、影响生产或对顾客失去信用。下面将利用具体的模型来阐述如何确定好的存储策略。

9.2 确定型存储模型

9.2.1 模型1:基本的经济订购批量模型

经济订购批量存储模型(Economic Ordering Quantity,EOQ)是指不允许缺货、货物生产(或补充)的时间很短(通常近似为0)的模型。

在建立经济订购批量存储模型之前,做以下假设。

(1) 缺货费用无穷大。

(2) 当存储量降到零时,可以立即得到补充,即备货时间很短,可以近似地看作零。

(3) 需求是连续的、均匀的,设需求速度 R 为常数,则 t 时间的需求量为 Rt。

(4) 每次的订货量不变,订购费不变。

(5) 单位存储费不变。

由上述假设,存储量的变化情况如图 9-3 所示。

下面先给出本节及以后各类型模型中均可能涉的几个符号定义:

Q——订购量;

R——需求速度,即单位时间内的需求量,也称为需求率;

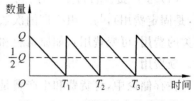

图 9-3 EOQ 模型的存储量曲线

K——货物单价;

C_1——单位时间内单位物品的存储费用;

C_3——订购费。

假定每隔 t 时间补充一次存储,订货量为 Q,则由前面的 5 个假设可知,在一个订货周期内,最大的存储量为 Q,最小的存储量为 0,由于需求是连续均匀的,因此在一个周期内,其平均存储量为

$$\frac{1}{t}\int_0^t RT \mathrm{d}T = Rt/2 = Q/2$$

t 时间内所需平均存储费用为 $C_1 Rt/2$,总的平均费用为 $C(t)$。

$$C(t) = C_3/t + KR + C_1 Rt/2 \tag{9-1}$$

对式(9-1)求导数,并令其为 0,即

$$\frac{\mathrm{d}C(t)}{\mathrm{d}t} = -\frac{C_3}{t^2} + \frac{1}{2}C_1 R = 0$$

$$t^* = \sqrt{\frac{2C_3}{C_1 R}} \tag{9-2}$$

由于 $\frac{\mathrm{d}^2 C(t)}{\mathrm{d}t^2} > 0$,即每隔 t^* 时间订货一次可使 $C(t)$ 最小。因此,得到费用最小的订货量为

$$Q^* = Rt^* = \sqrt{\frac{2C_3 R}{C_1}} \tag{9-3}$$

式(9-3)为存储论中著名的 EOQ 公式。由于 t^* 和 Q^* 都与货物单价 K 无关,所以以后在费用函数中略去 KR 这项费用。如无特殊需要不再考虑此项费用,式(9-1)改写为

$$C(t) = C_3/t + C_1 Rt/2$$

将 t^* 代入上式并整理后可得最小费用为

$$C^* = \frac{1}{2}C_1 Q* + \frac{C_3 R}{Q*} = \sqrt{2C_1 C_3 R} \tag{9-4}$$

由式(9-3),若求出了 Q^*,则 t^* 也可由以下公式很快求得。

$$t^* = Q^*/R \tag{9-5}$$

例 9.1 某公司生产的某产品需要某种零件,该零件需要靠订货得到。为此,该公司考虑到了如下费用结构。

(1) 批量订货的订货费 15 000 元/次。

(2) 每个零件的单位成本为 8 元/件。

(3) 每个零件的存储费用为 0.2 元/(件·月)。

(4) 每个零件的缺货损失为 1.5 元/(件·月)。

假设该零件的每月需求量为6000件。

(1) 试求今年该公司对零件的最佳订货存储策略及费用。

(2) 若明年对该零件的需求将提高一倍,则零件的订货批量应比今年增加多少？订货次数应为多少？

解：(1) 取一年为一个周期,由题意知,订货费 $C_3=15\,000$ 元/次,存储费 $C_1=0.2\times 12=2.4$ 元/(件·年),需求率 $R=6000\times 12=72\,000$ 件/年,代入相关的公式得到：

$$Q^*=\sqrt{\frac{2C_3R}{C_1}}=30\,000(件)$$

$$t^*=Q^*/R=0.417$$

$$C^*=\sqrt{2C_1C_3R}=72\,000(元/年)$$

当然,也可以用LINGO程序完成上述公式的计算,程序清单如下：

```
MODEL:
    C3=15000;C1=2.4;R=72000;
    Q=(2*C3*R/C1)^0.5;
    t=Q/R;
    n=1/t;
    C_star=0.5*C1*Q+C3*R/Q;
END
```

计算结果：

```
Feasible solution found.
Total solver iterations:                0

            Variable           Value
                  C3        15000.00
                  C1        2.400000
                   R        72000.00
                   Q        30000.00
                   t        0.4166667
                   n        2.400000
              C_star        72000.00
```

进一步研究,全年的订货次数为

$$n=1/t=2.40(次)$$

但 n 必须为正整数,故还需要比较 $n=2$ 与 $n=3$ 时全年的费用。

继续用LINGO程序计算：

```
MODEL:
    sets:
    times/1,2/: n,Q,C_star;
    endsets
    data:
```

```
        n=2,3;
        C3=15000;C1=2.4;R=72000;
    enddata
    @for(times: n=R/Q);
    @for(times: C_star=0.5*C1*Q+C3*R/Q);
END
```

得到结果如下:

```
Feasible solution found.
Total solver iterations:                              0
              Variable           Value
                    C3        15000.00
                    C1        2.400000
                     R        72000.00
                  n(1)        2.000000
                  n(2)        3.000000
                  Q(1)        36000.00
                  Q(2)        24000.00
             C_star(1)        73200.00
             C_star(2)        73800.00
```

从以上结果可以看出,由于 C_star(1)＜C_star(2),所以全年组织 2 次订货更好一些,每次订货 36 000 件。

(2) 若明年需求量增加一倍,由式(9-3)知,明年的订货量是今年的 $\sqrt{2}$ 倍,利用公式得到: $Q^*=42426$(件), $n=3.39$(次)。再比较 $n=3$ 与 $n=4$,经计算得到,每年组织 3 次订货,每次订货 48 000 件。

以上订货次数的求解是采用教科书中介绍的传统方法,在有了 LINGO 软件后,可以直接求出问题的整数解。

写出 LINGO 程序,清单如下:

```
MODEL:
1]    sets:
2]        order/1..99/: C_STAR,EOQ;
3]    endsets
4]    data:
5]    C3=15000;C1=2.4;R=144000;
6]    enddata
7]    @for(order(i):
8]        EOQ(i)=R/i;
9]        C_STAR(i)=0.5*C1*EOQ(i)+C3*R/EOQ(i);
10]   );
11]   C_min=@min(order: C_STAR);
12]   Q=@sum(order(i): EOQ(i) * (C_min #eq# C_STAR(i)));
```

```
13]      n=R/Q;
END
```

程序第 2 行中的 99 不是必需的,通常取一个适当大的数就可以了。第 8 行计算年订货 1,2,…,99 次的订货量,第 9 行计算在这样的订货量下,年花费的平均总费用,第 11 行求出所有费用中费用最少的一个,第 12 行求出最小费用对应的订货量,第 13 行求出相应的订货次数。第 11 行到第 13 行的编程方法是 LINGO 软件特有的,学习这种编程方法,对于其他的问题也是很有用的。

经计算得到:

```
Feasible solution found.
Total solver iterations:              0
            Variable        Value
                  C3        15000.00
                  C1        2.400000
                   R        144000.00
               C_min        102600.00
                   Q        48000.00
                   n        3.000000
```

即一年组织 3 次订货,每次的订货量为 48 000 件,最优费用为 102 600 元。

9.2.2 模型 2:允许缺货的 EOQ 模型

允许缺货是指企业在存储降至零后,还可以再等一段时间然后订货,当顾客遇到缺货时不受损失或损失很小,并假设顾客耐心等待直到新的货补充到来。

设 T 为时间周期,其中 T_1 表示 T 中不缺货时间,T_2 表示 T 中缺货时间,即
$$T = T_1 + T_2$$

S 为最大缺货量,C_2 为缺货损失的单价,Q 为每次的最高订货量,则 $Q-S$ 为最高存储量,因为每次得到订货量 Q 后,立即支付给顾客最大缺货 S。图 9-4 给出了允许缺货模型的存储曲线。

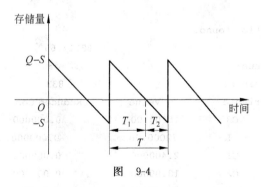

图 9-4

以一个周期为例,计算出平均存储量、平均缺货量和平均总费用。

$$\text{平均存储量} = \frac{\frac{1}{2}(Q-S)T_1 + 0 T_2}{T_1 + T_2} = \frac{(Q-S)T_1}{2T} \tag{9-6}$$

其中

$$T_1 = \frac{Q-S}{R}, T_2 = \frac{S}{R}, T = \frac{Q}{R} \tag{9-7}$$

因此

$$\text{平均存储量} = \frac{(Q-S)T_1}{2T} = \frac{(Q-S)^2}{2Q} \tag{9-8}$$

$$\text{平均缺货量} = \frac{ST_2}{2T} = \frac{S^2}{2Q} \tag{9-9}$$

允许缺货的经济订购批量存储模型的平均总费用

$$TC = \frac{C_1(Q-S)^2}{2Q} + \frac{C_3 R}{Q} + \frac{C_2 S^2}{2Q} \tag{9-10}$$

例 9.2 (继例 9.1)将问题改为允许缺货模型,且缺货损失费为每年每件 18 元,其他条件不变,求全年的订货次数、订货量以及最优存储费用。

解：按照前面的推导,允许缺货经济批量存储问题可由一个整数规划来表示：

$$\min \frac{C_1(Q-S)^2}{2Q} + \frac{C_3 R}{Q} + \frac{C_2 S^2}{2Q}$$

$$\text{s.t.} \begin{cases} n = R/Q \\ Q \geqslant 0, \quad n \geqslant 0 \text{ 且为整数} \end{cases}$$

写出 LINGO 程序,清单如下：

```
MODEL:
    C3=15000;R=72000;C1=2.4;C2=18;
    min=0.5*C1*(Q-S)^2/Q+C3*R/Q+0.5*C2*S^2/Q;
    n=R/Q;
    @gin(n);
END
```

得到计算结果：

```
Local optimal solution found.
Objective value:                        68117.65
Extended solver steps:                         3
Total solver iterations:                     833
            Variable          Value      Reduced Cost
                  C3       15000.00          0.000000
                   R       72000.00          0.000000
                  C1       2.400000          0.000000
                  C2       18.00000          0.000000
                   Q       35999.99          0.000000
                   S       4235.293          0.000000
                   n       2.000000         -4058.804
```

即全年组织 2 次订货,每次的订货量为 36 000 件,最大缺货量为 4235.3 件,最优费用为 68 117.65 元。与例 9.1 相比,允许缺货模型的最优费用要低于不允许缺货模型,因此,如果条件允许,可以利用允许缺货的策略来降低存储成本。

上述过程本质上是求整数规划的解,但由于整数规划计算速度慢,因此要尽量回避。如果只求最小费用的订货周期、最大订货量和最大缺货量,只需对式(9-10)求关于 Q 和 S 的偏导数,求出其极小点。

$$S^* = \frac{C_1}{C_1 + C_2} Q^* \tag{9-11}$$

$$Q^* = \sqrt{\frac{2C_3 R(C_1 + C_2)}{C_1 C_2}} \tag{9-12}$$

并利用式(9-10)和式(9-7)得到

$$TC^* = \frac{C_1 (Q^* - S^*)^2}{2Q^*} + \frac{C_3 R}{Q^*} + \frac{C_2 (S^*)^2}{2Q^*} \tag{9-13}$$

$$T^* = Q^*/R \tag{9-14}$$

有了上述式(9-11)~式(9-14),不用求解整数规划,也可以很容易求出整数解。

写出 LINGO 程序,清单如下:

```
MODEL:
    sets:
        order/1..99/:TC,EOQ,EOS;
    endsets
    data:
        C3=15000;C1=2.4;R=72000;C2=18;
    enddata
    @for(order(i):
        EOQ(i)=R/i;
        EOS(i)=C1/(C1+C2) * EOQ(i);
        TC(i)=0.5 * C1 * (EOQ(i)-EOS(i))^2/EOQ(i)
            +C3 * R/EOQ(i)+0.5 * C2 * EOS(i)^2/EOQ(i);
    );
    TC_min=@min(order: TC);
    Q=@sum(order(i): EOQ(i) * (TC_min #eq#TC(i)));
    S=@sum(order(i): EOS(i) * (TC_min #eq#TC(i)));
    n=R/Q;
END
```

计算结果如下:

```
Feasible solution found.
Total solver iterations:                     0
              Variable           Value
                    C3           15000.00
                    C1           2.400000
```

R	72000.00
C2	18.00000
TC_min	68117.65
Q	36000.00
S	4235.294
n	2.000000

其计算结果与整数规划的结果相同,但计算时间却大大减少。

9.2.3 模型3：修正EOQ模型

基本 EOQ 模型是假设库存容量为无限的情况。现假定库存容量是有限的,其容量为 W。如果一次进货量 $Q>W$,则租借其他场地来存放多余的货物。这时,租借场地的存储费用要高于自己库房的存储费。在这种情况下存储策略肯定是：入库时先装满自己的库房,再考虑租用的库房；而出库时,则先使用租用库房中的货物。假设租借库房的存储费用为 C_w,其他同基本 EOQ 模型,即 C_1 为自己库房的存储费,C_3 为订购费,需求速度为 R,则当 $Q^* \leqslant W$ 时,

$$Q^* = \sqrt{\frac{2C_3 R}{C_1}}$$

当 $Q^* > W$ 时,则要用下面的修正 EOQ 模型,如图 9-5 所示。

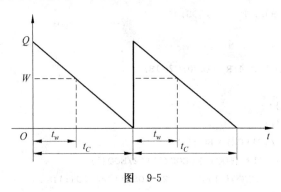

图 9-5

下面分别计算修正 EOQ 模型的订购费、存储费和总费用。

(1) 订购费同前,为 C_3。

(2) 存储费可分为两部分：第一部分是租用库房的存储费,第二部分是自己库房的存储费。

假设 t_w 为在租用库房内存储的周期,很显然 $t_w = (Q-W)/R$,t_C 是批量为 Q 的货物总的存储时间,$t_C = Q/R$。在租借库房内存储货物量的平均水平是 $(Q-W)/2$,因此租用库房的存储费为

$$C_w \times \frac{Q-W}{2} \times t_w = \frac{1}{2} \times C_w \times \frac{(Q-W)^2}{R}$$

现计算在自己库房的存储费,它包括两部分：一部分是当使用租用库房内的货物时,具有 W 数量的货物存储了 t_w 的时间,其存储费为 $W \times t_w \times C_1$。当租借库房内的货物用完,从 t_w 时

开始使用自己库房内的货物,直到库存为 0 止。这一时期库存平均水平为 $W/2$,存储了 (t_C-t_W) 时间,故在自己库房的存储费总数为

$$C_1\left[W\times t_W+\frac{W}{2}(t_C-t_W)\right]=C_1\left[W\times\frac{Q-W}{R}+\frac{W}{2}\left(\frac{Q}{R}-\frac{Q-W}{R}\right)\right]=\frac{C_1(2WQ-W^2)}{2R}$$

(3) 总费用

$$TC=C_3+\frac{1}{2}C_W\frac{(Q-W)^2}{R}+\frac{1}{2}C_1\frac{2WQ-W^2}{R} \tag{9-15}$$

单位时间总费用

$$C=\frac{1}{t_C}\left(C_3+\frac{1}{2}C_W\frac{(Q-W)^2}{R}+\frac{1}{2}C_1\frac{2WQ-W^2}{R}\right) \tag{9-16}$$

将 $t_C=Q/R$ 代入式(9-16),整理后得

$$C=\frac{C_3R}{Q}+\frac{C_WQ}{2}-C_WW+\frac{C_WW^2}{2Q}+C_1W-\frac{C_1W^2}{2Q} \tag{9-17}$$

由 $\dfrac{dC}{dQ}=0$ 得

$$-\frac{C_3R}{Q^2}+\frac{C_W}{2}-\frac{C_WW^2}{2Q^2}+\frac{C_1W^2}{2Q^2}=0$$

因此

$$Q^*=\sqrt{\frac{2RC_3+W^2(C_W-C_1)}{C_W}} \tag{9-18}$$

从式(9-18)可以看出,当 $C_W\to\infty$ 时,

$$Q^*=\sqrt{W^2}=W$$

9.2.4 模型 4:不允许缺货、生产需一定时间的存储模型

本模型的假设条件,除了生产(或库存补充)需一定时间外,其他均与基本 EOQ 模型的相同。

设生产批量为 Q,生产速度为 P,需求速度为 R。则生产周期为 $T=Q/P$。在 $[0,T]$ 区间内,库存量以 $(P-R)$ 的速度增加,而在 $[T,t]$ 时间内,以 R 速度下降(见图 9-6)。

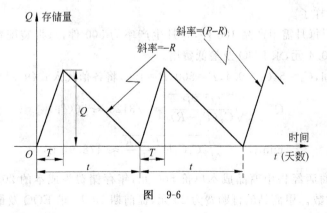

图 9-6

现计算订货费、存储费和总费用。

(1) 订货费。在本模型中的订货费应由生产费用代替。它也由两部分组成：一部分称为生产准备费，即批量生产中的固定费用；另一部分是与生产产品数量有关的可变费用。其中生产固定费用相当于订购费，仍用 C_3 表示，单位产品的可变费用用 K 表示，则订货费为

$$C_3 + KQ$$

(2) 存储费。在本模型中，产品的总量虽然是 Q，但因为在生产期间也存在固定的需求，故库存量的最大值是 $(P-R)T$，平均库存量水平是 $(P-R)T/2$。存储 t 时间的存储费为 $C_1 t(P-R)T/2$。

(3) 不计订货中的变动费用，其总费用为

$$TC = 订购费 + 存储费 = C_3 + C_1 t(P-R)T/2$$

单位时间的总费用

$$C = \frac{C_3}{t} + \frac{1}{2}C_1(P-R)T \tag{9-19}$$

由 $t=Q/R, T=Q/P$，所以

$$C = \frac{C_3 R}{Q} + \frac{1}{2}C_1(P-R)\frac{Q}{P} \tag{9-20}$$

由 $\dfrac{dC}{dQ}=0$ 求得：

$$Q^* = \sqrt{\frac{2C_3 RP}{C_1(P-R)}} \tag{9-21}$$

$$t^* = \frac{Q^*}{R} = \sqrt{\frac{2C_3 P}{C_1 R(P-R)}} \tag{9-22}$$

$$\min C^* = \sqrt{2C_1 C_3 R \frac{P-R}{P}} \tag{9-23}$$

$$T^* = \frac{Q^*}{P} = \sqrt{\frac{2C_3 R}{C_1 P(P-R)}} \tag{9-24}$$

式(9-21)~式(9-23)就是本模型的最经济订货批量、最佳订货周期和最小费用。不难看出，当生产速度很大，即 $P\to\infty$ 时，$P/(P-R)\to 1$，这时式(9-21)~式(9-23)就和基本 EOQ 模型完全一样了。

例 9.3 某厂每月需甲产品 100 件，每月生产率为 500 件，每批装配费为 5 元，每月每件产品存储费为 0.4 元，求 EOQ 及最低费用。

解：由题意知，$C_3=5, C_1=0.4, P=500, R=100$，将各值代入式(9-21)和式(9-23)得

$$Q^* = \sqrt{\frac{2C_3 RP}{C_1(P-R)}} = \sqrt{3125} \approx 56(件)$$

$$\min C^* = \sqrt{2C_1 C_3 R \frac{P-R}{P}} \approx 178.9(元)$$

例 9.4 某商店经营甲商品成本单价 500 元，年存储费为成本的 20%，年需求量 365 件，需求速度为常数。甲商品的订购费为 20 元，提前期 10 天，求 EOQ 及最低费用。

解：从表面上看，似乎应按照本节的模型 4 来处理。因为拖后时间似乎与生产需要一

定时间意义差不多。其实不然,现将本题存储变化情况用图表示出来(见图 9-7),并与模型 1、模型 4 的图相比较,可看到与模型 1 完全相同。本题只需在存储降至零时提前 10 天订货即可保证需求。

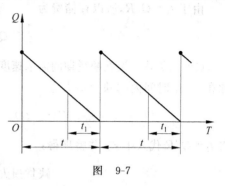

利用模型 1 的 EOQ 公式计算得到,$Q^* \approx 12$ 件,最低费用 $C^* \approx 1208$。

由于提前期为 10 天,10 天内的需求为 10 件甲商品,因此只要当存储量降至 10 件就要订货。一般设 t_1 为提前期,R 为需求速度,当存储量降至 $L = Rt_1$ 的时候即订货。L 称为**订购点**(或称**订货点**)。

图 9-7

从本例来看,多少时间订一次货,虽可以用 $t^* = Q^*/R$ 得出 t^*,但求解的过程中并没有求出 t^*,只求出订货点 L,这时的存储策略是:不考虑 t^*,只要存储量降至 L 即订货,订货量为 Q^*,称这种存储策略为**定点订货**。相对地称每隔 t^* 时间订货一次为**定时订货**,每次订货量不变则称为**定量订货**。

9.2.5 模型 5:允许缺货、生产时间很短(立即补充)的存储模型

缺货是指库存降低到零时,不马上订货,而是再等一段时间后再订货。这样做可以少付订购费,也可少支付存储费,但是同时企业要受到缺货所带来的损失。这种情况的存储模型如图 9-8 所示。

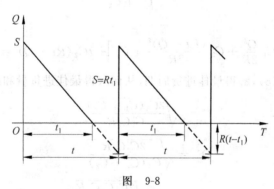

图 9-8

设进货批量为 Q,需求速度为 R,存储费为 C_1,订购费为 C_3,缺货损失费为 C_2。

在这里应当指出,缺货损失费 C_2 的单位是(元/单位货物·单位时间)。这意味着,在讨论缺货问题时考虑了缺货的时间效应。对于商家而言,缺货本身会带来失去销售机会的损失,而缺货时间长,还会造成失去信誉、失去顾客的损失,所以缺货时间愈长,则缺货损失也愈大。因此缺货费 C_2 是单位时间内缺单位货物的损失。

下面分别计算本模型的订购费、存储费、缺货费和总费用。

(1) 订购费。同前面两个模型,为 C_3(以后不再计订货的变动费用 KQ)。

(2) 存储费。平均存储量为 $Q/2$,设 t_1 是库存降低到 0 的时间,则在 t_1 时间内的存储费

为 $C_1 Q t_1 / 2$。

由于 $t_1 = Q/R$，所以存储费为

$$\frac{1}{2} C_1 Q \times \frac{Q}{R} = \frac{1}{2} C_1 \frac{Q^2}{R}$$

(3) 缺货费。设在缺货期间需求速度仍为 R，在 $t-t_1$ 时间内平均缺货量为 $R(t-t_1)/2$，因此在 $t-t_1$ 时间内的缺货损失为

$$\frac{1}{2} C_2 R(t-t_1) \times (t-t_1) = \frac{1}{2} C_2 R (t-t_1)^2$$

将 $t_1 = Q/R$ 代入上式，并整理得：

$$缺货损失 = \frac{1}{2} C_2 \frac{(Rt-Q)^2}{R}$$

(4) 总费用。

$$TC = C_3 + \frac{1}{2} C_1 \frac{Q^2}{R} + \frac{1}{2} C_2 \frac{(Rt-Q)^2}{R} \tag{9-25}$$

单位时间的总费用：

$$C(t,Q) = \frac{1}{t}\left[C_3 + \frac{1}{2} C_1 \frac{Q^2}{R} + \frac{1}{2} C_2 \frac{(Rt-Q)^2}{R} \right] \tag{9-26}$$

因 $C(t,Q)$ 是多元函数，故用多元函数求极值的方法，由 $\partial C/\partial Q = 0$ 可得：

$$C_1 Q - C_2 (Rt - Q) = 0$$

所以

$$Q = \frac{C_2 R t}{C_1 + C_2} \tag{9-27}$$

再由 $\partial C/\partial t = 0$ 可得：

$$-\left[C_1 \frac{Q^2}{2R} + C_2 \frac{(Rt-Q)^2}{2R} + C_3 \right] + t C_2 (Rt - Q) = 0 \tag{9-28}$$

将式(9-27)代入式(9-28)，解得最佳进货周期，从而求得最佳进货量和最小费用等如下：

$$t^* = \sqrt{\frac{2C_3(C_1+C_2)}{C_1 C_2 R}} \tag{9-29}$$

$$Q^* = \sqrt{\frac{2C_2 C_3 R}{C_1(C_1+C_2)}} \tag{9-30}$$

$$\min C^* = \sqrt{\frac{2C_1 C_2 C_3 R}{C_1+C_2}} \tag{9-31}$$

当不允许缺货时，即 $C_2 \to \infty$ 时，$\dfrac{C_2}{C_1+C_2} \to 1$

$$t^* = \sqrt{\frac{2C_3}{C_1 R}}, \quad Q^* = \sqrt{\frac{2RC_3}{C_1}}, \quad C^* = \sqrt{2C_1 C_3 R}$$

与基本 EOQ 模型 1 完全相同。

9.2.6 模型 6：价格有折扣情况下的存储模型

在以上讨论的存储模型中，经济批量都与货物单价无关。但在现实的市场经济条件下，

一般厂家都有商品的折扣政策,即当一次购货量超过一定数量时,商品价格降低,购货量愈大,商品价格愈低。在这种情况下,就有一个是按经济批量公式得到的最经济批量进行订购,还是考虑采取折扣价格的订货量的决策问题。下面借助一个实例来讲解在这种情况下的存储策略。

例 9.5 某医院药房每年需某种药品 1600 瓶,每次订购费 5 元,每瓶药每年保管费 0.10 元,每瓶单价 10 元。制药厂提出的价格折扣条件是订购 800 瓶以上时,价格为 9.8 元/瓶。

解:(1) 根据题意,$R=1600, C_1=0.1$ 元,$C_3=5$ 元。不考虑价格折扣情况下的经济批量是

$$Q^* = \sqrt{\frac{2C_3R}{C_1}} = \sqrt{2\times 6\times 1600/0.1} = 400(瓶)$$

(2) 如果无折扣价政策,该医院应当每次订购 400 瓶。这时,每年需订购 4 次。现考虑有折扣政策的情况。按厂家给的折扣价,一次采购 800 瓶时,每瓶价格为 9.8 元,那么全年购 1600 瓶可以节省 $1600\times 0.2=320$ 元,且每年只需采购 2 次,又可节省订购费 $2\times 5=10$ 元,故每年总计可以节省 $320+10=330$ 元。如果一次采购 800 瓶节省下的费用大于由于库存量增加而产生的存储费用,那么当然应当采用折扣政策。很显然,当年需求量 R、存储费 C_1 和订购费 C_3 都不变时,不同产品价格时的年总费用曲线形状是不变的,见图 9-9。因此采用折扣政策时,每次订货量应当采用该折扣区间的最低点(见图 9-9 中的 B 点)。

现计算本例采用经济批量 400 瓶/年和折扣政策批量 800 瓶/年时全年总费用。

根据总费用公式

$$TC = \frac{RC_3}{Q} + RK + \frac{C_1Q}{2}$$

计算得到 $C(400)=16040$(元/年),$C(800)=15730$(元/年)。因此每次应订购 800 瓶。

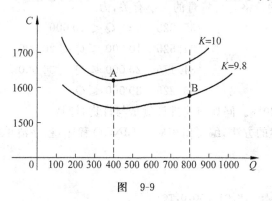

图 9-9

例 9.6 在例 9.5 中,如果 $R=900$ 瓶/年,$C_1=2$ 元/瓶·年,$C_3=100$ 元/次,折扣政策是购 1—899 瓶为 10 元/瓶;购 900 瓶以上为 9.9 元/瓶,在这种情况下,医院应采用何种存储策略?

解:在无价格折扣情况下,最佳经济订货批量 $Q^*=\sqrt{2\times 100\times 900/2}=300$(瓶)。计算可得 $C(300)=9600$(元/年),$C(900)=9900$(元/年)。由于 $C(300)<C(900)$,所以应当一次

采购 300 瓶。

以上分析可以推广到有多区间折扣价的一般情况。设折扣区间有 m 个,且随一次订货量的增加,折扣价格单调下降。现令每一个折扣区间的起点购货量为 $Q_0<Q_1<\cdots<Q_{m-1}<Q_m$,即物品的单价为

$$K(Q)=\begin{cases} K_1 & Q_0 \leqslant Q < Q_1 \\ K_2 & Q_1 \leqslant Q < Q_2 \\ \vdots \\ K_j & Q_{j-1} \leqslant Q < Q_j \\ \vdots \\ K_m & Q_{m-1} \leqslant Q < Q_m \end{cases}$$

且有 $K_1>K_2>\cdots>K_{m-1}>K_m$。

确定有价格折扣情况下的存储策略的步骤如下。

(1) 利用经济订货批量公式 $Q=\sqrt{2C_3R/C_1}$ 计算最佳经济订货批量 $\widetilde{Q}$。

(2) 当 $\widetilde{Q}$ 处于折扣价格的最高区间,即 $Q_{m-1}\leqslant\widetilde{Q}<Q_m$ 时,则订货批量 $Q^*=\widetilde{Q}$。

(3) 当 $\widetilde{Q}$ 处于某一折扣价格区(含无折扣价格区),即 $Q_{j-1}\leqslant\widetilde{Q}<Q_j$ 时,则可以求出平均总费用 $\widetilde{C}=\sqrt{2C_1C_3R}+RK_j$,并计算各折扣临界点的平均总费用

$$C_i=\frac{1}{2}C_1R\times\frac{Q_i}{R}+\frac{C_3R}{Q_i}+RK_i=\frac{1}{2}C_1Q_i+\frac{C_3R}{Q_i}+RK_i,\quad i=j,j+1,\cdots,m$$

若 $C^*=\min\{\widetilde{C},C_j,C_{j+1},\cdots,C_m\}$,则 C^* 对应的批量为最小费用的订购量 Q^*。相应地,与最小费用对应的订购周期为 $t^*=Q^*/R$。

例 9.7 某公司计划订购一种商品用于销售。该商品的年销售量为 40 000 件,每次订货费为 9000 元,商品的价格与订货量的大小有关,为

$$K(Q)=\begin{cases} 35.225 & 0 \leqslant Q < 10\ 000 \\ 34.525 & 10\ 000 \leqslant Q < 20\ 000 \\ 34.175 & 20\ 000 \leqslant Q < 30\ 000 \\ 33.825 & 30\ 000 \leqslant Q \end{cases}$$

存储费是商品价格的 20%。问如何安排订货量与订货时间?

解:按照前面讲述的方法,编写出相应的 LINGO 程序,程序清单如下:

```
MODEL:
1] sets:
2] range/1..4/: B,K,C1,EOQ,Q,TC;
3] endsets
4] data:
5] R=40000;C3=9000;RATE=0.2;
6] B=10000,20000,30000,40000;
7] K=35.225,34.525,34.175,33.825;
8] enddata
9] @for(range: C1=RATE * K;EOQ=(2 * C3 * R/C1)^0.5;);
```

```
10]   Q(1)=EOQ(1)-(EOQ(1)-B(1)+1) * (EOQ(1) #GE#B(1));
11]   @for(range(i)|i #gt#1:
12]   Q(i)=EOQ(i)+(B(i-1)-EOQ(i)) * (EOQ(i) #lt#B(i-1))
13]        -(EOQ(i)-B(i)+1) * (EOQ(i) #GE#B(i)););
14]   @for(range(i): TC(i)=0.5*C1(i)*Q(i)+C3*R/Q(i)+K(i)*R);
15]   TC_min=@min(range: TC);
16]   Q_star=@sum(range: Q*(TC #eq#TC_min));
17]   T_star=Q_star/R;
END
```

在程序中,第 6 行和第 7 行定义物品的批量订货单价,其中 B 是下断点,K 是对应的价格,即当 $B_{j-1} \leqslant Q < B_j$ 时 $K = K_j$。

第 9 行中的 EOQ 是按模型 1 中的 EOQ 公式计算出的值,其中第 10 行~第 13 行中定义的 Q 是将 EOQ 值调整到对应区间上。

第 14 行中的 TC 是对应于 Q 处的存储费用。

第 15 行中的 TC_min 是最优存储费用,第 16 行中的 Q_star 是最优订货量,第 17 行中的 T_star 是最优订货周期。

计算结果如下(保留部分结果):

```
Feasible solution found.
Total solver iterations:               0
                Variable           Value
                  TC_min         1451510
                  Q_star        10211.38
                  T_STAR       0.2552845
                  EOQ(1)        10109.41
                  EOQ(2)        10211.38
                  EOQ(3)        10263.54
                  EOQ(4)        10316.50
                    Q(1)        9999.000
                    Q(2)        10211.38
                    Q(3)        20000.00
                    Q(4)        30000.00
                   TC(1)         1480225
                   TC(2)         1451510
                   TC(3)         1453350
                   TC(4)         1466475
```

从以上的结果可以看出,在所有的 4 个平均总费用中,TC(2)=1451510 为最小,因此它所对应的订购量 EOQ(2)=10211(件)为最优订货量,即结果中的 Q_star 值;最小费用为 1 451 510 元,即结果中的 TC_min 值;最优订货周期是平均 0.255 年一次,即结果中的 T_star 值。

比较计算结果中的 EOQ 值与 Q 值,会对程序的理解有很大帮助。

作为练习，读者可以采用本节介绍的方法进行手工计算，并将结果与 LINGO 程序计算的结果进行比较。

9.2.7 模型 7：带有约束的 EOQ 模型

现在考虑多物品、带有约束的情况。设有 m 种物品，采用下列记号。

(1) R_i、Q_i、$K_i(i=1,2,\cdots,m)$ 分别表示第 i 种物品的需求速度、每次订货的批量和物品的单价。

(2) C_3 表示实施一次订货的订货费，即无论物品是否相同，订货费总是相同的。

(3) $C_{1i}(i=1,2,\cdots,m)$ 表示第 i 种产品的单位存储费。

(4) J、W_T 分别表示每次订货可占用资金和库存总容量。

(5) $w_i(i=1,2,\cdots,m)$ 表示第 i 种物品的单位库存占用。

类似于前面的推导，可以得到带有约束的多物品的 EOQ 模型。

1. 具有资金约束的 EOQ 模型

类似前面的分析，对于第 $i(i=1,2,\cdots,m)$ 种物品，当每次订货的订货量为 Q_i 时，年总平均费用为

$$TC_i = \frac{1}{2}C_{1i}Q_i + \frac{C_3 R_i}{Q_i}$$

每种物品的单价为 K_i，每次的订货量为 Q_i，则 $K_i Q_i$ 是该种物品占用的资金。因此，资金约束为

$$\sum_{i=1}^{m} K_i Q_i \leqslant J$$

具有资金约束的 EOQ 模型为

$$\min \sum_{i=1}^{m} \left(\frac{1}{2}C_{1i}Q_i + \frac{C_3 R_i}{Q_i} \right)$$

$$\text{s.t.} \sum_{i=1}^{m} K_i Q_i \leqslant J$$

$$Q_i \geqslant 0, \quad i=1,2,\cdots,m$$

(9-32)

2. 具有库容约束的 EOQ 模型

第 i 种物品的单位库存占用为 w_i，因此 $w_i Q_i$ 是该种物品的总库存占用，结合上面的分析，具有库容约束的 EOQ 模型是

$$\min \sum_{i=1}^{m} \left(\frac{1}{2}C_{1i}Q_i + \frac{C_3 R_i}{Q_i} \right)$$

$$\text{s.t.} \sum_{i=1}^{m} w_i Q_i \leqslant W_T$$

$$Q_i \geqslant 0, \quad i=1,2,\cdots,m$$

(9-33)

3. 兼有资金与库容约束的最佳批量模型

结合模型(9-32)和模型(9-33)两种模型,得到兼有资金与库容约束的最佳批量模型:

$$\min \sum_{i=1}^{m} \left(\frac{1}{2} C_{1i} Q_i + \frac{C_3 R_i}{Q_i} \right)$$

$$\text{s. t.} \sum_{i=1}^{m} K_i Q_i \leqslant J \tag{9-34}$$

$$\sum_{i=1}^{m} w_i Q_i \leqslant W_T$$

$$Q_i \geqslant 0, \quad i = 1, 2, \cdots, m$$

对于这 3 种模型,可以容易地用 LINGO 软件进行求解。

例 9.8 某公司需要 5 种物资,其供应与存储模式为确定型、周期补充、均匀消耗和不允许缺货模型。设该公司的最大库容量(W_T)为 1500m³,一次订货占用流动资金的上限(J)为 40 万元,订货费(C_3)为 1000 元。5 种物资的年需求量 R_i、物资单价 K_i、物资的存储费 C_{1i}、单位占用库容 w_i 如表 9-1 所示。试求各种物品的订货次数、订货量和总的存储费用。

表 9-1

物资 i	年需求量	单价	存储费	单位占用库容
1	600	300	60	1.0
2	900	1000	200	1.5
3	2400	500	100	0.5
4	12000	500	100	2.0
5	18000	100	20	1.0

解:设 N_i 是第 $i(i=1,2,3,4,5)$ 种物资的年订货次数,按照带有资金与库容约束的最佳批量模型(9-34),写出相应的整数规划模型:

$$\min \sum_{i=1}^{5} \left(\frac{1}{2} C_{1i} Q_i + \frac{C_3 R_i}{Q_i} \right)$$

$$\text{s. t.} \sum_{i=1}^{5} K_i Q_i \leqslant J$$

$$\sum_{i=1}^{5} w_i Q_i \leqslant W_T$$

$$N_i = R_i / Q_i, \quad i = 1, 2, \cdots, 5, \text{且为整数}$$

$$Q_i \geqslant 0, N_i \geqslant 0 \quad i = 1, 2, \cdots, 5$$

写出 LINGO 程序,清单如下:

```
MODEL:
    sets:
        kinds/1..5/: C1,R,K,w,Q,N;
    endsets
```

```
data:
    C3=1000;J=400000;WT=1500;
    R=600 900 2400 12000 18000;
    K=300 1000 500 500 100;
    C1=60 200 100 100 20;
    w=1.0 1.5 0.5 2.0 1.0;
enddata
min=@sum(kinds: 0.5*C1*Q+C3*R/Q);
@sum(kinds: K*Q)<=J;
@sum(kinds: w*Q)<=WT;
@for(kinds: N=R/Q;@gin(N));
END
```

计算结果如下(保留部分结果):

```
Local optimal solution found.
Objective value:                       142272.9
Extended solver steps:                        0
Total solver iterations:                  23829
        Variable         Value       Reduced Cost
          Q(1)         85.71376        0.000000
          Q(2)         69.23077        0.000000
          Q(3)        171.4286         0.000000
          Q(4)        300.0000         0.000000
          Q(5)        620.6897         0.000000
          N(1)          7.000000      632.6530
          N(2)         13.00000       467.4555
          N(3)         14.00000       387.7550
          N(4)         40.00000       625.0000
          N(5)         29.00000       785.9691

           Row    Slack or Surplus    Dual Price
            1        142272.9        -1.000000
            2          7271.852       0.000000
            3             4.036148    0.000000
            4            -0.4317416E-04  632.6530
            5             0.000000    467.4555
            6             0.000000    387.7550
            7             0.000000    625.0000
            8             0.000000    785.9691
```

总费用为 142 272.9 元,订货资金还余 7271.852 元,库存余 4.036 148 m^3,其余计算结果整理在表 9-2 中。

表 9-2

物资 i	订货次数	订购批量
1	7	85.71376
2	13	69.23077
3	14	171.4286
4	40	300.0000
5	29	620.6897

上述计算采用整数规划,如果不计算年订货次数,而只有年订货周期,则不需要整数约束。由于整数规划的计算较慢,因此,在有可能的情况下,应尽量避免求解整数规划问题。

9.2.8 模型 8：带有约束允许缺货存储模型

类似于不允许缺货情况的讨论,对于允许缺货模型,也可以考虑多种类、带有资金和库容约束的数学模型。设 S_i、C_{2i} 分别为第 i 种物品的最大缺货量、缺货损失单价,其他符号的意义不变。由于 Q_i 是第 i 种物品的最大订货量,则 K_iQ_i 是第 i 种物品占用资金数,Q_i-S_i 是第 i 种物品的最大存储量(占用库存数),因为 S_i 部分偿还缺货,已不用存储了。因此,带有资金和库容约束允许缺货的数学模型如下：

$$\min \sum_{i=1}^{m}\left(\frac{C_{1i}(Q_i-S_i)^2}{2Q_i}+\frac{C_3 R_i}{Q_i}+\frac{C_{2i}S_i^2}{2Q_i}\right)$$

$$\text{s.t.} \sum_{i=1}^{m} K_i Q_i \leqslant J$$

$$\sum_{i=1}^{m} w_i(Q_i-S_i) \leqslant W_T$$

$$Q_i \geqslant 0, \quad i=1,2,\cdots,m$$

(9-35)

例 9.9 （继例 9.8）假设缺货损失费(C_{2i})是物品的存储费(C_{1i})的 2 倍,其他参数不变,试求出各种物品的订货次数、订货量和总的存储费用。

解：设 N_i 是第 i 物品的年订货次数,按照模型(9-35),写出相应的整数规划模型：

$$\min \sum_{i=1}^{5}\left(\frac{C_{1i}(Q_i-S_i)^2}{2Q_i}+\frac{C_3 R_i}{Q_i}+\frac{C_{2i}S_i^2}{2Q_i}\right)$$

$$\text{s.t.} \sum_{i=1}^{5} K_i Q_i \leqslant J$$

$$\sum_{i=1}^{5} w_i(Q_i-S_i) \leqslant W_T$$

$$N_i=R_i/Q_i, \quad i=1,2,\cdots,5,\text{且为整数}$$

$$Q_i \geqslant 0, N_i \geqslant 0 \quad i=1,2,\cdots,5$$

写出 LINGO 程序,清单如下：

```
MODEL:
    sets:
```

```
        kinds/1..5/: C1,R,K,w,C2,Q,S,N;
    endsets
    data:
        C3=1000;
        R=600,900,2400,12000,18000;
        K=300,1000,500,500,100;
        C1=60,200,100,100,20;
        C2=120,400,200,200,40;
        w=1,1.5,0.5,2,1;
        J=400000;      WT=1500;
    enddata
    min=@sum(kinds: 0.5*C1*(Q-S)^2/Q+C3*R/Q+0.5*C2*S^2/Q);
    @sum(kinds: K*Q)<=J;
    @sum(kinds: w*(Q-S))<=WT;
    @for(kinds: N=R/Q;@gin(N));
END
```

得到计算结果(保留部分结果):

```
Local optimal solution found.
Objective value:                    124660.8
Extended solver steps:                    10
Total solver iterations:               22353
        Variable        Value       Reduced Cost
          Q(1)        85.71429         0.000000
          Q(2)        60.00000         0.000000
          Q(3)       141.1765          0.000000
          Q(4)       315.7895          0.000000
          Q(5)       857.1429          0.000000
          S(1)        28.57143         0.000000
          S(2)        20.00000         0.5087600E-08
          S(3)        47.05882         0.1481254E-08
          S(4)       105.2632          0.1388727E-08
          S(5)       285.7143          0.000000
          N(1)         7.000000      755.1020
          N(2)        15.00000       733.3333
          N(3)        17.00000       723.1834
          N(4)        38.00000       722.9917
          N(5)        21.00000       727.8911

          Row      Slack or Surplus    Dual Price
           1          124660.8         -1.000000
           2           88.45644         0.000000
           3          343.3171          0.000000
           4            0.000000      755.1020
```

	5	0.000000	733.3333
	6	0.000000	723.1834
	7	0.000000	722.9917
	8	0.000000	727.8911

即总费用为 124 660.8，订货资金还余 88.456 44 元，库存余 343.3171m³，其余结果见表 9-3。

表 9-3

物资 i	订货次数	订购批量	最大缺货量
1	7	85.714 29	28.571 43
2	15	60.000 00	20.000 00
3	17	141.1765	47.058 82
4	38	315.7895	105.2632
5	21	857.1429	285.7143

*9.3 随机存储模型

随机存储模型的特点是需求为随机的，其概率或分布是已知的。在此情况下，9.2 节中所介绍的模型就不能适用了。如商店对某种商品进货 1000 件，可能在一个月内售完，也可能在两个月后还有剩余。如果商店既不想因缺货而失去销售机会，又不想因滞销而过多地积压资金，这时必须采用新的存储策略。可供选择的策略如下。

(1) 定期订货，但订货数量需根据上一周期末剩下货物的数量决定订购量。

(2) 定点订货，存储降到某一确定的数量时即订货，不再考虑间隔的时间。

(3) 把定期订货与定点订货综合起来，隔一定时间检查一次存储，如果存储数量高于某一数值 s，则不订货。小于 s 时则订货补充存储，订货量要使存储量达到 S，此策略简称为 (s, S) 存储策略。

此外，与确定性模型不同的特点还有，不允许缺货的条件只能从概率的意义方面理解，存储策略的优劣通常以盈利的期望值的大小作为衡量标准。

下面以一种最简单的情况来说明解决随机存储问题的思路与方法。

例 9.10 报童问题。

报童一天售报的数量是一个随机变量。设每售 1 千张报可获利 7 元，如果当天未能卖出，每 1 千张要赔 4 元。根据以前的经验，每天售出报纸数量为 r 的概率如表 9-4 所示。

表 9-4

需求量 r(千张)	0	1	2	3	4	5
概率 $P(r)\left(\sum_{r=0}^{5}P(r)=1\right)$	0.05	0.10	0.25	0.35	0.15	0.10

问报童每天应进多少报纸才能使自己所获得的利润最大？

解：报童问题是需求为随机离散的，货物不能存储的随机存储问题的经典例题。

先以实际计算来研究一下如何求解此类问题。假定该报童每天订购 5 千张,则
(1) 当市场需求为 0 时,获利 $(-4) \times 5 = -20$(元)。
(2) 当市场需求为 1 千张时,获利 $1 \times 7 - 4 \times 4 = -9$(元)。
(3) 当市场需求为 2 千张时,获利 $2 \times 7 - 3 \times 4 = 2$(元)。
(4) 当市场需求为 3 千张时,获利 $3 \times 7 - 2 \times 4 = 13$(元)。
(5) 当市场需求为 4 千张时,获利 $4 \times 7 - 1 \times 4 = 24$(元)。
(6) 当市场需求为 5 千张时,获利 $5 \times 7 - 0 \times 4 = 35$(元)。

根据每天售出报纸数量的概率分布,可计算出报童订购 5 千张报时,每天获利的期望值。

$$E[C(5)] = (-20) \times 0.05 + (-9) \times 0.10 + 2 \times 0.25 + 13 \times 0.35 + 24 \times 0.15 + 35 \times 0.10$$
$$= 10.25$$

相同的算法可计算出报童每天订购不同数量报纸时可以获利的期望值见表 9-5。

表 9-5

损失 订货量 Q(千)	r(千) $P(r)$	0 0.05	1 0.10	2 0.25	3 0.35	4 0.15	5 0.10	利润期望值
0		0	0	0	0	0	0	0
1		−4	7	7	7	7	7	6.45
2		−8	3	14	14	14	14	11.80
3		−12	−1	10	21	21	21	14.40*
4		−16	−5	6	17	28	28	13.15
5		−20	−9	2	13	24	25	10.25

从表 9-5 可知,报童每天订购 3 千张获利的期望值最大,为 14.40 元。

对于报童问题还可以用下面的方法去求解,其结果也是相同的。

本例还可以从相反的角度来考虑求解。假设订货量为 Q,当供过于求时,发生报纸卖不出去的滞销损失;当供不应求时,发生失去销售机会的缺货损失。把这两种损失加起来得到某一订货量的总损失,那么总损失期望值最小的订货量 Q 就是最佳订货量。例如,$Q=4$ 千张时:

(1) 当市场需求为 0 时,滞销损失为 $(-4) \times 4 = -16$(元)。
(2) 当市场需求为 1 千张时,滞销损失为 $(-3) \times 4 = -12$(元)。
(3) 当市场需求为 2 千张时,滞销损失为 $(-2) \times 4 = -8$(元)。
(4) 当市场需求为 3 千张时,滞销损失为 $(-1) \times 4 = -4$(元)。
(5) 当市场需求为 4 千张时,滞销损失为 0 元。
(6) 当市场需求为 5 千张时,缺货损失为 $(-7) \times 1 = -7$(元)。

总的损失期望值是

$$(-16) \times 0.05 + (-12) \times 0.10 + (-8) \times 0.25 + (-4) \times 0.35$$
$$+ 0 \times 0.15 + (-7) \times 0.10 = -6.1(元)$$

按此算法,可以计算出不同订货量时,滞销和缺货损失的期望值,如表 9-6 所示。

表 9-6

损失 \ r(千)	0	1	2	3	4	5	损失期望值
订货量 Q(千) \ P(r)	0.05	0.10	0.25	0.35	0.15	0.10	
0	0	−7	−14	−21	−28	−35	−19.35
1	−4	0	−7	−14	−21	−28	−12.8
2	−8	−4	0	−7	−14	−21	−7.45
3	−12	−8	−4	0	−7	−14	−4.85*
4	−16	−12	−8	−4	0	−7	−6.1
5	−20	−16	−12	−8	−4	0	−9

从表 9-6 可知,报童每天订购 3 千张的损失期望值最小。因此应订货 3 千张,这与第一种计算方法所得到的结论相同。

9.3.1 模型 1：需求是离散的单周期随机存储模型

下面将按照以上例题的求解思路,考虑需求是随机离散的一般存储模型。

设产品需求量 r 是离散型随机变量,根据历史资料统计,其概率分布为 $P(r)$。产品进货量 Q 也是离散变量。

设单位进货过量造成的滞销损失为 h,进货不足造成的缺货损失为 k。下面计算总损失的期望值。

(1) 当供大于求,即 $r<Q$ 时,滞销损失的期望值是

$$\sum_{r=0}^{Q} h(Q-r)P(r)$$

(2) 当供不应求,即 $r>Q$ 时,缺货损失的期望值为

$$\sum_{r=Q+1}^{\infty} k(r-Q)P(r)$$

(3) 总损失期望值为

$$C(Q) = h\sum_{r=0}^{Q}(Q-r)P(r) + k\sum_{r=Q+1}^{\infty}(r-Q)P(r) \tag{9-36}$$

要从式(9-36)中决定 Q 的值,使 $C(Q)$ 最小。

由于报童订购报纸的份数只能取整数,r 是离散变量,所以不能用求导数的方法求极值。为此,设报童每日订购报纸份数最佳量为 Q,其损失期望值应有

① $C(Q) \leqslant C(Q+1)$,即

$$h\sum_{r=0}^{Q}(Q-r)P(r) + k\sum_{r=Q+1}^{\infty}(r-Q)P(r) \leqslant h\sum_{r=0}^{Q+1}(Q+1-r)P(r) + k\sum_{r=Q+2}^{\infty}(r-Q-1)P(r)$$

经化简后得

$$(k+h)\sum_{r=0}^{Q}P(r) - k \geqslant 0$$

即

$$\sum_{r=0}^{Q} P(r) \geqslant \frac{k}{k+h} \qquad (9\text{-}37)$$

② $C(Q) \leqslant C(Q-1)$,即

$$h\sum_{r=0}^{Q}(Q-r)P(r) + k\sum_{r=Q+1}^{\infty}(r-Q)P(r) \leqslant h\sum_{r=0}^{Q-1}(Q-1-r)P(r) + k\sum_{r=Q}^{\infty}(r-Q+1)P(r)$$

经化简后得

$$(k+h)\sum_{r=0}^{Q-1} P(r) - k \leqslant 0$$

即

$$\sum_{r=0}^{Q-1} P(r) \leqslant \frac{k}{k+h} \qquad (9\text{-}38)$$

综合考虑式(9-37)和式(9-38)可得,报童应准备的报纸最佳数量 Q 应按下列不等式确定:

$$\sum_{r=0}^{Q-1} P(r) < \frac{k}{k+h} \leqslant \sum_{r=0}^{Q} P(r) \qquad (9\text{-}39)$$

若从盈利最大来考虑报童应准备的报纸数量,最后的结果同上。

对于例 9.10,$k=7$,$h=4$,所以 $\frac{k}{k+h} = \frac{7}{11} \approx 0.637$。由 $P(0) = 0.05$、$P(1) = 0.10$、$P(2) = 0.25$ 和 $P(3) = 0.35$ 可得:

$$\sum_{r=0}^{2} P(r) = 0.40 < 0.64 < \sum_{r=0}^{3} P(r) = 0.75$$

故最佳进货量为每天 3 千张。

例 9.11 某商店拟出售某商品,每单位商品成本为 50 元,售价 70 元。如不能售出必须减价为 40 元,减价后一定可以售出。已知售货量 r 的概率服从泊松分布

$$P(r) = \frac{e^{-\lambda}\lambda^r}{r!} \quad (\lambda \text{ 为平均售出数})$$

根据以往经验,平均售出数为 6 单位(即 $\lambda=6$)。问该商店订购量应为多少单位?

解:依题意有,该商店单位缺货损失为 $k=70-50=20$,滞销损失为 $h=50-40=10$,因此 $\frac{k}{k+h} = \frac{20}{30} \approx 0.6667$。记

$$F(Q) = \sum_{r=0}^{Q} P(r) = \sum_{r=0}^{Q} \frac{e^{-\lambda}\lambda^r}{r!}$$

通过查统计表可得,$F(6)=0.6063$,$F(7)=0.7440$。由于

$$F(6) = 0.6063 < \frac{k}{k+h} = 0.6667 < F(7) = 0.7440$$

所以最佳订货量应为 7 单位,此时损失的期望值最小。

9.3.2 模型 2:需求是连续的单周期随机存储模型

基本假设:

(1) 在整个需求期内只订购一次货物,订购量为 Q;

(2) 订购费和初始库存量均为 0,货物单价(成本价)为 K;

(3) 需求量 r 为一个连续的随机变量,且 r 的概率密度为 $\phi(r)$,当货物出售时,每单位货物的售价为 P;

(4) 需求期结束时,没有卖出的货物不存储而是折价卖出,单位价格为 V。

单周期随机存储模型的问题是求订货量 Q 为多少时,使得总利润最大。

当需求量 $r=x$ 时,货物的出售量取决于货物的订购量 Q 和需求量 x,即

$$出售量 = \begin{cases} x, & x \leqslant Q \\ Q, & x > Q \end{cases}$$

因此,产生的利润为

$$G(Q) = \begin{cases} Px + V(Q-x) - KQ, & x \leqslant Q \\ PQ - KQ, & x > Q \end{cases} \tag{9-40}$$

这样,一个周期的总利润应该是 $G(Q)$ 的期望值,即

$$E[G(Q)] = \int_0^Q (Px + V(Q-x) - KQ)\phi(x)\mathrm{d}x + \int_Q^{+\infty} (PQ - KQ)\phi(x)\mathrm{d}x$$

化简后得

$$E[G(Q)] = (P-K)Q - (P-V)\int_0^Q (Q-x)\phi(x)\mathrm{d}x \tag{9-41}$$

为了求极大值,对式(9-41)两端关于 Q 求导数,得到

$$\frac{\mathrm{d}E[G(Q)]}{\mathrm{d}Q} = (P-K) - (P-V)\int_0^Q \phi(x)\mathrm{d}x \tag{9-42}$$

由于

$$\frac{\mathrm{d}^2 E[G(Q)]}{\mathrm{d}Q^2} = -(P-V)\phi(Q) < 0$$

所以,使得 $\frac{\mathrm{d}E[G(Q)]}{\mathrm{d}Q} = 0$ 的 Q,即满足方程

$$\int_0^Q \phi(x)\mathrm{d}x = \frac{P-K}{P-V} \tag{9-43}$$

的 Q 一定是 $E[G(Q)]$ 的极大值点。

对于货物的售价 P、成本价 K 和折扣价 V,应满足 $P>K>V$。令 $k=P-K$ 是货物出售后的利润,同时表示货物不足时,由于缺货造成的损失,另 $h=P-V$ 是货物折扣出售的损失,则式(9-43)也可写成

$$\int_0^Q \phi(x)\mathrm{d}x = \frac{P-K}{P-K+K-V} = \frac{k}{k+h} \tag{9-44}$$

为了进一步理解式(9-41)(期望总利润)的意义,将该式改写为

$$E[G(Q)] = (P-K)Q - (P-V)(Q-\mu) - (P-V)\int_Q^{+\infty} (x-Q)\phi(x)\mathrm{d}x$$

$$= P\mu - KQ + V(Q-\mu) - (P-V)\int_Q^{+\infty} (x-Q)\phi(x)\mathrm{d}x$$

$$= k\mu - h(Q-\mu) - (k+h)\int_Q^{+\infty} (x-Q)\phi(x)\mathrm{d}x \tag{9-45}$$

其中，$\mu = \int_0^{+\infty} x\phi(x)\mathrm{d}x$ 为需求 r 的数学期望，在式(9-45)中，积分 $\int_Q^{+\infty}(x-Q)\phi(x)\mathrm{d}x$ 相当于 $x>Q$ 时的损失，即式(9-45)可以理解为

总利润期望值＝总收入期望值－成本＋折扣收入期望值－缺货损失期望值

例 9.12（报童问题） 某报亭平均每天出售报纸 500 份，出售报纸的数量与来往的人流有关，假设服从泊松(Poisson)分布，每卖出一份报纸能盈利 0.15 元。如果卖不出去，每份报纸亏损 0.40 元。问该报亭应如何安排报纸的订购量才能使得每天的利润最大？

解：利用式(9-44)计算出 Q，再利用式(9-45)计算出期望总利润。

对于泊松分布，式(9-44)中的积分 $\int_0^Q \phi(x)\mathrm{d}x$ 可由 LINGO 中的函数 @pps() 计算。@pps(μ,Q) 是均值为 μ 的泊松分布函数，即

$$@\mathrm{pps}(\mu,Q) = \sum_{x=1}^{Q} \frac{\mu^x}{x!}e^{-\mu}$$

若 Q 不是整数，该函数采用线性插值计算。

式(9-45)中的积分 $\int_Q^{+\infty}(x-Q)\phi(x)\mathrm{d}x$ 可由函数 @ppl() 计算，@ppl(μ,Q) 表示泊松分布的线性损失函数，即

$$@\mathrm{ppl}(\mu,Q) = \sum_{x=Q+1}^{+\infty} \frac{(x-Q)\mu^x}{x!}e^{-\mu}$$

根据题意，$\mu=500$、$k=0.15$、$h=0.40$，写出相应的 LINGO 程序如下：

```
MODEL:
    data:
    mu=500; k=0.15; h=0.40;
    enddata
    @pps(mu,Q)=k/(k+h);
    E_G=k*mu-h*(Q-mu)-(k+h)*@ppl(mu,Q);
END
```

计算结果：

```
Feasible solution found.
Total solver iterations:              0
         Variable           Value
               mu        500.0000
                k       0.1500000
                h       0.4000000
                Q        485.8747
              E_G        70.93096
```

由计算结果可以看出，该报亭每天报纸的最佳订货量为 486 份，每天平均盈利 70.93 元。

例 9.13 某食品店内每天对面包的需求服从 $\mu=300, \sigma=50$ 的正态分布。已知每个面包的售价为 1.50 元，成本为 0.90 元，对当天未售出的面包处理价为每个 0.60 元。问该店每天应生产多少面包才能使得每天的预期利润最大？

解：对于正态分布，LINGO 只提供了标准正态分布函数@psn(Z)和标准正态线性的损失函数@psl(Z)，即

$$@\mathrm{psn}(Z) = \Phi(Z) = \frac{1}{\sqrt{2\pi}} \int_{-\infty}^{Z} e^{-\tau^2/2} \mathrm{d}\tau$$

$$@\mathrm{psl}(Z) = \frac{1}{\sqrt{2\pi}} \int_{Z}^{+\infty} (\tau - Z) e^{-\tau^2/2} \mathrm{d}\tau$$

因此，如果要用这两个函数计算式(9-44)和式(9-45)两个式子中的积分

$$\frac{1}{\sqrt{2\pi}\sigma} \int_{-\infty}^{Q} e^{-\frac{(x-\mu)^2}{2\sigma^2}} \mathrm{d}x \quad \text{和} \quad \frac{1}{\sqrt{2\pi}\sigma} \int_{Q}^{+\infty} (x-Q) e^{-\frac{(x-\mu)^2}{2\sigma^2}} \mathrm{d}x$$

需要做变换 $\tau = \frac{x-\mu}{\sigma}$，即

$$\frac{1}{\sqrt{2\pi}\sigma} \int_{-\infty}^{Q} e^{-\frac{(x-\mu)^2}{2\sigma^2}} \mathrm{d}x = \frac{1}{\sqrt{2\pi}} \int_{-\infty}^{Z} e^{-\tau^2/2} \mathrm{d}\tau = @\mathrm{psn}(Z)$$

$$\frac{1}{\sqrt{2\pi}\sigma} \int_{Q}^{+\infty} (x-Q) e^{-\frac{(x-\mu)^2}{2\sigma^2}} \mathrm{d}x = \frac{\sigma}{\sqrt{2\pi}} \int_{Z}^{+\infty} (\tau - Z) e^{-\tau^2/2} \mathrm{d}\tau = \sigma @\mathrm{psl}(Z)$$

其中，$Z = \frac{Q-\mu}{\sigma}$。

根据题意，$\mu=300, \sigma=50, P=1.50, K=0.90, V=0.60$，写出相应的 LINGO 程序如下：

```
MODEL:
    data:
    mu=300;sigma=50;
    P=1.50;K=0.90;V=0.60;
    enddata
    @psn(Z)=(P-K)/(P-V);
    Z=(Q-mu)/sigma;
    @free(Z);
    E_G=P*mu-K*Q+V*(Q-mu)-(P-V)*sigma*@psl(Z);
END
```

计算结果如下：

```
Feasible solution found.
Total solver iterations:              0
        Variable           Value
              mu        300.0000
           sigma        50.00000
               P        1.500000
               K        0.9000000
               V        0.6000000
               Z        0.4307274
               Q        321.5364
             E_G        163.6380
```

由输出的结果可以看出,每天生产面包 322 个可以使总利润达到最大,预期的最大利润为 163 元。

以上讨论了需求期结束时没有卖出的货物不存储而是折价出售的情形。下面来考虑以下情况:如果需求期结束时,未售出的货物不是折价出售而是存储,假设单位存储费为 C_1;其他假设条件与前面的基本假设相同。

按照前面的推导方法,可以得到以下结论:

满足方程

$$\int_0^Q \phi(x) \mathrm{d}x = \frac{P-K}{C_1+P} \tag{9-46}$$

的 Q 一定是使得总利润最大(损失期望值最小)的最佳订货量。

总利润期望值为

$$E[G(Q)] = P\mu - KQ - P\int_Q^{+\infty}(x-Q)\phi(x)\mathrm{d}x - \int_0^Q C_1(Q-x)\phi(x)\mathrm{d}x \tag{9-47}$$

其中,$\mu = E(r) = \int_0^{+\infty} x\phi(x)\mathrm{d}x$ 为需求 r 的数学期望。

若 $P-K \leqslant 0$,由于 $\int_0^Q \phi(x)\mathrm{d}x \geqslant 0$,显然式(9-46)不成立,此时 $Q^* = 0$,即售价低于成本时,不需要订货(或生产)。

式(9-47)中只考虑了失去销售机会的损失,如果缺货时要付出的费用 $C_2 > P$ 时,应有

$$E[G(Q)] = P\mu - KQ - C_2\int_Q^{+\infty}(x-Q)\phi(x)\mathrm{d}x - C_1\int_0^Q(Q-x)\phi(x)\mathrm{d}x \tag{9-48}$$

按上述推导可知,使得期望总利润最大(或损失期望值最小)的最佳订货量为满足方程

$$\int_0^Q \phi(x)\mathrm{d}x = \frac{C_2-K}{C_2+C_1} \tag{9-49}$$

的 Q 值。

9.3.3 模型 3:需求为连续型随机变量的 (s,S) 型存储模型

以上的模型 1 和模型 2 都是只解决单周期(阶段)的存储问题。从一般情况来考虑,上一阶段未售出的货物可以在第二个周期(阶段)继续出售。假设上一周期(阶段)未能售出的货物数量为 I,作为本周期(阶段)期初的存储。

假设货物的单位成本为 K,单位存储费为 C_1,单位缺货费为 C_2,每次订购费为 C_3,需求 r 是连续的随机变量,密度函数为 $\phi(r)$,期初存储 I 在本阶段中为常量,订货量为 Q,则期初存储达到 $S=I+Q$。

(1) 本阶段需订货费为 C_3+KQ。

(2) 本阶段需支付存储费用的期望值为

$$\int_0^{I+Q=S} C_1(S-r)\phi(r)\mathrm{d}r$$

(3) 需支付缺货费用的期望值为

$$\int_{S=I+Q}^{+\infty} C_2(r-S)\phi(r)\mathrm{d}r$$

综上,本阶段需支付的订货费及存储费、缺货费期望值之和为

$$C(I+Q) = C(S) = C_3 + K(S-I) + \int_0^S C_1(S-r)\phi(r)\mathrm{d}r + \int_S^{+\infty} C_2(r-S)\phi(r)\mathrm{d}r$$

由于 Q 可以连续取值,所以函数 $C(S)$ 是 S 的连续函数,因此

$$\begin{aligned}\frac{\mathrm{d}C(S)}{\mathrm{d}S} &= K + C_1\int_0^S \phi(r)\mathrm{d}r - C_2\int_S^{+\infty}\phi(r)\mathrm{d}r\\ &= K + C_1\int_0^S \phi(r)\mathrm{d}r - C_2\left[\left(\int_0^S \phi(r)\mathrm{d}r + \int_S^{+\infty}\phi(r)\mathrm{d}r\right) - \int_0^S \phi(r)\mathrm{d}r\right]\\ &= (K-C_2) + (C_1+C_2)\int_0^S \phi(r)\mathrm{d}r\end{aligned}$$

令 $\dfrac{\mathrm{d}C(S)}{\mathrm{d}S}=0$,则有

$$\int_0^S \phi(x)\mathrm{d}x = \frac{C_2 - K}{C_1 + C_2} \tag{9-50}$$

为了得到本阶段的存储策略,由式(9-50)确定 S^* 的值,订货量 $Q^* = S^* - I$。称 $N = \dfrac{C_2 - K}{C_1 + C_2}$ 为临界值。

本模型中有订购费 C_3,如果本阶段不订货可以节省订购费 C_3,因此设想是否存在一个数值 $s(\leqslant S)$ 使下面不等式能成立。

$$Ks + C_1\int_0^s (s-r)\phi(r)\mathrm{d}r + C_2\int_s^{+\infty}(r-s)\phi(r)\mathrm{d}r$$
$$\leqslant C_3 + KS + C_1\int_0^S (S-r)\phi(r)\mathrm{d}r + C_2\int_S^{+\infty}(r-S)\phi(r)\mathrm{d}r$$

当 $s = S$ 时,以上不等式显然成立。当 $s < S$ 时,不等式右端存储费用期望值大于左端存储费用期望值,右端缺货费用期望值小于左端缺货费用期望值,一增一减后仍然使不等式成立的可能性是存在的。如有不止一个 s 的值使得下列不等式成立,则选其中最小者作为本模型 (s, S) 存储策略的 s。

$$C_3 + K(S-s) + C_1\left[\int_0^S (S-r)\phi(r)\mathrm{d}r - \int_0^s (s-r)\phi(r)\mathrm{d}r\right]$$
$$+ C_2\left[\int_S^{+\infty}(r-S)\phi(r)\mathrm{d}r - \int_s^{+\infty}(r-s)\phi(r)\mathrm{d}r\right] \geqslant 0$$

相应的存储策略是:每阶段初期检查存储量,当库存 $I < s$ 时,需订购数量为 Q 的货物,$Q = S - I$;当库存 $I \geqslant s$ 时,本阶段不订货。

这种存储策略是定期订货但订货量不确定,订货数量的多少视期末库存 I 来决定订货量 Q,$Q = S - I$。对于不易清点数量的存储,人们常把存储分两堆存放,一堆的数量为 s,其余的另放一堆。平时从另放的一堆中取用,当动用了数量为 s 的那一堆时,期末即订货。如果未动用 s 的一堆时,期末即可不订货,俗称两堆法。

例 9.14 某市石油公司下设几个售油站。石油存放在郊区大型油库里,需要时用汽车将油送至各售油站。该公司希望确定一种补充存储的策略以确定应存储的油量。该公司经营石油品种较多,其中销售量较多的一种是柴油。因之希望先确定柴油的存储策略。经调查后知每月柴油出售量服从指数分布,平均销售量每月为 100 万升。其密度为

$$f(r) = \begin{cases} 0.000\,001 \times e^{-0.000\,001 \times r}, & r \geqslant 0 \\ 0, & r < 0 \end{cases}$$

柴油每升 2 元,不需要订购费。由于油库归该公司管辖,油池灌满与未灌满时的管理费用实际上没有多少差别,故可以认为存储费用为 0。如缺货就从邻市调用,缺货费 3 元/升。求柴油的存储策略。

解:由题意知,$C_1=0, C_3=0, K=2, C_2=3$,计算临界值得 $N=0.333$。

由于需求密度是连续函数,所以需要用积分求出 S^* 的值。由 $\int_0^{S^*} f(r)\mathrm{d}r = N$ 可得 $e^{-0.000\,001 \times S} = 0.667$,两端取对数,得到 $S^* = 405\,000\mathrm{L}$。

利用

$$Ks + C_1 \int_0^s (s-r)\phi(r)\mathrm{d}r + C_2 \int_s^{+\infty} (r-s)\phi(r)\mathrm{d}r$$
$$\leqslant C_3 + KS + C_1 \int_0^S (S-r)\phi(r)\mathrm{d}r + C_2 \int_S^{+\infty} (r-S)\phi(r)\mathrm{d}r$$

将 $S^* = 405\,000$ 代入,整理后有

$$2s + \int_{S^*}^{+\infty} 3(r-s)f(r)\mathrm{d}r \leqslant 2S^* + \int_{S^*}^{+\infty} 3(r-S^*)f(r)\mathrm{d}r$$

由观察可知,以上不等式有唯一解 $s=S^* = 405\,000\mathrm{L}$。所以,当库存柴油下降到 $405\,000\mathrm{L}$ 以下时就应该订购,使库存达到 $405\,000\mathrm{L}$。为什么会出现 $s=S^*$ 呢?原因在于订购费为零,可以频繁订货,又因为存储费也为零,所以存储多一些也不会增加费用。

9.3.4 模型 4:需求为离散型随机变量的 (s, S) 型存储模型

假设期初库存量为 I,需求量 r 是离散的随机变量,分布律为 $P(r)$,可能的取值为 r_1、$r_2, \cdots, r_n$(其中,$r_i \leqslant r_{i+1}, i=1,2,\cdots,n-1$)。在本阶段开始就要确定本阶段是否订货,设 s 是订货点,若 $I>s$ 则不订货,若 $I \leqslant s$ 则需要订货,并将库存量补充到 S。订购量为 $Q=S-I$。

设 K 为货物单价,C_1、C_2、C_3 分别为本阶段的单位存储费、单位缺货损失费及订货手续费,需求和订货都发生在期初,库存补充过程极短。目的是选择 s、S,使得总费用的期望值最小。

当 $I>s$ 时,不订货,存储费用与缺货损失费的期望值为

$$C(s,S) = C_1 \sum_{r \leqslant I} (I-r)P(r) + C_2 \sum_{r>I} (r-I)P(r) \tag{9-51}$$

当 $I \leqslant s$ 时,通过订货将库存量由 I 补充到 S,此时的总费用期望值为

$$C(s,S) = C_3 + K(S-I) + C_1 \sum_{r \leqslant S} (S-r)P(r) + C_2 \sum_{r>S} (r-S)P(r) \tag{9-52}$$

下面先求 S。

需求量 r 是 r_1、r_2、$\cdots$、r_n 中的一个,从不产生库存的角度出发,S 的取值也应是 r_1、r_2、$\cdots$、r_n 中的一个。不妨令 $S_i = r_i$,寻找使式(9-52)取最小值的 S_i。为方便起见,记 $C(S_i) = C(s, S_i)$,则 S_i 应满足

$$C(S_i) \leqslant C(S_{i-1}) \tag{9-53}$$

$$C(S_i) \leqslant C(S_{i+1}) \tag{9-54}$$

将式(9-53)和式(9-54)分别详细写出来并化简整理后,有

$$\sum_{r \leqslant S_{i-1}} P(r) \leqslant \frac{C_2 - K}{C_1 + C_2} \leqslant \sum_{r \leqslant S_i} P(r) \tag{9-55}$$

取满足式(9-55)的 S_i,令 $S^* = S_i$,本阶段订货量则为 $Q^* = S^* - I$,称 $N = \dfrac{C_2 - K}{C_1 + C_2}$ 为临界值。

现在确定订货点 s。

得到 S^* 之后,先计算

$$\hat{C}(S^*) = C_3 + KS^* + C_1 \sum_{r \leqslant S^*}(S^* - r)P(r) + C_2 \sum_{r > S^*}(r - S^*)P(r)$$

令 s 分别取 r_1、r_2、…、r_n,按由小到大的顺序计算

$$\overline{C}(s) = Ks + C_1 \sum_{r \leqslant s}(s - r)P(r) + C_2 \sum_{r > s}(r - s)P(r) \tag{9-56}$$

第一个使得

$$\overline{C}(s) \leqslant \hat{C}(S^*) \tag{9-57}$$

成立的 r_i 即为最佳的订货点 s^*。

例 9.15 设某公司利用塑料做原料制成产品出售。已知每箱塑料购价为 $K=800$ 元,订购费为 $C_3=60$ 元,存储费每箱 $C_1=40$ 元,缺货费 $C_2=1015$ 元,原有存储量 $I=10$ 箱。已知对原料需求的概率 $P(r=30\text{ 箱})=0.20$,$P(r=40\text{ 箱})=0.20$,$P(r=50\text{ 箱})=0.40$,$P(r=60\text{ 箱})=0.20$。求该公司的最佳订购策略。

解:计算临界值

$$N = (C_2 - K)/(C_1 + C_2) = (1015 - 800)/(1015 + 40) \approx 0.204$$

由于 $P(30)=0.20$,$P(30)+P(40)=0.4$,因此有 $P(30) < N < P(30)+P(40)$。根据式(9-55)可得,$S^*=40$。

因此,最佳订货量为

$$Q^* = S^* - I = 40 - 10 = 30(\text{箱})$$

下面,计算最佳订货点 s^* 的值。

由于 $S^*=40$,因此

$$\hat{C}(40) = C_3 + KS^* + C_1 \sum_{r \leqslant S^*}(S^* - r)P(r) + C_2 \sum_{r > S^*}(r - S^*)P(r) = 40\,260$$

取 $s=r_1=30$,计算得

$$\overline{C}(s=30) = 800 \times 30 + 40 \times [(30-30) \times 0.2]$$
$$+ 1015 \times [(40-30) \times 0.2 + (50-30) \times 0.4 + (60-30) \times 0.2]$$
$$= 40\,240$$

从上面的两个值可以看出,取 $s=r_1=30$ 时,式(9-57)成立,因此 $s^*=30$ 箱。

综上,该公司的最佳存储策略为:每个阶段开始时检查存储量 I,当 $I > 30$ 箱时不必补充货物,当存储量不足 30 箱时,则需要将存储量补充到 40 箱。

练 习 题

9.1 某建筑公司每天需要某种标号的水泥 100t。设该公司每次向水泥厂订购需支付订购费 100 元,每吨水泥在该公司仓库内每放一天需支付 0.08 元的存储保管费。若不允许缺货,且一订货就可以提货。

(1) 求经济订货批量模型的最佳订货量、订货周期和最小费用。

(2) 如果允许缺货,短缺的损失费为 5 元/(吨·天),求最佳订货量、订货周期、最小费用和最大允许缺货量。

9.2 某工厂生产的一种产品需要某种零件,该零件需要靠订货得到。为此,该工厂考虑如下费用结构:批量订货的订货费为 600 元/次;零件的单位成本为 20 元/件;零件的存储费用为 0.6 元/(件·月);零件的缺货损失为 1.0 元/(件·月)。假设该零件每月的需求量为 1000 件。

(1) 若不允许缺货,试求该厂全年应分几批订货,各订多少货才能使费用最小?

(2) 当允许缺货时,若缺货损失费为每年每件为 12 元,求该工厂的年最佳订货存储策略及费用。

9.3 某军工企业有一条生产线,若全部用于某型号军用产品生产时,其年生产能力为 600 万件。据预测,对该型号产品的年需求量为 26 万件,并在全年内需求量基本保持平衡。因此,为了产生更多的效益,该生产线也可用于多种民用产品的生产。已知在生产线上更换一种产品时,需设备准备费 1350 元,该产品每件成本为 45 元,年存储费用为产品成本的 24%,不允许发生供货短缺。试求使费用最小的该军用产品的生产批量。

9.4 某公司主要生产和销售某种专用设备,基于以往的销售记录和今后市场的预测,估计下一年度需求量为 4900 台。由于占用资金的利息、存储库房和其他的人力物力资源的费用,存储一台该设备一年需要 1000 元。这种设备每年的生产能力为 9800 台,而组织一次生产要花费设备调试等生产准备费 500 元,发生缺货时的损失 2000 元/(台·年)。该公司为了把成本降到最低,应如何安排生产?求出最佳的生产批量和生产周期及最佳缺货量,最少的平均费用又是多少?

9.5 某水产批发公司准备在春节前一个月进一批海鲜产品,预计这个月的销售量为 50T,每月的存储费为 150 元/吨,每批订货费为 100 元。进货的单位价格(单位:元/吨)为

$$K = \begin{cases} 1200, & 0 < Q < 10 \\ 1000, & 10 \leqslant Q < 20 \\ 800, & 20 \leqslant Q \end{cases}$$

求最优存储订货量。

9.6 工厂每周需要某零件 32 箱,存储费每箱每周 1 元,每次订购费 25 元,不允许缺货。零件进货时,若①订货量为 1~9 箱时,每箱 12 元;②订货量为 10~49 箱时,每箱 10 元;③订货量为 50~99 箱时,每箱 9.5 元;④订货量为 100 箱以上时,每箱 9 元。求最优存储策略。

9.7 已知仓库最大容量为 A,原有存储量为 I,要计划在 m 个周期内,确定每一个周期

的合理进货量与销售量使总收入最多。已知第 i 个周期出售一个单位货物的收入为 a_i，而订购一个单位货物的订货费为 $b_i(i=1,2,\cdots,m)$。

9.8 某面包店每天对面包的需求量服从 Poisson 分布。已知每个面包的售价为 1.50 元，成本为 0.90 元。对当天未售出的面包，19：00 以后以每个 0.60 元的价格进行降价处理。如果平均每天售出 200 个面包。问该面包店每天应生产多少个面包为宜，并求出预期的销售盈利。

9.9 某加工厂因生产需要购进某种原材料，其购进价格为每箱 800 元，且订购手续费为 85 元，每箱的存储保管费为 45 元。根据以往生产记录的分析，该加工厂对原材料需求的概率如表 9-7 所示。试求该加工厂的最佳存储策略。

表 9-7

需求量	10	20	30	40	45	50	55	60	65	70
概率	0.05	0.05	0.05	0.05	0.05	0.10	0.20	0.20	0.15	0.10

9.10 某报亭经营某种杂志，销售每册赚 0.2 元，如过期则每册赔 0.3 元。统计表明，市场对该期刊的需求服从均匀分布，最高需求量 $b=1000$ 册，最低需求量 $a=500$ 册。问进货多少才能使损失最小？

9.11 某工厂生产某部件，该部件外购价 850 元/件，订货手续费 2825 元/次，若自产，则每件成本为 1250 元/件，单件存储费为 45 元/件。该部件需求概率如表 9-8 所示。

表 9-8

需求量 r_i	80	90	100	110	120
概率 $P(r_i)$	0.1	0.2	0.3	0.3	0.1

在选择外购策略时，若订购数少于实际需求量，则工厂将自产差额部分，假定期初存货为 0。求该工厂的最佳订购策略。

第10章 决 策 论

人们在实际工作中,经常会遇到需要作出判断和决定的问题,也就是决策问题。决策有广义和狭义之分,广义的决策认为决策是从最初识别问题→确定解决问题的标准→提出解决问题的方案→对方案进行分析和评价→最终选择合适的方案加以实施的过程;而狭义的决策定义为从可供选择的方案中筛选出合适的方案的过程。

不论是广义决策还是狭义决策,都需要经过"利用分析和评价,从可供选择的方案中选择合适的方案"这一环节。在决策理论中,称此环节为决策分析。具体地说,决策分析就是人们为了达到某目的或实现某个目标,从多种可供选择的方案中进行选择的分析过程,是在风险或不确定性情况下确定决策方案的定量分析方法,是对影响决策的诸因素(准则)进行的逻辑判断与权衡。

10.1 决策中的基本概念

虽然决策问题的形式多种多样,涉及领域广泛,但其问题的结构是基本一致的。下面首先介绍有关决策的基本概念。

10.1.1 决策问题的三要素

实际中,一般的决策问题主要由状态集、决策集和效益函数三要素构成。

(1) **状态集**。把决策的对象称为一个系统,系统所处的不同情况称为**状态**,将其数量化后得到**状态变量**。所有状态构成的集合称为**状态集**,记为 $E=\{e_1,e_2,\cdots,e_m\}$,其中 e_i 是第 i 种状态的状态变量;$P(E)=\{p(e_1),p(e_2),\cdots,p(e_m)\}$ 表示各种状态出现的概率,其中 $p(e_i)$ 表示第 i 种状态 $e_i(i=1,2,\cdots,m)$ 发生的概率。

(2) **决策集**。为达到某种目的而选择的行动方案称为**方案**;将其数量化后称为**决策变量**,记为 s。决策变量的集合称为**决策集**,记为 $S=\{s_1,s_2,\cdots,s_n\}$。

(3) **效益函数**。定义在 $S\times E$ 上的一个二元函数 $R(s_i,e_j)$,它表示在状态 $e_j(j=1,2,\cdots,m)$ 出现时,决策者采取方案 $s_i(i=1,2,\cdots,n)$ 所得到的收益或损失值,即称为**效益**,记作 a_{ij}。对所有的状态和所有可能的方案所对应效益的全体构成的集合称为**效益函数**或**效益矩阵**,记为 $R=\{R(s_i,e_j)\}$ 或 $A=(a_{ij})_{m\times n}$。

对于实际问题,如果决策的 3 要素确定了,则相应问题的决策模型也就确定了,在这里记为 $D=\{S,P(E),R\}$。

10.1.2 决策的分类

依据决策问题的 3 要素,从不同角度可以将决策问题进行分类。

(1) 按照决策的环境分类,可将决策问题分为确定型决策、风险型决策和不确定型决策

3类。**确定型决策**是指决策环境是完全确定的,作出的决策方案的效益也是确定的;**风险决策**是指问题的环境不是完全确定的,但各种可能的结果发生的概率是已知的;**不确定型决策**是指决策环境是不确定的,决策者对各种可能的结果发生的概率是未知的。

(2) 按照决策的重要性分类,可将决策分为战略决策、策略决策和执行决策 3 类,或称为战略计划、管理控制和运行控制 3 个等级。**战略决策**是涉及某组织发展生存的全局性和长远性问题的决策,如新产品开发方向、新市场开发、供应商的选择等;**策略决策**是为完成战略决策所规定的目的而进行的决策,如工艺方案和设备的选择、产品规格的选择等;**执行决策**是根据策略决策的要求对行为方案的选择决策,如日常生产调度的决策。

(3) 按决策的结构分类,可将决策分为程序决策和非程序决策。**程序决策**是一种有章可循的决策,一般是可以重复进行的;**非程序决策**一般是无章可循的决策,只能凭决策者的经验直觉地作出相应的决策,通常是不可重复进行的。

(4) 按决策过程的连续性分类,可将决策分为单项决策和序贯决策。**单项决策**是指整个决策过程只作一次决策就可以得到决策结果;**序贯决策**是指整个决策过程由一系列的单项决策组成,只有完成这一系列的单项决策后,才能够最终得到整个决策的结果。

(5) 按决策目标的个数分类,可将其分为**单目标决策**和**多目标决策**;按照目标函数的形式又可分为**显式决策**和**隐式决策**。

10.1.3 决策过程

根据决策问题的三要素进行分析,构造出决策者决策行为的模型即为决策模型。不同类型的决策问题可以构建不同类型的决策模型。构造人们决策行为的模型主要有两种方法,即面向决策结果的方法和面向决策过程的方法。

面向决策结果的方法认为:若决策者能正确地预见到决策结果,其核心是决策的结果和正确的预测。通常的单目标和多目标决策属于此类型。

面向决策过程的方法认为:若决策者了解了决策过程,掌握了过程和能控制过程,它就能正确地预见决策的结果。

任何决策都有一个过程和程序。决策作为一个过程,通常是通过调查研究,在了解客观实际和预测今后发展的基础上,明确提出各种可供选择的方案,以及各种方案的效应,然后从中选定某个最优方案。实际中的决策问题整个过程分为下列步骤。

(1) 明确问题。根据决策所提出的问题,找出症结点,明确问题的实质。

(2) 确定目标。目标是决策所要达到的结果,如果目标不明确,则往往可能会造成决策失误。当有多个目标时,则应分清主次,统筹兼顾,同时要注意目标的先进性和可靠性。

(3) 制定方案。在确定目标之后,要对决策的状态进行分析,收集相关信息,建立相应的模型,提出实现决策目标的各种可行方案。

(4) 方案评估。对各种可能方案的效果进行评估,尽可能地通过科学计算,用定量分析的方法来比较其优劣和得失。

(5) 选择方案。决策者应从总体角度,对各种可能方案的目的性、可行性和时效性进行综合的系统分析,选取使目标达到最优的方案。

(6) 组织实施。为了保证最优方案的实施,需要制定实施措施,落实执行单位,明确具体责任和要求。

（7）反馈调整。在决策实施过程中,可能会产生这样或那样偏离目标的情况,因此,实际中必须及时地收集决策执行中的反馈信息,分析既定决策方案是否可以实现预定决策目标。

任何决策问题都由以下要素构成决策模型。

（1）决策者,他的任务是进行决策。决策者可以是个人、委员会或某个组织,一般指领导者或领导集体。

（2）可供选择的方案、行动或策略。

（3）准则,包括目的、目标、属性、正确性的标准,是衡量选择方案。在决策时有单一准则和多准则。

（4）事件,是指决策者所不能控制的、客观存在的、将发生的状态。

（5）每一事件的发生将会产生的某种结果,如取得的收益或导致的损失。

（6）决策者的价值观,如决策者对不同风险程度的主观价值观念等。

从决策论的观点来看,前面各章节中讨论的规划论等都是确定型的决策,即决策过程中不包含随机因素,每个决策都会得到唯一的事先可知的结果,以下将要讨论的决策问题都是具有不确定因素和有风险的决策。

10.2 不确定型决策

不确定型决策是指决策环境是不确定的,决策的效益也是不确定的,甚至对各种可能的方案发生的概率也是未知的情况下所进行的决策。决策者只能根据自己的主观态度进行判断,按照一定的准则作出选择决策。构成不确定型决策的基本条件包括 4 个。

（1）存在着决策者希望达到的目标(利益最大或损失最小)。

（2）存在着两个以上的行动方案供决策者选择。

（3）存在着两个以上的自然状态。

（4）可以计算不同行动方案在不同自然状态下的相应损益值。

决策者的主观态度的差异导致可遵守的决策准则也不尽相同,不确定型决策准则基本可以分为 5 种：悲观决策准则、乐观决策准则、等可能性决策准则、最小机会损失决策准则和折中决策准则。

10.2.1 悲观决策准则

悲观(max min)决策准则又称为保守决策准则。当决策者面对所有可能的方案发生的概率都未知时,他就会更多地考虑决策结果不确定的影响,即会更多地顾及由于决策失误所造成重大损失(政治、军事、经济等方面的)。这主要是因为决策者的实力比较脆弱,在处理这样的决策问题时就比较谨慎,从而对于问题可能风险的态度就比较保守。通常情况下,决策者总是分析各种可能最坏的结果,从所有可能最坏的结果中选择出自己认为是最好的结果,以此对应的方案作为该决策问题的策略。这种准则亦称为"最大最小准则",用符号"max min"表示。

悲观决策方法的基本步骤如下。

(1) 在效益矩阵(效益函数) $A=(a_{ij})_{m\times n}$ 中,从每一种策略所对应的各行动方案的效益中选出最小值。

(2) 从各策略的最小值中选出最大值,以此对应的策略作为问题的决策策略,即取

$$a_{i^*j^*} = \max_{1\leqslant i\leqslant m}\min_{1\leqslant j\leqslant n} a_{ij}$$

所对应的策略为悲观决策准则下的最优策略。

例 10.1 某商店从批发商处批发某种商品进行销售。商品的批发价为 2000 元/件,市场销售价格为 2500 元/件。若每月批发的商品当月销售不完,则每件损失 100 元。根据以往的市场销售经验,该商品每月的销售量最多为 4 件,因此决策者可选择的批发方案为 0、1、2、3、4 共 5 种。假设决策者对该商品当月的需求情况一无所知,试问此时决策者应如何决策?

解 此问题可用决策矩阵来描述。决策者可选的行动方案有 5 种,这是他的策略集合,记作 $\{S_i\}$,$i=1,2,3,4,5$。销售情况有 5 种,即销售量分别为 0、1、2、3、4,但不知道它们发生的概率,这就是事件集合,记作 $\{E_j\}$,$j=1,2,3,4,5$。每个"决策-事件"对都可以计算出相应的收益值或损失值(记作 a_{ij})。例如,当选择月批发量为 2 件,而销售量为 1 件时的收益额为 $1\times(2500-2000)-100\times(2-1)=400$(元)。

计算出所有的 a_{ij}($\forall i,j$),并将这些数据汇总在矩阵中,如表 10-1 所示。

表 10-1

S_i \ E_j		事件				
		0	1	2	3	4
策略	0	0	0	0	0	0
	1	−100	500	500	500	500
	2	−200	400	1000	1000	1000
	3	−300	300	900	1500	1500
	4	−400	200	800	1400	2000

根据 max min 准则,在收益矩阵中先从各策略所对应的可能发生的"策略-事件"对的结果中选出最小值,将它们列在表的最右列;再从此列的数值中选出最大者,以它对应的策略为决策者应选的决策策略。计算如表 10-2 所示。

表 10-2

S_i \ E_j		事件					min
		0	1	2	3	4	
策略	0	0	0	0	0	0	0←max
	1	−100	500	500	500	500	−100
	2	−200	400	1000	1000	1000	−200
	3	−300	300	900	1500	1500	−300
	4	−400	200	800	1400	2000	−400

根据 max min 准则有 $\max(0,-100,-200,-300,-400)=0$,它所对应的策略为 S_1,即为决策者的应选策略。在这里是"什么也不做",在实际中表示先观察,待以后再做决定。

10.2.2 乐观决策准则

乐观(max max)决策准则与悲观决策准则正好完全相反,即决策者对待因决策失误可能造成的损失风险的态度是完全不同的。当决策者面对决策环境不确定的决策问题时,绝不会轻易放弃任何一个可以获得最大效益的机会,会千方百计地争取好中求好的结果,用这种乐观的态度(喜好风险的态度)来选择相应的决策策略。其基本步骤如下。

(1) 从每一策略所对应的各行动方案的效益中选出最大值。

(2) 从各策略的最大值中选出最大值。

乐观决策准则又称为"最大最大准则",用符号"max max"表示。以此对应的策略作为问题的决策策略,即取

$$a_{i^*j^*} = \max_{1 \leq i \leq m} \max_{1 \leq j \leq n} a_{ij}$$

所对应的策略为乐观决策准则下的最优策略。

例 10.2 采用 max max 决策准则,对例 10.1 进行决策。

解:根据 max max 决策准则的基本步骤,决策过程列于表 10-3。

表 10-3

S_i \ E_j	事件					max
	0	1	2	3	4	
策略 0	0	0	0	0	0	0
策略 1	−100	500	500	500	500	500
策略 2	−200	400	1000	1000	1000	1000
策略 3	−300	300	900	1500	1500	1500
策略 4	−400	200	800	1400	2000	2000←max

它所对应的策略为 S_5,即采用乐观决策准则进行决策的决策者将采用批发 4 件的策略组织商品的销售。

10.2.3 等可能性决策准则

等可能性(Laplace)决策准则就是在不确定的决策问题中,假设问题的事件(状态)集合中,各事件发生的概率是均等的,由此确定出最佳的决策,即当决策者面对问题的事件集合中的各事件不能确定一个事件的发生比其他事件的发生机会多的时候,就可以假设各事件发生的概率是均等的。如果事件集中共有 n 个事件,即事件集合为 $E=\{E_1,E_2,\cdots,E_n\}$,则每一个事件 E_i 发生的概率为 $p_i=1/n$。由此可以计算出各种状态下效益的期望值 $E(S_i)$($i=1,2,\cdots,n$),然后在所有可能策略的期望值中选择最大者,即 $E(S_i^*) = \max_{1 \leq i \leq n}\{E(S_i)\}$ 所对应的策略为等可能性决策准则下的最优策略。

例 10.3 采用 Laplace 决策准则对例 10.1 进行决策。

解:根据 Laplace 决策准则的基本步骤,计算结果列在表 10-4 的最右列。

表 10-4

S_i \ E_j	事件					$E(S_i)=\sum_j pa_{ij}$
	0	1	2	3	4	
策略 0	0	0	0	0	0	0
策略 1	−100	500	500	500	500	380
策略 2	−200	400	1000	1000	1000	640
策略 3	−300	300	900	1500	1500	780
策略 4	−400	200	800	1400	2000	800←max

在本例中 $p=1/5$，从表 10-4 可以看出，按照 Laplace 决策准则进行决策，策略 S_5 为决策策略，即每月批发 4 件。

10.2.4 最小机会损失决策准则

最小机会损失决策准则亦称为最小遗憾值决策准则或 savage 决策准则，是在将由于策略的选择所造成的损失机会控制在最小的前提下来追求最大效益，由此确定相应的决策策略。其步骤如下。

(1) 将效益矩阵 $A=(a_{ij})_{m\times n}$ 中的各元素转换为每一策略下各事件(状态)的发生的机会所造成的损失值。其具体的含义是：当某一事件发生后，由于决策者没有选用效益最大的策略而造成的损失值。例如，如果第 k 个事件 E_k 发生，相应各策略的效益为 a_{ik}($i=1,2,\cdots,m$)，其中最大值为 $a_{i^*k}=\max\limits_{1\leqslant i\leqslant n}\{a_{ik}\}$($1\leqslant k\leqslant n$)，此时各策略的机会损失值为 $a'_{ik}=a_{i^*k}-a_{ik}$($i=1,2,\cdots,m;1\leqslant k\leqslant n$)。

(2) 从所有最大机会损失值中选取最小者，即取
$$a'_{i^*j^*}=\min\limits_{1\leqslant i\leqslant m}\max\limits_{1\leqslant j\leqslant n}\{a'_{ij}\}\quad(1\leqslant i^*\leqslant m;1\leqslant j^*\leqslant n)$$
所对应的策略为最小机会损失决策准则下的最优策略。

例 10.4 采用最小机会损失决策准则对例 10.1 进行决策。

解：计算结果如表 10-5 所示。策略 S_5 为决策策略，即每月批发 4 件。

表 10-5

S_i \ E_j	事件					max
	0	1	2	3	4	
策略 0	0	500	1000	1500	2000	2000
策略 1	−100	0	500	1000	1500	1500
策略 2	−200	100	0	500	1000	1000
策略 3	−300	200	100	0	500	500
策略 4	−400	300	200	100	0	300←min

10.2.5 折中主义准则

在某些情况下，对有些决策者来说，可能会觉得悲观决策准则和乐观决策准则都太极端了。于是就把两者综合起来考虑，取在这种决策准则下的最佳效益值的凸组合作为决策策

略的效益值,即取乐观决策系数为 $\alpha(0\leqslant\alpha\leqslant 1)$,对于每一个策略 S_i,令

$$b_i = \alpha \max_{1\leqslant j\leqslant n}\{a_{ij}\} + (1-\alpha) \min_{1\leqslant j\leqslant n}\{a_{ij}\}, \quad (i=1,2,\cdots,m)$$

则 $b_i^* = \max_{1\leqslant i\leqslant m}\{b_i\}, (i=1,2,\cdots,m)$ 所对应的策略即为折中主义准则下的最优策略。

例 10.5 采用折中主义准则求解例 10.1。

解：设 $\alpha=1/3$，计算得到的 b_i 列在表 10-6 的右端。

表 10-6

S_i \ E_j	事件					b_i
	0	1	2	3	4	
策略 0	0	0	0	0	0	0
策略 1	−100	500	500	500	500	100
策略 2	−200	400	1000	1000	1000	200
策略 3	−30	300	900	1500	1500	300
策略 4	−40	200	800	1400	2000	400←max

从表 10-6 看出,按照折中主义准则,策略 S_5 仍为决策策略,即每月批发 4 件。

以上简单介绍了不确定性决策中的 5 种决策准则。在不确定性决策中是因人因地因时选择决策准则的。在实际中,当决策者面临不确定性决策时,他首先是获得有关各事件发生的信息,使不确定性决策问题转化为风险决策。

10.3 风险型决策

风险型决策(Risk Decision)是指决策者对客观情况不甚了解,但对将发生各事件的概率是已知的。决策者往往通过调查,根据过去的经验或主观估计等途径获得这些概率。风险型决策也称为**随机型决策**(Random Decision),或称为**统计型决策**(Statistical Decision),亦称贝叶斯决策(Bayes Decision)。

10.3.1 仅有先验信息的贝叶斯决策

在贝叶斯决策中,有两个或两个以上影响收益的事件(亦称为状态)E_j,并且指定了这些事件出现的概率 p_j。

1. 最大期望收益决策准则

决策矩阵的各元素代表"策略(S_i)-事件(E_j)"对的收益值(a_{ij}),各事件发生的概率为 p_j。采用**最大期望收益决策准则**(Expected Monetary Value,EMV)进行决策的步骤如下:

(1) 计算各策略的期望收益值:

$$\sum_{j=1}^{n} p_j a_{ij}, \quad i=1,2,\cdots,m$$

(2) 从这些期望收益值中选取最大者,它所对应的策略为决策者应选策略,即

$$\max_{i} \sum_{j=1}^{n} p_j a_{ij} \to S_k^*$$

例 10.6 以例 10.1 的数据采用 EMV 决策准则进行决策。根据历史资料预测市场需求为 0、1、2、3、4 件的概率分别为 0.1、0.2、0.4、0.2、0.1。

解：计算的结果见表 10-7。

表 10-7

S_i \ E_j / p_j	事件					EMV
	0	1	2	3	4	
	0.1	0.2	0.4	0.2	0.1	
策略 0	0	0	0	0	0	0
策略 1	−100	500	500	500	500	440
策略 2	−200	400	1000	1000	1000	760
策略 3	−300	300	900	1500	1500	840←max
策略 4	−400	200	800	1400	2000	800

这时

$$\max\{0, 440, 760, 840, 800\} = 840 \rightarrow S_4$$

即选择策略 $S_4 = 3$。

EMV 决策准则适用于一次决策多次重复进行实施的情况，它是平均意义下的最大收益。

例 10.7 卖报童每天要到邮局去订报，出售一份报纸可获利润 a(分)，若卖不出去返回邮局，每份报纸要损失 b(分)。根据以往经验得知，每天需要量为 k 份报纸的概率为 p_k。问报童每天应订购多少份报纸才能使得自己获利的期望值最大？

解：设报童每天订购的份数为 n 份，顾客每天的需要量 X 是一个随机变量，于是 $P\{X=k\}=p_k$。报童每天的利润 $f(x)$ 为

$$f(x) = \begin{cases} an, & x \geq n \\ ax - (n-x)b, & x < n \end{cases}$$

报童获利的期望值为

$$E[f(x)] = \sum_{k=0}^{\infty} f(x)P\{X=k\} = \sum_{k=0}^{n-1}[ak-(n-k)b]p_k + \sum_{k=n}^{\infty} akp_k$$

报童需要作出如下决策：确定一个订购数 n，使得 $E[f(x)]$ 最大。

例如，当 $a=3, b=1$，需要量 X 是一个离散型随机变量，它可取的数值比如分别为 $2001, 2002, \cdots, 4000$；它的概率分布为

$$P\{X=k\} = 1/2000, \quad k = 2001, 2002, \cdots, 4000$$

为了计算方便，我们近似地将 X 看成是 $[2000, 4000]$ 范围内均匀分布的连续型随机变量，故 X 的密度函数为

$$p(x) = \begin{cases} 1/2000, & 2000 \leq x \leq 4000 \\ 0, & \text{其他} \end{cases}$$

所以

$$E[f(x)] = \int_{-\infty}^{+\infty} f(x)p(x)\mathrm{d}x = 1/2000 \times \left[\int_{2000}^{n}(4x-n)\mathrm{d}x + \int_{n}^{4000} 3n\mathrm{d}x\right]$$

$$=(-n^2+7000n-4\times10^6)/1000$$

令 $dE[f(x)]/dn=0$，得 $n=3500$，相应的最大期望利润为 825 分。

本例中，随机变量 X 近似地看作连续随机变量，它的最大期望值是用解析法求得的。

2. 最小机会损失决策准则

决策矩阵的各元素代表"策略(S_i)-事件(E_j)"对的收益值(a_{ij})，各事件发生的概率为 p_j。采用最小机会损失决策准则(Expected Opportunity Loss, EOL)进行决策的步骤如下。

(1) 将效益矩阵 $\boldsymbol{A}=(a_{ij})_{m\times n}$ 中的各元素转换为每一策略下各事件(状态)的发生的机会所造成的损失值 a'_{ij}。其具体的含义是：当某一事件发生后，由于决策者没有选用效益最大的策略而造成的损失值。例如，如果第 k 个事件 E_k 发生，相应各策略的效益为 $a_{ik}(i=1,2,\cdots,m)$，其中最大值为 $a_{i^*k}=\max_{1\leqslant i\leqslant n}\{a_{ik}\}(1\leqslant k\leqslant n)$，此时各策略的机会损失值为 $a'_{ik}=a_{i^*k}-a_{ik}(i=1,2,\cdots,m;1\leqslant k\leqslant n)$。

(2) 计算各策略的期望损失值。

$$\sum_{j=1}^{n}p_ja'_{ij},\quad i=1,2,\cdots,m$$

(3) 从这些期望损失值中选取最小者，它对应的策略应是决策者所选策略，即

$$\min_{i}\sum_{j=1}^{n}p_ja'_{ij}\to S_k^*$$

从本质上讲 EMV 与 EOL 决策准则是一样的。

设 a_{ij} 为决策矩阵的收益值。因为当发生的事件的所需量等于所选策略的生产量时，收益值最大，即在收益矩阵的对角线上的值都是其所在列中的最大者。于是机会损失矩阵可通过以下求得，见表 10-8。

表 10-8

E_j / p_j / S_i	E_1 p_1	E_2 p_2	$\cdots$ $\cdots$	E_n p_n	E_j / p_j / S_i	E_1 p_1	E_2 p_2	$\cdots$ $\cdots$	E_n p_n
S_1	$a_{11}-a_{11}$	$a_{22}-a_{12}$		$a_{nn}-a_{1n}$	$\vdots$	$\vdots$	$\vdots$	$\vdots$	$\vdots$
S_2	$a_{11}-a_{21}$	$a_{22}-a_{22}$		$a_{nn}-a_{2n}$	S_n	$a_{11}-a_{n1}$	$a_{22}-a_{n2}$		$a_{nn}-a_{nn}$

第 i 策略的机会损失：

$$\begin{aligned}\text{EOL}_i &= p_1(a_{11}-a_{i1})+p_2(a_{22}-a_{i2})+\cdots+p_n(a_{nn}-a_{in})\\&=p_1a_{11}+p_2a_{22}+\cdots+p_na_{nn}-(p_1a_{i1}+p_2a_{i2}+\cdots+p_na_{in})\\&=K-\text{EMV}_i\end{aligned}$$

故当 EMV 为最大时 EOL 便为最小。所以在决策时用这两个决策准则所得结果是相同的。

3. 信息的价值

假如人们能够通过各种渠道，可以完全准确地预测未来出现的各个自然状态的信息，则称这样的信息为完全信息(Perfect Information)。现在的问题是，究竟要花多少代价去获得完全信息才合算，就得估计完全信息的价值，即利用新信息的可靠资料进行预分析，弄清新

信息的价值。

当决策者耗费了一定经费进行调研,获得了各事件发生概率的信息,应采用"随机应变"的战术。这时所得的期望收益称为**完全信息的收益(利润)期望值**(Expected Profit of Perfect Information,EPPI),它是根据准确的状态信息选择行动后的期望收益,并定义为

$$\text{EPPI} = \sum_j (\max_i a_{ij}) p_j$$

此收益应当大于或至少等于最大期望收益,即 EPPI $\geqslant$ EMV*。

一般来说,由于事先并不确知会出现哪种状态,因此完全信息实际上并不存在,从而人们只能计算**完全信息的期望价值**(Expected Value of Perfect Information,EVPI),它是完全信息的期望收益 EPPI 与贝叶斯决策的期望收益 BEP 之差,即

$$\text{EVPI} = \text{EPPI} - \text{BEP} = \text{EPPI} - \text{EMV}^*$$

我们将搜集完全信息所花费的代价称为**完全信息费用**(即获取信息的费用),记作 CPI(Cost of Perfect Information)。显然只有当 CPI$\leqslant$EVPI 时,完全信息才值得搜集,否则就不值得搜集。通常人们就把确定是否搜集完全信息的准则称为 EVPI 准则。当然,运用 EVPI 准则也有一定的风险,这是因为 EVPI 并非完全信息的真正价值,而是完全信息的期望价值(平均价值)。

例 10.8 在例 10.6 中,该商店所能获得的最大期望收益值为 840 元,即 EMV*=840。如果某市场调查部门能帮助该商店调查销售量的确切数字,则商店愿意付出多大的调查费用?

解:从表 10-7 可以看出,在完全信息条件下,商店的利润期望值为

$$\text{EPPI} = \sum_j (\max_i a_{ij}) p_j = 0 \times 0.1 + 500 \times 0.2 + 1000 \times 0.4$$
$$+ 1500 \times 0.2 + 200 \times 0.1 = 1000(元)$$

完全信息的期望价值为

$$\text{EVPI} = \text{EPPI} - \text{EMV}^* = 1000 - 840 = 160(元)$$

因此,该商店愿意付出的调查费用最多不会超过 160 元,不然的话,市场部门的调查并不能给商店增加收入。

4. 决策树法

有些决策问题在进行决策后又会出现新的情况,并需要进行新的决策,接着又有新情况出现,又需要进行新的决策。这样,决策、事件、决策……构成一个序列,这就是**序列决策**。描述序列决策的一个有效工具是决策树,图 10-1 是决策树的一般结构图。利用决策树进行决策的方法称为**决策树法**(Decision Tree Method)。

决策树是由决策点、机会节点和结果节点构成的树形图,在很多情况下,利用决策树来表示决策过程是非常方便的。

决策树中的基本符号。

□——决策点,从它引出的分支叫**方案分支**,分支数反映可能的行动方案数。

○——机会节点,从它引出的分支,叫**事件分支**或**概率分支**,每条分支上写明自然状态及其出现的概率,分支数反映可能的自然状态数。

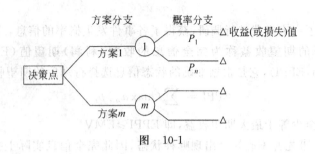

图 10-1

△——结果节点,它旁边的数值是每个方案在相应的自然状态下的效益值。

机会节点上方的数字是各机会或方案的期望值,在决策点,经过比较将期望值最大的一支保留,其他各支去掉,称为**剪枝**。最后决策点上方的数字就是最优方案的期望值。

绘制决策树应注意的几个问题。

(1) 要确定决策分析的时间段。这个时间段应当保证能够计算出决策的结果。

(2) 确定当前要做出的决策和所有可能的备选方案。要注意各备选方案之间是不相容的,而且在所选的时间段内能够评价其结果。

(3) 确定所有的机会点,并列举直接影响决策后果的各种事件(自然状态)。要注意各事件之间是互不相容的,其中一个事件发生,其他事件就不可能发生,且各事件发生概率的总和为1。

(4) 确定在当前要做的决策之后还可能进行的决策,以及与任何插进来的事件相关的决策。把每一个即将要做的决策与当前要做的决策重复(3)、(4)两步,直到所有机会点和决策点都被确定后为止。

下面再举两个例子来说明利用决策树进行决策的方法。

例 10.9 为生产某种产品,设计了两个基建方案:一是建大厂,二是建小厂。大厂需要投资 300 万元,小厂需要投资 160 万元,两者的使用期都是 10 年。估计在此期间,产品销路好的可能性是 0.7,两个方案的年度益损值如表 10-9 所示。

解:(1)画决策树(见图 10-2):

表 10-9   单位:万元

自然状态	概率	建大厂	建小厂
销路好	0.7	100	40
销路差	0.3	−20	10

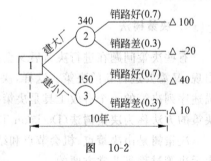

图 10-2

(2) 计算各点的益损期望值。

点 2:0.7×100×10+0.3×(−20)×10−300(大厂投资)=340(万元)

点 3:0.7×40×10 年+0.3×10×10−160(小厂投资)=150(万元)

两者比较,建大厂的方案是合理的。

例 10.10 假定对例 10.9 分为前 3 年和后 7 年两期考虑。根据市场预测,前 3 年销路好的概率为 0.7,而如果前 3 年的销路好,则后 7 年销路好的概率为 0.9;如果前 3 年的销路差,则后 7 年的效率肯定差,在这种情况下,建大厂和建小厂哪个方案好?

解：(1) 画出决策图,如图 10-3 所示。

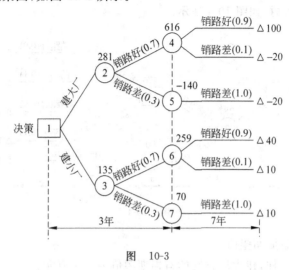

图 10-3

(2) 计算各点的益损期望值

点 4：$0.9 \times 100 \times 7(年) + 0.1 \times (-20) \times 7(年) = 616(万元)$

点 5：$1.0 \times (-20) \times 7(年) = -140$

点 6：$0.9 \times 40 \times 7(年) + 0.1 \times 10 \times 7(年) = 259(万元)$

点 7：$1.0 \times 10 \times 7(年) = 70(万元)$

在计算点 2 和点 3 时,要注意将前 3 年的收益或亏损考虑进去。如点 2 的期望值：根据题意,前 3 年销路好时,收益为 100 万元/年 × 3 年 = 300 万元。而后 7 年的收益期望值是 616 万元,因此销路好的这一支的总收益是 $0.7 \times (100 \times 3 + 616)$;而在前 3 年销路差时,每年亏损 20 万元,所以 3 年总收益为 $(-20) \times 3 = -60$ 万元,再加上后 7 年效益一直差,所以前 3 年销路差的这一支总收益为 $0.3 \times [(-20) \times 3 + (-140)]$。因此点 2 的收益期望值是 $0.7 \times (100 \times 3 + 616) + 0.3 \times (-20) \times 3 + (-140) = 581$,再减去投资的 300 万元,故建大厂这一方案的总收益期望值是 281 万元,即

点 2：$0.7 \times 100 \times 3(年) + 0.7 \times 616 + 0.3 \times (-20) \times 3(年)$
$\quad + 0.3 \times (-140) - 300(大厂投资) = 281(万元)$

依同理可以计算

点 3：$0.7 \times 40 \times 3(年) + 0.7 \times 259 + 0.3 \times 10 \times 3(年)$
$\quad + 0.3 \times 70 - 160(投资) = 135(万元)$

通过比较,建大厂仍然是合理方案。

很多实际的决策问题,不只是要求做一次决策,而是要做多次决策。这些决策按先后次序分为阶段,后阶段的决策内容依赖于前阶段的决策结果及前一阶段决策后所出现的状态。这种需要几次决策才能解决的决策问题,称为多阶段决策问题或多级决策。下面举两个多

级决策的例子。

例 10.11 就例 10.10 而言,再考虑一种情况,即先建设小工厂,如销路好,则 3 年以后考虑扩建。扩建投资需要 140 万元,扩建后可使用 7 年,每年的益损值与大厂相同。这个方案与建大厂方案比较,优劣如何?

解:(1)画出决策树,如图 10-4 所示。

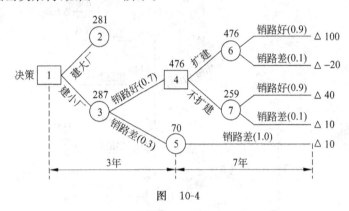

图 10-4

(2)计算各点的益损期望值。

点 2:同图 10-3 一样,建大厂方案的益损期望值为 281 万元。

点 6:$0.9 \times 100 \times 7 (年) + 0.1 \times (-20) \times 7 (年) - 140 (扩建投资) = 476 (万元)$

点 7:$0.9 \times 40 \times 7 (年) + 0.1 \times 10 \times 7 (年) = 259 (万元)$

因 476>259,说明扩建方案较好。划掉不扩建方案,将点 6 的 476 转移到点 4。

点 5:$1.0 \times 10 \times 7 (年) = 70 (万元)$

点 3:$0.7 \times 40 \times 3 (年) + 0.7 \times 476 + 0.3 \times 10 \times 3 (年) + 0.3 \times 70$
$- 160 (小厂投资) = 287 (万元)$

将点 2 与点 3 比较,287>281,所以,3 年以后扩建比建大厂优越。

例 10.12 某研究所考虑向某工厂提出开发新产品的建议,为提出此建议需进行一些初步的科研工作,需花费 2 万元。根据该所的经验及对该工厂和产品及竞争者的估计,建议提出后,估计有 60% 的可能可以得到合同,40% 的可能得不到合同。如得不到合同则 2 万元的费用就得不到赔偿。

该产品有两种生产方法,老方法要花费 28 万元,成功概率为 80%,新方法只需要花费 18 万元,但成功率仅有 50%。

如果该研究所得到合同并研制成功,厂方将付给该所 70 万元技术转让费,若研制失败,该所需支付赔偿费 15 万元。试问该所是否应当提出研制建议?

解:这是一个多级(两级)决策问题,决策树如图 10-5 所示,在这个树的分支终端 F、G、H、I、J、K 处注上各种情况相应的益损值,这里是从后向前推算。整个决策过程也是从后向前。

对于 H 端相应的情况是:如果研究所提出了开发建议,得到了合同,采用旧方法生产,获得了成功。在这种情况下,研究所得到了厂方 70 万元的报酬,要减去研制费 28 万元和提建议费用 2 万元,益损值(即净收入)为 $70-28-2=40 (万元)$,将此值记在图的 H 点处。

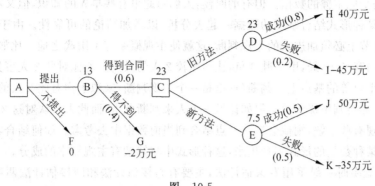

图 10-5

同理,可以算出其他各点的损益值,如图 10-5 所示。

计算 D、E 两处的期望值。

D 点:$40\times0.8-45\times0.2=23$(万元)

E 点:$50\times0.5-35\times0.5=7.5$(万元)

即用旧方法生产的益损平均值为 28 万元,用新方法为 7.5 万元。

如果采用益损值的大小作为决策准则,那么,在决策点 C 处应采取旧方法的行动方案,因此在 C 点的益损值便与 D 点相同,在 C 点上方注明 23。

接下去便可以计算 B 点的益损期望值:

$$23\times0.6-2\times0.4=13(万元)$$

这就是说,从决策点 A 出发,如提出建议可获益损值为 13 万元,如果不提出,益损值为 0。结论:应提出建议。

从以上的分析可知,决策树法的实质仍然是期望值法,但它采用了树形图来表现一个决策的过程,因此比较直观,可以使决策者有步骤地考虑决策中的各种因素,同时也便于集体讨论与决策。特别对比较复杂的多级决策来说,更为清晰和便捷。

10.3.2 主观概率

风险决策时决策者要估计各事件出现的概率,而许多决策问题的概率还不存在一种得到公认的客观方法去计算,因此只能用主观判断。例如,投资一个项目盈利的概率,不同人的估计可以有很大的出入,这与各人的看法和倾向有关,尤其是与其掌握的信息资料有关。这种基于主观判断定出的概率,称为**主观概率**。

主观概率是认识主体根据其所掌握的知识、信息和证据,而对某种情况出现可能性大小所做的数量判断。主观概率的应用主要在于经济决策问题。在投资可行性研究中,有此情况是掌握不确切的,或是将来的情况,目前只能预测,这都是一次性的事件,无法通过实验去考察,只能在情况掌握不完全的基础上,加进去主观判断的成分。若要进行数量上的计算,则这种主观判断还须数量化,即用得主观概率。比如说,原材料涨价多少的机会有多大,市场容量处在某个范围内的机会有多大,都得有数量上的估量,这样,对整个项目前景的估量才能达到定量的水平。

主观概率的另一个重要应用是在数据分析方面。在许多情况下,人们对一件事情做出估计和判断,是全凭掌握的数据。但有的时候,人们对此事有些早先的知识,但又不完全,希望把这种知识以某种形式结合掌握的数据一起去分析,以增加结论的可靠性。由于这种知识不完全,在某些环节上必须加进人的主观判断,这就使主观概率有了用武之地。比如,甲、乙两位棋手在近一月内赛了 10 局,甲 7 胜 3 负,让你比较 2 人的棋艺。若你对此 2 人事先一无所知,则你只能在一个对等的基点上去判断(这也是一个主观判断,来源于你对此 2 人的不了解),于是据目前数据,你会判甲优于乙。但如让另一个人来判断此事,而此人自认对这 2 位棋手以往较长时间的表现有些了解,则他会把这一点结合到当前数据中去考虑。如何结合,这需要将他以往的了解用某种数量的形式表现出来,这种形式中将掺杂有主观概率的成分。

确定主观概率时一般采用专家估计法,主要有直接估计法和间接估计法两种。

直接估计法是要求参加估计者直接给出概率的估计方法。例如,某公司拟从 3 名候选人中选拔出一人担任某部门领导,公司班子的 7 位成员分别估计了 3 位候选人当选的概率,如表 10-10 所示。由表 10-10 的末行得到,候选人 2 的概率为 0.38,当选的可能性最大。

表 10-10

班子成员代号	权数	候选人1	候选人2	候选人3	求和
1	0.9	0.6	0.8	0.5	
2	0.7	0.7	0.7	0.7	
3	0.7	0.6	0.9	0.6	
4	0.6	0.8	0.5	0.5	
5	0.6	0.4	0.8	0.8	
6	0.5	0.6	0.7	0.6	
7	0.5	0.6	0.9	0.6	
		2.77	3.42	2.74	8.93
归一化后		0.31	0.38	0.31	1.00

间接估计法是参加估计者通过排队或相互比较等间接途径给出概率的估计方法。

例如,估计 5 个球队($A_i, i=1,\cdots,5$)比赛谁得第一的问题,请 10 名专家作出估计,每位都给出一个优胜顺序的排列名单,排队名单汇总在表 10-11。

表 10-11

专家号 \ 名次	q_i 1	2	3	4	5	评定者权数 w_i
1	A_2	A_5	A_1	A_3	A_4	0.7
2	A_3	A_1	A_5	A_4	A_2	0.8
3	A_5	A_3	A_2	A_1	A_4	0.6
4	A_1	A_2	A_5	A_4	A_3	0.7
5	A_5	A_2	A_1	A_3	A_4	0.9
6	A_2	A_5	A_3	A_1	A_4	0.8
7	A_5	A_1	A_3	A_2	A_4	0.7
8	A_5	A_2	A_4	A_1	A_3	0.9
9	A_5	A_2	A_3	A_1	A_4	0.7
10	A_5	A_2	A_3	A_1	A_4	0.8

分别从表 10-11 查得每队被排的名次的次数，如 A_1 所处各名次的次数为

名次 q_j	次数 n_j	评定权数 w_i
1	1	$w_4=0.7$
2	3	$w_2=0.8, w_7=0.7, w_9=0.7$
3	2	$w_1=0.7, w_5=0.9$
4	4	$w_{10}=0.8, w_3=0.6, w_6=0.8, w_8=0.9$
5	0	

然后计算加权平均数

$$w(A_1)=\frac{1\times w_4+2\times(w_2+w_7+w_9)+3\times(w_1+w_5)+4\times(w_{10}+w_3+w_6+w_8)}{\sum_{i=1}^{10}w_i}$$

$$=2.93$$

采用同样方法得到

$$w(A_2)=2.26,\quad w(A_3)=3.43,\quad w(A_4)=4.56,\quad w(A_5)=1.78$$

这就可以按此加权平均数给出各队的估计名次，即

$$A_5>A_2>A_1>A_3>A_4$$

10.3.3 利用后验概率的决策方法

在实际决策中人们为了获取信息，经常采用各种"试验"手段（这里的试验是广义的，包括抽样调查、抽样检验、购买信息、专家咨询等），但这样获取的信息一般并不能准确预测未来将出现的状态，所以这种信息称为不完全信息。倘若它能提高决策的效果，它仍然是有价值的。

对于风险型决策问题，直接影响决策效果好坏的关键在于对自然状态的概率分布所做估计的精确性。如果决策者通过"试验"等手段，获得了自然状态出现概率的新信息作为补充信息，用它来修正原来的先验概率估计。修正后的**后验概率**(Posterior Probability)，通常要比先验概率准确可靠，可作为决策者进行决策分析的依据。由于这种概率的修正是借助于贝叶斯定理完成的，所以这种决策就称为**贝叶斯决策**。其具体步骤如下。

(1) 先由过去的资料和经验获得状态（事件）发生的先验概率。

(2) 根据调查或试验算得的条件概率，利用以下的贝叶斯公式

$$P(s_j\mid\theta_k)=\frac{P(s_j)P(\theta_k\mid s_j)}{\sum_{i=1}^{n}P(s_i)P(\theta_k\mid s_i)},\quad j=1,2,\cdots,n;k=1,2,\cdots,l$$

计算出各状态的后验概率（条件概率）。其中，s_1、s_2、$\cdots$、s_n 为一完备事件（状态）组；$P(s_j)P(\theta_k\mid s_j)=P(s_i\bigcap\theta_k)$ 是联合概率；$\sum_{i=1}^{n}P(s_i)P(\theta_k\mid s_i)=P(\theta_k)$ 是全概率公式。

(3) 利用后验概率代替先验概率进行决策分析。

例 10.13 某石油公司考虑在某地钻井，结果可能出现 3 种情况（即 3 种自然状态）：无油(s_1)、少油(s_2)、富油(s_3)。石油公司估计 3 种状态出现的概率分别为 0.5、0.3 和 0.2。钻

井费用 7 万元。如果少量出油,可收入 12 万元;如果大量出油可收入 27 万元;如果不出油则收入为 0。为了避免盲目钻井,可进行勘探,以便了解地质构造情况。勘探结果可能是地质构造差(θ_1)、构造一般(θ_2)、构造良好(θ_3)。根据过去的经验,地质构造与油井出油的关系如表 10-12 所示。假定勘探费用为 1 万元。

表 10-12

$P(\theta_k \mid s_j)$	构造差(θ_1)	构造一般(θ_2)	构造良好(θ_3)	$\sum_{k=1}^{3} P(\theta_k \mid s_j)$
无油(s_1)	0.6	0.3	0.1	1.0
少油(s_2)	0.3	0.4	0.3	1.0
富油(s_3)	0.1	0.4	0.5	1.0

问:(1) 应先行勘探还是不进行勘探直接钻井?

(2) 应如何根据勘探结果来决定是否钻井?

解: 先回答如何根据勘探结果决定是否钻井。设 A_1 表示"钻井",A_2 表示"不钻井"。为了应用贝叶斯方法进行决策,先计算无条件概率 $P(\theta_k)$ 和后验概率 $P(s_j \mid \theta_k)$。

由全概率公式有

$$P(\theta_1) = \sum_{i=1}^{3} P(s_i) P(\theta_1 \mid s_i) = 0.41$$

$$P(\theta_2) = \sum_{i=1}^{3} P(s_i) P(\theta_2 \mid s_i) = 0.35$$

$$P(\theta_3) = \sum_{i=1}^{3} P(s_i) P(\theta_3 \mid s_i) = 0.24$$

由贝叶斯公式计算后验概率,有

$$P(s_1 \mid \theta_1) = \frac{P(s_1) P(\theta_1 \mid s_1)}{P(\theta_1)} = 0.7317$$

$$P(s_2 \mid \theta_1) = \frac{P(s_2) P(\theta_1 \mid s_2)}{P(\theta_1)} = 0.2195$$

$$P(s_3 \mid \theta_1) = \frac{P(s_3) P(\theta_1 \mid s_3)}{P(\theta_1)} = 0.0488$$

同理可得

$$P(s_1 \mid \theta_2) = 0.4286, \quad P(s_2 \mid \theta_2) = 0.3428, \quad P(s_3 \mid \theta_2) = 0.2286$$

$$P(s_1 \mid \theta_3) = 0.2083, \quad P(s_2 \mid \theta_3) = 0.3750, \quad P(s_3 \mid \theta_3) = 0.4617$$

现在以后验概率为依据,采用期望值准则进行决策。

若勘探结果是地质构造较差(θ_1),则

$\text{EMV}(A_1) = 0 \times 0.7317 + 12 \times 0.2195 + 27 \times 0.0488 - 8 (勘探费及钻井费)$

$\qquad\quad = -4 (万元)$

$\text{EMV}(A_2) = -1 (万元)$

故 $A^* = A_2$,即不钻井。

若勘探结果是地质构造一般(θ_2),则

$$\text{EMV}(A_1) = 0 \times 0.4286 + 12 \times 0.3428 + 27 \times 0.228 - 8 = 2.29(万元)$$
$$\text{EMV}(A_2) = -1(万元)$$

故 $A^* = A_1$，即钻井。

若勘探结果是地质构造良好（θ_3），则
$$\text{EMV}(A_1) = 0 \times 0.2083 + 12 \times 0.3750 + 27 \times 0.4167 - 8 = 7.75(万元)$$
$$\text{EMV}(A_2) = -1(万元)$$

故 $A^* = A_1$，即钻井。

下面考虑是否要先行勘探。若先行勘探，其期望最大收益为
$$\text{EMV} = -1 \times 0.41 + 2.29 \times 0.35 + 7.75 \times 0.24 = 2.25(万元)$$

若不进行勘探，即用先验概率考虑，则
$$\text{EMV}(A_1) = 0 \times 0.5 + 12 \times 0.3 + 27 \times 0.2 - 7(钻井费) = 2(万元)$$
$$\text{EMV}(A_2) = 0(万元)$$

因此，最优决策是钻井，最优期望收益为 2 万元。

另外，由于 2.25＞2，所以应先进行勘探，然后再决定是否钻井。

*10.4 效用理论在决策中的应用

风险型决策问题除了其后果的不确定性外，还有后果的效用性，即不同的决策人对不同后果的态度和看法。这实际是反映决策人对不同的后果的偏好，或者从风险角度来说，反映了决策人对风险的态度。然而以货币益损值作为决策准则时，却不能反映决策人对待风险的态度。

例如，某人遇到了这样一个选择的机会，他可以无条件地获得 25 元，或者采用投硬币式的投机方式来确定他将获得多少，即如果投硬币正面在上，他可获得 150 元，但是，如果反面在上他不但得不到钱，还要付出 50 元。在这种情况下，该人是不冒任何风险地要那 25 元呢？还是冒着有 50% 的可能付出 50 元去争取 150 元呢？

大多数人可能都会选择第一方案，即不冒风险得到 25 元的方案，但也不排除有的人会选择投机的第二方案。如果这样的机会不止一次，而是 10 次、100 次或更多，那么从上面讲的期望值决策准则来说，他也可能会选择第二方案，因为第二方案的期望值是 $150 \times 50\% + (-50) \times 50\% = 50$(元)。但如果仅有一次机会，这样的决策就不太符合一般人的决策偏好了。这就是说，同一货币量在不同的场合对决策人会产生不同的价值含义。这种货币量对决策人产生的价值含义称为**货币量的效用值**。

很显然，一个偏好用冒风险的办法去获得同一货币量的人，他肯定是一个敢冒风险的决策人。那么如何在决策时反映决策人的这种偏好呢？这就是本节要介绍的效用理论问题。

10.4.1 效用曲线

为了测定每个人对待风险的态度，一般采用建立个人效用曲线的方法。这种个人效用曲线是采用下面的风险心理试验法得到的。

第一步：首先确定风险心理试验的测量范围，一般以具体的决策事件中决策人可能获

得的最大利益作为效用值 1；可能的最大损失值作为效用值 0。例如，某决策人面临着一项最大可能获利 20 万元，或最大损失 10 万元的决策项目。这时定 20 万元的效用值为 1，－10 万元的效用值为 0。

第二步：向决策人提出下面两个选择方案。

第一方案：以 50% 的机会获得 20 万元，50% 的机会损失 10 万元。

第二方案：以 100% 的机会获得 5 万元（注：这 5 万元正是第一方案的期望值）。

对这两个方案，每一个被测对象都可以有自己的选择。假定该决策人选择第二方案，这说明第二方案的效用值大于第一方案，心理试验将继续下去。

第三步：向决策人提出将第二步的第二方案中的 100% 机会获得 5 万元改为 2 万元，问决策人的选择有何改变？

假定该决策人认为有 50% 的机会损失 10 万元对他所处的现状来说是不能接受的，那么他仍然会选择 100% 的把握获得 2 万元的方案。这说明第二方案的效用值仍然大于第一方案。心理试验继续下去。

第四步：向决策人提出，如果他不选择第一方案，他必须付出 1 万元。这时该决策人可能很不情愿白花 1 万元，而愿意采用第一方案。这时说明让决策人无条件地付出 1 万元的效用比第一方案的效用值低。

这样的心理试验反复试验下去，直到最后可能达到这样的妥协：决策者觉得或者一分钱也不付，或者采用第一方案，两者对他是一样。这说明对于该决策者来说 0 的货币量与采用第一方案的效用是相同的。

因第一方案的效用值是 $1\times0.5+0\times0.5=0.5$，故对该决策者来说，货币值 0 的效用值为 0.5。

接着，可以在 0～20 万元之间和－10 万元～0 之间进行与上面相同的心理试验。例如，在 0～20 万元之间的心理试验是关于效用值 $0.5\times0.5+1\times0.5=0.75$ 的等价货币值的试验。其对应的投机方案是 50% 的机会获得 0 元，50% 的机会获得 20 万元。为了下面叙述的方便，称其为投机第三方案。其心理试验程序可综合在表 10-13 中。

表 10-13

问 题	决策人的反应	含 意
1. 您愿意无条件获得 15 万元还是进行方案 3 的投机	无条件获得 15 万元	15 万元的效用值等于 0.75
2. 您愿意无条件获得 10 万元还是进行方案 3 的投机	无条件获得 10 万元	10 万元的效用值等于 0.75
3. 您愿意无条件获得 5 万元还是进行方案 3 的投机	进行方案 3 的投机	5 万元的效用值等于 0.75
4. 您愿意无条件获得 7 万元还是进行方案 3 的投机	进行方案 3 的投机	7 万元的效用值等于 0.75
5. 您愿意无条件获得 8～8.5 万元还是进行方案 3 的投机	两者差不多	8.25 万元的效用值等于 0.75

再继续进行下去就可以得到足够的试验数据，如假定在－10 万元～0 之间的心理测验得到的结果是－0.585 万元。这说明－0.585 万元的效用值是 $0\times0.5+0.5\times0.5=0.25$。

按同样的方法，还可以在 8.25 万元～20 万元，0～8.25 万元，－0.585 万元～0 万元，

−10万元～−0.585万元之间进行同样的心理试验,便可得到与效用值

$$1 \times 0.5 + 0.75 \times 0.5 = 0.875$$
$$0.75 \times 0.5 + 0.5 \times 0.5 = 0.625$$
$$0.5 \times 0.5 + 0.25 \times 0.5 = 0.375$$
$$0.25 \times 0.5 + 0 \times 0.5 = 0.125$$

对应的货币量。再继续进行下去就可以得到足够的试验数据画出如图 10-6 所示的效用曲线 A。对另外一个决策者进行同样的心理试验,其结果可能不同,假定得到的效用曲线如图 10-6 中曲线 B 所示。

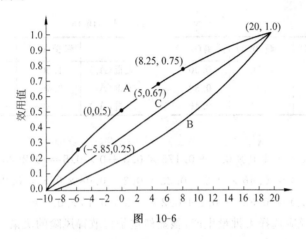

图 10-6

10.4.2 效用曲线在风险型决策中的应用

下面用一个简单的例子来说明效用曲线在决策中的应用。

例 10.14 某决策人面临大、中小批量 3 种生产方案的选择问题。该产品投放市场可能有 3 种情况:畅销、一般、滞销。根据以前同类产品在市场上的销售情况,畅销的可能性是 0.2,一般为 0.3,滞销的可能性为 0.5,其决策效率矩阵如表 10-14 所示。试问该如何决策?

表 10-14　　　　　　　　　　　　　　　　　　　　　　　　　　　　　　　　　　单位:万元

	畅销(0.2)	一般(0.3)	滞销(0.5)
大批(A_1)	20	0	−10
中批(A_2)	8.25	2	−5
小批(A_3)	5	1	−1

解:按期望值法以益损值进行决策,可得

$$E(A_1) = 20 \times 0.2 + 0 \times 0.3 + (-10) \times 0.5 = -1 (万元)$$
$$E(A_2) = 8.25 \times 0.2 + 2 \times 0.3 + (-5) \times 0.5 = -0.25 (万元)$$
$$E(A_3) = 5 \times 0.2 + 1 \times 0.3 + (-1) \times 0.5 = 0.8 (万元)$$

应进行小批生产。

假定对该决策人进行风险心理试验得到的效用曲线如图 10-6 中的曲线 A 所示。将其

决策表 10-14 中的货币量换成相应的效用值,得到以效用值进行决策的决策表 10-15。这时

$$E(A_1) = 1.0 \times 0.2 + 0.5 \times 0.3 + 0 \times 0.5 = 0.15$$
$$E(A_2) = 0.75 \times 0.2 + 0.57 \times 0.3 + 0.3 \times 0.5 = 0.471$$
$$E(A_3) = 0.66 \times 0.2 + 0.54 \times 0.3 + 0.46 \times 0.5 = 0.524$$

应采取小批生产,这说明决策人 A 是小心谨慎的,是位保守型的决策人。

假定对该决策人进行风险心理试验得到的效用曲线如图 10-6 中的曲线 B 所示。将决策表中的货币量换成相应的效用值,得到决策表 10-16。

表 10-15

	畅销(0.2)	一般(0.3)	滞销(0.5)
大批(A_1)	1.00	0.50	0.00
中批(A_2)	0.75	0.57	0.30
小批(A_3)	0.66	0.54	0.46

表 10-16

	畅销(0.2)	一般(0.3)	滞销(0.5)
大批(A_1)	1.00	0.175	0.00
中批(A_2)	0.46	0.23	0.08
小批(A_3)	0.325	0.20	0.15

这时,

$$E(A_1) = 1.0 \times 0.2 + 0.175 \times 0.3 + 0 \times 0.5 = 0.2525$$
$$E(A_2) = 0.46 \times 0.2 + 0.23 \times 0.3 + 0.08 \times 0.5 = 0.201$$
$$E(A_3) = 0.325 \times 0.2 + 0.2 \times 0.3 + 0.15 \times 0.5 = 0.2$$

对决策人 B 来说应选择大批量生产,很显然这是位敢冒风险的决策人。

10.5 灵敏度分析

通常在决策模型中自然状态的概率和损益值往往由估计或预测得到,不可能十分正确,此外,实际情况也在不断地变化。现实中需要分析为决策所用的数据可在多大范围内变动,原最优决策方案继续有效,进行这种分析称为**灵敏度分析**,下面用例子来说明。

例 10.15 某公司计划通过它的销售网推销一种商品,计划零售价为每件 10 元。对该商品有 3 个设计方案:方案Ⅰ需一次投资 10 万元,投产后每件成本 5 元;方案Ⅱ需一次投资 16 万元,投产后每件成本 4 元;方案Ⅲ需一次投资 25 万元,投产后每件成本 3 元。该种商品需求量不确切,但估计有 3 种可能,E_1——3 万件、E_2——12 万件、E_3——20 万件。该公司负责人预测 3 种需求量的概率分别为 0.15、0.75、0.10。

(1) 用期望值法决定该公司应采用哪一个设计方案。

(2) 进行灵敏度分析,确定用期望值法决策时的转折概率。

解: 先画出该问题的决策树,如图 10-7 所示。

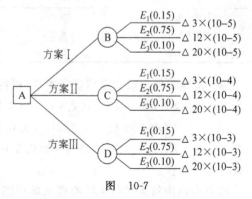

图 10-7

(1) 利用期望值法分别计算 3 种方案的期望收益。

方案Ⅰ：$E(Ⅰ)=(10-5)\times(0.15\times3+0.75\times12+0.10\times20)-10=47.25$(万元)

方案Ⅱ：$E(Ⅱ)=(10-4)\times(0.15\times3+0.75\times12+0.10\times20)-16=52.7$(万元)

方案Ⅲ：$E(Ⅲ)=(10-3)\times(0.15\times3+0.75\times12+0.10\times20)-25=55.15$(万元)

所以，按期望值法应该选方案Ⅲ。

(2) 当 E_1 概率不变时，

$$E(Ⅰ) = 5\times[0.15\times3 + P(E_2)\times12 + (1-0.15-P(E_2))\times20] - 10$$
$$= 77.25 - 40P(E_2)$$

$$E(Ⅱ) = 6\times[0.15\times3 + P(E_2)\times12 + (1-0.15-P(E_2))\times20] - 16$$
$$= 88.7 - 48P(E_2)$$

$$E(Ⅲ) = 7\times[0.15\times3 + P(E_2)\times12 + (1-0.15-P(E_2))\times20] - 25$$
$$= 97.15 - 56P(E_2)$$

由于 $P(E_2)\leq0.85$，所以 $E(Ⅲ)-E(Ⅱ)=8.45-8P(E_2)>0$，$E(Ⅲ)-E(Ⅰ)=19.9-16P(E_2)>0$，因此不管 E_2 和 E_3 概率如何变化，最优决策仍为方案Ⅲ。

同理，通过计算可得，当 E_2 概率不变时，不管 E_1 和 E_3 概率如何变化，最优决策仍为方案Ⅲ。

当 E_3 概率不变时，由

$$5P(E_1)+50(0.9-P(E_1))+9 = 2P(E_1)+56(0.9-P(E_1))+10.4$$
$$= -4P(E_1)+59(0.9-P(E_1))+11.4$$

计算得到，当 $P(E_1)>0.756$ 时选方案Ⅰ；当 $0.422<P(E_1)<0.756$ 时选方案Ⅱ，当 $P(E_1)<0.422$ 时选方案Ⅲ。所以，$P(E_1)=0.756$ 为选择方案Ⅰ或Ⅱ的转折概率，$P(E_1)=0.422$ 为选择方案Ⅱ或Ⅲ的转折概率。

若这些数据在某允许范围内变动，而最优方案保持不变，这个方案就是比较稳定的。反之，这些数据在某允许范围内稍加变动，最优方案就有变化，这个方案就是不稳定的。由此可以得出那些非常敏感的变量，那些不太敏感的变量，以及最优方案不变条件下，这些变量允许变化的范围。

练 习 题

10.1 某一决策问题的损益矩阵如表 10-17 所示，其中矩阵元素值为年利润（单位：元）。

表 10-17

方案	事件 概率	E_1 P_1	E_2 P_2	E_3 P_3
S_1		40	200	2400
S_2		360	360	360
S_3		1000	240	200

（1）若各事件发生的概率 P_j 是未知的，分别用 max min 决策准则、max max 决策准则、拉普拉斯准则和最小机会损失准则选出决策方案。

（2）若 P_j 值仍是未知的，并且 α 是乐观系数，问 α 取何值时，方案 S_1 和 S_3 是不偏不倚的？

（3）若 $P_1=0.2$、$P_2=0.7$，$P_3=0.1$，那么用 EMV 准则会选择哪个方案？

10.2 某地方书店希望订购最新出版的好的图书。根据以往经验，新书的销售量可能为 50、100、150 或 200 本。假定每本新书的订购价为 4 元，销售价为 6 元，剩书的处理价为每本 2 元。要求：

（1）建立损益矩阵；

（2）分别用悲观法、乐观法及等可能法决定该书店应订购的新书数字；

（3）建立后悔矩阵，并用后悔值法决定书店应订购的新书数；

（4）如果书店据以往统计资料预计新书销售量的规律如表 10-18 所示。分别用期望值法和后悔值法决定订购数量。

表 10-18

需求数	50	100	150	200
占的比例/%	20	40	30	10

（5）如果某市场调查部门能帮助书店调查销售量的确切数字，该书店愿意付出多大的调查费用？

10.3 某季节性商品必须在销售之前就把产品生产出来。当需求量是 D 时，生产者生产 x 件商品获得的利润（元）为

$$f(x) = \begin{cases} 2x, & 0 \leqslant x \leqslant D \\ 3D-x, & x > D \end{cases}$$

设 D 只有 5 个可能的值：1000 件、2000 件、3000 件、4000 件和 5000 件，并且它们的概率都是 0.2。生产者也希望商品的生产量也是上述 5 个值中的某一个。问：

（1）若生产者追求最大的期望利润，他应选择多大的生产量？

（2）若生产者选择遭受损失的概率最小，他应生产多少商品？

（3）生产者欲使利润大于或等于 3000 元的概率最大，应选取多大的生产量？

10.4 某学院推荐 3 名大学生考研究生时，请 5 位任课教师估计他们谁得第一的概率。若各任课教师作出的估计如表 10-19 所示。请问哪位学生得第一的概率最高？

表 10-19

教师代号	权数	学生 1	学生 2	学生 3
1	0.6	0.6	0.6	0.1
2	0.7	0.4	0.5	0.1
3	0.9	0.5	0.3	0.2
4	0.7	0.6	0.3	0.1
5	0.8	0.2	0.5	0.3

*10.5 某决策者的效用函数可由下式表示：
$$U(x) = 1 - e^{-x}, \quad 0 \leqslant x \leqslant 10\,000\,元$$
如果决策者面临下列两份合同，如表 10-20 所示。

表 10-20

合同 \ 获利 x \ 概率	$P_1 = 0.6$	$P_2 = 0.4$
A/元	6500	0
B/元	4000	4000

问决策者倾向于签订哪份合同？

*10.6 A 先生失去 1000 元时效用值为 50，得到 3000 元时效用值为 120，并且在以下事件上无差别：肯定得到 10 元或以 0.4 机会失去 1000 元和 0.6 机会得到 3000 元。

B 先生在 −1000 元与 10 元时效用值与 A 同，但他在以下事件上态度无差别：肯定得到 10 元或 0.8 机会失去 1000 元和 0.2 机会得到 3000 元。问：

(1) A 先生 10 元的效用值有多大？
(2) B 先生 3000 元的效用值有多大？
(3) 比较 A 先生与 B 先生对风险的态度。

*10.7 某人有 20 000 元钱，可以拿出其中 10 000 元去投资，有可能全部丧失掉或第二年获得 40 000 元。

(1) 用期望值法计算当全部丧失掉的概率最大为多少时该人投资仍然有利。
(2) 如该人的效用函数为 $U(M) = \sqrt{M + 50\,000}$，重新计算全部丧失掉概率为多大时该人投资仍有利。

10.8 假设有外表完全相同的木盒 100 只，将其分为两组，一组内装白球，有 70 盒；另一组内装黑球，有 30 盒。现从这 100 盒中任取一盒，请你猜，如这盒内装的是白球，猜对了得 500 分，猜错了罚 200 分；如这盒内装的是黑球，猜对了得 1000 分，猜错了罚 150 分。有关数据列于表 10-21。

表 10-21

方案 \ 概率	自然状态 白 0.7	自然状态 黑 0.3
猜白	500	−200
猜黑	−150	1000

(1) 为使期望得分最多，应选哪一种方案？
(2) 试求出猜白和猜黑的转折概率。

10.9 某钟表公司计划通过它的销售网推销一种低价钟表，计划零售价为每块 10 元。对这种钟表有 3 个设计方案：方案 I 需一次投资 10 万元，投产后每块成本 5 元；方案 II 需一次投资 16 万元，投产后每块成本 4 元；方案 III 需一次投资 25 万元，投产后每块成本 3 元。该种钟表需求量不确切，但估计有 3 种可能：

E_1——30 000； E_2——120 000； E_3——200 000

(1) 建立此问题的损益矩阵。
(2) 分别用悲观法、乐观法及等可能法决定公司采用哪种设计方案。
(3) 建立后悔矩阵，用后悔值法决定采用哪种设计方案。

如果该钟表公司的负责人预测3种需求量的概率分别为0.15、0.75、0.10。

(1) 分别用期望值法和后悔值法决定该该公司应采用哪种设计方案。
(2) 如有一个部门能帮助调查市场的确切需求量，该公司最多愿意花多少调查费用？

10.10 某公司有50 000元多余资金，如用于某项开发事业估计成功率为96%，成功时一年可获利12%，但一旦失败，有丧失全部资金的危险。如把资金存放到银行中则可稳得年利6%。为获取更多情报，该公司求助于咨询服务，咨询费用为500元，但咨询意见只是提供参考，帮助下决心。据过去咨询公司类似200例咨询意见实施结果，情况见表10-22。

表 10-22

咨询意见＼实施结果	投资成功	投资失败	合计
可以投资	154次	2次	156次
不宜投资	38次	6次	44次
合计	192次	8次	200次

试用决策树法分析：
(1) 该公司是否值得求助于咨询服务？
(2) 该公司多余资金应如何合理使用？

10.11 某服装厂设计了一款新式女装准备推向全国。如直接大批生产与销售，主观估计成功与失败概率各为0.5，其分别的获利为1200万元与-500万元，如取消生产销售计划，则损失设计与准备费用40万元。为稳妥起见，可先小批生产试销，试销的投入需45万元。据历史资料与专家估计，试销成功与失败概率分别为0.6与0.4，又据过去情况大批生产销售为成功的例子中，试销成功的占84%，大批生产销售失败的事例中试销成功的占36%。试根据以上数据，先计算在试销成功与失败两种情况下，进行大批量生产与销售时成功与失败的各自概率，再画出决策树按EMV准则确定最优决策。

10.12 有一化工原料厂，由于某项工艺不太好，产品成本高。在价格保持中等水平的情况下无利可图，在价格低落时要亏本，只有在价格高时才盈利，且盈利也不多。现在工厂管理人员在编制五年计划时欲将该项工艺加以改革，用新工艺代替。取得新工艺有两种途径：一是自行研究，但成功的可能是0.6；二是买专利，估计谈判成功的可能性是0.8。不论研究成功或谈判成功，生产规模都有两种考虑方案：一是产量不变；二是产量增加。如果研究或谈判都失败，则仍采用原工艺进行生产，保持原产量。

根据市场预测，估计今后5年内这种产品跌价的可能性是0.1，保持中等水平的可能性是0.5，涨价可能性是0.4。其决策表如表10-23所示。

表 10-23

价格状态(P_i) \ 益损值 方案	按原工艺生产	买专利成功(0.8)		自行研究成功(0.6)	
		产量不变	增加产量	产量不变	增加产量
价格低落(0.1)	−100	−200	−300	−200	−300
中等(0.5)	0	50	50	0	−250
高涨(0.4)	100	150	250	200	600

决策问题：是购买外国专利，还是自行研制？

10.13 某海域天气变化无常。该地区有一渔业公司，每天决定是否出海捕鱼。若晴天出海，则可获利 15 万元；若阴天则亏损 5 万元。根据气象资料，当前季节该海域晴天的概率为 0.8，阴天概率为 0.2。为更好地掌握天气情况，公司成立了一个气象站，对相关海域进行气象预测。该气象预测站的预报精度如下，若某天是晴天，则预报准确率为 0.95；若某天是阴天，则预报的准确率为 0.9。若某天气象站预报为晴天，那是否应该出海？若预报是阴天，则是否应该出海？

10.14 某工厂的产品每 1000 件装成一箱出售，按批生产，按批装箱。由于生产工艺的复杂性，每箱中产品的次品率有 0.01、0.40、0.90 共 3 种可能，其概率分别是 0.2、0.6、0.2。现在的问题是：出厂前是否要对产品进行严格检验，将次品挑出。可以选择的行动方案有两个：①整箱检验，检验费为每箱 100 元；②整箱不检验，但如果顾客在使用中发现次品，每件次品除调换为合格品外还要赔偿 0.25 元损失费。为了更好地作出决定，可以先从一箱中随机抽取一件作为样本检验。然后根据这件产品是否次品再决定该箱是否要检验，抽样成本为 4.20 元。要决策的问题如下。

(1) 是否抽检？

(2) 如不抽检，是否进行整箱检验？

(3) 如果抽检，应如何根据抽检结果决定行动？

*第 11 章 图论与网络计划

欧拉在 1736 年发表了图论方面的第一篇论文,解决了著名的哥尼斯堡七桥问题。哥尼斯堡城中有一条河叫普雷格尔河,该河中有两个岛,河上有 7 座桥,如图 11-1 所示。

当时那里的居民热衷于这样的问题:一个散步者能否走过 7 座桥,且每座桥只走过一次,最后回到出发点。

1736 年欧拉将此问题归结为图 11-2 所示的一笔画问题,即能否从某一点开始,不重复地一笔画出这个图形,最后回到出发点。欧拉证明了这是不可能的,因为图 11-2 中的每个点都只与奇数条线相关联,不可能将此图不重复地一笔画成。这是古典图论中的一个著名问题。

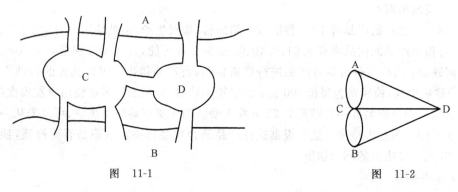

图 11-1　　　　　　　　　　图 11-2

许多研究的对象往往可以用一个图表示,研究的目的归结为图的极值问题,如前面介绍的运输问题和例 5.1 的最短路问题。随着科技的发展和计算机技术的进步,图论已经成为应用十分广泛的运筹学分支,它已广泛地应用于物理学、化学、控制论、信息论、科学管理、电子计算机等各个领域。在实际生产、生活和科学研究中,有很多问题可以用图论的理论和方法来解决。例如,最短路问题、最大流问题、运输和转运问题、最优匹配和最优指派问题、最优连线或最小生成树问题、旅行商问题、关键路线法与计划评审方法等。

11.1　图的基本概念

运筹学中研究的图具有下列特征。
(1) 用点表示研究对象,用边(有方向或无方向)表示对象之间的某种关系。
(2) 强调点与点之间的关联关系,不讲究图的比例大小与形状。
(3) 每条边上都赋有一个权的图称为赋权图。实际中权可以代表两点之间的距离、费用、利润、时间、容量等不同的含义。
(4) 建立一个网络模型,求最大值或最小值。

定义 11.1　图(graph)G 是一个偶对 (V, E),其中 $V = \{v_1, v_2, \cdots, v_n\}$ 是有限集,

$E=\{(v_i,v_j)|v_i,v_j\in V\}$。称 V 中的元素 $v_i(i=1,2,\cdots,n)$ 为图的**顶点**(Vertex),E 中的元素 $e=(v_i,v_j)$ 为图的**边**(Edge)或**弧**(Arc)。若 $e=(v_i,v_j)$ 是无序对,即 $(v_i,v_j)=(v_j,v_i)$,则称 G 为**无向图**(Undirected Graph)。若 $e=(v_i,v_j)$ 是有序对,即 $(v_i,v_j)\neq(v_j,v_i)$,则称 G 为**有向图**(Directed Graph)。若去掉有向图的方向,得到的图称为**基础图**(Underlying Graph)。

注:通常有向图的边称为**弧**,由弧构成的集记为 A,因此,有向图记为 $G(V,A)$,而无向图记为 $G(V,E)$。为方便起见,在后面的论述中,有时也用 $G(V,E)$ 表示有向图。

在无向图中,每一对顶点至多有一条边的图称为**简单图**(Simple Graph)。每一对不同的顶点都有一条边相连的简单图称为**完全图**(Complete Graph)。若一个图中的顶点集可以分解为两个子集 V_1 和 V_2,使得任何一条边都有一个端点在 V_1 中,另一个端点在 V_2 中,这种图称为**二部图**或**偶图**(Bipartite Graph)。

定义 11.2 在无向图 $G=(V,E)$ 中,若边 $e=(u,v)\in E$,则称 u、v 是 e 的**端点**,也称 u、v 是**相邻**的。称 e 是点 u(及点 v)的**关联边**。若图 G 中,某个边 e 的两个端点相同,则称 e 是**环**(如图 11-3 中的 e_9),若两个点之间有多于一条的边,称这些边为**多重边**(如图 11-3 中的 e_1、e_2 和 e_6、e_7)。一个无环、无多重边的图称为**简单图**,一个无环,但允许有多重边的图称为**多重图**。

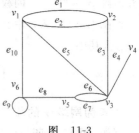

图 11-3

以点 v 为端点的边的个数称为 v 的**次**,记为 $d_G(v)$ 或 $d(v)$。如图 11-3 所示,$d(v_1)=4$,$d(v_6)=4$,$d(v_4)=1$(环 e_9 在计算 $d(v_6)$ 时算两次)。称次为 1 的点为**悬挂点**,悬挂点的关联边称为**悬挂边**,次为零的点称为**孤立点**。次为奇数的点称为**奇点**,否则称为**偶点**。

对于点和边,有以下两个结论。

(1) 图 $G=(V,E)$ 中,所有点的次之和是边数的两倍。

(2) 任一图中,奇点的个数为偶数。

定义 11.3 给定一个图 $G=(V,E)$,一个点、边交错序列 $(v_{i_1},e_{i_1},v_{i_2},e_{i_2},\cdots,v_{i_{k-1}},e_{i_{k-1}},v_{i_k})$,如果满足 $e_{i_t}=[v_{i_t},v_{i_{t+1}}](t=1,2,\cdots,k-1)$,则称为一条连接 v_{i_1} 和 v_{i_k} 的**链**,记为 $(v_{i_1},v_{i_2},\cdots,v_{i_{k-1}},v_{i_k})$。

链 $(v_{i_1},v_{i_2},\cdots,v_{i_{k-1}},v_{i_k})$ 中,若 $v_{i_1}=v_{i_k}$,则称之为一个**圈**,记为 $(v_{i_1},v_{i_2},\cdots,v_{i_{k-1}},v_{i_1})$。若链中的所有点都不相同,则称此链为**初等链**;若圈 $(v_{i_1},v_{i_2},\cdots,v_{i_{k-1}},v_{i_1})$ 中,$v_{i_1},v_{i_2},\cdots,v_{i_{k-1}}$ 都是不同的,则称为**初等圈**。以后说到链(圈),除非特别交代,均指初等链(圈)。

定义 11.4 图 G 中,若任何两点之间至少有一条链,则称 G 是**连通图**,否则称为**不连通图**。若 G 是不连通图,它的每个连通的部分称为 G 的一个**连通分图**(亦简称**分图**)。

设 $G_1=(V_1,E_1)$,$G_2=(V_2,E_2)$。如果 $V_2\subseteq V_1$,$E_2\subseteq E_1$,称 G_2 是 G_1 的**子图**;如果 $V_2=V_1$,$E_2\subseteq E_1$ 称 G_2 是 G_1 的**部分图**或**支撑子图**。如图 11-4(b)是图 11-4(a)的子图,而图 11-4(c)是图 11-4(a)的支撑子图。

在实际应用中,给定一个图 $G=(V,E)$ 或有向图 $G=(V,A)$,在 V 中指定两个点,一个称为始点(或发点),记作 v_1,一个称为终点(或收点),记作 v_n,其余的点称为中间点。对每一条弧 $(v_i,v_j)\in E$,对应一个数 w_{ij},称为弧上的"**权**"。通常把这种赋权的图称为**网络**。

定义 11.5 对于网络(赋权图)$G=(V,E)$,其中边 (v_i,v_j) 有权 w_{ij},构造矩阵 $A=$

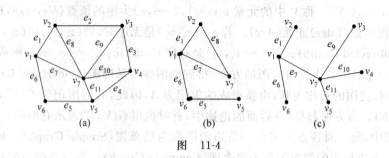

图 11-4

$(a_{ij})_{n \times n}$，其中

$$a_{ij} = \begin{cases} w_{ij}, & (v_i, v_j) \in E \\ 0, & (v_i, v_j) \notin E \end{cases}$$

则称矩阵 A 为网络 G 的**权矩阵**。

设图 $G = (V, E)$ 中顶点的个数为 n，构造一个矩阵 $A = (a_{ij})_{n \times n}$，其中

$$a_{ij} = \begin{cases} 1, & (v_i, v_j) \in E \\ 0, & (v_i, v_j) \notin E \end{cases}$$

称矩阵 A 为网络 G 的**邻接矩阵**。

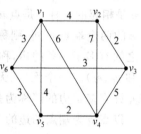

图 11-5

例如，图 11-5 所示的网络，其权矩阵和邻接矩阵分别为

$$A = \begin{array}{c} v_1 \\ v_2 \\ v_3 \\ v_4 \\ v_5 \\ v_6 \end{array} \begin{bmatrix} 0 & 4 & 0 & 6 & 4 & 3 \\ 4 & 0 & 2 & 7 & 0 & 0 \\ 0 & 2 & 0 & 5 & 0 & 3 \\ 6 & 7 & 5 & 0 & 2 & 0 \\ 4 & 0 & 0 & 2 & 0 & 3 \\ 3 & 0 & 3 & 0 & 3 & 0 \end{bmatrix} \quad 和 \quad B = \begin{array}{c} v_1 \\ v_2 \\ v_3 \\ v_4 \\ v_5 \\ v_6 \end{array} \begin{bmatrix} 0 & 1 & 0 & 1 & 1 & 1 \\ 1 & 0 & 1 & 1 & 0 & 0 \\ 0 & 1 & 0 & 1 & 0 & 1 \\ 1 & 1 & 1 & 0 & 1 & 0 \\ 1 & 0 & 0 & 1 & 0 & 1 \\ 1 & 0 & 1 & 0 & 1 & 0 \end{bmatrix}$$

$$\quad\quad\quad\quad v_1\ v_2\ v_3\ v_4\ v_5\ v_6 \quad\quad\quad\quad\quad\quad\quad v_1\ v_2\ v_3\ v_4\ v_5\ v_6$$

11.2 最小树问题

11.2.1 树的概念

一个无圈并且连通的无向图称为**树图**或简称**树**(Tree)。如图 11-6(b)是图 11-6(a)的一个管道铺设方案路线图，其特征是任意两点之间都有唯一的一条链(路)连通起来，是一棵树。类似组织机构、家谱、学科分支、因特网络、通信网络及高压线路网络等都能表达成一个树图。

树的性质如下。

(1) 树必连通，但无回路(圈)。

(2) n 个顶点的树必有 $n-1$ 条边。

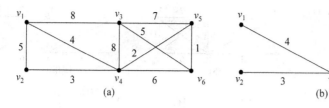

图 11-6

(3) 树中任意两个顶点之间,恰有且仅有一条链(初等链)。
(4) 树连通,但去掉任一条边,必变为不连通。
(5) 树无回路(圈),但不相邻的两个点之间加一条边,恰得到一个回路(圈)。

在一个连通图 G 中,取部分边连接 G 的所有点组成的树称为 G 的**部分树**或**支撑树**(Spanning Tree)。图 11-6(b)是图 11-6(a)的部分树,而图 11-7 中的 3 个图都不是图 11-6(a)的部分树,因为图 11-7(a)中 $\{v_1,v_2,v_4,v_3\}$ 形成一个圈(回路),图 11-7(b)中 $\{v_1,v_2,v_4,v_3\}$ 与 $\{v_5,v_6\}$ 之间不连通,图 11-7(c)没有包含点 v_1。

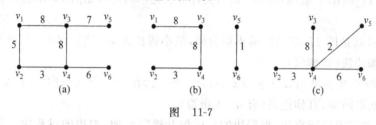

图 11-7

11.2.2 最小支撑树问题

赋权图在图的理论及应用方面有着重要的地位。赋权图不仅指出各个点之间的邻接关系,而且同时也表示出各点之间的数量关系。所以赋权图在工程技术及科学生产管理等领域最优化方面有着广泛的应用。最小支撑树问题就是赋权图上的最优化问题之一。

定义 11.6 如果 $T=(V,E')$ 是 G 的一个支撑树,称 E' 中所有边的权之和为支撑树 T 的权,记为 $\omega(T)$,即

$$\omega(T) = \sum_{[v_i,v_j]\in T} \omega_{ij}$$

如果支撑树 T^* 的权 $\omega(T^*)$ 是 G 的所有支撑树的权中最小者,即 $\omega(T^*)=\min_T\omega(T)$,则称 T^* 是 G 的**最小支撑树**(简称**最小树**)。

下面介绍两种求最小树的方法。

方法 1:破圈法。

方法:任取一圈,去掉圈中最长边(如果最长边有两条或两条以上,则任意去掉其中的一条),直到无圈。

例 11.1 用破圈法求图 11-6(a)的最小树。

解:破圈法步骤如下。

(1) 在图 11-6(a)中任意取一个圈,如 $\{v_1,v_3,v_4\}$,去掉最长边 $[v_1,v_3]$,见图 11-8(a)。

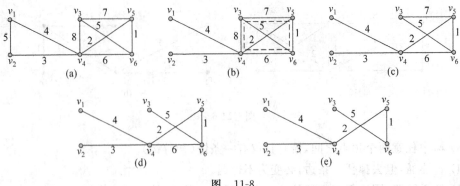

图 11-8

(2) 在图 11-8(a)中任取一圈$\{v_1,v_2,v_4\}$，去掉最长边$[v_1,v_2]$，见图 11-8(b)。

(3) 在图 11-8(b)中取圈$\{v_3,v_5,v_6,v_4\}$，去掉最长边$[v_3,v_4]$，见图 11-8(c)。

(4) 在图 11-8(c)中取圈$\{v_3,v_5,v_6\}$，去掉最长边$[v_3,v_5]$，见图 11-8(d)。

(5) 在图 11-8(d)中取圈$\{v_4,v_5,v_6\}$，去掉最长边$[v_4,v_6]$，见图 11-8(e)。已经没有圈，计算停止。

图 11-8(e)就是图 11-6(a)的最小部分树，最小树长为$\omega(T^*)=4+3+5+2+1=15$。

方法 2：加边法(避圈法)。

方法：取图G中的所有n个孤立点$(v_1,v_2,\cdots,v_n)$作为一个支撑图，从最短边开始往支撑图中添加，见圈回避，直到连通(有$n-1$条边)。

加边法是去掉图的所有边，根据边的长度按升顺序添加，加边的过程中不能形成圈，当所有点都连通时得到最小树。因此这种加边避圈的方法也称为避圈法。

例 11.2 用加边法求图 11-6(a)的最小树。

解：去掉所有边得到支撑图 11-9(a)。首先添加最短边$[v_5,v_6]$，再添加次短边$[v_4,v_5]$，依次进行下去，参见图 11-9。最后所有点都连通起来，得到最小树图 11-9(f)，最小树的长度为 15。

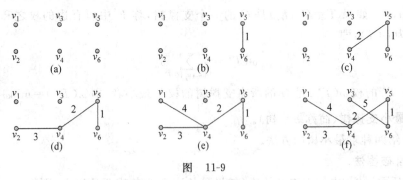

图 11-9

在图 11-9(e)中，如果添加边$[v_1,v_2]$就形成圈$\{v_1,v_2,v_4\}$，这时就应避开添加边$[v_1,v_2]$，添加下一条最短边$[v_3,v_6]$。避圈法和加边法得到树的形状可能不一样，但最小树的长度相等。

11.3 最短路问题

例 11.3 在图 11-10 中,用点表示城市,现有①~⑦共 7 个城市。点与点之间的连线表示城市间有道路相连,连线旁的数字表示道路的长度。请设计出从城市①到城市⑦的一条最短路。

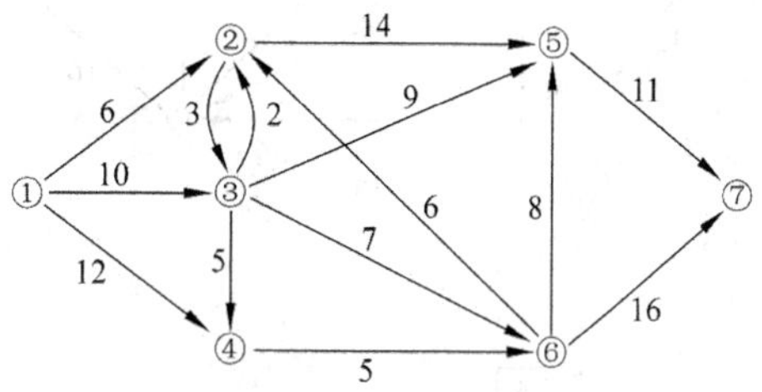

解:设 x_{ij} 为选择弧 (i,j) 的状态变量,w_{ij} 为弧 (i,j) 的权,选择弧 (i,j) 时 $x_{ij}=1$,不选择弧 (i,j) 时 $x_{ij}=0$,得到最短路问题的网络模型:

$$\min Z = \sum_{(i,j)\in E} w_{ij} x_{ij}$$

$$\text{s.t.} \begin{cases} x_{12} + x_{13} + x_{14} = 1 \\ \sum_{(i,j)\in E} x_{ij} - \sum_{(j,i)\in E} x_{ji} = 0, \quad i=2,3,\cdots,6 \\ x_{57} + x_{67} = 1 \\ x_{ij} = 0 \text{ 或 } 1, (i,j) \in E \end{cases}$$

图 11-10

模型中变量个数等于图的弧数,约束个数等于图的点数,如点 v_3 的约束是

$$x_{13} + x_{23} - x_{32} - x_{34} - x_{35} - x_{36} = 0$$

该模型是一个整数线性规划模型,可以采用第 3 章的方法求解。对于最短路问题在图上计算更简单。

11.3.1 有向图的 Dijkstra 算法

Dijkstra 算法的基本思想如下:若起点 v_s 到终点 v_t 的最短路经过点 v_1、v_2、v_3,则 v_1 到 v_t 的最短路是 $p_{1t} = \{v_1, v_2, v_3, v_t\}$,$v_2$ 到 v_t 的最短路是 $p_{2t} = \{v_2, v_3, v_t\}$,$v_3$ 到 v_t 的最短路是 $p_{3t} = \{v_3, v_t\}$。具体计算是在图上进行一种标号迭代的过程。

设弧 (i,j) 的长度为 $w_{ij} \geq 0$,v_i 到 v_j 的最短路记为 p_{ij},最短路长记为 L_{ij}。

点标号:$b(j)$ 表示起点 v_s 到点 v_j 的最短路长(距离),网络的起点 v_s 标号为 $b(s)=0$。

弧标号:$k(i,j) = b(i) + w_{ij}$。

(1) 找出所有起点 v_i 已标号、终点 v_j 未标号的弧,集合为 $B = \{(i,j) \mid v_i \text{ 已标号 } v_j \text{ 未标号}\}$,如果这样的弧不存在或 v_t 已标号,则计算结束。

(2) 计算集合 B 中弧的标号:$k(i,j) = b(i) + w_{ij}$。

(3) $b(l) = \min_j \{k(i,j) \mid (i,j) \in B\}$,在弧的终点 v_l 标号 $b(l)$,返回步骤(1)。

图 11-11~图 11-13 是利用 Dijkstra 算法寻找图 11-10 的最短路过程。

图 11-13(b)的终点 v_7 已标号,说明已得到 v_1 到 v_7 的最短路,计算结束。从终点 v_7 沿着加粗的箭头逆向追踪,v_1 到 v_7 的最短路为 $p_{17} = \{v_1, v_2, v_3, v_5, v_7\}$,最短路长为 $L_{17} = 29$。

从例 11.3 的计算可以看到。

(1) Dijkstra 算法可以求某一点 v_i 到其他各点 v_j 的最短路,只要将 v_j 看作路线的终

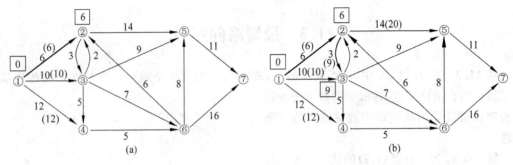

图 11-11

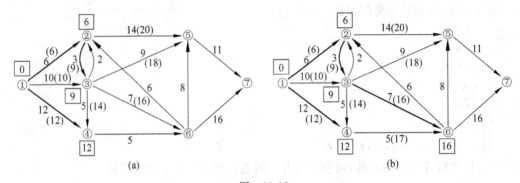

图 11-12

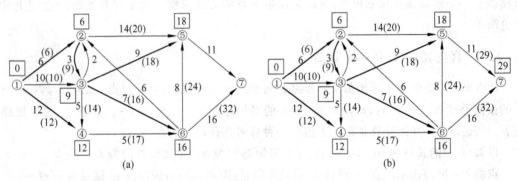

图 11-13

点,使 v_j 得到标号,如果 v_j 不能得到标号,说明 v_i 不可到达 v_j。

图 11-13(b)的每个点都得到标号,说明 v_1 到其他各点的最短路已经找到,如 v_1 到 v_6 的最短路是 $p_{16} = \{v_1, v_2, v_3, v_6\}$,最短路长为 16。

(2) Dijkstra 算法可以求任意两点之间的最短路(最短路存在),只要将两个点看作路线的起点和终点,然后进行标号。

(3) 最短路线可能不唯一,但最短路长相等。

(4) Dijkstra 算法的条件是弧长非负,问题是求最小值,对于最大值问题无效。

Dijkstra 算法又称为标号法,有的教材采用直接在图中的点上标号来完成整个过程。此种标号方法的规则如下:

标号由两部分构成,如 v_i 点的标号写成 $(v_k, b(i))$,其中,$b(i)$ 为从始点到 v_i 点的最短路长,v_k 为该最短路上与 v_i 的邻接点。为了与前面介绍的 Dijkstra 算法相区别,以后称此标号规则为**改进标号法**。

下面采用改进标号法完成设备更新问题。

例 11.4 (设备更新问题)已知某设备 5 年内的购置费及各年的维修费如表 11-1 所示。

表 11-1

第 i 年度	1	2	3	4	5
购置费	11	11	12	12	13
设备役龄	0～1	1～2	2～3	3～4	4～5
维修费用	5	6	8	11	18

求:5 年内,哪些年初购置新设备,可以使 5 年内的设备购置费与设备维修费的总和最小。

解:可行的购置方案(更新计划)有很多,例如:

方案 1:每年购置一台新的,则对应的费用为
$$11 + 11 + 12 + 12 + 13 + 5 + 5 + 5 + 5 + 5 = 84$$

方案 2:第 1 年购置新的,一直用到第 5 年年底,则总费用为
$$11 + 5 + 6 + 8 + 11 + 18 = 59$$

显然不同的方案对应不同的费用。

设备更新问题是动态规划的一类问题(事实上,最短路问题也是动态规划的一类问题),这里借助于最短路方法解决设备更新问题。将此问题用一个赋权有向图来描述,然后求这个赋权有向图的最短路。

用 6 个点 $(v_1, \cdots, v_6)$ 表示各年的开始,即 v_i 表示第 i 年初(也即上年末),(v_i, v_j) 表示第 i 年初购买新设备用到第 j 年初($j-1$ 年底),而 w_{ij} 表示相应费用,则 5 年的一个更新计划相当于从 v_1 到 v_6 的一条路。这样构成的设备更新网络图如图 11-14 所示。

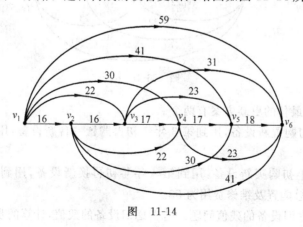

图 11-14

图中弧 (v_i, v_j) 上的数字为从 v_i 点到 v_j 点的购置费与维修费用之和,即弧的权 w_{ij},计算方法如下:

$$w_{12}=11+5=16, \quad w_{13}=11+5+6=22, \quad w_{14}=11+5+6+8=30$$
$$w_{15}=11+5+6+8+11=41, \quad w_{16}=11+5+6+8+11+18=59$$
$$w_{23}=11+5=16, \quad w_{24}=11+5+6=22, \quad w_{25}=11+5+6+8=30$$
$$w_{26}=11+5+6+8+11=41$$
$$w_{34}=12+5=17, \quad w_{35}=12+5+6=23, \quad w_{36}=12+5+6+8=31$$
$$w_{45}=12+5=17, \quad w_{46}=12+5+6=23, \quad w_{56}=13+5=18$$

对各点进行标号：

(1) $b(v_1)=0$，v_1 点的标号为 $(v_1,0)$。

(2) $b(v_2)=\min\{b(v_1)+w_{12}\}=0+16=16$，$v_2$ 点的标号为 $(v_1,16)$。

(3) $b(v_3)=\min\{b(v_1)+w_{13},b(v_2)+w_{23}\}=\min\{0+22,16+16\}=22$，$v_3$ 点的标号为 $(v_1,22)$。

(4) $b(v_4)=\min\{b(v_1)+w_{14},b(v_2)+w_{24},b(v_3)+w_{34}\}=30$，$v_4$ 点的标号为 $(v_1,30)$。

(5) $b(v_5)=\min\{b(v_1)+w_{15},b(v_2)+w_{25},b(v_3)+w_{35},b(v_4)+w_{45}\}=41$，$v_5$ 点的标号为 $(v_1,41)$。

(6) $b(v_6)=\min\{b(v_1)+w_{16},b(v_2)+w_{26},b(v_3)+w_{36},b(v_4)+w_{46},b(v_5)+w_{56}\}=53$。在计算 $b(v_6)$ 时，由于 $b(v_3)+w_{36}$ 和 $b(v_4)+w_{46}$ 的值均为 53，所以 v_6 点的标号有两个，即 $(v_3,53)$ 和 $(v_4,53)$。

完成标号后的网络图如图 11-15 所示。

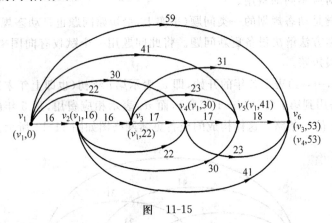

图 11-15

由此反推，可得最佳的更新方案有两个。

(1) 第 1 年年初购置新设备，用到第 3 年年初再购置一台新设备，用到第 6 年年初（即第 5 年年底）。

(2) 在第 1 年年初购买新设备，用到第 4 年年初再换新设备，用到第 6 年年初（即第 5 年年底）。最小的总购置及维修费用为 53。

在此例中未考虑旧设备的残值问题。若考虑旧设备的残值，计算的步骤与以上的一样，仅在求 w_{ij} 时将可能的残值从中去掉即可。

前面曾指出，Dijkstra 算法的条件是弧长非负。对于带有负权的边时，一般采用逐次逼近法（感兴趣的读者可参考其他文献），但改进标号法也可用来求解带有负权边的最短路问题。下面看一个简单例题。

例 11.5 求图 11-16 中 v_1 到各点的最短路。

解：根据改进标号法的标号规则，标号后的网络图如图 11-17 所示。在图中可以找出从 v_1 到任意一点的最短路，比如从 v_1 到 v_8 的最短路线为 $\{v_1,v_3,v_6,v_8\}$，路长为 6；从 v_1 到 v_7 的最短路线为 $\{v_1,v_3,v_4,v_7\}$，路长为 -5；v_1 到 v_2 的最短路线为 $\{v_1,v_3,v_2\}$，路长为 -5。

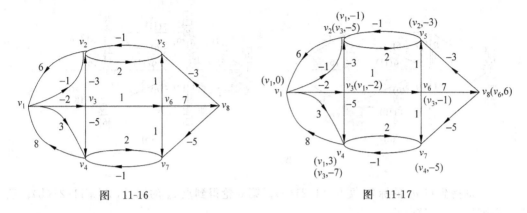

图 11-16   图 11-17

11.3.2 无向图的 Dijkstra 算法

如果 v_i 与 v_j 之间存在一条无方向的边相关联，说明 v_i 与 v_j 两点之间可以互达。当 v_i 与 v_j 之间至少有两条边相关联时，留下一条最短边，去掉其他关联边。对于无向图最短路的求解 Dijkstra 算法同样有效。

标号方法与有向图相同，路线的起点标号 0，将标号的第 1 步改为：找出所有一端 v_i 已标号另一端 v_j 未标号的边，集合为 $\boldsymbol{B}=\{[i,j] \mid v_i$ 已标号 v_j 未标号$\}$，如果这样的边不存在或 v_i 已标号则计算结束。点标号和边标号的计算公式相同。

例 11.6 用 Dijkstra 算法求图 11-18 所示的 v_1 到其他各点的最短路。

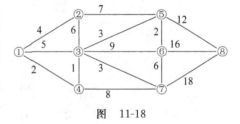

图 11-18

解：起点 v_1 标号 0。

第 1 轮：一端已标号另一端未标号的边集合 $\boldsymbol{B}=\{[1,2],[1,3],[1,4]\}$，$k(1,2)=b(1)+w_{12}=0+4=4$，$k(1,3)=0+5=5$，$k(1,4)=0+2=2$，将边的标号用圆括号填在边上。$\min\{k(1,2),k(1,3),k(1,4)\}=\min\{4,5,2\}=2$，$k(1,4)=2$ 最小，点 v_4 标号 2，见图 11-19(a)。

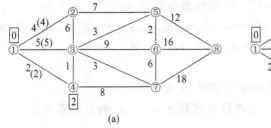   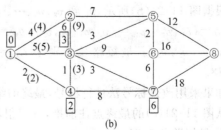

(a)   (b)

图 11-19

第 2 轮：图 11-19(a)中，$B=\{[1,2],[1,3],[4,3],[4,7]\}$，$k(4,3)=2+1=3$，$k(4,7)=2+8=10$，$\min\{k(1,2),k(1,3),k(4,3),k(4,7)\}=\min\{4,5,3,10\}=3$，$k(4,3)=3$ 最小，点 v_3 标号 3，见图 11-19(b)。

继续标号，第 3 轮得到点 v_2 的标号，见图 11-20(a)。第 4 轮得到两个点 v_5、v_7 的标号，见图 11-20(b)。

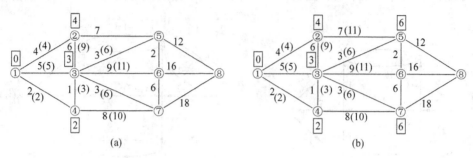

图 11-20

第 5 轮得到点 v_6 的标号，见图 11-21(a)。第 6 轮得到点 v_8 的标号，见图 11-21(b)。所有点得到标号，计算结束。

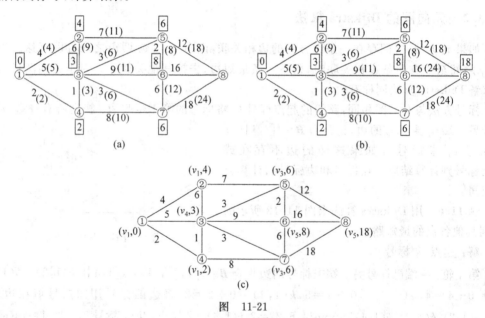

图 11-21

根据图 11-21(b)所示，v_1 到 v_2、v_3、…、v_8 的最短路分别是 $p_{12}=\{v_1,v_2\}$，$p_{13}=\{v_1,v_4,v_3\}$，$p_{14}=\{v_1,v_4\}$，$p_{15}=\{v_1,v_4,v_3,v_5\}$，$p_{16}=\{v_1,v_4,v_3,v_5,v_6\}$，$p_{17}=\{v_1,v_4,v_3,v_7\}$，$p_{18}=\{v_1,v_4,v_3,v_5,v_8\}$。最短路长分别是 $L_{12}=4$，$L_{13}=3$，$L_{14}=2$，$L_{15}=6$，$L_{16}=8$，$L_{17}=6$，$L_{18}=18$。

如果采用改进标号法进行标号，最终的结果如图 11-21(c)所示。

从图 11-21(c)的最终点往前推，可以很容易地找到从 v_1 到 v_8 的最短路为$\{v_1,v_4,v_3,v_5,v_8\}$，最短路长为 18。

11.3.3 最短路的 LINGO 求解过程

对于有向赋权图,假设图有 n 个顶点,现需要求从顶点 1 到顶点 n 的最短路。设决策变量为 x_{ij},当 $x_{ij}=1$,说明弧 (i,j) 位于顶点 1 至顶点 n 的路上;否则 $x_{ij}=0$。其数学规划表达式为

$$\min Z = \sum_{(i,j)\in E} w_{ij} x_{ij} \tag{11-1}$$

$$\sum_{(i,j)\in E} x_{ij} - \sum_{(j,i)\in E} x_{ji} = \begin{cases} 1, & i=1 \\ -1, & i=n \\ 0, & i\neq 1,n \end{cases} \tag{11-2}$$

$$x_{ij} \geqslant 0, \quad (i,j) \in E \tag{11-3}$$

该模型是一个整数线性规划模型,下面按照规划问题设计 LINGO 求解程序。

例 11.7 (有向图的最短路问题) 求例 11.3 中,从城市①到城市⑦的最短路。

解:写出相应的 LINGO 程序。

```
MODEL:
1] sets:
2]   cities/p1,p2,p3,p4,p5,p6,p7/;
3]   roads(cities,cities)/p1,p2 p1,p3 p1,p4
4]     p2,p3 p2,p5
5]     p3,p2 p3,p4 p3,p5 p3,p6
6]     p4,p6
7]     p5,p7
8]     p6,p2 p6,p5 p6,p7 /: w,x;
9] endsets
10] data:
11]   w=6,10,12,3,14,2,5,9,7,5,11,6,8,16;
12] enddata
13] n=@size(cities);
14] min=@sum(roads:w* x);
15] @for(cities(i)|i #ne#1 #and# i #ne#n:
16]     @sum(roads(i,j):x(i,j))=@sum(roads(j,i):x(j,i)));
17] @sum(roads(i,j)|i #eq#1:x(i,j))=1;
END
```

在上述程序中,第 13 行中的 $n=@\text{size}(cities)$ 是计算集 cities 的个数,这里的计算结果是 $n=7$,这种编写方法的目的在于提高程序的通用性;第 14 行表示目标函数,即求道路的最小权值。第 15、16 行表示最短路中中间点的约束条件,第 17 行表示最短路中起点的约束。

约束(11-2)中 $i=n$ 的情形,也就是最短路中终点的情形,没有列在程序中,因为终点的约束方程与前 $n-1$ 个方程线性相关。当然,如果将此方程列入 LINGO 程序中,计算时也不会出现任何问题,因为 LINGO 软件可以自动删除描述线性规划可行解中的多余方程。

LINGO 软件计算结果(仅保留非零变量)如下:

```
Global optimal solution found.
Objective value:          29.00000
Total solver iterations:         3
     Variable      Value     Reduced Cost
     x(p1,p2)    1.000000      0.000000
     x(p2,p3)    1.000000      0.000000
     x(p3,p5)    1.000000      0.000000
     x(p5,p7)    1.000000      0.000000
```

即最短路是 1→2→3→5→7,最短路长为 29 个单位。

例 11.8 利用 LINGO 程序求解例 11.4 的设备更新问题。

解:在例 11.4 中,已经求出了各有向弧的权 w_{ij},标注在图 11-22 所示的网络图中。

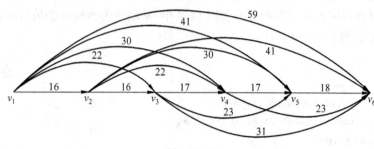

图 11-22

权矩阵为

$$\begin{bmatrix} 16 & 22 & 30 & 41 & 59 \\ & 16 & 22 & 30 & 41 \\ & & 17 & 23 & 31 \\ & & & 17 & 23 \\ & & & & 18 \end{bmatrix}$$

相应的 LINGO 程序清单如下:

```
MODEL:
1]sets:
2]nodes/1..6/;
3]arcs(nodes,nodes)|&1 #lt# &2:w,x;
4]endsets
5]data:
6]w=16 22 30 41 59
7]    16 22 30 41
8]       17 23 31
9]          17 23
10]            18;
11]enddata
```

```
12]n=@size(nodes);
13]min=@sum(arcs:w*x);
14]@for(nodes(i)|i #ne#1 #and#i #ne#n:
15]    @sum(arcs(i,j):x(i,j))=@sum(arcs(j,i):x(j,i)));
16]@sum(arcs(i,j)|i #eq#1:x(i,j))=1;
END
```

程序中的第3行中"&1 #lt# &2"是逻辑运算语句,表示所说明的变量只有行小于列的部分,因此所说明的矩阵是上三角阵。

LINGO软件的计算结果(仅保留非零变量)如下:

```
Global optimal solution found.
Objective value:            53.00000
Total solver iterations:    0
    Variable      Value      Reduced Cost
    x(1,4)     1.000000      0.000000
    x(4,6)     1.000000      0.000000
```

即第1年初购买设备,第4年初再购买新设备用到第5年年末,总费用为53。

与用最短路算法得出的结论相比较,用 LINGO 所求得的更新方案只有一个。在前面曾经介绍,当出现多个解时,LINGO 只能输出一个。

例 11.9 (无向图的最短路问题)求图 11-23 中 v_1 到 v_{11} 的最短路。

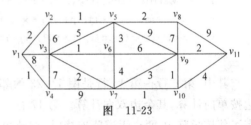

图 11-23

解:可以这样理解无向图的最短路问题:把从点 v_1 到点 v_i 和点 v_j 到点 v_{11} 的边看成有向弧,其他各条边均看成有不同方向的双向弧。这样,就可以按照前面例 11.7 所介绍的有向图的最短路问题来编写程序,但按照这种方法编写的 LINGO 程序相当于边(弧)增加了一倍。下面是选择邻接矩阵和赋权矩阵方法编写的 LINGO 程序清单。

```
MODEL:
1]sets:
2] cities/1..11/;
3] roads(cities,cities):p,w,x;
4]endsets
5]data:
6]p=0 1 1 1 0 0 0 0 0 0 0
7]   0 0 1 0 1 0 0 0 0 0 0
8]   0 1 0 1 1 1 1 0 0 0 0
9]   0 0 1 0 0 0 1 0 0 0 0
10]  0 1 1 0 0 1 0 1 1 0 0
11]  0 0 1 0 1 0 1 0 1 0 0
12]  0 0 1 1 0 1 0 0 1 1 0
```

```
13]   0 0 0 0 1 0 0 0 1 0 1
14]   0 0 0 0 1 1 1 1 0 1 1
15]   0 0 0 0 0 0 1 0 1 0 1
16]   0 0 0 0 0 0 0 0 0 0 0;
17]w= 0 2 8 1 0 0 0 0 0 0 0
18]   0 0 6 0 1 0 0 0 0 0 0
19]   0 6 0 7 5 1 2 0 0 0 0
20]   0 0 7 0 0 0 9 0 0 0 0
21]   0 1 5 0 0 3 0 2 9 0 0
22]   0 0 1 0 3 0 4 0 6 0 0
23]   0 0 2 9 0 4 0 0 3 1 0
24]   0 0 0 2 0 0 0 7 0 9
25]   0 0 0 0 9 6 3 7 0 1 2
26]   0 0 0 0 0 0 1 0 1 0 4
27]   0 0 0 0 0 0 0 0 0 0 0;
28]enddata
29]n=@size(cities);
30]min=@sum(roads:w*x);
31]@for(cities(i)|i #ne#1 #and# i #ne#n:
32]    @sum(cities(j):p(i,j)*x(i,j))
33]    =@sum(cities(j):p(j,i)*x(j,i)));
34]@sum(cities(j):p(1,j)*x(1,j))=1;
END
```

其中,第 6 行～第 16 行是图 11-23 的邻接矩阵 $\boldsymbol{P}$,v_1 到 v_2、v_3、v_4 和 v_8、v_9、v_{10} 到 v_{11} 的边按单向计算,其余边双向计算。第 17 行～第 27 行给出了图 11-23 的赋权矩阵 $\boldsymbol{W}$。由于有了邻接矩阵 $\boldsymbol{P}$,两点无道路连接时,权值可以定义为 0,其他的处理方法基本上与有向图相同。

LINGO 软件求解的结果如下(仅保留非零变量):

```
Global optimal solution found.
Objective value:            13.00000
Total solver iterations:         11
      Variable      Value    Reduced Cost
         x(1,2)   1.000000        0.000000
         x(2,5)   1.000000        0.000000
         x(3,7)   1.000000        0.000000
         x(5,6)   1.000000        0.000000
         x(6,3)   1.000000        0.000000
         x(7,10)  1.000000        0.000000
         x(9,11)  1.000000        0.000000
         x(10,9)  1.000000        0.000000
```

图 11-20 的最短路径为 1→2→5→6→3→7→10→9→11,最短路长度为 13。

11.4 网络最大流问题

许多系统包含了流量的问题,如输油、输气管道、公交系统、金融系统等。

例 11.10 （最大流问题）现需要将城市 s 的石油通过管道运送到城市 t,中间有 4 个中转站 v_1、v_2、v_3、v_4,城市与中转站的连接以及管道的容量如图 11-24 所示,求从城市 s 到城市 t 的最大流。

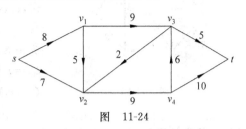

图 11-24

例 11.10 就是一个最大流问题。最大流问题涉及图论中的网络及相关概念,下面给出相关的具体定义。

11.4.1 网络与最大流的基本概念

定义 11.7 设一个赋权有向图 $D=(V,E)$,在 V 中指定一个发点 v_s 和一个收点 v_t,其他的点称为中间点。对于 D 中的每一个弧 $(v_i,v_j) \in E$,都有一个非负数 c_{ij},称为**弧的容量**。我们把这样的图 D 称为一个**容量网络**,简称**网络**,记作 $D=(V,E,C)$。

网络 D 上的**流**,是指定义在弧集合 E 上的一个函数:
$$f = \{f(v_i,v_j)\} = \{f_{ij}\}$$
其中,$f(v_i,v_j) = f_{ij}$ 称为弧上的流量。

定义 11.8 称满足下列条件的流为**可行流**。

（1）容量条件:对于每一个弧 $(v_i,v_j) \in E$,有 $0 \leqslant f_{ij} \leqslant c_{ij}$。

（2）平衡条件:

对于发点 v_s 和收点 v_t,有 $\sum\limits_{(v_s,v_i) \in E} f_{si} = \sum\limits_{(v_j,v_t) \in E} f_{jt} = v(f)$;

对于中间点,有 $\sum\limits_{(v_i,v_j) \in E} f_{ij} = \sum\limits_{(v_j,v_k) \in E} f_{jk}$。

可行流中 $f_{ij} = c_{ij}$ 的弧称为**饱和弧**,$f_{ij} < c_{ij}$ 的弧称为**非饱和弧**。$f_{ij} > 0$ 的弧称为**非零流弧**,$f_{ij} = 0$ 的弧称为**零流弧**。

定义 11.9 容量网络 G,若 μ 为网络中从 v_s 到 v_t 的一条链,给 μ 定向为从 v_s 到 v_t,μ 上的弧凡与 μ 方向相同的称为**前向弧**,凡与 μ 方向相反的称为**后向弧**,其集合分别用 μ^+ 和 μ^- 表示。f 是一个可行流,如果满足:

$$\begin{cases} 0 \leqslant f_{ij} < c_{ij}, & (v_i,v_j) \in \mu^+ \\ 0 < f_{ij} \leqslant c_{ij}, & (v_i,v_j) \in \mu^- \end{cases}$$

即 μ^+ 中的每一条弧都是非饱和弧,μ^- 中的每一条弧都是非零流弧,则称 μ 为从 v_s 到 v_t 的关于 f 的一条**增广链**。

推论:可行流 f 是最大流的充分必要条件是不存在从 v_s 到 v_t 的关于 f 的一条增广链。

定义 11.10 容量网络 $G=(V,E,C)$,v_s 为始点,v_t 为终点。如果把 V 分成两个非空集

合 S、$\bar{S}$，使 $v_s \in S, v_t \in \bar{S}$，则所有始点属于 S，而终点属于 $\bar{S}$ 的弧的集合，称为由 S 决定的**截集**，记作 $(S, \bar{S})$。截集 $(S, \bar{S})$ 中所有弧的容量之和，称为这个截集的**容量**，记为 $C(S, \bar{S})$。

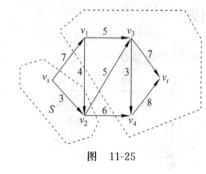

图 11-25

如在网络图 11-25 中，定义 $S = (v_s, v_2)$，$\bar{S} = (v_1, v_3, v_4, v_t)$，则

$$(S, \bar{S}) = \{(v_s, v_1), (v_2, v_4), (v_2, v_3)\}$$

为由 S 决定的截集，截集的容量为 $C(S, \bar{S}) = l_{s1} + l_{24} + l_{23} = 7 + 6 + 5 = 18$。而弧 (v_1, v_2)、(v_1, v_3)、(v_3, v_4)、(v_3, v_t)、(v_4, v_t) 不是截集 $(S, \bar{S})$ 中的弧。

不难证明，任何一个可行流的流量 $v(f)$ 都不会超过任一截集的容量，即 $v(f) \leqslant c(S, \bar{S})$。

若对于一个可行流 f^*，网络中有一个截集 $(S^*, \bar{S}^*)$，使得 $v(f^*) = c(S^*, \bar{S}^*)$，则 f^* 必是最大流，而 $(S^*, \bar{S}^*)$ 必是 G 的所有截集中容量最小的一个，即最小截集。

最大流量最小截量定理：任一网络 G 中，从 v_s 到 v_t 的最大流的流量等于分离 v_s、v_t 的最小截集的容量。

11.4.2 求最大流的标号法

(1) 给发点 v_s 标号 $(0, +\infty)$。

(2) 取一个已标号的点 v_i，对于 v_i 一切未标号的邻接点 v_j，按下列规则处理：

如果边 $(v_j, v_i) \in E$，且 $f_{ji} > 0$，那么给 v_j 标号 $(-v_i, \delta_j)$，其中，$\delta_j = \min(f_{ji}, \delta_i)$。

如果边 $(v_i, v_j) \in E$，且 $f_{ij} < c_{ij}$，那么给 v_j 标号 $(+v_i, \delta_j)$，其中，$\delta_j = \min(c_{ij} - f_{ij}, \delta_i)$。

(3) 重复步骤(2)，直到 v_t 被标号或标号过程无法进行下去，则标号结束。若 v_t 被标号，则存在一条增广链 μ，转(4)调整过程；若 v_t 未被标号，而标号过程无法进行下去，这时的可行流就是最大流。

(4) 调整过程。

在增广链中，设

$$\delta_1 = \min\{c_{ij} - f_{ij} \mid (v_i, v_j) \in \mu^+\}$$
$$\delta_2 = \min\{f_{ij} \mid (v_i, v_j) \in \mu^-\}$$
$$\delta = \min(\delta_1, \delta_2)$$

令

$$f'_{ij} = \begin{cases} f_{ij} + \delta, & (v_i, v_j) \in \mu^+ \\ f_{ij} - \delta, & (v_i, v_j) \in \mu^- \\ f_{ij}, & (v_i, v_j) \notin \mu \end{cases}$$

将调整了流量的网络去掉所有标号，回到第(1)步，对可行流重新标号。

例 11.11 求图 11-26 所示网络中的最大流，弧旁数为 (c_{ij}, f_{ij})。

解：按照标号法的前 3 步，给网络中的各

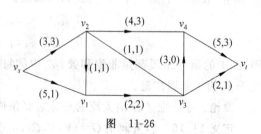

图 11-26

点进行标号,如图 11-27(a)所示。从图 11-27(a)可以看出,v_t 被标号,因此可以找到一条增广链,如图 11-27(b)中的双线所示(当然增广链可能不止一条)。

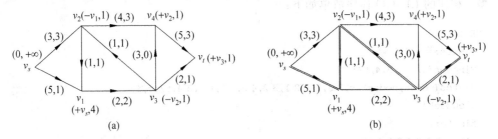

图 11-27

在增广链(v_s,v_1,v_2,v_3,v_t)中,调整量 $\delta=\min\{5-1,1,1,2-1\}=1$,按照调整规则对图 11-27(b)中的流量进行调整,并去掉所有的标号,得到如图 11-28(a)所示的网络图。对图 11-28(a)继续标号,得到图 11-28(b)。

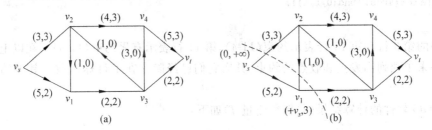

图 11-28

在图 11-28(b)中,v_t 未被标号,因此标号过程结束。划定截集为
$$\{(v_s,v_1),(v_2,v_3,v_4,v_t)\}$$
最大流量为 $l_{s2}+l_{13}=5$。

一般地,划定截集的方法是将有标号的点以及发点划入集合 S,而将其他的点划入 $\overline{S}$。

由上述可知,用标号法求最大流的结果,同时得到一个最小截集。最小截集容量的大小直接影响总的输送量的提高。因此,为了提高总的输送量,必须首先考虑改善最小截集中各弧的输送状况,提高它们的通过能力。另一方面,一旦最小截集中弧的通过能力降低,就会使总的输送量减少。

11.4.3 求解网络最大流问题的 LINGO 程序

由定义 11.8 关于可行流的定义,可以推导出最大流的数学规划表达式如下:

$$\max \quad v_f$$
$$\text{s.t.} \sum_{(v_i,v_j)\in E} f_{ij} - \sum_{(v_j,v_i)\in E} f_{ji} = \begin{cases} v_f, & i=s \\ -v_f, & i=t \\ 0, & i\neq s,t \end{cases} \quad (11\text{-}4)$$
$$0 \leqslant f_{ij} \leqslant c_{ij} \quad (11\text{-}5)$$

从上面的表达式可以看出,最大流问题其实就是一种规划问题,因此可以采用 LINGO

软件进行求解。下面用例子说明如何用 LINGO 软件求解最大流问题。

例 11.12 (继例 11.10)用 LINGO 软件求解例 11.10。

解:相应的 LINGO 程序清单如下:

```
MODEL:
1]sets:
2]nodes/s,1,2,3,4,t/;
3]arcs(nodes,nodes)/s,1 s,2 1,2 1,3 2,4 3,2 3,t 4,3 4,t/:c,f;
4]endsets
5]data:
6]c=8 7 5 9 9 2 5 6 10;
7]enddata
8]max=@sum(arcs(i,j)|i #eq# 1:f(i,j));
9]@for(nodes(i)|i #ne# 1 #and# i #ne# @size(nodes):
10]    @sum(arcs(i,j):f(i,j))-@sum(arcs(j,i):f(j,i))=0);
11]@for(arcs:@bnd(0,f,c));
END
```

程序的第 9 行和第 10 行表示约束(11-4),第 11 行表示有界约束(11-5)。在以上的程序清单中并未单独列出发点和收点的约束,其实它们已经隐含在了目标函数及其他约束条件之中了。

LINGO 软件的计算结果(只保留流量 f)如下:

```
Global optimal solution found.
Objective value:              14.00000
Total solver iterations:             3
          Variable    Value    Reduced Cost
           f(s,1)   7.000000      0.000000
           f(s,2)   7.000000      0.000000
           f(1,2)   2.000000      0.000000
           f(1,3)   5.000000      0.000000
           f(2,4)   9.000000     -1.000000
           f(3,2)   0.000000      0.000000
           f(3,t)   5.000000     -1.000000
           f(4,3)   0.000000      1.000000
           f(4,t)   9.000000      0.000000
```

因此,该网络的最大流为 14,f 的值对应弧上的流,如图 11-29 所示,其中网络中的第 1 个数为容量,第 2 个数为流量。

上面的程序采用了稀疏集的编写方法。以下的程序编写方法是利用邻接矩阵,这样可以不使用稀疏集的编写方法,更便于推广到复杂网络。

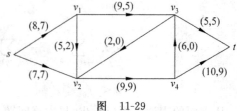

图 11-29

MODEL:

```
sets:
nodes/s,1,2,3,4,t/;
arcs(nodes,nodes):p,c,f;
endsets
data:
p=0 1 1 0 0 0
  0 0 1 1 0 0
  0 0 0 0 1 0
  0 0 1 0 0 1
  0 0 0 1 0 1
  0 0 0 0 0 0;
c=0 8 7 0 0 0
  0 0 5 9 0 0
  0 0 0 0 9 0
  0 0 2 0 0 5
  0 0 0 6 0 10
  0 0 0 0 0 0;
enddata
max=@sum(nodes(i):p(1,i) * f(1,i));
@for(nodes(i)|i #ne#1 #and#i #ne#@size(nodes)):
    @sum(nodes(j):p(i,j) * f(i,j))
        -@sum(nodes(j):p(j,i) * f(j,i))=0);
@for(arcs:@bnd(0,f,c));
END
```

上述程序使用了邻接矩阵,当两点之间无弧时,定义弧容量为零。运行以上程序,所得计算结果与前面程序的结果完全相同。

11.4.4 最小费用最大流问题

在实际生活中涉及"流"的问题时,人们考虑的还不只是流量,而且还有"费用"的因素,本节介绍的最小费用最大流问题就是此类问题之一。

给定一个流量网络 $G(V,E,U)$,每一弧 $(v_i,v_j) \in E$ 上,除了已给容量 $u(v_i,v_j)$(简记为 u_{ij})外,还给了一个单位流量的费用 $c(v_i,v_j) \geqslant 0$,$c(v_i,v_j)$ 简记为 c_{ij}。**最小费用最大流问题**就是要求一个最大流 f,使得流的总输送费用

$$C(f) = \sum_{(v_i,v_j) \in E} c_{ij} f_{ij}$$

取极小值。

下面介绍解决这个问题的一种方法。

从 11.4.3 节可知,寻求最大流的方法是从某个可行流出发,找到关于这个流的一条增广链 μ。沿着 μ 调整 f,对新的可行流寻求关于它的增广链,如此反复直至最大流。现在要寻求最小费用的最大流,首先考查一下,当沿着一条关于可行流 f 的增广链 μ,以 $\theta=1$ 调整 f 得到新的可行流 f' 时(显然 $v(f')=v(f)+1$),$C(f')$ 比 $C(f)$ 增加多少?不难看出

$$C(f') - C(f) = \sum_{\mu^+} c_{ij}(f'_{ij} - f_{ij}) - \sum_{\mu^-} c_{ij}(f'_{ij} - f_{ij}) = \sum_{\mu^+} c_{ij} - \sum_{\mu^-} c_{ij}$$

把 $\sum_{\mu^+} c_{ij} - \sum_{\mu^-} c_{ij}$ 称为这条增广链 μ 的"费用"。

可以证明,若 f 是流量为 $v(f)$ 的所有可行流中费用最小者,而 μ 是关于 f 的所有增广链中费用最小的增广链,那么沿 μ 去调整 f,得到的可行流 f' 就是流量为 $v(f')$ 的所有可行流中的最小费用流。这样,当 f' 是最大流时,它也就是所要求的最小费用最大流了。

注意到,由于 $c_{ij} \geq 0$,所以 $f = 0$ 必是流量为 0 的最小费用流。这样,总可以从 $f = 0$ 开始。一般地,设已知 f 是流量 $v(f)$ 的最小费用流,余下的问题就是如何去寻求关于 f 的最小费用增广链。为此,可构造一个赋权有向图 $W(f)$,它的顶点是原网络 G 的顶点,而把 G 中的每一条弧 (v_i, v_j) 变成两个相反方向的弧 (v_i, v_j) 和 (v_j, v_i)。定义 $W(f)$ 中弧的权 w_{ij} 为

$$w_{ij} = \begin{cases} c_{ij}, & f_{ij} < u_{ij} \\ +\infty, & f_{ij} = u_{ij} \end{cases}$$

$$w_{ji} = \begin{cases} -c_{ij}, & f_{ij} > 0 \\ +\infty, & f_{ij} = 0 \end{cases}$$

(长度为 $+\infty$ 的弧可以从 $W(f)$ 中略去)

于是,在流量网络 G 中寻求关于 f 的最小费用增广链就等价于在赋权有向图 $W(f)$ 中寻求从 v_s 到 v_t 的最短路。算法如下。

(1) 取 $f^{(0)} = 0$。

(2) 若在第 $k-1$ 步得到最小费用流 $f^{(k-1)}$,则构造赋权有向图 $W(f^{(k-1)})$,在 $W(f^{(k-1)})$ 中寻求从 v_s 到 v_t 的最短路。

(3) 若不存在最短路(即最短路权是 $+\infty$),则 $f^{(k-1)}$ 就是最小费用最大流;若存在最短路,则转到下一步。

(4) 在原流量网络 G 中得到相应的增广链 μ,在增广链 μ 上对 $f^{(k-1)}$ 进行调整,调整量为

$$\theta = \min\{\min_{\mu^+}(u_{ij} - f_{ij}^{(k-1)}), \min_{\mu^-}(f_{ij}^{(k-1)})\}$$

令

$$f_{ij}^{(k)} = \begin{cases} f_{ij}^{(k-1)} + \theta, & (v_i, v_j) \in \mu^+ \\ f_{ij}^{(k-1)} - \theta, & (v_i, v_j) \in \mu^- \\ f_{ij}^{(k-1)}, & (v_i, v_j) \notin \mu \end{cases}$$

得到新的可行流 $f^{(k)}$,再对 $f^{(k)}$ 重复上述步骤。

例 11.13 以图 11-30 为例,求最小费用最大流,弧旁数字为 (c_{ij}, u_{ij}),即(单位流量的费用,弧的容量)。

解: (1) 取 $f^{(0)} = 0$ 为初始可行流。

(2) 构造赋权有向图 $W(f^{(0)})$,并求出从 v_s 到 v_t 的最短路 (v_s, v_2, v_1, v_t),如图 11-31(a)(双箭头即为最短路)。

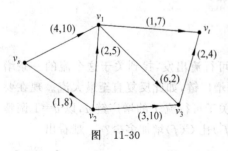

图 11-30

(3) 在原网络 G 中,与这条最短路相应的增广链为 $\mu = (v_s, v_2, v_1, v_t)$。

(4) 在 μ 上进行调整,$\theta = 5$,得 $f^{(1)}$(图 11-31(b))。按照上述算法依次得 $f^{(1)}$、$f^{(2)}$、$f^{(3)}$、$f^{(4)}$,流量依次为 5、7、10、11;构造相应的赋权有向图为 $W(f^{(1)})$、$W(f^{(2)})$、$W(f^{(3)})$、$W(f^{(4)})$,如图 11-31 所示。

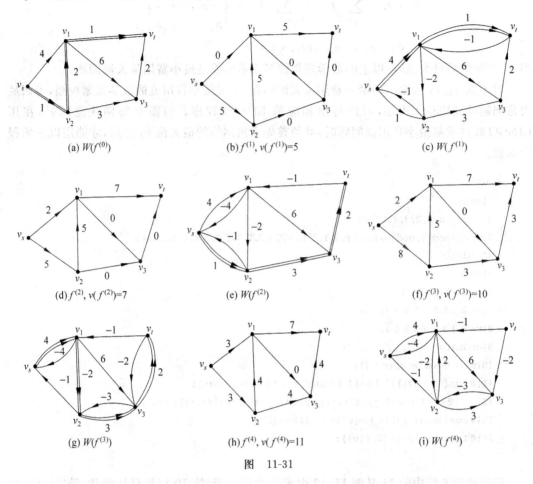

图 11-31

注意到 $W(f^{(4)})$ 中已不存在从 v_s 到 v_t 的最短路,所以 $f^{(4)}$ 为最小费用最大流。

下面再以一个实际的例子简单介绍利用 LINGO 软件求解最小费用最大流问题的方法。

例 11.14 (最小费用最大流问题)(续例 11.10)由于输油管道的长短不一或地质等原因,使每条管道上运输费用也不相同,因此,除考虑输油管道的最大流外,还需要考虑输油管道输送最大流的最小费用。图 11-32 所示是带有运费的网络,括号中第 1 个数字是网络的容量(u_{ij}),第 2 个数字是网络的单位运费(c_{ij})。

以上问题就是最小费用最大流问题,即考虑网络在最大流情况下的最小费用。

对于任意的流量网络,设 f_{ij} 为弧 (i, j) 上的流量,c_{ij} 为弧 (i, j) 上的单位运费,u_{ij} 为弧

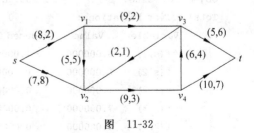

图 11-32

(i,j) 上的容量，d_i 是节点 i 处的净流量，则最小费用流的数学规划表示为

$$\min Z = \sum_{(v_i, v_j) \in E} c_{ij} f_{ij}$$

$$\text{s.t.} \sum_{(v_i, v_j) \in E} f_{ij} - \sum_{(v_j, v_i) \in E} f_{ji} = \begin{cases} v_f, & i = s \\ -v_f, & i = t \\ 0, & i \neq s, t \end{cases}$$

$$0 \leqslant f_{ij} \leqslant u_{ij} \quad (v_i, v_j) \in E$$

当 v_f 为网络的最大流时，以上的数学规划模型表示的就是最小费用最大流问题。

对于例 11.14 所提出的最小费用最大流问题，按照最小费用流的数学规划模型，参照最大流问题的 LINGO 程序，可以写出相应的 LINGO 程序。但需要特别注意的是，在用 LINGO 软件求解最小费用流问题时，必须首先求出网络的最大流 v_f 之后，才能用以下的程序求解。

```
MODEL:
1]sets:
2]nodes/s,1,2,3,4,t/:d;
3]arcs(nodes,nodes)/s,1 s,2 1,2 1,3 2,4 3,2 3,t 4,3 4,t/:c,u,f;
4]endsets
5]data:
6]d=14 0 0 0 0 -14;
7]c=2 8 5 2 3 1 6 4 7;
8]u=8 7 5 9 9 2 5 6 10;
9]enddata
10]min=@sum(arcs:c*f);
11]@for(nodes(i)|i #ne# 1 #and# i #ne# @size(nodes):
12]    @sum(arcs(i,j):f(i,j))-@sum(arcs(j,i):f(j,i))=d(i));
13]@sum(arcs(i,j)|i #eq# 1:f(i,j))=d(1);
14]@for(arcs:@bnd(0,f,u));
END
```

程序的第 6 行中的 14 是例 11.12 中求出的最大流，第 10 行是目标函数，第 11、12、13 行是约束条件，第 14 行是约束的上、下界。

LINGO 软件的计算结果（仅保留流量值 f）如下：

```
Global optimal solution found.
Objective value:           205.0000
Total solver iterations:          0
    Variable      Value    Reduced Cost
     f(s,1)      8.000000    -1.000000
     f(s,2)      6.000000     0.000000
     f(1,2)      1.000000     0.000000
     f(1,3)      7.000000     0.000000
     f(2,4)      9.000000     0.000000
```

f(3,2)　　2.000000　　−2.000000
f(3,t)　　5.000000　　−7.000000
f(4,3)　　0.000000　　　10.00000
f(4,t)　　9.000000　　　0.000000

由以上计算结果可以得到最小费用的最大流如图 11-33 所示。弧上的括号中的一对数字中,第 1 个为弧的容量,第 2 个数字为最佳流量。

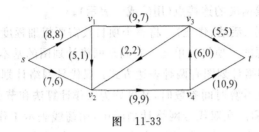

图 11-33

最大流的最小费用是 205 单位,而原最大流(见图 11-29)的费用为 210 单位,所以原方案并不是最优的。

11.5 网络计划

美国是网络计划技术的发源地。美国政府于 1962 年规定,凡与政府签订合同的企业,都必须采用网络计划技术,以保证工程进度和质量。1974 年麻省理工学院调查指出:"绝大部分美国公司采用网络计划编制施工计划"。目前,美国基本上实现了用计算机绘画、优化计算和资源平衡、项目进度控制,实现了计划工作自动化。我国应用网络计划技术是从 20 世纪 60 年代初期开始。著名科学家钱学森将网络计划方法引入我国,并在航天系统应用。著名数学家华罗庚在综合研究各类网络方法的基础上,结合我国实际情况加以简化,于 1965 年发表了《统筹方法平话》,为推广应用网络计划方法奠定了基础。近几年,随着科技的发展和进步,网络计划技术的应用也日趋得到工程管理人员的重视,且已取得可观的经济效益。

计划评审方法(Program Evaluation and Review Technique,PERT)和关键路线法(Critical Path Method,CPM)是网络分析的重要组成部分,它广泛地用于系统分析和项目管理。1956 年,美国杜邦公司为了协调企业不同业务部门的系统规划,提出了关键路线法。1958 年,美国海军武装部在研制"北极星"导弹计划时,由于导弹的研制系统过于庞大、复杂,为找到一种有效的管理方法,设计了计划评审方法。由于 PERT 与 CPM 既有着相同的目标应用,又有很多相同的术语,这两种方法已合并为一种方法,在国外称为 PERT/CPM,在国内称为统筹方法(Scheduling Method)。

11.5.1 网络计划图

网络计划图的基本思想是应用网络计划图来表示工程项目中计划要完成的各项工作,完成各项工作必然存在先后顺序及其相互依赖的逻辑关系;这些关系用节点、箭线来构成网络图。网络图由左向右绘制,表示工作进程,并标注工作名称、代号和工作持续时间等必要信息。通过对网络计划图进行时间参数的计算,找出计划中的关键工作和关键线路;通过不断改进网络计划,寻求最优方案,以求在计划执行过程中对计划进行有效的控制与监督,保证合理地使用人力、物力和财力,以最小的消耗取得最大的经济效果。

在网络计划图应用中,涉及了一套专用的术语和符号。

(1) **节点**、**箭线**是网络计划图的基本组成元素。箭线是一线段带箭头的实射线(用→表示)和虚射线,节点是箭线两端的连接点(用○或□表示)。

(2) **工作**(也称为工序、活动、作业)。将整个项目按需要粗细程度分解成若干需要耗费时间或需要耗费其他资源的子项目或单元。它们是网络计划图的基本组成部分。

(3) 描述工程项目网络计划图有两种表达方式:双代号网络计划图和单代号网络计划图。双代号网络计划图在计算时间参数时,又可分为**工作计算法和节点计算法**。

① **双代号网络计划图**。在双代号网络计划图中,用箭线表示工作,箭尾的节点表示工作的开始点,箭头的节点表示工作的完成点。用$(i-j)$两个代号及箭线表示一项工作,在箭线上标记必需的信息,如图 11-34 所示。

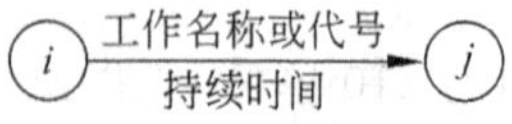

图 11-34

箭线之间的连接顺序表示工作之间的先后开工的逻辑关系。

② **单代号网络计划图**。用节点表示工作,箭线表示工作之间的先完成与后完成的关系为逻辑关系,在节点中标记必需的信息。本章主要介绍双代号网络计划图的绘制和按工作计算时间参数的方法。以下通过例题来说明网络计划图的绘制和时间参数的计算。

例 11.15 某项目工程由 11 项作业组成(分别用代号 A,B,…,J,K 表示),其工作持续时间及作业间相互关系如表 11-2 所示,要求编制该项目的网络计划图并计算有关参数,并求完成该项目的最短时间。

表 11-2

作业	工作持续时间/天	紧后作业	作业	工作持续时间/天	紧后作业
A	5	E	G	21	J、K
B	10	D、G、H、I	H	35	—
C	11	F	I	25	J
D	4	F	J	15	—
E	4	G、H、I	K	20	
F	15	J、K			

在网络计划图中,称从初始事件到最终事件的由各项作业连贯组成的一条路为**路线**,具有累计作业时间最长的路线称为**关键路线**。

在建立网络计划图时应注意以下问题。

(1) 任何作业在网络中用唯一的箭线表示,任何作业其终点事件的编号必须大于其起点事件的编号。

(2) 两个事件之间只能画一条箭线,表示一项作业。对于具有相同开始和结束事件的两项以上的作业,要引进虚事件和虚作业。

(3) 任何网络计划图应有唯一的最初事件和唯一的最终事件。

(4) 网络计划图不允许出现回路。

(5) 网络计划图的画法一般是从左到右,从上到下,尽量做到清晰美观,避免箭头交叉。

按照上述规则,建立例 11.15 的网络计划图,如图 11-35 所示。

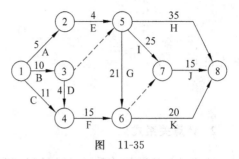

图 11-35

11.5.2 网络计划图的时间参数计算

网络图中涉及的时间参数包括工作持续时间(D)、工作最早开始时间(ES)、工作最早完成时间(EF)、工作最迟开始时间(LS)、工作最迟完成时间(LF)以及工作总时差(TF)和工作自由时差(FF)。

1. 工作持续时间 D

工作持续时间计算是一项基础工作,关系网络计划是否能得到正确实施。为了有效地使用网络计划技术,需要建立相应的数据库。这是需要专项讨论的问题。这里简述计算工作持续时间的两类数据和两种方法。

1) **单时估计法(定额法)**

每项工作只估计或规定一个确定的持续时间值的方法。一般有工作的工作量、劳动定额资料以及投入人力的多少等,计算各工作的持续时间:

$$D = \frac{Q}{RSn}$$

Q——工作的工作量,以时间单位表示,如小时,或以体积、质量、长度等单位表示;

R——可投入人力和设备的数量;

S——每人或每台设备每工作班能完成的工作量;

n——每天正常工作班数。

当具有类似工作的持续时间的历史统计资料时,可以根据这些资料,采用分析对比的方法确定所需工作的持续时间。

2) **三时估计法**

在不具备有关工作的持续时间的历史资料时,在较难估计出工作持续时间时,可对工作进行估计 3 种时间值,然后计算其平均值。这 3 种时间值如下。

乐观时间:在一切都顺利时,完成工作需要的最少时间,记作 a。

最可能时间:在正常条件下,完成工作所需要的时间,记作 m。

悲观时间:在不顺利条件下,完成工作需要最多的时间,记作 b。

显然上述 3 种时间发生都具有一定的概率,根据经验,认为这些时间的概率分布是正态分布。一般情况下,通过专家估计法,给出三时估计的数据。可以认为工作进行时出现最顺利和最不顺利的情况比较少,较多是出现正常的情况。按平均意义可用以下公式计算工作持续时间:

$$D = \frac{a + 4m + b}{6}$$

和方差

$$\sigma^2 = \left(\frac{b-a}{6}\right)^2$$

2. 计算关系式

这些时间参数的关系可以用图 11-36 表示工作的关系状态。

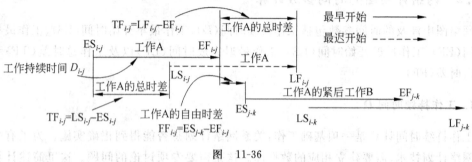

图 11-36

手工计算可在网络图上进行,计算步骤如下。
(1) 计算各路线的持续时间。
(2) 按网络图的箭线的方向,从起始工作开始,计算各工作的 ES、EF。
(3) 从网络图的终点节点开始,按逆箭线的方向,推算出各工作的 LS、LF。
(4) 确定关键路线(CP)。
(5) 计算 TF、FF。
(6) 平衡资源。

下面以例 11.15 的求解过程为例,介绍网络计划图各时间参数的计算关系式。

1) 工作最早开始时间 ES 和工作最早完成时间 EF 的计算

利用网络计划图,从网络计划图的起始点开始,沿箭线方向依次逐项计算。
(1) 第 1 项工作的最早开始时间为 0,记作 $ES_{i-j}=0$(起始点 $i=1$)。
(2) 第 1 件工作的最早完成时间,$EF_{1-j}=ES_{1-j}+D_{1-j}$。
(3) 第 1 件工作完成后,其紧后工作才能开始。它的工作最早完成时间 EF 就是其紧后工作最早开始时间 ES 与本工作的持续时间 D 之和,表示为

$$EF_{i-j} = ES_{i-j} + D_{i-j}$$

(4) 计算工作的 ES 时,当有多项紧前工作时,只能在这些紧前工作都完成后才能开始。因此本工作的最早开始时间是 ES=max(紧前工作的 EF),其中 EF=ES+工作持续时间 D,用公式表示为

$$ES_{i-j} = \max_h \{EF_{h-i}\} = \max_h \{ES_{h-i} + D_{h-i}\}$$

例 11.15 的 ES、EF 计算值列在表 11-3 的③、④列中。

表 11-3

作业 i-j	持续时间 $D_{i\text{-}j}$	最早开始时间 $ES_{i\text{-}j}$	最早完成时间 $EF_{i\text{-}j}$
①	②	③	④＝③＋②
A(1-2)	5	$ES_{1\text{-}2}=0$	$EF_{1\text{-}2}=ES_{1\text{-}2}+D_{1\text{-}2}=0+5=5$
B(1-3)	10	$ES_{1\text{-}3}=0$	$EF_{1\text{-}3}=ES_{1\text{-}3}+D_{1\text{-}3}=0+10=10$
C(1-4)	11	$ES_{1\text{-}4}=0$	$EF_{1\text{-}4}=ES_{1\text{-}4}+D_{1\text{-}4}=0+11=11$
D(3-4)	4	$ES_{3\text{-}4}=EF_{1\text{-}3}=10$	14
E(2-5)	4	$ES_{2\text{-}5}=EF_{1\text{-}2}=5$	9
虚作业(3-5)	0	$ES_{3\text{-}5}=EF_{1\text{-}3}=10$	10
F(4-6)	15	$ES_{4\text{-}6}=\max(EF_{1\text{-}4},EF_{3\text{-}4})=14$	29
G(5-6)	21	$ES_{5\text{-}6}=\max(EF_{2\text{-}5},EF_{3\text{-}5})=10$	31
H(5-8)	35	$ES_{5\text{-}8}=\max(EF_{2\text{-}5},EF_{3\text{-}5})=10$	45
I(5-7)	25	$ES_{5\text{-}7}=\max(EF_{2\text{-}5},EF_{3\text{-}5})=10$	35
虚作业(6-7)	0	$ES_{6\text{-}7}=\max(EF_{5\text{-}6},EF_{4\text{-}6})=31$	31
J(7-8)	15	$ES_{7\text{-}8}=\max(EF_{5\text{-}7},EF_{6\text{-}7})=35$	50
K(6-8)	20	$ES_{6\text{-}8}=\max(EF_{4\text{-}6},EF_{5\text{-}6})=31$	51

利用双代号的特征,也很容易在表中确定某工作的紧前工作和紧后工作。凡是后续工作的箭尾代号与某工作的箭头代号相同者,便是它的紧后工作;凡是先行工作的箭头代号与某工作的箭尾代号相同者,便是它的紧前工作。在表 11-3 中首先填入①、②两列数据,然后由上往下计算 ES 与 EF。若某工作(i-j)的先行工作中存在几个(h-i),从中选择最大的 $EF_{h\text{-}i}$ 即为 $ES_{i\text{-}j}=\max_h[EF_{h\text{-}i}]$,再计算 $EF_{i\text{-}j}$。这样计算起来也很方便。

2) 工作最迟开始时间 LS 与工作最迟完成时间 LF

应从网络图的终点节点开始,采用逆序法逐项计算,即按逆箭线方向,依次计算各工作的最迟完成时间 LF 和最迟开始时间 LS,直到第 1 项工作为止。网络图中最后一项工作(i-n)($j=n$)的最迟完成时间应由工程的计划工期确定。在未给定时,可令其等于其最早完成时间,即 $LF_{i\text{-}n}=EF_{i\text{-}n}$。$EF_{i\text{-}n}$ 由表 11-3 中的计算结果可得,并且应当小于或等于计划工期规定的时间 T_r。

$$LF = \min(\text{紧后工作的 LS}), LS = LF - \text{工作持续时间 } D$$

其他工作的最迟开始时间 $LS_{i\text{-}j}=LF_{i\text{-}j}-D_{i\text{-}j}$;当有多个紧后工作时,最迟完成时间 $LF=\min(\text{紧后工作的 LS})$,或表示为 $LF_{i\text{-}j}=\min_k\{LF_{j\text{-}k}-D_{j\text{-}k}\}$。

读者可以根据以上的有关计算方法计算出例 11.15 中各作业(工作)的最迟完成时间和最迟开始时间,在此不再列出。

3) 工作时差

工作时差是指工作有机动时间。常用的有两种时差,即工作总时差和工作自由时差。

工作总时差 $TF_{i\text{-}j}$,是指在不影响工期的前提下,工作所具有的机动时间,按工作计算法计算。

$$TF_{i\text{-}j} = EF_{i\text{-}j} - ES_{i\text{-}j} - D_{i\text{-}j} = LS_{i\text{-}j} - ES_{i\text{-}j} \quad \text{或} \quad TF_{i\text{-}j} = LF_{i\text{-}j} - EF_{i\text{-}j}$$

工作自由时差 $FF_{i\text{-}j}$ 是指在不影响其紧后工作最早开始的前提下,工作所具有的机动时间。

$$\mathrm{FF}_{i \cdot j} = \mathrm{ES}_{j \cdot k} - \mathrm{ES}_{i \cdot j} - D_{i \cdot j} \quad \text{或} \quad \mathrm{FF}_{i \cdot j} = \mathrm{ES}_{j \cdot k} - \mathrm{EF}_{i \cdot j}$$

工作自由时差是某项工作单独拥有的机动时间,其大小不受其他工作机动时间的影响。

关键路线的特征:在线路上从起点到终点都由关键工作组成。在确定型网络计划中是指线路中工作总持续时间最长的线路。在关键线路上无机动时间,工作总时差为零。在非确定型网络计划中是指估计工期完成可能性最小的线路。

读者可以根据以上给出的计算关系式对例 11.15 的有关时间参数做具体的计算,下面着重介绍如何利用 LINGO 软件解决网络计划问题。

3. LINGO 软件计算方法

1) 写出相应的规划问题

设 x_i 是事件 i 的开始时间,1 为最初事件,n 为最终事件。希望总的工期最短,即极小化 $x_n - x_1$。设 t_{ij} 是作业 (i,j) 的计划时间,因此,对于事件 i 与事件 j 有不等式

$$x_j \geqslant x_i + t_{ij}$$

由此得到相应的数学规划问题:

$$\min Z = x_n - x_1$$
$$\text{s.t.} \begin{cases} x_j \geqslant x_i + t_{ij}, & (i,j) \in E, i \in I \\ x_i \geqslant 0, & i \in I \end{cases}$$

其中,I 是所有的事件集合,E 是所有的作业集合。

根据例 11.15 的网络计划图 11-35,令 x_i 为事件 i 的开始时间,则可以得到该例的数学规划模型如下:

$$\min \ x_8 - x_1$$
$$\text{s.t.} \ x_2 - x_1 \geqslant 5$$
$$x_3 - x_1 \geqslant 10$$
$$x_4 - x_1 \geqslant 11$$
$$x_5 - x_2 \geqslant 4$$
$$x_4 - x_3 \geqslant 4$$
$$x_5 - x_3 \geqslant 0$$
$$x_6 - x_4 \geqslant 15$$
$$x_6 - x_5 \geqslant 21$$
$$x_7 - x_5 \geqslant 25$$
$$x_8 - x_5 \geqslant 35$$
$$x_7 - x_6 \geqslant 0$$
$$x_8 - x_6 \geqslant 20$$
$$x_8 - x_7 \geqslant 15$$
$$x_i \geqslant 0, \quad i = 1, \cdots, 8$$

2) 问题求解

从以上的模型可以看出,网络计划图的数学模型就是一个线性规划模型,因此采用线性

规划模型的求解方法即可求解。但计算的结果仅给出了各个项目的开工时间和整个项目的最短工期,但统筹方法中许多有用的信息并不能得到,如项目的关键路径、每个作业的最早开工时间、最迟开工时间等。因此,为进一步得到每个作业的最早开工时间、作业的关键路线等,将目标函数改为

$$\min \quad Z = \sum_{i \in I} x_i$$

即作业的开始时间尽量早,这样就可以得到作业的最早开工时间。再引进作业对应弧上的松弛变量 s_{ij},且

$$s_{ij} = x_j - x_i - t_{ij}, \quad (i,j) \in E$$

这样就可以得到作业的最迟开工时间。当最早开工时间与最迟开工时间相同时,就得到项目的关键路径。这样,可以将网络计划图的数学规划模型修改为

$$\min \quad Z = \sum_{i \in I} x_i$$

$$\text{s. t.} \begin{cases} s_{ij} = x_j - x_i - t_{ij}, & (i,j) \in E \\ x_i \geqslant 0, & i \in I \\ s_{ij} \geqslant 0, & (i,j) \in E \end{cases}$$

编写的例 11.15 相应 LINGO 程序清单如下:

```
MODEL:
  sets:
  events/1..8/:x;
  operate(events,events)/
    1,2 1,3 1,4 3,4 2,5 3,5 4,6 5,6 5,8 5,7 6,7 7,8 6,8/:s,t;
  endsets
  data:
  t=5 10 11 4 4 0 15 21 35 25 0 15 20;
  enddata
  min=@sum(events:x);
  @for(operate(i,j):s(i,j)=x(j)-x(i)-t(i,j));
END
```

计算的结果如下:

```
Global optimal solution found.
Objective value:                156.0000
Total solver iterations:               0
        Variable       Value    Reduced Cost
          x(1)      0.000000        8.000000
          x(2)      5.000000        0.000000
          x(3)      10.00000        0.000000
          x(4)      14.00000        0.000000
          x(5)      10.00000        0.000000
          x(6)      31.00000        0.000000
```

x(7)	35.00000	0.000000
x(8)	51.00000	0.000000
s(1,2)	0.000000	1.000000
s(1,3)	0.000000	6.000000
s(1,4)	3.000000	0.000000
s(3,4)	0.000000	1.000000
s(2,5)	1.000000	0.000000
s(3,5)	0.000000	4.000000
s(4,6)	2.000000	0.000000
s(5,6)	0.000000	2.000000
s(5,8)	6.000000	0.000000
s(5,7)	0.000000	1.000000
s(6,7)	4.000000	0.000000
s(7,8)	1.000000	0.000000
s(6,8)	0.000000	1.000000

由上述结果可以看出，由于 x_i 是事件的开工时间，而且 x_i 还尽可能地小，所以容易得到作业的最早开工时间。如 $x_1=0$，作业 A、B、C 的最早开工时间均为 0，$x_2=5$，则作业 E 的最早开工时间为 5，等等。最后 $x_8=51$，即总的最短工期为 51 天。

最迟开工时间的分析需要用到松弛变量 s_{ij}，当 $s_{ij}>0$ 时，说明还有剩余时间，对应作业的工期可以推迟 s_{ij}。例如，$s_{78}=1$，作业 (7,8)(J) 的开工时间可以推迟 1 天，即开工时间为 $x_7+1=36$。再如 $s_{46}=2$，作业 (4,6)(F) 可以推迟 2 天开始，$s_{14}=3$，作业 (1,4)(C) 可以推迟 3 天开始，但由于作业 (4,6)(F) 已能推迟 2 天，所以，作业 (1,4)(C) 最多可推迟 5 天。

由此，可以得到所有作业的最早开工时间和最迟开工时间，如表 11-4 所示，方括号中第 1 个数字是最早开工时间，第 2 个数字是最迟开工时间。

表 11-4

作业	开工时间	工作持续时间/天	作业	开工时间	工作持续时间/天
A (1,2)	[0,1]	5	G (5,6)	[10,10]	21
B (1,3)	[0,0]	10	H (5,8)	[10,16]	35
C (1,4)	[0,5]	11	I (5,7)	[10,11]	25
D (3,4)	[10,12]	4	J (7,8)	[35,36]	15
E (2,5)	[5,6]	4	K (6,8)	[31,31]	20
F (4,6)	[14,16]	15			

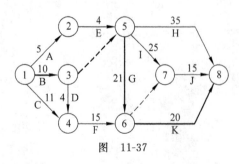

图 11-37

从表 11-4 可以看出，当最早开工时间与最迟开工时间相同时，对应的作业在关键路线上，因此可以画出网络计划图中的关键路线，如图 11-37 中的粗线所示，关键路线为 1→3→5→6→8。

3) 将关键路线看成最长路

如果将关键路线看成最长路，则可以按照求最短路的方法（将求极小改为求极大）求出关键路线。

设 x_{ij} 为 0-1 变量,当作业 (i,j) 位于关键路线上取 1,否则取 0。数学规划问题写成

$$\max \sum_{(i,j)\in E} t_{ij} x_{ij}$$

$$\text{s.t.} \sum_{\substack{j=1 \\ (i,j)\in E}}^{n} x_{ij} - \sum_{\substack{j=1 \\ (j,i)\in E}}^{n} x_{ji} = \begin{cases} 1, & i=1 \\ -1, & i=n \\ 0, & i \neq 1, n \end{cases}$$

$$x_{ij} = 0 \text{ 或 } 1, \quad (i,j) \in E$$

例 11.16 用最长路的方法,求解例 11.15。

解:按以上数学规划模型写出相应的 LINGO 程序:

```
MODEL:
  sets:
  events/1..8/:d;
  operate(events,events)/
     1,2 1,3 1,4 3,4 2,5 3,5 4,6 5,6 5,8 5,7 6,7 7,8 6,8/:t,x;
  endsets
  data:
    t= 5 10 11 4 4 0 15 21 35 25 0 15 20;
    d= 1 0 0 0 0 0 0 -1;
  enddata
  max=@sum(operate:t*x);
  @for(events(i):@sum(operate(i,j):x(i,j))-@sum(operate(j,i):x(j,i))=d(i));
END
```

计算得到(只列出非零解):

```
Objective value:              51.00000
Total solver iterations:             0
       Variable       Value    Reduced Cost
        x(1,3)     1.000000      0.000000
        x(3,5)     1.000000      0.000000
        x(5,6)     1.000000      0.000000
        x(6,8)     1.000000      0.000000
```

即工期需要 51 天,关键路线为 1→3→5→6→8。

从上述计算过程可以看到,在两种 LINGO 程序中,第 2 个程序在计算最短工期、关键路线时均比第 1 个程序方便,但在某些情况下,例如,需要优化网络计划时,第 1 种程序的编写方法可以更好地发挥出其优点。

11.5.3 关键路线与网络计划的优化

例 11.17 (关键路线与网络计划的优化)假设例 11.15 所列的工程要求在 49 天内完成。为提前完成工程,有些作业需要加快进度、缩短工期,而加快进度需要额外增加费用。

表 11-5 列出了例 11.15 中可缩短工期的所有作业和缩短一天工期额外增加的费用。现在的问题是，如何安排作业才能使额外增加的总费用最少。

表 11-5

作业	工作持续时间/天	最短完成时间/天	缩短一天增加的费用/元	作业	工作持续时间/天	最短完成时间/天	缩短一天增加的费用/元
B (1,3)	10	8	700	H (5,8)	35	30	500
C (1,4)	11	8	400	I (5,7)	25	22	300
E (2,5)	4	3	450	J (7,8)	15	12	400
G (5,6)	21	16	600	K (6,8)	20	16	500

该例涉及的问题就是网络计划的优化问题，这时需要压缩关键路径来减少最短工期。

1. 网络计划优化的数学表达式

设 x_i 是事件 i 的开始时间，t_{ij} 是作业 (i,j) 的计划时间，m_{ij} 是完成作业 (i,j) 的最短时间，y_{ij} 是作业 (i,j) 可能减少的时间，因此有

$$x_j - x_i \geqslant t_{ij} - y_{ij}$$
$$0 \leqslant y_{ij} \leqslant t_{ij} - m_{ij}$$

设 d 是要求完成的天数，1 为最初事件，n 为最终事件，则有

$$x_n - x_1 \leqslant d$$

而问题的总目标是使额外增加的费用最小，即目标函数为

$$\min \sum_{(i,j) \in E} c_{ij} y_{ij}$$

其中，c_{ij} 是作业 (i,j) 缩短一天所增加的费用。由此得到相应的数学规划模型

$$\min \sum_{(i,j) \in E} c_{ij} y_{ij}$$

$$\text{s.t.} \begin{cases} x_j - x_i \geqslant t_{ij} - y_{ij}, & (i,j) \in E, i \in I \\ 0 \leqslant y_{ij} \leqslant t_{ij} - m_{ij}, & (i,j) \in E, i \in I \\ x_n - x_1 \leqslant d \\ x_i \geqslant 0, & i \in I \end{cases}$$

2. 网络计划优化的求解

按照以上模型求解，可以得到需要压缩工期的作业和需要多花费的费用。但如果还需要得到压缩工期后的关键路径、各作业的最早开工时间和最迟开工时间，则需要对以上模型进行修改。为了得到作业的最早开工时间，仍在目标函数中加入 $\sum_{i \in I} x_i$，其他处理方法与前面相同。

例 11.17 相应的 LINGO 程序清单如下：

```
MODEL:
sets:
events/1..8/:x;
```

```
   operate(events,events)/
     !A B C D E 0 F G H I 0 J K;
     1,2 1,3 1,4 3,4 2,5 3,5 4,6 5,6 5,8 5,7 6,7 7,8 6,8
     /:s,t,m,c,y;
   endsets
   data:
   t=5 10 11 4 4 0 15 21 35 25 0 15 20;
   m=5 8 8 4 3 0 15 16 30 22 0 12 16;
   c=0 700 400 0 450 0 0 600 500 300 0 400 500;
   d=49;
   enddata
   min=mincost+sumx;
   mincost=@sum(operate:c*y);
   sumx=@sum(events:x);
   @for(operate(i,j):s(i,j)=x(j)-x(i)+y(i,j)-t(i,j));
   n=@size(events);
   x(n)-x(1)<=d;
   @for(operate:@bnd(0,y,t-m));
END
```

运行后输出的部分非零结果如下：

```
Global optimal solution found.
  Objective value:              1349.000
  Total solver iterations:             9
        Variable      Value    Reduced Cost
         mincost    1200.000      0.000000
            sumx    149.0000      0.000000
            x(2)    5.000000      0.000000
            x(3)    9.000000      0.000000
            x(4)    13.00000      0.000000
            x(5)    9.000000      0.000000
            x(6)    30.00000      0.000000
            x(7)    34.00000      0.000000
            x(8)    49.00000      0.000000
          s(1,4)    2.000000      0.000000
          s(4,6)    2.000000      0.000000
          s(5,8)    5.000000      0.000000
          s(6,7)    4.000000      0.000000
          y(1,3)    1.000000      0.000000
          y(6,8)    1.000000      0.000000
```

从结果中可知，作业(1,3)(B)减少1天，作业(6,8)(K)减少1天，最小增加费用为1200元。

计算出所有作业的最早开工时间和最迟开工时间,如表 11-6 所示。

表 11-6

作业	开工时间	实际完成时间/天	作业	开工时间	实际完成时间/天
A(1,2)	[0,0]	5	G(5,6)	[9,9]	21
B(1,3)	[0,0]	9	H(5,8)	[9,14]	35
C(1,4)	[0,4]	11	I(5,7)	[9,9]	25
D(3,4)	[9,12]	4	J(7,8)	[34,34]	15
E(2,5)	[5,6]	4	K(6,8)	[30,30]	19
F(4,6)	[13,15]	15			

当最早开工时间与最迟开工时间相同时,对应的作业就在关键路线上,图 11-38 中的粗线表示优化后的关键路线。从图 11-38 可以看到,关键路线不止一条。

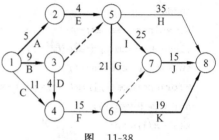

图 11-38

11.5.4 完成作业期望和实现事件的概率

在例 11.15 中,每项作业完成的时间均看成固定的,但在实际应用中,每一作业的完成会受一些意外因素的干扰,一般不可能是完全确定的,往往只能凭借经验和过去完成类似工作需要的时间进行估计。通常情况下,对完成一项作业可以给出 3 个时间上的估计值:最乐观的估计值(a)、最悲观的估计值(b)和最可能的估计值(m)。

设 t_{ij} 是完成作业 (i,j) 的实际时间(是一随机变量),通常用下面的方法计算相应的数学期望与方差:

$$E(t_{ij}) = \frac{a_{ij} + 4m_{ij} + b_{ij}}{6}$$

$$\mathrm{var}(t_{ij}) = \frac{(b_{ij} - a_{ij})^2}{36}$$

设 T 为最短工期,即

$$T = \sum_{(i,j) \in 关键路线} t_{ij}$$

由中心极限定理,可以假设 T 服从正态分布,并且假设期望值与方差满足

$$\overline{T} = E(T) = \sum_{(i,j) \in 关键路线} E(t_{ij})$$

$$S^2 = \mathrm{var}(T) = \sum_{(i,j) \in 关键路线} \mathrm{var}(t_{ij})$$

设规定的工期为 d,则在规定工期内完成整个项目的概率为

$$P\{T \leqslant d\} = \Phi\left(\frac{d - \overline{T}}{S}\right)$$

在利用 LINGO 软件计算时,可以利用其提供的标准正态分布函数

$$@\mathrm{psn}(x) = \Phi(x) = \int_{-\infty}^{x} \frac{1}{\sqrt{2\pi}} e^{-t^2/2} dt$$

例 11.18 已知例 11.15 中各项作业完成的 3 个估计时间如表 11-7 所示。

表 11-7

作业(i,j)	估计时间/天			作业(i,j)	估计时间/天		
	a	m	b		a	m	b
A (1,2)	3	5	7	G (5,6)	18	20	28
B (1,3)	8	9	16	H (5,8)	26	33	52
C (1,4)	8	11	14	I (5,7)	18	25	32
D (3,4)	2	4	6	J (7,8)	12	15	18
E (2,5)	3	4	5	K (6,8)	11	21	25
F (4,6)	8	16	18				

如果规定时间为 52 天,求在规定时间内完成全部作业的概率。进一步,如果完成全部作业的概率大于等于 95%,那么工期至少需要多少天?

解:对于这个问题采用最长路的编写方法较为方便。

首先计算出各作业的期望值与方差,再由期望时间计算出关键路线;其次计算关键路线的期望与方差的估计值;最后再利用分布函数@psn(x),计算完成作业的概率与完成整个项目的时间。相应的 LINGO 程序如下:

```
MODEL:
1]sets:
2]events/1..8/:d;
3]operate(events,events)/
4]   !A B C D E 0 F G H I 0 J K;
5]   1,2 1,3 1,4 3,4 2,5 3,5 4,6 5,6 5,8 5,7 7,7 7,8 6,8
6]   /:a,m,b,et,dt,x;
7]endsets
8]data:
9]a= 3 8 8 2 3 0 8 18 26 18 0 12 11;
10]m= 5 9 11 4 4 0 16 20 33 25 0 15 21;
11]b= 7 16 14 6 5 0 18 28 52 32 0 18 25;
12]d= 1 0 0 0 0 0 0 -1;
13]limit=52;
14]enddata
15]@for(operate:
16]    et= (a+4* m+b)/6;
17]    dt= (b-a)^2/36;
18]);
19]max=Tbar;
20]Tbar=@sum(operate:et* x);
21]@for(events(i):
22]    @sum(operate(i,j):x(i,j))-@sum(operate(j,i):x(j,i))=d(i);
23]);
```

```
24]S^2=@sum(operate:dt* x);
25]p=@psn((limit-Tbar)/S);
26]
27]@psn((days-Tbar)/S)=0.95;
END
```

程序的第 20 行计算关键路径的时间数学期望($\overline{T}$),第 24 行计算关键路径的时间方差(S^2),第 25 行计算在规定时间内完成全部作业的概率(p),第 26 行计算以 95% 的概率完成全部作业的时间(days)。

LINGO 软件的计算结果(只列出非零解)如下:

```
Variable    Value        Reduced Cost
  Tbar      51.00000     0.000000
   S         3.162278    0.000000
   p         0.6240851   0.000000
  days      56.20148     0.000000
```

即关键路线的期望时间为 51 天,标准差为 3.16,在 51 天完成全部作业的概率为 62.4%,如果完成全部作业的概率大于等于 95%,那么工期至少需要 56.2 天。

练 习 题

11.1 分别用破圈法和避圈法找出图 11-39 的一个支撑树。

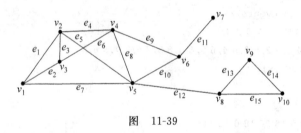

图 11-39

11.2 分别用破圈法和避圈法找出图 11-40 中各图的最小树。

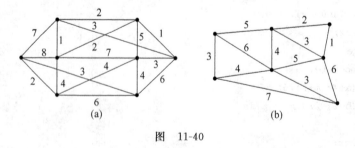

图 11-40

11.3 已知 6 个城市 Pe、T、Pa、M、N、L,试在由表 11-8 所示交通网络的数据中确定最小树。

表 11-8

	Pe	T	Pa	M	N	L
Pe	—	13	51	77	68	50
T	13	—	60	70	67	59
Pa	51	60	—	57	36	2
M	77	70	57	—	20	55
N	68	67	36	20	—	34
L	50	59	2	55	34	—

11.4 用 Dijkstra 标号法求图 11-41 中从 v_1 到 v_7 的最短路。

11.5 求图 11-42 中从 v_1 到各点的最短路。

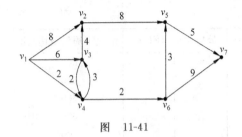

图 11-41

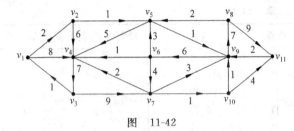

图 11-42

11.6 某企业打算购买一台新机器,机器的售价是 12 万元人民币。机器购买后,每年的各种养护费用如表 11-9 所示。如果在 5 年之内,该企业将机器售出,并再购买新机器。5 年之内的旧机器销售价由表 11-10 所示。请帮助该企业设计一种购买机器的方案,使 5 年内用车的总费用最少。

表 11-9

车龄(年)	0	1	2	3	4
费用(万元)	2	4	5	9	12

表 11-10

车龄(年)	1	2	3	4	5
售价(万元)	7	6	2	1	0

11.7 求图 11-43 中从任意一点到另外任意一点的最短路。

11.8 求图 11-44 所示网络的最大流(每弧旁的数字是 (c_{ij}, f_{ij}))。

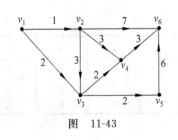

图 11-43

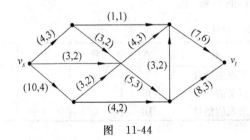

图 11-44

11.9 两家工厂 x_1 和 x_2 生产一种商品,商品通过如图 11-45 所示的网络运送到市场 y_1、y_2、y_3。试确定从工厂到市场所能运送最大总量。

11.10 求图 11-46 所示网络的最小费用最大流,每弧旁的数字是单位流量费用和容量。

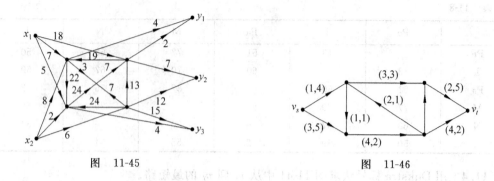

图 11-45　　　　　　　　　　　　图 11-46

11.11 某公司计划推出一种新型产品,需要完成的作业由表 11-11 所示。

表 11-11

作业	名称	计划完成时间/周	紧前作业	最短完成时间/周	缩短 1 周的费用/元
A	设计产品	6	—	4	800
B	市场调查	5	—	3	600
C	原材料订货	3	A	1	300
D	原材料收购	2	C	1	600
E	建立产品设计规范	3	A、D	1	400
F	产品广告宣传	2	B	1	300
G	建立产品生产基地	4	E	2	200
H	产品运输到库	2	G、F	2	—

(1) 画出产品的计划网络图。

(2) 求完成新产品的最短时间,列出各项作业的最早开始时间、最迟开始时间和计划网络的关键路线。

(3) 假定现在距春节还有 12 周,公司计划在春节期间推出该产品,各项作业的最短时间和缩短 1 周的费用如表 11-11 所示,求产品在春节上市的最小费用。

(4) 如果各项作业的完成时间并不能完全确定,而是根据以往的经验估计出来的,其估计值如表 11-12 所示。试计算出产品在 21 周内上市的概率和以 95% 的概率完成新产品上市所需的周数。

表 11-12　　　　　　　　　　　　　　　　　　　　　　　　　　　　　　　　周

作业	A	B	C	D	E	F	G	H
最乐观的估计	2	4	2	1	1	3	2	0
最可能的估计	6	5	3	2	3	4	4	2
最悲观的估计	10	6	4	3	5	5	6	4

附录 A 优化建模语言——LINGO 软件使用基础

LINGO 是用来求解线性和非线性优化问题的简易工具。LINGO 内置了一种建立最优化模型的语言,可以简便地表达大规模问题,利用 LINGO 高效的求解器可快速求解并分析结果。

A.1 LINGO 快速入门

在 Windows 下运行 LINGO 系统,得到类似图 A-1 所示的一个窗口。

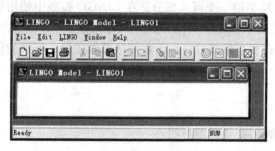

图 A-1

外层是主框架窗口,包含了所有菜单命令和工具条,其他所有的窗口将被包含在主窗口之下。在主窗口内的标题为 LINGO Model-LINGO1 的窗口是 LINGO 的默认模型窗口,建立的模型都要在该窗口内编码实现。

例 A.1 在 LINGO 中求解如下问题:
$$\min Z = 3x_1 + 2x_2$$
$$\text{s. t.} \begin{cases} x_1 + x_2 \geqslant 320 \\ x_1 \geqslant 110 \\ x_1 + 2x_2 \leqslant 500 \\ x_1, x_2 \geqslant 0 \end{cases}$$

在模型窗口中输入如下代码:

```
MODEL:
min=3*x1+2*x2;
x1+x2>=320;
x1>=110;
x1+2*x2<=500;
END
```

然后单击工具条上的按钮◎即可。

一般来说,一个 LINGO 程序是以"MODEL:"为开始语句,以 END 为结束语句的。一条语句结束用";"。

A.2　LINGO 中的集

集是 LINGO 建模语言的基础,是程序设计最强有力的基本构件。借助于集,能够用一个单一的、长的、简明的复合公式表示一系列相似的约束,从而可以快速方便地表达规模较大的模型。

LINGO 有两种类型的集:**原始集**(Primitive Set)和**派生集**(Derived Set)。

一个原始集是由一些最基本的对象组成。

一个派生集是用一个或多个其他集来定义的,也就是说,它的成员来自于其他已存在的集。

集部分是 LINGO 模型的一个可选部分。在 LINGO 模型中使用集之前,必须在集部分事先定义。集部分以关键字"sets:"开始,以 endsets 结束。一个模型可以没有集部分,或有一个简单的集部分,或有多个集部分。一个集部分可以放置于模型的任何地方,但是一个集及其属性在模型约束中被引用之前必须定义了它们。

1. 定义原始集

为了定义一个原始集,必须详细声明:
- 集的名字;
- 可选,集的成员;
- 可选,集成员的属性。

定义一个原始集,用下面的语法:

setname[/member_list/][:attribute_list];

注意:用"[ ]"表示该部分内容可选。下同,不再赘述。

setname 是选择的来标记集的名字,最好具有较强的可读性。集名字必须严格符合标准命名规则:以拉丁字母或下划线(_)为首字符,其后由拉丁字母(A~Z)、下划线、阿拉伯数字(0,1,…,9)组成的总长度不超过 32 个字符的字符串,且不区分大小写。

注意:该命名规则同样适用于集成员名和属性名等的命名。

member_list 是集成员列表。如果集成员放在集定义中,那么对它们可采取显式罗列和隐式罗列两种方式。如果集成员不放在集定义中,那么可以在随后的数据部分定义它们。

① 当显式罗列成员时,必须为每个成员输入一个不同的名字,中间用空格或逗号隔开,允许混合使用。

例 A.2　可以定义一个名为 xuesheng 的原始集,它具有成员 zhangsan、lisi、wanger 和 liuwu,属性有 xingbie 和 nianling:

sets:

```
xuesheng/zhangsan lisi,wanger liuwu/:xingbie,nianling;
endsets
```

② 当隐式罗列成员时,不必罗列出每个集成员。可采用如下语法:

```
setname/member1..memberN/[:attribute_list];
```

这里的 member1 是集的第一个成员名,memberN 是集的最末一个成员名。LINGO 将自动产生中间的所有成员名。LINGO 也接受一些特定的首成员名和末成员名,用于创建一些特殊的集。列表如下表 A-1 所示。

表 A-1

隐式成员列表格式	示例	所产生集成员
1..n	1..5	1,2,3,4,5
StringM..StringN	Car2..Car14	Car2,Car3,Car4,…,Car14
DayM..DayN	Mon..Fri	Mon,Tue,Wed,Thu,Fri
MonthM..MonthN	Oct..Jan	Oct,Nov,Dec,Jan
MonthYearM..MonthYearN	Oct2001..Jan2002	Oct2001,Nov2001,Dec2001,Jan2002

③ 集成员不放在集定义中,而在随后的**数据部分**来定义。

例 A.3

```
!集部分;
sets:
  xuesheng:xingbie,nianling;
endsets
!数据部分;
data:
  xuesheng,xingbie,nianling=zhangsan 1 26
                 lisi 0 24
                 wanger 0 27
                 liuwu 1 23;
enddata
```

注意:开头用感叹号(!),末尾用分号(;)表示注释,可跨多行。

在集部分只定义了一个集 xuesheng,并未指定成员。在数据部分罗列了集成员 zhangsan、lisi、wanger 和 liuwu,并对属性 xingbie 和 nianling 分别给出了值。

集成员无论用何种字符标记,它的索引都是从 1 开始连续计数。在 attribute_list 可以指定一个或多个集成员的属性,属性之间必须用逗号隔开。

LINGO 内置的建模语言是一种描述性语言,用它可以描述现实世界中的一些问题,然后再借助于 LINGO 求解器求解。因此,集属性的值一旦在模型中被确定,就不可能再更改。在 LINGO 中,只有在**初始部分**中给出的集属性值在以后的求解中可更改。这与前面并不矛盾,初始部分是 LINGO 求解器的需要,并不是描述问题所必需的。

2. 定义派生集

为了定义一个派生集,必须详细声明:
- 集的名字;
- **父集**的名字;
- 可选,集成员;
- 可选,集成员的属性。

可用下面的语法定义一个派生集:

```
setname(parent_set_list)[/member_list/][:attribute_list];
```

setname 是集的名字。parent_set_list 是已定义的集的列表,多个时必须用逗号隔开。如果没有指定成员列表,那么 LINGO 会自动创建父集成员的所有组合作为派生集的成员。派生集的父集既可以是原始集,也可以是其他的派生集。

例 A.4

```
sets:
  chanpin/A B/;
  jiqi/M N/;
  xingqi/1..2/;
  allowed(chanpin,jiqi,xingqi):x;
endsets
```

LINGO 生成了 3 个父集的所有组合共 8 组作为 allowed 集的成员。列表如下:

编号	成员
1	(A,M,1)
2	(A,M,2)
3	(A,N,1)
4	(A,N,2)
5	(B,M,1)
6	(B,M,2)
7	(B,N,1)
8	(B,N,2)

成员列表被忽略时,派生集成员由父集成员所有的组合构成,这样的派生集称为**稠密集**。如果限制派生集的成员,使它成为父集成员所有组合构成的集合的一个子集,这样的派生集称为**稀疏集**。同原始集一样,派生集成员的声明也可以放在数据部分。一个派生集的成员列表有两种方式生成:①显式罗列;②设置成员资格过滤器。当采用方式①时,必须显式罗列出所有要包含在派生集中的成员,并且罗列的每个成员必须属于稠密集。使用前面的例子,显式罗列派生集的成员:

```
allowed(chanpin,jiqi,xingqi)/A M 1,A N 2,B N 1/;
```

如果需要生成一个大的、稀疏的集,那么显式罗列就很讨厌。幸运的是许多稀疏集的成员都满足一些条件以和非成员相区分。我们可以把这些逻辑条件看作过滤器,在 LINGO 生成派生集的成员时把使逻辑条件为假的成员从稠密集中过滤掉。

例 A.5

```
sets:
  !学生集:性别属性 xingbie,1 表示男性,0 表示女性;年龄属性 nianling;
  xuesheng/zhangsan,lisi,wanger,liuwu/:xingbie,nianling;
  !男学生和女学生的联系集:友好程度属性 pengyou,[0,1]之间的数;
  linkmf(xuesheng,xuesheng)|xingbie(&1)#eq#1#and#xingbie(&2)
#eq#0: pengyou;
  !男学生和女学生的友好程度大于 0.5 的集;
  linkmf2(linkmf) | pengyou(&1,&2) #ge# 0.5 : x;
endsets
data:
  xingbie,nianling=1 26
               0 24
               0 27
               0 23;
  pengyou=0.3 0.5 0.6;
enddata
```

用竖线(|)来标记一个成员资格过滤器的开始。♯eq♯是逻辑运算符,用来判断是否"相等",可参考 A.4 节。&1 可看作派生集的第 1 个原始父集的索引,它取遍该原始父集的所有成员;&2 可看作派生集的第 2 个原始父集的索引,它取遍该原始父集的所有成员;&3,&4,…,以此类推。注意如果派生集 B 的父集是另外的派生集 A,那么上面所说的原始父集是集 A 向前回溯到最终的原始集,其顺序保持不变,并且派生集 A 的过滤器对派生集 B 仍然有效。因此,派生集的索引个数是最终原始父集的个数,索引的取值是从原始父集到当前派生集所做限制的总和。

A.3 模型的数据部分和初始部分

在处理模型的数据时,需要为集指派一些成员并且在 LINGO 求解模型之前为集的某些属性指定值。为此,LINGO 为用户提供了两个可选部分:输入集成员和数据的**数据部分**(Data Section)和为决策变量设置初始值的**初始部分**(Init Section)。

A.3.1 模型的数据部分

模型的数据部分以关键字"data:"开始,以 enddata 结束。在数据部分可以指定集成员、集的属性。其语法如下:

```
object_list=value_list;
```

对象列(object_list)包含要指定值的属性名、要设置集成员的集名,用逗号或空格隔开。一个对象列中至多有一个集名,而属性名可以有任意多。如果对象列中有多个属性名,那么它们的类型必须一致。如果对象列中有一个集名,那么对象列中所有的属性的类型就是这个集。

数值列(value_list)包含要分配给对象列中的对象的值,用逗号或空格隔开。注意属性值的个数必须等于集成员的个数。

例 A.6

```
sets:
  set1/X,Y,Z/: A,B;
endsets
data:
  A=5,6,7;
  B=4,5,6;
enddata
```

在集 set1 中定义了两个属性 A 和 B。A 的 3 个值是 5、6 和 7,B 的 3 个值是 4、5 和 6。也可采用如下例子中的复合**数据声明**(Data Statement)实现同样的功能。

例 A.7

```
sets:
  set1/X,Y,Z/: A,B;
endsets
data:
  A,B=5 4
      6 5
      7 6;
enddata
```

LINGO 在为对象指定值时,首先在 n 个对象的第 1 个索引处依次分配数值列中的前 n 个对象,然后在 n 个对象的第 2 个索引处依次分配数值列中紧接着的 n 个对象,……,以此类推。

1. 参数

在数据部分也可以指定一些**标量变量**(Scalar Variables)。当一个标量变量在数据部分确定时,称之为**参数**。看一例,假设模型中用利率 6.0% 作为一个参数,就可以像下面一样输入一个利率作为参数。

例 A.8

```
data:
  lilv=.06;
enddata
```

也可以同时指定多个参数。

例 A.9

```
data:
```

```
  lilv,tongzhanglv=.06 .03;
enddata
```

2. 实时数据处理

在本该放数的地方输入一个问号(?)。

例 A.10

```
data:
  lilv,tongzhanglv=.06 ?;
enddata
```

每一次求解模型时，LINGO 都会提示为参数 tongzhanglv 输入一个值。在 Windows 操作系统下，将会接收到一个类似图 A-2 所示的对话框。

直接输入一个值再单击 OK 按钮，LINGO 就会把输入的值指定给 tongzhanglv，然后继续求解模型。

除了参数之外，也可以实时输入集的属性值，但不允许实时输入集成员名。

图 A-2

3. 指定属性为一个值

可以在数据声明的右边输入一个值来把所有的成员的该属性指定为一个值。看下面的例子。

例 A.11

```
sets:
  days /MO,TU,WE,TH,FR,SA,SU/:xuqiu;
endsets
data:
  demands=20;
enddata
```

LINGO 将用 20 指定 days 集的所有成员的 xuqiu 属性。对于多个属性的情形，见例 A.12。

例 A.12

```
sets:
  days /MO,TU,WE,TH,FR,SA,SU/:xuqiu,chengben;
endsets
data:
  xuqiu chengben=120 10;
enddata
```

4. 数据部分的未知数值

有时只想为一个集的部分成员的某个属性指定值，而让其余成员的该属性保持未知，以便让 LINGO 去求出它们的最优值。在数据声明中输入两个相连的逗号表示该位置对应的集成员的属性值未知。两个逗号间可以有空格。

例 A.13

```
sets:
   years/1..5/: channeng;
endsets
data:
   channeng=,30,40,,;
enddata
```

属性 channeng 的第 2 个值和第 3 个值分别为 30 和 40,其余的未知。

A.3.2 模型的初始部分

初始部分是 LINGO 提供的另一个可选部分。在初始部分中,可以输入**初始声明**(Initialization Statement)和数据部分中的数据声明相同。对实际问题建模时,初始部分并不起描述模型的作用,在初始部分输入的值仅被 LINGO 求解器当作初始点来用,并且仅仅对非线性模型有用。和数据部分指定变量的值不同,LINGO 求解器可以自由改变初始部分初始化的变量的值。

一个初始部分以"init:"开始,以 endinit 结束。初始部分的初始声明规则和数据部分的数据声明规则相同。也就是说,可以在声明的左边同时初始化多个集属性,可以把集属性初始化为一个值,可以用问号实现实时数据处理,还可以用逗号指定未知数值。

例 A.14

```
init:
   X,Y=0,0.1;
endinit
Y=@log(X);
X^2+Y^2<=1;
```

好的初始点会减少模型的求解时间。

A.4 LINGO 函数

有了前几节的基础知识,再加上本节的内容,就能够借助于 LINGO 建立并求解复杂的优化模型了。

LINGO 有 9 种类型的函数。

(1) 基本运算符:包括算术运算符、逻辑运算符和关系运算符。

(2) 数学函数:三角函数和常规的数学函数。

(3) 金融函数:LINGO 提供的两种金融函数。

(4) 概率函数:LINGO 提供了大量概率相关的函数。

(5) 变量界定函数:这类函数用来定义变量的取值范围。

(6) 集操作函数:这类函数为对集的操作提供帮助。

(7) 集循环函数:遍历集的元素,执行一定的操作的函数。

(8) 数据输入输出函数:这类函数允许模型和外部数据源相联系,进行数据的输入输出。

(9) 辅助函数:各种杂类函数。

A.4.1 基本运算符

这些运算符是非常基本的,甚至可以不认为它们是一类函数。事实上,在 LINGO 中它们是非常重要的。

1. 算术运算符

算术运算符是针对数值进行操作的。LINGO 提供了 5 种二元运算符。

^ 乘方

* 乘

/ 除

+ 加

— 减

LINGO 唯一的一元算术运算符是取反函数"—"。

这些运算符的优先级由高到低为

高 —(取反)

^

* /

低 + —

运算符的运算次序为从左到右按优先级高低来执行。运算的次序可以用圆括号来改变。

2. 逻辑运算符

在 LINGO 中,逻辑运算符主要用于集循环函数的条件表达式中,来控制在函数中哪些集成员被包含,哪些被排斥。在创建稀疏集时用在成员资格过滤器中。

LINGO 具有 9 种逻辑运算符。

#not#　　否定该操作数的逻辑值,#not#是一个一元运算符

#eq#　　若两个运算数相等,则为 true;否则为 false

#ne#　　若两个运算符不相等,则为 true;否则为 false

#gt#　　若左边的运算符严格大于右边的运算符,则为 true;否则为 false

#ge#　　若左边的运算符大于或等于右边的运算符,则为 true;否则为 false

#lt#　　若左边的运算符严格小于右边的运算符,则为 true;否则为 false

#le#　　若左边的运算符小于或等于右边的运算符,则为 true;否则为 false

#and#　　仅当两个参数都为 true 时,结果为 true;否则为 false

#or#　　　仅当两个参数都为 false 时,结果为 false;否则为 true

这些运算符的优先级由高到低为

高　#not#
　　#eq# #ne# #gt# #ge# #lt# #le#
低　#and# #or#

3. 关系运算符

在 LINGO 中,关系运算符主要是被用在模型中,来指定一个表达式的左边是否等于、小于等于、或者大于等于右边,形成模型的一个约束条件。关系运算符与逻辑运算符 #eq#、#le#、#ge# 截然不同,前者是模型中该关系运算符所指定关系的为真描述,而后者仅仅判断一个该关系是否被满足:满足为真,不满足为假。

LINGO 有 3 种关系运算符:＝、<＝和>＝。LINGO 中还能用"<"表示小于等于关系,">"表示大于等于关系。LINGO 并不支持严格小于和严格大于关系运算符。然而,如果需要严格小于和严格大于关系,比如让 A 严格小于 B:

$$A<B$$

那么可以把它变成如下的小于等于表达式:

$$A+\varepsilon<=B$$

这里 ε 是一个小的正数,它的值依赖于模型中 A 小于 B 多少才算不等。

下面给出以上三类操作符的优先级:

高　#not#　　－(取反)
　　^
　　* /
　　＋ －
　　#eq# #ne# #gt# #ge# #lt# #le#
　　#and# #or#
低　<＝　＝　>＝

A.4.2　数学函数

LINGO 提供了大量的标准数学函数。

@abs(x)　　　　　　返回 x 的绝对值
@sin(x)　　　　　　返回 x 的正弦值,x 采用弧度制
@cos(x)　　　　　　返回 x 的余弦值
@tan(x)　　　　　　返回 x 的正切值
@exp(x)　　　　　　返回常数 e 的 x 次方
@log(x)　　　　　　返回 x 的自然对数
@lgm(x)　　　　　　返回 x 的 gamma 函数的自然对数
@sign(x)　　　　　　如果 $x<0$ 返回 －1;否则,返回 1
@floor(x)　　　　　　返回 x 的整数部分。当 $x\geq 0$ 时,返回不超过 x 的最大整数;

当 $x<0$ 时,返回不低于 x 的最大整数

@smax(x1,x2,…,xn) 返回 x1,x2,…,xn 中的最大值

@smin(x1,x2,…,xn) 返回 x1,x2,…,xn 中的最小值

A.4.3 金融函数

目前 LINGO 提供了两个金融函数。

1. @fpa(I,n)

返回如下情形的净现值:单位时段利率为 I,连续 n 个时段支付,每个时段支付单位费用。若每个时段支付 x 单位的费用,则净现值可用 x 乘以@fpa(I,n)算得。@fpa 的计算公式为

$$\sum_{k=1}^{n} \frac{1}{(1+I)^k} = \frac{1-(1+I)^{-n}}{I}$$

净现值就是在一定时期内为了获得一定收益在该时期初所支付的实际费用。

例 A.15 贷款买房问题 贷款金额为 100 000 元,贷款年利率为 5.29%,采取分期付款方式(每年年末还固定金额,直至还清)。问拟贷款 10 年,每年需偿还多少元?

LINGO 代码如下:

```
100000=x*@fpa(.0529,10);
```

答案是 $x=13\,133.47$ 元。

2. @fpl(I,n)

返回如下情形的净现值:单位时段利率为 I,第 n 个时段支付单位费用。@fpl(I,n)的计算公式为

$$(1+I)^{-n}$$

以上两个函数间具有以下关系:

$$@\text{fpa}(I,n) = \sum_{k=1}^{n} @\text{flp}(I,k)$$

A.4.4 概率函数

1. @pbn(p,n,x)

二项分布的累积分布函数。当 n 和(或)x 不是整数时,用线性插值法进行计算。

2. @pcx(n,x)

自由度为 n 的 χ^2 分布的累积分布函数。

3. @peb(a,x)

当到达负荷为 a,服务系统有 x 个服务器且允许无穷排队时的 Erlang 繁忙概率。

4. @pel(a,x)

当到达负荷为 a,服务系统有 x 个服务器且不允许排队时的 Erlang 繁忙概率。

5. @pfd(n,d,x)

自由度为 n 和 d 的 F 分布的累积分布函数。

6. @pfs(a,x,c)

当负荷上限为 a,顾客数为 c,平行服务器数量为 x 时,有限源的 Poisson 服务系统的等待或返修顾客数的期望值。a 是顾客数乘以平均服务时间,再除以平均返修时间。当 c 和(或)x 不是整数时,采用线性插值进行计算。

7. @phg(pop,g,n,x)

超几何(Hypergeometric)分布的累积分布函数。pop 表示产品总数,g 是正品数。从所有产品中任意取出 $n(n \leqslant pop)$ 件。pop、g、n 和 x 都可以是非整数,这时采用线性插值进行计算。

8. @ppl(a,x)

Poisson 分布的线性损失函数,即返回 $\max(0,z-x)$ 的期望值,其中随机变量 z 服从均值为 a 的 Poisson 分布。

9. @pps(a,x)

均值为 a 的 Poisson 分布的累积分布函数。当 x 不是整数时,采用线性插值进行计算。

10. @psl(x)

单位正态线性损失函数,即返回 $\max(0,z-x)$ 的期望值,其中随机变量 z 服从标准正态分布。

11. @psn(x)

标准正态分布的累积分布函数。

12. @ptd(n,x)

自由度为 n 的 t 分布的累积分布函数。

13. @qrand(seed)

产生服从(0,1)区间的拟随机数。@qrand 只允许在模型的数据部分使用,它将用拟随机数填满集属性。通常,声明一个 $m \times n$ 的二维表,m 表示运行实验的次数,n 表示每次实验所需的随机数的个数。在行内,随机数是独立分布的;在行间,随机数是非常均匀的。这些随机数是用"分层取样"的方法产生的。

例 A.16

```
MODEL:
data:
  M=4; N=2; seed=1234567;
enddata
sets:
  rows/1..M/;
  cols/1..N/;
  table(rows,cols): x;
endsets
data:
  X=@qrand(seed);
enddata
END
```

如果没有为函数指定种子,那么 LINGO 将用系统时间构造种子。

14. @rand(seed)

返回 0 和 1 间的伪随机数,依赖于指定的种子。典型用法是 $U(I+1)=@\mathrm{rand}(U(I))$。注意如果 seed 不变,那么产生的随机数也不变。

例 A.17 利用 @rand 产生 15 个标准正态分布的随机数和自由度为 2 的 t 分布的随机数。

```
MODEL:
!产生一列正态分布和 t 分布的随机数;
sets:
  series/1..15/: u,znorm,zt;
endsets
  !第一个均匀分布随机数是任意的;
  u(1)=@rand(.1234);
  !产生其余的均匀分布的随机数;
  @for(series(I)| I #GT# 1:
    u(I)=@rand(u(I-1))
  );
  @for(series(I):
    !正态分布随机数;
    @psn(znorm(I))=u(I);
    !和自由度为 2 的 t 分布随机数;
    @ptd(2,zt(I))=u(I);
    !znorm 和 zt 可以是负数;
    @free(znorm(I)); @free(zt(I));
  );
END
```

A.4.5 变量界定函数

变量界定函数实现对变量取值范围的附加限制,共 4 种。

@bin(x)   限制 x 为 0 或 1
@bnd(L,x,U) 限制 $L \leqslant x \leqslant U$
@free(x)   取消对变量 x 的默认下界为 0 的限制,即 x 可以取任意实数
@gin(x)   限制 x 为整数

在默认情况下,LINGO 规定变量是非负的,也就是说下界为 0,上界为 $+\infty$。@free 取消了默认的下界为 0 的限制,使变量也可以取负值。@bnd 用于设定一个变量的上下界,它也可以取消默认下界为 0 的约束。

A.4.6 集操作函数

LINGO 提供了几个函数帮助处理集。

1. @in(set_name,primitive_index_1 [,primitive_index_2,⋯])

如果元素在指定集中,返回 1;否则返回 0。

例 A.18 全集为 I,B 是 I 的一个子集,C 是 B 的补集。

```
sets:
  I/x1..x4/;
  B(I)/x2/;
  C(I)|#not#@in(B,&1):;
endsets
```

2. @index([set_name,] primitive_set_element)

该函数返回在集 set_name 中原始集成员 primitive_set_element 的索引。如果 set_name 被忽略,那么 LINGO 将返回与 primitive_set_element 匹配的第一个原始集成员的索引。如果找不到,则产生一个错误。

例 A.19 如何确定集成员(B,Y)属于派生集 S3。

```
sets:
  S1/A B C/;
  S2/X Y Z/;
  S3(S1,S2)/A X,A Z,B Y,C X/;
endsets
X=@in(S3,@index(S1,B),@index(S2,Y));
```

看下面的例子,表明有时为 @index 指定集是必要的。

例 A.20

```
sets:
  girls/debble,sue,alice/;
```

```
    boys/bob,joe,sue,fred/;
endsets
I1=@index(sue);
I2=@index(boys,sue);
```

I1 的值是 2,I2 的值是 3。建议在使用 @index 函数时最好指定集。

3. @wrap(index,limit)

该函数返回 $j = \text{index} - k \times \text{limit}$,其中 k 是一个整数,取适当值保证 j 落在区间 $[1,\text{limit}]$ 内。该函数相当于 index 模 limit。该函数在循环、多阶段计划编制中特别有用。

4. @size(set_name)

该函数返回集 set_name 的成员个数。在模型中明确给出集大小时最好使用该函数。它的使用使模型更加数据中立,集大小改变时也更易维护。

A.4.7 集循环函数

集循环函数遍历整个集进行操作。其语法为

```
@function(setname[(set_index_list)][|conditional_qualifier]):
        expression_list);
```

@function 相应于下面罗列的 4 个集循环函数之一;setname 是要遍历的集;set_index_list 是集索引列表;conditional_qualifier 是用来限制集循环函数的范围,当集循环函数遍历集的每个成员时,LINGO 都要对 conditional_qualifier 进行评价,若结果为真,则对该成员执行 @function 操作,否则跳过,继续执行下一次循环。expression_list 是被应用到每个集成员的表达式列表,当用的是 @for 函数时,expression_list 可以包含多个表达式,其间用逗号隔开。这些表达式将被作为约束加到模型中。当使用其余的 3 个集循环函数时,expression_list 只能有一个表达式。如果省略 set_index_list,那么在 expression_list 中引用的所有属性的类型都是 setname 集。

1. @for

该函数用来产生对集成员的约束。基于建模语言的标量需要显式输入每个约束,不过 @for 函数允许只输入一个约束,然后 LINGO 自动产生每个集成员的约束。

例 A.21 产生序列 $\{1,8,27,64,125\}$

```
MODEL:
sets:
    number/1..5/:x;
endsets
    @for(number(I): x(I)=I^3);
END
```

2. @sum

该函数返回遍历指定的集成员的一个表达式的和。

例 A.22 求向量 [15,11,13,24,26,30] 前 5 个数的和。

```
MODEL:
data: N=6; enddata
sets: number/1.N/:x; endsets
data: x=15 11 13 24 26 30; enddata
  s=@sum(number(I) | I #le# 5: x);
END
```

3. @min 和 @max

返回指定的集成员的一个表达式的最小值或最大值。

例 A.23 求向量 [15,11,13,24,26,30] 前 5 个数的最小值,后 3 个数的最大值。

```
MODEL:
data:
  N=6;
enddata
sets:
  number/1.N/:x;
endsets
data:
  x=15 11 13 24 26 30;
enddata
  minv=@min(number(I) | I #le# 5: x);
  maxv=@max(number(I) | I #ge# N-2: x);
END
```

A.4.8 输入和输出函数

输入和输出函数可以把模型和外部数据(如文本文件、电子表格等)连接起来。

1. @file 函数

该函数用于从外部文件中输入数据,可以放在模型中的任何地方。该函数的语法格式为@file('filename')。这里 filename 是文件名,可以采用相对路径和绝对路径两种表示方式。@file 函数对同一文件的两种表示方式的处理和对两个不同的文件处理是一样的,这一点必须注意。以下例来讲解@file 函数的用法。

例 A.24 计算 6 个发点 8 个收点的最小费用运输问题。产销单位运价如表 A-2。

```
    days/MON..SUN/: required,start;
endsets
data:
    required= 20 16 13 16 19 14 12;
    @text('D:\out.txt')=days '至少需要的职员数为' start;
enddata
    min=@sum(days: start);
    @for(days(J):
      @sum(days(I) | I #le# 5:
        start(@wrap(J+I+2,7))) >=required(J));
END
```

则将每天至少需要的职员数 start 的值保存在 D:\out.txt 文件中,结果为

MON 至少需要的职员数为　　8.0000000
TUE 至少需要的职员数为　　2.0000000
WED 至少需要的职员数为　　0.0000000
THU 至少需要的职员数为　　6.0000000
FRI 至少需要的职员数为　　3.0000000
SAT 至少需要的职员数为　　3.0000000
SUN 至少需要的职员数为　　0.0000000

3. @ole 函数

@ole 是从 Excel 中引入或输出数据的接口函数,它是基于传输的 OLE 技术。OLE 传输直接在内存中传输数据,并不借助于中间文件。当使用@ole 时,LINGO 先装载 Excel,再通知 Excel 装载指定的电子数据表,最后从电子数据表中获得 Ranges。为了使用 OLE 函数,必须有 Excel5 及其以上版本。OLE 函数可在数据部分和初始部分引入数据。

@ole 可以同时读集成员和集属性,集成员最好用文本格式,集属性最好用数值格式。原始集每个集成员需要一个单元(Cell),而对于 n 元的派生集每个集成员需要 n 个单元,这里第一行的 n 个单元对应派生集的第一个集成员,第二行的 n 个单元对应派生集的第二个集成员,以此类推。

@ole 只能读一维或二维的 Ranges(在单个的 Excel 工作表(sheet)中),但不能读间断的或三维的 Ranges。Ranges 是自左而右、自上而下来读。

4. @ranged(variable_or_row_name)

为了保持最优基不变,变量的费用系数或约束行的右端项允许减少的量。

5. @rangeu(variable_or_row_name)

为了保持最优基不变,变量的费用系数或约束行的右端项允许增加的量。

6. @status()

返回 LINGO 求解模型结束后的状态。

0 Global Optimum(全局最优)
1 Infeasible(不可行)
2 Unbounded(无界)
3 Undetermined(不确定)
4 Feasible(可行)
5 Infeasible or Unbounded(通常需要关闭"预处理"选项后重新求解模型,以确定模型究竟是不可行还是无界)
6 Local Optimum(局部最优)
7 Locally Infeasible(局部不可行,尽管可行解可能存在,但是 LINGO 并没有找到一个)
8 Cutoff(目标函数的截断值被达到)
9 Numeric Error(求解器因在某约束中遇到无定义的算术运算而停止)

通常,如果返回值不是 0、4 或 6,那么解将不可信,几乎不能用。该函数仅被用在模型的数据部分来输出数据。

例 A.26

```
MODEL:
min=@sin(x);
data:
  @text()=@status();
enddata
END
```

部分计算结果为

```
Local optimal solution found at iteration:    33
Objective value:                        -1.000000
                                             6
          Variable       Value      Reduced Cost
                 x    4.712388          0.000000
```

结果中的 6 就是@status()返回的结果,表明最终解是局部最优的。

7. @dual

@dual(variable_or_row_name)返回变量的判别数(检验数)或约束行的对偶(影子)价格(Dual Prices)。

A.4.9 辅助函数

1. @if(logical_condition, true_result, false_result)

@if 函数将评价一个逻辑表达式 logical_condition,如果为真,返回 true_result,否则返回 false_result。

例 A.27 求解最优化问题：

$$\min f(x) + g(y)$$
$$\text{s. t.}$$
$$f(x) = \begin{cases} 100 + 2x, & x > 0 \\ 2x, & x \leqslant 0 \end{cases}$$
$$g(y) = \begin{cases} 60 + 3y, & y > 0 \\ 2y, & y \leqslant 0 \end{cases}$$
$$x + y \geqslant 30$$
$$x, y \geqslant 0$$

其 LINGO 代码如下：

```
MODEL:
  min=fx+gy;
  fx=@if(x #gt# 0,100,0)+2*x;
  gy=@if(y #gt# 0,60+3*y,2*y);
  x+y>=30;
END
```

2. @warn('text',logical_condition)

如果逻辑条件 logical_condition 为真，则产生一个内容为 text 的信息框。

例 A.28 示例。

```
MODEL:
  x=1;
  @warn('x是正数',x #gt# 0);
End
```

A.5 LINGO Windows 命令

A.5.1 文件菜单(File Menu)

1. 新建(New)

从文件菜单中选用"新建"命令，单击"新建"按钮或直接按 F2 键可以创建一个新的 Model 窗口。在这个新的 Model 窗口中能够输入所要求解的模型。

2. 打开(Open)

从文件菜单中选用"打开"命令，单击"打开"按钮或直接按 F3 键可以打开一个已经存在的文本文件。这个文件可能是一个 Model 文件。

3. 保存(Save)

从文件菜单中选用"保存"命令，单击"保存"按钮或直接按 F4 键用来保存当前活动窗口(最前台的窗口)中的模型结果、命令序列等为文件。

4. 另存为(Save As)

从文件菜单中选用"另存为"命令或按 F5 键可以将当前活动窗口中的内容保存为文本文件,其文件名为在"另存为"对话框中输入的文件名。利用这种方法可以将任何窗口的内容(如模型、求解结果或命令)保存为文件。

5. 关闭(Close)

在文件菜单中选用"关闭"(Close)命令或按 F6 键将关闭当前活动窗口。如果这个窗口是新建窗口或已经改变了当前文件的内容,LINGO 系统将会提示是否想要保存改变后的内容。

6. 打印(Print)

在文件菜单中选用"打印"(Print)命令,单击"打印"按钮或直接按 F7 键可以将当前活动窗口中的内容发送到打印机。

7. 打印设置(Print Setup)

在文件菜单中选用"打印设置"命令或直接按 F8 键可以将文件输出到指定的打印机。

8. 打印预览(Print Preview)

在文件菜单中选用"打印预览"命令或直接按 Shift + F8 组合键可以进行打印预览。

9. 输出到日志文件(Log Output)

从文件菜单中选用 Log Output 命令或按 F9 键打开一个对话框,用于生成一个日志文件,它存储在"命令窗口"中输入的所有命令。

10. 提交 LINGO 命令脚本文件(Take Commands)

从文件菜单中选用 Take Commands 命令或直接按 F11 键就可以将 LINGO 命令脚本(Command Script)文件提交给系统进程来运行。

11. 引入 LINGO 文件(Import Lingo File)

从文件菜单中选用 Import Lingo File 命令或直接按 F12 键可以打开一个 LINGO 格式模型的文件,然后 LINGO 系统会尽可能把模型转化为 LINGO 语法允许的程序。

12. 退出(Exit)

从文件菜单中选用 Exit 命令或直接按 F10 键可以退出 LINGO 系统。

A.5.2 编辑菜单(Edit Menu)

1. 恢复(Undo)

从编辑菜单中选用"恢复"(Undo)命令或按 Ctrl+Z 组合键,将撤销上次操作,恢复至其前的状态。

2. 剪切(Cut)

从编辑菜单中选用"剪切"(Cut)命令或按 Ctrl+X 组合键可以将当前选中的内容剪切至剪贴板中。

3. 复制(Copy)

从编辑菜单中选用"复制"(Copy)命令,单击"复制"按钮或按 Ctrl+C 组合键可以将当前选中的内容复制到剪贴板中。

4. 粘贴(Paste)

从编辑菜单中选用"粘贴"(Paste)命令,单击"粘贴"按钮或按 Ctrl+V 组合键可以将粘贴板中的当前内容复制到当前插入点的位置。

5. 粘贴特定(Paste Special)

与上面的命令不同,它可以用于剪贴板中的内容不是文本的情形。

6. 全选(Select All)

从编辑菜单中选用 Select All 命令或按 Ctrl+A 组合键可选定当前窗口中的所有内容。

7. 匹配小括号(Match Parenthesis)

从编辑菜单中选用 Match Parenthesis 命令,单击 Match Parenthesis 按钮或按 Ctrl+P 组合键可以为当前选中的开括号查找匹配的闭括号。

8. 粘贴函数(Paste Function)

从编辑菜单中选用 Paste Function 命令可以将 LINGO 的内部函数粘贴到当前插入点。

A.5.3 LINGO 菜单

1. 求解模型(Slove)

从 LINGO 菜单中选用"求解"命令,单击 Slove 按钮或按 Ctrl+S 组合键可以将当前模型送入内存求解。

2. 求解结果(Solution)

从 LINGO 菜单中选用 Solution 命令,单击 Solution 按钮或直接按 Ctrl+O 组合键可以打开求解结果的对话框。这里可以指定查看当前内存中求解结果的那些内容。

3. 查看(Look)

从 LINGO 菜单中选用 Look 命令或直接按 Ctrl+L 组合键可以查看全部的或选中的模型文本内容。

4. 灵敏性分析(Range,Ctrl+R)

用该命令产生当前模型的灵敏性分析报告:研究当目标函数的费用系数和约束右端项在什么范围(此时假定其他系数不变)时,最优基保持不变。灵敏性分析是在求解模型时作出的,因此在求解模型时灵敏性分析是激活状态,但是默认是不激活的。为了激活灵敏性分析,运行 LINGO|Options,选择 General Solver 选项卡,在 Dual Computations 列表框中,选择 Prices and Ranges 选项。灵敏性分析耗费相当多的求解时间,因此当速度很关键时,就没有必要激活它。

此部分的知识在讲线性规划问题时介绍。

5. 模型通常形式(Generate)

从 LINGO 菜单中选用"Generate"命令或直接按 Ctrl+G 组合键可以创建当前模型的代数形式、LINGO 模型或 MPS 格式文本。

6. 选项(Options)

从 LINGO 菜单中选用 Options 命令,单击 Options 按钮或直接按 Ctrl+I 组合键可以改变一些影响 LINGO 模型求解时的参数。该命令将打开一个含有 7 个选项卡的窗口(如图 A-3 所示),人们可以通过它修改 LINGO 系统的各种参数和选项。

修改完以后,如果单击 Apply(应用)按钮,则新的设置马上生效;如果单击 OK(确定)按钮,则新的设置马上生效,并且同时关闭该窗口。如果单击 Save(保存)按钮,则将当前设置变为默认设置,下次启动 LINGO 时这些设置仍然有效。单击 Default(默认值)按钮,则恢复 LINGO 系统定义的原始默认设置(默认设置)。

7 个选项卡界面中各选项的含义分别列在以下表格中。

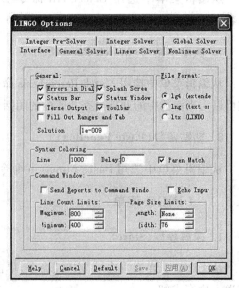

图 A-3

1. Interface(界面)选项卡

Interface 选项卡中的内容如表 A-3 所示。

表 A-3

选项组	选 项	含 义
General(一般选项)	Errors In Dialogs(错误对话框)	如果选择该选项,求解程序遇到错误时将打开一个对话框显示错误,关闭该对话框后程序才会继续执行;否则,错误信息将在报告窗口显示,程序仍会继续执行
	Splash Screen(弹出屏幕)	如果选择该选项,则 LINGO 每次启动时会在屏幕上弹出一个对话框,显示 LINGO 的版本和版权信息;否则不弹出
	Status Bar(状态栏)	如果选择该选项,则 LINGO 系统在主窗口最下面一行显示状态栏;否则不显示
	Status Window(状态窗口)	如果选择该选项,则 LINGO 系统每次运行 LINGO|Solve 命令时会在屏幕上弹出状态窗口;否则不弹出
	Terse Output(简洁输出)	如果选择该选项,则 LINGO 系统对求解结果报告等将以简洁形式输出;否则以详细形式输出
	Toolbar(工具栏)	如果选择该选项,则显示工具栏;否则不显示
	Solution Cutoff(解的截断)	小于等于这个值的解将报告为 0(默认值是 10^{-9})
File Format(文件格式)	lg4 (extended)(lg4,扩展格式)	模型文件的默认保存格式是 lg4 格式(这是一种二进制文件,只有 LINGO 能读出)
	lng (text only)(lng,纯文本格式)	模型文件的默认保存格式是 lng 格式(纯文本)
Syntax Coloring(语法配色)	Line limit(行数限制)	语法配色的行数限制(默认为 1000)。LINGO 模型窗口中将 LINGO 关键此显示为蓝色,注释为绿色,其他为黑色,超过该行数限制后则不再区分颜色。特别地,设置行数限制为 0 时,整个文件不再区分颜色
	Delay(延迟)	设置语法配色的延迟时间(秒,默认为 0,从最后一次击键算起)
	Paren Match(括号匹配)	如果选择该选项,则模型中当前光标所在处的括号及其相匹配的括号将以红色显示;否则不使用该功能
Command Window(命令窗口)	Send Reports to Command Window(报告发至命令窗口)	如果选择该选项,则输出信息会发送到命令窗口;否则不使用该功能
	Echo Input(输入信息反馈)	如选该选项,则用 File|Take Command 命令执行命令脚本文件时,处理信息会发至命令窗口;否则不使用该功能
	Line Count Limits(行数限制)	命令窗口能显示的行数的最大值为 Maximum(默认为 800);如果要显示的内容超过这个值,每次从命令窗口滚动删除的最小行数为 Minimum(默认为 400)
	Page Size Limit(页面大小限制)	命令窗口每次显示的行数的最大值为 Length(默认为没有限制),显示这么多行后会暂停,等待用户响应;每行最大字符数为 Width(默认为 74,可以设定为 64~200 之间),多余的字符将被截断

2. General Solver(通用求解器)选项卡

General Solver 选项卡中的内容如表 A-4 所示。

表 A-4

选 项 组	选 项	含 义
Generator Memory Limit (MB)矩阵生成器的内存限制(兆)		默认值为 32MB,矩阵生成器使用的内存超过该限制,LINGO 将报告"The model generator ran out of memory."
Runtime Limits 运行限制	Iterations 迭代次数	求解一个模型时,允许的最大迭代次数(默认值为无限)
	Time (sec)运行时间(s)	求解一个模型时,允许的最大运行时间(默认值为无限)
Dual Computations(对偶计算)		求解时控制对偶计算的级别,有 3 种可能的设置。 • None:不计算任何对偶信息。 • Prices:计算对偶价格(默认设置)。 • Prices and Ranges:计算对偶价格并分析敏感性
Model Regeneration(模型的重新生成)		控制重新生成模型的频率,有 3 种可能的设置。 • Only when text changes:只有当模型的文本修改后才再生成模型。 • When text changes or with external references:当模型的文本修改或模型含有外部引用时(默认设置); • Always:每当有需要时
Linearization(线性化)	Degree(线性化程度)	决定求解模型时线性化的程度,有 4 种可能的设置。 Solver Decides:若变量数小于等于 12 个,则尽可能全部线性化;否则不做任何线性化(默认设置)。 • None:不做任何线性化。 • Low:对函数@ABS()、@MAX()、@MIN()、@SMAX()、@SMIN(),以及二进制变量与连续变量的乘积项做线性化。 • High:同上,此外对逻辑运算符#LE#、#EQ#、#GE#、#NE#做线性化
	Big M(线性化的大 M 系数)	设置线性化的大 M 系数(默认值为 10^6)
	Delta(线性化的误差限)	设置线性化的误差限(默认值为 10^{-6})
Allow Unrestricted Use of Primitive Set Member Names(允许无限制地使用基本集合的成员名)		选择该选项可以保持与 LINGO 4.0 以前的版本兼容:即允许使用基本集合的成员名称直接作为该成员在该集合的索引值(LINGO4.0 以后的版本要求使用@INDEX 函数)
Check for Duplicate Names in Data and Model(检查数据和模型中的名称是否重复使用)		选择该选项,LINGO 将检查数据和模型中的名称是否重复使用,如基本集合的成员名是否与决策变量名重复
Use R/C format names for MPS I/O (在 MPS 文件格式的输入输出中使用 R/C 格式的名称)		在 MPS 文件格式的输入输出中,将变量和行名转换为 R/C 格式

3. Linear Solver(线性求解器)选项卡

Linear Solver 选项卡中的内容如表 A-5 所示。

表 A-5

选项组	选 项	含 义
Method(求解方法)		求解时的算法,有 4 种可能的设置。 • Solver Decides：LINGO 自动选择算法(默认设置)。 • Primal Simplex：原始单纯形法。 • Dual Simplex：对偶单纯形法。 • Barrier：障碍法(即内点法)
Initial Linear Feasibility Tol(初始线性可行性误差限)		控制线性模型中约束满足的初始误差限(默认值为 3×10^{-6})
Final Linear Feasibility Tol(最后线性可行性误差限)		控制线性模型中约束满足的最后误差限(默认值为 10^{-7})
Model Reduction(模型降维)		控制是否检查模型中的无关变量,从而降低模型的规模。 • Off：不检查。 • On：检查。 • Solver Decides：LINGO 自动决定(默认设置)
Pricing Strategies(价格策略)(决定出基变量的策略)	Primal Solver(原始单纯形法)	有 3 种可能的设置。 • Solver Decides：LINGO 自动决定(默认设置)。 • Partial：LINGO 对一部分可能的出基变量进行尝试。 • Devex：用 Steepest-Edge(最陡边)近似算法对所有可能的变量进行尝试,找到使目标值下降最多的出基变量
	Dual Solver(对偶单纯形法)	有 3 种可能的设置。 • Solver Decides：LINGO 自动决定(默认设置)。 • Dantzig：按最大下降比例法确定出基变量。 • Steepest-Edge：最陡边策略,对所有可能的变量进行尝试,找到使目标值下降最多的出基变量
Matrix Decomposition(矩阵分解)		选择该选项,LINGO 将尝试将一个大模型分解为几个小模型求解;否则不尝试
Scale Model(模型尺度的改变)		选择该选项,LINGO 检查模型中的数据是否平衡(数量级是否相差太大)并尝试改变尺度使模型平衡;否则不尝试

4. Nonlinear Solver(非线性求解器)选项卡

Nonlinear Solver 选项卡中的内容如表 A-6 所示。

表 A-6

选项组	选 项	含 义
Initial Nonlinear Feasibility Tol(初始非线性可行性误差限)		控制模型中约束满足的初始误差限(默认值为 10^{-3})
Final Nonlinear Feasibility Tol(最后非线性可行性误差限)		控制模型中约束满足的最后误差限(默认值为 10^{-6})

续表

选项组	选 项	含 义
	Nonlinear Optimality Tol(非线性规划的最优性误差限)	当目标函数在当前解的梯度小于等于这个值以后,停止迭代(默认值为 2×10^{-7})
	Slow Progress Iteration Limit(缓慢改进的迭代次数的上限)	当目标函数在连续这么多次迭代没有显著改进以后,停止迭代(默认值为 5)
Derivatives (导数)	Numerical(数值法)	用有限差分法计算数值导数(默认值)
	Analytical(解析法)	用解析法计算导数(仅对只含有算术运算符的函数使用)
Strategies 策略	Crash Initial Solution(生成初始解)	选择该选项,LINGO 将用启发式方法生成初始解;否则不生成(默认值)
	Quadratic Recognition(识别二次规划)	选择该选项,LINGO 将判别模型是否为二次规划,若是则采用二次规划算法(包含在线性规划的内点法中);否则不判别(默认值)
	Selective Constraint Eval(有选择地检查约束)	选择该选项,LINGO 在每次迭代时只检查必须检查的约束(如果有些约束函数在某些区域没有定义,这样做会出现错误);否则,检查所有约束(默认值)
	SLP Directions(SLP 方向)	选择该选项,LINGO 在每次迭代时用 SLP (Successive LP,逐次线性规划)方法寻找搜索方向(默认值)
	Steepest Edge(最陡边策略)	选择该选项,LINGO 在每次迭代时将对所有可能的变量进行尝试,找到使目标值下降最多的变量进行迭代;默认值为不使用最陡边策略

5. Integer Pre-Solver(整数预处理求解器)选项卡

Integer Pre-Solver 选项卡中的内容如表 A-7 所示。

表 A-7

选项组	选 项	含 义
Heuristics(启发式方法)	Level	控制采用启发式搜索的次数(默认值为 3,可能的值为 0～100。启发式方法的目的是从分枝节点的连续解出发,搜索一个好的整数解
	Min Seconds	每个分枝节点使用启发式搜索的最小时间(s)
Probing Level(探测水平)		控制采用探测(Probing)技术的级别(探测能够用于混合整数线性规划模型,收紧变量的上下界和约束的右端项的值)。可能的取值为 • Solver Decides:LINGO 自动决定(默认设置)。 • 1～7:探测级别逐步升高
Constraint Cuts(约束的割)	Application(应用节点)	控制在分枝定界树中,哪些节点需要增加割(平面),可能的取值为 • Root Only:仅根节点增加割(平面)。 • All Nodes:所有节点均增加割(平面)。 • Solver Decides:LINGO 自动决定(默认设置)。

续表

选项组	选 项	含 义
Constraint Cuts (约束的割)	Relative Limit（相对上限）	控制生成的割（平面）的个数相对于原问题的约束个数的上限（比值），默认值为 0.75
	Max Passes（最大迭代检查的次数）	为了寻找合适的割，最大迭代检查的次数。有两个参数。 • Root：对根节点的次数（默认值为 200）。 • Tree：对其他节点的次数（默认值为 2）
	Types（类型）	控制生成的割（平面）的策略，共有 12 种策略可供选择（如想了解细节，请参阅整数规划方面专著）

6. Integer Solver(整数求解器)选项卡

整数预处理程序只用于整数线性规划模型(ILP 模型)，对连续规划和非线性模型无效。Integer Solver 选项卡中的内容如表 A-8 所示。

表 A-8

选项组	选 项	含 义
Branching(分枝)	Direction	控制分枝策略中优先对变量取整的方向，有 3 种选择。 • Both：LINGO 自动决定（默认设置）。 • Up：向上取整优先。 • Down：向下取整优先
	Priority	控制分枝策略中优先对哪些变量进行分枝，有两种选择。 • LINGO Decides：LINGO 自动决定（默认设置）。 • Binary：二进制(0-1)变量优先
Integrality(整性)	Absolute(绝对误差限)	当变量与整数的绝对误差小于这个值时，该变量被认为是整数。默认值为 10^{-6}
	Relative(相对误差限)	当变量与整数的相对误差小于这个值时，该变量被认为是整数。默认值为 8×10^{-6}
LP Solver（LP 求解程序）	Warm Start(热启动)	当以前面的求解结果为基础，热启动求解程序时采用的算法，有 4 种可能的设置。 • LINGO Decides：LINGO 自动选择算法（默认设置）。 • Primal Simplex：原始单纯形法。 • Dual Simplex：对偶单纯形法。 • Barrier：障碍法（即内点法）
	Cold Start(冷启动)	当不以前面的求解结果为基础，冷启动求解程序时采用的算法，有 4 种可能的设置（同上，略）
Optimality(最优性)	Absolute(目标函数的绝对误差限)	当当前目标函数值与最优值的绝对误差小于这个值时，当前解被认为是最优解（也就是说，只需要搜索比当前解至少改进这么多个单位的解）。默认值为 8×10^{-8}
	Relative(目标函数的相对误差限)	当当前目标函数值与最优值的相对误差小于这个值时，当前解被认为是最优解（也就是说，只需要搜索比当前解至少改进这么多百分比的解）。默认值为 5×10^{-8}

续表

选项组	选 项	含 义
Optimality(最优性)	Time To Relative(开始采用相对误差限的时间(s))	在程序开始运行后这么多秒内,不采用相对误差限策略;此后才使用相对误差限策略。默认值为100s
Tolerances(误差限)	Hurdle(篱笆值)	控制求解器只寻找比该值更优的最优解
	Node Selection(节点选择)	控制如何选择节点的分枝求解,有以下选项。 • LINGO Decides:LINGO自动选择(默认设置)。 • Depth First:按深度优先。 • Worst Bound:选择具有最坏界的节点。 • Best Bound:选择具有最好的界的节点
	Strong Branch(强分枝的层数)	控制采用强分枝的层数。也就是说,对前这么多层的分枝,采用强分枝策略。所谓强分枝,就是在一个节点对多个变量分别尝试进行预分枝,找出其中最好的解(变量)进行实际分枝

7. Global Solver(全局最优求解器)选项卡

Global Solver 选项卡的内容如表 A-9 所示。

表 A-9

选项组	选 项	含 义
Global Solver(全局最优求解程序)	Use Global Solver(使用全局最优求解程序)	选择该选项,LINGO将用全局最优求解程序求解模型,尽可能得到全局最优解(求解花费的时间可能很长);否则不使用全局最优求解程序,通常只得到局部最优解
	Variable Upper Bound(变量上界)	有两个域可以控制变量上界(按绝对值)。 ① Value:设定变量的上界,默认值为 10^{10}。 ② Application 列表框设置这个界的3种应用范围。 • None:所有变量都不使用这个上界。 • All:所有变量都使用这个上界。 • Selected:先找到第1个局部最优解,然后对满足这个上界的变量使用这个上界(默认设置)
	Tolerances(误差限)	有两个域可以控制变量上界(按绝对值)。 ① Optimality:只搜索比当前解至少改进这么多个单位的解(默认值为 10^{-6})。 ② Delta:全局最优求解程序在凸化过程中增加的约束的误差限(默认值为 10^{-7})
	Strategies(策略)	可以控制全局最优求解程序的3类策略。 ① Branching:第1次对变量分枝时使用的分枝策略。 • Absolute Width(绝对宽度)。 • Local Width(局部宽度)。 • Global Width(全局宽度)。 • Global Distance(全局距离)。

选项组	选 项	含 义
Global Solver（全局最优求解程序）	Strategies(策略)	• Abs(Absolute) Violation(绝对冲突)。 • Rel (Relative) Violation(相对冲突，默认设置)。 ② Box Selection：选择活跃分枝节点的方法。 • Depth First(深度优先)。 • Worst Bound(具有最坏界的分枝优先，默认设置)。 ③ Reformulation：模型重整的级别。 • None(不进行重整)。 • Low(低)。 • Medium(中)。 • High(高，默认设置)
Multistart Solver（多初始点求解程序）	Attempts(尝试次数)	尝试多少个初始点求解，有以下几种可能的设置。 • Solver Decides：由 LINGO 决定（默认设置，对小规模 NLP 问题为 5 次，对大规模问题不使用多点求解）。 • Off：不使用多点求解。 • $N(>1$ 的正整数)：N 点求解。 • Barrier：障碍法（即内点法）

A.5.4 窗口菜单(Windows Menu)

1. 命令行窗口(Open Command Window)

从窗口菜单中选用 Open Command Window 命令或直接按 Ctrl＋1 组合键可以打开 LINGO 的命令行窗口。在命令行窗口中可以获得命令行界面，在":"提示符后可以输入 LINGO 的命令行命令。

2. 状态窗口(Status Window)

从窗口菜单中选用 Status Window 命令或直接按 Ctrl＋2 组合键可以打开 LINGO 的求解状态窗口。

如果在编译期间没有表达错误，那么 LINGO 将调用适当的求解器来求解模型。当求解器开始运行时，它就会显示如图 A-4 所示的求解器状态窗口(LINGO Solver Status)。

求解器状态窗口对于监视求解器的进展和模型大小是有用的。求解器状态窗口提供了一个中断求解器按钮(Interrupt Solver)，单击它会导致 LINGO 在下一次迭代时停止求解。在绝大多数情况下，LINGO 能够交还和报告到目前为止的最好解。一个例外是线性规划模型，返回的解是无意义的，应该被忽略。但这并不是一个问题，因为线性规划通常求解速度很快，很少需要中断。

注意：在中断求解器后，必须小心解释当前解，因为这些解可能根本就不是最优解，可能也不是可行解或者对线性规划模型来说是无价值的。

在中断求解器按钮的右边是关闭按钮(Close)。单击它可以关闭求解器状态窗口，不过可在任何时间通过选择 Windows|Status Window 再重新打开。

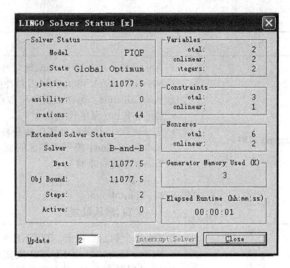

图 A-4

在中断求解器按钮的右边的是标记为更新时间间隔(Update Interval)的域。LINGO 将根据该域指示的时间(以秒为单位)为周期更新求解器状态窗口。可以随意设置该域,不过若设置为 0 将导致更长的求解时间——LINGO 花费在更新的时间会超过求解模型的时间。

1) 变量框(Variables)

Total 显示当前模型的全部变量数,Nonlinear 显示其中的非线性变量数,Integers 显示其中的整数变量数。非线性变量是指它至少处于某一个约束中的非线性关系中。例如,对约束

$$X + Y = 100;$$

X 和 Y 都是线性变量。对约束

$$X \times Y = 100;$$

X 和 Y 的关系是二次的,所以 X 和 Y 都是非线性变量。对约束

$$X \times X + Y = 100;$$

X 是二次方是非线性的,Y 虽与 X 构成二次关系,但与 $X \times X$ 这个整体是一次的,因此 Y 是线性变量。被计数变量不包括 LINGO 确定为定值的变量。例如:

$$X = 1;$$
$$X + Y = 3;$$

这里 X 是 1,由此可得 Y 是 2,所以 X 和 Y 都是定值,模型中的 X 和 Y 都用 1 和 2 代换掉。

2) 约束(Constraints)框

Total 显示当前模型扩展后的全部约束数,Nonlinear 显示其中的非线性约束数。非线性约束是该约束中至少有一个非线性变量。如果一个约束中的所有变量都是定值,那么该约束就被剔除出模型(该约束为真),不计入约束总数中。

3) 非零(Nonzeroes)框

Total 显示当前模型中全部非零系数的数目,Nonlinear 显示其中的非线性变量系数的

数目。

4) 内存使用(Generator Memory Used,单位:KB)框

显示当前模型在内存中使用的内存量。可以通过使用 LINGO|Options 命令修改模型的最大内存使用量。

5) 已运行时间(Elapsed Runtime)框

显示求解模型到目前所用的时间,它可能受系统中别的应用程序的影响。

6) 求解器状态(Solver Status)框

显示当前模型求解器的运行状态。域的含义如表 A-10 所示。

表 A-10

域名	含 义	可能的显示
Model Class	当前模型的类型	LP、QP、ILP、IQP、PILP、PIQP、NLP、INLP、PINLP(以 I 开头表示 IP,以 PI 开头表示 PIP)
State	当前解的状态	"Global Optimum"、"Local Optimum"、"Feasible"、"Infeasible"(不可行)、"Unbounded"(无界)、"Interrupted"(中断)、"Undetermined"(未确定)
Objective	当前解的目标函数值	实数
Infeasibility	当前约束不满足的总量(不是不满足的约束的个数)	实数(即使该值=0,当前解也可能不可行,因为这个量中没有考虑用上下界形式给出的约束)
Iterations	目前为止的迭代次数	非负整数

7) 扩展求解器状态(Extended Solver Status)框

显示 LINGO 中几个特殊求解器的运行状态,包括分枝定界求解器(Branch-and-Bound Solver)、全局求解器(Global Solver)和多初始点求解器(Multistart Solver)。该框中的域仅当这些求解器运行时才会更新。域的含义如表 A-11 所示。

表 A-11

域名	含 义	可能的显示
Solver Type	使用的特殊求解程序	B-and-B(分枝定界法) Global(全局最优求解) Multistart(用多个初始点求解)
Best Obj	目前为止找到的可行解的最佳目标函数值	实数
Obj Bound	目标函数值的界	实数
Steps	特殊求解程序当前运行步数: 分枝数(对 B-and-B 程序); 子问题数(对 Global 程序); 初始点数(对 Multistart 程序)	非负整数
Active	有效步数	非负整数

其余几个命令都是对窗口的排列,这里不做介绍,试一试便知。

A.5.5 帮助菜单(Help Menu)

1. 帮助主题(Help Menu)

从帮助菜单中选用 Help Menu 可以打开 LINGO 的帮助文件。

2. 关于 LINGO(About Lingo)

关于当前 LINGO 的版本信息等。

附录 B　练习题参考答案

第 2 章

2.1 如图 B-1 所示。

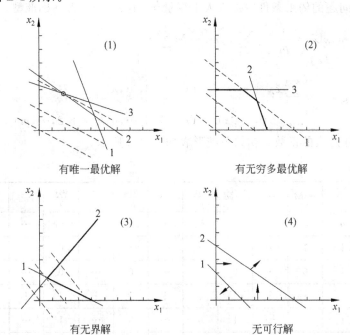

图　B-1

2.2 (1) 令 $x_1'=-x_1, x_3=x_3'-x_3'', z'=-z$,标准型为

$$\max z' = x_1' - 2x_2 - 4x_3' + 4x_3'' + 0x_4 + 0x_5 - Mx_6 - Mx_7$$

$$\text{s.t.} \begin{cases} 3x_1' + 2x_2 + 2x_3' - 2x_3'' + x_4 = 19 \\ 4x_1' + 3x_2 + 4x_3' - 4x_3'' - x_5 + x_6 = 14 \\ 5x_1' + 2x_2 + 4x_3' - 4x_3'' + x_7 = 26 \\ x_1', x_2, x_3', x_3'', x_4, x_5, x_6, x_7 \geqslant 0 \end{cases}$$

初始单纯形表如表 B-1 所示。

表　B-1

C_B	X_B	b	c_j								θ
			1	-2	-4	4	0	0	$-M$	$-M$	
			x_1'	x_2	x_3'	x_3''	x_4	x_5	x_6	x_7	
0	x_4	19	3	2	2	-2	1	0	0	0	19/3
$-M$	x_6	14	[4]	3	4	-4	0	-1	1	0	14/4

续表

c_j			1	-2	-4	4	0	0	$-M$	$-M$	θ
C_B	X_B	b	x_1'	x_2	x_3'	x_3''	x_4	x_5	x_6	x_7	
$-M$	x_7	26	5	2	4	-4	0	0	0	1	26/5
	σ_j		$1+9M$	$-2+5M$	$-4+8M$	$4-8M$	0	$-M$	0	0	

(2) 在上述问题的约束条件中加入人工变量 x_1、x_2、$\cdots$、x_n，得到标准型

$$\max Z = \frac{1}{p_k}\sum_{i=1}^{n}\sum_{k=1}^{m}a_{ik}x_{ik} - M\sum_{i=1}^{n}x_i$$

$$\text{s.t.} \begin{cases} \sum_{k=1}^{m}x_{ik} + x_i = 1 & (i=1,2,\cdots,n) \\ x_{ik} \geqslant 0, x_i \geqslant 0 & (i=1,2,\cdots,n; k=1,2,\cdots,m) \end{cases}$$

其中，M 是一个任意大的正数。初始单纯形表如表 B-2 所示。

表 B-2

c_j			$-M$	$\cdots$	$-M$	$\dfrac{a_{11}}{p_k}$	$\cdots$	$\dfrac{a_{1m}}{p_k}$	$\dfrac{a_{n1}}{p_k}$	$\cdots$	$\dfrac{a_{nm}}{p_k}$	θ
C_B	X_B	b	x_1	$\cdots$	x_n	x_{11}	$\cdots$	x_{1m}	x_{n1}	$\cdots$	x_{nm}	
$-M$	x_1	1	1	$\cdots$	0	1	$\cdots$	1	0	$\cdots$	0	
$-M$	x_2	1	0	$\cdots$	0	0	$\cdots$	0	0	$\cdots$	0	
$\vdots$	$\vdots$	$\vdots$	$\vdots$	$\vdots$	$\vdots$	$\vdots$	$\vdots$	$\vdots$	$\vdots$	$\vdots$	$\vdots$	
$-M$	x_n	1	0	$\cdots$	1	0	$\cdots$	0	1	$\cdots$	1	
	σ_j		0	$\cdots$	0	$\dfrac{a_{11}}{p_k}+M$	$\cdots$	$\dfrac{a_{1m}}{p_k}+M$	$\dfrac{a_{n1}}{p_k}+M$	$\cdots$	$\dfrac{a_{nm}}{p_k}+M$	

2.3 (1) 最优解为 $\boldsymbol{x}^* = (15, 5, 0)^{\text{T}}, z^* = 25$。

(2) 最优解为 $\boldsymbol{x}^* = (0, 1.5, 0, 0)^{\text{T}}, z^* = -3$。

(3) 模型存在无界解。

(4) 原模型有无穷多最优解，其中之一为 $x_1 = 11/2, x_2 = 9/4, x_3 = 7$。

2.4 (1) 最优解为 $\boldsymbol{x}^* = (6.429, 0.571, 0)^{\text{T}}, z^* = 14.571$。

(2) 最优解为 $\boldsymbol{x}^* = (0.4, 1.8, 1, 0)^{\text{T}}, z^* = 3.4$。

2.5 $a=2, b=0, c=0, d=1, e=4/5, f=0, g=5$；表中给出的解为最优解。

2.6 $a=-3, b=2, c=4, d=-2, e=2, f=3, g=1, h=0, i=5, j=-5, k=3/2, l=0$；变量的下标为 $m=4, n=5, s=1, t=6$。

2.7 (1) 对偶问题为

$$\max w = 2y_1 - 3y_2 - 5y_3$$

$$\text{s.t.} \begin{cases} 2y_1 - 3y_2 - y_3 \leqslant 2 \\ 3y_1 - y_2 - 4y_3 \leqslant 2 \\ 5y_1 - 7y_2 - 6y_3 \leqslant 4 \\ y_1, y_2, y_3 \geqslant 0 \end{cases}$$

经计算，原问题的对偶问题最优解为 $(2/3, 0, 0)^T, w^* = 4/3$。

(2) 令3个约束条件的对偶变量分别为 $y_1、y_2、y_3$，则根据对偶问题的转换法则可直接得到原问题的对偶问题。

$$\min w = 5y_1 + 8y_2 + 20y_3$$

$$\text{s.t.} \begin{cases} -y_1 + 6y_2 + 12y_3 \geqslant 1 \\ y_1 + 7y_2 - 9y_3 \geqslant 2 \\ -y_1 + 3y_2 - 9y_3 \leqslant 3 \\ -3y_1 - 5y_2 + 9y_3 = 4 \\ y_1 \text{无约束}, y_2 \leqslant 0, y_3 \geqslant 0 \end{cases}$$

利用单纯形方法求解此模型，得此对偶问题无最优解。

2.8 (1) 其对偶问题为

$$\min Z = 60y_1 + 40y_2 + 80y_3$$

$$\text{s.t.} \begin{cases} 3y_1 + 2y_2 + y_3 \geqslant 2 \\ 4y_1 + y_2 + 3y_3 \geqslant 4 \\ 2y_1 + 2y_2 + 2y_3 \geqslant 3 \\ y_1, y_2, y_3 \geqslant 0 \end{cases}$$

(2) 用单纯形法求解原问题时每步迭代结果，如表 B-3 所示。

表 B-3

	原问题解	互补的对偶问题解
第一步	(0,0,0,60,40,80)	(0,0,0,−2,−4,−3)
第二步	(0,15,0,0,25,35)	(1,0,0,1,0,−1)
第三步	(0,20/3,50/3,0,0,80/3)	(5/6,2/3,0,11/6,0,0)

(3) 用对偶单纯形法求解对偶问题时每步迭代结果如表 B-4 所示。

表 B-4

	对偶问题解	对偶问题互补的对偶问题解
第一步	(0,0,0,−2,−4,−3)	(0,0,0,60,40,80)
第二步	(1,0,0,1,0,−1)	(0,15,0,0,25,35)
第三步	(5/6,2/3,0,11/6,0,0)	(0,20/3,50/3,0,0,80/3)

(4) 对偶单纯形法实质上是讲单纯形法应用于对偶问题的求解，又对偶问题的对偶即原问题，因此(2)和(3)的计算结果完全相同。

2.9 将 $y_1^* = 4/5, y_2^* = 3/5$ 代入对偶问题的约束条件，第2个~第4个约束为严格不等式，因此，由互补松弛性得 $x_2^* = x_3^* = x_4^* = 0$。又因为 $y_1^*, y_2^* > 0$，所以原问题的两个约束条件应取等式，求解得原问题最优解为 $X^*=(1,0,0,0,1)^T, z^*=5$。

2.10 由已知信息可以求得该问题的对偶问题的最优解

$$Y^T = C_B B^{-1} = \frac{1}{27} \times (6,8,9) \begin{bmatrix} 11 & -3 & 1 \\ -6 & 9 & -3 \\ 2 & -3 & 10 \end{bmatrix} = \left(\frac{4}{3}, 1, \frac{8}{3}\right)$$

所以 3 种资源的影子价格分别为 $\frac{4}{3}, 1, \frac{8}{3}$。

2.11 几种可能的下料方案如表 B-5 所示。

表 B-5

方案 长度/m	A	B	C	D	E
2.9	1	2	0	1	0
2.1	0	0	2	2	1
1.5	3	1	2	0	3
合计/m	7.4	7.3	7.2	7.1	6.6
料头/m	0	0.1	0.2	0.3	0.8

设按方案 A、B、C、D、E 下料的原材料数分别为 x_1, x_2, x_3, x_4, x_5，据表 B-5 可得模型

$$\min z = 0x_1 + 0.1x_2 + 0.2x_3 + 0.3x_4 + 0.8x_5$$

$$\text{s.t.} \begin{cases} x_1 + 2x_2 + x_4 = 100 \\ 2x_3 + 2x_4 + x_5 = 100 \\ 3x_1 + x_2 + 2x_3 + 3x_5 = 100 \\ x_i \geq 0, \quad i = 1, \cdots, 5 \end{cases}$$

最优解为 $X^* = (0, 40, 30, 20, 0)^T$，最优值为 $z^* = 16$。

2.12 以 A_C 表示产品 A 中 C 的成分，A_P 表示产品 A 中 P 的成分，……令

$$x_1 = A_C, \quad x_2 = A_P, \quad x_3 = A_H$$
$$x_4 = B_C, \quad x_5 = B_P, \quad x_6 = B_H$$
$$x_7 = D_C, \quad x_8 = D_P, \quad x_9 = D_H$$

该问题的数学模型为

$$\max z = -15x_1 + 25x_2 + 15x_3 - 30x_4 + 10x_5 - 40x_6 - 10x_9$$

$$\text{s.t.} \begin{cases} -0.5x_1 + 0.5x_2 + 0.5x_3 + x_{10} = 0 \\ -0.25x_1 + 0.75x_2 - 0.25x_3 + x_{11} = 0 \\ -0.75x_4 + 0.25x_5 + 0.25x_6 + x_{12} = 0 \\ -0.5x_4 + 0.5x_5 - 0.5x_6 + x_{13} = 0 \\ x_1 + x_4 + x_7 + x_{14} = 100 \\ x_2 + x_5 + x_8 + x_{15} = 100 \\ x_3 + x_6 + x_9 + x_{16} = 60 \\ x_i \geq 0, \quad i = 1, \cdots, 16 \end{cases}$$

采用 LINGO 软件求解以上模型，结果为：每天只生产产品 A 200kg，需要原材料 C、P、

H 分别为 100kg、50kg、50kg。

2.13 设 x_i 为安排从第 i 班次开始时上班的人数,则该问题的数学模型为

$$\min Z = \sum_{i=1}^{6} x_i$$

$$\text{s.t.} \begin{cases} x_6 + x_1 \geqslant 60 \\ x_1 + x_2 \geqslant 70 \\ x_2 + x_3 \geqslant 60 \\ x_3 + x_4 \geqslant 50 \\ x_4 + x_5 \geqslant 20 \\ x_5 + x_6 \geqslant 30 \\ x_i \geqslant 0, \quad i = 1, 2, \cdots, 6 \end{cases}$$

求解此模型得到最优解:$\boldsymbol{x}^* = (40, 30, 30, 20, 0, 30)^T, z^* = 150$。

2.14 首先列出所有可能生产产品Ⅰ、Ⅱ、Ⅲ的工序组合形式,并用 x_i 表示,按各种工序的组合形式进行生产的产量。具体如下:

按 (A_1, B_1) 组合方式生产产品Ⅰ,其产量设为 x_1;
按 (A_1, B_2) 组合方式生产产品Ⅰ,其产量设为 x_2;
按 (A_1, B_3) 组合方式生产产品Ⅰ,其产量设为 x_3;
按 (A_2, B_1) 组合方式生产产品Ⅰ,其产量设为 x_4;
按 (A_2, B_2) 组合方式生产产品Ⅰ,其产量设为 x_5;
按 (A_2, B_3) 组合方式生产产品Ⅰ,其产量设为 x_6;
按 (A_1, B_1) 组合方式生产产品Ⅱ,其产量设为 x_7;
按 (A_2, B_1) 组合方式生产产品Ⅱ,其产量设为 x_8;
按 (A_2, B_2) 组合方式生产产品Ⅲ,其产量设为 x_9。

经整理后可得求解该问题的线性规划模型如下:

$$\max Z = 0.37x_1 + 0.31x_2 + 0.40x_3 + 0.34x_4 + 0.34x_5 \\ + 0.43x_6 + 0.65x_7 + 0.86x_8 + 0.68x_9$$

$$\text{s.t.} \begin{cases} 5(x_1 + x_2 + x_3) + 10x_7 \leqslant 6000 \\ 7(x_4 + x_5 + x_6) + 9x_8 + 12x_9 \leqslant 10\,000 \\ 6(x_1 + x_4) + 8(x_7 + x_8) \leqslant 4000 \\ 4(x_2 + x_5) + 11x_9 \leqslant 7000 \\ 7(x_3 + x_6) \leqslant 4000 \\ x_j \geqslant 0, \quad j = 1, 2, \cdots, 9 \end{cases}$$

运用 LINGO 软件进行求解,可得计算结果为

$$Z^* = 1120.57, \quad \boldsymbol{x}^* = (0, 1200, 0, 0, 214.3, 571.4, 0, 500, 0)^T$$

2.15 用决策变量 x_{i1}、x_{i2}、x_{i3}、$x_{i4}(i=1,2,\cdots,5)$ 分别表示第 i 年年初为项目 A、B、C、D 的投资额。根据问题的要求,各变量的对应关系如表 B-6 所示。表中空白处表示当年不能为该项目投资,也可认为投资额为 0。

表 B-6

项目 \ 年份	1	2	3	4	5
A	x_{11}	x_{21}	x_{31}	x_{41}	
B			x_{32}		
C		x_{23}			
D	x_{14}	x_{24}	x_{34}	x_{44}	x_{54}

问题的线性规划模型为

$$\max Z = 1.15x_{41} + 1.25x_{32} + 1.40x_{23} + 1.06x_{54}$$

$$\text{s.t.} \begin{cases} x_{11} + x_{14} = 1\,000\,000 \\ -1.06x_{14} + x_{21} + x_{23} + x_{24} = 0 \\ -1.15x_{11} - 1.06x_{24} + x_{31} + x_{32} + x_{34} = 0 \\ -1.15x_{21} - 1.06x_{34} + x_{41} + x_{44} = 0 \\ -1.15x_{31} - 1.06x_{44} + x_{54} = 0 \\ x_{32} \leqslant 400\,000 \\ x_{23} \leqslant 300\,000 \\ x_{i1}, x_{i2}, x_{i3}, x_{i4} \geqslant 0 \quad (i = 1, 2, 3, 4, 5) \end{cases}$$

采用 LINGO 软件求解得到最佳方案：$x_{11}=716\,981.1$，$x_{14}=283\,018.9$，$x_{23}=300\,000$，$x_{31}=424\,528.3$，$x_{32}=400\,000$，$x_{51}=488\,207.5$，其他的均为 0。最优值为 $z=1\,437\,500$，即连续投资方案为：第 1 年用于投资项目 A 的金额为 716 981.1 元，项目 D 的金额为 283 018.9 元；第 2 年用于项目 C 的投资金额为 300 000 元；第 3 年用于项目 A 的投资金额为 424 528.3 元，项目 B 的金额为 400 000 元；第 5 年用于投资项目 D 的金额为 488 207.5。到第 5 年年末该公司拥有总资金为 1 437 500 元，收益率为 43.75%。

2.16 设 x_{ij}、x'_{ij} 分别为该厂第 i 种产品的第 j 个月在正常时间和加班时间内的生产量；y_{ij} 为 i 种产品在第 j 月的销售量，w_{ij} 为第 i 种产品第 j 月末的库存量。模型为

$$\max Z = \sum_{i=1}^{5} \sum_{j=1}^{6} (S_i y_{ij} - C_i x_{ij} - C'_i x'_{ij}) - \sum_{i=1}^{5} \sum_{j=1}^{5} H_i w_{ij}$$

$$\sum_{i=1}^{5} a_i x_{ij} \leqslant r_j \quad (j = 1, 2, \cdots, 6)$$

$$\sum_{i=1}^{5} a_i x'_{ij} \leqslant r'_j \quad (j = 1, 2, \cdots, 6)$$

$$y_{ij} \leqslant d_{ij} \quad \forall i, j$$

$$w_{ij} = w_{i,j-1} + x_{ij} + x'_{ij} - y_{ij} \quad \forall i, j \quad (\text{其中}, w_{i0} = 0, w_{i6} = k_i)$$

$$x_{ij}, x'_{ij}, y_{ij}, w_{ij} \geqslant 0 \quad \forall i, j$$

2.17 (1) 用单纯形法求解得到的最终单纯形表如表 B-7 所示。

表 B-7

		x_1	x_2	x_3	x_4	x_5
x_1	36	1	6	0	4	−1
x_3	6	0	−1	1	−1	1/2
σ_j		0	−9	0	−11	−1/2

因此,该模型的最优解为 $\boldsymbol{X}=(36,0,6)^T, z^*=294$。

(2) $x_1+4x_2+2x_3 \leqslant 68$ 等价于 $x_1/2+2x_2+x_3 \leqslant 34$,因此,第 1 个约束条件只是右端项发生了变化。经过计算得最终的最优解为 $\boldsymbol{X}=(52,4,0)^T, z^*=368$。

(3) 在 [0,3] 区间时,最优解不变;在 [3,4] 区间时,最优解变为 $\boldsymbol{X}=(0,6,12)^T$,$z^*=240$。

2.18 原问题的最优解 $\boldsymbol{X}^*=(0,20,0,0,10)^T, z^*=5\times20=100$。

(1) 最优解变为 $\boldsymbol{X}^*=(0,0,9,3,0)^T, z^*=13\times9=117$。

(2) 最优解变为 $\boldsymbol{X}^*=(0,5,5,0,0)^T, z^*=5\times5+13\times5=90$。

(3) 最优解不变。

(4) 最优解保持不变。

(5) 最优解不变。

(6) 最优解变为 $\boldsymbol{X}^*=(0,25/2,5/2,0,15,0)^T, z^*=5\times25/2+13\times5/2=95$。

2.19 (1) 设 Ⅰ、Ⅱ、Ⅲ 3 种产品的生产量分别为 x_1、x_2、x_3,LP 问题的最优解为 $\boldsymbol{X}^*=(338/15,116/5,22/3,0,0,0)^T, z^*=3\times338/15+2\times116/5+2.9\times22/3=2029/15=135.27$。

(2) 由最终单纯形表知,借用设备 B 不合算。

(3) 生产产品 Ⅳ 在经济上不合算。生产产品 Ⅴ 在经济上是合算的,最优解为 $\boldsymbol{X}^*=(107/4,31/2,0,0,0,0,0,55/4)^T, z^*=3\times107/4+2\times31/2+1.87\times55/4=10957/80=136.96$。

(4) 改进后能带来更多的经济效益。

第 3 章

3.1 (1) $\boldsymbol{x}^*=(0,3)^T, Z^*=3$ (2) $\boldsymbol{x}^*=(4,6)^T, Z^*=16$

3.2 (1) $x_1^*=2, x_2^*=1, z^*=-11$; (2) $\boldsymbol{x}^*=(2,2)^T, z^*=4$

3.3 (1) $\boldsymbol{x}^*=(0,0,0,1)^T, z^*=4$; (2) $\boldsymbol{x}^*=(1,1,1)^T, z^*=8$

3.4 设每周生产 A 型车 x 辆,B 型车 y 辆,则整数规划模型为

$$\max Z = 60x + 50y$$

$$\text{s.t.} \begin{cases} 2x+4y \leqslant 80 \\ 3x+2y \leqslant 55 \\ x \leqslant 16 \\ y \leqslant 18 \\ x,y \geqslant 0 \text{ 且为整数} \end{cases}$$

最优解为 $x=9, y=14, z_L=1240$。

3.5 设 x_i 为第 i 类服装的月产量，$y_i = \begin{cases} 1, & \text{生产第 } i \text{ 类服装} \\ 0, & \text{否则} \end{cases}$

$$\max Z = 120x_1 + 10x_2 + 100x_3 - 5000y_1 - 2000y_2 - 3000y_3$$

$$\text{s.t.} \begin{cases} 5x_1 + x_2 + 4x_3 \leqslant 2000 \\ 3x_1 \leqslant 300y_1 \\ 0.5x_2 \leqslant 480y_2 \\ 2x_3 \leqslant 600y_3 \\ x_i \geqslant 0, \text{且为整数}, \quad i = 1, 2, 3 \\ y_i = 0 \text{ 或 } 1, \quad i = 1, 2, 3 \end{cases}$$

3.6 设 x_{ij} 为第 i 种武器装备在仓库 j 中存放的数量，

$$y_{ij} = \begin{cases} 1, & \text{第 } i \text{ 种武器装备存放在第 } j \text{ 个仓库中} \\ 0, & \text{其他} \end{cases}$$

$$\min \sum \sum c_{ij} * x_{ij} + \sum_j \left(d_j * \sum_i y_{ij} \right)$$

$$\text{s.t.} \begin{cases} \sum_j x_{ij} = a_i, & \forall i \\ x_{ij} \leqslant b_j y_{ij}, & \forall i, j \\ \sum_i y_{ij} \leqslant 1, & \forall j \\ x_{ij} \text{ 为整数}, \text{ 且 } y_{ij} \text{ 为 0 或 1}, & \forall i, j \end{cases}$$

3.7 设在 A_j 地所建住宅的数量为 x_j，

$$y_j = \begin{cases} 1, & \text{在 } A_j \text{ 地建住宅} \\ 0, & \text{否则} \end{cases}$$

则该问题的数学模型为

$$\max Z = \sum_{j=1}^{n} x_j$$

$$\begin{cases} x_j \leqslant a_j y_j, & \forall j \\ \sum_{j=1}^{n} d_j x_j \leqslant D \\ x_j \text{ 为整数}, \quad y_j = 0 \text{ 或 } 1, \forall j \end{cases}$$

3.8 目标函数

$$\min Z = 20y_1 + 5x_1 + 12y_2 + 6x_2$$

约束条件：

(0) $x_1 \leqslant y_1 M$； $x_2 \leqslant y_2 M$

(1) $x_1 \geqslant 10 - y_3 M$

$x_2 \geqslant 10 - (1 - y_3)M$

(2) $2x_1 + x_2 \geqslant 15 - y_4 M$

$$x_1 + x_2 \geqslant 15 - y_5 M$$
$$x_1 + 2x_2 \geqslant 15 - y_6 M$$
$$y_4 + y_5 + y_6 \leqslant 2$$

(3) $x_1 - x_2 = 0y_7 - 5y_8 + 5y_9 - 10y_{10} + 10y_{11}$
$$y_7 + y_8 + y_9 + y_{10} + y_{11} = 1$$

(4) $x_1, x_2 \geqslant 0; y_i = 0$ 或 $1, i = 1, 2, \cdots, 11$

3.9 数学模型：
$$\min Z = 4x_{11} + 12x_{12} + 4x_{13} + 11x_{14} + 2x_{21} + 10x_{22} + 3x_{23} + 9x_{24}$$
$$+ 8x_{31} + 5x_{32} + 11x_{33} + 6x_{34}$$

$$\begin{cases} x_{11} + x_{12} + x_{13} + x_{14} = 16 \\ x_{21} + x_{22} + x_{23} + x_{24} = 10 \\ x_{31} + x_{32} + x_{33} + x_{34} = 22 \\ x_{11} + x_{21} + x_{31} = 8 \\ x_{12} + x_{22} + x_{32} = 14 \\ x_{13} + x_{23} + x_{33} = 12 \\ x_{14} + x_{24} + x_{34} = 14 \\ x_{ij} \geqslant 0, \quad \forall i, j \end{cases}$$

最佳调运方案如表 B-8 所示。

表 B-8

产地＼销地	B_1	B_2	B_3	B_4	产量
A_1			12	4	16
A_2	8			2	10
A_3		14		8	22
销量	8	14	12	14	

总运费为 $12 \times 4 + 4 \times 11 + 8 \times 2 + 2 \times 9 + 14 \times 5 + 8 \times 6 = 244$。有多个最优解！

3.10 机器 1 安装在地点 4、机器 2 安装在地点 1、机器 3 安装在地点 3、机器 4 安装在地点 2，最小总安装费为 14 元。

3.11 最优配工方案是：1 组在"汉川"3 舱装杂货 145T；2 组在"汉川"5 舱装砂 220T；3 组在"铜川"1 舱卸化肥 370T；4 组在"风益"4 舱卸钢材 495T；5 组在"风益"2 舱卸卷纸 310T。5 个组完成的总吨位是 $145 + 220 + 370 + 495 + 310 = 1540$(T)。

3.12 记 t_{ij} 为第 i 名同学参加第 j 阶段面试需要的时间（已知），令 x_i 表示第 i 名同学参加第 j 阶段面试的开始时刻（不妨记早上 8:00 面试开始为 0 时刻）($i = 1, 2, 3, 4; j = 1, 2, 3$)，$T$ 为完成全部面试所花费的最少时间。

优化目标为

$$\min T = \{\max_i \{x_{i3} + t_{i3}\}\}$$

约束条件:

$$\begin{cases} x_{ij} + t_{ij} \leqslant x_{i,j+1}, & i=1,2,3,4; j=1,2 \\ x_{ij} + t_{ij} - x_{kj} \leqslant T y_{ik}, & i,k=1,2,3,4; j=1,2,3; i<k \\ x_{kj} + t_{kj} - x_{ij} \leqslant T(1-y_{ik}), & i,k=1,2,3,4; j=1,2,3; i<k \end{cases}$$

可以将非线性的优化目标函数改写为如下线性优化目标:

$$\min T$$

$$\text{s.t.} \begin{cases} T \geqslant x_{13} + t_{13} \\ T \geqslant x_{23} + t_{23} \\ T \geqslant x_{33} + t_{33} \\ T \geqslant x_{43} + t_{43} \end{cases}$$

以上就是这个问题的 0-1 非线性规划模型(当然所有变量还有非负约束,变量 y_{ik} 还有 0-1 约束)。

求解此模型得: 所有面试完成至少需要 84min,面试顺序为 4-1-2-3(丁→甲→乙→丙)。早上 8:00 面试开始,最早 9:24 面试可以全部结束。

3.13 用 x_{ij} 表示值班员 i 在周 j 的值班时间,记

$$y_{ij} = \begin{cases} 1, & \text{当安排值班员 } i \text{ 在周 } j \text{ 值班时} \\ 0, & \text{否则} \end{cases} \quad (i=1,2,\cdots,6; j=1,2,\cdots,7)$$

模型为

$$\min Z = \sum_{i=1}^{6} \sum_{j=1}^{7} c_i x_{ij}$$

$$\text{s.t.} \begin{cases} 2y_{ij} \leqslant x_{ij} \leqslant a_{ij} y_{ij} & i=1,2,\cdots,6; j=1,2,\cdots,7 \\ \sum_{j=1}^{7} x_{ij} \geqslant 10 & i=1,2,3,4 \\ \sum_{j=1}^{7} x_{ij} \geqslant 8 & i=5,6 \\ \sum_{i=1}^{6} x_{ij} = 14 & j=1,2,\cdots,7 \\ \sum_{j=1}^{7} y_{ij} \leqslant 5 & i=1,2,\cdots,6 \\ \sum_{i=1}^{6} y_{ij} \leqslant 3 & j=1,2,\cdots,7 \\ y_{5j} + y_{6j} \geqslant 1 & j=1,2,\cdots,7 \\ x_{ij}, y_{ij} \geqslant 0 & i=1,2,\cdots,6; j=1,2,\cdots,7 \end{cases}$$

求解此模型得该部队聘用兼职值班员的值班表如表 B-9 所示。

每周所需要的总费用为 1045 元,是最低的安排方案。

表 B-9

值班员代号	值班时间/h	每天安排的值班员及时间/h						
		周一	周二	周三	周四	周五	周六	周日
1	19	6		6		7		
2	10		4		6			
3	25		8			5	12	
4	23	5		6				12
5	13	3		2	6		2	
6	8		2		2	2		2

3.14 最优调运方案:$A_1 \to B_2 5T, A_1 \to B_4 4T, A_2 \to B_1 3T, A_2 \to B_3 1T, A_3 \to B_3 7T$,最小运费 78 元。

3.15 求得此问题的最优解如表 B-10 所示。

表 B-10

产地\销地	I	I'	II	III	IV	IV'	产量
A			50				50
B			20		10	30	60
C	30	20	0				50
D				30		20	50
销量	30	20	70	30	10	50	

3.16 本题总供给 530,总需求 550,D 为虚拟供应点,供应量为 20。由 A、B、C 至各点运费可由图中按两点间连线的最小费用计算,由 D 点供应量实际为短缺量,故按罚款数列入。由此可建立如表 B-11 所示的产销平衡表及单位运价表。

表 B-11

仓库\零售点	①	②	③	④	⑤	⑥	⑦	⑧	供应量
A	4	8	8	19	11	6	22	20	200
B	14	7	7	16	12	16	23	17	170
C	20	19	11	14	6	15	5	10	160
D	10	8	5	10	10	8	8	8	20
需求量	75	60	35	70	100	40	90	80	—

(其他略)。

第 4 章

4.1 (1)由约束条件作图 B-2。
$D(50,0)$ 为满意解。
(2)由约束条件作图 B-3。
$F(10,0)$ 为满意解。

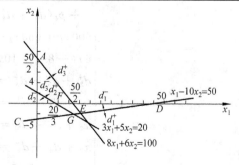

图 B-2

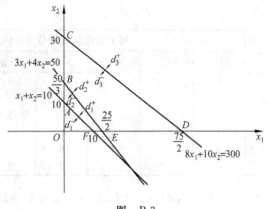

图 B-3

(3) 由约束条件作图 B-4。

该目标规划的满意解在线段 AB 上。

(4) 由约束条件作图 B-5。

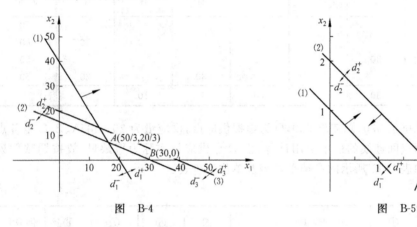

图 B-4　　　　　　　　图 B-5

该目标规划问题的满意解为 $X=(2,0)$。

4.2 (1) 满意解：$x_1=0, x_2=40, d_1^+=30$，其他偏差变量都等于零。

(2) 满意解：$x_1=50, x_2=30, d_1^+=10, d_2^-=14$，其他偏差变量等于零。

4.3 目标规划模型为

$$\min Z = p_1 d_1^- + p_2 d_2^- + p_3 d_3^+$$
$$+ p_4(d_4^- + d_4^+ + d_5^- + d_5^+ + d_6^- + d_6^+)$$

$$\text{s.t.} \begin{cases} 500x_1 + 650x_2 + 800x_3 + d_1^- - d_1^+ = 16\,000 \\ 6x_1 + 8x_2 + 10x_3 + d_1^- - d_2^+ = 200 \\ d_2^+ + d_3^- - d_3^+ = 24 \\ x_1 + d_4^- - d_4^+ = 12 \\ x_2 + d_5^- - d_5^+ = 10 \\ x_3 + d_6^- - d_6^+ = 6 \\ x_1, x_2, x_3 \geq 0, d_i^-, d_i^+ \geq 0 \quad (i=1,2,\cdots,6) \end{cases}$$

4.4 目标规划模型：

$$\min f = p_1 d_1^- + p_2(300 d_2^- + 450 d_3^-) + p_3(d_4^- + d_4^+ + d_5^-)$$

$$\text{s.t.} \begin{cases} 300x_1 + 450x_2 + d_1^- - d_1^+ = 10\,000 \\ x_1 + d_2^- - d_2^+ = 10 \\ x_2 + d_3^- - d_3^+ = 15 \\ 4x_1 + 6x_2 + d_4^- - d_4^+ = 150 \\ 3x_1 + 2x_2 + d_5^- - d_5^+ = 70 \\ x_1, x_2, d_i^-, d_i^+ \geq 0 \quad i = 1,2,3,4,5 \end{cases}$$

设 x_1、x_2 分别为在正常时间和加班时间生产 A 型机台数，x_3、x_4 分别为在正常时间和加班时间生产 B 型机台数，目标规划数学模型为

$$\min f = p_1 d_1^- + p_2(300 d_2^- + 450 d_3^-) + p_3(d_4^- + d_4^+ + d_5^-) + p_4 d_6^+$$

$$\text{s.t.} \begin{cases} 300x_1 + 280x_2 + 450x_3 + 425x_4 + d_1^- - d_1^+ = 10\,000 \\ x_1 + x_2 + d_2^- - d_2^+ = 10 \\ x_3 + x_4 + d_3^- - d_3^+ = 15 \\ 4x_1 + 4x_2 + 6x_3 + 6x_4 + d_4^- - d_4^+ = 150 \\ 3x_1 + 3x_2 + 2x_3 + 2x_4 + d_5^- - d_5^+ = 70 \\ d_5^+ + d_6^- - d_6^+ = 30 \\ x_1, x_2, x_3, x_4, d_i^-, d_i^+ \geq 0 \quad i = 1,2,3,4,5,6 \end{cases}$$

4.5 设生产 A、B、C 型号的计算机为 x_1、x_2、x_3（台），目标规划的数学模型：

$$\min Z = P_1 d_1^- + P_2(20 d_2^- + 18 d_3^- + 21 d_4^-) + P_3 d_8^+$$
$$+ P_4(20 d_5^- + 18 d_6^- + 21 d_7^-) + P_5 d_1^+$$

$$\text{s.t.} \begin{cases} 5x_1 + 8x_2 + 12x_3 + d_1^- - d_1^+ = 1700 \\ x_1 + d_2^- - d_2^+ = 50 \\ x_2 + d_3^- - d_3^+ = 50 \\ x_3 + d_4^- - d_4^+ = 80 \\ x_1 + d_5^- - d_5^+ = 100 \\ x_2 + d_6^- - d_6^+ = 120 \\ x_3 + d_7^- - d_7^+ = 100 \\ 5x_1 + 8x_2 + 12x_3 + d_8^- - d_8^+ = 1900 \\ x_1, x_2, x_3 \geq 0; \quad d_i^-, d_i^+ \geq 0, \quad i = 1,2,\cdots,8 \end{cases}$$

计算得到 $x_1 = 100, x_2 = 55, x_3 = 80$，装配线生产时间为 1900h，满足装配线加班不超过 200h 的要求，能够满足老客户的需求，但未能达到销售目标。销售总利润为 380 800（元）。

4.6 设 x_1、x_2 分别为 A 组一周内正常时间生产产品甲、乙的产量，x_3、x_4 分别为 A 组一周内加班时间生产产品甲、乙的产量；x_5、x_6 分别为 B 组一周内正常时间生产产品甲、乙的产量，x_7、x_8 分别为 B 组一周内加班时间生产产品甲、乙的产量。

数学模型如下：

$$\min Z = p_1(d_1^- + d_2^-) + p_2 d_3^- + p_3(d_4^- + d_5^-) + p_4(d_6^+ + 2d_7^+)$$

$$\begin{cases} x_1 + x_3 + x_5 + x_7 + d_1^- - d_1^+ = 400 \\ x_2 + x_4 + x_6 + x_8 + d_2^- - d_2^+ = 300 \\ 30x_1 + 30x_2 + 25x_3 + 25x_4 + 35x_5 + 35x_6 + 30x_7 + 30x_8 + d_3^- - d_3^+ = 500 \\ 0.1x_1 + 0.125x_2 + d_4^- - d_4^+ = 40 \\ 0.125x_5 + 0.2x_6 + d_5^- - d_5^+ = 40 \\ 0.1x_3 + 0.125x_4 + d_6^- - d_6^+ = 10 \\ 0.125x_7 + 0.2x_8 + d_7^- - d_7^+ = 10 \\ x_j \geqslant 0, d_i^-, d_i^+ \geqslant 0, \quad i = 1,2,\cdots,7; j = 1,2,\cdots,8 \end{cases}$$

4.7 近似解：$x_1 = 0, x_2 = 2.768$，其相应的目标值为 $z_1 = 8.304, z_2 = 2.768$。

4.8 妥协解为 $x_1 = 2.529, x_2 = 4.206$，相应的目标函数值分别为 $z_1^* = 35.35, z_2^* = 33.35$。

4.9 求得 4 个最优目标值为 1、1、1、0.6，并且对于决策单元 A，有 $\omega_1 = 1 > 0, \mu_1 = 1 > 0$；对于决策单元 B，有 $\omega_2 = 1 > 0, \mu_1 = 1 > 0$；对于决策单元 C，有 $\omega_2 = 0.25 > 0, \mu_1 = 0.5 > 0$。因此，决策单元 A、B、C 是 DEA 有效的。

4.10 求得 3 人所得总分：

$$甲的总分 = \sum_{i=1}^{6} w_i \cdot w_i^1 = 0.16 \times 0.14 + 0.18 \times 0.10 + 0.20 \times 0.14 + 0.05 \times 0.28$$
$$+ 0.16 \times 0.47 + 0.25 \times 0.80 = 0.3576$$

$$乙的总分 = \sum_{i=1}^{6} w_i \cdot w_i^2 = 0.16 \times 0.62 + 0.18 \times 0.32 + 0.20 \times 0.62 + 0.05 \times 0.65$$
$$+ 0.16 \times 0.47 + 0.25 \times 0.15 = 0.4372$$

$$丙的总分 = \sum_{i=1}^{6} w_i \cdot w_i^3 = 0.16 \times 0.24 + 0.18 \times 0.58 + 0.20 \times 0.24 + 0.05 \times 0.07$$
$$+ 0.16 \times 0.07 + 0.25 \times 0.05 = 0.2182$$

因为，乙的总分＞甲的总分＞丙的总分，所以应该提拔乙到领导岗位上。

第 5 章

5.1 (1)最优解 $\boldsymbol{X}^* = (0,0,10)^T$，最优值为 200；(2)最优解 $\boldsymbol{X}^* = (9/2,0,0)^T, Z^* = 204\ 318$

(3) $\boldsymbol{X} = (0,0,10)^T; z = 100;$ (4) $\boldsymbol{X} = (10/3, 5/6, 5/3)^T; z = 125/27$

5.2 从 A 到 B 的最短路线为 A→B_1→C_2→C_3→B，最短距离为 16；从 A 到 C 的最短路线为 A→B_1→C_2→C_3→C 或 A→B_1→C_2→C_3→C，最短距离为 21；从 A 到 D 的最短路线为 A→B_1→C_2→C_3→D，最短距离为 20。

5.3 最优分配方案有两个。

(1) 甲工厂分配 0 台，乙工厂分配 2 台，丙工厂分配 3 台。

(2) 甲分配 2 台，乙分配 2 台，丙分配 1 台。

以上两个分配方案所得的总盈利均为 21 万元。

5.4 最优解：$X^* = (6, 1, 0, 0)^T$，最优值为 22 千元。

5.5 第 1 季度全部投入第 2 种任务，第 2 季度 90 台全部投入第 2 种任务，第 3 季度 81 台全部投入第 1 种任务，第 4 季度 54 台全部投入第 1 种任务，全年最大总收入 2680 万元。

5.6 第一步，先做任务的加工时间矩阵：

$$M = \begin{bmatrix} 3 & 10 & 5 & 2 & 9 & 11 \\ 8 & 12 & 9 & 6 & 5 & 2 \end{bmatrix}$$

第二步，在加工时间矩阵中，找出最小元素，若最小元素不止一个，可任选其一；若它在上行，则相应的任务排在最前位置；若它在下行，则相应的任务排在最后位置；最后将排定位置的任务对应的列从加工时间矩阵中划掉，再重复找最小元素和排序。得到

$$M = \begin{bmatrix} 2 & 3 & 5 & 10 & 9 & 11 \\ 6 & 8 & 9 & 12 & 5 & 2 \end{bmatrix}$$

因此，最优加工顺序为 $J_4 \to J_1 \to J_3 \to J_2 \to J_5 \to J_6$，总加工时间为 44h。

第 6 章

6.1 $\nabla f(X) = (2x_1, 2x_2, 2x_3)^T$，计算结果如表 B-12 所示。

表 B-12

迭代次数 k	λ_k	$X^{(k)}$	$\nabla f(X^{(k)})$
0	3/8	$(2, -2, 1)$	$(4, -4, 4)$
1	3/10	$(1/2, -1/2, -1/2)$	$(1, -1, -2)$
2	3/8	$(1/5, -1/5, 1/10)$	$(2/5, -2/5, 2/5)$
3		$(1/20, -1/20, -1/20)$	$(1/10, -1/10, -1/5)$

由于 $(4, -4, 4) \times (1, -1, -2)^T = (1, -1, -2) \times (2/5, -2/5, 2/5)^T = (2/5, -2/5, 2/5) \times (1/10, -1/10, -1/5)^T = 0$，可知相邻两步的搜索方向正交。

6.2 $X^{(2)} = (0, 0)^T$ 为极小值点。

6.3 最速下降法：

$X^{(0)} = (0, 0)^T, \quad \lambda_0 = 1; X^{(1)} = (-1, 1)^T, \quad \lambda_1 = 1/5;$

$X^{(2)} = (-0.8, 1.2)^T, \quad \lambda_2 = 1$

$X^{(3)} = (-1, 1.4)^T, \quad \lambda_3 = 1/5; X^{(4)} = (-0.96, 1.44)^T$

牛顿法：

$X^{(0)} = (0, 0)^T, \quad H^{-1} = \begin{pmatrix} 1/2 & -1/2 \\ -1/2 & 1 \end{pmatrix}$，得极小点 $X^{(1)} = (-1, 3/2)^T$

变尺度法：

$X^{(0)} = (0, 0)^T, P^{(0)} = (-1, 1)^T, \lambda_0 = 1; X^{(1)} = (-1, 1)^T, \beta_0 = 1, P^{(1)} = (0, 2)^T, \lambda_1 = 1/4$，得极小点 $X^{(2)} = (-1, 3/2)^T$

6.4 取固定步长 $\lambda = 1.0$ 时不收敛，取最佳步长时收敛，极小点为 $X^* = (0, 0)^T$，$f(X^*) = -0.5$。

6.5 假定 $X = (x_1, x_2, x_3)^T$ 为任一近似解，它不正好满足方程组，则把它代入方程组中将产生误差，使它对各方程产生的误差的平方和最小化，则得到如下数学模型：$\min f(X) =$

$(x_1-2x_2+3x_3-2)^2+(3x_1-2x_2+x_3-7)^2+(x_1+x_2-x_3-1)^2$。该方程组的精确解为 $\boldsymbol{X}^* = (13/8, -3/2, -7/8)^{\mathrm{T}}$。

6.6 （1）Kuhn-Tucker 条件可写为

$$\begin{cases} 2x_1 - 4x_2 - 10 + \gamma_1 + 4\gamma_2 - \gamma_3 = 0 \\ -4x_1 + 8x_2 - 4 + \gamma_1 + \gamma_2 - \gamma_4 = 0 \\ \gamma_1(6 - x_1 - x_2) = 0 \\ \gamma_2(18 - 4x_1 - x_2) = 0 \\ \gamma_3 x_1 = 0 \\ \gamma_4 x_2 = 0 \\ \gamma_i \geqslant 0, i = 1,2,3,4 \end{cases}$$

求解得到 $x_1 = 4, x_2 = 2, \gamma_1 = 2, \gamma_2 = 2, \gamma_3 = 0, \gamma_4 = 0$。

（2）其等价的线性规划问题为

$$\min \varphi(Z) = z_1 + z_2$$

$$\text{s. t.} \begin{cases} 2x_1 - 4x_2 - y_1 + y_3 + 4y_4 + z_1 = 10 \\ 4x_1 - 8x_2 - y_2 + y_3 + y_4 + z_2 = 4 \\ x_1 + x_2 + x_3 = 6 \\ 4x_1 + x_2 + x_4 = 18 \\ x_{1-4} \geqslant 0, y_{1-4} \geqslant 0, z_{1-2} \geqslant 0 \end{cases}$$

求解得 $(x_1, x_2, x_3, x_4) = (4, 2, 0, 0); (y_1, y_2, y_3, y_4) = (0, 0, 2, 2); (z_1, z_2) = (0, 0)$。

6.7 （1）K-T 条件为

$$\begin{cases} 2(x_1 - 1) + \lambda_1 - \lambda_2 + \mu = 0 & (1) \\ 2(x_2 - 2) + \lambda_1 - \lambda_3 - \mu = 0 & (2) \\ \lambda_1(-x_1 - x_2 + a) = 0 \\ \lambda_2 x_1 = 0 \\ \lambda_3 x_2 = 0 \\ \lambda_1, \lambda_2, \lambda_3 \geqslant 0 \end{cases}$$

（2）当 $a \geqslant 1$ 时,存在最优解。

（3）当 $\lambda_1 = 0, \lambda_2 = 0, \lambda_3 = 0$,由式(1)+式(2),得 $x_1 + x_2 - 3 = 0$。又 $x_2 - x_1 = 1$,解得 $x_1 = 1 > 0, x_2 = 2 > 0$。因 $x_1 + x_2 \leqslant a$ 时为最优解,故 $a \geqslant 3$。

当 $\lambda_1 \neq 0, \lambda_2 = 0, \lambda_3 = 0$ 时, $x_1 + x_2 - a = 0$。又 $x_2 - x_1 - 1 = 0$,解得 $x_1 = (a-1)/2$, $x_2 = (a+1)/2$。因为必须满足 $\begin{cases} x_1 \geqslant 0 \\ x_2 \geqslant 0 \\ x_1 + x_2 \leqslant a \end{cases}$,所以 $a \geqslant 1$。

由式(1)+式(2),得：

$$2(x_1 + x_2 - 3) + 2\lambda_1 - \lambda_2 - \lambda_3 = 0 \qquad (3)$$

将 x_1、x_2 代入式(3),得 $a - 3 + \lambda_1 = 0$。因 $\lambda_1 = 3 - a > 0$,故 $a \leqslant 3$。

当 $\lambda_3 \neq 0, x_2 = 0, x_1 = -1$ 不符合;当 $\lambda_1 = 0$ 时,$\lambda_2 \neq 0, \lambda_3 = 0$ 不符合。

6.8 $\boldsymbol{X}^{(0)} = (0,0)^T$,则 $f(\boldsymbol{X}^{(0)}) = 0$,取 $\varepsilon = 0.1$,求得 $\boldsymbol{X}^{(1)} = \left(\dfrac{10}{17}, \dfrac{15}{17}\right)^T$,$\boldsymbol{D}^{(1)} = \left(\dfrac{11}{14}, \dfrac{30}{7}\right)^T$,因此 $\boldsymbol{X}^{(2)} = \boldsymbol{X}^{(1)} + \lambda \boldsymbol{D}^{(1)} = \left(\dfrac{10}{17}, \dfrac{15}{17}\right)^T + \lambda\left(\dfrac{11}{14}, \dfrac{30}{7}\right)^T$。令 $\dfrac{df(\boldsymbol{X}^{(2)})}{d\lambda} = 0$ 得 $\lambda = \dfrac{3}{71}$,因此有 $\boldsymbol{X}^{(2)} = (0.6214, 1.0634)^T$。

6.9 构造罚函数
$$P(\boldsymbol{X}, M) = x_1 + x_2 + M\{[\min(0, -x_1^2 + x_2)]^2 + [\min(0, x_1)]^2\}$$

对于不满足约束条件的点 $\boldsymbol{X} = (x_1, x_2)^T$,有 $-x_1^2 + x_2 < 0, x_1 < 0$,令 $\dfrac{\partial P}{\partial x_1} = \dfrac{\partial P}{\partial x_2} = 0$ 得 $\min P(\boldsymbol{X}, M)$ 的解为
$$\boldsymbol{X}(M) = \left(-\dfrac{1}{2(1+M)}, \dfrac{1}{4(1+M)^2} - \dfrac{1}{2M}\right)^T$$

当 $M \to \infty$ 时 $\boldsymbol{X}(M)$ 趋近于原问题的极小解 $\boldsymbol{X}_{\min} = (0,0)^T$。

6.10 构造障碍函数
$$Q(\boldsymbol{X}, r) = \dfrac{1}{3}(x_1 + 1)^3 + x_2 + \dfrac{r}{x_1 - 1} + \dfrac{r}{x_2}$$

由 $\dfrac{\partial Q}{\partial x_1} = \dfrac{\partial Q}{\partial x_2} = 0$ 得 $x_1(r) = \sqrt{1 + \sqrt{r}}, x_2(r) = \sqrt{r}$。如此得到最优解
$$\boldsymbol{X}_{\min} = \lim_{r \to 0}(\sqrt{1+\sqrt{r}}, \sqrt{r})^T = (1, 0)^T$$

6.11 3 台发电机组负荷(功率)分配分别为 699.9kW、1399.3kW 和 1400.8kW,最小发电总费用为 4 909 108。

6.12 投资 3 种股票的比例大致是:A 占 53%、B 占 36%、C 占 11%,风险(即方差)为 0.0 224 138。

第 7 章

7.1 (1) $p \geq 5, q \leq 5$;(2) $p \leq 7, q \geq 7$。

7.2 (1) 由于 $\max\limits_{i} \min\limits_{j} a_{ij} = -1, \min\limits_{j} \max\limits_{i} a_{ij} = 1/2$,所以 $\boldsymbol{A}$ 所对应的支付矩阵没有纯对策。采用线性规划方法求解得其最优混合策略:局中人 1 以 (0.36, 0.36, 0.27) 的概率分别出策略 1、2 和 3,其赢得值为 -0.4545。

(2) 由于 $\max\limits_{i} \min\limits_{j} a_{ij} = -1, \min\limits_{j} \max\limits_{i} a_{ij} = 2$,所以 $\boldsymbol{A}$ 所对应的支付矩阵没有纯对策。采用线性规划方法求解得其最优混合策略:局中人 1 以 0.56、0.44 的概率分别出策略 1 和策略 2,赢得值为 0.67。

(3) 根据赢得矩阵有 $\max\limits_{i} \min\limits_{j} a_{ij} = \min\limits_{j} \max\limits_{i} a_{ij} = a_{31} = 3$,所以 G 的解为 $(\alpha_3, \beta_1), v_G = 3$。

(4) 根据赢得矩阵有 $\max\limits_{i} \min\limits_{j} a_{ij} = \min\limits_{j} \max\limits_{i} a_{ij} = a_{23} = 4$,所以 G 的解为 $(\alpha_2, \beta_3), v_G = 4$。

7.3 (1) 矩阵对策的解为 $(\alpha_3, \beta_1), v_G = 2$。

(2) 原矩阵对策的一个解为 $\boldsymbol{X}^* = \left(0, 0, \dfrac{1}{3}, \dfrac{2}{3}, 0\right)^T, \boldsymbol{Y}^* = \left(\dfrac{1}{2}, \dfrac{1}{2}, 0, 0, 0\right)^T, v_G = 5$。

(3) $\boldsymbol{X}^* = (2/3, 1/3)$, $\boldsymbol{Y}^* = (0, 1/2, 1/2)$, $v = 1$。

(4) $\boldsymbol{X}^* = (7/13, 6/13)$, $\boldsymbol{Y}^* = (0, 19/26, 0, 0, 7/26)$, $v = -3/13$。

(5) $\boldsymbol{X}^* = (1/6, 0, 3/6, 2/6)$, $\boldsymbol{Y}^* = (2/6, 0, 1/6, 3/6)$, $v = 0$。

(6) $\boldsymbol{X}^* = (0, 3/4, 1/4, 0)$, $\boldsymbol{Y}^* = (1/4, 0, 3/4, 0)$, $v = 5/2$。

(7) $\boldsymbol{X}^* = (18/23, 0, 5/23, 0)$, $\boldsymbol{Y}^* = (0, 0, 17/23, 6/23)$, $v = 168/23$。

(8) $\boldsymbol{X}^* = (0, 4/5, 1/5, 0)$, $\boldsymbol{Y}^* = (2/5, 3/5)$, $v = 43/5$。

7.4 (1) 局中人 I 的混合策略为 (x_1, x_2, x_3, x_4)，可通过以下的 LP 问题求得：

$$\max \ v_I$$

$$\text{s.t.} \begin{cases} -5x_1 - 2x_2 - 2x_3 + 4x_4 \geqslant v_I \\ -9x_1 + 3x_2 - 4x_3 - 5x_4 \geqslant v_I \\ 4x_1 - 8x_2 - 9x_3 - 2x_4 \geqslant v_I \\ -4x_1 - x_2 - 6x_3 + 3x_4 \geqslant v_I \\ x_1 - 5x_2 - 7x_4 \geqslant v_I \\ x_1 + x_2 + x_3 + x_4 = 1 \\ x_i \geqslant 0, i = 1, 2, 3, 4 \end{cases}$$

局中人 II 的混合策略为 $(y_1, y_2, y_3, y_4, y_5)$，可通过以下的线性规划问题求得：

$$\min \ v_{II}$$

$$\text{s.t.} \begin{cases} -5y_1 - 9y_2 + 4y_3 - 4y_4 + y_5 \leqslant v_{II} \\ -2y_1 + 3y_2 - 8y_3 - y_4 - 5y_5 \leqslant v_{II} \\ -2y_1 - 4y_2 - 9y_3 - 6y_4 \leqslant v_{II} \\ 4y_1 - 5y_2 - 2y_3 + 3y_4 - 7y_5 \leqslant v_{II} \\ y_1 + y_2 + y_3 + y_4 + y_5 = 1 \\ y_j \geqslant 0, \quad j = 1, 2, 3, 4, 5 \end{cases}$$

(2) 等价的 LP 问题如下：

$$\max \ v_I$$

$$\text{s.t.} \begin{cases} x_1 + 4x_2 + 3x_3 \geqslant v_I \\ 3x_1 + 2x_2 + 2x_3 \geqslant v_I \\ 3x_1 + x_2 + 2x_3 \geqslant v_I \\ x_1 + x_2 + x_3 = 1 \\ x_i \geqslant 0, \quad i = 1, 2, 3 \end{cases}$$

$$\min \ v_{II}$$

$$\text{s.t.} \begin{cases} y_1 + 3y_2 + 3y_3 \leqslant v_{II} \\ 4y_1 + 2y_2 + y_3 \leqslant v_{II} \\ 3y_1 + 2y_2 + 2y_3 \leqslant v_{II} \\ y_1 + y_2 + y_3 = 1 \\ y_j \geqslant 0, \quad j = 1, 2, 3 \end{cases}$$

7.5 用 1、5、10 分别代表 A 或 B 出 1 分、5 分和 1 角硬币的策略，则对 A 的赢得如表 B-13 所示。

表 B-13

A\B	1	5	10
1	−1	−1	10
5	−5	−5	10
10	1	5	−10

解得 A 的最优策略为 $\boldsymbol{X}=(1/2,0,1/2)^T$，B 的最优策略为 $\boldsymbol{Y}=(10/11,0,1/11)^T$，对策值为 $v=0$，即该项游戏公平合理。

7.6 完全采用二人常数和对策的方法确定最优纯策略，由

$$\max_i \min_j a_{ij}^A = \min_j \max_i a_{ij}^B = 0.5$$

可得，局中人甲采用策略 A_3、局中人乙采用策略 B_1，各获得 50% 的市场占有率。

7.7 因 $\max_i \min_j a_{ij} = \min_j \max_i a_{ij} = 5$，所以 G 的解为 (A_3, B_3)，$v_G=5$，即甲企业的最有策略为 A_3，乙企业的最优策略是 B_3。

7.8 (1) A 的策略集：

a1 为先出 2 再出 5；

a2 为先出 5 再出 2。

B 的策略集：

b1 为无论抓到哪一组先出小牌后出大牌；

b2 为无论抓到哪一组先出大牌后出小牌；

b3 为如抓到 1 点和 4 点先出小，抓到 3 和 6 先出大；

b4 为如抓到 3 和 6 先出小，抓到 1 和 4 先出大。

(2) A 的赢得矩阵如表 B-14 所示。

表 B-14

B\A	b1	b2	b3	b4
a1	14*	−14	−2	2
a2	−14	14	2	−2**

(3) A 的最优策略 (1/2, 1/2)，B 的最优策略 (0, 0, 1/2, 1/2)，对策 $v=0$，因此对对方公平合理。

7.9 局中人 A 采用策略 A_1，局中人 B 采用策略 B_2，A 获利为 4，B 获利为 8。

7.10 此土地由甲与丙两家公司合作开发，甲获利 30 万元，乙与丙获利均为 0 万元。

第 8 章

8.1 系统平均队长 $L_s = 0.6666667$ 人；

系统平均等待队长 $L_q = 0.2666667$ 人；

顾客平均逗留时间 $W_s = 0.1666667 h = 10 \min$；

顾客平均等待时间 $W_q=0.06666667\text{h}=4\text{min}$；

系统繁忙概率 $P_{\text{wait}}=0.4\text{min}$。

8.2 在打印社内现有的平均文件数为 6.011 件,等待打印的平均文件数为 3.511 件,每份文件在打印社平均停留时间为 0.400h(24min),排队等待打印的平均时间为 0.234h(14min),打印社不空闲的概率为 0.702。

8.3 采用设备 A。

8.4 应增加 ATM 的数量。

8.5 (1) $p_0=0.25$；(2) $L_s=3$(人)；(3) $W_s=1$(h)；

(4) 由 $W_s=1/(\mu-\lambda)>1.25$ 可得 $\lambda>3.2,3.2-3=0.2$(人/小时),所以平均到达率提高 0.2 时,店主才考虑增加设备及理发员。

8.6 收银台不空闲的概率为 0.7023,空闲的概率为 $P_0=0.2977$；顾客平均等待时间为 $W_q=0.0351\text{h}=2.11\text{min}$；系统平均等待人数为 $L_q=3.5$ 人；顾客平均逗留时间为 $W_s=0.0601\text{h}=3.6\text{min}$；系统平均队长为 $L_s=6$ 人。结果表明,该超市的 3 个收银台能够满足实际需求。

8.7 计算得到：机器设备出现故障的平均台数 $L_s=3.7591$,车间 5 台机器都出现故障的概率为 $P_5=0.2482$,平均等待修理机器的台数为 $L_q=2.7664$,平均停工的时间为 $W_s=45.4412\text{min}$,平均等待维修的时间为 $W_q=33.4412\text{min}$,维修技工空闲(及其正常运转)的概率 $P_0=0.0073$。

由于平均等待维修的机器台数超过了一半,机器都出现故障的概率达到了 0.2482,所以这两项指标都不符合工厂的要求,而维修工人的空闲只有 0.0073,维修时间为 34min。要使维修技术人员满足工厂的要求,可以通过增加维修人员数量和提高技术水平,缩短维修时间。

8.8 (1) 系统的状态可能值 $n=0,1,2,3,4$。当系统的状态取值为 i 时,其有效到达率为 $\left(1-\dfrac{i}{4}\right)\lambda_0,\lambda_0=\lambda=20$ 辆/小时,$\lambda_1=15$ 辆/小时,$\lambda_2=10$ 辆/小时,$\lambda_3=5$ 辆/小时。该排队系统的速率图如图 B-6 所示。

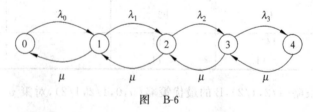

图 B-6

(2) 当系统达到平稳状态时,对各状态节点而言,进速率＝出速率,可得如下平衡方程式：

$$\begin{cases} \mu P_1 = \lambda_0 P_0 \\ \lambda_0 P_0 + \mu P_2 = (\lambda_1+\mu)P_1 \\ \lambda_1 P_1 + \mu P_3 = (\lambda_2+\mu)P_2 \\ \lambda_2 P_2 + \mu P_4 = (\lambda_3+\mu)P_3 \\ \lambda_3 P_3 = \mu P_4 \end{cases}$$

(3) 解上面的方程组,得到

$$P_i = \frac{\lambda_0 \cdots \lambda_{i-1}}{\mu^i} P_0$$

又 $\sum_{i=0}^{4} P_i = 1$ 且 $\mu = 60/3 = 20$ 辆/小时,求得 $P_0 = 0.311, P_1 = 0.311, P_2 = 0.233, P_3 = 0.117, P_4 = 0.029$。

(4) 逗留时间 T 的期望值 $W = E(T)$,根据数学期望全概率工时有

$$W = E(T) = \sum_{i=1}^{4} P_i E(T/i)$$

T/i 表示一顾客到达且留在系统内时,系统已有 i 个顾客,按先到先服务原则,此顾客的逗留时间 T/i 就是原有各顾客的服务时间 T_j 和此顾客服务时间 T_{i+1} 之和:

$$W_i = T'_1 + T_2 + \cdots + T_{i+1}$$

其中,第一个顾客正被服务,T'_1 是到服务完了的部分时间。又知 T_j 都服从负指数分布,由负指数分布的无记忆性知 T'_1 也服从负指数分布。由此可知 T/i 服从 $i+1$ 阶爱尔郎分布:

$$E(T/i) = \frac{i+1}{\mu}$$

因此可求得 $W = 0.105$。

8.9 此问题包括两方面费用,即机器损坏造成的生产损失 S_1 和机修车间的开支 S_2。要使整个系统最经济,就是要使 $S = S_1 + S_2$ 最小。下面以一个月为期进行计算:

$S_1 = $(正在修理和待修机器数)×(每台每天的生产损失)×(每个月的工作日数)

所以

$$S_1 = L_s \times 400 \times 22 = 8800\left(\frac{\lambda}{\lambda + \mu}\right) = 8800\left(\frac{\lambda}{0.1 + 0.001K - \lambda}\right)$$

$$= 8800\left(\frac{2}{0.001K - 1.9}\right)$$

$$S_2 = K/12$$

由 $dS/dK = 0$ 求得,$K = 16\,430$ 元,$\mu = 17.65, S = 2580$ 元。

8.10 (1) 2880;(2) 平均服务率提高 1 人/小时才可使上述损失减少一半。

8.11 建 2 个卸位,总成本为 34.98 万元。

第 9 章

9.1 $t^* = 5, Q^* = 500, C^* = 40$。

9.2 (1) 直接计算得到 $Q^* = 1414.214, n = 8.485\,281, C^* = 10\,182.34$。由于全年订货次数应为整数,故应该比较 $n = 8, n = 9$ 时全年的费用。通过计算,最终比较结果是:$n = 8, n = 9$ 时全年的费用均为 $10\,200.00$,所以,每年组织 8 次订货(每次订购批量 1500 件)或 9 次订货(每次订购批量 1333 件)均可。

(2) 直接计算得:$Q^* = 1788.854, B^* = 670.8204, n = 6.708\,204, C^* = 8049.845$。同样比较 $n = 6, n = 7$ 时全年的费用,最佳订货为每年订货 7 次费用最小,此时 $Q^* = 1714.286$,最小费用为 $C^* = 8057.143$。

9.3 $Q^* = 8242.828, C^* = 85\,164.92$，即每次组织生产 8243 件可使总费用达到最小，其总费用为 85 164.92 元/年。

9.4 最佳生产批量 $Q^* = 121.24 \approx 121$ 台，最佳缺货量 $B^* \approx 20$ 台，每次的生产时间 $t^* \approx 4.5$ 天，最佳生产周期 $T^* \approx 9$ 天，最小费用为 $C^* = 40\,414.52$ 元。

9.5 最佳订货量 20T，最佳订货周期 0.4 个月，最小平均总费用 41 750 元/月。

9.6 最佳订货批量 50 箱，最小费用 345 元/周，订货周期约为 1.56 周。

9.7 设 x_i、y_i 分别为第 i 个周期的进货量及售货量，则此问题的数学模型为

$$\max C = \sum_{i=1}^{m}(a_i y_i - b_i x_i)$$

$$\text{s.t.} \begin{cases} I + \sum_{i=1}^{s}(x_i - y_i) \leqslant A & (s = 1, 2, \cdots, m) \\ y_s \leqslant I + \sum_{i=1}^{s-1}(x_i - y_i) & (s = 1, 2, \cdots, m) \\ x_i, y_i \geqslant 0 & (i = 1, 2, \cdots, m) \end{cases}$$

由于目标函数和约束条件都是线性的，利用线性规划即可求解。

9.8 $Q^* = 202, E(C) = 76$。

9.9 最佳的存储量为 $S = 50$ 箱。

9.10 $Q^* = 700$ 册。

9.11 本阶段的最佳订购量为 $Q^* = S^* - I = 100$ 件。之后各阶段的最佳订购策略为：当期初库存水平低于或等于 80 件时需要进货，并将存储量补充到 100 件。

第 10 章

10.1 (1) 采用 maxmin 准则应选择方案 S_2，采用 maxmax 决策准则应选择方案 S_1，采用 Laplace 准则应选择方案 S_1，采用最小机会损失准则应选择方案 S_1。

(2) 0.102 56。

(3) 方案 S_1 或 S_3。

10.2 (1) 损益矩阵如表 B-15 所示。

表 B-15

订购 \ 销售		E_1 50	E_2 100	E_3 150	E_4 200
S_1	50	100	100	100	100
S_2	100	0	200	200	200
S_3	150	−100	100	300	300
S_4	200	−200	0	200	400

(2) 悲观法：S_1；乐观法：S_4；等可能法：S_2 或 S_4。

(3) 后悔矩阵如表 B-16 所示。按后悔值法决策为 S_2 或 S_4。

表 B-16

	E_1	E_2	E_3	E_4	最大后悔值
S_1	0	100	200	300	300
S_2	100	0	100	200	200
S_3	200	100	0	100	200
S_4	300	200	100	0	300

(4) 按期望值法和后悔值法决策,书店订购新书的数量均为 100 本。

(5) 如书店能知道确切销售数字,则可能获得的最大利润为 $100\times0.2+200\times0.4+300\times0.3+400\times0.1=230$ 元。由于不确切知道每种新书销售数量,期望可获取利润为 160 元,$230-160=70$ 元就是该书店愿意付出的最大调查费用。

10.3 (1) 4000 件;(2) 生产 1000、2000 或 3000 件商品时,各种需求量条件均不亏本,损失的概率为 0,均为最小;(3) 应生产 3000 件或 2000 件。

10.4 学生 1 得第一的概率最高。

10.5 签订合同 B。

10.6 (1) $U_A(10)=0.4U_A(-1000)+0.6U_A(3000)=92$。

(2) $U_B(10)=0.8U_B(-1000)+0.2U_B(3000)$,所以 $U_B(3000)=260$。

(3) B 较之 A 更愿意冒风险。

10.7 (1) $-10000p=(1-p)\times30\,000$,$p=0.75$,即全部丧失掉的概率不超过 0.75 时该人投资仍有利。

(2) $U(-10\,000)=200$,$U(30\,000)=20\sqrt{2}$,由 $p\times U(-10\,000)=(1-p)\times U(30\,000)$ 可得 $p=0.586$,即全部丧失掉的概率不超过 0.586 时该人投资仍有利。

10.8 (1) 猜白方案是最优的。

(2) $p=0.6486$,当 $p>0.6486$,猜白是最优方案;当 $p<0.6486$,猜黑是最优方案。

10.9 (1) 损益矩阵如表 B-17 所示(表中数字单位:万元)。

表 B-17

方案 \ 事件	E_1	E_2	E_3
Ⅰ	5	50	90
Ⅱ	2	56	104
Ⅲ	-4	59	115

(2) 悲观法:方案Ⅰ;乐观法:方案Ⅲ;等可能法:方案Ⅲ。

(3) 列出后悔矩阵,按后悔值法选方案Ⅲ。

(4) 按期望值法选方案Ⅲ;按后悔值法选方案Ⅲ。

(5) 该公司最多愿付的调查费为 1.35 万元。

10.10 (1) 从决策树分析可以看出,该公司应求助于咨询服务。

(2) 如咨询意见是可投资开发,则可投资于开发事业;如咨询意见不宜投资开发,应将多余的资金存入银行。

10.11 根据 EMV 准则对决策树计算,建议该服装厂应采取的策略为大量销售前先进行试销。在试销成功条件下进行大量销售;当试销失败时,应取消销售计划。

10.12 合理决策是买专利。

10.13 当预报为晴天时,出海捕鱼的获利期望 $15\times 0.9744-5\times 0.0256=14.4872$ 万元;不出海的获利为 0 万元。此时最优方案为出海。

当预报为阴天时,出海捕鱼的获利期望 $15\times 0.1818-5\times 0.8182=-1.364$ 万元,不出海的获利为 0 万元。此时最优方案为不出海。

10.14 决策结果是首先抽取 1 件产品作为样品检验,如该件合格则整箱不检验;如是次品,则整箱检验。

第 11 章

11.1 利用破圈法得到一个支撑树如图 B-7 所示。

用避圈法得到的一个支撑树如图 B-8 所示。

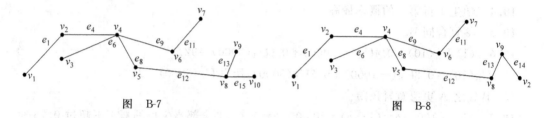

图 B-7   图 B-8

11.2 (1) 用破圈法找到的最小树如图 B-9 所示。

用避圈法找到的最小树如图 B-10 所示。

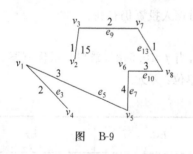

图 B-9

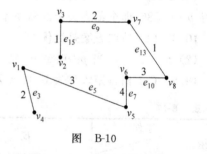

图 B-10

(2) 避圈法(见图 B-11)。

总权重为 $w(T)=3+4+4+2+1+3=17$。

破圈法(见图 B-12)。

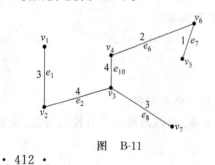

图 B-11

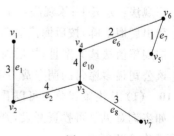

图 B-12

总权重为 $w(T)=3+4+4+2+1+3=17$。

11.3 $\{[L,Pa],[Pe,T],[Pe,L],[L,N],[N,M]\}$ 构成最小支撑树，如图 B-13 所示。

总权重为 $w(T)=2+13+50+34+20=119$。

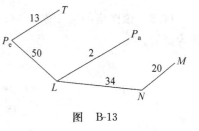

图 B-13

11.4 从 v_1 点到 v_7 点的最短路为 12，路线为 $v_1 \to v_4 \to v_6 \to v_5 \to v_7$。

11.5 $d(v_1,v_2)=2$，最短路 (v_1,v_2)；$d(v_1,v_5)=3$，最短路 (v_1,v_2,v_5)；

$d(v_1,v_9)=4$，最短路 (v_1,v_2,v_5,v_9)；$d(v_1,v_7)=14$，最短路 $(v_1,v_2,v_5,v_9,v_6,v_7)$；

$d(v_1,v_8)=11$，最短路 (v_1,v_2,v_5,v_9,v_8)；$d(v_1,v_4)=8$，最短路 (v_1,v_2,v_4) 或 (v_1,v_4)；

$d(v_1,v_6)=10$，最短路 (v_1,v_2,v_5,v_9,v_6)；$d(v_1,v_8)=11$，最短路 (v_1,v_2,v_5,v_9,v_8)；

$d(v_1,v_3)=15$，最短路 (v_1,v_2,v_4,v_3) 或 (v_1,v_4,v_3)；

$d(v_1,v_{10})=15$，最短路 $(v_1,v_2,v_5,v_9,v_6,v_7,v_{10})$；

$d(v_1,v_{11})=19$，最短路 $(v_1,v_2,v_5,v_9,v_6,v_7,v_{10},v_{11})$。

11.6 网络图如图 B-14 所示。

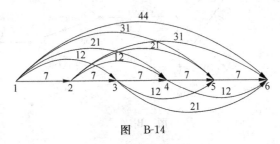

图 B-14

利用标号法，得到标号后的网络图如图 B-15 所示。

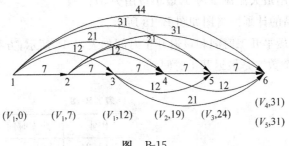

图 B-15

最短路为 $V_1 \to V_3 \to V_5 \to V_6$；$V_1 \to V_2 \to V_4 \to V_6$，最小费用为 31 万元。

11.7 (1) 以 v_1 为始发点：

$d(v_1,v_2)=1$，最短路 (v_1,v_2)；$d(v_1,v_3)=2$，最短路 (v_1,v_3)；

$d(v_1,v_4)=4$，最短路 (v_1,v_3,v_4) 或 (v_1,v_2,v_4)；

$d(v_1,v_5)=4$，最短路 (v_1,v_3,v_5)；$d(v_1,v_6)=7$，最短路 (v_1,v_2,v_4,v_6)。

(2) 以 v_2、v_3、…为始发点的计算方法与以上相同（省略）。

11.8 该网络的最大流为 14,如图 B-16 所示,其中网络中的第一个数为容量,第二个数为流量。

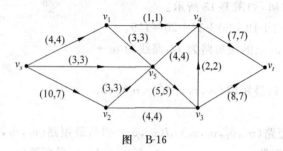

图 B-16

对应的最小截集为 $(v_1^*, \overline{v_1^*})$,其中 $v_1^* = \{v_s, v_2\}$,$\overline{v_1^*} = \{v_1, v_5, v_3\}$。

11.9 添加 v_s、v_t 点,给中间点加上名称,令所有弧的可行流都为 0,如图 B-17 所示。

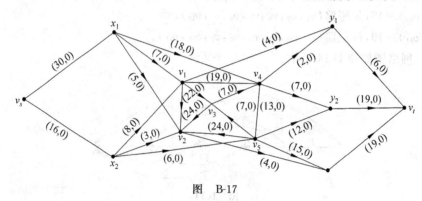

图 B-17

不断重复标号过程及调整过程,得到最大流量为 $6+13+4=23$。

11.10 最小费用最大流流量为 5,最小费用为 37。

11.11 (1) 产品的计划网络图如图 B-18 所示。

(2) 所有作业的最早开工时间和最迟开工时间如表 B-18 所示,方括号中第 1 个数字是最早开工时间,第 2 个数字是最迟开工时间。

表 B-18

作业	开工时间	工作持续时间/天
A (1,2)	[0,0]	6
B (1,3)	[0,11]	5
C (2,4)	[6,6]	3
D (4,5)	[9,9]	2
E (5,6)	[11,11]	3
F (3,7)	[5,16]	2
G (6,7)	[14,14]	4
H (7,8)	[18,18]	2

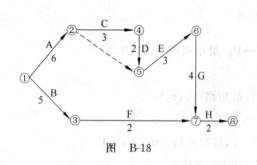

图 B-18

从表 B-18 可以看出,当最早开工时间与最迟开工时间相同时,对应的作业在关键路线上,因此可以画出网络计划图中的关键路线,如图 B-19 中的粗线所示,关键路线为 1→2→4→5→6→7→8。

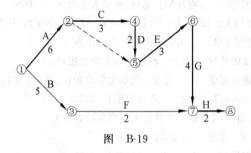

图 B-19

(3) 作业(1,2)(A)减少 1 周,作业(2,4)(C)减少 2 周,作业(4,5)(D)减少 1 周,作业(5,6)(E)减少 2 周,作业(6,7)(G)减少 2 周,产品才能在春节上市,所需增加的最小费用为 3200 元。

(4) 关键路线的期望时间为 20 天,标准差为 1.826,在 21 天完成全部作业的概率为 70.8%,如果完成全部作业的概率大于等于 95%,那么工期至少需要 23 天。

参 考 文 献

[1] 运筹学教材编写组. 运筹学(第三版)[M]. 北京:清华大学出版社,2005.
[2] 谢金星,薛毅. 优化建模与 LINDO/LINGO 软件. 北京:清华大学出版社,2005.
[3] 罗党,胡沛枫. 运筹学教程[M]. 上海:上海财经大学出版社,2013.
[4] 牛映武等. 运筹学(第 2 版)[M]. 西安:西安交通大学出版社,2006.
[5] 关文忠,韩宇鑫等. 管理运筹学[M]. 北京:北京大学出版社,北京:中国林业出版社,2009.
[6] 党耀国等. 运筹学(第二版)[M]. 北京:科学出版社,2012.
[7] 张衍林,艾平. 运筹学[M]. 武汉:华中科技大学出版社,2009.
[8] 樊瑛. 运筹学[M]. 大连:东北财经大学出版社,2006.
[9] 钱颂迪. 运筹学(第 3 版)[M]. 北京:清华大学出版社,2005.
[10] 宁宣熙,王可定,党耀国. 管理运筹学教程[M]. 北京:清华大学出版社,2007.
[11] 宁宣熙. 运筹学实用教程[M]. 北京:科学出版社,2007.
[12] 胡运权. 运筹学教程(第三版)[M]. 北京:清华大学出版社,2007.
[13] 韩中庚. 实用运筹学模型、方法与计算[M]. 北京:清华大学出版社,2007.
[14] 胡列格. 物流运筹学——物流与供应链管理[M]. 北京:电子工业出版社,2005.
[15] 秦裕瑗,秦明复. 运筹学简明教程(第二版)[M]. 北京:高等教育出版社,2006.
[16] 韩大卫. 管理运筹学[M]. 大连:大连理工大学出版社,2006.
[17] 熊义杰. 运筹学教程[M]. 北京:国防工业出版社,2004.
[18] 徐玖平等. 运筹学(Ⅱ类). 北京:科学出版社,2008.
[19] 李军,杨纬隆. 管理运筹学[M]. 广州:华南理工大学出版社,2005.
[20] 邱菀华. 运筹学教程[M]. 北京:机械工业出版社,2004.
[21] 廖金福. 库存管理入门[M]. 广州:广东经济出版社,2004.
[22] 王国文,赵海然. 供应链管理:生产流程与库存[M]. 北京:企业管理出版社,2006.
[23] 王明明,赵宝元. 运筹与决策基础[M]. 北京:中国林业出版社,2001.
[24] 郭仲伟. 风险分析与决策[M]. 北京:机械工业出版社,1986.
[25] 蒋青舫. 现代效用理论[M]. 贵州:贵州人民出版社,1990.
[26] 侯定丕. 博弈论导论[M]. 合肥:中国科学技术大学出版社,2004.
[27] 肖条军. 博弈论及其应用[M]. 上海:上海三联书店,2004.
[28] 赵景柱,叶田详. 对策论理论与应用[M]. 北京:中国科学技术出版社,1995.
[29] (美)温斯顿(Winston, W. L.)著. 运筹学——概率模型应用范例与解法[M]. 李乃文等译. 北京:清华大学出版社,2006.
[30] LINGO 教程[M/OL]. http://sx.cslg.cn/showdown.asp?soft_id=39.
[31] 袁新生等. LINGO 和 Excel 在数学建模中的应用[M]. 北京:科学出版社,2007.
[32] 曾捷. 运筹学同步辅导及习题全解[M]. 徐州:中国矿业大学出版社,2006.
[33] 胡运权. 运筹学习题集[M]. 北京:清华大学出版社,2002.